Curso de Direito Civil

Volume 3

Dos Contratos e dos Atos Unilaterais

FABRÍCIO ZAMPROGNA MATIELLO
Advogado.

CURSO DE DIREITO CIVIL

VOLUME 3

DOS CONTRATOS E DOS ATOS UNILATERAIS

Dados Internacionais de Catalogação na Publicação (CIP)
(Câmara Brasileira do Livro, SP, Brasil)

Matiello, Fabrício Zamprogna
  Curso de direito civil, volume 3 : dos contratos e dos atos unilaterais / Fabrício Zamprogna Matiello. — São Paulo : LTr, 2008.

  Bibliografia.
  ISBN 978-85-361-1156-8

  1. Contratos — Brasil 2. Direito civil — Brasil I. Título

08-02761   CDU-347(81)

Índices para catálogo sistemático:

1. Brasil : Direito civil   347(81)
2. Direito civil brasileiro   347(81)

© Todos os direitos reservados

EDITORA LTDA.

*Rua Apa, 165 – CEP 01201-904 – Fone (11) 3826-2788 – Fax (11) 3826-9180
São Paulo, SP – Brasil – www.ltr.com.br*

LTr 3553.4   Maio, 2008

SUMÁRIO

Parte I — DOS CONTRATOS EM GERAL

1. Noções básicas sobre contratos 19
   1.1. Antecedentes e conceito 19
   1.2. Função social dos contratos 22
   1.3. Requisitos de validade dos contratos 23
      1.3.1. Requisitos subjetivos 24
      1.3.2. Requisitos objetivos 26
      1.3.3. Requisitos formais 28
   1.4. Princípios do direito contratual 29
      1.4.1. Princípio da autonomia da vontade 29
      1.4.2. Princípio da relatividade dos contratos 31
      1.4.3. Princípio da obrigatoriedade dos contratos 32
      1.4.4. Princípio consensualista 34
      1.4.5. Princípio da boa-fé 35

2. Formação dos contratos 38
   2.1. Exteriorização da vontade 38
   2.2. Negociações preliminares 40
   2.3. Proposta e suas características 41
   2.4. Aceitação e suas características 45
   2.5. Momento da vinculação contratual 48
   2.6. Lugar da celebração 49
   2.7. Proibição de pactos sucessórios 50

3. Classificação dos contratos 52
   3.1. Exposição inicial 52
   3.2. Contratos unilaterais e bilaterais 53
   3.3. Contratos onerosos e gratuitos 55
   3.4. Contratos comutativos e aleatórios 56
   3.5. Contratos nominados e inominados 58
   3.6. Contratos consensuais e reais 59
   3.7. Contratos solenes e não solenes 60

3.8. Contratos principais e acessórios	61
3.9. Contratos paritários e de adesão	63
3.10. Contratos de execução instantânea, diferida e de trato sucessivo	66
3.11. Contratos preliminares e definitivos	68

4. Interpretação dos contratos 71
   4.1. Conceito e finalidade da interpretação 71
   4.2. Teorias relacionadas à interpretação 72
   4.3. Critérios subjetivos 73
   4.4. Critérios objetivos 75
   4.5. Normas legais de interpretação 76

5. Da estipulação em favor de terceiro 79
   5.1. Observações gerais e conceito 79
   5.2. Natureza jurídica da estipulação 80
   5.3. Disciplina no Código Civil 82
   5.4. Compatibilidade entre as normas 84

6. Da promessa de fato de terceiro 86
   6.1. Observações gerais e conceito 86
   6.2. Disciplina jurídica no Código Civil 87

7. Dos vícios redibitórios 89
   7.1. Introdução e conceito 89
   7.2. Fundamento jurídico 90
   7.3. Requisitos de configuração 92
   7.4. Vício redibitório e inadimplemento contratual 93
   7.5. Vício redibitório e erro essencial 94
   7.6. Conseqüências jurídicas e ações cabíveis 95
   7.7 Prazos de garantia 98
   7.8. Prazo no Código de Defesa do Consumidor 100
   7.9. Cláusula de garantia 100

8. Da evicção 103
   8.1. Introdução e conceito 103
   8.2. Pressupostos da evicção 104
      8.2.1. Onerosidade do negócio jurídico 104
      8.2.2. Decisão judicial definitiva 106
      8.2.3. Causa preexistente ou concomitante ao contrato 107
   8.3. Conseqüências da garantia 108
   8.4. Reforço, redução e exclusão da responsabilidade 111

8.5. Evicção parcial 113
8.6. Notificação do litígio ao alienante 114

9. Dos contratos aleatórios 117
   9.1. Noções básicas e conceito 117
   9.2. Venda de coisas futuras 119
      9.2.1. Risco em torno da existência da coisa 120
      9.2.2. Risco em torno da quantidade da coisa 121
   9.3. Venda de coisas existentes submetidas a risco 122

10. Do contrato preliminar 124
   10.1. Introdução e conceito 124
   10.2. Requisitos de constituição 125
   10.3. Execução do contrato preliminar 126
   10.4. Registro do instrumento 128
   10.5. Promessa unilateral 130

11. Do contrato com pessoa a declarar 131
   11.1. Características e definição 131
   11.2. Distinção de outras espécies 132
   11.3. Pressupostos da nomeação 133
   11.4. Conseqüências da nomeação 134

12. Da extinção do contrato 136
   12.1. Extinção ordinária 136
      12.1.1. Cumprimento do ajuste 136
      12.1.2. Advento do termo final 137
      12.1.3. Implemento de condição resolutiva 137
   12.2. Extinção do contrato em situações especiais 138
      12.2.1. Base em causa anterior ou concomitante à celebração 138
         Nulidade e anulabilidade 139
         Exercício do direito de arrependimento 140
         Fundamento em vício redibitório ou evicção 141
      12.2.2. Base em causa superveniente à celebração 142
         Resolução 142
            Cláusula resolutiva expressa e tácita 143
            Resolução por inexecução voluntária ou culposa 146
               Exceção do contrato não cumprido 147
               Risco oriundo de diminuição patrimonial 148
            Resolução por inexecução involuntária 149
            Resolução por onerosidade excessiva 151

  Resilição 155
   Resilição bilateral ou distrato 156
   Resilição unilateral 156
  Rescisão 158
  Morte de contratante 159

Parte II — DAS VÁRIAS ESPÉCIES DE CONTRATO

1. Da compra e venda 163
 1.1. Conceito, características e sistema adotado 163
 1.2. Classificação do contrato de compra e venda 164
 1.3. Elementos constitutivos do contrato 166
  1.3.1. Coisa 166
  1.3.2. Preço 169
  1.3.3. Consentimento 172
  1.3.4. Eventual imposição de forma 173
 1.4. Efeitos decorrentes da compra e venda 174
  1.4.1. Garantia contra evicção e vícios redibitórios 174
  1.4.2. Responsabilidade por riscos 174
  1.4.3. Responsabilidade por despesas e débitos 177
  1.4.4. Venda de coisas conjuntamente 178
  1.4.5. Direito a reter a coisa ou o preço 179
 1.5. Modalidades submetidas a regras específicas 181
  1.5.1. Venda de ascendente a descendente 181
  1.5.2. Venda obstada pela posição jurídica do sujeito 183
  1.5.3. Venda mediante amostra 184
  1.5.4. Venda de um cônjuge ao outro 185
  1.5.5. Venda *ad mensuram* e venda *ad corpus* 186
  1.5.6. Venda de fração condominial 190

2. Das cláusulas especias à compra e venda 192
 2.1. Da retrovenda 192
 2.2. Da venda a contento e da sujeita a prova 196
 2.3. Da preempção ou preferência 197
 2.4. Da venda com reserva de domínio 202
 2.5. Da venda sobre documentos 205

3. Da troca ou permuta 208
 3.1. Conceito e características 208
 3.2. Aplicação das regras da compra e venda 209

3.3. Custeio das despesas 209
3.4. Troca de valores desiguais 210

4. Do contrato estimatório 211
4.1. Noções gerais e classificação 211
4.2. Demais repercussões do contrato 212

5. Da doação 215
5.1. Conceito e classificação 215
5.2. Objeto e capacidade 216
5.3. Aceitação da doação 217
5.4. Promessa de doação 219
5.5. Modalidades básicas 220
    5.5.1. Doação pura e simples 220
    5.5.2. Doação com encargo, modal ou gravada .. 220
5.6. Modalidades especiais 222
    5.6.1. Doação remuneratória 222
    5.6.2. Doação meritória 223
    5.6.3. Doação ao nascituro 223
    5.6.4. Doação em forma de subvenção periódica .. 224
    5.6.5. Doação para casamento futuro 224
    5.6.6. Doação de ascendente a descendente e entre cônjuges .. 225
    5.6.7. Doação clausulada com reversão 227
    5.6.8. Doação a entidade futura 228
5.7. Outras disposições específicas 228
    5.7.1. Doação universal 228
    5.7.2. Doação inoficiosa 229
    5.7.3. Doação do cônjuge adúltero ao cúmplice .. 230
    5.7.4. Doação conjuntiva 231
5.8. Revogação da doação 232
    5.8.1. Sentido e diferenciação 232
    5.8.2. Revogação por ingratidão do donatário .. 233
    5.8.3. Revogação por descumprimento do encargo .. 239

6. Da locação de coisas 241
6.1. Conceito e classificação 241
6.2. Elementos do contrato 242
6.3. Obrigações do locador 245
6.4. Obrigações do locatário 246
6.5. Retomada e retenção da coisa 248
6.6. Extinção do contrato e conseqüências 250
6.7. Deterioração ou alienação da coisa 253

7. Do empréstimo 256
   7.1. Conceito e espécies 256
   7.2. Do comodato 256
      7.2.1. Conceito e classificação 256
      7.2.2. Conservação e uso da coisa 259
      7.2.3. Danos e despesas concernentes à coisa 260
      7.2.4. Restrições legais ao comodato 262
      7.2.5. Extinção do comodato 262
   7.3. Do mútuo 263
      7.3.1. Conceito, objeto e classificação 263
      7.3.2. Riscos da coisa emprestada 265
      7.3.3. Mútuo feito a menor de idade 266
      7.3.4. Alteração do equilíbrio contratual 268
      7.3.5. Extinção do mútuo 268

8. Da prestação de serviço 270
   8.1. Conceito e classificação 270
   8.2. Objeto do contrato 271
   8.3. Peculiaridades da retribuição devida 272
   8.4. Limite temporal do contrato 273
   8.5. Despedida do prestador 274
   8.6. Extinção do contrato 276
   8.7. Outras disposições legais 277

9. Da empreitada 280
   9.1. Conceito e classificação 280
   9.2. Espécies de empreitada 281
   9.3. Riscos na empreitada 282
   9.4. Verificação e entrega da obra 284
   9.5. Segurança e solidez do trabalho 286
   9.6. Alterações no projeto ou no custo da obra 288
   9.7. Suspensão da execução da obra 292
   9.8. Extinção da empreitada 294

10. Do depósito 295
   10.1. Definição e aspectos essenciais 295
   10.2. Espécies de depósito 296
      10.2.1. Depósito voluntário 296
         Conceito, objeto e classificação 296
         Prerrogativas e obrigações do depositário 297
         Venda da coisa pelo herdeiro do depositário 301

        Incapacidade superveniente do depositário 302
        Direito de retenção 303
        Obrigações do depositante.. 304
        Viabilidade do depósito irregular 305
   10.2.2. Depósito necessário 306
        Conceito e espécies 306
        Remuneração devida 309
10.3. Prisão do depositário 309

11. Do mandato 312
11.1. Conceito e objeto 312
11.2. Mandato e outros institutos 312
11.3. Representação do mandante 313
11.4. Forma do contrato e procuração 314
11.5. Capacidade de contratar 317
11.6. Classificação do contrato 318
11.7. Obrigações do mandatário 319
11.8. Direito de retenção 325
11.9. Obrigações do mandante 326
11.10. Mandato geral e mandato especial 329
11.11. Pluralidade de mandatários 331
11.12. Irrevogabilidade do mandato 332
11.13. Extinção do mandato 333
   11.13.1. Revogação e renúncia 334
   11.13.2. Morte e interdição 337
   11.13.3. Mudança de estado 339
   11.13.4. Término do prazo e conclusão do negócio 340
11.14. Mandato judicial 340

12. Da comissão 342
12.1. Conceito e objeto 342
12.2. Classificação do contrato 343
12.3. Comissão e outros institutos 344
12.4. Direitos e deveres das partes 345
   12.4.1. Responsabilidade do comissário 345
   12.4.2. Modificação das instruções originais 347
   12.4.3. Deveres de zelo e diligência 347
   12.4.4. Insolvência do terceiro 347
   12.4.5. Cláusula *del credere* 348
   12.4.6. Pagamento de juros 349

12.4.7. Falência ou insolvência do comitente 349
12.4.8. Direito de retenção 349
12.5. Prazo de pagamento pelo terceiro 350
12.6. Remuneração do comissário 351

13. Da agência e distribuição 353
13.1. Conceito e características 353
13.2. Representação comercial autônoma 354
13.3. Comparação com outros institutos 355
13.4. Classificação do contrato 356
13.5. Relações econômicas entre as partes 356
    13.5.1. Exclusividade de atuação 356
    13.5.2. Responsabilidade por despesas 358
    13.5.3. Atendimento das propostas 358
    13.5.4. Dispensa ou afastamento do agente 359
13.6. Extinção do contrato 361

14. Da corretagem 363
14.1. Conceito e características 363
14.2. Classificação do contrato 364
14.3. Obrigações do corretor 364
14.4. Remuneração do corretor 365
14.5. Dispensa do corretor 368

15. Do transporte 370
15.1. Conceito 370
15.2. Normas aplicáveis ao transporte 370
15.3. Comparação com outros institutos 371
15.4. Classificação do contrato 372
15.5. Transporte de pessoas 373
    15.5.1. Danos à bagagem e às pessoas 373
    15.5.2. Fato de terceiro 375
    15.5.3. Transporte gratuito 375
    15.5.4. Deveres do usuário 376
    15.5.5. Direitos do usuário 378
    15.5.6. Deveres do transportador 380
    15.5.7. Direitos do transportador 381
15.6. Transporte de coisas 382
    15.6.1. Considerações gerais 382
    15.6.2. Identificação da coisa 383
    15.6.3. Emissão de conhecimento e responsabilidade 384

15.6.4. Recusa de execução do transporte 385
15.6.5. Desistência pelo remetente 386
15.6.6. Obstáculo à execução do transporte 387
15.6.7. Entrega da coisa ao destinatário 389
15.7. Transporte cumulativo 390

16. Do seguro 393
16.1. Conceito e características 393
16.2. Questões relacionadas ao risco 395
16.3. Classificação do contrato 397
16.4. Considerações acerca da apólice 399
16.5. Dever de probidade, boa-fé e veracidade 402
16.6. Espécies de seguro 403
    16.6.1. Seguro de dano 403
        Limite econômico do contrato 403
        Limite da indenização 405
        Elementos de preservação da garantia 407
        Vício intrínseco da coisa 409
        Transferência do contrato 410
        Sub-rogação decorrente do pagamento 411
    16.6.2. Seguro de pessoa 412
        Alcance do instituto 412
        Inexistência de sub-rogação 413
        Seguro de vida 414
        Beneficiário no seguro de vida 416
        Proteção do capital segurado 418
        Prêmio no seguro de vida 419
        Suicídio do segurado 420
        Seguro em grupo e à conta de outrem 422
    16.6.3. Seguros obrigatórios 424

17. Da constituição de renda 425
17.1. Conceito e características 425
17.2. Classificação do contrato 428
17.3. Garantia e inadimplemento 429
17.4. Invalidade da constituição 430
17.5. Pluralidade de destinatários 431
17.6. Extinção do contrato 432

18. Do jogo e da aposta 433
- 18.1. Conceito e diferenciação 433
- 18.2. Classificação dos contratos 434
- 18.3. Enquadramento das obrigações geradas 434
- 18.4. Vedação de cobrança e *soluti retentio* 435
- 18.5. Contratos feitos sobre títulos 437
- 18.6. Sorteio como solução 438

19. Da fiança 439
- 19.1. Conceito e características 439
- 19.2. Classificação do contrato 440
- 19.3. Comparação com outros institutos 442
- 19.4. Elementos subjetivos e objetivos 443
- 19.5. Efeitos da fiança 446
  - 19.5.1. Benefício de ordem 447
  - 19.5.2. Benefício de divisão 448
  - 19.5.3. Sub-rogação do fiador que paga 449
  - 19.5.4. Outros reflexos econômicos 450
- 19.6. Exoneração do fiador 450
- 19.7. Extinção da fiança 452

20. Da transação 455
- 20.1. Conceito e características 455
- 20.2. Classificação do contrato 456
- 20.3. Homologação judicial da transação 457
- 20.4. Insubsistência da transação 458
- 20.5. Objeto do contrato 459
- 20.6. Limites da eficácia da transação 461
- 20.7. Evicção da coisa inserida no negócio 462

21. Do compromisso 464
- 21.1. Conceito e características 464
- 21.2. Celebração do compromisso 465
- 21.3. Nomeação dos árbitros 466
- 21.4. Objeto do contrato 467
- 21.5. Teor e extinção do compromisso arbitral 467
- 21.6. Cláusula compromissória 468
- 21.7. Dos atos unilaterais 469
- 21.8. Da promessa de recompensa 470
  - 21.8.1. Conceito e características 470
  - 21.8.2. Requisitos subjetivos e objetivos 471

21.8.3. Direito de exigir a recompensa 472
21.8.4. Revogação da promessa 472
21.9. Multiplicidade de executores 473
21.10. Promessa em forma de disputa pública 474

Parte III — DOS ATOS UNILATERAIS

1. **Da gestão de negócios** 479
   1.1. Conceito e características 479
   1.2. Responsabilidade do gestor 480
      1.2.1. Gestão contra a vontade do dono 480
      1.2.2. Verificação de proveitos e prejuízos 481
      1.2.3. Dever de comunicação 481
      1.2.4. Falecimento do dono do negócio 482
      1.2.5. Dever de diligência 482
      1.2.6. Substituição do gestor 483
      1.2.7. Realização de operações arriscadas 484
   1.3. Responsabilidade do dono do negócio 484
      1.3.1. Cumprimento do conteúdo negocial 484
      1.3.2. Gestão para acudir prejuízo 486
      1.3.3. Débito alimentar e despesas de enterro 486
      1.3.4. Realização de negócios conexos 488
   1.4. Ratificação pelo dono do negócio 488

2. **Do pagamento indevido** 490
   2.1. Caracterização e conseqüências 490
   2.2. Erro como pressuposto da repetição 492
   2.3. Influência da boa e da má-fé 493
   2.4. Pagamento indevido por entrega de imóvel 493
   2.5. Inexistência de direito à repetição 494

3. **Do enriquecimento sem causa** 497
   3.1. Conceito e características 497
   3.2. Pressupostos de verificação 498
   3.3. Repercussões do enriquecimento 498
   3.4. Desaparecimento da causa jurídica 499
   3.5. Caráter subsidiário das ações *in rem verso* 500

Parte IV — DOS TÍTULOS DE CRÉDITO

Títulos de crédito 503
1. Conceito e características 503
2. Constituição do título 504
3. Transferência do título 507
4. Prestação de aval 508
5. Liberação do devedor 511
6. Espécies de títulos 513
    6.1. Título ao portador 513
    6.2. Título à ordem 515
        6.2.1. Transferência por endosso 515
        6.2.2. Matéria defensiva 518
        6.2.3. Endosso impróprio 519
    6.3. Título nominativo 521

Bibliografia 525

Parte I

DOS CONTRATOS EM GERAL

Capítulo 1

NOÇÕES BÁSICAS SOBRE CONTRATOS

1.1. Antecedentes e conceito

No sistema jurídico brasileiro, as fontes das obrigações são o contrato, a declaração unilateral de vontade, o ato ilícito e a lei. Na verdade, as três primeiras espécies também derivam da lei, porque esta é a fonte genuína de todas as obrigações reconhecidas pelo direito. Sem que ela aponte as circunstâncias das quais resultam os deveres de natureza jurídica, não haveria como postular em juízo a sua afirmação. Todavia, há situações em que a norma positivada funciona como fator exclusivo e autônomo de desencadeamento da reação geradora da obrigação, como no caso do dever de prestar alimentos aos filhos, cuja existência depende unicamente do vínculo de paternidade ou maternidade. Nenhum comportamento é necessário para que os pais fiquem atrelados à obrigação alimentar que a lei, por exclusivo vigor do seu conteúdo, estabelece e coloca à disposição do interessado para que a faça cumprir perante o Poder Judiciário.

Ao contrário, nas hipóteses em que as obrigações decorrem do contrato, do ato unilateral e do ato ilícito, essa reação liga-se à ocorrência de determinado fato ou prática de certa conduta. Ninguém ficará ligado pelo contrato (*v. g.*, compra e venda) se não o celebrar, nem haverá ato unilateral (*v. g.*, emissão de título de crédito) e tampouco ato ilícito sem que o elemento anímico do indivíduo provoque a inflexão da norma abstrata sobre a situação concretamente verificada.

Quanto aos contratos e às declarações unilaterais de vontade, objeto deste volume, são fontes do direito imediatamente jungidas à vontade humana, ou, em dizer clássico, fontes voluntárias das obrigações. A propósito, o estudo do negócio jurídico como instituto básico das relações interpessoais permite visualizar as duas modalidades em que se fraciona: atos unilaterais e bilaterais. Conforme deflui da terminologia empregada, os primeiros se caracterizam pela emissão isolada de uma vontade, surgindo daí a obrigação juridicamente vigorosa, enquanto os segundos são caracterizados pela necessidade de conjugação de vontades para disso emergir o liame obrigacional. Haveria ainda outra espécie, à qual pertenceriam os contratos ditos *plurilaterais*, ou seja, os que teriam mais de duas partes e estariam representados sobretudo por aquelas avenças onde não há oposição de pólos, mas sim um somatório de vontades comuns (*v. g.*, com vistas à constituição de uma sociedade). Genericamente considerados, porém, os contratos são negócios jurídicos bilaterais, pois marcados pela convergência volitiva de duas partes cujos objetivos até podem ser conflitantes, mas encontram razoável composição quando da celebração de uma avença que, em tese, satisfaz de maneira adequada os interesses em disputa.

Sendo negócios jurídicos bilaterais, dependem da emissão de vontade de duas partes. A utilização do vocábulo *partes* não pode ser confundida com o emprego do termo *pessoas*. Afinal, cada parte envolvida na celebração pode estar composta por várias pessoas, como no caso de dois ou mais compradores que adquirem imóvel pertencente a dois ou mais vendedores. Haverá, então, duas partes e múltiplos indivíduos, todos eles sujeitos dos direitos e dos deveres resultantes da contratação firmada. Não se prescinde da presença desses pólos, já que o ajuste de vontades é característica natural dos contratos. Tal conformação não impede a existência de contratações pautadas pela ausência de contraposição de interesses, como acontece, por exemplo, na formação de sociedades, onde todos buscam o mesmo objetivo e associam esforços para lograr êxito. Porém, no mais das vezes as relações contratuais são efetivamente marcadas pelo antagonismo de interesses, que acabam sendo acomodados em um só negócio jurídico para, em tese, satisfazer a ambos os contratantes.

O que não se afigura viável é a produção de um contrato em que haja apenas um partícipe, como se a pessoa estivesse a contratar consigo mesma. Entrementes, há uma situação específica em que a roupagem externa da contratação permite vislumbrar essa figura do *contrato consigo mesmo*, mas em formatação plenamente justificável e inteligível. Trata-se da hipótese em que o indivíduo toma assento na relação obrigacional em nome próprio e, ao mesmo tempo, na qualidade de representante de outra pessoa. É o que se dá no caso de mandatário que age em causa própria, *v. g.*, comprando a coisa para cuja venda recebera poderes do mandante. Nesse contexto, um só indivíduo manifesta duas vontades acerca do objeto visado, ou melhor, declina vontade que deve ser compreendida a partir de duas nuanças diversas, quais sejam, a dele mesmo e a de quem ele representa naquela específica ocasião negocial.

Desde o Direito Romano vem a notícia da idealização de contratos como mecanismo de fomento das relações econômicas entre os indivíduos. Contudo, a sistemática adotada naquela época dava extrema ênfase ao aspecto material, valorizando a forma mais do que o conteúdo. "*Primitivamente, eram as categorias de contratos verbis, re ou litteris, conforme o elemento formal se ostentasse por palavras sacramentais, ou pela efetiva entrega do objeto, ou pela inscrição no codex*" (Caio Mário da Silva Pereira, *Instituições de Direito Civil*, Forense, p. 07). Em período posterior, atribuiu-se ação à venda, locação, sociedade e mandato, quatro dos principais pactos então conhecidos, havendo nisso o germe das contratações cuja validade e eficácia dependia apenas do consenso manifestado pelas partes. Apenas para que se esclareça com maior precisão o tema, é preciso salientar que os romanos chamavam de *pacto* os ajustes volitivos que hoje entre nós recebem a denominação de *contrato*. "*Somente aqueles quatro contratos consensuais eram reconhecidos como tais. Nos demais, prevalecia sobre a vontade a materialidade de sua declaração, que haveria de obedecer rigidamente ao ritual consagrado*" (Caio Mário da Silva Pereira, obra citada, p. 7).

Modernamente não se confere tanta relevância à questão formal, eis que a dinâmica das relações jurídicas exige mais agilidade na formação das avenças, a fim de minimizar custos e fomentar a circulação das riquezas. Não obstante, algumas situações são ainda pautadas pelo apego à forma, como elemento gerador de maior segurança para as partes, sendo exemplo disso a escritura pública para a celebração de compra e venda de imóveis acima de certo valor e o registro da promessa de compra e venda para fins de produção de eficácia real *erga omnes*. Mas a verdade é que a simplificação tem sido a tônica, de maneira que o prestígio ao mero consenso encontra-se em alta no direito atualmente em vigor.

Apenas com o fito de uniformizar a linguagem técnica, convém destacar que entre o *contrato* e a *convenção* há uma diferença teórica digna de observação. Enquanto a convenção pode ser definida como acordo de vontades tendente a alcançar um objetivo de repercussão jurídica, o contrato é ajuste volitivo destinado a instalar uma obrigação entre as partes. Percebe-se, destarte, que a convenção tem espectro de abrangência bem maior do que o revelado pelo contrato, pois engloba não apenas as relações de direito obrigacional *stricto sensu*, mas também aqueles vínculos despidos dessa característica patrimonial. Assim, um consenso em torno da guarda dos filhos seria classificado como convenção, ao passo que a doação de um terreno enquadrar-se-ia na classe dos contratos. Disso resulta que *contrato* é espécie do gênero *convenção*. Mais relevante do que a visão teórica acima expendida é a observação de que o direito positivo trata os vocábulos como sinônimos, posição igualmente referendada pela doutrina e pela jurisprudência. E nem haveria razão plausível para estabelecer esse nível de diferenciação, já que tanto o contrato como a convenção partem do pressuposto de que a manifestação de vontades, convergentes em um só sentido, é essencial à formação do liame obrigacional, independentemente do desiderato visado pelos celebrantes.

O ordenamento jurídico brasileiro não se preocupou em definir, mediante produção de fórmula exata e rigorosa, o que seja contrato. E andou bem ao assim proceder, pois a codificação não deve ter, como destinação predominante, a fixação de conceitos. Portanto, fica a cargo dos doutrinadores e da jurisprudência essa tarefa, muito mais amoldada a eles do que ao direito positivo. A rigor, contrato é negócio jurídico bilateral, resultante da vontade emitida pelos celebrantes, que tem por finalidade, por meio do consenso das partes acerca do mesmo objeto, gerar, disciplinar ou extinguir relações de natureza patrimonial. Ao contratarem, as partes constituem uma relação jurídica de cujas conseqüências não se podem ordinariamente furtar, ressalvadas as situações em que a lei permite atuação noutro sentido. É como se os celebrantes estivessem produzindo uma certa norma de conduta com vigência apenas no seu âmbito jurídico. Aliás, é comum dizer que o contrato *faz lei entre as partes*, pois terceiros estranhos à celebração não são atingidos pelos seus efeitos. "*Para Aristóteles, contrato era uma lei feita por particulares, tendo em vista determinado negócio*" (Washington de Barros Monteiro, *Curso de Direito Civil*, Saraiva, p. 5). Ninguém fica contratualmente vinculado sem que tenha emitido vontade nesse sentido, pois somente a lei em sentido comum tem o condão de atrelar as pessoas a determinada relação à míngua da sua predisposição volitiva.

1.2. Função social dos contratos

Até o advento do Código Civil de 2002, o direito pátrio adotava um posicionamento extremamente individualista no trato de questões como a relativa aos contratos. Prevalecia o interesse privado do indivíduo, em detrimento de qualquer aspecto que pudesse dizer respeito à coletividade. Esse modo de pensar já vinha sendo combatido há muito tempo pela doutrina e pela jurisprudência, porque prestigiava o modo egocêntrico de agir, vedando iniciativas de eventuais prejudicados que porventura desejassem argüir a predominância do interesse público envolvido em contrato de índole privada.

Com o surgimento da nova codificação, o posicionamento legislativo sofreu substancial mudança. Passou a vigorar a idéia de que o individualismo precisa ceder espaço à socialização das relações contratuais, de maneira que nos contratos esteja inserido também um mínimo de orientação concretamente voltada para o resguardo dos interesses coletivos. Todavia, subsiste necessária preocupação do legislador com a conservação dos direitos individuais emergentes do contrato, pois nunca se deve ignorar a circunstância de que o Direito Civil é ramo eminentemente privado do Direito, e que os contratos, como porção integrante da esfera jurídica privada, não deixam de ter como meta precípua a preservação dos objetivos perseguidos pelo celebrante. A noção, agora positivada, de que o contrato deve cumprir uma função social, é a têmpera que conduz à proteção dos ideais coletivos, sem que com isso se possa descurar da natureza privada das contratações.

O art. 421 estabelece: *"A liberdade de contratar será exercida em razão e nos limites da função social do contrato"*. O texto da norma faz ver que, embora de natureza privada, o direito de contratar não é ilimitado, pois do contrário estaria deixando de cumprir finalidades que suplantam o mero interesse individual e dizem respeito aos anseios coletivos. Assim, a liberdade de contratar vai até aonde puder ser exercida em razão da sua função social e nos limites desta, passando, daí em diante, a afrontar interesses maiores. A preocupação do legislador em adequar a liberdade de contratar a valores mais amplos do que os individualmente considerados conforta antigas aspirações, que podem ser resumidas na seguinte explanação: *"Enfim as públicas instituições adaptarão a sociedade inteira às exigências do bem comum, isto são as regras da justiça donde necessariamente resultará, que esta função tão importante da vida social, qual é a atividade econômica, se encontrará por sua vez reconduzida a uma ordem sã e bem equilibrada"* (in "Encíclica Quadragesimo Anno", do Papa Pio XI).

O conteúdo da norma funciona como autorização legislativa para que o julgador, no desempenho de suas funções, analise a questão contratual a si submetida a partir de uma visão social, e não apenas tomando por base os exclusivos interesses das partes envolvidas. Isso não importa em liberar a arbitrariedade, mas sim em tornar mais maleável a exegese, que, contudo, não poderá ultrapassar os princípios e regras insculpidos na legislação como um todo. Também não se trata de facultar ao juiz a livre aplicação do que se convencionou chamar *direito alternativo*, cuja má utilização certamente se traduz em concreto risco para a segurança das relações jurídicas. O que se exige do julgador é que tenha suficiente discernimento para, na interpretação das disposições contratuais, com parcimônia e equilíbrio, prestigiar a função social do contrato mais do que as aspirações singulares nele contidas.

Deve analisar a questão com suporte, também, nos demais princípios que norteiam os relacionamentos contratuais, *v. g.*, o da autonomia da vontade, o da obrigatoriedade das avenças e assim por diante.

A propósito da atividade prática do juiz diante desse quadro, Nelson Nery Júnior, apud Carlos Roberto Gonçalves (*Direito Civil Brasileiro*, Saraiva, p. 8) leciona: *"Poderá, por exemplo, proclamar a inexistência do contrato por falta de objeto; declarar sua nulidade por fraude à lei imperativa (CC, art. 166, VI), porque a norma do art. 421 é de ordem pública (CC, art. 2.035, parágrafo único); convalidar o contrato anulável (CC, arts. 171 e 172); determinar a indenização da parte que desatendeu a função social do contrato etc.)"*. Efetivamente, a inobservância da norma que impõe ao contrato o atendimento de objetivos superiores relacionados à coletividade enseja ao julgador a adoção de tais providências rigorosas, contanto que respeitados os demais elementos que disciplinam a exegese das contratações. Afinal, nenhuma convenção prevalecerá se contrariar preceitos de ordem pública, tais como os estabelecidos por este Código para assegurar a função social da propriedade e dos contratos (parágrafo único do art. 2.035). O ideal é que os valores singulares dos contratantes, cujo teor muitas vezes não coincide e também precisa ser harmonizado quando da celebração da avença, ajustem-se o mais adequadamente possível aos valores próprios da sociedade.

O cumprimento da função social pelo contrato humaniza as relações, aproxima os indivíduos, promove a circulação das riquezas e distribui uma justiça mais sólida, porque fundada no respeito a princípios que são de ordem pública. O contrato segue, assim, a sorte da incursão perpetrada pelo legislador constitucional no tocante ao direito de propriedade, sobre o qual também recai o imperativo da observância de uma função superior (art. 5º, XXIII). Ainda que o art. 421 do Código Civil limite e condicione o vigor do princípio da autonomia da vontade nos casos em que haja necessidade de preservação de interesses superiores, o certo é que veio em boa hora a positivação do preceito, que de há muito era relatado e aperfeiçoado pela doutrina.

1.3. Requisitos de validade dos contratos

Conforme salientado ainda no primeiro volume deste trabalho, os elementos dos atos jurídicos podem ser classificados em: a) essenciais, que são os relativos à estrutura e à substância do negócio, razão pela qual sem eles o ato não existe (na doação, *v. g.*, a coisa e o consentimento); b) naturais, que decorrem do próprio ato e estão nele ínsitos, dispensando menção expressa quando da sua realização (na compra e venda, *v. g.*, o dever de responder por vícios redibitórios); c) acidentais, que são previsões facultativas acrescentadas pelos interessados ao ato para fins de alteração de seus caracteres naturais, pois não constituem elementos comuns ínsitos no próprio negócio (*v. g.*, estipulação de condição, termo, prazo de entrega etc.).

A validade de qualquer contrato depende do cumprimento de determinadas imposições explicitadas na lei. Como negócio jurídico, o contrato se submete aos pressupostos básicos a que se atrelam todos os demais atos dotados de viabilidade jurídica, arrolados no art. 104

do Código Civil. São os chamados *requisitos de ordem geral*, que se relacionam a aspectos subjetivos, objetivos e formais, cada qual com as particularidades que serão analisadas na seqüência. Por outro lado, há exigências conhecidas como *requisitos de ordem especial*, por dizerem respeito mais diretamente aos contratos. São os pertinentes à manifestação de vontade ou ao consentimento esperado das partes que tencionam contratar. A exteriorização volitiva é fundamental em qualquer contratação, precisando ser deduzida em conformidade com os cânones preconizados na lei, pois do contrário não gerará enlace perfeito.

Havendo imperfeições na formação do contrato, ele não produzirá a aquisição, modificação ou extinção de direitos almejada pelas partes, pois estará afetado de modo relevante. Se incontornável o defeito, haverá nulidade; se de gravidade inferior e passível de convalidação, restará patenteada a anulabilidade. Trata-se de circunstâncias a serem sopesadas com cautela, pois disso depende o adequado exame da matéria.

1.3.1. Requisitos subjetivos

Quanto aos pressupostos referentes aos sujeitos que tomam parte na celebração do contrato, pode-se afirmar a existência de três, extraídos do preceito ínsito no art. 104, I, do Código Civil: a) capacidade genérica para contratar; b) capacidade específica para contratar, ou legitimação; c) manifestação de vontades convergentes. Como negócio jurídico bilateral ou excepcionalmente plurilateral, o contrato precisa ser construído por quem esteja capacitado a praticar os atos jurídicos em geral. Vale dizer, a capacidade genérica com que o celebrante firma o contrato é a mesma que o autoriza a emitir declarações unilaterais de vontade, propor demandas judiciais, postular perante as autoridades públicas etc. Antes de ingressar no exame das condições intrínsecas ao ato que se pretende praticar, faz-se necessário averiguar se a pessoa está dotada dos atributos mínimos que a autorizam a portar-se com autonomia jurídica.

Isso tudo sem olvidar que a incapacidade não se presume, dependendo de prova inequívoca para o seu reconhecimento. Até que se demonstre que a pessoa é incapaz, prevalece entendimento no sentido da sua plena capacidade, por se tratar de situação comum que reclama a incidência do princípio pelo qual o ordinário se presume e o extraordinário se prova.

Conforme preceitua o art. 166, I, do Código Civil, é nulo o negócio jurídico quando celebrado por pessoa absolutamente incapaz. Logo, não produzem qualquer efeito de negócio válido o contrato celebrado diretamente: por menores de dezesseis anos; pelas pessoas que, por enfermidade ou deficiência mental, não tiverem o necessário discernimento para a prática desses atos; e pelos que, mesmo por causa transitória, não puderem exprimir sua vontade. De outra banda, o art. 171, I, diz serem anuláveis os que forem praticados por agente relativamente incapaz. Segundo o art. 4º do Código Civil, são incapazes, relativamente a certos atos, ou à maneira de os exercer: I – os maiores de dezesseis e menores de dezoito anos; II – os ébrios habituais, os viciados em tóxicos, e os que, por deficiência mental, tenham o discernimento reduzido; III – os excepcionais, sem desenvolvimento mental completo; IV – os pródigos. Em suma, a capacidade civil dos indivíduos indicados no art. 3º simplesmente não existe, enquanto a dos apontados no art. 4º é limitada. Caso a incapacidade absoluta ou relativa do sujeito não seja suprida, respectivamente, pelo seu representante legal ou pelo seu assistente, o negócio padecerá dos defeitos acima especificados. Tratando-se de pessoas jurídicas, que são entes ideais e não possuem vontade em sentido biológico, serão representadas, nas contratações de que participarem, pelas pessoas naturais a quem os atos constitutivos outorgarem poderes expressos para assim proceder.

Muitas vezes não basta que a idéia de contratar se faça acompanhar de capacidade do sujeito para a prática dos atos jurídicos em geral. Em nome da proteção de interesses coletivos, ou tencionando resguardar pessoas colocadas em situação de risco econômico, o legislador exige que o celebrante, no exato instante da emissão volitiva, tenha capacidade específica, também conhecida como legitimação para o ato. Cuida-se de elemento de menor espectro se considerada a amplitude da capacidade genérica, mas é inegável que tem contornos bem mais vigorosos do que esta. É preciso que o indivíduo tenha, naquele caso singularmente considerado, poder de livre disposição da coisa ou do direito sobre o qual versa a contratação. Exemplo disso está na compra e venda de ascendente e descendente, que, para ser perfeita, precisa contar com a expressa anuência dos demais descendentes e do cônjuge do alienante, ressalvada, quanto a este último aspecto, a eventual vigência do regime da separação obrigatória de bens (art. 496 e parágrafo único). Outra situação que ilustra a hipótese versada está na necessidade de concordância do cônjuge para que o outro possa alienar ou gravar de ônus real os bens imóveis durante a constância da sociedade conjugal (art. 1.647, I).

Por fim, todo contrato depende da manifestação positiva de vontade dos celebrantes, de modo que o querer de ambos, embora possa estar marcado por interesses opostos, convirja em um só sentido. Cuida-se de requisito especial, porque pertencente ao âmbito contratual e indispensável à constituição do vínculo jurídico. Em virtude da autonomia que os indivíduos possuem quanto à maioria dos aspectos pertinentes aos contratos, vislumbra-se que a elaboração da vontade surge muito antes de ser concluída a avença. Isto porque a liberdade existe inclusive no momento de decidir contratar ou não, passando pela escolha da pessoa com que se pretende negociar, pelo objeto da contratação e pelas condições em que se desenvolverá o ajuste. Todavia, o marco mais relevante desse circuito é aquele em que se dá a exteriorização da vontade que vincula as partes, ou seja, o momento da celebração propriamente dita.

A vontade do celebrante, apta a vinculá-lo ao pólo contrário, é aquela que segue os padrões de manifestação ditados pelo ordenamento jurídico. Caso a lei não imponha um modo especial, o elemento volitivo poderá ser externado tanto expressa como tacitamente. Será expresso quando o sujeito inequivocamente deixar patente o seu desiderato, mesmo que por meio verbal, escrito ou gestual. Tácito, nas situações em que o agente deixa entrever, na sua conduta, uma postura compatível com a de quem deseja fazer perfeita a avença. Exemplo: José, indicado como mandatário por Fátima, não responde expressamente se aceita a missão, mas de imediato passa a defender os interesses do mandante segundo o que lhe fora solicitado. Isto porque, consoante emerge do art. 649, a aceitação do mandato pode ser tácita, e resulta do começo de execução.

Observa-se, porém, ser insuficiente a simples emissão volitiva quando não for livremente exarada pelo sujeito. Ainda que na aparência possa travestir-se de vontade perfeita, a expressão do indivíduo será defeituosa, e poderá ser anulada, sempre que verificada a presença de algum dos chamados *vícios do consentimento*, elencados nos arts. 138 a 157 do Código Civil. Realmente, o erro ou ignorância, o dolo, a coação, o estado de perigo e a lesão tornam anulável o negócio jurídico, tendo como principal marca comum a manifestação de vontade defeituosa. Apenas para não deixar passar *in albis* a oportunidade, convém destacar que também haverá anulabilidade quando ocorrer fraude contra credores (art. 158 a 165), mas então não se estará tratando de vício do consentimento, mas sim de *vício social*, praticado sem a intervenção direta do lesado. Logo, a fraude contra credores não integra o rol dos defeitos que têm como fonte a afetação da vontade no instante da sua explicitação.

1.3.2. Requisitos objetivos

O objeto do contrato pode ser visualizado sob dois ângulos de análise: imediato e mediato. Considera-se objeto imediato a conduta que o sujeito terá de implementar por força da avença, ou seja, aquilo que os celebrantes têm em mira realizar, consistindo sempre em dar, fazer ou não fazer. É comum à modalidade negocial entabulada, mantendo-se invariável em sua estrutura básica. Na compra e venda, por exemplo, tem-se como objeto imediato a entrega da coisa pelo vendedor ao comprador. Objeto mediato, por sua vez, é o bem jurídico, a prestação sobre a qual recaem o dever do sujeito passivo e o direito do sujeito ativo. Exemplo disso, na compra e venda, é o valor da casa que foi negociada. É variável e contingente, pois cabe às partes defini-lo no momento da celebração ou, posteriormente, até o instante da execução.

No que concerne ao objeto do contrato, a perfeição do negócio jurídico depende da sua licitude, possibilidade e determinação (art. 104, II, do Código Civil). Afora isso, precisa ter algum conteúdo econômico apreciável, pois do contrário não despertará o interesse e tampouco a incidência das normas de direito. Exemplo de contrato cujo objeto estaria despido de valoração econômica seria a compra e venda de um grão de trigo. Ainda que em tese seja possível contratar a respeito dele, pois perceptível a existência de todos os elementos indicados no art. 104, na prática a doutrina e a jurisprudência desprezam tal relação como fonte geradora de obrigações negociais, dada a sua evidente insuficiência de vigor no plano da economicidade mínima exigida de todo contrato. Com isso, não surge, no plano concreto, legitimidade de qualquer das partes para ajuizamento de demanda tendente a reconhecer supostas prerrogativas decorrentes de relação fundada em objeto despido de valor.

Lícito é o objeto que a lei não veda tácita ou expressamente, nem afronta a moral e os bons costumes. Se tudo o que a lei não proíbe está, implicitamente, facultando, haverá licitude sempre que o ordenamento não colocar obstáculos diretos ou indiretos à aposição daquele objeto como núcleo da relação jurídica. Às vezes esse empecilho decorre da colisão do objeto pretendido pelas partes com a moral vigente no meio social em certo tempo e espaço. Assim, o art. 883 do Código Civil diz que não terá direito à repetição aquele que deu alguma coisa para obter fim ilícito, imoral, ou proibido por lei, como no caso de alguém doar um bem a certa pessoa com o fito de obter dela a prática de ilícito que não se acaba consumando.

A iliceidade — ou ilicitude — do objeto pode conduzir à nulidade ou à anulabilidade do ato jurídico, conforme maior ou menor a amplitude da ofensa produzida contra o ordenamento. Se nulo, porque a lei assim determina, operará *pleno jure* tal situação, o que significa dizer que independerá de provocação do interessado a verificação das conseqüências pertinentes. Se anulável, a cessação dos efeitos dependerá de iniciativa do interessado e de sentença que reconheça o defeito.

Outro aspecto a ser observado é o da possibilidade do objeto. Este será possível quando não experimentar vedação normativa acerca da sua viabilidade como elemento da relação jurídica (proibição expressa ou colocação de coisas fora do comércio), ou quando não houver obstáculo físico nesse sentido, posto pelas regras da natureza. Há, portanto, duas espécies de impossibilidade: jurídica e física. Destarte, o medicamento posto fora de comércio, assim como o contrato sobre herança de pessoa viva, são objetos juridicamente impossíveis para figurar no negócio, enquanto o terreno situado no fundo do mar é objeto fisicamente impossível. Note-se que na maioria das vezes há intensa similitude entre a licitude do objeto e a sua possibilidade jurídica, porque tanto uma como outra podem depender da inexistência de previsão normativa que impeça a inserção do objeto em determinada relação jurídica.

A impossibilidade que macula o objeto deve ser absoluta, isto é, a prestação que lhe diz respeito tem de ser irrealizável por qualquer pessoa. Exemplo: Joaquim assume o dever de atravessar o oceano nadando. Quando a impossibilidade for relativa, porque atinge apenas o próprio obrigado, mas não terceiros (*v. g.*, em razão de atraso na viagem, não decorrente de caso fortuito ou força maior, o cantor não consegue se apresentar), o ato jurídico não encontrará obstáculos à sua consecução (art. 106), pois então a dificuldade será apenas circunstancial e poderá ser contornada por outros meios, como no caso da conversão em perdas e danos ou na execução da obrigação por outrem às expensas do devedor.

Quanto à determinação do objeto, muitas vezes não é necessário que esteja presente no exato momento da prática do ato, mas é absolutamente imprescindível que possa ser determinado em momento futuro estabelecido pela lei ou pela vontade das partes, como ocorre, por exemplo, na hipótese de obrigações alternativas, pelas quais o devedor opta, quando do cumprimento (e não no instante da prática do ato original), por um dos objetos elencados como aptos a gerarem a liberação do obrigado por meio da entrega ao credor. Também vale o mesmo raciocínio para o contrato de compra e venda de safra futura, cujo objeto fica projetado, em sua existência, para período temporal posterior ao da celebração. Logo, o objeto precisa ser determinado ou ao menos determinável, pois do contrário, ante eventual indeterminação absoluta (*v. g.*, vendo-te *algo*, extraindo-se daí total inviabilidade de elucidação do que seja), não subsistirá o negócio entabulado (art. 166, II, do Código Civil).

1.3.3. Requisitos formais

O terceiro requisito previsto no art. 104 para a validade do ato jurídico é a sua adequação à forma determinada em lei, ou a adoção de forma por ela não proibida. Em passado remoto, a teoria contratual era fundada essencialmente no rígido cumprimento de imposições normativas referentes à formalidade dos negócios, cuja inobservância acarretava absoluta e total insubsistência daquilo que fora avençado pelas partes. Contudo, a evolução do direito fez ver a necessidade de facilitação dos ajustes de vontade, já que a dinâmica das relações modernas não admite entraves que possam mais prejudicar do que beneficiar os envolvidos.

No mais das vezes o legislador atual deixa a critério das partes a opção pela forma do ato, revelando-se nisso o denominado *consensualismo*. Basta o acordo de vontades para que os celebrantes fiquem atrelados àquilo que ajustaram, independentemente da forma que escolheram para patentear o elemento volitivo. O ordenamento somente impõe determinadas formalidades quando a relevância de certos quadros específicos recomendar. Quando assim estipular, estará dando vazão ao chamado *formalismo*, pelo qual os interessados somente se vinculam validamente se atenderem à prescrição legal relativa à maneira pela qual externam a vontade. Em virtude desse contexto, onde prevalece a liberdade de forma em virtude da incidência do art. 107 do Código Civil, a imensa maioria das contratações pode ser implementada por simples expressão verbal, *v. g.*, locação, compra e venda de coisas móveis com tradição manual, empréstimo e assim por diante. Realmente, o art. 107 diz: *"A validade da declaração de vontade não dependerá de forma especial, senão quando a lei expressamente a exigir"*. Assim, somente na hipótese de a lei prescrever determinada forma como elemento adicional de segurança e vinculação é que os celebrantes não poderão escolher mecanismo diferente de realização do ato jurídico. O desatendimento do imperativo legal gera insubsistência do pactuado, pois, consoante fixado no art. 166, IV e V, do Código Civil, o negócio jurídico será nulo quando não revestir a forma prescrita em lei ou for preterida alguma solenidade que a lei considere essencial para a sua validade.

A forma escrita é estabelecida como obrigatória para a prática de atos que exigem a manifestação de rigorosa e minuciosa certeza jurídica quanto aos aspectos ajustados pela partes. Em hipóteses ainda mais severas, o legislador prevê a adoção da escritura pública para a consecução do negócio, como acontece, por exemplo, na compra e venda de imóveis acima do valor mínimo legal e em todos os contratos cujo objeto for direito real sobre imóvel. Nesses casos a execução verbal do ato não surtirá os efeitos pretendidos pelas partes, nem as vinculará para os fins que decorreriam de uma contratação regular.

A forma exigida pela lei para certo negócio pode assumir duas variantes: a) *ad solemnitatem*, quando a vontade que deixar de revesti-la não terá nenhum valor, pois o atendimento da forma serve como efetivo pressuposto de validade do ato negocial; b) *ad probationem*, quando funciona como prova do próprio negócio jurídico. Na primeira categoria inclui-se a feitura de testamento, a transmissão de imóveis etc., enquanto na segunda pode ser citado exemplo ofertado por *Caio Mário da Silva Pereira:* a obrigação de valor superior a 10 salários mínimos não pode ser provada exclusivamente por testemunhas, pois a lei exige ao menos começo de prova por escrito (art. 401 do Código de Processo Civil).

Porém, se o devedor for chamado a cumprir a obrigação e não opuser exceção será eficiente o pagamento efetuado, porque a forma não se sobrepõe ao fundo, nem integra a constituição do ato, funcionando apenas como modo de evidenciação (obra citada, p. 337). Logo, a forma *ad solemnitatem* integra a constituição válida e eficaz do negócio jurídico, enquanto a forma *ad probationem* não afeta esses aspectos, nem o seu desatendimento o invalida. Entrementes, a prova da existência do negócio dependerá da sua adoção, e a sua preterição maculará a exeqüibilidade do negócio, que ficará submetida à vontade da parte contrária.

1.4. Princípios do direito contratual

No Direito Contratual, há princípios que marcam a estrutura dos negócios jurídicos celebrados. Alguns surgiram com a própria idéia de contrato como instituto juridicamente disciplinado, enquanto outros resultaram da evolução do estudo da matéria. Embora esteja acorde em torno da essência dos princípios, a doutrina não se mostra uniforme quanto ao rol exato em que devam ser explicitados. Isto porque é comum citar alguns que se subsumem noutros, ao passo que também é usual arrolar exatamente todas as figuras como elementos autônomos. Ressalvada essa particularidade, o importante mesmo é fazer alusão aos mais relevantes princípios e mencionar outros que, inseridos ou não nas figuras básicas, interferem na definição do núcleo de qualquer contratação.

Para os fins propostos neste trabalho, é suficiente resumir a quatro espécies os princípios do direito contratual: a) princípio da autonomia da vontade; b) princípio da relatividade dos contratos; c) princípio da força vinculante do contrato; d) princípio da probidade e da boa-fé.

14.1. Princípio da autonomia da vontade

O ser humano nasceu para ser livre em todos os sentidos. É da natureza humana a liberdade, seja no aspecto do ir e vir em sentido físico como no de atuar dentro da maior abrangência jurídica possível. No campo contratual não é diferente, pois toda pessoa busca celebrar avenças capazes de satisfazer as suas necessidades, tanto em caráter primário como outras de que dependa a satisfação de objetivos ligados à completa realização do indivíduo em sua passagem terrena. Em atenção a essa realidade natural, já os romanos reconheciam a ampla liberdade de celebrar contratos como princípio jurídico fundamental. Desde aquela remota época muita coisa mudou, mas a perspectiva de contratar e de ajustar tudo o que se refira a essa espécie de atividade continua sendo extremamente prestigiada. É bem verdade que as mudanças sociais havidas, assim como a evolução do direito, determinaram alterações também na visão que se tem modernamente a respeito do mencionado tema; todavia, isso não afetou a essência da postura jurídica das legislações em geral, sempre tendentes a reconhecer considerável liberdade de contratação. Não obstante, é cada vez maior a integração de normas de ordem pública em meio à disciplina do direito contratual, haja vista o entendimento de que o interesse coletivo predomina sobre o privado.

Fundamentalmente, são três os aspectos que evidenciam com melhor transparência o princípio da autonomia da vontade. Com efeito, o indivíduo pode: a) decidir contratar ou não; b) decidir com quem celebrar a contratação; b) decidir acerca do conteúdo da avença que deseja celebrar. Antes de dar início a qualquer ato de natureza estritamente contratual, a pessoa pode optar entre ajustar ou não a sua vontade à de outro sujeito, pois, como regra geral, ninguém é obrigado a contratar. Pode ser mais apropriado ao indivíduo manter-se inerte, deixando para momento posterior a celebração ou inclusive preferindo nunca levar a cabo a avença originalmente imaginada. Assim, admite-se que alguém que tencionava adquirir um automóvel desista da idéia e não realizar o negócio jurídico. Disso não deflui qualquer conseqüência negativa ao interesse particular, já que estava dentro da esfera unilateral de poder do sujeito a decisão a respeito daquela matéria. Supondo-se que opte pela efetivação do contrato, passa-se ao segundo espaço de manifestação do livre arbítrio, que se situa na possibilidade de escolher com quem deseja contratar. Imagine-se a compra e venda de um automóvel novo, pretendida por determinada pessoa. Ela tem à disposição inúmeros estabelecimentos comerciais, ficando ao seu alvedrio o apontamento de um deles para consumar a negociação. Por fim, é dado à pessoa debater as cláusulas do contrato para proteger mais adequadamente os próprios interesses, vedando-se à ordem jurídica, salvo situações especiais, interferir a ponto de inviabilizar a celebração.

Mostra-se tão relevante o princípio da autonomia da vontade que o legislador não permite apenas que o indivíduo celebre contratos tipicamente estruturados no Código Civil e na legislação esparsa. Admite, também, que sejam celebrados contratos atípicos, isto é, despidos de uma estrutura taxativamente posta na lei e pautados pela conjugação de vontades com fundamento em preceitos gerais do direito contratual. O Código Civil legitima esse procedimento ao dizer, expressamente, que é lícito às partes estipular contratos atípicos, observadas as normas gerais nele fixadas (art. 425). Nada impede, ainda, que sejam gerados contratos mistos, criados a partir da fusão de elementos colhidos dos tipos previstos na lei ou da mescla destes com regras genericamente postas no ordenamento jurídico. Afinal, o Código Civil não conseguiria prever um número de espécies típicas capaz de abarcar todas as situações fáticas. De resto, os celebrantes sabem melhor do que ninguém qual a forma mais adequada para regularem os seus próprios interesses privados, de maneira que a interferência estatal deve ser mínima, a fim de evitar indevidas restrições à liberdade individual. Basta que atentem para as exigências comuns a todos os contratos quanto à capacidade, objeto e forma (art. 104) e estarão construindo uma avença submetida às normas de direito contratual.

A socialização do direito vem impondo certos limites à autonomia da vontade, adequando-a à nova realidade coletiva. Afinal, o próprio entendimento acerca da finalidade das regras de conduta vem sendo modificado de maneira crescente. O Código Civil de 2002 abandonou, em parte, a concepção individualista que marcava os primórdios do direito e influenciava inclusive a codificação revogada. Prevaleciam os interesses privados em quase todas as situações, somente havendo espaço para os preceitos de ordem pública, com maior envergadura, dentro do Direito de Família e do Direito das Sucessões. Hoje eles estão disseminados por todo o diploma legal e deixam a sua marca até mesmo no âmbito contratual, onde sempre predominou a proteção dos anseios particulares.

Uma das regras mais sintomáticas dessa alteração de posicionamento é a da função social do contrato, pela qual o ajuste privado deve levar em consideração os interesses da coletividade. Modernamente, a liberdade de contratar será exercida em razão e nos limites da função social do contrato (art. 421). Portanto, a liberdade de contratar é apenas relativa, sofrendo várias ingerências normativas até mesmo no que diz respeito aos três momentos mais característicos da autonomia da vontade. Assim, às vezes a conduta é direcionada, sendo impraticável escolher com quem contratar, *v.g.*, no caso de monopólio público sobre certas atividades, do que resulta a necessidade de celebrar ajustes apenas com as entidades que dominam o setor. Não menos evidente é a restrição experimentada no instante de decidir sobre a celebração ou não do contrato, pois nada obsta que o legislador obrigue o particular a contratar, *v. g.*, se a falta de gêneros alimentícios afetar de tal maneira o abastecimento coletivo a ponto de os produtores serem forçados a vender os seus estoques ao governo. Ademais, a dinâmica das relações interpessoais funciona como fator que na prática obriga os indivíduos a contratar, *v. g.*, como passageiros de transporte coletivo. Não se pode olvidar, ainda, o fato de que o teor das celebrações também passa pelo crivo de circunstâncias objetivamente postas na lei (cumprimento de função social, observância da imposição de boa-fé, probidade etc.), não ficando subjugado à pura e simples vontade da pessoa. Logo, nem tudo o que o sujeito pretende inserir no contrato poderá compor a sua estrutura, restando patente, destarte, a relatividade do princípio da autonomia volitiva mesmo no que pertine ao conteúdo das avenças promovidas.

1.4.2. Princípio da relatividade dos contratos

A manifestação das partes a respeito de certo objeto contratual é de tamanho vigor jurídico que não há exagero nenhum em afirmar que o contrato faz lei entre as partes. Isto porque a celebração adquire força de norma de conduta para os contraentes, como se fosse genuína regra jurídica editada pelo poder competente. É claro que a avença particular e a regra de direito não se equiparam em amplitude, mas a figura ilustrativa é empregada com vistas a definir com melhor adequação a extensa implicação que o elemento anímico contratual tem sobre os manifestantes. Assim, o credor pode exigir do devedor a prestação convencionada, ao passo que este fica obrigado, perante aquele, a cumprir o ajuste formulado.

Quanto ao alcance do contrato frente a terceiros, porém, a situação é diametralmente oposta. Quem não participa da celebração fica à margem das conseqüências advindas do ajuste formulado, pois este somente atinge as partes que emitiram vontade e decidiram produzir aquele específico liame. Isso vale tanto para os efeitos proveitosos como para os que eventualmente pudessem trazer repercussões negativas para estranhos. Em suma, os efeitos do contrato, vislumbrados sob a ótica da composição dos pólos celebrantes, não ultrapassam as fronteiras jurídicas dos indivíduos que tomaram assento na sua elaboração. Terceiros não são afetados pela avença, seja no concernente às vantagens como aos prejuízos que poderia gerar. Trata-se de posicionamento que visa a proteger quem ficou alheio às questões relacionadas à formação do contrato, pois se assim não fosse restaria instalada a mais absoluta insegurança nas relações jurídicas. Logo, para terceiros o contrato é *res inter allios*, coisa estranha à esfera jurídica pessoal e patrimonial dos indivíduos que não foram parte e nem de qualquer modo deram anuência quanto ao objeto da celebração havida.

Discussão travada no meio doutrinário diz respeito à minimização do alcance do princípio da relatividade do contrato em virtude da edição do art. 421 do Código Civil, que preconiza o cumprimento de função social pelas avenças. Em torno do tema, *Carlos Roberto Gonçalves* (obra citada, p. 27) refere que *"a nova concepção da função social do contrato representa, se não ruptura, pelo menos abrandamento do princípio da relatividade dos efeitos do contrato, tendo em vista que este tem seu espectro público ressaltado, em detrimento do exclusivamente privado das partes contratantes"*. Entende-se, assim, que terceiros não participantes do contrato podem nele influir porque afetados por aspecto dele emergentes, seja direta ou indiretamente. Respeitada a posição acima descrita, cabe breve consideração acerca do tema. Se é verdade que terceiros não podem ser atingidos negativamente pelo contrato, forçoso concluir que sempre existiu a possibilidade de combater, pelos meios ordinários, eventuais afrontas, decorrentes da contratação, a direitos de pessoas estranhas à relação contratual. Isso não permite, contudo, que os lesados interfiram nas cláusulas do ajuste com o fito de alterá-las, sendo-lhes facultado, todavia, fazer cessar a ofensa por meio de mecanismos aptos a impedir que as conseqüências do contrato produzam reflexos sobre o interesse individual.

Admitir que terceiros possam questionar diretamente o conteúdo de contrato de que não tomaram parte significa, sem dúvida, negar efetividade a uma das mais proeminentes características dos vínculos contratuais, que consiste exatamente em só atrelar ao seu conteúdo os celebrantes, seja para auferir proveitos como para suportar reveses. Quando o contrato não cumprir a função social definida no art. 421, e isso acarretar reflexos negativos junto a terceiros, terão estes legitimidade para repelir tais efeitos, mas não poderão alterar quaisquer cláusulas contratuais e nem obstar a sua inserção na avença, sob pena de acabar sendo suprimida a segurança que o direito contratual atribui a relações dessa natureza.

1.4.3. Princípio da obrigatoriedade dos contratos

Desde quando iniciada a disciplina técnica dos contratos, e especialmente no direito romano, sempre foi dada especial ênfase ao vigor com que deveriam as partes ser vinculadas em razão da manifestação volitiva expendida. A regra de que os contratos são de cumprimento obrigatório para os celebrantes (*pacta sunt servanda*) reveste as avenças de segurança e seriedade. Afinal, não pode qualquer das partes voltar as costas para aquilo que ambas livremente idealizaram. Se nenhum indivíduo pode ser ordinariamente compelido a contratar, subentende-se que ao decidir pela vinculação aceita imposição legal no sentido de que deve cumprir o teor consolidado. O contratante possui legitimidade para reclamar o cumprimento do dever jurídico incidente sobre a parte contrária, caso não seja adimplida regularmente a obrigação pactuada. A fonte econômica de atendimento desse dever é o próprio patrimônio do sujeito passivo, submetido por lei a procedimentos, inclusive de constrição e excussão, destinados a gerar recursos suficientes para satisfazer o direito do sujeito ativo. Não cumprida a obrigação, responde o devedor por perdas e danos, mais juros e atualização monetária segundo índices oficiais regularmente estabelecidos, e honorários de advogado (art. 389).

Outra característica oriunda do princípio da obrigatoriedade é a da inviabilidade de alteração unilateral das cláusulas contratuais pactuadas. Com efeito, o comprometimento externado é irreversível e nenhum dos celebrantes pode modificar o conteúdo do ajuste, pois se duas ou mais vontades foram necessárias para criá-lo, somente por nova interferência dessas mesmas vontades será possível alterar qualquer de seus aspectos. Não se está afirmando, com isso, que a contratação é mutável unicamente por incidência do querer das partes, mas sim que a modificação extrajudicial dos contornos da avença depende dessa medida. Ao Poder Judiciário, quando provocado, sempre é factível a afetação do contrato, seja por supressão de cláusulas abusivas ou ilegais, como pela aplicação de ditames originalmente desconsiderados pelos celebrantes.

Por outro lado, a obrigatoriedade dos contratos não é absoluta, pois a máxima *rebus sic stantibus* há muito tempo trouxe a perspectiva de revisão das cláusulas contratuais. Isto porque a modificação das condições ambientais da celebração, quando confrontado o momento em que ocorreu e aquele posteriormente vivenciado, permite à parte afetada pleitear a verificação e recomposição dos termos do ajuste. Essa tendência evidenciou-se com maior clareza durante o período da Primeira Guerra Mundial, quando as contratações não puderam ser cumpridas pelos fornecedores de carvão e outros produtos em função da precariedade das condições de transporte, eis que abalada a infraestrutura de muitos dos países envolvidos. Com isso, a revisão dos contratos passou a ser admitida com mais acentuada ênfase, fundada na ocorrência de fatos extraordinários e imprevisíveis capazes de romper o equilíbrio contratual fixado pelas partes quando da celebração. Quando um dos celebrantes experimenta majoração injustificada e excessiva no conteúdo da prestação a que está obrigado, pode requerer ao Poder Judiciário a recomposição do *status quo ante*, com o conseqüente reexame das cláusulas econômicas da avença. Isso ameniza o princípio da obrigatoriedade dos contratos, mas encontra respaldo na necessidade de conservar em patamar de equilíbrio as relações negociais concretizadas. Aliás, a prevalência do interesse público também é argumento incidente na espécie, pois é certo que se mostra relevante para a coletividade a manutenção de elevado grau de estabilidade nos contratos, visando a fomentar com maior efetividade a circulação de riquezas e o desenvolvimento. Também embasa esse posicionamento a vedação do enriquecimento sem causa de uma das partes em detrimento da outra, que imotivadamente empobrece.

No Código Civil, os preceitos emergentes da cláusula *rebus sic stantibus* estão apostos em vários dispositivos, conforme exemplos a seguir explicitados. O negócio jurídico é anulável quando alguém, premido da necessidade de salvar-se, ou a pessoa de sua família, de grave dano conhecido pela outra parte, assume obrigação excessivamente onerosa (estado de perigo, art. 156). Igual perspectiva há quando uma pessoa, sob premente necessidade, ou por inexperiência, se obriga a prestação manifestamente desproporcional ao valor da prestação oposta (lesão, art. 157). Nos contratos de execução continuada ou diferida, se a prestação de uma das partes se tornar excessivamente onerosa, com extrema vantagem para a outra, em virtude de acontecimentos extraordinários e imprevisíveis, poderá o devedor pedir a resolução do contrato. Os efeitos da sentença que a decretar retroagirão à data da citação (art. 478). A resolução poderá ser evitada, oferecendo-se o réu a modificar eqüitativamente as condições do contrato (art. 479). Se no contrato as obrigações couberem a apenas uma das partes, poderá ela pleitear que a sua prestação seja reduzida, ou alterado o modo de executá-la, a fim de evitar a onerosidade excessiva (art. 480).

Afora as situações mencionadas acima, cuja verificação prática permite que uma das partes postule a readequação do contrato, também é merecedora de referência a possibilidade de restrição ao princípio da obrigatoriedade dos contratos quando o caso fortuito ou a força maior atuar como elemento de ilisão da responsabilidade do celebrante. Embora o contrato não seja cumprido, inexiste responsabilização civil do sujeito passivo, porque o desatendimento da imposição contratual foi motivado pela ocorrência de evento superior à vontade e às forças dele. O devedor não responde pelos prejuízos resultantes de caso fortuito ou força maior, se expressamente não se houver por eles responsabilizado. O caso fortuito ou de força maior verifica-se no fato necessário, cujos efeitos não era possível evitar ou impedir (art. 393 e parágrafo único).

1.4.4. *Princípio consensualista*

Em Roma o direito encontrava suporte nas idéias do formalismo e da materialidade, requisitos de existência do contrato. Em vista disso, os ajustes de vontade prendiam-se a fórmulas sacramentais, a ritos específicos e a acontecimentos jungidos à necessidade de concretização em elementos externos. A transmissão de bens, assim como a prática de qualquer ato jurídico era ordinariamente submetido a exigências formais profundas. Somente por exceção admitia-se a contratação pelo simples consenso ou acordo de vontades. As figuras contratuais dispensadas do rol daquelas que precisavam ser formalmente constituídas eram: venda, mandato, locação e sociedade). *"E somente foi possível atribuir força obrigatória aos contratos consensuais no momento em que aos pactos que os precederam foi ligada a actio bonae fidei"* (Caio Mário da Silva Pereira, obra citada, p. 12). Com o advento de ação especial destinada a resguardar os interesses envolvidos em tais liames, a noção de consensualismo experimentou profunda transformação e passou a ser melhor aceita. O aperfeiçoamento das regras de conduta, promovido no decorrer dos séculos, permitiu que se chegasse a um estágio, hoje consagrado, em que predomina a pura e simples vontade das partes como fator de formação dos contratos. Invertendo o rumo traçado pelos romanos, a legislação moderna atribui ao formalismo papel secundário, embora ainda seja fundamental para a realização de certos atos jurídicos ou para a atribuição de eficácia *erga omnes* (*v. g.*, compra e venda de imóveis, registro imobiliário, casamento etc.).

Como regra geral, o contrato surge do consenso da partes celebrantes, sem que se imponha a adoção de outra providência adicional qualquer. A vontade é que deflagra a formação da avença e a faz perfeita para que acarrete os seus resultados comuns. Um dos contratos mais utilizados é o de compra e venda, presente em todas as civilizações e extremamente prestigiado. A sua constituição depende apenas do acordo das partes quanto ao objeto e ao preço (art. 482 do Código Civil). O exaurimento da sua potencialidade, pelo pagamento do valor previsto e pela entrega da coisa ao adquirente constituem etapa subseqüente ao nascimento da relação contratual. Assim, prevalece a liberdade de forma, de maneira que geralmente os contratos são *consensuais*. Mas, se a lei impuser a submissão a determinada forma específica para a conclusão do negócio, ou a prática de algum ato adicional para que ocorra o aperfeiçoamento da avença, os celebrantes terão de atender à determinação, sob pena de insubsistência daquilo que pactuaram. É o que acontece, por exemplo, no caso dos chamados *contratos reais*, dos quais o comodato é espécie, cuja perfectibilização depende da efetiva entrega da coisa de uma parte à outra, haja vista ser esta a orientação normativa (art. 579 do Código Civil).

1.4.5. Princípio da boa-fé

A exigência de comportamento honesto e leal das partes sempre foi um dos fundamentos do direito contratual brasileiro, como, de resto, figura na totalidade das legislações estrangeiras. Todavia, essa imposição nem sempre obedece a uma fórmula única, variando segundo o tempo e o lugar onde a regra é estabelecida. Agir com lisura é qualidade invariavelmente esperada de qualquer contratante e em todos os negócios realizados. Não se limita ao ambiente próprio das etapas contratuais em sentido estrito, pois a conduta íntegra dos celebrantes deve começar já nas negociações preliminares, postas em momento anterior àqueles que integram a formação do contrato. Projeta-se, igualmente, pela seara da proposta, da aceitação e do cumprimento da vontade deduzida quando da produção do ajuste.

Essa expectativa criada pelo legislador em torno da conduta dos contratantes, transmudada em norma jurídica dotada de caracteres peculiares, pode ser resumida na palavra *boa-fé*, por si mesma agregadora de todas as virtudes que podem e devem estar concentradas nos sujeitos contratantes. O resguardo da boa-fé e a preservação da confiança formam a base da estrutura normativa, e, com maior evidência, de qualquer relação jurídica individual. Ela se revela em preceitos conhecidos como *normas de conexão*, pois se cingem a delimitar comportamentos, sem, contudo, fixar as conseqüências de eventual violação. Assim, a elaboração desse alicerce no plano material deve ser efetivada em cada situação concretamente analisada, sopesados os balizadores normativos e o contexto fático em que as partes celebrantes estiverem envolvidas.

É importante desde logo salientar que, em sentido jurídico, a boa-fé se bifurca em *subjetiva* e *objetiva*. Considera-se portadora de boa-fé subjetiva a pessoa que acredita estar agindo dentro dos cânones legais positivados, ou que ignora a existência de regra em sentido contrário àquilo que pratica ou de fatos capazes de interferir no destino do contrato. Enfim, a boa-fé subjetiva leva em consideração a elaboração anímica do indivíduo, que age com espírito desarmado e inocente, merecendo, por isso, certo grau de proteção jurídica. Era este o ponto de vista do Código Civil de 1916, preocupado que estava em fazer contrapor ao individualismo exacerbado das suas normas um limite jurídico fundado também em imposições éticas e morais.

A boa-fé objetiva, por seu turno, não destoa da espécie subjetiva no concernente ao *modus operandi* exigido do contratante. Afinal, os deveres de honestidade, lealdade, retidão, correção e tantos outros são comuns a ambas as modalidades. Diferenciam-se, sobretudo, no mecanismo de aferição do instituto, já que à boa-fé subjetiva importa a elaboração mental do sujeito, que crê em determinada coisa ou ignora certos acontecimentos, enquanto a boa-fé objetiva atribui maior relevância ao comportamento concreto do indivíduo. Sendo regra de conduta, o princípio da boa-fé objetiva impõe a todos um proceder escorreito, isento de máculas e que denote, por assim se ter consumado, o espírito translúcido que anima o agente. Extraída de um princípio geral do direito que sempre teve grande prestígio na esfera jurídica, passou, com a codificação de 2002, ao patamar de regra positivada de conduta, do que resulta a sua maior eficiência prática.

No plano contratual, o Código Civil estabelece que os contratantes são obrigados a guardar, assim na conclusão do contrato, como em sua execução, os princípios de probidade e boa-fé (art. 422). Desde o instante em que iniciam as negociações para o fechamento de um contrato, até o momento em que o mesmo é totalmente cumprido, exige-se das partes envolvidas que procedam com honradez, dignidade e denodo. Não devem ser toleradas condutas eivadas por má-fé, que se define como *"ânimo doloso de quem age ilicitamente, sabendo que viola os direitos de terceiro e transgride as disposições da lei"* (José Náufel, *Novo Dicionário Jurídico Brasileiro*, Ícone Editora, p. 679). Tampouco se admite a improbidade, que é o agir com espírito de emulação e a falta de decoro no proceder. Ser probo é portar-se com bons propósitos e intentos livres de más influências, sendo relevante frisar que a probidade não deixa de ser um derivativo - ou um elemento - da boa-fé. Afora as sanções específicas contidas na legislação para o caso de transgressão aos princípios da probidade e da boa-fé, pode-se afirmar que ao julgador é facultado interpretar as cláusulas contratuais, nos limites impostos pelo ordenamento, mais favoravelmente a quem agiu com bom espírito, em detrimento daquele que se portou inadequadamente sob o prisma da lisura procedimental exigida dos contraentes.

Considerado o fato de que o art. 422 é cláusula geral, cabe ao julgador verificar se a conduta objetivamente praticada pelo sujeito é compatível com aquela que se lhe impunha nas circunstâncias, sopesadas as normas de direito, os usos e costumes do local da celebração (art. 113) e assim por diante. Se o comportamento não se amoldar aos preceitos da boa-fé, o agente terá afrontado a norma codificada e se sujeitará às conseqüências de estilo, que vão desde a insubsistência do negócio até a supressão de cláusulas abusivas e a exegese que melhor se adequar à situação analisada. Convém salientar, com igual ênfase, que comete ato ilícito o titular de um direito que, ao exercê-lo, excede manifestamente os limites impostos pelo seu fim econômico ou social, pela boa-fé ou pelos bons costumes (art. 187).

O dever de fazer prova no sentido da presença da má-fé compete a quem a alegar. Presume-se a boa-fé, que é conduta ordinária nos negócios jurídicos em geral, sendo necessária prova inequívoca e definitiva acerca da existência da má-fé, porque se trata de comportamento excepcionalmente verificado. O legislador, destarte, partiu do pressuposto de que o ser humano age comumente de acordo com uma construção mental voltada para a lisura procedimental e para a retidão. O contrário, por configurar situação extraordinária, reclama prova robusta e insofismável, sob pena de prevalecer o estado de coisas ditado pela presunção acima referida.

Situa-se no espectro de abrangência do princípio da boa-fé a idéia de *violação positiva* dos deveres anexos ou laterais emergentes do contrato. Afinal, quem celebra contratação obriga-se não apenas a adimplir a prestação ajustada, mas também os deveres que integram as normas ou cláusulas gerais de comportamento, notadamente a lealdade, a honestidade, a transparência na atuação e assim por diante. Embora não haja inadimplemento absoluto ou mesmo parcial do conteúdo do contrato propriamente dito, a ausência de observação dos deveres que gravitam em torno da avença pode acarretar a responsabilização do contratante faltoso. Acontece, então, afronta ao princípio da boa-fé objetiva, que impõe ao sujeito uma conduta contratual ilibada. Tal situação se aproxima bastante, em conseqüências, àquela decorrente do inadimplemento do contrato ou de parte dele. Tanto é assim que o lesado poderá pleitear reparação dos prejuízos experimentados em função do referido agir, desde que comprove a extensão do *minus* sofrido.

Em percuciente análise, *Silney Alves Tadeu* (*in* Juris Síntese n. 94, p. 7) observa: "*O termo — violações positivas do contrato — deve-se a Hermann Staub, quando identificou certas expressões do inadimplemento, mesmo havendo o cumprimento contratual positivado, na ocorrência de violação aos legítimos interesses do credor. Expressão esta alargada por Karl Larenz e estendida por Pontes de Miranda. Na praxe, são comuns os casos nos quais, por falta de norma direta e de cláusula negocial expressa, a prestação, apesar de contratualmente efetuada, causa dano ao credor, em afetação de suas legítimas expectativas baseadas na confiança, como por exemplo, o caso da seguradora que, mesmo entregando o veículo consertado, somente autoriza o seu conserto 30 dias após o sinistro, ou aquele fornecido por Araken de Assis, no caso do médico que diagnostica a doença do paciente, administrando-lhe, porém, dentre os vários tratamentos disponíveis, o mais penoso e prolongado. Em todos os exemplos, os deveres principais foram cumpridos de acordo com o estipulado, não se cogitando do inadimplemento. Entretanto, cabe cogitar da maneira como foram cumpridos em face dos danos causados aos credores: o segurado, que teve seu veículo entregue muito tempo depois do previsto, houve por bem contratar uma locação para continuidade de seu labor, eis que este se fazia necessário para o desempenho de sua atividade, pois se tivesse havido a vistoria e a autorização em seguida ao sinistro não haveria demora na entrega do bem, e no caso do paciente, que mesmo recebendo o tratamento eficaz, foi penalizado com o sofrimento e demora desnecessários*". O tema aventado dá margem ainda a muitos debates e haverá de ser aperfeiçoado ao longo do tempo; todavia, está-se diante de aspectos novos que merecem extrema consideração, haja vista a sua relevância na seara contratual.

Capítulo 2

FORMAÇÃO DOS CONTRATOS

2.1. Exteriorização da vontade

Como negócio jurídico bilateral, o contrato precisa contar com a soma de pelo menos duas vontades, convergentes acerca dos vários aspectos da avença, para que se considere formado e apto a gerar as conseqüências que lhe são próprias. Mais do que uma exigência para a validade do negócio jurídico, o acordo volitivo é pressuposto de existência do contrato. Sem que haja consentimento das partes envolvidas, a contratação não existe, de maneira que jamais produzirá efeitos no plano negocial.

Afirmada a circunstância posta acima, a respeito da qual não há exceções, é preciso examinar os vários mecanismos que viabilizam a válida exteriorização da vontade. E, mais precisamente, analisar como podem os interessados manifestar-se de modo perfeito com vistas à formação do contrato pretendido.

A validade da declaração de vontade não dependerá de forma especial, senão quando a lei expressamente a exigir (art. 107). Como regra geral, a forma das declarações de vontade é livre, ou seja, os interessados não ficam atrelados a providências especiais senão quando a lei diretamente as impuser. Assim, nem mesmo por meio de manifestação de vontade das partes será admitida opção por forma diversa daquela especificada em lei. Em nada aproveita aos interessados, por exemplo, convencionar que a escritura particular servirá para transferir um imóvel de valor superior ao previsto no art. 108 do Código Civil. Porém, os interessados podem ajustar a exigibilidade de escritura pública para a realização de certo negócio jurídico para o qual a lei não a prescreve (art. 109 do Código Civil), até porque se assim não for qualquer forma porventura empregada nesse caso (verbal, escrito público, escrito particular etc.) será aceita e atribuirá perfeição à manifestação de vontade.

Nas situações em que a lei impõe determinada forma especial, todas as alterações subseqüentes, relacionadas à mesma manifestação de vontade (ex.: acréscimo posterior de cláusulas), terão de seguir a mesma forma aplicada no negócio originalmente entabulado. Se assim não for, estará patenteada a nulidade do aditivo, pois o acessório segue o principal e não adquire autonomia a ponto de se desligar do princípio da atração da forma. De banda diversa, se é facultado às partes promover certa manifestação volitiva com adoção de forma verbal, é certo que com muito mais razão poderão escolher a forma escrita e pública, cujo grau de segurança e de facilitação da prova de existência é normalmente bem mais elevado.

Vale aqui a lição do sempre abalizado *Washington de Barros Monteiro* (obra citada, p. 240): *"Em regra, a vontade pode manifestar-se livremente. A ordem jurídica não cria restrições à sua livre exteriorização. Assim sendo, o agente não se acha adstrito a imprimir-lhe forma especial, podendo recorrer, indiferentemente, à palavra falada, à palavra escrita, ao gesto e até mesmo ao simples silêncio, desde que apto a traduzir o pensamento".* Essa realidade sofre mudanças apenas quando entram em evidência aspectos relacionados com a pretensão de atribuir maior segurança e estabilidade jurídica ao negócio, ou quando estiverem associados à necessidade de conferir efetiva prevalência ao interesse público se em confronto com o particular. Em tais hipóteses, a lei prescreve forma específica e a indica como essencial para a regular vinculação das partes.

Para externar o seu elemento anímico, o indivíduo pode fazê-lo de maneira expressa ou tácita. Nada obsta, ainda, que em determinadas situações possa valer-se do silêncio como mecanismo de valor jurídico equiparado ao do consentimento expresso ou tácito, conforme já salientado na lição do ilustre jurista mencionado acima. Quando se manifesta expressamente, a pessoa projeta para o exterior de modo inequívoco aquilo que deseja, seja por meio de escrito, da palavra falada ou inclusive de gestos. Observe-se, todavia, que sendo vedado presumir o assentimento, este somente é extraído de condutas claras e indubitáveis. A hesitação, a dubiedade, a contradição e tantos outros comportamentos imprecisos não traduzem consentimento para fins negociais.

A vontade tacitamente exarada também possui pleno valor jurídico, desde que se apresente insofismável. O indivíduo que se manifesta expressamente age por mecanismo direto, *v.g.*, afirmando, escrevendo ou acenando positivamente. Já o querer tácito resulta da realização de conduta compatível com a de quem pretende chegar a determinado resultado, disso se extraindo o consentimento. Trata-se de meio indireto, cuja segurança técnica reside no vigor que seja capaz de transmitir em razão da natureza da conduta realizada. Assim, o sujeito nomeado como mandatário revela tácito assentimento quando, mesmo sem dizer que aceita, dá início à execução do mister acenado pelo mandante. Logo, a adesão da vontade tácita do mandatário à vontade expressa da parte contrária faz celebrado o contrato, vinculando as partes em conformidade com o que ficou avençado.

A questão do silêncio como elemento de exteriorização da vontade é relativamente delicada e exige alguma cautela adicional. A *priori*, o silêncio não deve implicar em aceitação ou em recusa, pois nas relações negociais comumente uma parte espera da outra que manifeste inequivocamente o seu posicionamento, quer seja positivo ou negativo. Porém, a ordem normativa diz que o silêncio importa anuência, quando as circunstâncias ou os usos o autorizarem, e não for necessária a declaração de vontade expressa (art. 111 do Código Civil). Logo, o conhecido adágio popular *"quem cala consente"* tem considerável sentido jurídico e intensa aplicabilidade prática, pois funciona como preceito de consentimento para as situações em que uma das partes tenha de expressar vontade, consentindo ou discordando de alguma coisa. O silêncio terá o sentido de concordância se o contexto da espécie analisada ou os usos locais autorizarem, a menos que se imponha a necessidade legal de expressa declaração de vontade. Em tal hipótese, a idéia de se tomar o silêncio como assentimento cede lugar a formas e peculiaridades diversas em nome da preservação da segurança nos relacionamentos jurídicos.

Seguindo essa linha de raciocínio, é possível trazer o seguinte exemplo: José recebe certo produto que encomendara e recebera por reembolso postal. O vendedor concedera trinta dias de prazo para restituição na hipótese de o adquirente não ficar satisfeito. Quedando-se em silêncio e não restituindo a mercadoria no tempo ajustado, o comprador estará definitivamente confirmando o negócio. Assume, pois, todas as obrigações e os direitos concernentes ao quadro produzido pelo assentimento ficto. Existe aí presunção *juris tantum* que cede ante prova em contrário, desde que suficientemente robusta para produzir convencimento contrário ao estipulado na lei como resultado da inércia. Porém, se os celebrantes acordam no sentido de que a eventual aceitação terá de ser expressamente formulada no prazo previsto, o silêncio não implicará em aceitação, mas sim em recusa capaz de desfazer o negócio jurídico.

O Código Civil menciona algumas situações contratuais específicas em que o silêncio equivale à exteriorização de um querer presumido. Na venda sobre documentos, a tradição da coisa é substituída pela entrega do seu título representativo e dos outros documentos exigidos pelo contrato ou, no silêncio deste, pelos usos (art. 529). O art. 539 diz que o doador pode fixar prazo ao donatário, para declarar se aceita ou não a liberalidade. Desde que o donatário, ciente do prazo, não faça, dentro dele, a declaração, entender-se-á que aceitou, se a doação não for sujeita a encargo. Por outro lado, em se tratando de assunção de dívida qualquer das partes pode assinar prazo ao credor para que consinta, interpretando-se o seu silêncio como recusa (art. 299, parágrafo único). Diz também, em caráter genérico, que se o pagamento se houver de fazer por medida, ou peso, entender-se-á, no silêncio das partes, que aceitaram os do lugar da execução (art. 326).

Não obstante tudo o que se disse acima, cumpre não olvidar que quando o ordenamento exige manifestação expressa de vontade para aceitação, o silêncio significará recusa. Nesse caso, até mesmo a concordância poderá sofrer condicionamentos, somente se afigurando válida por meio de pronunciamento volitivo que atenda às exigências porventura impostas pela lei quanto à forma. Se a aceitação depender de instrumento público, a manifestação de vontade feita por escrito particular não alcançará os objetivos almejados, haja vista a ocorrência de vício formal.

2.2. Negociações preliminares

A rigor, as negociações preliminares não constituem etapa de formação do contrato, já que este decorre da apresentação da proposta por um dos interessados e da aceitação pelo outro. Portanto, as conversações prévias e anteriores à proposta não geram vínculo específico algum entre os indivíduos, permanecendo apenas no campo da mera sondagem preliminar. Ainda que destinadas a fomentar a viabilização de um contrato em momento subseqüente, não produzem conseqüências na seara contratual, embora possam acarretar repercussões indenizatórias com base na responsabilidade extracontratual, conforme será visto adiante.

Fixada a idéia de que as negociações preliminares são um acontecimento pré-contratual, e que não integram o elenco das fases propriamente ditas de formação dos contratos, importa neste momento examinar os reflexos que podem produzir na seara cível. Como não criam liame jurídico fundado nas regras pertinentes aos contratos, a ocasional provocação de prejuízos em virtude de conduta ilícita de um negociador contra o outro certamente terá de ser vista sob o prisma da responsabilidade aquiliana. Isto porque falta eficácia vinculante às negociações mantidas, de maneira que delas se extraem somente conseqüências que puderem estar relacionadas aos preceitos indenizatórios genéricos.

Seria inadmissível que alguém tivesse de suportar danos, culposamente causados por outrem, sem direito a espécie alguma de composição. O ordenamento brasileiro é pautado por certos princípios tradicionais e consagrados, entre os quais aquele que impõe ao agente do dano a obrigação de indenizá-lo, quando decorrente de culpa *lato sensu*. Suponha-se que João tenha interesse em adquirir um veículo e solicita a Pedro, proprietário de certo automóvel, que aguarde a sua visita em determinado dia e local para ver o automóvel. Pedro concorda em receber João, que mora noutra cidade e tem de se deslocar até o domicílio do proprietário do bem. Na data e momento aprazados, João não encontra o interlocutor, que saiu de casa com o intuito de evitar o exame do carro pelo interessado. Demonstradas as circunstâncias acima aludidas, João poderá reclamar o reembolso das despesas efetuadas com o deslocamento, mesmo que entre as partes não tenha havido sequer encaminhamento de proposta. Isto porque a conduta culposa do titular do veículo deu causa à efetivação de gastos inúteis pelo visitante. Não há que se falar em responsabilidade contratual, mas sim na modalidade aquiliana, que tem por fundamento a prática de ato culposo gerador de danos. Ao se dispor a aguardar o interessado em ver o veículo, Pedro fomentou na outra parte a expectativa de que as negociações preliminares pudessem avançar e até mesmo desembocar em contrato finalizado. Caso simplesmente recebesse a visita e recusasse eventual proposta, o dono do bem não incorreria em ilicitude alguma; porém, ao se portar como narrado ensejou ao lesado a invocação das regras concernentes à prática de ilícito em caráter genérico, das quais resulta o dever de indenizar.

Incumbe a quem argüi a ilicitude o ônus jurídico de fazer prova quanto à veracidade das alegações. Salienta-se desde logo que a demonstração da culpa e do teor dos prejuízos há de ser insofismável, porque a indenização de danos inespecíficos decorrentes do rompimento das negociações preliminares surge como fenômeno raro e excepcional. Não é razoável atribuir a simples conversações prévias efeitos semelhantes aos que são inerentes às fases de constituição dos contratos, de onde emergem danos específicos e fundados na responsabilidade contratual. Disso se extrai conclusão no sentido de que a frustração das sondagens preliminares precisa ser vista, no mais das vezes, como evento previsível e natural, somente acarretando obrigação de indenizar quando evidente a ilicitude do comportamento de um dos negociadores.

2.3. Proposta e suas características

A proposta, ou policitação, é a primeira fase de formação dos contratos, consistindo na apresentação, pelo proponente ou policitante, de uma oferta para contratação, dirigida ao oblato ou destinatário, a quem cabe aceitá-la ou não, por meio da manifestação volitiva aguardada pela parte contrária. Em virtude do princípio da autonomia da vontade e da liberdade de contratar, ninguém pode ser obrigado a propor contratos, e tampouco a aceitar os que forem propostos. Todavia, desde o momento em que o sujeito exterioriza a sua vontade de contratar, vincula-se potencialmente ao conteúdo daquilo que endereçou ao pólo oposto a título de proposta, pois se assim não fosse a palavra empenhada poderia ser simplesmente quebrada sem produzir conseqüências próprias do plano contratual.

Mesmo que ainda não exista uma avença celebrada nessa fase, trata-se de uma etapa de formação dos contratos, à qual, por isso, a lei atribui efeitos que se aproximam daqueles pertinentes à celebração propriamente dita, visando a conferir mínima estabilidade ao quadro encetado. Nisso reside a principal diferença entre a proposta e as negociações preliminares, pois naquela o sujeito emite concreta vontade no sentido da pretendida celebração futura, os contatos prévios não passam de mera aproximação incipiente, superficial e despida dos caracteres mais amplos que marcam o início do processo conducente à plena interligação contratual. De resto, o rompimento da proposta faz surgirem reflexos jurídicos peculiares, previstos especificamente na lei, ao passo que as negociações preliminares somente dão azo à indenização de danos com suporte na responsabilidade extracontratual, e apenas em situações excepcionais, conforme abordagem feita no tópico antecedente. Quanto à abrangência do dever imposto pelo ordenamento, é evidente que a responsabilidade pela oferta recai apenas sobre o policitante, já que o destinatário não agregou a sua vontade à daquele, ficando inserido na confortável posição de sujeito legitimado a aceitar ou recusar.

Na exata dicção da lei, a proposta de contrato obriga o proponente, se o contrário não resultar dos termos dela, da natureza do negócio, ou das circunstâncias do caso (art. 427). Para preservar a segurança das relações jurídicas, estabelece o ordenamento que, como regra geral, a proposta de contrato obriga o seu autor. Consoante alinhavado *retro*, proposta é a manifestação de vontade por meio da qual o ofertante demonstra interesse em vincular-se contratualmente a outrem, mediante aceitação tempestiva dos precisos termos em que feita. Também conhecida como policitação, traduz-se simplesmente em ato pelo qual o policitante cientifica a parte contrária acerca de seu interesse em obter positiva exteriorização de vontade, a fim de que se conclua determinada contratação. Cabe observar que a oferta não tem força suficiente para gerar o contrato, sendo imprescindível que a ela, primeiro momento formativo da avença, junte-se a aceitação, por intermédio da qual é estabelecido o enlace jurídico das partes e passam a produzir-se os efeitos inerentes à espécie contratual escolhida.

Não há necessidade de observância de forma especial para a efetivação da proposta, bastando que consista em transmissão inequívoca da vontade de contratar. Prova-se por todos os meios lícitos, inclusive por testemunhas ou início de prova escrita (bilhete, carta, anúncio etc.), independentemente do valor que tenha, contanto que se mostre de maneira indesmentível a efetividade do interesse de celebrar a contratação.

O rompimento imotivado da proposta formulada faz recair sobre o policitante o dever de indenizar as perdas e danos cuja existência restar provada pelo lesado. Cuida-se, então, de responsabilidade de natureza contratual disciplinada pelas normas atinentes à matéria. Em certas situações é possível obter do Poder Judiciário o suprimento da vontade final cuja emissão foi sonegada pelo policitante, o que acontece quando, aceita a proposta relativa a negócio jurídico formal, o ofertante injustificadamente deixa de ultimar a contratação. Mesmo no negócio consensual é por vezes factível a obtenção do mesmo resultado final que decorreria da livre manifestação de vontade do proponente que vem a sonegá-la, em especial nas relações contratuais de consumo em que não se tornou inviável o objeto. Exemplo: a oferta feita ao público por loja de departamentos impõe a contratação ao policitante, que deve alcançar ao consumidor o produto oferecido, mediante pagamento do preço anunciado.

Consoante emerge da exegese do art. 427, faculta-se ao policitante desde logo informar que a proposta não o obriga, ou que apenas valerá durante determinado período de tempo, ou até que certo fato ocorra (*v.g.*, esgotamento do estoque das mercadorias oferecidas por estabelecimento comercial). A aposição de reservas ou condicionamentos dessa espécie é mais utilizada quando da elaboração de oferecimentos endereçados a destinatários indeterminados, como sói ocorrer no comércio em geral. Por outro lado, a natureza do negócio ou as circunstâncias do caso podem interferir sobre a regra geral que pugna pela obrigatoriedade da proposta, tornando-a relativa e instável por conveniência do autor.

Sobrevindo o óbito do policitante e estando ainda em fluxo o lapso de aguardo pela resposta do destinatário da oferta, ficarão por ela obrigados os herdeiros até que se esgote a possibilidade de aceitação, de acordo com os termos da proposta ou com as peculiaridades do episódio. De igual modo se o policitante tornar-se incapaz, pois então caberá ao representante legal aguardar pela resposta durante o tempo adequado, para somente então, restando silente o destinatário da oferta, considerar-se a mesma retirada. A respeito da permanência e da duração da proposta no tempo, o art. 428 esclarece: *"Deixa de ser obrigatória a proposta: I – se, feita sem prazo a pessoa presente, não foi imediatamente aceita. Considera-se também presente a pessoa que contrata por telefone ou por meio de comunicação semelhante; II – se, feita sem prazo a pessoa ausente, tiver decorrido tempo suficiente para chegar a resposta ao conhecimento do proponente; III – se, feita a pessoa ausente, não tiver sido expedida a resposta dentro do prazo dado; IV – se, antes dela, ou simultaneamente, chegar ao conhecimento da outra parte a retratação do proponente"*. Não obstante a obrigatoriedade da proposta, não pode ser o policitante forçado a esperar indefinidamente pela resposta da parte contrária, sob pena de se lhe impingir demasiado e injusto risco de prejuízos. Diante disso, o legislador idealizou um mecanismo pelo qual a proposta, verificadas certas circunstâncias, deixa de obrigar o proponente, ainda que tal solução não tenha sido expressamente prevista por ele quando da realização da oferta.

Para os fins pretendidos pelo inciso I, considera-se presente quem pessoalmente trata com o policitante, ou quem recebe a oferta através de telefone ou sistema de comunicação direta e instantânea. A proposta entre presentes pode ser verbal ou escrita. Não é tido como presente aquele que recebe a proposta através de meios de comunicação de massa, inclusive pela Internet, rede mundial de computadores, exceto quando especificamente encaminhada a uma pessoa. Isto porque não havendo destinatário certo para a mensagem, o conteúdo da proposta é a todos direcionado, o que tolhe à mesma o caráter direto que se exige da oferta feita entre presentes.

Elaborada a proposta entre presentes — verbal ou escrita — e sem prazo para resposta, cessa a sua obrigatoriedade se não for imediatamente aceita. Presume-se, então, que a oferta tem curtíssima duração e reclama instantânea aceitação da parte oposta, pois do contrário desobriga o proponente. Exemplo: Paulo dirige-se a José e faz a oferta de um veículo por certo preço. A força cogente da proposta existirá somente se houver aceitação imediata, naquele momento. Não será mantida tal cogência se José disser que dentro em certo tempo responderá, a menos que com isso concorde o policitante. Assim, se não for aceita no ato, ficará Paulo desobrigado quanto à proposta formulada, podendo oferecer o automotor a outra pessoa sem que deva a José qualquer espécie de reparação. Na hipótese de a proposta ser efetivada entre presentes, mas havendo concessão de prazo ao destinatário prazo para resposta, sua obrigatoriedade existe enquanto não esgotado o lapso temporal previsto.

Ao contrário da proposta feita com prazo, que por isso mesmo obriga o proponente enquanto não transcorrido o lapso definido em favor de pessoa presente ou ausente, a proposta feita sem prazo para resposta de ausente não vincula o policitante senão ao longo de tempo razoável e suficiente para que chegue ao seu conhecimento a manifestação da parte adversa (inciso II). Trata-se de lapso temporal conhecido na doutrina como *prazo moral*, porque equilibra a negociação entre as partes e impede a abrupta retirada da proposta pelo autor. Não há um parâmetro objetivo e de antemão definido para estabelecer o que seja *tempo suficiente*, devendo tal circunstância ser analisada em cada situação concreta. Ausente é todo aquele que não estiver diretamente em contato com o autor da proposta quando da efetivação desta, como acontece nos casos em que ela é feita através de interposta pessoa, por correspondência, telegrama, *fac símile* etc.

Quanto ao teor do inciso III, é preciso salientar que a fixação de prazo para resposta sempre é facultada ao policitante, quer ocorra entre presentes, quer tenha sido feita a pessoa ausente. Havendo demarcação de prazo para resposta, o proponente somente ficará obrigado pelo seu conteúdo durante o período concedido, liberando-se automaticamente tão logo escoado *in albis*. Ao estabelecer determinado tempo de espera, o autor da proposta está deixando entrever que aquele é o período necessário para que o oblato medite em torno do oferecimento e tenha condições de chegar à conclusão que melhor lhe aprouver. Todavia, cabe ressaltar que se o destinatário da oferta expedir a resposta dentro do prazo terá praticado o ato que mantém atrelado à proposta o policitante.

Exarada a proposta, a obrigatoriedade que dela defluiria pode ser evitada pelo policitante por meio da emissão tempestiva de vontade oposta à inicialmente emitida (inciso IV). Assim, se antes de a proposta chegar ao destinatário este tomar ciência da retratação do policitante, não haverá vinculação entre as partes. De igual forma ocorrerá se a retratação chegar ao conhecimento da outra parte simultaneamente com a proposta, porque a segunda vontade aniquilará a primeira. O fator que torna obrigatória a proposta é a chegada dela antes de eventual retratação do policitante, pois então este ficará vinculado pelo modo estabelecido na oferta, ou, no silêncio desta, em conformidade com as normas pertinentes.

A oferta que não tem endereçamento específico *(ad incertam personam)*, porque não visa a alcançar determinado oblato, também é alvo de disciplina pelo legislador, posta no art. 429 do Código Civil: *"A oferta ao público equivale a proposta quando encerra os requisitos essenciais ao contrato, salvo se o contrário resultar das circunstâncias ou dos usos. Parágrafo único – Pode revogar-se a oferta pela mesma via de sua divulgação, desde que ressalvada esta faculdade na oferta realizada".* Com a massificação verificada nas últimas décadas, os meios de comunicação tornaram-se os mais profícuos veículos de oferecimento de produtos e serviços à população. As ofertas feitas ao público contêm, via de regra, todos os principais requisitos inerentes aos contratos admitidos pela legislação substantiva. Por isso, considera-se que o comerciante está sempre em estado de oferta permanente, haja vista que, presentes os pressupostos normativos, passa a existir uma proposta com força vinculante para o autor, nos moldes estatuídos na codificação civil.

Portanto, quando determinada empresa veicula na televisão a oferta de certo produto, indicando preço e condições, está, na realidade, propondo a consecução de um contrato de compra e venda. Com efeito, nota-se a presença dos requisitos essenciais dessa espécie contratual, quais sejam, alienante (a empresa), preço (o divulgado) e objeto (a alienação do bem oferecido). Basta que alguém se disponha a adquirir a coisa ofertada para que seja fechado o círculo que leva à perfectibilização do contrato, pois então estará definido também o adquirente, integrante do pólo contrário da relação jurídica em virtude do consentimento externado.

A partir do momento em que for feita ao público oferta dotada dos elementos basilares do contrato aventado pelo ofertante, ficará este vinculado à proposta formulada, nos moldes em que divulgada. Logo, se o anunciante dispuser-se a vender certo produto durante uma semana pelo preço "X", terá obrigação de honrar o compromisso assumido até que se esgote o período indicado, independentemente do número de pessoas que se apresentarem para a contratar, salvo se outra previsão for feita pelo ofertante. Consoante obtemperado alhures, é possível a limitação do alcance da oferta, como no caso do estabelecimento comercial que no próprio anúncio informa que ela será válida enquanto durar o estoque, ou desde logo indica o número de peças colocadas à disposição. De qualquer modo, o oferecimento ao público somente não equivalerá à proposta nas hipóteses em que deixar de conter os requisitos essenciais ao contrato (*v.g.*, não é anunciado o preço ou a coisa, havendo mera referência a uma *"oferta imperdível"*), ou então quando as circunstâncias do caso ou os usos locais apontarem para a inocorrência de ato equivalente a proposta.

A oferta feita ao público, e que equivale à proposta, pode ser revogada pelo anunciante. Para tanto, deverá fazer uso da mesma via pela qual efetivou o oferecimento, e desde que quando da veiculação tenha reservado para si a prerrogativa da revogação. Logo, se a oferta foi veiculada em determinado jornal, nele mesmo deverá ocorrer a retirada da oferta, dando-se à revogação tanto destaque quanto destinado àquela. Se o proponente não ressalvou o direito de revogar, e houver aceitação por terceiro, ficará vinculado à proposta e terá de cumpri-la em seus exatos limites, sob pena de responder por eventual inadimplemento.

2.4. Aceitação e suas características

Aceitação é o ato pelo qual o oblato manifesta, expressa ou tacitamente, e dentro do tempo propício, a vontade de realizar o negócio proposto pelo ofertante. A menos que se trate de negócios formais, submetidos ao princípio da atração da forma adotada para a realização da proposta em virtude da lei, a aceitação pode ser exteriorizada por qualquer meio idôneo, tanto verbalmente como por escrito público ou particular, ou ainda por meio de gestos inequívocos. No que tange o elemento temporal, a chegada oportuna da aceitação ao conhecimento do policitante faz concluído o negócio jurídico, passando o mesmo a produzir os efeitos que lhe são peculiares. Logo, o momento de celebração do contrato é aquele em que o destinatário da proposta exterioriza inequívoco intento de concluir o negócio jurídico.

O principal pressuposto para que a aceitação efetivamente conclua a contratação é a sua adequação temporal, ou seja, não apenas deve ser tempestivamente externada a resposta, como terá de chegar de maneira oportuna ao proponente. Embora em princípio baste a tempestiva expedição da resposta para que surja a vinculação das partes e ocorra a conclusão do negócio, é possível que a vontade emitida pelo oblato chegue tardiamente ao policitante, por circunstância imprevista e sem culpa do emitente, fazendo com que o negócio não mais possa ser efetivado porque desaparecidas as condições para tanto. É o que acontece, *v. g.*, quando a resposta é extraviada pelo correio e chega muito depois de o bem já ter sido vendido a outra pessoa pelo policitante, que acreditava não haver sido aceita a oferta pelo destinatário inicial.

Caberá ao proponente, nesse contexto, comunicar de imediato ao aceitante o fato da extemporânea chegada da aceitação e a inviabilidade da conclusão do negócio jurídico proposto, pois se assim não agir responderá por perdas e danos quando devidamente provados em sua existência pelo lesado. Isto porque o oblato pode imaginar que a contratação foi efetivamente celebrada, e, em razão de tal crença, realizar despesas ou deixar de optar por outro rumo. É o art. 430 que regula a matéria: *"Se a aceitação, por circunstância imprevista, chegar tarde ao conhecimento do proponente, este comunicá-lo-á imediatamente ao aceitante, sob pena de responder por perdas e danos"*. A obrigação de comunicar ao aceitante visa a evitar que sofra prejuízos, ou que os veja multiplicados pelo decurso do tempo, conforme referido acima.

Caso a circunstância motivadora do atraso na chegada da resposta seja previsível ou mesmo evidente (*v. g.*, a postagem da aceitação se dá em caixa coletora pública durante greve dos correios), ou ainda quando o aceitante der causa ao retardo, terá havido de sua parte a assunção do risco, elemento revelador de culpa, e que, portanto, impede possa reclamar do pólo adverso perdas e danos, ainda que o policitante receba a serôdia resposta e deixe de comunicar o acontecimento ao oblato.

A aceitação fora do prazo, com adições, restrições, ou modificações, importará nova proposta (art. 431). Quando o oblato aceitar a proposta fora do prazo o policitante não ficará a ela vinculado, efeito somente alcançável quando for aceita de maneira tempestiva. O vocábulo *prazo* foi lançado na norma em sentido amplo, abrangendo não apenas aquelas situações em que existe uma data previamente fixada pelo policitante para a resposta, mas também todas as demais de que se extraia a necessidade de aguardo da manifestação volitiva do oblato, nisso incluída a proposta feita ao destinatário ausente. Saliente-se que mesmo dentro do prazo a aceitação da oferta deve ser integral, sem emendas ou ressalvas, de vez que a obrigatoriedade da proposta cinge-se aos termos em que esta foi efetivada.

Além de todas as demais imposições contidas no ordenamento, para que crie vínculo contratual o ato de aceitar precisa ser puro e simples. Pode ocorrer de o oblato aceitar a proposta fora do prazo, enviando com a tardia aceitação adições, restrições ou modificações à oferta inicial. Caso isso aconteça, considerar-se-á a manifestação como sendo nova proposta, ou, no dizer comum, *contraproposta*, desta vez formulada em sentido oposto ao original. Ou seja, o destinatário da proposta inicial, por aceitá-la fora do prazo e com alterações, torna-se proponente em um segundo momento, ocasião em que o até então policitante passa a figurar como destinatário da oferta e sujeita-se às regras de resposta estabelecidas em lei ou fixadas pela parte adversa. A solução apontada pelo legislador funda-se no fato de que a aceitação com restrições, seja dentro ou fora do prazo, de modo algum conclui o contrato, caracterizando, isto sim, recusa do solicitado e apresentação de nova oferta (contraproposta) ao policitante primitivo.

É possível imaginar situações em que a proposta admita aceitação parcial, condicionada ou alterada em seus contornos, mas isso depende sempre dos moldes em que constituída originalmente a oferta. Se o policitante deixar perceptível a intenção de acolher resposta dotada de tais características, ela prevalecerá, vinculando-se o autor, então, conforme a oferta realizada. Porém, na hipótese de o policitante silenciar a respeito desse aspecto ao efetivar a proposta, incidirá o art. 431, com todas as conseqüências acima discriminadas.

Se o negócio for daqueles em que não seja costume a aceitação expressa, ou o proponente a tiver dispensado, reputar-se-á concluído o contrato, não chegando a tempo a recusa (art. 432). O silêncio não pode ser pura e simplesmente tomado como aceitação da proposta, se em sua volta não estiverem elementos capazes de levar à certeza jurídica de que houve conclusão do contrato. Portanto, como regra geral o silêncio significa implícita recusa da oferta, porque possível inferir dessa passividade o absoluto desinteresse do destinatário, ressalvadas as situações estatuídas na lei.

Neste compasso, não é rara a presença de tácito acordo entre os contraentes quanto ao significado do silêncio em determinadas situações concretas. Assim, se um fornecedor envia todo dia 15 de cada mês para certo comerciante, ao longo de vários anos, uma carga de mercadorias antecedida por oferta escrita de preços, a falta de recusa por parte do adquirente antes da remessa representa aceitação da proposta. Isto porque a continuidade da mesma prática comercial durante muito tempo consolida a forma negocial adotada pelos contraentes, importante em regras peculiares extraídas de cada caso. Também se considera aceita a proposta quando o proponente expressamente dispensar a aceitação e o destinatário da oferta mantiver-se em silêncio dentro do período em que poderia recusar, porque então será entendida a falta de manifestação como forma de acolhida do oferecimento. Nas hipóteses acima aventadas, somente com a chegada tempestiva da recusa será obstada a conclusão do contrato, exceto quando por circunstâncias imprevistas e alheias à vontade do destinatário a sua negativa chegar a destempo ao policitante. Concluído o contrato, ficarão as partes por ele obrigadas, podendo ser exigido judicialmente o cumprimento do seu conteúdo.

Considera-se inexistente a aceitação, se antes dela ou com ela chegar ao proponente a retratação do aceitante (art. 433). Assim como se tem por retirada a proposta se com ela, ou antes, chegar a retratação (art. 428, IV), toma-se como inexistente a aceitação se antes dela, ou de maneira concomitante, chegar a retratação do aceitante. Isto em nome da igualdade de tratamento das partes, porque submetidas, tanto quanto possível, ao princípio da simetria. Portanto, a conclusão do contrato depende da tempestiva e perfeita aceitação, de sorte que a retratação impede a implementação definitiva do liame jurídico.

2.5. Momento da vinculação contratual

Quanto aos contratos celebrados entre presentes, já foi dito que a celebração acontece no instante em que emitida a aceitação, pois então surge o vínculo contratual que obriga as partes ao cumprimento das cláusulas avençadas. E, conforme examinado anteriormente, a aceitação precisa ser instantânea (art. 428, I), se outra coisa não se ajustou ou se as circunstâncias do evento permitirem conclusão diversa.

Feita a proposta a pessoa ausente, variam as hipóteses relativas ao tempo exato em que acontece a contratação. Basicamente, duas teorias servem para esclarecer o assunto: a) a da *cognição* ou *informação*; b) da *agnição* ou *declaração*. A primeira afirma que o contrato está celebrado no momento em que o policitante toma ciência da resposta provinda do oblato. A segunda preconiza existente a contratação quando o aceitante manifestar o consentimento, porque então terá ocorrido a convergência da sua vontade em direção àquela exarada pelo autor da oferta. Esta última teoria comporta três subdivisões, segundo as quais o contrato estará celebrado: a) quando o aceitante elabora a resposta, pois nesse ato reside a declaração volitiva (teoria da declaração propriamente dita); b) quando o oblato envia a resposta escrita, independentemente do meio utilizado para assim proceder, *v.g.*, correios, *fac-símile* etc. (teoria da expedição); c) quando a resposta efetivamente chega ao policitante (teoria da recepção).

O legislador brasileiro adotou prioritariamente a teoria da *agnição* ou da *declaração*, na modalidade *expedição*, como fonte de estabelecimento do instante em que se aperfeiçoa o contrato. O art. 434 estabelece: *"Os contratos entre ausentes tornam-se perfeitos desde que a aceitação é expedida, exceto: I – no caso do artigo antecedente; II – se o proponente se houver comprometido a esperar resposta; III – se ela não chegar no prazo convencionado"*. A definição do momento em que o contrato torna-se perfeito e obriga as partes é muito importante, tanto sob o prisma da exigibilidade de seu objeto como sob o ângulo da produção dos efeitos que lhe são inerentes. Se entre presentes os contratos tornam-se perfeitos com a imediata aceitação pelo oblato (pessoalmente, por via telefônica ou através de outro meio de telecomunicação semelhante), entre ausentes tal efeito se verifica, em regra, a partir da expedição da resposta positiva, o que corresponde a uma das modalidades da chamada *teoria da agnição ou da declaração*.

No caso de proposta feita a pessoa ausente é natural que decorra certo lapso temporal entre a manifestação volitiva de aceitação e o recebimento desta pelo policitante. Diante disso, é impositivo que se opte por algum sistema determinante do exato momento da conclusão do contrato, tendo o legislador nacional escolhido como marco de aperfeiçoamento contratual aquele em que o aceitante expede a sua manifestação volitiva. É claro que a mesma terá de chegar ao proponente a tempo de ser útil, mas isso está disciplinado em mandamentos analisados anteriormente. Cabe destacar, porém, que não basta a redação do texto da aceitação pelo oblato, nem que tenha o firme propósito de transmiti-la ao pólo oposto; somente no instante da expedição da resposta (carta, telegrama, *fac-símile* etc.) é que se tem por concluída a contratação.

Visando a evitar contradição legislativa, e seguindo a linha traçada quanto à matéria, o legislador considera não aperfeiçoada a contratação se juntamente com a aceitação do oblato, ou antes dela, chegar ao proponente a manifestação de retrato, situação que configura a retirada da manifestação volitiva inicialmente emitida (inciso I). Logo, não poderá o policitante considerar vinculada a parte adversa e concluído o contrato, eis que as partes simplesmente volvem ao estado anterior e nenhuma delas fica legitimada a reclamar da outra acerca de um contrato que nunca existiu.

Quando o policitante expressamente assumir o dever de aguardar a resposta do destinatário da proposta, não poderá desobrigar-se antes de escoado o lapso temporal fixado (inciso II). Altera *sponte propria*, por assim agir, a regra geral que faz da expedição o momento de conclusão contratual, passando a ser o instante da chegada da resposta o marco inicial da produção dos efeitos da contratação. Decorre da vontade unilateral do policitante, mas pode advir de convenção entre as partes envolvidas (e então será regida pelo inciso subseqüente), de tal sorte que é adotada a *teoria da recepção* em lugar da *teoria da expedição*, sendo de ressaltar que esta última vigoraria na hipótese de as partes silenciarem acerca do tempo da resposta.

Se as partes fixam prazo para a resposta do oblato, a conclusão do contrato acontece quando a mesma for expedida (inciso III). Por outro lado, se o proponente assume o compromisso de esperar a chegada da resposta (e não apenas a emissão da manifestação volitiva propriamente dita), aplica-se o inciso anteriormente analisado. A justificativa para a existência do inciso III é o fato de que nele se estabelece a possibilidade de as partes, por acordo de vontades, fixarem prazo para a chegada da resposta, adotando a *teoria da recepção*, enquanto no inciso anterior a opção pela chegada como momento consumativo da contratação dar-se-ia por iniciativa do policitante. De qualquer modo, ainda que não existisse a norma, a solução seria exatamente a mesma, haja vista que por interpretação extensiva do inciso II chegar-se-ia à conclusão de que o compromisso assumido pelo ofertante poderia na prática decorrer tanto de avença como de unilateral iniciativa.

2.6. Lugar da celebração

Outro aspecto a merecer exame é o do lugar em que se considera finalizado o ajuste de vontades, pois disso emergem várias conseqüências. Segundo o art. 435 do Código Civil, reputar-se-á celebrado o contrato no lugar em que foi proposto. Nisso não vai nenhuma contradição com o art. 434, cujo alcance jurídico limita-se à fixação do momento da celebração, ou seja, do tempo a partir do qual ela é tida por existente. O que se analisa agora não é o fator temporal, mas sim aquele relacionado ao espaço, ao *locus* do contrato.

O principal efeito desse posicionamento consiste na definição do foro competente para dirimir eventuais conflitos decorrentes da avença firmada. É bem verdade que as partes podem desde sempre determinar, por acordo volitivo, que as controvérsias acaso surgidas sejam processadas e julgadas em um lugar específico, denominado *foro de eleição*. Todavia, caso as partes não tenham optado pelo estabelecimento de um *foro de eleição*, e não exista regra processual específica a nortear a matéria, prevalecerá o direcionamento extraído do teor do art. 435, ou seja, o lugar do contrato é o da proposta, de maneira que nele se consolidará a competência para processar e julgar demandas relacionadas à contratação. Na mesma senda, o art. 9º da Lei de Introdução ao Código Civil dispõe: *"Para qualificar e reger as obrigações, aplicar-se-á a lei do país em que se constituírem"*. E o § 2º acrescenta: *"A obrigação resultante do contrato reputa-se constituída no lugar em que residir o proponente"*.

Por outro lado, o lugar da celebração assume relevância em se tratando de relações jurídicas pertinentes ao direito privado internacional, pois a lei aplicável à contratação, conforme determinado pelo ordenamento jurídico brasileiro, será a do país em que houve a proposta, e não a daquele em que se deu a conclusão do contrato por força da resposta provinda do oblato.

Novamente chama-se a atenção para o fato de que não se pode confundir o *tempo* de ultimação do contrato com o *lugar* em que a lei o reputa celebrado. Quanto àquele, preferiu o legislador adotar a *teoria da expedição* (com exceções), entre ausentes, e a da manifestação volitiva imediata, entre presentes. Já quanto a este, escolheu o local da propositura como sendo o da celebração do contrato. Assim, um mesmo contrato pode passar a produzir efeitos a partir da conclusão operada em determinado lugar e, não obstante, ter a sua vida jurídica disciplinada pelas leis de outro local, haja vista a regra insculpida no art. 435 do Código Civil. Exemplo: Juan, uruguaio, propõe a partir daquele país (onde tem domicílio), por escrito, a celebração de determinado contrato com Carlos, brasileiro domiciliado no território nacional. O oblato expede resposta, momento a partir do qual as partes unem-se na forma da contratação firmada. Para o direito brasileiro, a lei uruguaia é que regerá a relação jurídica formada entre as partes, porque incidente na espécie a supracitada norma.

2.7. Proibição de pactos sucessórios

Já é da tradição do direito pátrio, como de resto acontece na grande maioria das codificações modernas, a vedação do chamado pacto sucessório, avença pela qual se dispõe, por negócio *inter vivos*, acerca da futura herança que ficará por morte de um dos contraentes ou de terceiro. O art. 426 do Código Civil estatui: *"Não pode ser objeto de contrato a herança de pessoa viva"*. Essa posição tem fundamento em aspectos morais e éticos, eis que a realização de negócio em torno da herança de alguém ainda vivo afronta o senso médio de moralidade, porque indiretamente projeta sobre a pessoa de cuja herança futura se trata uma expectativa — ou ao menos deixa essa impressão — de óbito, motivo pelo qual tal modalidade de contrato foi sugestivamente apelidada de *pacta corvinae*, ou pacto de abutres.

Contudo, outro fundamento pode ser igualmente apontado como relevante para a mantença da norma no direito codificado: a defesa dos interesses do próprio sucessor. Afinal, na ânsia de obter recursos, poderia ver na negociação da sua expectativa de direito uma fonte econômica, seja em virtude de pura necessidade como em razão de antevista demora na abertura da sucessão. Embora a finalidade maior da regra consista exatamente em impedir que a tentação leve o indivíduo a desejar ou até mesmo a provocar a morte de outrem, não se pode negar que indiretamente até mesmo o candidato a herdeiro recebe proteção ao ficar proibido de contratar sobre acervo hereditário futuro.

É de tamanho vigor a norma que a sua abrangência diz respeito não apenas à proibição de celebração de contratos visando à transmissão de direitos sucessórios futuros (*v.g.*, cessão total ou parcial de direitos hereditários). Também é proibida a realização de atos unilaterais tendentes a promover a abdicação dessa perspectiva de recebimento de vantagens econômicas projetadas no tempo (*v.g.*, renúncia à herança). Nem mesmo o consentimento do titular do acervo, sobre o qual se projetam as iniciativas jurídicas abominadas pela lei, terá o condão de afastar o insanável defeito que nela se abate. Predomina, à evidência, o interesse público de resguardar a dignidade das relações entre as pessoas, de maneira a evitar que sentimentos ou intentos rasteiros de cunho individual prevaleçam.

Caso ocorra contratação nos moldes vedados pela lei, será ela de nenhum valor jurídico, porque absolutamente nula, haja vista contrariar determinação normativa de ordem pública. "*A teor do disposto no art. 426 do Código Civil, ainda que apresentado sob pretexto de preparar escritura de doação, não pode o Judiciário homologar, e sequer apreciar termo de acordo onde se ajusta, de forma irrevogável, a partilha de bens de pessoa viva*" (Ap. Cível n. 1.0592.04.911351-3/001, TJMG). Notório, então, que haveria impossibilidade jurídica do objeto do contrato eventualmente celebrado com afronta à dicção legislativa. Entretanto, é válida a partilha feita por ascendente, por ato entre vivos ou de última vontade, contanto que não prejudique a legítima dos herdeiros necessários (art. 2.018 do Código Civil). Cuida-se de exceção à regra posta no art. 426, fundada no interesse maior ínsito na iniciativa de distribuir com justeza e igualdade o acervo do ascendente entre os sucessores, ainda que por ato *inter vivos*. É a chamada *patilha em vida*, algo como uma sucessão antecipada cuja função corresponde à de qualquer inventário procedido *mortis causa*.

Capítulo 3

CLASSIFICAÇÃO DOS CONTRATOS

3.1. Exposição inicial

Há vários critérios de classificação para enquadramento dos contratos, segundo o ângulo de análise proposto em cada situação. Não se trata de questão despida de relevância prática, mas sim de tema que repercute fortemente na definição das linhas estruturais normativas de cada espécie contratual. Ademais, a matéria suscita considerável interesse acadêmico, já que nela residem aspectos capazes de explicitar a função individual do contrato no universo jurídico em que se insere.

Antes de ingressar na classificação propriamente dita, é fundamental ressaltar o fato de que um contrato singularmente considerado pode enquadrar-se em diversos critérios. Aliás, esse fenômeno é que justifica a existência mesma da classificação, pois quanto mais viável a aposição de certo contrato na totalidade dos enquadramentos possíveis, melhor terá sido a seleção dos critérios. Não se concebe a colocação da figura contratual em apenas uma, ou em insignificante número de posições, já que o sentido da tarefa classificatória é exatamente o de evidenciar semelhanças e diferenças entre os contratos. E isso somente se torna factível a partir do momento em que a classificação consegue abarcar todas, ou a maior parcela, das contratações. Portanto, nesta obra serão arroladas apenas as inserções mais acatadas na doutrina e que realmente produzem repercussão prática digna de nota.

No dizer sempre consistente de *Sílvio Rodrigues* (obra citada, p. 27), duas são as condições para que a classificação seja adequada: *"a) que não deixe resíduos, isto é, que, uma vez terminada, todas as espécies caibam numa das categorias estabelecidas (...); b) que as espécies classificadas numa rubrica mais se afastem do que se aproximem das espécies classificadas em outra"*. O contrato de doação e o de compra e venda, destarte, colocam-se em horizontes jurídicos absolutamente distintos, pois enquanto o primeiro é gratuito e unilateral, o segundo é oneroso e bilateral. Assim, ficam perfeitamente sacramentadas as diferenças técnicas que caracterizam um e outro, circunstância passível de extensão a todos os demais contratos quando adequadamente examinados.

Visando a estabelecer desde logo o alcance do presente estudo, são agora expostos os critérios de classificação dos contratos, que nortearão o trabalho:

a) Quanto à natureza, são: a.1) unilaterais, bilaterais e plurilaterais; a.2) onerosos e gratuitos; a.3) comutativos e aleatórios; a.4) causais e abstratos;

b) Quanto ao modo pelo qual se finalizam, são: b.1) consensuais e reais; b.2) solenes ou formais e não solenes ou de forma livre;

c) Quanto à existência de estrutura normativa individual, são nominados ou típicos e inominados ou atípicos;

d) Quanto à autonomia, ou reciprocamente considerados, são principais e acessórios;

e) Quanto ao objeto visado, são definitivos e preliminares;

f) Quanto ao momento executivo, são de execução instantânea, de execução diferida no tempo e de execução sucessiva;

g) Quanto à formação, são paritários e de adesão.

3.2. Contratos unilaterais e bilaterais

Na exposição relativa aos atos jurídicos, feita no primeiro volume desta obra, foi dito que, examinados sob o prisma das vontades que interferem na sua formação, podem ser unilaterais, bilaterais ou plurilaterais, sendo exemplo deles, respectivamente, a promessa de recompensa, a locação e a sociedade. Na primeira hipótese, basta uma só manifestação volitiva para o surgimento da obrigação; na segunda, são necessárias duas vontades lançadas em um sentido para que isso ocorra; na terceira, mais de duas provocam o nascimento do liame.

Todavia, se o objetivo é investigar as nuanças que cercam especificamente os contratos, abstraídos os demais atos jurídicos, não há como fugir de uma realidade insofismável, atinente ao elemento volitivo capaz de criá-los: todos os contratos são negócios jurídicos bilaterais, ou, em menor escala, plurilaterais. Isto porque não há contratação quando apenas uma vontade é exarada, haja vista ser da sua essência a emissão de vontades convergentes. Logo, o desiderato posto neste tópico não consiste em perquirir do número de sujeitos ou de vontades necessários para a geração de um vínculo contratual, mas sim o de analisar a questão da lateralidade das obrigações produzidas. Noutras palavras, o que se pretende é saber se determinada avença faz surgirem obrigações recíprocas entre as partes ou se apenas uma delas fica obrigada, pois disso dependerá o seu enquadramento no critério eleito.

Quanto à lateralidade das obrigações criadas, os contratos podem ser unilaterais ou bilaterais. Se apenas uma das partes suporta deveres jurídicos criados pela avença, ela será unilateral, como acontece na doação pura e simples, em que compete ao doador entregar o bem ao donatário, enquanto deste nada é exigido em contrapartida. Outros exemplos podem ser citados, entre eles o depósito e o mútuo, também produtores de obrigações exclusivamente para um dos pólos vinculados. Já se ambos os contraentes suportam deveres recíprocos oriundos do ajuste, haverá aí um contrato bilateral ou sinalagmático, a prestação que uma parte deve à outra encontra fundamento exatamente na existência da prestação oposta. Exemplo de contratação dessa natureza é a compra e venda, pois compete ao adquirente pagar o preço e ao alienante entregar a coisa. Disso resulta que o comprador tem o direito de receber a coisa, enquanto o vendedor é titular da prerrogativa de auferir o valor pactuado.

Outras contratações se incluem na classificação em estudo: locação, seguro, troca, transporte, corretagem e assim por diante. Como se percebe, a reciprocidade das prestações acaba funcionando como elemento marcante dos contratos bilaterais, o que não ocorre nos unilaterais.

Em fenômeno digno de observação, os contratos tradicionalmente conhecidos como unilaterais podem gerar ocasionalmente, segundo os termos em que elaborados, obrigações para os dois pólos celebrantes. Isto porque no instante do seu aperfeiçoamento produzem, invariavelmente, dever jurídico para apenas uma das partes, mas ao longo da execução contratual surge certo dever também para a outra. Exemplo: o depositante é obrigado a pagar ao depositário as despesas feitas com a coisa, e os prejuízos que do depósito provierem (art. 643). Sabe-se que o depósito, ressalvada previsão em contrário, é avença gratuita (art. 628), mas o desenvolvimento da relação contratual pode acarretar o surgimento de ônus também para o pólo sobre quem inicialmente não recaía dever algum.

A questão que reclama análise é esta: no quadro ora exposto, estaria mantida a unilateralidade ou seria hipótese de bilateralidade, ainda que com roupagem *sui generis*? É comum falar-se na existência de contratos *bilaterais imperfeitos*, cuja marca seria exatamente a de gerar deveres para ambas as partes como conseqüência de eventos posteriores à celebração. Contudo, tais avenças não ultrapassam as fronteiras da unilateralidade, pois *"aquelas contraprestações não são conseqüências necessárias do contrato, porém simplesmente eventuais"* (Washington de Barros Monteiro, obra citada, p. 25). Logo, não prevalece a idéia de uma terceira categoria submetida ao critério da lateralidade das obrigações, pois ele somente abarca os contratos unilaterais e os bilaterais. E, por assim ser, os casos de contratos apontados como *bilaterais imperfeitos* recebem norteamento com suporte nas regras relativas aos ajustes unilaterais.

Na prática, o enquadramento dos contratos nas espécies acima arroladas apresenta considerável relevância. Para constatá-la basta observar que a exceção do contrato não cumprido (*exceptio non adimpleti contractus*) somente é possível nas contratações bilaterais, já que nenhum dos contratantes, antes de cumprida a sua obrigação, pode exigir o implemento da do outro (art. 476). No contrato bilateral, a inadimplência de uma das partes desobriga a outra do ônus que assumiu, elidindo eventual responsabilidade relacionada ao pagamento de indenização por perdas e danos.

É privativa das celebrações bilaterais a existência de obrigações para ambos os pólos envolvidos, de maneira que não há como imaginar a *exceptio* nos atos unilaterais. A disciplina também é diferente no que concerne à cláusula resolutiva tácita por inadimplemento de uma das partes cabível apenas nos contratos bilaterais. De resto, o art. 477 contém regra aplicável exclusivamente aos ajustes bilaterais: se, depois de concluído o contrato, sobrevier a uma das partes contratantes diminuição em seu patrimônio capaz de comprometer ou tornar duvidosa a prestação pela qual se obrigou, pode a outra recusar-se à prestação que lhe incumbe, até que aquela satisfaça a que lhe compete ou dê garantia bastante de satisfazê-la. Não bastasse, *"a teoria dos riscos somente tem interesse em relação aos contratos bilaterais, porque só aí existe interesse em apurar qual das partes sofrerá a perda da coisa devida, ou a impossibilidade da prestação"* (Caio Mário da Silva Pereira, obra citada, p. 45).

3.3. Contratos onerosos e gratuitos

São onerosos os contratos quando ambas as partes experimentam ônus de natureza patrimonial, transferindo direitos como decorrência das obrigações geradas, em contrapartida a uma vantagem que postulam frente ao pólo contrário. São exemplos clássicos de contratações onerosas a compra e venda, a permuta e a locação. Ao mesmo tempo em que o comprador paga o preço acordado e diminui o seu patrimônio, o vendedor entrega a coisa negociada e também suporta redução de cunho patrimonial. Todavia, tanto um como outro possuem a expectativa de incorporar ao próprio acervo vantagens devidas pela parte adversa, já que o adquirente recebe a coisa e o alienante, o preço.

Dentro de todo contrato oneroso as partes celebrantes estabelecem uma situação de circunstancial equilíbrio. Isso não significa, necessariamente, que as prestações reciprocamente devidas precisam ser equivalentes, pois a correspondência econômica entre elas não é requisito das contratações onerosas. Todavia, a experiência mostra que no mais das vezes há efetiva equivalência de caráter econômico, como no caso da venda de certa coisa por preço que se ajusta às características do mercado. Não obstante, as partes envolvidas é que decidem como fixar o equilíbrio em cada caso específico, não cabendo sequer ao Poder Judiciário, salvo em situações excepcionais (*v.g.*, havendo lesão, estado de perigo etc.) alterar as condições econômicas originalmente estabelecidas. Estas são vistas sob o prisma do interesse subjetivo das partes, e não com suporte naquilo que objetivamente se consideraria justo ou adequado aos parâmetros econômicos ordinários.

São gratuitos os contratos em que apenas uma das partes celebrantes experimenta diminuição patrimonial, enquanto a outra acrescenta ao seu acervo a vantagem deslocada do pólo oposto. Toda contratação a título gratuito envolve a prática de uma liberalidade, ou seja, de um ato revestido do intento de beneficiar, favorecer, agradar etc. Em vista disso, geralmente se trata de celebração unilateral quanto à lateralidade das obrigações geradas, já que somente um contraente assume deveres jurídicos, enquanto o outro aufere proveitos sem ter de ofertar contrapartida alguma. Exemplo sempre ilustrativo é o da doação pura e simples, em que o doador fica obrigado a entregar a coisa, desfalcando o seu acervo sem nada receber, ao passo que o donatário incorpora ao próprio universo patrimonial o bem doado, sem desembolso de qualquer espécie.

Não obstante o que se disse acima, nem todo contrato gratuito é unilateral, assim como nem todo contrato oneroso é bilateral. Ainda que raras, certas contratações podem ser unilaterais e onerosas, como acontece no caso do mútuo submetido a pagamento de juros pelo mutuário. A explicação é singela: o mútuo assim celebrado é contrato oneroso, gerando obrigação jurídica apenas para uma das partes, ou seja, para aquela a quem incumbe a devolução do montante emprestado e o pagamento de juros. Nestes últimos reside a onerosidade da avença, que, todavia, não produz deveres para o mutuante, do que resulta a sua unilateralidade.

Na sistemática da legislação civilista, os contratos gratuitos, também denominados *benéficos*, são disciplinados de maneira mais favorável ao autor da liberalidade. Isto porque ele nada recebe como contraprestação, circunstância a reclamar exegese limitativa dos termos da avença. Por direta previsão normativa, os negócios jurídicos benéficos interpretam-se estritamente (art. 114). Logo, não se pode estender ou ampliar o sentido do contrato gratuito, por se presumir que, tendo praticado uma liberalidade, o agente não quis se comprometer mais do que está delineado nos expressos moldes em que construído o ajuste. Exemplo: na doação de uma casa, não se aplica a presunção de que o acessório segue o principal para o fim de fazer incluir no negócio os bens móveis que a guarnecem. Tais itens somente serão integrados ao negócio se houver cláusula nesse sentido.

Atento a isso tudo, o legislador estabeleceu diversos mecanismos de proteção à parte que contrai obrigações em contrato gratuito, sendo exemplo disso o fato de que o doador não é obrigado a pagar juros moratórios, nem é sujeito às conseqüências da evicção ou do vício redibitório (art. 552), situação contrária à verificada nos contratos onerosos, em que o alienante responde pela evicção e subsiste a garantia ainda que a aquisição se tenha realizado em hasta pública (art. 447).

Várias outras situações revelam a existência de tratamento legislativo ameno aos contratos gratuitos, se comparado com o que se dispensa aos onerosos. Assim, nos contratos benéficos, responde por simples culpa o contratante, a quem o contrato aproveite, e por dolo aquele a quem não favoreça. Nos contratos onerosos, responde cada uma das partes por culpa, salvo as exceções previstas em lei (art. 392). Por outro lado, os negócios de transmissão gratuita de bens ou remissão de dívida, se os praticar o devedor já insolvente, ou por eles reduzido à insolvência, ainda quando o ignore, poderão ser anulados pelos credores quirografários, como lesivos dos seus direitos (art. 158).

A ação cabível é a pauliana, que prescinde da demonstração da efetiva má-fé dos celebrantes. Parte-se desde logo da presunção de fraude, haja vista a liberalidade praticada por sujeito que se coloca na posição de insolvente em virtude do citado negócio, ou que em razão dele acaba piorando a própria inaptidão econômica. Se fossem onerosos os atos de transmissão de bens, e deles resultasse a insolvência do devedor transmitente, a anulação por fraude demandaria prova muito mais extensa do que a exigida na hipótese de negociação gratuita, já que em favor do terceiro adquirente militaria presunção de boa-fé, somente passível de elisão mediante apresentação de elementos probatórios inequívocos quanto à presença de má-fé.

3.4. Contratos comutativos e aleatórios

Todos os contratos comutativos, assim como os aleatórios, são bilaterais e onerosos, pois ao mesmo tempo em que geram obrigações para ambas as partes celebrantes, acarretam-lhes, em razão disso, ônus de natureza patrimonial.

Contratos comutativos são aqueles em que cada uma das partes recebe prestação equivalente àquela a que está obrigada para com o pólo oposto, podendo desde o momento da celebração constatar essa equivalência. A propósito, o equilíbrio estabelecido pelos contraentes é relativo e subjetivo, pois não se exige que haja total paridade econômica objetiva entre as prestações a que se atrelaram um e outro pólo. A circunstância de não haver inserção de prestações economicamente iguais não retira do contrato a natureza comutativa, pois o que efetivamente interessa é a existência de obrigações conhecidas no instante da celebração e a possibilidade de aferição do seu conteúdo. A similitude, ou a igualdade econômica das prestações, não é pressuposto de configuração dos contratos comutativos. São exemplos dessa espécie a compra e venda, a dação em pagamento, a permuta etc., pois neles cada pólo sabe exatamente o que deverá prestar e qual a contrapartida a que faz jus.

Contratos aleatórios são os que apresentam incerteza na prestação devida por um ou por ambos os contraentes, seja no pertinente à existência da mesma, seja no que diz com a sua extensão, eis que fica na dependência de acontecimento submetido a variantes e que tem o condão de acarretar perda ou ganho ao final. Álea significa probabilidade de perda concomitante à de lucro; também quer dizer risco, acaso etc., e nisso reside exatamente a principal marca dos contratos aleatórios, ou seja, a sua subjugação a um acontecimento incerto de que depende a definição da prestação. Em suma, um dos celebrantes não sabe e não pode precisar o conteúdo da prestação que receberá como contrapartida daquela que entrega ao pólo contrário. Exemplo significativo está na compra e venda de safra futura, na qual o adquirente sabe de antemão quanto pagará, mas não conhece o teor daquilo que lhe será alcançado pelo alienante, já que a produção fica vinculada a fatores estranhos à vontade dos contraentes, *v.g.*, estiagem, regularidade de chuvas e assim por diante.

Na prática, há diferenças importantes de tratamento legislativo dispensado aos contratos comutativos e aos aleatórios. Basicamente, estes últimos são disciplinados pelos arts. 458 a 461 do Código Civil, normas que se ocupam de estabelecer as bases da sua formação. Um aspecto relevante diz respeito ao fato de que a responsabilidade pela evicção da coisa transmitida somente é invocável nas contratações comutativas, já que nas aleatórias o risco integra a própria essência do ajuste. O mesmo vale para os vícios redibitórios, que são defeitos ocultos existentes na coisa alienada, objeto de contrato comutativo, que a tornem imprópria ao uso a que é destinada ou lhe diminuam o valor.

Outra situação interessante reside na perspectiva de anular contratos comutativos viciados por lesão (art. 157), algo inviável nas avenças aleatórias. Isto porque o instituto da lesão se evidencia quando uma pessoa, sob premente necessidade, ou por inexperiência, se obriga a prestação manifestamente desproporcional ao valor da prestação oposta. Ora, desde quando na origem não exista prestação certa a recair sobre um dos pólos, a desproporcionalidade mencionada no dispositivo nunca se materializará, restando obstada a caracterização da lesão.

A resolução por onerosidade excessiva também é argumento pertinente ao plano dos contratos comutativos. Fundada na teoria da imprevisão, parte do princípio de que os contratos têm força vinculante entre as partes firmatárias, em atenção ao princípio *pacta sunt servanda*. Todavia, a cláusula *rebus sic stantibus* confere adequada solução para casos em que a situação fática sofre tão profunda alteração que afeta a esfera econômica do ajuste, fruto de acontecimentos extraordinários e imprevisíveis. Para isso é preciso que as partes conheçam as prestações a que estão jungidas, pois somente assim poderão invocar a ruptura do equilíbrio primitivamente instaurado. Vê-se, aí, o vigor da teoria da imprevisão, pois em razão dela *"se presume, nos contratos comutativos, a existência de uma cláusula que não se lê expressa, mas implicitamente, segundo a qual os contraentes estão adstritos ao seu cumprimento, desde que as circunstâncias se conservem inalteradas entre o momento da celebração e o da execução dos contratos*" (Ap. Cível n. 0075882-3, TJPE). Sua influência está positivada no art. 478 do Código Civil, cujo teor estabelece que nos contratos de execução continuada ou diferida, se a prestação de uma das partes se tornar excessivamente onerosa, com extrema vantagem para a outra, em virtude de acontecimentos extraordinários e imprevisíveis, poderá o devedor pedir a resolução do contrato.

3.5. Contratos nominados e inominados

São *nominados* ou *típicos* os contratos que recebem do ordenamento jurídico uma denominação (*nomen juris*) e uma estrutura específica. Estão concentrados, portanto, em um *tipo* exclusivo, dotado de expressão jurídica peculiar. Ao assim disciplinar as contratações, o legislador lhes confere um lugar certo no direito positivo, além de estabelecer um mecanismo próprio de constituição, desenvolvimento e execução. Cada figura contratual típica é regida por normas que definem em pormenores os seus aspectos essenciais, gerando um padrão singular de funcionamento. No Código Civil de 2002 houve a inserção de vinte e sete contratos nominados, sendo exemplos a compra e venda, a troca ou permuta, a locação, o comodato etc.

Contratos *inominados* ou *atípicos* são os que, embora não possuam uma estrutura tipificada na ordem legal, podem ser gerados a partir da conjugação de princípios gerais dos contratos ou de regras extraídas das figuras contratuais nominadas. Ainda que o legislador não lhes tenha atribuído um *nomen juris*, surgem como forma de satisfazer as necessidades negociais de uma sociedade cada vez mais dinâmica. Como não seria possível criar e prever nominalmente todas as espécies de contratos necessários para atender às constantes variações sociais, o ordenamento admite a produção de modalidades atípicas, desde que não contrariem a lei, a moral e os bons costumes. Exemplo dessa relação contratual é a franquia, que compreende a mescla de prestação de serviços e distribuição de produtos.

A experiência mostra que as figuras inominadas são normalmente construídas por meio do somatório de regras pertinentes a duas ou mais estruturas típicas (conhecidos como *contratos híbridos*), ou da conjugação destas com preceitos contratuais de ordem geral. Tratando-se de contrato inominado e híbrido, porque associa contratos típicos distintos que, em face da vontade das partes, conjugam-se, perfazendo uma contratação coligada, aplica-se subsidiariamente o regramento que no Código Civil disciplina cada uma das figuras utilizadas como base. Ao lado disso, empregam-se os preceitos que norteiam a produção e o desenvolvimento dos contratos em geral.

A rigor, as espécies atípicas submetem-se aos mesmos pressupostos de validade e eficácia aplicáveis às modalidades tipificadas, porque todas elas integram o grande universo jurídico atinente aos contratos. E, por assim ser, prevalecem sempre alguns princípios básicos que regem a existência negocial, como o da autonomia da vontade, o da prevalência do interesse público sobre o privado quando estiverem em conflito etc. As partes celebrantes podem idealizar qualquer forma contratual que sirva a propósitos legais, inexistindo restrições quantitativas ou qualitativas para essa liberdade de ajustar. A realidade da convivência social reclama contínuas alterações no rol dos contratos atípicos, ampliando rapidamente o elenco das figuras negociais que preenchem lacunas deixadas pelo limitado número de estruturas típicas disciplinadas pelo legislador.

O art. 425 do Código Civil, atento à matéria, diz que é lícito às partes estipular contratos atípicos, observadas as normas gerais nele fixadas. Nisso se vislumbra a perspectiva de que, mesmo sem um nome jurídico próprio e estrutura exclusiva, as convenções resultantes da fusão de duas ou mais espécies contratuais previstas na lei não apenas são aceitas pelo ordenamento brasileiro, mas também recebem suporte normativo para que se possam desenvolver adequadamente.

3.6. Contratos consensuais e reais

Contratos consensuais são aqueles que se formam *solo consensu*, ou seja, consideram-se perfeitos desde o momento em que as partes celebrantes fazem convergir as vontades individuais com o fito de criar a relação jurídica. Há contrato acabado, portanto, independentemente da tradição de qualquer coisa de uma parte para a outra, e à míngua da observância de determinada forma. É o elemento anímico regularmente externado que vincula em definitivo os contratantes. Não estando atrelados à obediência de imposições formais, os contratos consensuais são enquadrados, também, na categoria dos não solenes. Exemplo dessa espécie é a compra e venda de bens móveis, pois para que ele se complete basta a presença dos elementos sujeito, objeto, preço e consentimento. A entrega da coisa vendida é mera conseqüência da espécie contratual concebida, não integrando o rol dos requisitos de constituição da avença. O mesmo acontece com figuras como a troca ou permuta, a locação, a doação e tantas outras de semelhante natureza.

Contratos reais são os que se constituem pela *traditio*, ou seja, pela entrega da coisa, objeto da relação jurídica, por uma das partes à outra. Não basta a exteriorização do consentimento das partes, eis que a convergência volitiva é apenas uma das etapas de formação da avença, que se perfaz, consoante sobredito, com a efetiva tradição do objeto mediato do liame. O comodato é exemplo disso, pois as partes somente estarão vinculadas desde quando o comodante repasse ao comodatário a coisa sobre a qual versa a relação entabulada. Igual fenômeno ocorre com o mútuo e o depósito, espécies de igual natureza e que têm na *traditio* um pressuposto de constituição mesma do contrato. Por assim dizer, o ajuste real não é gerado sem que aconteça a entrega do bem, com anterior ou concomitante manifestação de vontades convergentes.

Via de regra, os contratos reais são unilaterais, já que depois da entrega da coisa remanesce no contexto jurídico apenas deveres para uma das partes. É o que acontece, por exemplo, no comodato, no qual incumbe ao comodatário restituir a coisa, enquanto ao comodante não cabe, com natureza específica, obrigação contratual alguma. Exceto, é claro, no concernente à imposição de respeitar a posse direta do pólo adverso, circunstância que, contudo, representa apenas um dever genérico imputável a todo aquele que titulariza unicamente a posse indireta, independentemente da modalidade contratual ajustada.

Não obstante, é possível que em raras ocasiões os contratos reais assumam formatação bilateral, gerando obrigações para ambos os celebrantes. Exemplo disso, lembrado por *Orlando Gomes* (*apud* Carlos Roberto Gonçalves, obra citada, p. 87), é o depósito, pois nele o depositante fica obrigado a contraprestar ao depositário por meio da correspondente remuneração. Trata-se de contrato bilateral quanto à lateralidade dos deveres gerados, pois ao depositário também incumbe uma determinação legal, qual seja, a de restituir a coisa tão logo reclamada pelo outro pólo.

É pertinente indagar qual a espécie de relação existente entre as partes antes da tradição, mas posteriormente ao instante em que externada a vontade de contratar. Imagine-se que as partes já acertaram todos os detalhes em torno do comodato que pretendem celebrar, inclusive com assinatura do instrumento que por cautela redigiram. Caso não haja a entrega do bem, existirá empréstimo? A resposta é negativa. Não obstante, é certo que houve a produção de um estado jurídico que repercute no âmbito dos envolvidos, traduzindo-se, então, em contexto do qual se extraia a ocorrência de promessa de comodato, ou geração do dever jurídico de repassar a coisa em comodato. Embora com isso o pretendente a figurar como comodatário não possa exigir a entrega forçada da coisa, terá legitimidade para postular indenização das perdas e dos danos que sofrer em virtude do eventual rompimento do ajuste até então encetado. Não há contrato propriamente dito, mas existem conseqüências derivadas do desatendimento do aceno feito no sentido da ultimação da avença.

Importa observar que a grande maioria dos contratos é constituída por celebrações de índole consensual, figurando como exceção as avenças que, sendo reais, somente se constituem mediante entrega da coisa. O legislador reserva essa especial conformação para hipóteses que, por suas peculiaridades, exigem o imediato acesso de um dos contraentes à coisa que aparece como objeto do ajuste. No mais das vezes, todavia, é suficiente o consenso para vincular definitivamente as partes ao contrato eleito. A rigor, a própria idéia de contrato faz ver que todos eles, sejam consensuais ou reais, dependem do consentimento dos celebrantes para que possam surgir no plano jurídico. Entrementes, a distinção que se constata neles resume-se ao fato de ser ou não suficiente a vontade das partes para a completa formação do liame. Bastando, o ajuste é de natureza puramente consensual; exigindo-se ainda o repasse da coisa, é de caráter real.

3.7. Contratos solenes e não solenes

Contratos *solenes*, também conhecidos como *formais*, são aqueles para cuja constituição o legislador impõe a adoção de determinada forma, sem a qual não há vínculo perfeito e acabado. Como exemplo podem ser citados os contratos que versam acerca de direitos reais sobre coisas imóveis, pois em relação a eles ficou patenteado que, não dispondo a lei em contrário, a escritura pública é essencial à validade dos negócios jurídicos que visem à constituição, transferência, modificação ou renúncia de direitos reais sobre imóveis de valor superior a trinta vezes o maior salário mínimo vigente no País (art. 108). Por outro lado, embora sem o emprego necessário do rigor do instrumento público, a fiança igualmente é avença que somente se perfaz por escrito, traduzindo-se em contrato solene (art. 819). Outra situação digna de nota é a do penhor, que se constitui exclusivamente por escrito e deve ser levado a registro (art. 1.432).

Contratos *não solenes*, também denominados *informais*, são os que podem ser perfectibilizados com total liberdade de forma, ou seja, independem da adoção de particularidades formais prescritas em lei para que venham a ter plena existência jurídica. Como regra geral, a forma dos contratos é livre, admitindo-se que as partes os celebrem mediante emprego de qualquer espécie de manifestação volitiva, seja verbal, por escrito particular ou mediante confecção de instrumento público. Vale dizer, o contrato somente será solene ou formal quando a lei contiver expressamente tal determinação. É o que resulta do exame do art. 107 do Código Civil, segundo o qual a validade da declaração de vontade não dependerá de forma especial, senão quando a lei expressamente a exigir. Os exemplos de contratações não solenes são incontáveis, mas podem ser mencionados a permuta de móveis, o comodato, a empreitada, a locação e assim por diante.

Quando houver necessidade da observância de forma prevista pelo ordenamento jurídico, as avenças somente valerão se houver cumprimento dessa imposição normativa. São, portanto, nulos os contratos cuja elaboração não se der com submissão à prescrição legal de forma. Não bastasse, em situações das quais resulta que o elemento formal preconizado é da substância do ato, a prova do contrato somente se perfaz por aquele meio estipulado pelo legislador, não sendo possível a invocação de outros mecanismos probantes que normalmente estariam ao alcance dos interessados caso fosse hipótese de contratação não solene.

As partes não podem transformar um contrato solene em informal, já que preceitos de ordem pública, tendentes a resguardar a segurança das relações jurídicas, estão inseridos nas contratações para as quais a lei impõe o atendimento de determinada forma. Porém, é lícito aos celebrantes fazer formal um contrato originalmente não solene. Para assim proceder, basta que nele incluam cláusula no sentido de que o negócio jurídico não valerá sem instrumento público. Havendo tal previsão voluntária, ele será da substância do ato e a regularidade da vinculação dependerá da observância dessa cláusula (art. 109).

3.8. Contratos principais e acessórios

Quando reciprocamente considerados, os contratos podem ser *principais* ou *acessórios*. Tal classificação tem em vista, por assim dizer, uma análise feita a partir da confrontação de duas figuras contratuais. Se desse exame emergir relação de dependência de um dos contratos para com o outro, estar-se-á diante de contexto que permite entrever a presença de um ajuste principal e de uma avença acessória. Vigorará, então, o princípio *accessorium sequitur suum principale*, suporte das repercussões que serão apresentadas logo adiante. O aludido fenômeno somente pode ocorrer, consoante frisado, se a investigação levar em linha de conta a existência simultânea de dois contratos. Por óbvio, não é possível dizer se existe relação de dependência quando examinada apenas uma figura, singular e isoladamente tomada. Um contrato considerado em si mesmo não é nem principal e tampouco acessório, por faltar na perquirição o parâmetro sobre o qual se embasa esse critério classificatório.

São *principais* os contratos cuja existência é autônoma e independente de qualquer outra contratação, como se dá, por exemplo, com a locação diante da fiança. Em conseqüência, são *acessórios* os contratos que para existirem dependem, no âmbito jurídico, de outro. No exemplo citado *retro*, a fiança é ajuste que somente surge como segurança de cumprimento da obrigação decorrente do contrato locatício. Aliás, embora não seja premissa necessária, via de regra as contratações acessórias têm como função única assegurar o cumprimento de um dever jurídico gerado noutro contrato. Porém, para fins de classificação enquadram-se como acessórios todos os ajustes de vontade cuja existência está jungida à de outro, *v. g.*, a estipulação de juros tendentes a remunerar o titular do capital.

Observada a relação de umbilical dependência que se estabelece do liame acessório para com o principal, é certo dizer que o destino daquele está invariavelmente atrelado ao deste. Daí que eventual nulidade que se abata sobre o principal afeta de maneira irremediável o acessório, que também padecerá, então, de nulidade. O inverso não é verdadeiro, pois o defeito ou vício que acomete o acessório é indiferente, no plano da existência, validade e eficácia, para o principal. Assim, a nulidade da fiança não abala a estrutura da locação, assim como a imperfeição da cláusula penal, como ajuste acessório, não atinge a obrigação a que adere. O mesmo vale para eventual insubsistência da cláusula que fixa juros em mútuo, já que se conserva na íntegra o dever de restituição incidente sobre o mutuário. E também para o aval, que, uma vez nulificado, não importa na extinção do débito que protegia. É bem verdade que por via transversa pode ocorrer algum reflexo indireto na avença principal como resultado do problema que atingiu a relação acessória. Isso ocorre, por exemplo, quando a fiança é nula, pois em tal hipótese a obrigação emergente do contrato principal ficará desguarnecida, ou seja, sem a garantia originalmente ditada pelo contrato que assegurava o seu cumprimento. Porém, esse acontecimento não implica, de modo algum, na diminuição do vigor intrínseco do liame principal, mas apenas na supressão de elemento secundário destinado a proteger a execução do ajuste.

No Código Civil, o art. 184 traz norma que corrobora tudo quanto explicitado até o momento: *"Respeitada a intenção das partes, a invalidade parcial de um negócio jurídico não o prejudicará na parte válida, se esta for separável; a invalidade da obrigação principal implica a das obrigações acessórias, mas a destas não induz a da obrigação principal"*. Cumpre destacar que, na mesma senda traçada nas considerações anteriormente feitas, a prescrição da pretensão relacionada ao dever jurídico principal afeta irremediavelmente o vínculo acessório, fazendo-o igualmente prescrito. Contudo, pelas razões já expostas não haverá modificação no liame principal se prescrever aquele de natureza acessória. De outra banda, a remissão da dívida faz ruir a garantia que a ela se vinculava, mas o inverso não é verdadeiro. Assim também ocorre com a renúncia ao direito resultante da relação principal, que faz desaparecer o ajuste acessório; contudo, a renúncia a este não repercute no núcleo da obrigação primitivamente assegurada, de modo que apenas desaparece a garantia. Outro corolário da idéia de acessoriedade consiste na observação de que o pagamento da dívida gerada pela relação principal implica na extinção da garantia, sendo exemplo disso a quitação do saldo devedor pelo mutuário frente ao agente financeiro, fazendo com que não mais exista o contrato acessório de seguro (Ap. Cível n. 117811/RJ, TRF da 2ª Região).

Em atenção ao princípio da autonomia da vontade contratual, podem as partes estipular que na hipótese de insubsistência do contrato acessório ocorra o desfazimento também da contratação principal. Para que isso ocorra é imprescindível que os celebrantes expressamente prevejam a mencionada solução, pois do contrário prevalecerá a regra pela qual a afetação do acessório não atinge a estrutura do ajuste principal. Diante dessa realidade, é lícito aos contratantes idealizar cláusula estipulando o rompimento da locação se a fiança for considerada juridicamente nula ou imperfeita, ou então se falecer ou vier a restar incapacitado o fiador. No mais das vezes, previsões desse jaez têm como única finalidade a proteção do credor contra os riscos dimanados do fenecimento da garantia de cumprimento da obrigação principal.

3.9. Contratos paritários e de adesão

Contratos paritários são aqueles formados com base em livre negociação entabulada pelos celebrantes, em que prevalece o igualitário debate das cláusulas e das condições que os vincularão. No contexto do ajuste, presume-se que as partes estejam em situação fática e jurídica dotada de relativo equilíbrio, ou seja, nenhuma delas se sobrepõe à outra a ponto de impor a sua vontade como elemento decisivo na definição do quadro contratual. Aspectos relevantes para a estruturação do negócio (*v.g.*, o preço na compra e venda, os juros no mútuo etc.) são alvo de análise e discussão entre os interessados, construindo-se a avença a partir do equilíbrio das forças atuantes. Correto asseverar, então, que *"nos contratos paritários as partes vinculadas encontram-se em paralelo na relação jurídica, discutindo os termos do ato negocial mediante transigência mútua. Há concretamente discussão acerca do conteúdo contratual, constituindo o produto das negociações a expressão da autonomia da vontade dos pactuantes"* (Ap. Cível n. 0102554-3, TJPE).

Contratos de adesão são os celebrados com base na superioridade de uma das partes sobre a outra, no que diz respeito ao teor das cláusulas e condições que presidem o ajuste. Não há larga liberdade de exame para um dos celebrantes, pois a vontade do outro se sobrepõe a qualquer perspectiva de exame mais detido das questões essenciais da contratação. Vale dizer, um dos celebrantes apenas adere à vontade exarada pelo outro, a quem competiu a elaboração da estrutura negocial em seus principais aspectos (*v.g.*, o preço da passagem no transporte coletivo, o custo da energia elétrica, o índice de juros no contrato bancário etc.). Será de adesão, portanto, o contrato cujas regras internas forem construídas com suporte na vontade de um dos celebrantes, cabendo ao outro, apenas, consentir ou rejeitar a formatação estabelecida.

Ainda que nos contratos de adesão a liberdade volitiva sofra extensa restrição, não é correto preconizar a ausência de um contrato perfeito e acabado a partir do momento em que os celebrantes exaram o seu consentimento. Há, sim, genuíno contrato, ficando as partes vinculadas ao seu conteúdo e obrigadas ao cumprimento das disposições feitas. Todavia, não é exagero afirmar que o único momento em que o aderente tem liberdade volitiva é quando afirma que aceita as diretrizes idealizadas pelo pólo contrário. Em vista disso, o legislador reconhece a maior fragilidade do aderente em relação ao policitante, razão pela qual criou normas especiais para disciplinar determinadas particularidades do ajuste. É o que ocorre, à evidência, com o tema referente à interpretação dos contratos de adesão, pois se presume que o policitante teve plena autonomia para inserir tudo o que melhor lhe aprouvesse. Assim, quando houver no contrato de adesão cláusulas ambíguas ou contraditórias, dever-se-á adotar a interpretação mais favorável ao aderente (art. 423), parte considerada hipossuficiente diante daquela que ditou o norteamento contratual.

Nunca é demais salientar que muitas vezes há proposital dissimulação, protagonizada pela parte mais forte, com vistas a descaracterizar a contratação como sendo adesiva. Aliás, a regra geral é exatamente essa, ou seja, na grande maioria das situações o contraente que elaborou de maneira praticamente unilateral o contrato nega tal procedimento e tenta evitar, com isso, que a interpretação de seu conteúdo seja mais favorável ao aderente. Isso não significa que a interpretação das cláusulas será feita em sentido contrário ao que literalmente delas emerge, mesmo porque se a construção do dispositivo for clara e inequívoca valerá pelo seu próprio teor. Importa, isto sim, em resolver a ambigüidade ou a contradição em favor da parte contratualmente mais fraca, eis que a ela não se oportunizou prévia discussão das principais nuanças contratuais. Exemplo: se no contrato de adesão estiver previsto certo número de dias para que o adquirente de um bem efetue o pagamento, e se noutra cláusula constar lapso temporal diverso, caberá ao juiz indicar como aplicável aquela previsão de maior proveito ao aderente, ou seja, a que apontar para o prazo mais alongado.

Ademais, a codificação, reportando-se aos contratos de adesão em geral, diz serem nulas as cláusulas que estipulem a renúncia antecipada do aderente a direito resultante da natureza do negócio (art. 424). Cabível, portanto, até mesmo iniciativa *ex officio* do juiz no sentido de pronunciar a nulidade. Exemplo: em uma locação adesiva de imóvel residencial, o locatário abdica previamente da prerrogativa de denunciar a locação por prazo indeterminado por meio de aviso por escrito ao locador, despindo-se de faculdade prevista no art. 6º da Lei n. 8.245, de 18.10.91. Na exegese da citada cláusula, deverá o julgador afirmar a sua insubsistência, pois, integrando a natureza mesma do negócio, restou abolida por previsão ínsita em contrato adesivo.

O fato de se reconhecer a nulidade prevista no art. 424 não significa que disposições de outro jaez, mas igualmente arbitrárias, não possam sem desprezadas. Na realidade, tratando-se de contrato de adesão a regra consiste em interpretá-lo de maneira mais favorável ao aderente, o que importa inclusive na supressão de previsões notoriamente abusivas, iníquas ou que agridam outros princípios elementares. Embora não seja o caso de nulidade propriamente dita (salvo quando afrontarem dispositivo expresso de lei), podem ser desconsideradas a partir da constatação de sua inadequação aos parâmetros normativos destinados à conservação do princípio do equilíbrio contratual.

Não se consideram de adesão apenas as avenças em que um dos celebrantes promoveu a estruturação de todo o conteúdo. Para que venha à tona a natureza adesiva basta que ele tenha sido o responsável pela inserção das cláusulas que compõem a base da figura contratual escolhida. A circunstância de se permitir o debate de aspectos secundários e não essenciais é insuficiente para fazer paritário o ajuste. Portanto, se em certo contrato de locação foi o locador quem definiu elementos como o preço, o objeto, a cláusula penal para a hipótese de inadimplemento e a finalidade da contratação, não será em virtude da eventual participação do locatário na discussão do tempo de duração do liame que tornará paritário um acordo evidentemente adesivo. Em suma, o critério que melhor serve para definir se o contrato é paritário ou de adesão reside no exame da ocorrência ou não de predominância sensível e decisiva da vontade de um dos celebrantes sobre a do outro quanto aos elementos substanciais da figura negocial eleita. Nunca é demais salientar que, no concernente à formação do contrato, o de cunho adesivo não apresenta a fase pré-contratual das *negociações preliminares*, em que, via de regra, os interessados manteriam os primeiros contratos com vistas ao futuro debate em torno do conteúdo da relação pretendida.

É equivocado tomar como sendo de adesão o contrato apenas porque consta de instrumento previamente impresso por um dos contraentes. Desde que a estrutura da celebração possa ser debatida em seus pontos principais, a prévia impressão do documento não funcionará como fator de fixação da natureza adesiva. Destarte, contratos impressos que contêm espaços em branco destinados à inserção de dados elementares e essenciais da relação jurídica podem ser tomados como paritários. Todavia, é bem verdade que no mais das vezes a apresentação de instrumento pronto, preparado por uma das partes, identifica a contratação adesiva, porque dela se extrai a menor ou nenhuma ingerência da vontade do outro celebrante na formação do liame.

Característica peculiar aos contratos de adesão é a da aceitação ou recusa global da proposta feita. Como não pode debater o conteúdo do ajuste, o aderente se limita a decidir se quer ou não contratar. Então, faz unir a sua vontade à do policitante ou simplesmente repele a idéia, deixando de emitir a vontade que gera a contratação. Porém, são comuns as situações em que inexiste a possibilidade prática de rechaçar a hipótese de contratar, pois certos bens da vida estão disponibilizados apenas em ajustes de cunho adesivo. Exemplo disso está no fornecimento de energia elétrica, já que ao consumidor não cabe espécie alguma de intervenção em elementos como o preço, a carga da rede, a data do pagamento e assim por diante. Idêntico raciocínio serve, em geral, para contratos como os de seguro, consórcio, ofertas feitas por estabelecimentos comerciais ao público etc. Nada impede, porém, que no plano concreto até mesmo esses contratos sejam paritários, contanto que se demonstre a igualdade de forças dos celebrantes na definição dos elementos substanciais do negócio.

Comumente, os contratos são paritários, porque os interessados efetivamente conseguem entabular produtiva discussão em torno do objeto e dos demais fatores envolvidos na avença. Isso não significa que o resultado final deva ser economicamente equilibrado, porque são as partes, na exteriorização da sua vontade livre, que estabelecem o melhor para aquele momento negocial. Logo, a venda por preço muito inferior ao de mercado é um contrato paritário, válido e eficaz, desde que não padeça de defeitos capazes de torná-la insubsistente. É a inferioridade marcante de um dos pólos na definição da estrutura do negócio que lhe atribuiu conotação adesiva.

As relações de consumo constituem inesgotável manancial de contratos de adesão, haja vista a hipossuficiência do consumidor frente ao fornecedor, ao fabricante, ao prestador de serviços etc. Tanto é assim que o Código de Defesa do Consumidor (Lei n. 8.078/90) também se preocupou em disciplinar a matéria, cuidando inclusive de trazer a seguinte definição: *"Contrato de adesão é aquele cujas cláusulas tenham sido aprovadas pela autoridade competente ou estabelecidas unilateralmente pelo fornecedor de produtos ou serviços, sem que o consumidor possa discutir ou modificar substancialmente seu conteúdo"* (art. 54). Além disso, cuidou de alargar o esclarecimento, dizendo que a inserção de cláusula no formulário não desfigura a natureza de adesão do contrato (§ 1º). Ademais, os contratos de adesão escritos serão redigidos em termos claros e com caracteres ostensivos e legíveis, de modo a facilitar sua compreensão pelo consumidor (§ 3º). De resto, as cláusulas que implicarem limitação de direito do consumidor deverão ser redigidas com destaque, permitindo sua imediata e fácil compreensão (§ 4º).

3.10. Contratos de execução instantânea, diferida e de trato sucessivo

O critério ora analisado leva em consideração o tempo, o momento em que se devem cumprir os contratos. Isto porque nem sempre haverá execução da avença imediatamente após a celebração, sendo lícito às partes projetar no tempo o adimplemento das obrigações negociais.

São de *execução instantânea* ou *imediata* os contratos que se cumprem de uma só vez, em prestação única, logo depois de celebrados. É o caso da compra e venda à vista, onde o comprador paga o preço e o vendedor entrega a coisa assim que o ajuste de vontades se concretiza. Não há interstício entre o aperfeiçoamento do ajuste e o cumprimento dos deveres jurídicos que dele resultam. Outro exemplo é o contrato de troca, cuja característica básica consiste exatamente em fazer com que as partes reciprocamente entreguem, de um só jato, as coisas que figuram como objeto da contratação firmada. Cumpridas as obrigações, o contrato terá alcançado os fins que lhe são inerentes, desaparecendo para ambas as partes qualquer perspectiva de reclamar mais do que aquilo que foi pactuado e adimplido.

Contratos de *execução diferida* ou *retardada* são os que projetam no tempo o cumprimento das obrigações cabíveis a pelo menos uma das partes, seja de uma só vez ou em parcelas. Como exemplos, podem ser citados os contratos de compra e venda de mercadorias com entrega futura ou de compra e venda a prazo. Neles, a característica principal é a da postergação do cumprimento da *obligatio*, que é prevista para certo momento localizado no futuro, porque submetida a termo. Não tem relevância, para fins deste enquadramento, a circunstância de ocorrer adimplemento em único repasse ou em vários fracionados, pois o fator primordial é a projeção do cumprimento para o futuro, a partir do qual o contrato se exaure.

Finalmente, as avenças de *trato sucessivo* também se cumprem de maneira fracionada, mas nelas o adimplemento de uma parcela vencida somente extingue a obrigação relativa a certo período de tempo transcorrido, enquanto outra prestação surge em relação a novo espaço temporal, igualmente projetada para o futuro em sua exigibilidade. Mesmo com o pagamento de prestações periódicas, o contrato não se exaure e conserva plena capacidade de produzir obrigações, situação persistente até que sobrevenha causa extintiva do vínculo (*v.g.*, advento do *dies ad quem* fixado ou verificação de condição resolutiva).

É o que acontece, *v. g.*, com a locação de imóveis, em que o pagamento do aluguel pertinente a certo mês, já vencido, serve apenas para extinguir a obrigação a ele relacionada, dando imediatamente nascedouro ao fluxo de novo interregno, que produzirá outra dívida. Em contratos dessa natureza, o pagamento da prestação não pode ser tomado como mecanismo de amortização de parte de um todo, simplesmente porque não se cuida da existência de contrato com valor global dividido em parcelas, mas sim de contratação que gera novas prestações independentes a cada transcurso de novo lapso temporal previsto pelos celebrantes.

Embora normalmente esteja ao alcance da vontade das partes o estabelecimento do mecanismo de execução dos contratos, em alguns casos a própria natureza do ajuste determina a sua conformação a uma das espécies mencionadas. Assim ocorre na locação, onde compõe a estrutura negocial a idéia de prestações que surgem e se tornam exigíveis em razão de decurso de certo período de tempo. Diversamente acontece na compra e venda, por competir aos celebrantes a fixação do modo de cumprimento, se à vista ou em parcelas que integralizam o preço total.

No plano prático, a classificação apresenta considerável relevância. No que diz respeito à revisão dos contratos e à sua resolução por onerosidade excessiva (arts. 478 a 480 do Código Civil), tal providência somente pode ser implementada nos contratos de execução diferida, e nunca nos de execução instantânea. Isto porque a projeção temporal da execução da avença é requisito básico para que se possa postular mudança no mecanismo de cumprimento. Afinal, somente neles é viável investigar e combater desequilíbrios econômicos posteriores à celebração. Por seu turno, as contratações instantaneamente cumpridas já se exauriram em virtude do adimplemento, e, portanto, não trazem qualquer perspectiva de alteração, porque produzidas todas as conseqüências jurídicas esperadas pelos celebrantes.

Outro reflexo prático da classificação precisa ser examinado. É particularidade exclusiva dos contratos de execução instantânea a simultaneidade do cumprimento das prestações pendentes. Logo, nenhuma das partes tem a faculdade de se negar a adimplir sob o pretexto de competir à outra a observância do dever jurídico em primeiro lugar. Disso resulta que nas contratações em que couber a um dos celebrantes o adimplemento precedente, ele não poderá argüir a exceção do contrato não cumprido (*exceptio non adimpleti contractus*) para escapar do dever que sobre si recai. Com efeito, o art. 476 do Código Civil diz que nos contratos bilaterais, nenhum dos contratantes, antes de cumprida a sua obrigação, pode exigir o implemento da do outro. Tratando-se de matéria defensiva, colocada exclusivamente à disposição da parte que deveria cumprir a sua prestação somente após o adimplemento daquela pertinente ao pólo contrário, a aludida *excepcio* não tem aplicabilidade nos contratos de execução imediata, sendo passível de argüição nos de execução diferida ou de trato sucessivo.

Quanto à prescrição das prestações, é preciso observar que nas avenças de trato sucessivo o prazo inicia a partir do vencimento de cada uma delas. A prestação isoladamente considerada, portanto, fica submetida a prazo individual e próprio, não havendo como juntar todas com o fito de as considerar subordinadas a um só lapso temporal de natureza prescricional. Destarte, a cobrança dos aluguéis relativos a vários meses de locação precisa ser aparelhada dentro do tempo que cada pretensão, tomada como corpo individualizado, tiver para ser exercitada. O mesmo não acontece com a cobrança de valores devidos em razão de compra e venda a prazo, eis que o preço, embora fracionado para fins de pagamento, é juridicamente único. Assim, o prazo de prescrição se conta a partir do vencimento antecipado que o inadimplemento produzir.

Por fim, mister referir que nos ajustes de trato sucessivo, e até nos de execução diferida, preservam-se vários dos efeitos produzidos em razão do cumprimento parcial realizado pelo devedor. Via de regra, não haverá como repor as partes exatamente ao estado original, eis que o ato de adimplir, ainda que parcialmente, repercute na esfera jurídica das partes e pode inclusive fazer irreversível o quadro gerado. No contrato de fornecimento continuado de matéria-prima, por exemplo, cada vez que o fornecedor envia o produto e recebe o pagamento exaure-se uma etapa da avença. O eventual rompimento causado por um dos envolvidos não terá o condão de fazer os celebrantes retornarem ao *statu quo ante*, porque consumados os fatos da entrega da matéria-prima e do pagamento do preço. Nem mesmo a nulidade do ajuste altera essa realidade, haja vista a necessidade de preservar efeitos definitivamente verificados. Fenômeno oposto ocorre nos contratos de execução instantânea, pois o seu desfazimento em função da falta de adimplemento, assim como a presença de vícios, tende a promover o retorno das partes ao estado que antecedia a contratação. Exemplo: se o adquirente não paga o preço da coisa comprada, o alienante pode reclamar o desfazimento do contrato e as perdas e danos que acaso houver sofrido.

3.11. Contratos preliminares e definitivos

Quanto ao objeto neles consignados, os contratos podem ser preliminares ou definitivos. Toda contratação visa a criar, modificar ou extinguir direitos, mas isso não significa que sejam sempre iguais os mecanismos pelos quais os ajustes de vontade alcançam as finalidades que os movem. Nem mesmo se pode afirmar que os contratos são invariavelmente manifestações acabadas, finais e independentes de providências volitivas posteriores. A dinâmica das relações jurídicas faz com que não seja rara a confecção de contratos imbuídos do desiderato de encaminhar a formação de outros, estes sim perfectibilizados em sua configuração última.

Pode ser conveniente às partes que entabulam negociações, ou mesmo necessário em virtude das particularidades da hipótese concreta, projetar para um momento subseqüente a finalização do acordo. É comum a escolha de soluções preparatórias do ajuste final, porque mais interessantes aos envolvidos do que as avenças instantaneamente concebidas para vigorar de modo definitivo. Em função disso, nada obsta a feitura de um contrato cuja finalidade seja, exclusivamente, a de encaminhar a celebração de outro.

Sopesadas as circunstâncias acima expendidas, mostra-se possível afirmar que é preliminar aquele contrato, de caráter preparatório e provisório, cujo objeto consiste em viabilizar a celebração de outro, chamado definitivo. Por isso é que também se denomina *pré*-contrato. Desde o Direito Romano vem essa impressão acerca de tal espécie negocial, então denominada *pacto in contrahendo*, exatamente por gerar a obrigação de contrair outra avença, que lhe é posterior. O contrato preliminar nunca modifica o seu objeto, porque sempre tem como meta a celebração definitiva, esta sim passível de submissão a múltiplos e variados objetivos, conforme a vontade das partes. A rigor, essa modalidade pode servir como evento preparatório da formação de qualquer outra espécie contratual, mas na prática é bastante comum em relações que envolvem a promessa de compra e venda de imóveis. Daí a sua importância como elemento de viabilização dos negócios e circulação de riquezas.

A perspectiva de confecção de avença preliminar funda-se no princípio da autonomia da vontade e na liberdade de contratar tudo aquilo que a lei não veda. Como o ordenamento pátrio não contém previsão obstando que as partes decidam pela vinculação preliminar, ao invés de partirem desde logo para a manifestação derradeira de vontade, entende-se legítima toda iniciativa naquele sentido. Todavia, a validade e a eficácia do contrato preliminar depende da observância dos pressupostos gerais que norteiam negócios desse jaez, especialmente os colocados no art. 104 do Código Civil, a saber: capacidade das partes, licitude e possibilidade do objeto e atenção à forma prescrita. Na verdade, quanto ao aspecto formal existe uma exceção, mencionada no art. 462, em que é dito que o contrato preliminar, exceto quanto à forma, deve conter todos os requisitos essenciais ao contrato a ser celebrado. Assim, uma promessa de compra e venda de imóvel cujo valor exceda trinta salários mínimos pode ser feita por escrito particular, ainda que a compra e venda propriamente dita tenha de ser instrumentalizada em escritura pública.

Não podem ser confundidos o contrato preliminar e as negociações preliminares. Estas podem ser verificadas — porque de ocorrência facultativa — em momento antecedente a qualquer etapa de formação do contrato, independentemente de ser este preliminar ou definitivo. Estranhas às etapas de constituição do ajuste, não vinculam as partes para fins de apuração de responsabilidade civil contratual, ensejando apenas a ocasional indenização de perdas e danos resultantes do rompimento culposo das tratativas. Por sua vez, o contrato preliminar já é um ajuste autônomo e do qual emergem consectários de natureza contratual propriamente dita, inclusive quanto à responsabilização do agente que por culpa der causa ao inadimplemento da obrigação de fazer, nele inserida.

No concernente à lateralidade das obrigações geradas, o contrato preliminar pode ser bilateral ou unilateral, conforme, respectivamente, gere deveres para ambas ou somente para uma das partes envolvidas. Nesta última hipótese, o negócio é também conhecido como *opção*, sendo exemplo mais comum a opção de compra de coisa móvel ou imóvel. Se a promessa de contrato for unilateral, o credor, sob pena de ficar a mesma sem efeito, deverá manifestar-se no prazo nela previsto, ou, inexistindo este, no que lhe for razoavelmente assinado pelo devedor (art. 466). Nesse caso, apenas um dos celebrantes assume obrigações, traduzidas fundamentalmente na necessidade de respeitar a vontade manifestada pela parte contrária acerca do objeto fixado. Na opção de compra de veículo, o promitente assume o compromisso de transmitir a coisa ao destinatário da oferta, caso este manifeste a sua aquiescência na realização do negócio. Note-se que enquanto um dos pólos tem a liberdade de aceitar ou repelir o oferecimento, o outro fica submetido ao conteúdo da resposta tempestivamente apresentada. A partir do momento em que afirmativo o pronunciamento, as partes celebração o contrato definitivo, nada impedindo que optem por solução diversa, *v.g.*, a realização de outra contratação preliminar.

É definitivo o contrato que já se apresenta perfeito e acabado, sendo bastante e suficiente para atrelar as partes ao seu objeto. Portanto, a ele não se atrela a obrigação de confeccionar outra avença subseqüente, extraindo-se do seu conteúdo tudo aquilo que os interessados buscaram por meio da celebração. Ao contrário do preliminar, que somente tem vigor jurídico para gerar a obrigação de fazer o contrato definitivo, este pode produzir obrigações de dar, fazer ou não fazer, seja isolada ou cumulativamente, de acordo com a manifestação volitiva dos celebrantes. No contrato de empreitada de trabalho e de materiais, por exemplo, o empreiteiro assume o dever de fornecer mão-de-obra para fazer o trabalho previsto, e de providenciar insumos para a obra que será entregue ao final, ao passo que o dono contrai a obrigação de pagar o preço estabelecido. Já na promessa de compra e venda, as partes fazem surgir unicamente a imposição de celebrar o ajuste final, que ensejará a transmissão da coisa alienada.

Quando reciprocamente analisados, os contratos preliminar e definitivo não podem ser vistos, respectivamente, como acessório e principal. Concluir de maneira diversa seria incorrer em equívoco, de vez que a existência, a validade e a eficácia da contratação preliminar não dependem do ajuste definitivo. Na realidade, o pré-contrato tem vida jurídica autônoma, e mesmo quando a celebração final não é realizada são extraídos proveitosos resultados da avença primitiva, chegando-se inclusive, muitas vezes, ao mesmo objetivo traçado originalmente pelos interessados. Assim ocorre no compromisso de compra e venda do imóvel, pois uma vez celebrado com observância das diretrizes normativas, e desde que dele não conste cláusula de arrependimento, qualquer das partes terá o direito de exigir a celebração do definitivo, assinando prazo à outra para que o efetive (art. 463 do Código Civil). Percebe-se, destarte, a presença de eficácia real agregada pelo legislador, na hipótese versada, ao contrato preliminar. Eventual negativa do promitente vendedor em celebrar a compra e venda não impedirá iniciativa do promitente comprador no sentido de obter do juiz sentença apta a substituir plenamente a vontade sonegada pelo pólo adverso.

A solução dada pelo legislador não se contrapõe ao princípio segundo o qual ninguém pode ser fisicamente compelido a praticar alguma conduta. É o Estado, pela sentença, que supre a ausência de manifestação de vontade. Não se está obrigando o sujeito passivo a manifestar a vontade prevista no contrato, pois a natureza do dever assumido permite que a lacuna seja contornada pela decisão provinda do Poder Judiciário, que apresenta os mesmos efeitos do querer omitido. Fosse hipótese de prestação com execução necessariamente direta pelo devedor (*v. g.*, fazer uma escultura), o único caminho viável em caso de inadimplemento culposo seria a condenação ao pagamento de perdas e danos, por não se mostrar factível constranger fisicamente o indivíduo ao cumprimento da obrigação.

Capítulo 4

INTERPRETAÇÃO DOS CONTRATOS

4.1. Conceito e finalidade da interpretação

Como todo ato jurídico, o contrato é formado pela regular emissão de vontade. Destaca-se, nele, a circunstância de que necessariamente dois ou mais interessados intervêm na sua formação, dada a bilateralidade que o caracteriza quanto ao mecanismo de constituição. No momento da elaboração do contrato, geralmente a vontade interna das partes corresponde à efetiva exteriorização desse querer. Ou seja, os celebrantes manifestam aquilo que pensaram e desejaram, fazendo-o de modo escorreito e preciso. Em tal contexto, não haverá espaço para maiores questionamentos em torno do real alcance do conteúdo da avença, porque as cláusulas são de tamanha clareza que dispensam — e mesmo impedem — a ingerência de atividades hermenêuticas externas.

Não obstante o acima exposto, é certo que as palavras explicitadas podem conter elevado grau de imprecisão quando associadas com vistas à elaboração de uma realidade contratual. Nem sempre a vontade externada corresponde àquela animicamente criada no espírito do agente, haja vista os riscos de que imprecisões terminológicas ou equívocos relacionados ao significado dos vocábulos possam interferir no resultado final. No dizer de *Washington de Barros Monteiro* (obra citada, p. 36), *"as palavras são insidiosas e traiçoeiras"*, razão pela qual podem não traduzir de forma fidedigna a intenção dos agentes. Ao promoverem a expressão volitiva, as partes estão imbuídas de determinados objetivos, consubstanciados em direitos e obrigações emergentes das cláusulas idealizadas. Cada uma delas tem impressão própria e singular a respeito do ajuste, e tanto mais perfeito será o contrato quanto maior a fidelidade que a expressão concreta exarada pelos celebrantes tiver com a sua elaboração mental primitiva. Existindo distorções ou controvérsias acerca do alcance do ajuste, estará instalado o impasse, que encontra vias de solução no ordenamento jurídico e nas demais fontes do direito.

Entra em cena, então, o labor interpretativo, cujo desiderato primacial consiste em investigar o real sentido da vontade exarada, estabelecendo a efetiva extensão do querer materializado no momento da celebração. Nessa esteira de raciocínio, a interpretação se destina a *"reconhecer e a reconstruir o significado das fontes de valoração jurídica, que constituem o seu objeto"* (*Emilio Betti apud Caio Mário da Silva Pereira*, obra citada, p. 35). Importa destacar, novamente, que a interpretação somente adquire espaço quando houver dubiedade, lacunas, falhas e ocorrências afins, pois se as cláusulas contratuais forem absolutamente límpidas em seu conteúdo não se poderá alterar-lhes o sentido por meio de esforço exegético. Afinal, a interpretação não existe para alterar aquilo que as partes explicitaram, mas sim para aclarar eventuais pontos obscuros, contraditórios ou duvidosos. A lei não tenta viabilizar a alteração do contrato perfeito, mas sim o esclarecimento de pontos cujo significado não se faz imediato com suporte na simples literalidade das cláusulas.

No primeiro volume desta obra foi examinada a questão atinente à exegese da lei e dos negócios jurídicos em geral. Para evitar a pura e simples repetição do que já foi dito, remete-se o leitor aos esclarecimentos então formulados. Outros serão agora acrescentados, com enfoque específico para as contratações e para as peculiaridades relativas à sua interpretação. Sempre convém salientar, todavia, que a busca do sentido real da vontade das partes contratantes também se vale dos princípios concernentes à interpretação da lei, pois nesta repousa toda a base da estruturação contratual. Ademais, é perceptível o fato de que tanto a lei como o contrato criam vínculos bastante sólidos e até mesmo semelhantes em alguns aspectos, justificando-se nisso a existência da velha máxima segundo a qual *o contrato faz lei entre as partes*. Obviamente, a abrangência da lei é muito superior, mas não se pode negar que o contrato produz uma relação que em vários de seus caracteres lembra o liame criado pela regra legal. Logo, quem interpreta a lei pode tomar igual rumo técnico para examinar o contrato. Por outro lado, os preceitos atinentes à investigação do teor dos negócios jurídicos em geral funcionam como fonte de elementos para o estudo específico ora proposto, porque todo contrato, sendo ato jurídico, e, mais especificamente, negócio jurídico *stricto sensu*, reclama esforço hermenêutico similar àquele despendido para a investigação dos demais fenômenos do direito.

4.2. Teorias relacionadas à interpretação

O manejo adequado das ferramentas de interpretação do contrato é fundamental para a solução dos problemas que surgem nas relações negociais. Assim como a exegese da lei parte de uma concepção final que envolve o emprego prático de várias teorias (conforme exame feito no primeiro volume desta obra), a investigação do exato teor das contratações não pode ser feita a partir da aplicação dos ensinamentos ligados a apenas uma corrente de pensamento exegético. Basicamente, duas são as linhas doutrinárias relacionadas ao trabalho interpretativo: a teoria da vontade e a teoria da declaração.

A *teoria da vontade*, conforme deflui da própria denominação, toma como prevalente a intenção das partes, deixando em segundo plano a declaração por elas emitida. Predomina, por assim dizer, a idéia de que a vontade dá nascedouro ao contrato, que, se acaso imperfeito em sua construção final, precisa adequar-se àquilo que na origem foi desejado pelos celebrantes. A declaração feita pelas partes, quando incompatível com o querer intimamente elaborado por elas, fica sujeita aos esforços de revisão que melhor consigam promover a conciliação entre o plano anímico do sujeito e a sua atuação externa.

A *teoria da declaração*, em sentido oposto, considera predominante a vontade concretizada no plano exógeno, em detrimento da construção mental e inclusive da intenção original dos envolvidos. Interessa o contexto resultante do elemento volitivo externado e não o que fora primitivamente elaborado na órbita psíquica e desejado pelos celebrantes. Estando em conflito a declaração e a vontade interna, maior valoração se atribui àquela, que presumivelmente representa o verdadeiro quadro contratual traçado no instante da celebração. Somente pela adoção desse posicionamento seria possível preservar a segurança das relações negociais, ao revés do que ocorreria na hipótese de emprego da idéia de prevalência da vontade interna dos agentes.

Como se percebe, as teorias acima mencionadas entram em franca rota de colisão se tomadas como verdades inflexíveis e absolutas. Somente a conjugação equilibrada dos seus princípios é capaz de conduzir a uma solução adequada e justa, viabilizando a realização de trabalho interpretativo profícuo e eficiente. O Código Civil brasileiro adota como ponto de partida aspectos relativos às duas teorias, haja vista a construção do art. 112: *"Nas declarações de vontade se atenderá mais à intenção nelas consubstanciada do que ao sentido literal da linguagem"*. Ao mesmo tempo em que não descura da valoração da literalidade, orienta o exegeta a buscar o sentido da declaração por meio da perquirição do ânimo que moveu o agente a se portar de determinada maneira.

A interpretação dos contratos não é feita com suporte exclusivo em expediente científico único. A chegada ao real sentido das cláusulas que compõem o ajuste pressupõe a conjugação dos diferentes mecanismos de exegese postos à disposição pelo ordenamento jurídico e pela doutrina, em especial por intermédio da aplicação dos métodos gramatical ou literal, sistemático e lógico. Assim, à literalidade da formatação somam-se a inserção da cláusula no contexto do próprio contrato, a logicidade da solução que se tenciona dar e assim por diante. Relevante, ainda, o exame do contrato frente aos demais componentes exógenos que porventura o circundem, como o local da celebração, os usos e costumes vigentes, os valores sociais etc.

Isso tudo faz com que se revele positiva e útil a lição de *Messineo*, que, analisando a matéria sob o prisma da codificação italiana, separou em dois grupos as normas de interpretação. *"O primeiro abrange os princípios de caráter subjetivo, isto é, os que dizem respeito à análise da intenção das partes; o segundo, as regras de caráter objetivo, ou seja, as referentes ao exame das cláusulas em si mesmas"* (apud Sílvio Rodrigues, obra citada, p. 51). Há proximidade entre a citada fórmula e o conteúdo das teorias anteriormente analisadas. A disciplina da matéria no Código Civil de 2002, embora não se concentre em um capítulo específico, permite que o posicionamento do referido autor italiano seja transposto para a realidade jurídica contratual brasileira. Com base nisso, desde logo se observa que a adequada hermenêutica contratual, indubitavelmente, tem de ser realizada com suporte na correta aplicação de orientações extraídas dos supracitados agrupamentos, agregando-se a isso o que já se disse a propósito das teorias da declaração e da vontade.

4.3. Critérios subjetivos

Provindo da vontade das partes, o contrato deve ser interpretado de acordo com aquilo que os celebrantes desejaram implementar. Presume-se que tenham almejado construir a avença nos moldes efetivamente externados, mas nem sempre o teor das cláusulas será tão claro a ponto de permitir uma exegese imediata e pacífica. Assim, havendo necessidade de investigar o real sentido de determinada expressão formulada, a literalidade da linguagem empregada precisará ser compreendida com suporte na intenção que movia os contraentes no momento da elaboração do ajuste. Esta é a essência de todos os critérios subjetivos, porque toma como fator hermenêutico decisivo o aspecto anímico. Este, por sua vez, geralmente deflui do comportamento dos celebrantes. A sua investigação é que dará os contornos prevalentes da avença para fins de estabelecimento da verdade contratual.

Sob o prisma subjetivo, mister se faz a análise da motivação geradora de cada previsão ínsita no contrato, e, mais especificamente daquela que reclama interpretação. Toda previsão contratual faz parte de um sistema, com o qual mantém umbilical ligação; assim, o sentido de certa cláusula poderá ser captado a partir da relação estabelecida com as demais consignações formuladas e com a vontade que presidiu a sua elaboração. Tal procedimento deita raízes na idéia de interpretação sistemática aplicada às regras de direito, pois, assim como a cláusula, vista isoladamente, pode encobrir o seu real significado, nenhuma norma de conduta sobrevive em si mesma, já que integra um conjunto de cânones que se interligam. O mesmo acontece com os contratos, pois eles se formam pela conjugação de diversos fragmentos da vontade global, de modo que a interpretação do sentido contratual passa pelo exame das pequenas porções que o compõem.

No exame das circunstâncias que mobilizaram os celebrantes, acontecimentos anteriores ao contrato e concomitantes à sua realização funcionam como indicativos de inegável relevância. Devem ser perquiridas as razões pelas quais as partes decidiram contratar, o resultado que pretendiam alcançar, os meios econômicos de que dispunham para isso e tantos outros itens capazes de auxiliar na tarefa interpretativa. O comportamento individual das partes, e a inserção dele no contexto do ajuste, geralmente é fonte profícua quando se pretende extrair de certa contratação o seu significado mais exato. Torna-se a reiterar, contudo, o fato de que não haverá espaço para interpretação destoante da literal formatação da avença quando as cláusulas forem inequívocas e precisas, pois não é possível submeter o contrato a risco de insubsistência apenas porque um ou ambos os celebrantes negam a firmeza da construção que eles mesmos, de maneira clara, idealizaram.

Sob o prisma subjetivo, é fundamental que o intérprete se dispa de sentimentos ou motivações pessoais, assim como de convicções jurídicas que possam afetar o resultado final da investigação. O que se busca é a vontade das partes contratantes, e não a do exegeta, nem tampouco o que ele pensa a respeito da avença celebrada. Isso não significa abdicar de conhecimentos ou de entendimentos, mas sim lançar visão isenta sobre o contrato, aplicando uma imparcialidade que se afigura indispensável para o bom desempenho da missão. Poderá o interprete utilizar a sua experiência individual, a comparação com outros casos semelhantes e inclusive o hipotético procedimento do *homo medius* em situações análogas para chegar a uma conclusão adequada; todavia, sem querer estabelecer a prevalência da própria impressão quando esta entrar em choque com as evidências das cláusulas do contrato.

Também a probidade e a boa-fé ocupam espaços de relevo na exegese dos contratos, pois o legislador impõe às partes que se conduzam de maneira leal, correta, honesta e com espírito desarmado quando da elaboração do acordo. Em vista disso, as cláusulas serão interpretadas de forma a prestigiar a boa-fé, razão pela qual será mister examinar qual o comportamento esperado de quem naquelas circunstâncias estivesse contratando. Mais do que um dever imposto pela lei, a lisura procedimental é regra moral a nortear a conduta dos celebrantes, do que resulta a sua plena exigibilidade em qualquer situação. Entrementes, desde logo se frisa a circunstância de que a boa-fé que internamente leva o sujeito a agir encontra menor valoração do que a chamada boa-fé objetiva, que faz da manifestação concreta de vontade do indivíduo o indicativo proeminente para fins de aferição do seu ânimo. Logo, quem atuar com vontade de lesar não será considerado de má-fé se a sua conduta externa nenhum dano causar à outra parte celebrante. Por igual razão, quem se porta com bom ânimo, mas culmina por causar prejuízos ao outro pólo celebrante, verá voltado contra si a aparato jurídico que coíbe a má-fé. O aparente paradoxo acaba determinando que prevaleça a vontade objetivamente declarada, em detrimento do querer intimamente elaborado, quando for hipótese de investigação da boa-fé ou da má-fé com que obrou o indivíduo. Assim, esse critério de interpretação está apontado também dentre aqueles que são tidos como objetivos, ensejando maiores esclarecimentos logo adiante.

4.4. Critérios objetivos

Os critérios objetivos não têm em linha de consideração primordialmente a vontade interna dos celebrantes, mas sim o elemento volitivo efetivamente externado. *"Aqui não está em jogo a vontade contratual (i. e., a intenção) em concreto... mas a vontade contratual in abstracto; na realidade, não se considera o que determinados contratantes pensaram e quiseram, mas qual pode ser a presumível vontade das partes (sejam quais forem), tendo em conta o id quod plerumque accidit"* (Messineo *apud* Sílvio Rodrigues, obra citada, p. 53). Sendo exclusivo resultado do querer internamente edificado pelos celebrantes, a contratação, *a priori*, espelha esse elemento endógeno, motivo suficiente para que o intérprete apanhe o teor concreto das cláusulas como fator decisivo para fins de fixação do real sentido do contrato finalizado. A apreensão objetiva do conteúdo da avença é essencial para a adequada exegese, segundo os cânones normativos e doutrinários que presidem o esforço hermenêutico.

Estabelecida essa linha de entendimento, é viável, com substrato parcial na lição de *Pothier* (*apud* Caio Mário da Silva Pereira, obra citada, p. 37), sopesados outros posicionamentos que a doutrina consagrou, apontar algumas regras de interpretação que assentam base nos critérios objetivos:

a) havendo dois entendimentos possíveis a respeito de uma cláusula, deve prevalecer aquele que tenha condições de produzir algum efeito, e não o estéril;

b) existindo no contrato duplo sentido, vigorará o que for condizente com a natureza do negócio entabulado;

c) constatando-se incerteza, decide-se segundo os usos do local onde o contrato foi celebrado;

d) na dúvida, as cláusulas são interpretadas contra o estipulante, porque a ele cabia ser claro na definição do conteúdo da manifestação volitiva;

e) ao se promover a exegese, o promitente será onerado somente no estrito limite indicado pela espécie negocial ajustada, interpretando-se restritivamente a vontade externada;

f) das cláusulas que reclamem interpretação emergirá o sentido que melhor assegure as prerrogativas do sujeito que agir com boa-fé objetiva;

g) nas cláusulas genéricas, a interpretação deve aproveitar aquilo que foi objeto do contrato, desprezando-se possibilidades não aventadas pelas partes;

h) a cláusula imprecisa é interpretada contra a parte que deu causa à imperfeição em virtude de conduta culposa ou malevolente;

i) as expressões despidas de sentido são desprezadas, como se simplesmente não tivessem sido inseridas no texto;

j) os contratos de adesão, em caso de ambigüidade, contradição ou dúvida, são interpretados em favor do aderente, porque à outra parte podem ser imputadas as imperfeições;

k) nos contratos onerosos, tanto quanto possível, a interpretação respeitará o equilíbrio estabelecido originalmente pelos celebrantes;

l) a interpretação será feita sempre de maneira menos onerosa ao devedor;

m) sendo conflitantes a cláusula previamente impressa e a manuscrita ou digitada, predomina o conteúdo desta em detrimento daquela;

n) havendo dúvida quanto à gratuidade ou onerosidade do contrato, presume-se que ele seja oneroso;

o) as cláusulas que integram contratos decorrentes de relações de consumo serão interpretadas mais favoravelmente ao consumidor.

4.5. Normas legais de interpretação

Afora os aspectos identificados *supra*, que servem de suporte para a adequada interpretação dos contratos, há algumas normas legais codificadas que indicam o rumo a ser seguido pelo intérprete. O legislador não se ocupou de estabelecer um título ou capítulo específico para os dispositivos referentes à exegese dos contratos, preferindo postá-los, esparsamente, em lugares estratégicos do Código Civil. Isso não prejudica e nem facilita o trabalho de interpretação, pois de qualquer modo a incidência das normas no caso concreto é que apontará o caminho e a solução mais condizentes com a realidade fática.

Inicialmente, cumpre reiterar a existência de uma norma de caráter genérico segundo a qual nas declarações de vontade se atenderá mais à intenção nelas consubstanciada do que ao sentido literal da linguagem (art. 112). Isso faz com que o real sentido do contrato seja buscado não apenas na gramaticalidade da sua construção, mas também, com igual vigor, na vontade que moveu as partes a celebrarem a contratação. É como que uma simbiose entre as teorias da vontade e da declaração, expostas em tópico anterior, nos caso em que o literal teor das cláusulas não seja suficientemente claro para dizer qual o significado exato da manifestação volitiva.

O art. 113 preconiza que os negócios jurídicos devem ser interpretados conforme a boa-fé e os usos do lugar de sua celebração. O direito pátrio sempre prestigiou a boa-fé nas relações interpessoais, procurando conservar os efeitos dos atos proveitosos a quem age com espírito desarmado e sem interesse em prejudicar outrem. Logicamente, nos negócios jurídicos não se examina apenas a boa-fé dos agentes como elemento interno, porque a literalidade e a vontade efetivamente manifestada funcionam como fatores de interpretação decisivos. Porém, cuida-se de particularidade relevante na solução de contendas judiciais, já que normalmente a boa-fé existente no espírito do indivíduo é transposta para o ambiente externo e se materializa em conduta igualmente isenta de máculas. Não obstante, o ordenamento brasileiro prioriza a boa-fé objetiva, de modo que a formatação da vontade sacramentada na seara exterior prevalece sobre o efetivo ânimo íntimo do agente.

Os usos do local da celebração receberam do legislador expressa referência como suporte de interpretação dos negócios jurídicos. Usos são práticas uniformes e reiteradas de determinados atos, formando uma consciência moral em torno da sua obrigatoriedade em certo tempo e espaço. É bom salientar que a extensão continental do Brasil impede a consolidação de usos uniformes em todo o território, razão pela qual a realidade do seu emprego precisa ser investigada a partir da aceitação que possuem na região em que celebrado o contrato.

Por outro lado, o art. 114 estabelece que os negócios jurídicos benéficos e a renúncia interpretam-se estritamente. Interessa, neste momento, fazer breve referência à questão relacionada aos contratos e à exegese apertada do seu conteúdo, como mencionado no aludido ditame. São consideradas juridicamente benéficas as contratações em que uma das partes faz surgirem direitos em favor de outrem na mesma proporção em que ele próprio se onera. Trata-se de fenômeno mais comumente verificável nas doações puras e simples, cuja natureza indica a geração de vantagem para o donatário — que nenhuma obrigação contratual específica tem — e de um ônus econômico para o doador, obrigado a entregar a coisa sem contrapartida alguma. Em circunstâncias assim, a interpretação não irá além dos estreitos limites apontados pela avença, obrigando o autor da liberalidade exclusivamente nos moldes constituídos por expressas indicações nas cláusulas contratuais. A doação de imóvel, por exemplo, pode ser alvo de inversão do princípio de que o acessório segue o principal, com vistas a afastar do benefício carreado ao donatário as coisas móveis não expressamente arroladas como integrantes do negócio. Isto porque a interpretação restritiva ocasionaria a percepção de fronteiras negociais menos amplas do que as ordinariamente percebidas em contratos despidos de particularidades exegéticas. Em suma, havendo dubiedade, contradição ou obscuridade na manifestação volitiva ínsita em determinado contrato benéfico, o intérprete adotará o rumo menos gravoso e oneroso para o sujeito que se obrigou.

Quando houver no contrato de adesão cláusulas ambíguas ou contraditórias, dever-se-á adotar a interpretação mais favorável ao aderente (art. 423). Contrato de adesão é aquele celebrado mediante aceitação, por uma das partes, das cláusulas e condições impostas pela outra, sem que entre ambas se trave prévia e exaustiva negociação em torno de tais elementos. Na realidade, no contrato de adesão um dos celebrantes faz somar formalmente a sua vontade à do pólo oposto, sem que na prática tenha sido posto em debate o teor da avença em seus principais contornos. Exemplo mais comum é o contrato bancário, que na esmagadora maioria das vezes é de índole adesiva. O cliente aceita ou não as cláusulas, não podendo alterá-las ou interferir no conteúdo final do ajuste. Disso resulta a maior fragilidade jurídica do aderente quando confrontada a sua posição com a do pólo contrário.

No contrato de adesão, presume-se que a parte responsável pela elaboração inseriu tudo o que lhe pudesse ser proveitoso, e segundo a construção que melhor atendesse ao seu desiderato. Logo, a ocasional inserção de cláusulas ambíguas ou contraditórias impõe ao intérprete decidir de acordo com o que for mais favorável ao aderente, observados os limites contidos na lei. São ambíguas as cláusulas cuja literalidade enseja a extração de mais de um significado. De banda diversa, são contraditórias aquelas que possuem disposições inconciliáveis entre si.

Outro mecanismo de proteção ao aderente consiste em determinar que, nos contratos de adesão, são nulas as cláusulas que estipulem a renúncia antecipada do aderente a direito resultante da natureza do negócio (art. 424). Ao intérprete cabe, destarte, realizar trabalho destinado a verificar quais as cláusulas que contêm essa espécie de imperfeição, de modo a excluí-las do corpo contratual. É, por assim dizer, trabalho de interpretação voltado à investigação de previsões que se mostrem abusivas por afronta à aludida norma legal.

No Código de Defesa do Consumidor (Lei n. 8.078/90), o art. 47 diz que as cláusulas contratuais serão interpretadas de maneira mais favorável ao consumidor. Portanto, não apenas os contratos de adesão submetidos ao diploma consumerista terão as suas cláusulas obscuras, dúbias ou controvertidas interpretadas em proveito da parte hipossuficiente; todas as contratações que versarem sobre liames de consumo serão assim examinadas. Presume-se que o consumidor fica posicionado em situação de inferioridade quando em confronto com o fornecedor, comerciante, prestador etc., disso resultando a necessidade de criar um aparato protetivo capaz de minimizar os reflexos da hipossuficiência instalada. Não bastasse, normalmente o pólo mais vigoroso apresenta ao consumidor instrumentos de cunho adesivo que tentam limitar direitos assegurados pela lei (*v. g.*, excluindo garantias contra vícios redibitórios e evicção), ficando nisso reforçada a idéia de que a ordem jurídica precisa resguardar os interesses da parte fragilizada.

A fiança não admite interpretação extensiva (art. 819), pois o fiador assegura o cumprimento de uma obrigação sem nada receber em troca. Portanto, o objeto da segurança oferecida fica limitado ao teor expresso da manifestação volitiva, não podendo sofrer dilatação em detrimento de quem se obrigou. O fiador somente será considerado responsável nos exatos termos indicados no contrato, e, havendo dúvidas quanto ao teor das cláusulas, serão elas interpretadas, quanto à sua amplitude, mais favoravelmente ao garantidor.

A transação interpreta-se restritivamente (art. 843). Justifica-se essa posição do legislador em função de que se presume terem os contraentes, ao transigir, pretendido obrigar-se minimamente e apenas nos limites expressos das cláusulas ajustadas. Não se mostra razoável admitir que as partes promovam acordo objetivando ver distendida a vontade manifestada, inclusive porque isso iria de encontro à natureza mesma do ser humano, a quem em geral interessa experimentar o menor ônus possível.

Capítulo 5

DA ESTIPULAÇÃO EM FAVOR DE TERCEIRO

5.1. Observações gerais e conceito

Como fenômeno proveniente da vontade das partes, o contrato vincula os celebrantes e os obriga segundo o seu conteúdo. Conforme já salientado noutra oportunidade, é comum dizer-se que o contrato *faz lei entre as partes*, querendo isso significar que o seu vigor em relação aos sujeitos envolvidos é de tamanha envergadura que se assemelha à força da regra de direito positivo. É bem verdade que a lei tem um espectro de abrangência muito mais amplo, chegando mesmo a alcançar todos os indivíduos. Tal aspecto, todavia, não impede que se vislumbre no contrato uma intensa capacidade de vinculação, limitada, *a priori*, a quem diretamente participou da celebração e manifestou vontade regular.

É o denominado *princípio da relatividade* que faz do contrato um mecanismo cujas conseqüências não ultrapassam os personagens que tomaram assento na celebração. Para terceiros, a avença não passa de *res inter allios*, ou seja, algo estranho à esfera jurídica pessoal e patrimonial de quem não manifestou vontade formadora. Porém, o crescente interesse que os contratos despertam no meio social, como fonte de geração de oportunidades, circulação de riquezas e distribuição de renda, faz com que surjam preceitos inovadores e capazes de injetar elementos novos, de conotação pública, em um ramo que tem características marcadamente privadas. Exemplo disso é o art. 421 do Código Civil, segundo o qual a liberdade de contratar será exercida em razão e nos limites da função social do contrato.

Abstraída a questão acima, é forçoso reconhecer que a relatividade do contrato não foi abolida e tampouco mitigada em sentido genérico. Ela continua sendo importante quando se trata de refrear o alcance da contratação, evitando que prejudique indivíduos alheios à construção do ajuste. Não se pode conceber, por exemplo, que além do comprador outra pessoa, estranha à relação estabelecida, seja colocada na posição de devedora do preço fixado pelos celebrantes. Isso seria injusto e faria ruir toda a segurança e a estabilidade que precisam estar presentes nos relacionamentos jurídicos. Neste compasso, não se pode afirmar que a estipulação em favor de terceiro seja produto da evolução operada na teoria contratual, até porque muito antes de serem implementadas inovações nesse âmbito já estava posta no ordenamento jurídico — mais precisamente no Código Civil de 1916 — a disciplina do instituto. Ele não representa fator de risco para o princípio da relatividade dos contratos, já que, como será explicitado adiante, o terceiro somente aproveitará os benefícios da contratação se, manifestando expressa vontade, assim o desejar.

A estipulação em favor de terceiro segue a mesma linha de raciocínio dos contratos em geral quanto à abrangência, isto é, obedece ao princípio de que apenas as partes envolvidas na celebração do contrato respondem pelos seus efeitos. O diferencial do instituto, entretanto, reside no fato de que terceiro aparece como destinatário de uma prestação acertada entre os celebrantes. Trata-se de um contrato pelo qual as partes estabelecem que uma delas prestará determinado benefício a outrem, estranho à relação jurídica. Intervêm na contratação duas figuras: o estipulante e o promitente ou devedor. A participação do primeiro traduz-se basicamente na circunstância de firmar o contrato e, com isso, ficar investido de atributos de fiscalização e impulsionamento de seu cumprimento. Já o segundo, denominado promitente, é quem se obriga a entregar a alguém a prestação avençada, ficando liberado a partir do momento em que assim agir. Exemplo: em contrato de seguro de vida, a empresa seguradora e o segurado convencionam o pagamento da indenização à esposa deste último, caso verificado o sinistro. Cuida-se, na espécie, de estipulação formulada a favor de terceiro, cujos efeitos serão verificados se vier a ocorrer o evento desencadeante previsto pelos contraentes. Como se denota, a estipulação tem base em ajuste formulado por indivíduos que definem a geração de certa vantagem, invariavelmente proveitosa a outrem.

No que diz respeito aos requisitos de validade, a estipulação em favor de terceiro não foge das imposições genéricas que recaem sobre todos os contratos. Logo, a capacidade das partes, assim como a licitude e a possibilidade do objeto, são pressupostos de regular constituição, em atendimento ao preconizado no art. 104 do Código Civil. A avença é meramente consensual e a forma é livre, cabendo às partes fazer a escolha segundo o que entenderem como melhor. Ainda no tocante à capacidade, convém observar que ela somente é exigida de quem efetivamente celebra o contrato, ou seja, o estipulante e o promitente. O beneficiário não intervém na geração do vínculo, de maneira que a sua situação pessoal não produz nenhuma conseqüência sobre a regularidade do liame em sua formação. Porém, no momento subseqüente, quando for chamado a dizer se aceita ou não o proveito abstratamente previsto (porque ninguém pode ser obrigado por efeitos de avença de cuja produção não participou), somente poderá anuir se for capaz, ou se estiver assistido ou representado de acordo com as prescrições legais. Nada obsta, ainda, que o beneficiário seja sujeito futuro, como uma empresa cuja constituição se preveja para certo tempo ou a prole eventual de alguém. Isso não deve retirar a possibilidade de identificação do terceiro dentro de um universo especificado, pois do contrário a estipulação não ficará caracterizada, por não ser compatível com a oferta ao público.

5.2. Natureza jurídica da estipulação

Várias são as teorias que procuram estabelecer a natureza jurídica da estipulação em favor de terceiro. O tema é controvertido, porque a peculiar conformação jurídica do instituto permite a defesa de diversos posicionamentos, assim como enseja a produção de críticas contra todos eles.

Segundo a *teoria da gestão de negócios*, ao destinarem um proveito econômico a terceiro, o estipulante e o promitente estariam gerindo interesse daquele. A posterior ratificação, provinda daquele, atribuiria pleno vigor à negociação realizada. Esse pensamento não tem condições de prosperar, porque vai de encontro à natureza da gestão. Efetivamente, ela pressupõe a atividade de alguém que, sem autorização, intervém em negócio alheio, pelo que fica obrigado a dirigi-lo segundo o interesse e a vontade presumível de seu dono, respondendo junto a este e às pessoas com que tratar (art. 861). Já na estipulação a atividade é desenvolvida pelo estipulante e pelo promitente em nome próprio; deles parte a vontade formadora da avença, que é bastante em si mesma e faz válido tudo o que restou pactuado. Não há atuação em nome de outrem, nem dependência de posterior ratificação, embora, conforme asseverado, a concreta produção dos efeitos dependa do consentimento do beneficiário.

A *teoria da declaração unilateral de vontade* apregoa que o surgimento da obrigação, a ser cumprida pelo promitente, se dá com a simples exteriorização da sua vontade. Assim, ao prometer certa vantagem a terceiro, o indivíduo estaria desde logo atrelado ao conteúdo da manifestação volitiva, independentemente da posterior agregação de outras vontades ou de aceitação. Ocorre, todavia, que a promessa unilateral tem como elemento essencial a indeterminação do destinatário no momento em que formulada. A oferta é feita de maneira genérica e sem endereçamento a uma ou outra pessoa, como acontece, *v.g.*, na promessa de recompensa em dinheiro a quem encontrar o objeto perdido pelo dono. Na estipulação em favor de terceiro, a promessa é encaminhada especificamente para um sujeito determinado e certo, ou, ao menos, determinável; nunca, porém, ao público em geral, pois então não existiria como *stipulatio*. Não bastasse, o instituto está fundado em dupla manifestação de vontade, já que se trata de avença celebrada entre o estipulante e o promitente, nada tendo, portanto, de unilateral na sua formação.

A *teoria da oferta* assevera que a estipulação não passa de singela proposta ou oferta individual, cuja validade e eficácia ficaria condicionada à posterior aceitação do destinatário. E, por assim ser, o contrato passaria a existir apenas a partir do momento em que o beneficiário aceitasse. Esse posicionamento não está correto, pois na realidade a estipulação somente surge quando o estipulante e o promitente acordam quanto ao teor da avença. Logo, não é pela vontade única e isolada de uma pessoa que se gera o instituto. Ademais, sabe-se que a proposta não se confunde com o contrato, consistindo apenas em uma das etapas da sua formação. E não ficam nisso as restrições à citada teoria, já que na estipulação em favor de terceiro o promitente responde sob o prisma contratual, pois é parte em contrato perfeito e acabado, ao passo que se fosse um singelo proponente suportaria conseqüências mais brandas e de índole diversa.

A *teoria do contrato*, que melhor explica a natureza jurídica da estipulação, diz que ela configura verdadeira contratação, dotada, entrementes, de contornos especiais, *sui generis*. Isto porque, em sentido oposto ao ditado pelos contratos ordinários, em que as cláusulas aproveitam e obrigam apenas as partes envolvidas, na *stipulatio* a prestação devida pelo promitente não é entregue ao estipulante, mas sim a terceiro, estranho à celebração. O beneficiário não participa da formação do contrato, de modo que a validade do ajuste independe da figura a quem se dirige em abstrato o proveito. Todavia, a eficácia do contrato não prescinde da anuência do destinatário da vantagem, pois a ele cabe decidir pela aceitação ou recusa, considerando-se que ninguém pode ser compelido a experimentar os reflexos de contratação engendrada por outrem. O Código Civil brasileiro expressamente trata a estipulação como contrato, de modo que eventual debate em torno da natureza jurídica do instituto não transformará essa realidade, apresentando, contudo, inegável valor teórico e acadêmico.

O Direito Romano não aceitava a existência de estipulação em favor de terceiro, fundando-se tal posicionamento exatamente no fato de que só às partes o contrato vincula. Prevalecia em toda a sua pureza, então, o princípio da relatividade do contrato, vedando-se o acesso de terceiros a ações que dissessem respeito ao cumprimento das prestações estabelecidas na avença. Com o fluir do tempo, a idéia de agregar vantagens a indivíduos alheios à celebração começou a ser aceita, como mecanismo facilitador dos relacionamentos contratuais. Hoje, a estipulação em favor de terceiro está consagrada praticamente na totalidade dos ordenamentos modernizados, haja vista a relevância que assumiu no contexto jurídico. Por outro lado, a sua natureza contratual é inequívoca, ainda que entendimentos esparsos procurem rumos diferentes para explicar as bases e os fundamentos que apresenta.

5.3. Disciplina no Código Civil

O art. 436 está assim construído: *"O que estipula em favor de terceiro pode exigir o cumprimento da obrigação. Parágrafo único- Ao terceiro, em favor de quem se estipulou a obrigação, também é permitido exigi-la, ficando, todavia, sujeito às condições e normas do contrato, se a ele anuir, e o estipulante não o inovar nos termos do art. 438".* Conforme já se disse, a estipulação independe da vontade do beneficiário para ser construída, eis que basta haver o concerto entre o estipulante e o promitente. Logo, podem os celebrantes criar o liame mesmo contra a vontade da pessoa a quem pretendem beneficiar. O elemento anímico desta somente será relevante quando for chamado para dizer se aceita ou recusa o benefício que lhe está sendo ofertado, cabendo salientar que ao repelir a vantagem o terceiro estará fazendo ineficaz a estipulação. A propósito, eventual negativa tanto poderá ser externada de maneira expressa como por meio de qualquer ato incompatível com a qualidade de beneficiário da estipulação, pois disso se infere tácita disposição de não aceitar o proveito avençado. Torna-se a asseverar que não há previsão exigindo forma especial para a constituição da estipulação a favor de terceiro, nem tampouco para a aceitação ou recusa, o que equivale a afirmar a liberdade de forma.

Caso opte por anuir, o terceiro não passará a integrar o contrato como personagem da sua formação, mas apenas como sujeito ativo do direito de reclamar o cumprimento da obrigação contraída pelo promitente. Noutras palavras, continuará sendo estranho à formação do ajuste, mas incorporará a qualidade de credor do proveito nele estabelecido, nos limites do ordenamento e do teor contratual. A faculdade de exigir o cumprimento também é deferida pela lei ao estipulante, que então atuará como uma espécie de fiscalizador da observância da obrigação pelo promitente. Vale dizer, o conteúdo da prestação não será reclamado pelo promitente em benefício próprio, já que o endereçamento dela, feito na origem pelos celebrantes, apontava terceiro como destinatário, e assim acontecerá caso este se manifeste pela aceitação.

O terceiro não toma parte na contratação, mas terá ação direta contra o promitente para exigir o cumprimento da avença se não houver a substituição do beneficiário, nos termos do art. 438 do Código Civil, ou qualquer outra ocorrência modificadora da avença admitida no contrato. Isto porque, conforme alertado *retro*, a pessoa a quem aproveita a estipulação não está obrigada a aceitá-la; porém, uma vez anuindo com seus termos ficará submetida às regras legal e contratualmente fixadas. A permissão normativa no sentido de que ao beneficiário — assim como ao estipulante — cabe o direito de exigir o cumprimento da obrigação firmada, ressalvadas as hipóteses contidas na lei, decorre do fato de que com a conclusão do contrato, seguida da anuência, o terceiro passa a integrar a relação obrigacional e a figurar como credor perante o promitente.

A prestação ajustada pelos contraentes em favor do terceiro é marcada, em geral, pela gratuidade. Porém, essa característica não assume contornos absolutos, pois se afigura válida a previsão que, embora proveitosa ao terceiro, exige dele a prática de certo ato oneroso. O que não se admite é a supremacia da onerosidade sobre o benefício, pois então se estaria diante de estipulação contra terceiro, e não a seu favor, situação estranha às normas em exame. Exemplo: Pedro e Francisco estipulam que este transferirá a Carlos certo imóvel, que vale 10.000, pelo montante de 2.000. Obtendo a anuência de Carlos (terceiro), este terá de pagar para receber o bem, mas estará captando notório proveito em virtude do diminuto valor pago. Embora parcialmente onerosa, trata-se de estipulação a favor de terceiro, dada a ausência de superioridade do caráter oneroso sobre o aspecto benéfico, de modo que fica patenteada a presença de vantagem de caráter patrimonial, que é da essência do negócio jurídico.

Diz o art. 437: *"Se ao terceiro, em favor de quem se fez o contrato, se deixar o direito de reclamar-lhe a execução, não poderá o estipulante exonerar o devedor"*. A relação entre o estipulante e o promitente é eminentemente contratual, reclamando-se deles, para a conclusão do contrato, apenas que tenham capacidade e disponham sobre objeto lícito e possível. Diante da natureza jurídica contratual, podem as partes estabelecer o que melhor lhes aprouver dentro da estipulação. Em assim sendo, é possível que estipulante e promitente deixem consignado expressamente ao terceiro, beneficiado pela avença, o direito de reclamar a execução. Caso isso ocorra, não poderá o estipulante exonerar o devedor (*v.g.*, concedendo-lhe remissão) sem que este cumpra o ajuste, haja vista que a contratação ficará marcada pela irrevogabilidade, imposta em resguardo da faculdade executória conferida ao terceiro. Cuida-se de cláusula que atribui ao beneficiário o direito inarredável de perseguir a prestação indicada quando formado o liame.

Inexistindo expressa afirmação contratual no sentido de assegurar ao beneficiário a execução, poderá o estipulante revogar a estipulação e exonerar o devedor, liberando-o do dever originalmente gerado, sem que contra isso possa insurgir-se o terceiro. Tal faculdade, colocada ao alcance do estipulante, independe de assento no contrato, porque decorre do texto legal. Também não há necessidade de consultar o destinatário sobre o assunto, nem tampouco de comunicar-lhe o intento, já que a ordem legal não impõe a sua concordância como condição para implementar a medida. Convém, entretanto, informar o terceiro sobre o acontecido, para prevenir futuras discussões em torno de eventuais prejuízos causados àquele que, não sabendo da liberação do promitente, efetua gastos com vistas à cobrança da prestação.

O art. 438 dispõe: "*O estipulante pode reservar-se o direito de substituir o terceiro designado no contrato, independentemente da sua anuência e da do outro contratante. Parágrafo único – A substituição pode ser feita por ato entre vivos ou por disposição de última vontade*". A substituição da pessoa beneficiada pela estipulação somente poderá acontecer se o estipulante reservar-se o direito de assim agir. Todavia, não basta a simples fixação da prerrogativa de modificar, devendo ser ainda consignada a circunstância de que a substituição dar-se-á independentemente da anuência do terceiro e do outro contraente, pois do contrário a alteração do beneficiário, embora contratualmente estabelecida, dependerá da aquiescência tanto daquele que originalmente foi indicado como do promitente.

É mais comum do que se possa imaginar a freqüência com que prevista contratualmente a faculdade de modificação do beneficiário. Também não é incomum a concreta efetivação da aludida mudança, como acontece, por exemplo, quando o estipulante, que contratou seguro de vida, substitui o beneficiário primitivo por outra pessoa. A troca, que consubstancia declaração unilateral, pode acontecer por meio de ato *inter vivos* ou ficar registrada em testamento, que é disposição de última vontade. Sendo vários os estipulantes, somente se houver unanimidade entre eles será possível a substituição do beneficiário, pois do contrário permanecerá como tal a pessoa primitivamente indicada. De outra parte, havendo diversos beneficiários será lícito ao estipulante promover a substituição de qualquer deles, ou de todos.

Embora a existência de previsão contratual, feita nos moldes preconizados na lei, permita a feitura da substituição à míngua do assentimento do beneficiário e do promitente, cabe ao estipulante prevenir-se contra futuras demandas voltadas à reparação de perdas e danos, promovidas com base na ocorrência de prejuízos causados em função da falta de notificação do beneficiário acerca da troca operada. Assim, cabe ao estipulante informar o substituído, depois da adoção da providência, para que saiba da sua exclusão, dando ciência dela também ao promitente, eis que somente assim este saberá a quem entregar a prestação ajustada. Deixando de ser comunicado a respeito da matéria, e vindo a cumprir a obrigação junto ao antigo credor, o promitente estará liberado do dever assumido, passando o debate a ser travado entre o estipulante omisso, o credor preterido e aquele que recebeu indevidamente o benefício.

5.4. Compatibilidade entre as normas

O renomado *Sílvio Rodrigues* (obra citada, p. 96 e seguintes), no que é seguido por vários doutrinadores, entende que a interpretação das regras ínsitas nos arts. 437 e 438 do Código Civil exige que se diferenciem as estipulações feitas a título gratuito daquelas que deixem entrever a existência de alguma onerosidade. Isto porque, nos termos do art. 437, a falta de previsão quanto à reserva, em favor do beneficiário, do direito de reclamar a execução do ajuste permite ao estipulante que exonere o devedor a qualquer tempo. Logo, no dizer do aludido jurista, "*a revogação só não é possível se a proibição ficar expressamente consignada*". Porém, o art. 438 afirma que a substituição do beneficiário depende de previsão contratual por parte do estipulante, pois se assim não for haverá óbice à mudança do terceiro originalmente indicado. No entender da *Sílvio Rodrigues*, estaria aí patenteada uma contradição. *"Embora o terceiro não possa mais ser substituído, por falta de ressalva da medida (art. 438), o estipulante poderá exonerar o devedor, se assim entender, se do ajuste não figurar expressa determinação de que o terceiro tem o direito de reclamar a execução da promessa. Portanto, a despeito de não haver ressalva expressa permitindo a inovação, o estipulante pode frustrar o direito do terceiro, pela revogação do negócio".* O art. 436 aumentaria o problema, porque alcança ao beneficiário a faculdade de reclamar a prestação se consentiu com o negócio e com as suas cláusulas.

Diante do aparente impasse, o eminente tratadista aponta a solução, que será diferente nas estipulações gratuitas em relação à munida de índole onerosa. No primeiro caso, o estipulante poderia revogar ou inovar a estipulação a qualquer tempo, desde que antes do cumprimento, exceto se houvesse abdicado dessa prerrogativa. Na segunda hipótese, prevaleceria o interesse do beneficiário, ficando vedada a liberação do devedor ou a substituição do terceiro.

Não obstante o vigoroso teor jurídico do supracitado entendimento, não parece ser essa a intenção do legislador. O art. 437 menciona unicamente a possibilidade de exonerar o devedor, razão pela qual o seu sentido não pode alcançar aquelas situações que não cuidem especificamente da direta liberação do obrigado, independentemente da situação em que se coloque o destinatário da estipulação. O estipulante pode exonerar o promitente sem consultar o destinatário da vantagem, dirigindo-se diretamente ao devedor e promovendo a citada medida. Já no caso regido pelo art. 438 o que ocorre é a reserva do direito de substituição do credor, mesmo contra a vontade do promitente, por iniciativa do estipulante. Logo, quem exonera o devedor dá causa à extinção do direito emergente da estipulação, pois ele não se integrará à esfera patrimonial de mais ninguém. Ao contrário, quando acontece a substituição do credor, opera-se apenas uma alteração subjetiva ativa, de molde a inserir na relação jurídica alguém que chega para tomar o lugar do antigo titular.

Diante do acima exposto, constata-se que o art. 437 incide nas hipóteses de simples exoneração do promitente, do que resultam a extinção do direito subjetivo do terceiro e o seu desaparecimento do mundo jurídico. No contexto subordinado à dicção do art. 438, o beneficiário original cede espaço a outro que assume a sua posição de credor, haja vista iniciativa promovida pelo estipulante com base em previsão contratualmente gerada. A circunstância de existir algum grau de oneração do terceiro não afeta essa realidade, pois ele, ao anuir com o contrato e aceitar as suas condições, sabe que o recebimento da prestação anunciada dependerá de uma série de fatores, dentre eles o conteúdo das cláusulas inseridas na avença. Assim como a atitude de exonerar o devedor não importa em substituição do credor, também a mudança do terceiro não implicará na liberação do obrigado. No primeiro caso, a obrigação de um desaparece juntamente com o direito do outro; no segundo, o dever jurídico persiste e a faculdade jurídica passa à titularidade de beneficiário diverso. Não há, destarte, qualquer incompatibilidade entre as referidas normas, porque elas, individualmente, cuidam de fenômenos diferentes e inconfundíveis entre si.

Capítulo 6

DA PROMESSA DE FATO DE TERCEIRO

6.1. Observações gerais e conceito

Ao contrário do que acontece com a estipulação em favor de terceiro, cuja característica básica é a de viabilizar a geração de vantagem em proveito de sujeito estranho à celebração do contrato, na promessa de fato de terceiro uma das partes contratantes se compromete a obter determinada prestação junto a alguém que não integra a avença. Consiste, por assim dizer, em contratação firmada entre o promitente e o credor, no sentido de que aquele obterá junto à terceira pessoa, em proveito deste, a prestação de um fato. Em virtude dessa peculiar formatação, diz-se que se trata de *promessa contra terceiro*, pois o encaminhamento dado pelas partes é no sentido de conseguir de certa pessoa, para quem a contratação é *res inter allios*, o compromisso de prestar algo. Obviamente, como o terceiro não toma parte na formação do contrato, produzido exclusivamente pelo promitente e pelo credor, não fica necessariamente vinculado ao seu conteúdo, pois somente a partir do momento em que decidir assumir o dever jurídico estabelecido pelas partes é que terá de cumpri-lo.

No momento em que acontece a finalização do ajuste, há somente um obrigado, qual seja, o promitente, a quem incumbe lograr êxito na tarefa de convencer o terceiro a prestar o fato ao credor. Logo, assume uma obrigação de fazer, cujo adimplemento é essencial para a sua liberação, já que a partir da aceitação pelo terceiro é a este que compete o cumprimento da prestação específica anunciada no contrato, seja de dar, fazer ou não fazer. Volta-se a observar que indivíduos estranhos à celebração não podem, via de regra, ser afetados por avença de que não tomou assento, haja vista o princípio da relatividade contratual. Afinal, as fontes das obrigações resumem-se ao contrato, ao ato ilícito e à lei, de maneira que somente a vontade da parte de quem se quer obter o assentimento terá vigor suficiente para promover a sua vinculação ao teor convencionado.

A promessa de fato de terceiro não se confunde com o mandato, já que neste são conferidos poderes para que alguém, denominado mandante, atue em nome do mandatário, que fica atrelado àquilo que foi estabelecido pelo representante junto a outrem. Na promessa a situação é totalmente diversa, pois inexiste atuação do promitente em nome do terceiro junto a quem se compromete a obter certa manifestação volitiva. Ao assumir o dever contratual estabelecido, o promitente age em seu próprio nome, sendo nenhuma a influência do seu comportamento junto ao estranho, exceto quando este assentir com o objeto do ajuste.

Também não se assemelha a promessa de fato de terceiro com a fiança, pois esta é contratação acessória que se vincula à principal, *v.g.*, locação. E, por ser assim, não sobrevive sem a existência de outro ajuste de vontades, ao qual adere visando à garantia da obrigação nele consignada. A promessa não é acessório de outro contrato, possuindo autonomia jurídica capaz de lhe assegurar plena validade e eficácia, se cumpridas as imposições legais pertinentes. Ademais, não funciona como elemento de segurança do adimplemento de uma obrigação, mas como mecanismo destinado a alcançar de alguém a prestação mencionada no contrato.

Com a gestão de negócios também não se confunde, pois enquanto aquela implica em atuação oficiosa do credor em defesa de presumível interesse de outrem, a promessa não contém qualquer espécie de atividade desenvolvida em proteção de terceiro. Ao invés disso, é marcada pela circunstância de que o promitente busca junto ao estranho o seu comprometimento com o teor do ajuste firmado.

6.2. Disciplina jurídica no Código Civil

O art. 439 estabelece: *"Aquele que tiver prometido fato de terceiro responderá por perdas e danos, quando este o não executar. Parágrafo único- Tal responsabilidade não existirá se o terceiro for o cônjuge do promitente, dependendo da sua anuência o ato a ser praticado, e desde que, pelo regime do casamento, a indenização, de algum modo, venha a recair sobre os seus bens"*. Há duas fases distintas na promessa de fato de terceiro. A primeira delas é a de constituição ou formação, que em relação ao terceiro é *res inter alios*. Concluído o contrato, ao credor é facultado exigir do promitente que obtenha junto ao terceiro o compromisso de praticar o fato estabelecido, sob pena de responder por perdas e danos se inadimplir o dever jurídico, que se traduz em obrigação de fazer. A liberação do promitente ocorre quando o terceiro anui, assumindo a obrigação de executar o fato, e não com a efetiva prática ou realização deste. Isto porque sobre o promitente incide apenas a obrigação de obter do terceiro a assunção do compromisso, passando-se daí em diante para a chamada fase de execução, cujos integrantes são o credor e o terceiro, com exoneração do devedor primitivo.

Um exemplo ilustra adequadamente a situação. Joaquim promete a Francisco que Maria emprestará àquele um caminhão para que transporte a safra de cereais que está por ser colhida. O dever de Joaquim é obter de Maria o compromisso de emprestar o veículo, ficando liberado a partir do instante em que conseguir a anuência. Daí para a frente, a relação transcorre entre Francisco e Maria, cabendo ao primeiro reclamar desta o cumprimento do dever jurídico assumido. Se Joaquim não conseguir obter a assunção do compromisso, indenizará as perdas e os danos que forem provados; se Maria anuir, mas não prestar o fato, ela é que suportará eventuais prejuízos causados ao credor.

Diante do acima colocado, nota-se na promessa de fato de terceiro a existência de dois devedores sucessivos, figurando um deles na fase de constituição do contrato e o outro na fase de execução. Embora o promitente possa assumir expressamente uma posição de garantia de cumprimento da obrigação que vier a ser assumida pelo terceiro, isso constitui exceção à regra, pois normalmente o devedor primitivo libera-se com a assunção do dever pelo terceiro, passando este a figurar como devedor único, tendo por objeto aquilo que restou avençado entre as partes originais. Em suma, a prestação devida pelo promitente é *sui generis* (obtenção de anuência) e diversa daquela que recai sobre o terceiro (fato propriamente dito). O promitente, estando jungido a uma obrigação de resultado e não de meios, não se libera mesmo quando demonstrar que envidou todos os esforços possíveis na tentativa de conseguir a anuência do terceiro.

A responsabilidade por perdas e danos não existirá se o terceiro, de quem prometeu obter a anuência para a prática do fato, for o próprio cônjuge do promitente, e a indenização futuramente fixada vier a recair, por força do regime de bens vigente entre o promitente e o terceiro, sobre bens que na realidade também pertencem a este. Tal solução visa a impedir que a promessa de fato de terceiro provoque abalos na relação familiar, que se constrói com suporte na confiança e na harmonia. Pretende, ainda, evitar perdas de cunho patrimonial para quem, sendo estranho ao contrato e cônjuge do promitente, ficaria desprotegido e sob iminente risco se não houvesse a norma que excepciona a regra geral.

Isso desvirtuaria o instituto, que se funda basicamente na livre aceitação ou recusa da promessa pelo terceiro, que não pode ser constrangido a aceitar o conteúdo contratual mediante a potencial carga de lesividade que haveria na recusa. Logo, sendo o terceiro e o promitente casados pelo regime da comunhão universal ou da comunhão parcial (com efetivo risco para os aqüestos), e sobrevindo negativa do terceiro em assumir o dever previsto na promessa, nenhum direito de indenização terá o credor contra o pólo adverso. A obrigação assumida pelo promitente, então, ficará esvaziada e se resolverá pura e simplesmente, retornando as partes ao *status quo ante*. Porém, se o regime de bens adotado não acarretar perigo de diminuição patrimonial como resultado de eventual desatendimento da obrigação de fazer assumida pelo promitente, este indenizará os prejuízos ocasionados ao credor (*caput* do art. 439), na hipótese de o cônjuge recusar a assunção do fato prometido.

Nenhuma obrigação haverá para quem se comprometer por outrem, se este, depois de se ter obrigado, faltar à prestação (art. 440). A existência de tal norma é desnecessária, pois a própria formatação do instituto revela que a obrigação do promitente se resume à obtenção do comprometimento do terceiro. Assumindo o compromisso de prestar o fato estipulado, este é que ficará vinculado ao negócio, não mais podendo escusar-se da prestação convencionada, salvo quando se tornar impossível sem culpa sua ou quando constatar-se a ilicitude do objeto. Deixando de adimplir, terá o terceiro de reparar os danos porventura causados ao credor, sem que recaia sobre o promitente qualquer responsabilidade pelo inadimplemento da obrigação, a que não deu causa.

Não é correto considerar o promitente como co-responsável pela satisfação da prestação assumida pelo terceiro, pois a sua participação no negócio esgotou-se com a obtenção do assentimento deste. Somente se o promitente postar-se, de modo expresso, como co-devedor da prestação final, avocando posição de garantidor, é que poderá ser demandado pela indenização das perdas e danos provocados ao credor em virtude do descumprimento.

Capítulo 7

DOS VÍCIOS REDIBITÓRIOS

7.1. Introdução e conceito

O sistema jurídico brasileiro sempre se filiou ao pensamento de que o adquirente precisa estar automaticamente assegurado contra problemas que, afetando a coisa onerosamente adquirida, sejam imperceptíveis quando da celebração do negócio. Em vista disso, editou norma segundo a qual a coisa recebida em virtude de contrato comutativo pode ser enjeitada por vícios ou defeitos ocultos, que a tornem imprópria ao uso a que é destinada, ou lhe diminuam o valor, fazendo incidir tal preceito inclusive sobre as doações onerosas. (art. 441 do Código Civil). Patenteado o quadro, poderá o adquirente rejeitar a coisa, redibindo o contrato, ou pedir abatimento no preço, proporcionalmente ao gravame experimentado (art. 442).

Considerado o rumo traçado pelo legislador, pode-se afirmar que vício redibitório é o defeito oculto contido na coisa que figura como objeto de contrato comutativo ou doação onerosa, cuja gravidade torna-a imprópria ao uso normal, ou lhe diminui sensivelmente o valor. O vício caracterizado como redibitório não é ordinariamente encontrado nas demais coisas do mesmo gênero, sendo acontecimento anômalo que produz abalo econômico direto — fazendo com que a coisa valha menos do que era esperado — ou indireto, por reduzir a sua utilidade comum. Exemplo: Pedro compra um premiado cavalo de corrida e dias depois descobre que o mesmo carrega séria lesão muscular que o impede de participar de disputas. Outro exemplo: Carlos adquire um automóvel cujo motor tem crônico problema de lubrificação, que somente aparece quando percorre médias ou longas distâncias e obsta a normal utilização do veículo.

Cuida-se de garantia implícita em toda contratação onerosa, dispensando expressa aposição de cláusula contratual especificamente destinada à abordagem da matéria. Observe-se que a invocação do vício redibitório, como causa apta a ensejar a aplicação das soluções indicadas pela ordem legal, somente pode ser formulada em contratações onerosas, eis que as avenças celebradas a título gratuito, por não importarem em diminuição patrimonial para o adquirente, obstam a argüição da garantia. Por isso, surgem como sede própria para o emprego do instituto os contratos bilaterais, porque neles ambas as partes contraem obrigações reciprocamente, sendo-lhe conferida especial segurança quanto à firmeza do ajuste e do seu conteúdo jurídico. Além de bilaterais, as contratações que permitem tal invocação apresentam-se em formatação comutativa, porque nelas as partes conservam certo equilíbrio, fixado *ab initio*, que não pode ser rompido sem repercutir seriamente no ambiente jurídico em que se inserem. Portanto, evidencia-se com maior assiduidade a defesa contra vícios redibitórios na compra e venda, troca ou permuta, dação em pagamento e assim por diante.

Ao viabilizar a argüição de vícios redibitórios como forma de proteger o adquirente, o legislador também acaba conferindo credibilidade à ordem posta, resguardando os contratos da insegurança que haveria se ausente o aparato que incrusta em toda avença onerosa a obrigação, que recai sobre o alienante, de suportar as conseqüências dos defeitos ocultos que acaso manifestarem os seus deletérios reflexos após a celebração e o exaurimento dos efeitos ordinários do contrato firmado. Independentemente do elemento anímico com que haja obrado o transmitente ao longo da elaboração do pacto, sobre ele recai o dever de assegurar a utilidade e o valor da coisa alienada, pois assim existirá certeza quanto à preservação do equilíbrio original desejado pelos contraentes. A presença de vícios, capazes de prejudicar a utilidade ou depreciar o objeto, afetam a estrutura primitivamente fixada, carreando indevido *minus* para o adquirente e, por via transversa, inadequada vantagem em favor de quem alienou. Logo, a melhor solução consiste em munir o prejudicado de remédios suficientes para restabelecer a comutatividade abalada em razão de ter sido entregue coisa com qualidades ou caracteres diversos dos estipulados. Ao adquirente é preciso que se garanta o uso da coisa para o exato fim a que se destina, assim como a integridade econômica que possuiria se estivesse em normais condições. Por isso, impõe-se ao transmitente a responsabilidade pelos vícios, objetivando a reestruturação da estabilidade contratual rompida.

Afora estar a serviço da segurança das relações jurídicas sob o prisma do equilíbrio das avenças, a teoria dos vícios redibitórios serve também para prestigiar a boa-fé objetiva que deve pautar as relações negociais. Não se trata, aqui, de investigar o ânimo como elemento interno do sujeito, mas sim a sua atuação concreta, exteriorizada na manifestação de vontade que o conduziu a celebrar a avença. Repassando ao adquirente uma coisa diversa daquela anunciada, cabe ao alienante, em atenção à boa-fé esperada de todos os que negociam, reverter os efeitos negativos provocados pela constatação dos vícios que afetam a inteireza jurídica do objeto.

7.2. Fundamento jurídico

Várias teorias procuram explicar o fundamento da garantia do adquirente contra vícios redibitórios. A exposição sucinta de algumas delas serve para elucidar a questão e também para dar idéia dos substratos preconizados pelas diversas correntes de pensamento que se dedicam ao tema.

Nos termos da *teoria do risco*, a garantia contra vícios redibitórios encontra fundamento exclusivo na lei em si mesma, sendo unicamente dela a iniciativa de responsabilizar o alienante. Acontece, porém, que a idéia de *risco* está intimamente ligada à noção de perigo ocasionado pela eventual sobrevinda de dano em virtude de caso fortuito ou força maior.

Assim, a aceitação desse posicionamento teria de partir da afirmação de que o alienante responde junto ao adquirente porque assume o risco da verificação de fatos por ele ignorados. Por outro lado, não há como deixar de observar que o risco diz respeito a situações futuras e que não existiam ao tempo da celebração do contrato. Isso impede que a teoria prospere, já que os vícios redibitórios devem existir no momento da vinculação das partes, embora os seus efeitos venham a se manifestar posteriormente.

Conforme a *teoria do erro*, os defeitos ocultos, sendo imperceptíveis ao adquirente quando da celebração, passam ao largo do seu crivo. Logo, cria-se no espírito do sujeito o mesmo quadro que existiria no caso de erro quanto às qualidades essenciais do objeto. Disso resultaria, em ambos os casos, vício de consentimento, pois o declarante emitiu vontade que não seria externada se conhecesse a real situação da coisa. A teoria é equivocada, pois, no concernente às conseqüências geradas, se houvesse imperfeição no consentimento o negócio jurídico seria anulado, o que não acontece na hipótese de verificação de vícios redibitórios, mas apenas na de erro. De outra banda, o erro é elemento de natureza subjetiva, ao passo que o vício redibitório assume formatação objetiva.

De acordo com a *teoria do inadimplemento contratual*, a garantia suportada pelo alienante tem por base a idéia de que o princípio da segurança das relações jurídicas é violado quando constatados vícios redibitórios, de maneira que o sujeito responde pela imperfeição da coisa. É a lei a fonte dessa responsabilidade, prevalecendo o dever jurídico do alienante ainda que ignore o defeito. É idéia bastante acatada pelos doutrinadores como fundamento da garantia relacionada aos vícios redibitórios, embora na realidade não aconteça efetivo inadimplemento contratual, que pressupõe culpa em vista da ausência de previsão no sentido da responsabilidade objetiva. E, à evidência, nem sempre haverá culpa do alienante, mesmo porque na maior parte das vezes a experiência revela a sua mais completa ignorância acerca do defeito que afeta a coisa transmitida.

Nos moldes da *teoria do equilíbrio contratual*, o alienante deve responder pelos vícios redibitórios porque a presença destes altera o equilíbrio inicialmente desejado e estabelecido pelas partes, conforme já se explicitou no tópico antecedente. A comutatividade dos contratos onerosos impõe que os sujeitos preservem o estado das coisas exatamente como produzidas no momento da vinculação, de modo que, com ou sem culpa do alienante, a verificação dos vícios redibitórios o obriga a arcar com as repercussões danosas produzidas sobre o adquirente.

A *teoria da pressuposição*, como diz a terminologia empregada, parte do pressuposto de o adquirente acredita que a coisa tem certas qualidades ou características que na realidade não apresenta. Não seria imprescindível a menção expressa a essas particularidades esperadas pelo adquirente, pois elas estariam implícitas na espécie negocial eleita e naquilo que ordinariamente acontece. Se a situação é anormal, porque diferente da comumente verificada em quadros do mesmo calibre, incumbe ao alienante responder pelos vícios constatados.

Na verdade, é necessário harmonizar princípios extraídos de várias teorias para se chegar a um fundamento que explique adequadamente o substrato da proteção conferida pela lei ao adquirente da coisa portadora de vícios redibitórios. Mais condizente com a realidade jurídica é a percepção de que se trata de instituto cujo efetivo fundamento é a garantia propriamente dita, alicerçada na segurança dos liames negociais, na boa-fé dos envolvidos e na eqüidade. Contudo, a noção que mais se aproxima da correta parece ser aquela manifestada por meio da *teoria do equilíbrio contratual*, de vez que os vícios redibitórios afetam a comutatividade teoricamente estabelecida na origem pelos celebrantes, trazendo consigo a perspectiva, para o adquirente, de reclamar do alienante a recuperação do estado ideal desenhado no instante da celebração. Em suma, o contratante responde pelo vício redibitório não por força da existência de culpa em seu agir, mas sim em razão do princípio da garantia, pelo qual tem o dever jurídico de assegurar ao adquirente a entrega da coisa, dotada do valor que teria em condições normais e da sua inerente utilidade.

7.3. Requisitos de configuração

Nem todo vício surgido na coisa alienada é suficiente para ensejar ao lesado o exercício de opção entre o desfazimento do contrato e o abatimento no preço. É preciso que o defeito apresente peculiaridades especiais, conjugadas e devidamente provadas, pois, se assim não for, a proteção do ordenamento jurídico ao adquirente não passará pela invocação da disciplina reservada aos vícios redibitórios. Será hipótese, então, de inadimplemento contratual puro e simples, que permitirá buscar socorro em caminhos diversos, *v.g.*, rescisão da avença, indenização de perdas e danos etc. Por outro lado, havendo defeitos insignificantes e que não alteram a utilidade e o valor da coisa, nenhuma providência poderá ser adotada pelo adquirente, pois mantidas, no essencial, as linhas básicas do negócio celebrado. O estudo se voltará, neste momento, apenas para as hipóteses de caracterização dos vícios redibitórios, que, nos moldes alinhavados pelo art. 441 e seguintes do Código Civil, não prescindem da verificação dos seguintes requisitos:

a) Celebração de contrato comutativo ou de doação com encargo (dita onerosa), ou ainda de doação remuneratória — Contratos comutativos são aqueles em que cada uma das partes recebe prestação equivalente àquela a que está obrigada. Essa equivalência é relativa, pois não se exige que haja total paridade entre as prestações a que se obrigaram um e outro pólo, nem que o valor devido por um dos celebrantes seja justo em comparação com o proveito auferido. São exemplos de contratos comutativos a compra e venda, a dação em pagamento, a permuta etc. Para fins de invocação dos vícios redibitórios, consideram-se aplicáveis seus dispositivos às doações modais ou com encargos, que têm como característica básica a parcial onerosidade, porque para receber o benefício o donatário terá de prestar algo definido pelo doador. Exemplo: para receber a doação de um imóvel, Paulo terá de entregar a uma instituição de caridade o correspondente a 10% de seu valor. Logo, se o beneficiário cumpre a prestação, tem o direito subjetivo de pleitear a redibição contratual caso a coisa recebida porte vício capaz de retirar-lhe a utilidade ou diminuir-lhe consideravelmente a expressão econômica. O mesmo vale, por interpretação integrativa, para a doação remuneratória, que visa a aquinhoar o donatário em razão de serviço ou fato prestado, mas cuja cobrança em juízo seria inviável, *v. g.*, doação de um veículo porque o agraciado salvou a vida do doador em certa data;

b) Defeito oculto — O problema de constatação instantânea e a todos visível não enseja redibição, porque então se presume que o adquirente aceitou a coisa mesmo que ela portasse tal deficiência, abdicando da garantia legal. Toma-se como base para a aferição desse requisito o conhecimento técnico do adquirente, se o tiver, ou, caso não o possua, a diligência que se espera do homem de mediana acuidade e inteligência, pois não se pode admitir negligência tal do adquirente a ponto de não perceber o que se evidencia a qualquer um. Caso o defeito somente seja constatável por pessoa dotada de atenção acima da média, superior àquela própria do adquirente, não haverá como negar a possibilidade de invocação das regras protetivas, de vez que seria demasiado exigir que tivesse especial cautela em circunstâncias negociais marcadas pela normalidade;

c) *Defeito que seja desconhecido do adquirente* — se, embora oculto ao *homo medius* e ao técnico, for o vício conhecido do adquirente, não poderá este invocá-lo como base para redibição do contrato, pois terá aceito a coisa no estado em que se encontrava, do que resulta o desaparecimento da segurança concedida pela lei. Aqui não se trata de contexto gerador de presunção de conhecimento, que, por sinal, também ensejaria a ruptura do dever de garantir (*vide* item anterior), mas de real demonstração no sentido de que o adquirente conhecia o vício;

d) *Defeito existente à época da celebração do negócio jurídico* — O vício deve ser contemporâneo à alienação, independentemente de já estar manifestando seus efeitos (ainda não percebidos pelo adquirente) ou de apenas vir a revelá-los depois da finalização da avença. O problema superveniente não pode ser considerado apto a redibir a contratação, porque então se presumirá que decorreu do uso dado a ele pelo titular. Todavia, se o prejudicado demonstrar, de modo inequívoco, que a falha advinda após a celebração derivou diretamente de fator que já existia quando da celebração do contrato, será admitida a argüição destinada a romper o liame ou reduzir o preço;

e) *Defeito presente quando da reclamação* — O vício sanado pelo adquirente, ou pelo alienante a pedido daquele, não pode ser invocado como substrato para a resolução do ajuste ou para abatimento no preço, haja vista a supressão do problema que originalmente daria ensejo à iniciativa do interessado;

f) *Defeito que cause prejuízo à utilidade da coisa ou lhe diminua o valor* — O vício redibitório é marcado pela gravidade, de modo que assim será considerado aquele que tornar a coisa inapta — total ou parcialmente — ao fim a que se destinava, ou diminuir de maneira sensível a expressão econômica da mesma. Isso não ocorrerá se a coisa apenas for menos agradável, bonita ou proveitosa do que era almejado pelo adquirente, como no caso de um veículo cuja potência anunciada corresponde à existente, mas que, em virtude de modificações feitas pelo vendedor na suspensão, alcança velocidade inferior à esperada.

7.4. Vício redibitório e inadimplemento contratual

Embora a garantia contra vícios redibitórios possa aparentemente encontrar suporte na idéia de inadimplemento contratual, na realidade não ocorre efetivo descumprimento do contrato pelo alienante. Afinal, a inadimplência pressupõe a verificação de culpa na conduta do sujeito, circunstância não exigida como elemento da caracterização dos vícios redibitórios, já que mesmo sem perpetrar qualquer comportamento culposo o transmitente responde por defeitos ocultos da coisa. Ainda que ignore por inteiro o problema, ele fica submetido às repercussões do vício, como previstas na legislação em vigor, em nome da segurança das relações jurídicas e da boa-fé que deve presidir os atos em geral.

Assim, quando o alienante entrega coisa diferente daquela que figurou como objeto do liame jurídico, não se estará tratando de vício redibitório, mas sim de inadimplemento contratual. Não cumprida a obrigação, responde o devedor por perdas e danos, mais juros e atualização monetária segundo índices oficiais regularmente estabelecidos, e honorários de advogado (art. 389 do Código Civil). Isso, é claro, se o adquirente não optar por exigir a observância do teor do contrato, eis que lhe é facultado assim proceder. Ao revés, se a coisa é portadora de defeito oculto que lhe diminui consideravelmente o valor ou a utilidade, haverá nisso vício capaz de ensejar ao adquirente o desfazimento do contrato ou o abatimento proporcional no preço, nos termos das normas pertinentes à matéria. Ademais, sobre o alienante recairá a obrigação de indenizar perdas e danos se tiver agido com culpa, ficando afastado esse *plus* caso ignorasse o defeito.

É relevante destacar que a entrega da coisa de qualidade inferior à ajustada, ou em quantidade diversa da avençada, não caracteriza vício redibitório, mas sim, outra vez, inadimplemento contratual. Com isso, haverá aplicação da regra geral acerca do descumprimento dos contratos (art. 389), sujeitando o alienante, em especial, à indenização dos prejuízos causados à parte adversa. Porém, também aqui se faculta ao adquirente reclamar o adimplemento do ajuste, de maneira que, assim agindo, caberá ao transmitente entregar coisa que tenha a qualidade anunciada, ou complementar a quantidade pactuada.

Mesmo os que vêem no vício redibitório uma espécie de desatendimento do contrato não conseguem equipará-lo ao puro e simples inadimplemento. Isto porque o defeito oculto não implica na total inobservância da contratação, mas sim na redução do valor ou da utilidade da coisa. Logo, não se iguala ao inadimplemento, que pressupõe a absoluta falta de atendimento do objeto sobre o qual recaiu a vontade das partes. Mesmo nos casos em que o alienante descumpra apenas de maneira parcial o contrato, não existirá coincidência desta situação com a gerada pela presença de vício redibitório. Afinal, este possui como fator desencadeante uma situação fática preexistente à contratação, qual seja, a presença de defeito oculto na coisa, ao passo que o mero descumprimento do contrato se perfaz por comportamento posterior à celebração da avença, *v.g.* a falta de entrega do bem, a diferença na qualidade ou quantidade do objeto, a afronta aos prazos estabelecidos etc.

7.5. Vício redibitório e erro essencial

Ainda que aparentemente carreguem certas semelhanças, os institutos dos vícios redibitórios e dos erros essenciais quanto à qualidade da coisa não se confundem. Enquanto aqueles são constatados a partir da investigação de aspectos puramente objetivos, estes decorrem de elementos unicamente subjetivos. Noutras palavras, existe vício redibitório quando a coisa é portadora de defeito oculto que, presente ao tempo da celebração do contrato e ignorado pelo adquirente, torna a coisa menos valiosa ou menos útil. E haverá erro essencial a respeito da qualidade da coisa quando a manifestação de vontade do adquirente é externada de maneira defeituosa em virtude de um quadro que o leva a crer em determinadas qualidades que na verdade inexistem ou são diversas das esperadas.

Dois exemplos ilustram a questão. Suponha-se que alguém compre um cavalo cuja morfologia e raça são compatíveis com a especialidade de corridas de longa distância. Se o comprador foi levado pelas circunstâncias a acreditar que o animal efetivamente poderia ser utilizado para tal fim, quando na realidade apenas fora treinado para disputar tiros curtos, incorre em erro essencial que concerne à qualidade do objeto (art. 139, I). Poderá, então anular o negócio jurídico mediante propositura de ação de natureza ordinária, tendo para tanto o prazo decadencial de quatro anos (art. 178, I). Ao contrário, se o adquirente compra um vitorioso cavalo de corrida e depois descobre que ele é portador de séria lesão muscular, cujos efeitos não se manifestavam ao tempo da celebração, estará diante de vício redibitório. Terá a seu favor, portanto, a opção de redibir o contrato ou pleitear abatimento no preço, devendo propor a ação nos prazos referidos em tópico antecedente.

Percebe-se, nas hipóteses ilustrativas acima, que no caso de vício redibitório o adquirente busca exatamente a coisa pretendida, mas ela possui defeito oculto que lhe afeta de forma considerável o valor ou a utilidade ordinária. Já na situação em que se evidenciou o erro essencial, o sujeito adquire algo que não queria, pois o eventual conhecimento da realidade presumivelmente faria com que desistisse da aquisição. Porém, o contexto faz o indivíduo acreditar em quadro diverso do real, induzindo-o a erro que funciona como fator decisivo de convencimento. Logo, a manifestação de vontade é imperfeitamente exarada, ensejando a desconstituição do negócio com base no erro essencial cometido.

7.6. Conseqüências jurídicas e ações cabíveis

Conforme previsto no art. 441 do Código Civil, a coisa recebida em virtude de contrato comutativo pode ser enjeitada por vícios ou defeitos ocultos, que a tornem imprópria ao uso a que é destinada, ou lhe diminuam o valor. Tal situação também é projetada para as doações modais ou com encargo, por força do teor do parágrafo único da citada norma. Portanto, verificada a existência de vício redibitório faculta-se ao adquirente a enjeição (repúdio, rejeição) da coisa, volvendo as partes ao *status quo ante* e produzindo-se os demais efeitos pertinentes ao instituto, que serão vistos na seqüência. A perspectiva de rompimento da contratação é exclusiva faculdade do adquirente, a quem compete analisar a situação e decidir se lhe é conveniente ou não desfazer a avença celebrada. O alienante não tem legitimidade para obstar o exercício da prerrogativa legal deferida à parte contrária, ficando inteiramente submetido à decisão tomada.

Em vez de rejeitar a coisa, redibindo o contrato na forma do art. 441, pode o adquirente reclamar abatimento no preço, nos termos previstos no art. 442. Percebe-se que o legislador não se limitou a admitir, por iniciativa do adquirente prejudicado, a invocação do vício redibitório como mecanismo destinado a desfazer o contrato. Cuidou ainda de criar uma opção, qual seja, a de reduzir o valor primitivamente acordado com o outro pólo contratual. Ao adquirente, diante da constatação da presença de vício classificado como redibitório, abre-se dupla alternativa: enjeição da coisa e resolução do contrato, com retorno das partes ao estado anterior; ou a manutenção do contrato, com direito a abatimento proporcional do preço, conforme a extensão e a gravidade do defeito que afeta a coisa. Esta última solução constitui faculdade atribuída ao credor, ficando o alienante atrelado ao conteúdo da decisão do adquirente após a realização da escolha. Observe-se, todavia, que a opção por um dos caminhos previstos na lei é irrevogável, de modo que ao escolher a resolução não poderá o adquirente, ao depois, voltar atrás e pleitear abatimento no preço, e vice-versa.

A ação que visa ao desfazimento do contrato chama-se *redibitória*, de natureza ordinária, enquanto a que busca o abatimento proporcional do preço denomina-se *aestimatoria* ou *quanti minoris*. Ambas são ações ditas *edilícias*, como reminiscência da atividade dos *edis curules* romanos, a quem competia solucionar controvérsias surgidas, nos centros mercantis, a respeito da ruptura do contrato e da redução do preço. Hoje em dia, os caminhos oferecidos ao prejudicado continuam sendo semelhantes. Se o adquirente tenciona pura e simplesmente percorrer caminho inverso ao que levou à formação da avença, as partes retornarão ao seu estado original. Eventual culpa do alienante terá, sobre a lide, importantes conseqüências de natureza econômica, de acordo com exame que será feito a seguir. Ao contrário, se o prejudicado apenas quiser reduzir o preço inicialmente fixado pelas partes, recorrerá à ação tendente a apurar o *quantum* de minoração econômica experimentou a coisa em função da presença do vício.

Optando por liberar-se do ajuste por meio da propositura da ação redibitória, a legitimidade do lesado para reclamar perdas e danos dependerá do elemento anímico com que se conduziu o pólo adverso. Desde logo convém salientar que a completa ignorância acerca da existência do vício não exime o alienante de suportar os ônus relativos à garantia, pois ela existe *ex vi legis* e independe do ânimo de quem efetiva a transmissão. Se o alienante conhecia o vício ou defeito da coisa, restituirá o que recebeu com perdas e danos; se o não conhecia, tão-somente restituirá o valor recebido, mais as despesas do contrato (art. 443). Assim, ao mesmo tempo em que limita a oneração do transmitente quando estiver de boa-fé, o legislador reprime o comportamento eivado de malevolência, fazendo mais ampla a recomposição da esfera patrimonial da parte inocente.

Age com culpa o alienante que, mesmo conhecendo o vício capaz de redibir o negócio jurídico, deliberadamente ou não, deixa de comunicar tal circunstância ao adquirente quando da formação do contrato. Em razão da conduta culposa perpetrada, e optando o credor por resolver a contratação, terá o alienante não somente de restituir o valor que acaso haja recebido em virtude do negócio, como também todas as perdas e os danos experimentados pela parte contrária, nisso incluídas as despesas de elaboração do contrato (*v.g.*, escritura pública de venda do imóvel). Porém, se o alienante ignorava o vício da coisa, terá como deveres jurídicos, apenas, a restituição do que recebeu e o pagamento das despesas do contrato. Isto porque em matéria de vícios redibitórios não se aplica a teoria da responsabilidade objetiva, razão pela qual o sujeito apenas responderá se agir culposamente. Um dos reflexos mais comuns da atuação culposa é a obrigação de indenizar os prejuízos causados à parte inocente, e nisso a disciplina dos vícios redibitórios não se afastou dos princípios ordinários que regem a matéria.

A responsabilidade do alienante subsiste ainda que a coisa pereça em poder do alienatário, se perecer por vício oculto, já existente ao tempo da tradição (art. 444). Considera-se redibitório o vício já existente ao tempo da tradição, ainda que à época não afetasse a coisa de modo a provocar-lhe o perecimento. Assim, o fenecimento da coisa depois de realizado o negócio jurídico e efetivada a *traditio*, mas como decorrência de fator desencadeante instalado antes do repasse do bem, faz incidir sobre o alienante a responsabilidade prevista nas regras pertinentes aos vícios redibitórios. O fundamental é que haja relação direta entre o perecimento da coisa e o vício oculto que a maculava ao tempo da tradição, sendo de nenhuma relevância examinar a questão relativa ao exato instante em que ele passou a existir. Importa, isto sim, saber que produziu as suas repercussões negativas depois da tradição, mas por influência decisiva de elemento nocivo que lhe era preexistente.

Verificado o perecimento, e sendo este atribuível ao defeito que existia quando da tradição, terá o alienante de restituir à parte adversa o que houver recebido, mais as despesas de formação do contrato, se de boa-fé, ou isso tudo e mais perdas e danos, se de má-fé. Note-se que no caso de perecimento total da coisa tornar-se-á inviável ao alienatário a sua restituição ao alienante para fins de reposição do *statu quo ante*, de maneira que não poderá ser proposta a ação estimatória para abatimento no preço, pois o objeto da contratação deixou de existir. A via de duas alternativas é suprimida, restando exclusivamente a perspectiva da redibição. Note-se, todavia, que mesmo ignorando por completo o defeito caberá ao transmitente suportar os ônus estatuídos na lei, em nome do resguardo que se deve conferir ao adquirente de boa-fé e em atenção ao princípio da garantia. Como hipóteses defensivas à disposição do alienante, cabe a demonstração de culpa exclusiva da vítima no perecimento do bem ou de que o evento se deu em virtude de caso fortuito ou força maior, circunstâncias excludentes da garantia legal.

Não caberá o ajuizamento das ações edilícias quando da celebração de contrato que tenha por objeto a transmissão de coisas vendidas conjuntamente (*v.g.*, um rebanho bovino). O art. 503 do Código Civil não deixa margem para dúvidas ao informar que, em tal caso, o defeito oculto de uma das coisas não autoriza a rejeição de todas. Isto porque a formação de uma universalidade para fins jurídicos faz com que ela seja tomada como um todo, e não pelos bens singulares que a compõem. Assim, o transmitente precisa assegurar que o aludido universo existe e tem a prestabilidade ordinária, pois se assim não for o negócio poderá ser resolvido. Todavia, a lei diz não ficar caracterizado o vício redibitório em tal hipótese, afastando por completo a perspectiva da incidência da correspondente disciplina.

Apenas no caso de se constatar a ocorrência de defeitos em expressivo número de itens, componentes da universalidade, é que se poderá redibir o contrato segundo as regras atinente ao tema, pois então ficará caracterizada a sua existência. Isso, é claro, quando houver afetação traduzida na inaptidão do conjunto para o fim a que se destinava ou significativa depreciação econômica. Sendo problema que atinge apenas um ou alguns dos bens, mas sem comprometer o todo, cabe ao lesado, como derradeira solução, pleitear abatimento proporcional no preço segundo as diretrizes jurídicas comuns, contanto que demonstrada a minoração do valor do conjunto.

Em determinadas situações, porém, o vício localizado em uma só unidade do conjunto é suficiente para o comprometimento da universalidade, pois dela indissociável. Imagine-se o caso da aquisição de uma parelha de bois, cuja capacidade de trabalho resulta do somatório das qualidades individuais dos animais. Havendo defeito oculto em um deles, o adquirente terá legitimidade para desfazer a avença ou pedir abatimento no preço, segundo as normas concernentes aos vícios redibitórios.

As coisas adquiridas em hasta pública ou leilão podem ser enjeitadas por vícios redibitórios, ou, a critério do adquirente, mantidas consigo com redução no preço. O Código Civil de 1916 dizia que se a coisa houvesse sido vendida em hasta pública, não caberia a ação redibitória, nem a de pedir abatimento no preço. Contudo, essa norma não foi reeditada na atual codificação, fazendo inequívoca a intenção do legislador de não excepcionar a regra geral, que propicia o aparelhamento da lide redibitória ou *quanti minoris*, na hipótese de aquisição feita em venda forçada cuja realização proveio de ordem judicial. Em suma, a perspectiva de ajuizamento da demanda existe em toda e qualquer alienação que apresente os requisitos básicos de caracterização dos vícios redibitórios.

7.7. Prazos de garantia

Os prazos referentes à invocação de vícios redibitórios são de natureza decadencial. Em razão disso, não se interrompem e nem se suspendem durante o transcurso, impedindo a invocação dos aludidos defeitos caso tenha fluído *in albis*. Basicamente, o art. 445 do Código Civil disciplina a matéria, embora seja necessário analisá-la também sob o prisma das relações de consumo, regidas pelo Código de Defesa do Consumidor e submetidas a previsões específicas. Logo, a este cabe regular a decadência do direito de argüir vícios redibitórios quando verificados em coisas inseridas em vínculos consumeristas, enquanto a codificação civil se encarrega de nortear o tema quanto aos vínculos negociais comuns.

O adquirente decai do direito de obter a redibição ou abatimento no preço no prazo de trinta dias se a coisa for móvel, e de um ano se for imóvel, contado da entrega efetiva; se já estava na posse, o prazo conta-se da alienação, reduzido à metade (art. 445). Como visto, a redibição do contrato ou o abatimento proporcional no preço, opções cabíveis ao adquirente, somente poderão ser exercidos dentro dos trinta dias seguintes à tradição, se for o caso de coisa móvel. Tal prazo não se conta da conclusão do contrato, porque somente com a efetiva entrega do bem ao adquirente é que este poderá constatar a presença de eventual defeito oculto. Tratando-se de bem imóvel, as mesmas razões acima expostas justificam o transcurso do prazo decadencial a partir da entrega, e não da conclusão do contrato. A única diferença é que o lapso temporal será de um ano, ao invés do trintídio previsto para a argüição do vício oculto relacionado a bens móveis.

Na hipótese de o adquirente já estar na posse do bem quando da conclusão do contrato, *v.g.*, por anterior condição de comodatário, o prazo decadencial conta-se da alienação e somente pela metade (quinze dias para móveis e cento e oitenta dias para imóveis), eis que ao alienatário já era possível constatar a existência de defeito oculto antes mesmo de realizado o negócio. A aplicação do dispositivo em estudo independe do tempo de posse exercido pelo adquirente antes da alienação, bastando que se demonstre a existência prévia do estado possessório para que se contem por metade os prazos decadenciais.

Quando o vício, por sua natureza, só puder ser conhecido mais tarde, o prazo contar-se-á do momento em que dele tiver ciência, até o prazo máximo de cento e oitenta dias, em se tratando de bens móveis; e de um ano, para os imóveis (§ 1º). Nem sempre o vício oculto manifesta seus nocivos e deletérios efeitos a tempo de ser argüido, forte no *caput* do art. 445, como fator de redibição do contrato ou abatimento no preço da coisa. Destarte, naquelas hipóteses em que a natureza mesma do vício fizer com que suas repercussões negativas somente sejam perceptíveis a médio prazo, o prazo de decadência terá por marco inicial o momento em que o adquirente tomar ciência do defeito. Todavia, não deve permanecer *ad infinitum* em mãos do alienatário a prerrogativa de denunciar o defeito oculto, razão pela qual isso somente poderá ocorrer em cento e oitenta dias para móveis e um ano para imóveis, contados da ciência do vício. Exemplo: Em 10 de fevereiro Alberto adquire um veículo, vindo a descobrir, depois de cento e vinte dias (10 de junho), a existência de defeito no motor. Ficando provado que tal situação era contemporânea à data do negócio, e que esse tipo de vício somente traz conseqüências negativas após vários meses de uso, terá o adquirente até o dia 07 de dezembro para pleitear a redibição do contrato ou o correspondente abatimento no preço.

Tratando-se de venda de animais, os prazos de garantia por vícios ocultos serão os estabelecidos em lei especial, ou, na falta desta, pelos usos locais, aplicando-se o disposto no parágrafo primeiro do art. 445 se não houver regras disciplinando a matéria (§ 2º). Isto porque, dadas as suas características *sui generis* e a dinâmica das relações construídas, as vendas de animais são melhor conduzidas se dotadas de regramento específico, mormente no que diz com o tempo conferido ao adquirente para invocar defeitos ocultos como substrato para o desfazimento do contrato ou para pleitear o correspondente abatimento no valor. Portanto, a norma civilista assume caráter supletivo, tendo aplicabilidade apenas quando inexistir regra específica noutro diploma legal, e, ao mesmo tempo, não houver prazos ditados pelos usos locais. A propósito destes, compete ao julgador examinar com cautela a sua incidência na situação concreta. A afirmação de certo prazo como sendo fruto de *usos locais* deve ser adotada unicamente em quadros excepcionais, haja vista a fragilidade e o potencial de insegurança contidos nesse critério.

Caso o transmitente manifeste interesse em substituir a coisa, portadora de vício, por outra de mesmo gênero e qualidade, a aceitação da oferta ficará a exclusivo critério do adquirente. Ele não está obrigado a recebê-la, exceto nos casos em que a legislação especial de consumo traga essa faculdade para o alienante. Todavia, se o alienatário aceitar a substituição, novo prazo de garantia contra vícios redibitórios começará a fluir, com duração igual à do original. Se assim não fosse, haveria indevida redução da segurança jurídica do negócio, pois, tratando-se de coisa nova que ingressa no lugar de outra, deve ocorrer a fluência de espaço temporal inteiro, e não computado apenas pelo remanescente do prazo anterior.

7.8. Prazo no Código de Defesa do Consumidor

As relações submetidas à disciplina do Código de Defesa do Consumidor (Lei n. 8.078/90) recebem tratamento diferenciado no que diz respeito aos prazos decadenciais para argüição de vícios ou defeitos da coisa adquirida. Inicialmente, ele trata dos problemas cuja constatação não apresenta maiores dificuldades. Segundo estabelece o art. 26 do citado diploma legal, o direito de reclamar pelos vícios aparentes ou de fácil constatação caduca em: trinta dias, tratando-se de fornecimento de serviço e de produtos não duráveis (inciso I), *v.g.*, alimentos; noventa dias, tratando-se de fornecimento de serviço e de produtos duráveis (inciso II), *v.g.*, eletrodomésticos. Inicia-se a contagem do prazo decadencial a partir da entrega efetiva do produto ou do término da execução dos serviços (§ 1º). Depois, o legislador inova ao prever que obstam a decadência: a reclamação comprovadamente formulada pelo consumidor perante o fornecedor de produtos e serviços até a resposta negativa correspondente, que deve ser transmitida de forma inequívoca; a instauração de inquérito civil, até seu encerramento (incisos I e III do § 2º).

Após mencionar os prazos decadenciais relativos a imperfeições de imediata verificação, a lei consumerista faz expressa referência aos defeitos ocultos, ou seja, àqueles de natureza redibitória. Tratando-se de vício oculto, o prazo decadencial, que em extensão é igual ao previsto para reclamações contra problemas de menor envergadura, inicia-se no momento em que ficar evidenciado o defeito (§ 3º). Note-se que a disciplina é mais vantajosa ao consumidor do que a prevista no Código Civil. Nas relações de consumo, a contagem do prazo de decadência para a invocação de vícios redibitórios somente inicia o seu transcurso quando percebidos pelo adquirente, enquanto na codificação civilista os critérios variam segundo a natureza da coisa ou do defeito. Por outro lado, ao consumidor apresentam-se, por força do art. 18, § 1º, I, II e III, as alternativas de: a) pedir a substituição da coisa se ela não for corrigida em trinta dias; b) desfazer o contrato, com reembolso da quantia e mais perdas e danos; c) pedir abatimento proporcional no preço.

É importante frisar que um mesmo negócio jurídico ensejará a incidência de prazo decadencial estatuído no Código Civil ou no Código de Defesa do Consumidor, sendo fator diferencial a natureza da relação negocial. Assim, por exemplo, a compra e venda de um automóvel cuja utilidade fica diminuída em conseqüência de vício oculto ao tempo da celebração pode ser vista sob dois ângulos diferentes. Se o negócio se deu entre particulares, aplicar-se-ão as regras decadenciais do Código Civil, cujos prazos são menos favoráveis ao adquirente. Sendo, porém, aquisição feita junto a uma concessionária, esta suportará as repercussões do diploma consumerista, que tem em mira a proteção de quem, por presunção, é parte mais fraca, ou, como diz a lei, hipossuficiente.

7.9. Cláusula de garantia

Às partes envolvidas na contratação é facultado adotar, em substituição aos prazos estabelecidos no Código Civil, lapsos temporais mais curtos ou mais longos para fins de invocação de vícios redibitórios. Também é possível a ampliação da estrutura da garantia em si mesma, ainda que não se refira ao prazo, *v.g.*, por meio da adoção de pena pecuniária, da majoração do valor que o alienante terá de restituir ao adquirente no caso de desfazimento do negócio etc.

Como se está diante de regras de interesse privado, nenhum risco haverá, para o ordenamento ou para terceiros, se os interessados estenderem ou reduzirem o prazo decadencial que foi fixado pela lei com vistas à redibição do contrato ou ao abatimento no preço. Contudo, considera-se insubsistente a redução acordada pelas partes se o alienante sabia da existência do vício, porque então ele terá ferido os preceitos que impõem aos celebrantes absoluta lisura procedimental e plena lealdade tanto na conclusão como no cumprimento do contrato.

Não é proibida a inserção, na avença, de cláusula excludente da garantia legal. Tal situação, uma vez concretizada, impede o adquirente de buscar a proteção inicialmente conferida pelo ordenamento. Não impressiona a circunstância de inexistir norma, no Código Civil de 2002, autorizando essa espécie de previsão, ao contrário do que ocorria com a codificação de 1916. Esta continha regra permitindo a referida abdicação por parte do adquirente, quanto a vícios ignorados pelo alienante (art. 1.102). Contudo, mesmo no silêncio da lei atual é possível admitir a exclusão convencional da garantia, desde que abarque apenas os defeitos provadamente ignorados pelo alienante, haja vista a sua boa-fé, a natureza privada do direito em foco e o princípio da autonomia da vontade. Todavia, a renúncia antecipada à garantia contra vícios não prevalecerá se ficar demonstrado que o transmitente os conhecia ao tempo da celebração, pois a aludida conduta afronta os princípios da boa-fé e da probidade.

O legislador exige que o vício redibitório, na vigência de cláusula convencional de garantia, seja denunciado ao alienante dentro dos trinta dias seguintes à sua descoberta, sob pena de operar-se a decadência (art. 446). É claro que mesmo no caso de redução da garantia deverá o adquirente denunciar o vício no trintídio subseqüente à sua descoberta, contanto que, por óbvio, esta tenha sido feita ainda dentro do prazo de segurança ajustado pelas partes. Exemplo: em 10 de abril Carlos adquire certo bem móvel de Joaquim, tendo sido pactuado pelos contraentes a vigência da garantia contra defeitos pelo período de 45 dias. Se em 15 de maio é descoberto o vício, deverá o adquirente denunciá-lo até o período máximo de 30 dias (15 de junho). Não importa, destarte, que a denúncia ocorra fora do período de garantia, bastando que o interessado a promova com observância do prazo estabelecido pela lei. Já se as partes entabularem cláusula de garantia de cinco anos, incidirá na espécie a primeira parte do art. 446, fazendo com que o prazo legal relativo aos vícios redibitórios somente comece a fluir quando exaurido o tempo de segurança livremente ajustado pelos celebrantes.

Quando for estabelecida cláusula de garantia convencional, o prazo de segurança previsto na lei, referente a vícios redibitórios (art. 445), somente começará a fluir depois de encerrado aquele outro. A propósito, o texto literal do art. 446 esclarece o assunto: *"Não correrão os prazos do artigo antecedente na constância de cláusula de garantia; mas o adquirente deve denunciar o defeito ao alienante nos trinta dias seguintes ao seu descobrimento, sob pena de decadência"*. Trata-se, por assim dizer, de fator que momentaneamente impedirá o transcurso do tempo fixado pela lei, de modo que o prazo convencional fluirá antes, e, uma vez escoado por inteiro, passará a contar-se o período da garantia legal. Em suma, a garantia convencional acaba sendo um *plus* que se adiciona em favor do adquirente, vindo juntar-se a ela, depois de esgotada, a proteção ordinária estabelecida pelo legislador. O mesmo não ocorre quando a garantia é reduzida, pois então prevalece o estrito prazo fixado pela vontade das partes, que, todavia, poderá eventualmente constituir cláusula abusiva nas relações regidas pelo Código de Defesa do Consumidor, se demonstrado que houve incidência de excessivo ônus sobre o adquirente.

Capítulo 8

DA EVICÇÃO

8.1. Introdução e conceito

Evicção é a perda judicial da coisa, motivada por decisão que a direciona a terceiro cujo direito é mais forte e anterior à contratação geradora da transferência impugnada. Assim como o legislador protege o adquirente contra vícios redibitórios, também adotou o mesmo procedimento no concernente à evicção, qualificando ambos os institutos como mecanismos de garantia. Tal segurança jurídica é conferida ao adquirente independentemente de previsão contratual, eis que o seu vigor emerge *ex vi legis*, ou seja, pela própria força, direta e imediata, da lei. A denominação tem raízes no vocábulo *evincere*, que significa ser vencido, sucumbir em demanda que recai sobre a coisa adquirida. Exemplo: Pedro compra um veículo de José, que não é dono. Posteriormente, vem a perder a coisa em razão de sentença judicial que a atribui a Carlos, terceiro reivindicante. Este demonstra a preexistência do seu direito dominial em relação ao contrato de compra e venda celebrado entre Pedro e José, culminando por tomar o veículo para si. Na ilustração ministrada há os três personagens que invariavelmente participam de ocorrências dessa espécie: a) alienante, que transfere o bem e depois suporta os efeitos da evicção; b) evicto, que é adquirente do bem e vem a perdê-lo em virtude da sentença judicial; c) evictor, que é o terceiro em favor de quem se reconhece melhor direito sobre a coisa alienada.

A garantia contra a evicção está implícita em todos os contratos onerosos e comutativos, por competir ao alienante o resguardo do adquirente quanto ao recebimento da coisa em perfeito estado jurídico de uso e fruição. Logo, mesmo sem qualquer espécie de previsão contratual acerca da segurança contra os riscos da evicção, todo alienante suporta os ônus decorrentes da sua verificação. Logo, se o adquirente vem a perder a coisa, no todo ou em parte, caberá ao transmitente recompor o *status quo ante*, evitando prejuízos à parte oposta.

A rigor, o fundamento jurídico das previsões normativas feitas em torno da evicção é o mesmo que levou o ordenamento a prever tutela contra vícios redibitórios, qual seja, o princípio do equilíbrio contratual, cuja necessidade de preservação impõe às partes absoluto respeito ao estado originalmente constituído. A perda da coisa para terceiro é motivo suficiente para desequilibrar o ajuste primitivo entabulado, de maneira que, como resultado puro e simples da lei, deve o alienante responder pelo acontecimento prejudicial ao adquirente. Afinal, a prestação contratual do alienante deixa de ter a extensão desejada pelas partes, ficando minorada como resultado da evicção feita por outrem. Se o transmitente não consegue assegurar a integridade da prestação devida, por certo seria incorreto exigir do adquirente que suportasse o *minus* e o conseqüente dano de natureza econômica.

Assim como ocorre nos vícios redibitórios, a superveniência de evicção acarreta a responsabilização do transmitente ainda que não tenha obrado com culpa, ou seja, responde mesmo se ignora por completo o melhor direito de terceiro sobre a coisa transmitida. Na verdade, o ânimo do alienante só terá influência na fixação da amplitude da sua responsabilidade, mas não na definição da existência do dever de indenizar propriamente dito. Quanto ao substrato gerador da incidência, percebe-se que a proteção contra vícios redibitórios está fundada na garantia contra defeitos ocultos da coisa, ao passo que o resguardo contra a evicção encontra base na garantia contra defeitos jurídicos encontrados no ato transmissivo. Enquanto os vícios redibitórios consistem em defeito material da coisa, capaz de levar ao desfazimento do contrato ou abatimento proporcional no preço, a evicção caracteriza-se pela existência de defeito jurídico ou de direito na relação negocial firmada. Todavia, volta-se a frisar que o fundamento de ambos os institutos é o mesmo, qual seja, a garantia decorrente da quebra do equilíbrio contratual. A própria comutatividade da avença fica irremediavelmente atingida quando *a posteriori* as prestações entram em descompasso, de maneira que o dever de indenizar surge como solução para evitar imotivado empobrecimento do adquirente e inadequado enriquecimento da parte adversa.

A proteção de que se está tratando não é limitada, apenas, aos casos em que há efetiva perda da coisa, alcançando também as hipóteses de afetação da posse ou do uso pacífico do bem. Se o possuidor vier a sofrer ingerências externas, motivadas por sentença judicial, capazes de prejudicar o seu direito possessório (*v.g.*, por apreensão da coisa) ou a sua utilidade ordinária (*v.g.*, por supressão parcial do direito de uso), recairá sobre o alienante o dever de indenizar, haja vista a circunstância de que ao transmitir a coisa passou a suportar os riscos da evicção.

8.2. Pressupostos da evicção

Ao adquirir uma coisa cuja formatação jurídica, constitutiva do direito, é imperfeita, o sujeito prejudicado pela supressão do domínio, da posse ou da utilidade do bem pode reclamar do alienante a devida recomposição econômica. Para que isso aconteça, é mister que concorram diversos pressupostos ou requisitos, sem os quais não se caracteriza a evicção. Esta é pautada não apenas pela verificação da presença de um defeito no direito transferido, mas também de outros fatores objetivos e subjetivos de igual relevância.

8.2.1. Onerosidade do negócio jurídico

Por expressa determinação legal (art. 447), é nos contratos onerosos translativos do domínio, da posse ou do uso da coisa que o alienante responde pela evicção. Isto porque deles emerge prejuízo para o evicto, privado que fica da coisa inicialmente integrada ao seu acervo patrimonial mediante contrapartida econômica direta ou indireta. Embora a compra e venda seja a espécie negocial em que, na prática, mais se constata a ocorrência de evicção, esta pode ter lugar noutras modalidades, *v.g.*, na dação em pagamento e na troca ou permuta. Em se tratando de contratos celebrados a título gratuito, e que surgem a partir de uma liberalidade, a disciplina jurídica é diferente.

O doador não se sujeita às conseqüências da evicção ou do vício redibitório; porém, nas doações para casamento com certa e determinada pessoa, o doador ficará sujeito à evicção, salvo convenção em contrário (art. 552). Além disso, também nas doações modais ou com encargo deve prevalecer a idéia da responsabilidade do doador pelos riscos da evicção, já que nela, mesmo sem perder a condição de avença a título gratuito, o donatário cumpre a imposição feita para ter direito à percepção da vantagem. Logo, mesmo sem expressa previsão normativa é justo que possa reclamar a composição dos prejuízos resultantes da evicção, encaminhamento igual ao previsto pela lei para o caso de vícios redibitórios em coisa recebida por força de doação modal (parágrafo único do art. 441).

Quanto às doações puras e simples, não haverá espaço para invocar a tutela legal pertinente à evicção, pois se o donatário nada entregou como contrapartida para incorporar a coisa ao seu acervo, é lógico que nada perderá, e nenhum prejuízo efetivo sofrerá, se ela restar evencida. Raciocínio idêntico se aplica aos legados de coisa evicta, vivo ou morto o testador, sem culpa do herdeiro ou legatário incumbido do seu cumprimento, pois então a deixa testamentária simplesmente caducará (art. 1.939).

Não obstante o acima exposto, a garantia derivada da evicção pode ser estendida voluntariamente pelas partes a contratos gratuitos, mas somente por meio de expressa previsão, pois do contrário a sua aplicabilidade restringe-se às contratações de natureza onerosa e às doações modais. O interesse em adaptar a garantia a contratos gratuitos não desnatura o instituto, já que não se estará tratando de incidência *pleno jure* da segurança dele emergente, mas sim de iniciativa específica dos interessados no sentido de atrelar à avença os efeitos de eventual evicção. Tal medida encontra amparo no princípio da autonomia da vontade, que prevalece, salvo se excepcionado por lei, quando em jogo direitos patrimoniais disponíveis.

De acordo com a segunda parte do art. 447, subsiste a garantia ainda que a aquisição se tenha realizado em hasta pública. A circunstância de a incorporação da coisa ao acervo do adquirente ter acontecido em venda forçada, determinada pelo Poder Judiciário, não impede que permaneça intacta a garantia legal contra a evicção. Isto porque nas operações assim realizadas nem sempre é possível ao adquirente tomar ciência de todas as nuanças da vida jurídica dos itens colocados à venda, mormente em se tratando de hasta cujo objeto é o próprio bem disputado pelas partes dentro do processo. Não obstante a realização de pesquisa prévia em torno das condições jurídicas dos itens colocados à disposição do público, talvez escape ao interessado a ciência acerca de melhor direito de terceiro sobre o bem, causa que poderá levar à evicção. Logo, é importante que se garanta ao evicto uma fonte de reposição do estado anterior, até mesmo para não inibir eventuais compradores de bens oferecidos por meio dessa modalidade de operação.

Operando-se evicção da coisa adquirida em hasta pública, o sujeito que a arrematou ou adjudicou poderá responsabilizar quem de qualquer modo auferiu recursos econômicos oriundos do procedimento. Vale dizer, o credor a quem se entregou a totalidade do valor obtido na hasta pública suportará as repercussões da evicção. Caso ele ainda nada tenha recebido, caberá ao dono do bem, demandado na lide, arcar com os riscos da evicção. Porém, se uma fração do produto arrecadado foi entregue ao credor (sujeito ativo da demanda geradora da venda pública), e outro tanto a este último (como repasse de valor que eventualmente sobeje após a satisfação do demandante), cada um responderá pela evicção, junto ao adquirente privado da coisa, na proporção da vantagem captada.

Obviamente, se existe garantia inclusive contra a evicção de bens adquiridos em hasta pública forçada, com igual razão a cobertura abrange aquisições feitas em leilão de móveis ou hasta de imóveis por iniciativa particular. Exemplos disso são os remates de animais ou de jóias, realizados espontaneamente pelo dono ou a seu comando, em caráter extrajudicial. Incidem na espécie, por força da necessidade de preservação do equilíbrio contratual e da garantia que a todo adquirente se confere, as mesmas regras que norteiam a venda direta - e sem disputa - de qualquer coisa que ao depois venha a ser evencida.

8.2.2. Decisão judicial definitiva

É necessária a existência de decisão judicial transitada em julgado, pela qual se reconheça o direito de terceiro sobre o domínio, posse ou uso da coisa negociada, para que em favor do adquirente seja estabelecida a prerrogativa de argüir a proteção contra os riscos da evicção. Ao Poder Judiciário é que compete declarar o melhor direito de terceiro sobre coisa transmitida, assim como afirmar os aspectos caracterizadores do instituto examinado.

Em razão do acima exposto, percebe-se que a perda da coisa como resultado de caso fortuito, força maior e eventos de similar amplitude, não atribui ao adquirente a faculdade de reclamar em juízo a incidência das normas relativas à evicção. Afastam-se dessa espécie de amparo legal acontecimentos como o incêndio, o furto, o roubo, a inundação e assim por diante. Isso não significa que o adquirente ficará desprotegido, uma vez que poderá explicitar outros fundamentos como substrato da pretensão indenizatória (*v. g.*, culpa de outrem na provocação do dano), a ser deduzida em ação própria.

Também escapam do alcance do instituto a supressão ou a afetação administrativa do direito, como no caso de coisa desapropriada, requisitada etc. Ainda que o fator desencadeante tenha sido verificado antes do ato translativo (*v. g.*, publicação de desapropriação), o resguardo contra evicção não terá aplicabilidade, porque ausente sentença judicial a reconhecer o direito de terceiro sobre o bem. Contudo, se aos atos administrativos anteriores ao negócio seguir-se decisão judicial que os referende caso postos em debate, responderá o alienante, junto ao adquirente, pela perda da coisa. É que então estará implementado o pressuposto da manifestação judicial definitiva como base da perda incontornável da coisa, o que não ocorreria se houvesse apenas manifestação de caráter puramente administrativo, pois sujeitas *a posteriori*, mediante iniciativa do interessado, ao crivo do Poder Judiciário.

A eventual inviabilidade da tutela específica concernente à evicção não obsta outras iniciativas do lesado, no sentido de obter indenização ou forma diversa de recuperação dos danos experimentados. Neste compasso, se a posse da coisa é perdida em razão de esbulho ou molestada por meio de turbação, cabe o ajuizamento de lides de natureza possessória, pelas quais são factíveis o conserto do quadro nocivo à posse e a indenização de perdas e danos. Porém, se a afetação decorre de decisão judicial definitiva e encontra enquadramento nos ditames normativos específicos da evicção, será viável a sua argüição como mecanismo apto a amparar o adquirente que perdeu a coisa, ou teve a posse ou o uso atingidos, pelo reconhecimento da presença de melhor direito de terceiro.

8.2.3. Causa preexistente ou concomitante ao contrato

A evicção se caracteriza, entre outras coisas, pela perda, total ou parcial, da coisa adquirida, ou, então, da sua posse ou uso. O adquirente a recebe consoante estabelecido no contrato, mas ao depois sofre as repercussões advindas do melhor direito de terceiro, afirmado em sentença. Todavia, não basta isso para que fique patenteada a possibilidade de invocação da tutela legal contra os riscos da evicção. É necessário, ainda, que o direito do terceiro, em favor de quem se reconhece a titularidade, seja anterior ou, no mínimo, concomitante à celebração do contrato.

Eventos posteriores à celebração não ensejam a aplicação do resguardo normativo, reservado exclusivamente para as hipóteses de exclusiva evicção. Entre as situações que não ficam sob o amparo abstratamente previsto na lei encontram-se: a) usucapião do imóvel transmitido, quando o adquirente tenha tido tempo suficiente para evitar a consumação do prazo de prescrição aquisitiva; b) desapropriação debatida em juízo, cuja iniciativa date de momento posterior à finalização da avença; c) reivindicação fundada em causa estranha ao período que antecedeu a consecução do negócio translativo. Em todos esses casos, e em inúmeros outros que a experiência e a prática revelam, existe um ponto em comum, qual seja, o de que a alienante transferiu ao adquirente um direito desembaraçado, escorreito e livre. Logo, não poderá ser responsabilizado pela perda da coisa, da sua posse ou uso, se não lhe for factível demonstrar que a ocorrência foi provocada por fator contemporâneo ou anterior à celebração.

Quanto à hipótese específica de usucapião, cumpre frisar que se a transmissão do bem — móvel ou imóvel — se deu em ocasião muito próxima ao implemento do tempo necessário para a consumação da prescrição aquisitiva em favor de terceiro, o alienante responderá pelos riscos da evicção que venha a se concretizar. Isto porque não havia razoável perspectiva de ser evitada a aquisição do domínio da coisa pelo possuidor, de maneira que o prejudicado ficará postado na condição de evicto e poderá reclamar do transmitente a composição dos danos experimentados. Contrário senso, se o adquirente recebeu a coisa quando já iniciada a posse por estranho, mas estando este ainda distante, em termos temporais, da implementação do tempo para usucapir, será imputável à própria inércia do adquirente a perda da coisa para terceiro, eis que permaneceu em silêncio quando deveria ajuizar lide possessória visando a interromper o fluxo da contagem da prescrição aquisitiva.

8.3. Conseqüências da garantia

A partir do momento em que o adquirente perde a coisa, ou tem restringida a sua posse ou uso, torna-se titular da prerrogativa de demandar o alienante pela recomposição do estado jurídico atingido. É óbvio que isso não pode de qualquer modo prejudicar o terceiro, em favor de quem sobreveio decisão judicial de procedência da pretensão esposada contra o adquirente. Logo, em favor deste resta como derradeira perspectiva a busca de indenização, que precisa ser ampla e cabal a ponto de restaurar o acervo econômico do sujeito lesado. No pólo passivo da demanda, à evidência, figurará o transmitente, porque sobre ele a lei faz recair o dever de garantia contra os riscos da evicção que se acabou consumando.

Conforme mencionado antes, não apenas o proprietário — adquirente — da coisa tem legitimidade para postular aquilo que resulta da disciplina do instituto da evicção. Igual prerrogativa cabe também ao possuidor, quando prejudicado pela turbação da posse adquirida. O mesmo vale para o simples usuário, titular de direito de utilização que vem a ser tolhido ou cerceado em virtude de melhor e anterior direito de terceiro, reconhecido em sentença judicial definitiva.

Verificada a evicção e acionado o alienante, terá este de suportar os ônus econômicos previstos na lei. Salvo estipulação em contrário, tem direito o evicto, além da restituição integral do preço ou das quantias que pagou: I – à indenização dos frutos que tiver sido obrigado a restituir; II – à indenização pelas despesas dos contratos e pelos prejuízos que diretamente resultarem da evicção; III – às custas judiciais e aos honorários do advogado por ele constituído (art. 450). A devolução do preço aparece como marco inicial do restabelecimento do *status quo ante*. Por meio dessa providência, coíbe-se a captação indevida de proveito pelo alienante, ao mesmo tempo em que se impede a ocorrência de desfalque patrimonial danoso ao adquirente.

Ainda que seja obrigado a restituir frutos ao evictor, assistirá ao evicto o direito de pleitear junto ao alienante a indenização de todos os que tiver de entregar por força do rompimento do liame negocial em virtude da evicção. Observe-se, porém, que essa prerrogativa deve ser exercida exclusivamente contra o alienante, eis que o terceiro — evictor — tem melhor direito do que o evicto e não pode ser molestado em hipótese alguma. Também poderá o evicto reclamar do alienante as despesas feitas com o contrato, desde aquelas necessárias à aproximação entre as partes até as relacionadas à confecção do instrumento propriamente dito (lavratura de escritura pública, registro, impostos pagos etc.). Todos os demais prejuízos que forem demonstrados pelo evicto, e que apresentarem direta relação com o negócio, devidamente provada pelo lesado, serão suportados pelo alienante. A idéia do legislador é que ocorra a plena reposição da situação anteriormente vivida pelo evicto, impedindo que sofra prejuízo por uma situação que não ocasionou. Tendo em vista as finalidades da garantia contra a evicção, o legislador incluiu, entre os encargos a serem suportados pelo alienante, as custas judiciais e os honorários advocatícios despendidos pelo evicto na defesa do liame negocial e na busca do reembolso do que gastou.

O preço, seja a evicção total ou parcial, será o do valor da coisa, na época em que se evenceu, e proporcional ao desfalque sofrido, no caso de evicção parcial (parágrafo único do art. 450). Ao sofrer a evicção, poderá o adquirente voltar-se contra o alienante para fins de recebimento do preço da coisa, entre outras verbas discriminadas no *caput* do art. 450. Preço da coisa, com vistas à aplicação da norma, é o valor dela à época em que aconteceu a evicção, monetariamente atualizada até a data do efetivo pagamento pelo alienante. Entende-se como data da evicção aquela em que se deu o trânsito em julgado da sentença que reconheceu o direito do terceiro reivindicante.

Havendo evicção total, o montante a ser pago pelo alienante ao evicto calcula-se por simples operação aritmética, consistente na tomada do valor da coisa quando da evicção e atualização do mesmo para pagamento. No caso de evicção parcial, o montante a ser restituído será calculado com base no desfalque econômico experimentado pela coisa, de modo que o alienante entregará ao evicto importância correspondente à depreciação ocorrida no seu valor, tomado como parâmetro aquele vigente à época da evicção, monetariamente atualizado.

Se entre a data da aquisição da coisa e a da evicção o bem experimenta valorização, deverá o alienante suportar por inteiro o ônus adicional, sem que isso implique em indevido enriquecimento do adquirente. Afinal, este fez um negócio que lhe propiciou acréscimo posterior na avaliação da coisa e a incorporação desse *plus* ao próprio acervo patrimonial. A frustração desse quadro, como fruto da evicção realizada, carreia ao alienante a obrigação de indenizar o mais amplamente possível, de maneira que o valor da coisa à época da evicção é condizente com a realidade dos fatos e contorna adequadamente o prejuízo sofrido.

Se, nas mesmas circunstâncias acima expostas, a avaliação da coisa variar para menor, será preciso analisar duas situações distintas: a) sendo bem móvel, caberá ao alienante entregar ao adquirente o valor que a coisa tiver à data da evicção, pois é natural que o passar do tempo interfira na estimação pecuniária dos móveis, depreciando-os; b) tratando-se de bem imóvel, o alienante responderá pela totalidade do preço pago quando da celebração do negócio. Esta última solução tem em vista a maior estabilidade dos imóveis no mercado, de modo que a variação para menor poderá ser resultado de contingências superáveis (*v.g.*, crise econômica geral). Assim, se não recebesse de volta tudo o que pagou, o adquirente sofreria desfalque objetivo em seu patrimônio, porque não mais poderá aguardar eventual recuperação do mercado para ver reposta a expressão pecuniária da coisa. De outro lado, se o alienante recebeu determinada importância terá de restituí-la por completo, pois do contrário haveria enriquecimento sem causa. Em suma, este é o sentido da expressão *"restituição integral do preço"*, prevista como direito do evicto no *caput* do art. 450.

A obrigação prevista no citado artigo subsiste para o alienante ainda que a coisa alienada esteja deteriorada, exceto havendo dolo do adquirente (art. 451). Destarte, o fato de a coisa alienada sofrer deterioração durante o período em que esteve com o adquirente não livra o alienante de indenizar nos moldes acima descritos, caso sobrevenha a evicção. Somente libera-se sem indenizar caso haja estipulação em sentido contrário ao comando normativo, ou se constatada a existência de dolo por parte do evicto, o que ocorre quando ele deliberadamente deixa que a coisa sofra deterioração, ou a provoca diretamente ou por outrem, visando a prejudicar o evictor ou o alienante. A atuação meramente culposa do adquirente, embora funcione como causa de deterioração, não basta para isentar o alienante do dever de indenizar, eis que tal isenção somente decorre de comportamento doloso do evicto. Sendo total a evicção, funcionará como base econômica da restituição o preço pago pelo adquirente, com atualização monetária, mais os outros ônus previstos na lei. Na hipótese de deterioração parcial, e comprovado o dolo do evicto, caberá ao alienante indenizar apenas a parcela econômica remanescente, ficando liberado em relação ao valor da fração deteriorada. Inexistindo dolo do adquirente, incumbirá ao alienante a cabal indenização estatuída no ordenamento, considerado o valor total da coisa e sem abatimento proporcional correspondente à porção depreciada.

Se o adquirente tiver auferido vantagens das deteriorações, e não tiver sido condenado a indenizá-las, o valor das vantagens será deduzido da quantia que lhe houver de dar o alienante (art. 452). Em vista do princípio que veda o enriquecimento sem causa, impõe-se ao adquirente a dedução das vantagens que auferir em razão das deteriorações verificadas na coisa que sofreu evicção. Assim, no momento em que o alienante tiver de indenizar os prejuízos resultantes e restituir o preço, desse total será abatido o montante correspondente às vantagens granjeadas pelo evicto a partir da deterioração da coisa. Exemplo: Paulo adquire de João um conjunto de máquinas pesadas. Diante da menor utilidade e conservação de algumas delas, retira certas peças e vende para outrem. Se depois disso sofrer evicção por iniciativa de terceiro, a indenização que receberá de João será calculada com base no valor das coisas à época em que se evenceram, deduzidos os proveitos captados com a alienação das peças. Outro caso, de verificação mais comum, é o que envolve a necessidade de abatimento do valor da indenização securitária, paga pela empresa seguradora em virtude do sinistro de que resultou a deterioração.

A conseqüência prevista no art. 452 não terá lugar na hipótese em que o evicto for condenado a indenizar à parte contrária o valor das vantagens obtidas, pois se isso ocorrer já terá havido a supressão dos proveitos econômicos auferidos com as deteriorações, e eventual exigência em torno delas caracterizaria *bis in idem*. A condenação judicial do evicto acontece nos casos em que agir dolosamente, mas, ainda que atue culposamente, ou mesmo sem culpa, terá direito o alienante a promover o abatimento estatuído na lei, observados os parâmetros nela indicados.

As benfeitorias necessárias ou úteis, não abonadas ao que sofreu a evicção, serão pagas pelo alienante (art. 453). O adquirente da coisa, que posteriormente vem a sofrer evicção, é considerado possuidor enquanto não sobrevier sentença judicial reconhecendo o melhor direito do evictor. Nessa condição, como regra tem direito à indenização das benfeitorias, conforme disposto nas normas pertinentes do Código Civil, dentre as quais sobressai o art. 1.219. Quanto às necessárias ou úteis, caberá ao alienante pagar por elas, se não foram abonadas ao evicto quando da prolação da sentença que determinou a evicção e por força do seu conteúdo. Isto porque se afigura de todo pertinente determinar, já na sentença e a pedido do evicto, que o evictor as indenize, a fim de evitar que em favor deste sobrevenha enriquecimento sem causa por meio da incorporação das benfeitorias ao seu acervo patrimonial sem contrapartida alguma. *"Assim é que, se o adquirente as tiver feito na coisa, e a sentença as não tiver abonado, incluem-se na garantia que o alienante lhe deve"* (*Caio Mário da Silva Pereira*, obra citada, vol. III, p. 92). Depois de indenizar as benfeitorias, poderá o alienante voltar-se contra o evictor para pleitear o devido reembolso, porque a responsabilidade fixada pelo art. 453 diz respeito apenas à relação entre as partes envolvidas no negócio translativo da coisa. Logo, não importa em salvo-conduto para que o evictor titularize as benfeitorias sem ônus algum.

Se as benfeitorias abonadas ao que sofreu a evicção tiverem sido feitas pelo alienante, o valor delas será levado em conta na restituição devida (art. 454). É possível que a sentença tenha determinado ao evictor o pagamento, para o adquirente evicto, das benfeitorias feitas na coisa pelo alienante. Caso isso aconteça, terá este último a prerrogativa de deduzir, da indenização que tem de pagar ao evicto, o valor que elas tiverem. Exemplo: suponha-se que a indenização devida ao sujeito que sofreu a evicção alcance o montante de 100, e que a substituição do telhado do imóvel tenha custado 10. Se o reivindicante já pagou o valor ao evicto, é claro que este não poderá locupletar-se deixando de amortizá-la do crédito que remanescer. Ao alienante, então, é que caberá a faculdade de abater, do total devido por força da evicção, a importância correspondente às benfeitorias feitas à sua custa.

Depois de deduzir da restituição devida ao adquirente o valor das benfeitorias, poderá o alienante buscar junto ao evictor a correspondente indenização, eis que não encontra amparo legal o enriquecimento sem causa que adviria ao reivindicante se não fosse compelido a pagar as benfeitorias feitas na coisa, e que não integravam o direito reconhecido na sentença de evicção. Acerca do tema, e sintetizando o que foi dito, preleciona *Caio Mário da Silva Pereira* (obra citada, vol. III, p. 92): *"Se houverem sido abonadas ao adquirente, mas não tiverem sido por este realizadas, e sim pelo alienante, deduzirá este, do preço que houver de restituir ao adquirente, o seu valor; e se tiverem sido realizadas pelo adquirente, e a este abonadas, delas se não cogitará nas relações entre alienante responsável e adquirente evicto"*.

8.4. Reforço, redução e exclusão da responsabilidade

Podem as partes, por cláusula expressa, reforçar, diminuir ou excluir a responsabilidade pela evicção (art. 448). É relevante solidificar a idéia, como feito sempre ao longo deste capítulo, de que a responsabilidade pela evicção não precisa de previsão pelas partes quando da conclusão do contrato ou noutro momento qualquer, porque consiste em garantia que incide *pleno jure* sobre o liame negocial. Porém, é facultado aos celebrantes o reforço, a diminuição ou mesmo a exclusão dessa responsabilidade, já que estão em jogo interesses predominantemente privados e, portanto, passíveis de modificação pela vontade dos partícipes.

É possível que eles, por exemplo, estipulem, em reforço da garantia, que o alienante devolverá em dobro ao adquirente o valor pago pela coisa, se houver a evicção. Ainda que doutrinadores de escol entendam que o aumento fica limitado ao valor da própria coisa (*v. g.*, Sílvio Rodrigues, obra citada, p. 115), é mais adequado franquear às partes a adição que entenderem pertinente, haja vista a liberdade de contratar e o necessário respeito à conveniência dos celebrantes. Podem eles, ainda, diminuindo a garantia, estabelecer que se sobrevier a evicção o alienante não reembolsará o adquirente pelas despesas do contrato. Também é permitida a pura e simples exclusão da garantia por meio de cláusula que isente o alienante de responsabilidade se verificada a evicção, mas se isso ocorrer incidirá a limitação prevista no art. 449, objeto de análise logo adiante.

Quando houver interesse na alteração da responsabilidade pela evicção como originalmente prevista no ordenamento jurídico, terão as partes de, por cláusula expressa, fazer inequívoca e direta referência a essa pretensão. Inexiste, portanto, alteração tácita, inferida das circunstâncias ou extraída das entrelinhas. Qualquer dubiedade, incerteza ou contradição levará ao não reconhecimento da mudança aventada, fazendo com que persista a responsabilidade conforme estabelecida pelo legislador.

Não obstante a cláusula que exclui a garantia contra a evicção, se esta se der, tem direito o evicto a receber o preço que pagou pela coisa evicta, se não soube do risco da evicção, ou, dele informado, não o assumiu (art. 449). A exclusão da responsabilidade pela evicção não subsistirá em todos os seus aspectos se o evicto não tiver ciência do risco existente, ou se, informado da sua presença (*v.g.*, demanda judicial pendente), não o assumiu. Nesse caso, ainda que as partes envolvidas no negócio jurídico excluam a garantia decorrente da evicção por meio de cláusula genérica, manterá o evicto o direito de receber o preço pago pela coisa. Não terá legitimidade, porém, para reclamar as demais verbas envolvidas no negócio, tais como despesas de escritura, registro, impostos etc. A solução indicada na norma tem por objetivo, entre outras coisas, impedir que o alienante, ciente do risco de evicção, induza em erro ou promova outro ato qualquer capaz de iludir a boa-fé do adquirente, que ao depois vem a perder a coisa por força da evicção protagonizada por terceiro.

A cláusula de exoneração que produz efetivo resultado entre as partes é aquela que aponta para a existência de risco de natureza específica, ou seja, perfeitamente delineado no corpo do contrato. É o caso, por exemplo, da previsão contratual que indica a existência de pretensão de terceiro sobre a coisa, embora ainda não transformada em lide judicial. Se o adquirente firma a avença mesmo diante de tal alerta clausulado, não poderá ao depois demandar proteção contra a evicção, embora lhe seja facultado reclamar a devolução do preço, já que este não integra a garantia de que abdicou.

A restituição do preço ocorre ainda que o alienante não tenha ciência do risco, bastando que o evicto o desconheça quando da realização do negócio para que conserve o direito de repetição. A devolução do valor da coisa obedecerá às regras de atualização monetária previstas para os negócios jurídicos em geral, com aplicação dos índices oficiais divulgados no país. Caso ambos — adquirente e alienante — saibam do risco e firmem expressa cláusula de isenção, este último ficará livre de qualquer responsabilidade pela evicção se o primeiro contraente houver assumido o perigo de perder a coisa para terceiro com melhor direito.

Cumpre observar que se o adquirente sabia da existência de risco, sem, contudo, tê-lo assumido em cláusula contratual, continuará sendo titular da prerrogativa de recuperação do preço e dos demais gastos junto ao alienante, sobre quem recaem por inteiro, *pleno jure*, os efeitos da evicção operada. É somente o pacto de exoneração, associado à ciência do adquirente e à assunção do risco, que conduzem à liberação do transmitente. Presume-se a referida assunção quando, sabendo da existência do risco, o adquirente concorda com a inserção da cláusula liberatória. Não é necessário, portanto, que dela conste referência ao fato de que está sendo assumido o perigo de que a coisa venha a ser evencida. Contudo, a menção direta à aceitação do risco, com minuciosa descrição deste, serve desde logo para demonstrar que o evicto não apenas o conhecia como o assumiu, ficando inibido de posteriormente alegar o contrário.

Não pode o adquirente demandar pela evicção, se sabia que a coisa era alheia ou litigiosa (art. 457). Conhecendo um dos fatos elencados na norma legal, o adquirente desde logo está ciente de que pode vir a perdê-la para terceira pessoa com melhor e anterior direito. Em razão disso, não lhe é permitido demandar pela evicção contra o alienante, pois a garantia prevista não tem aplicação em hipóteses dessa natureza. É como se o adquirente abdicasse da garantia e dos seus efeitos, de vez que o conhecimento de que a coisa pertencia a outrem que não o transmitente, ou estava *sub judice*, acarreta a assunção do perigo de que venha a ser perdida.

Não obstante seja vedada a demanda pela evicção, terá o evicto direito de recuperar aquilo que pagou ao alienante a título de preço, como forma de impedir o enriquecimento sem causa deste último. Somente as garantias específicas contra a evicção é que não terão aplicabilidade, de modo que eventuais prejuízos serão suportados pelo evicto. O preço não integra a garantia, e somente é perdido pelo adquirente quando, por meio de cláusula contratual, expressamente aceita risco que conhece.

A hipótese prevista no art. 457 não se confunde com aquela estatuída no art. 449. Neste, o adquirente não sabe que o risco existe, ou, se o conhece, não anui com a colocação de cláusula de liberação do alienante. Naquele, tem plena ciência de que a coisa adquirida não pertence ao transmitente, ou, então, sabe que ela está sendo disputada em juízo. O contexto fático que permite a incidência do art. 457 é muito mais severo, partindo do pressuposto de que o adquirente, não ignorando a ilegitimidade do transmitente para negociar a coisa, ou o litígio judicialmente instalado em relação a ela, aceita a idéia de que poderá perdê-la no futuro. Daí que a invocação da tutela advinda da evicção representaria uma fonte de proveito indevido, genuíno locupletamento sem causa e notória afronta ao princípio da boa-fé. Já no caso do art. 449, existem três possibilidades, mais precisamente as de que o adquirente: a) não saiba do risco; b) conheça a sua existência, mas se negue a aceitá-lo; c) saiba do perigo, mas não o assuma. Em qualquer delas, parte-se do pressuposto de que o adquirente ignora ser alheia a coisa, ou desconhece a litigiosidade que sobre ela recai, pois do contrário será caso de aplicação do art. 457 do Código Civil.

8.5. Evicção parcial

A evicção pode ser total ou parcial, conforme o adquirente que recebeu o bem seja ao depois privado dele, da posse ou dos proveitos que lhe são inerentes, em toda a sua extensão ou apenas em alguma fração. Se parcial, mas considerável, for a evicção, poderá o evicto optar entre a rescisão do contrato e a restituição da parte do preço correspondente ao desfalque sofrido. Se não for considerável, caberá somente direito a indenização (art. 455).

Tem-se por considerável a evicção parcial quando, sopesadas as peculiaridades do caso concreto, for possível afirmar que a contratação provavelmente não aconteceria se o adquirente conhecesse a realidade jurídica da coisa, capaz de colocar em risco uma fração importante do direito. Vale dizer, cuida-se de critério que não leva em linha de conta, necessariamente, o percentual ou a fração objetivamente atingidos em virtude do reconhecimento judicial do melhor e anterior direito de terceiro. Nada obsta, por exemplo, que apenas uma pequena área do total das terras seja atingida, mas exatamente no ponto onde estão os mananciais hídricos que servem para irrigar a lavoura e saciar a sede do rebanho. Logo, o que interessa é o grau de comprometimento da coisa ou dos seus atributos em virtude da evicção, e não a amplitude física do embaraço. No plano fático, porém, a grandeza física da afetação está geral e diretamente atrelada à possibilidade de demandar pela evicção, haja vista o prejuízo econômico acarretado ao adquirente.

Reconhecida a evicção parcial como considerável, seja porque afeta aspectos quantitativos importantes do bem, ou por atingir algum dos seus elementos qualitativos essenciais, faculta-se ao evicto escolher uma das alternativas seguintes: a) rescisão do contrato, com reposição das partes ao estado anterior e conseqüente devolução do preço e reembolso de despesas ao evicto, tendo este de entregar a porção remanescente do bem ao alienante; b) restituição da parte do preço correspondente ao desfalque sofrido, o que se dá mediante apuração do valor total da coisa e subseqüente abatimento de montante equivalente à redução em sua expressão econômica, fruto da evicção.

Não sendo considerável a evicção parcial, não caberá ao evicto pleitear o desfazimento do contrato como um todo, restando-lhe unicamente buscar indenização correspondente ao valor do desfalque econômico sofrido pela coisa em decorrência da sua perda para terceiro com melhor direito. Com isso, visa o legislador evitar toda a gama de inconvenientes que resultariam do rompimento do liame contratual original, solução extrema reservada para casos em que se afigura inviável a conservação do vínculo em razão do considerável desfalque produzido pela evicção parcial.

O montante a que tem direito o adquirente é aquele definido no parágrafo único do art. 450 do Código Civil, ou seja, correspondente ao valor da coisa, na época em que se evenceu, mas proporcional ao desfalque sofrido, por se tratar de evicção parcial. Considera-se data da evicção, para o fim de estabelecer o preço da coisa, aquela em que houver o trânsito em julgado da sentença que afirma caber a terceiro anterior e melhor direito sobre o bem. Afinal, é com o pronunciamento judicial definitivo que se opera a evicção, que serve de balizador temporal para a apuração do preço da coisa com vistas à restituição devida ao evicto.

8.6. Notificação do litígio ao alienante

Para poder exercitar o direito que da evicção lhe resulta, o adquirente notificará do litígio o alienante imediato, ou qualquer dos anteriores, quando e como lhe determinarem as leis do processo (art. 456). Encontra-se aqui uma situação que reclama compulsória denunciação da lide, providência a ser adotada pelo adquirente assim que for demandado pelo terceiro para fins de evicção. Com efeito, o inciso I do art. 70 do Código de Processo Civil diz ser obrigatória a denunciação da lide *"ao alienante, na ação em que terceiro reivindica a coisa, cujo domínio foi transferido à parte, a fim de que esta possa exercer o direito que da evicção lhe resulta"*. Trata-se de medida processual que visa a inserir no pólo passivo da relação processual o alienante da coisa que se pretende evencer, a fim de que, uma vez reconhecido o direito de terceiro, seja igualmente declarado na sentença o direito de o evicto buscar junto ao alienante o reembolso do preço e demais despesas previstas no ordenamento.

Na mesma sentença em que decide o tema principal posto em debate (reconhecimento do direito de terceiro sobre a coisa), o juiz examinará a denunciação realizada. Sendo procedente a lide de que resulta a evicção, será assegurado ao evicto o direito de receber de volta aquilo que desembolsou quando da aquisição da coisa, observados eventuais limites estabelecidos no contrato celebrado entre o transmitente e o adquirente. A sentença, que julgar procedente a ação, declarará, conforme o caso, o direito do evicto, ou a responsabilidade por perdas e danos, valendo como título executivo (art. 76 do Código de Processo Civil).

A notificação mencionada na norma legal deve ser feita ao alienante imediato, ou, tendo havido várias alienações anteriores, a qualquer de seus protagonistas. Depois de promovida a denunciação da lide a algum dos alienantes, poderá o denunciado acionar de maneira independente os demais que porventura estiverem obrigados a reembolsá-lo dos gastos feitos com a entrega, ao adquirente, do valor a que fez jus por força da sentença.

Não sendo feita a denunciação da lide ao alienante, perderá o evicto, por preclusão, a faculdade de pleitear o reembolso se vier a perder a coisa. Isto porque a falta de notificação importa em cerceamento, ao alienante, de qualquer possibilidade de defesa contra a pretensão deduzida em juízo pelo evictor, de modo que a sentença proferida não poderá alcançar quem não integrou o pólo passivo da lide, seja direta ou indiretamente. Todavia, em ação autônoma será lícito ao adquirente, privado da coisa, reclamar o reembolso. Para tanto, promoverá lide contra o transmitente e pleiteará a devolução do preço e dos outros gastos que acaso tenha efetuado. Vale dizer, a falta de denunciação da lide, como prevista no *caput* do art. 456, somente impede o evicto de postular naquela mesma demanda o reembolso dos valores dependidos, mas não obsta a dedução de pleito no mesmo sentido em ação autônoma. Funda-se esse entendimento na circunstância de que se deve alcançar ao adquirente meios de reverter o quadro danoso gerado pela evicção, pois do contrário se tornariam definitivos o enriquecimento imotivado do alienante e o empobrecimento injustificado do evicto.

Faculta-se ao terceiro, ao invés de acionar exclusivamente o adquirente da coisa, demandar contra este e contra o alienante, formando desde logo um litisconsórcio passivo. Contudo, a isso não está obrigado, pois ao adquirente é que cabe notificar o alienante para que tome assento na relação processual, conforme disposto no mandamento legal. Cabe salientar, ainda, que o adquirente sempre deve ser inserido no pólo passivo, sob pena de a sentença não o atingir, frustrando a pretensão deduzida pelo terceiro.

Não atendendo o alienante à denunciação da lide, e sendo manifesta a procedência da evicção, pode o adquirente deixar de oferecer contestação, ou usar de recursos (parágrafo único do art. 456). Tendo sido feita a denunciação, e restando ainda assim inerte o alienante, não ficará sempre obrigado o adquirente a defender o liame negocial estabelecido com aquele. Se a procedência da evicção estiver provada de plano pelo terceiro, de modo que eventual defesa somente serviria para protelar no tempo um desfecho a todos visível, admite-se que o adquirente deixe de oferecer contestação, ou de usar recursos, viabilizando desde logo a prolação de sentença fundada na revelia ou deixando que a decisão promovida transite em julgado pela não aplicação de mecanismos recursais.

A supracitada norma restringe o alcance do art. 75, II, do Código de Processo Civil, onde está dito que, feita a denunciação pelo réu, se o denunciado for revel, ou comparecer apenas para negar a qualidade que lhe foi atribuída, cumprirá ao denunciante prosseguir na defesa até final. Não há conflito de normas, pois enquanto o ditame civilista é especial, o de natureza processual assume contornos genéricos, prevalecendo, portanto, aquele sobre este. Cuida-se, à evidência, de exceção à regra de que existe obrigatoriedade no prosseguimento da conduta defensiva pelo denunciante em caso de inércia do denunciado.

A solução prevista pelo legislador tem em vista a circunstância de que o alienante, em tese o maior interessado na defesa do negócio jurídico, simplesmente desatendeu à denunciação da lide e deixou à própria sorte o adquirente, que em termos jurídicos só fica obrigado a defender o vínculo se há efetiva possibilidade jurídica de sucesso. É bem verdade que isso constitui algo bastante relativo, mas também não se pode negar o fato de que em grande parcela das ocasiões a eventual apresentação de defesa mostrar-se-ia meramente protelatória, sujeitando inclusive o demandado às penas por litigância de má-fé, o que justifica sobremaneira o conteúdo da mencionada regra.

Capítulo 9

DOS CONTRATOS ALEATÓRIOS

9.1. Noções básicas e conceito

Quanto à lateralidade das obrigações geradas, os contratos podem ser unilaterais ou bilaterais, conforme, respectivamente, produzam deveres jurídicos para uma ou para ambas as partes. Os primeiros não serão alvo de considerações neste capítulo, eis que a sua estrutura não traz interesse para o tema em exame. Quanto aos bilaterais, no mais das vezes deixam entrever exatamente quais são as prestações reciprocamente devidas pelos celebrantes, de maneira que a eles se oferece a antevisão da amplitude do dever jurídico assumido, seja qualitativa como quantitativamente. Essa configuração é própria dos contratos comutativos, dos quais emerge um equilíbrio jurídico estipulado na origem pelos contraentes e por eles desejado.

Não se entenda por comutatividade a celebração de contrato economicamente equilibrado, pois as partes têm a faculdade de estabelecer um mecanismo subjetivo de equilíbrio, em que, por exemplo, o vendedor transmita a coisa por preço muito inferior ao de mercado. Nem por isso haverá defeito no negócio, contanto que presentes, livres de máculas, todos os elementos contratuais da específica figura entabulada. Logo, ainda que nos contratos comutativos a prestação devida por uma das partes tenha umbilical vinculação com aquela assumida pela outra, a peculiar formatação prática da avença é que determina o equilíbrio jurídico almejado. Não se pode alterar o preço porque foi fixado abaixo do justo, mas é viável modificar o panorama econômico da contratação se intercorrências abruptas e imprevisíveis afetarem o estado primitivamente consagrado pelos celebrantes.

Do exposto, depreende-se que nos contratos comutativos cada uma das partes sabe rigorosamente qual é a prestação que a obriga. Exemplo: na compra e venda de certo automóvel, o comprador sabe que vai pagar 100, enquanto o vendedor sabe que receberá aquele montante. Ao primeiro será entregue o automóvel, enquanto sobre o segundo recairá o dever de entregar a coisa pactuada.

Em oposição aos ajustes comutativos estão os contratos aleatórios, dos quais resulta, como principal característica, algum grau de incerteza em torno do conteúdo da prestação. Contratos aleatórios são os que, bilaterais e onerosos, apresentam incerteza na prestação devida por um ou por ambos os contraentes, seja no que concerne à existência da mesma, seja no que diz com a sua extensão, eis que fica na dependência de acontecimento ignorado e que tem o condão de acarretar perda ou ganho ao final. Álea significa probabilidade de perda concomitante à de lucro, como decorrência de fatores superiores em força à vontade dos celebrantes. Também quer dizer risco, acaso, sorte, imponderável etc., e nisso reside exatamente a principal marca dos contratos aleatórios, qual seja, a sua subjugação a um acontecimento incerto de que depende a definição da prestação. Neles, pelo menos uma das partes não consegue perceber, no momento do ajuste volitivo, a prestação que receberá em contrapartida daquela a que está obrigado. É bem verdade que toda contratação concentra certa dose de risco, por ser da natureza dos liames jurídicos a sua presença. Contudo, nos contratos eminentemente aleatórios o risco é fator elementar, constituindo mesmo a essência da relação travada entre as partes.

Nos contratos aleatórios a idéia de equilíbrio entre as prestações reciprocamente devidas pelos celebrantes fica prejudicado, pois no mínimo uma delas aceita o risco de receber nada ou pouco em troca da prestação que suporta. Em compensação, geralmente nutre a expectativa de que a álea lhe seja benéfica e produza resultados vantajosos, como no caso de alguém que se dispõe a pagar 100 pela safra que será produzida em determinada lavoura, esperando que a colheita se faça generosa. Todavia, se nada for produzido, ou se pouco sobrevier (de acordo com as cláusulas do ajuste), o preço devido será aquele originalmente previsto, e em sua integralidade.

Há ajustes que são aleatórios em virtude da sua própria configuração jurídica, como é o caso dos contratos de jogos e apostas legalizados (rifas, loterias, corridas) etc. Outros não contêm essa natureza aleatória intrínseca, necessitando de expressa previsão dos contraentes para que assim se constituam, como é o caso da compra e venda de coisa futura (esperada ou não em sua existência), da cessão de direitos hereditários relativos a acervo de extensão ainda não definida e assim por diante. De qualquer modo, nos contratos aleatórios o risco pode ser assumido por uma ou por ambas as partes, mas a incerteza do evento necessariamente deve atingir os dois pólos. Se para um deles não existir na prática a incerteza, a contratação não poderá prosperar, porque ausente o risco, elemento essencial dessa espécie contratual.

Especificamente em relação ao seguro, é preciso dizer que se trata de contrato cuja natureza ainda suscita controvérsias, pois se de um lado a prestação devida pelo segurado ao segurador é certa e corresponde ao chamado *prêmio*, de outro se constata que sobre o segurador também recai prestação dotada de elevado grau de certeza, pois o valor da indenização é previamente especificada em seus patamares mínimo e máximo. O elemento futuro e incerto é o sinistro, ou seja, o evento que desencadeia o dever de pagar a indenização previamente acertada. Daí que, sob a ótica das prestações concertadas, o seguro acaba sendo um contrato comutativo, já que ambos os celebrantes conhecem de antemão a própria prestação e a da parte adversa. Mas, considerado o evento potencialmente gerador da indenização (*v.g.*, furto do veículo), existe álea quanto à sua efetiva ocorrência. A maioria dos doutrinadores, todavia, classifica o seguro como aleatório, afirmando que mesmo a prestação devida pelo segurador fica submetida à álea, pois se não ocorrer o sinistro, nada será pago. Ademais, na maioria dos casos a espécie de seguro ajustada faz com que, embora aconteça o sinistro, a indenização varie consoante a extensão do evento. De qualquer modo, parece adequado entender que o seguro é comutativo quanto às prestações acordadas, restando álea unicamente no que concerne à verificação ou não do sinistro.

As contratações aleatórias têm importância sob o prisma da responsabilidade que geram para as partes. Ao contrário do que acontece com os contratos comutativos, nos quais as prestações obedecem a um certo equilíbrio e quase sempre são, de antemão, totalmente conhecidas pelas partes, nos aleatórios o grau de incerteza faz com que nenhum dos contraentes possa reclamar se vier a auferir menor vantagem do que a desejada, pois o risco integra o liame. Assim, inviável o ajuizamento de ação redibitória ou estimatória se porventura constatada a presença de vícios na coisa negociada, já que os contraentes chamam para si os riscos inseridos na contratação.

Na prática, a classificação dos contratos em comutativos e aleatórios carrega grande importância. Ela se traduz, exemplificativamente, na circunstância de que a proteção contra a evicção e os vícios redibitórios somente existe nos comutativos, haja vista que o risco integra a própria figura contratual aleatória e não pode servir para posteriores reclamações concernentes a coisa negociada. Por outro lado, o desfazimento do contrato por lesão não se afigura possível nas avenças aleatórias, pois o art. 157 do Código Civil somente a admite nos casos em que uma pessoa, sob premente necessidade, ou por inexperiência, se obriga a prestação manifestamente desproporcional ao valor da prestação oposta. Como o teor da prestação de pelo menos uma das partes fica submetido a risco atinente à sua existência ou quantidade, eventual desproporção integra a álea fixada pelos celebrantes. Nem mesmo a ocorrência de vantagem desproporcional para um deles, considerada a álea ordinária da figura contratual escolhida, ensejará a argüição de lesão como base para o desfazimento do ajuste. Isto porque as partes sabem de antemão que, em contratos aleatórios, o grau de álea presente, se não mencionado e limitado em caráter específico, não sofre restrições capazes de conduzir à anulabilidade do negócio por desproporcionalidade das prestações. A propósito da exclusão voluntária de perigos incidentes sobre a coisa futura, *"tratando-se de contrato aleatório, os riscos excluídos devem constar de modo casuístico no contrato, sob pena de desnaturá-lo"* (TJRJ, Ap. cível n. 2004.001.32194).

9.2. Venda de coisas futuras

O Código Civil ocupou-se da venda de coisas futuras em dois dispositivos autônomos, cada um deles retratando uma modalidade negocial. Por coisa futura entende-se aquela que ainda não existe no plano fático e, obviamente, tampouco no âmbito jurídico. Havendo negócio dessa natureza, por si mesmo aleatório, uma das partes envolvidas não conhece exatamente a prestação a que se vincula, porque submetida ao imponderável, ao acaso, a fatores alheios à sua vontade e à do outro celebrante.

Ao tratar da venda de coisas futuras, o legislador estabelece diferentes soluções conforme se esteja diante de negócio feito com risco total ou com risco apenas parcial. Nisso reside o fundamento da disciplina particular de cada modalidade, pois variam os efeitos segundo o grau de álea estabelecido contratualmente pelos interessados. De qualquer modo, seja qual for o nível de risco desejado pelos contraentes, a avença se classifica como aleatória e carrega consigo todos os elementos já examinados acima, capazes de propiciar esse enquadramento.

9.2.1. Risco em torno da existência da coisa

Se o contrato for aleatório, por dizer respeito a coisas ou fatos futuros, cujo risco de não virem a existir um dos contratantes assuma, terá o outro direito de receber integralmente o que lhe foi prometido, desde que de sua parte não tenha havido dolo ou culpa, ainda que nada do avençado venha a existir (art. 458). Como se percebe, a primeira espécie de contrato aleatório concerne a coisas ou fatos futuros, sobre os quais incidem riscos de que não venham a existir. O adquirente aceita a idéia de pagar o preço total mesmo que nada receba, porque acaba sendo nenhuma a produção da coisa posta como objeto do ajuste. Daí ser sintomática a denominação em latim desse negócio: *emptio spei*, ou venda de esperança, pois a uma das partes resta aguardar que o objeto contratado efetivamente exista no momento planejado.

Em suma, um dos contraentes conhece e aceita o perigo de que a coisa mencionada no contrato, ou o fato estipulado pelas partes, deixe de se concretizar, fruto de acontecimento projetado para o futuro. Há risco total, de modo que um dos contratantes fica jungido ao dever de acatamento de qualquer resultado final, obrigando-se a pagar sem restrições. Negocia-se, em verdade, mera expectativa ou esperança de que a coisa ou o fato venha a existir. É o que acontece, por exemplo, quando alguém adquire o resultado de uma colheita futura referente a certa fazenda, comprometendo-se a pagar o inteiro valor embora nada venha a ser produzido. Se o plantador diligenciar para que a colheita seja normal, mas sobrevier seca que acarrete perda total da lavoura, o adquirente pagará todo o preço acertado e nenhum produto receberá. Em contrapartida, se houver uma safra muito acima do normal, resultado da excelência do clima e da combinação de outros fatores, terá direito a receber a totalidade da produção, pagando apenas aquilo que foi originalmente acordado. A propósito, o Tribunal de Justiça do Estado de Goiás já decidiu: "*Impõe-se a observância restrita do princípio do pacta sunt servanda nos contratos de venda antecipada de colheita futura de soja, por não caracterizar a alteração do preço no mercado, mesmo em face da ocorrência de pragas, como fator indicativo da ocorrência de fato extraordinário que justifique a aplicação da teoria da imprevisão, por se caracterizar o pacto como contrato de natureza aleatória, onde as oscilações e intempéries lhe são ínsitas*" (Ap. Cível n. 89902-9/188).

No que pertine a contratos envolvendo fatos futuros com assunção de risco, o mecanismo de funcionamento é exatamente o mesmo, de tal sorte que se os contraentes colocarem certo resultado econômico na dependência de determinado fato e este não vier a acontecer, o preço ainda assim será integralmente pago, e quem assumiu o risco nada receberá em contrapartida do montante despendido.

Havendo dolo ou culpa por parte do contraente que não assumiu os riscos, ficará o outro liberado do dever de pagar, exatamente porque a presença do elemento anímico como fator de interferência sobre o resultado final leva à exoneração do inocente, retornando as partes ao estado original. Isto porque a conduta do contraente acaba retirando da contratação o fator álea, tornando nula a avença. Abre-se ao lesado, ainda, a prerrogativa de, provando o dolo ou a culpa, buscar a composição das perdas e danos que provar, nos moldes estatuídos nas regras gerais da responsabilidade civil. É o que se dá, por exemplo, quando a safra futura adquirida com assunção de risco total vem a ter o seu desenvolvimento frustrado em razão da falta de cuidados do plantador, que deixa de aplicar os insumos normalmente necessários e assim gera o perecimento parcial ou total das plantas.

9.2.2. Risco em torno da quantidade da coisa

A segunda espécie de ajuste aleatório não trabalha com a probabilidade de inexistência da coisa, mas unicamente com a de que ela se torne real em alguma quantidade. É contrato que reclama um resultado final que não seja zero para o adquirente. Se for aleatório, por serem objeto dele coisas futuras, tomando o adquirente a si o risco de virem a existir em qualquer quantidade, terá também direito o alienante a todo o preço, desde que de sua parte não tiver concorrido culpa, ainda que a coisa venha a existir em quantidade inferior à esperada (art. 459). Mas, se da coisa nada vier a existir, alienação não haverá, e o alienante restituirá o preço recebido (parágrafo único).

É possível que o contrato aleatório, tendo por objeto coisas futuras, contemple a assunção, pelo adquirente, de risco apenas parcial acerca da sua existência. Nessa conjuntura, denomina-se *emptio rei speratae*, ou seja, venda de coisa esperada. Isso significa que a superveniência de evento do qual decorra a inexistência da coisa acarreta a nulidade da contratação, pois o adquirente somente ficará obrigado a pagar o preço avençado na hipótese de o objeto vir efetivamente a existir, ainda que em quantidade abaixo da esperada. O que não se admite é o resultado zero, mas existindo a coisa em qualquer quantidade, seja maior ou menor do que a ordinariamente produzida, subsistirão por inteiro a contratação e o dever de o adquirente pagar todo o preço acordado. A álea diz respeito, portanto, não à existência da coisa (imprescindível para a produção dos efeitos contratualmente estipulados), mas sim à sua quantidade.

Utilizando o mesmo exemplo colocado no tópico anterior, é possível vislumbrar a incidência do art. 459 no contrato de compra e venda de colheita futura pelo qual o adquirente compromete-se a pagar certo valor pelo produto que advier de determinada lavoura, exigindo, contudo, que algo se produza. Caso sobrevenha seca que inutilize toda a plantação, o contrato não produzirá os efeitos previstos pelas partes, que retornarão ao estado anterior. Por outro lado, não poderá o adquirente esquivar-se da obrigação de pagar por inteiro o preço se houver frustração da expectativa e a produção for bastante inferior à normal, eis que a perda integra o risco assumido.

Caso a inexistência da coisa, ou a diminuição na quantidade esperada, tenha por origem conduta culposa do alienante, poderá o adquirente romper o liame contratual sem pagar o preço avençado. Isto porque o comportamento culposo do alienante acaba eliminando o elemento álea, essencial em toda contratação que envolva assunção de risco. Não pode o adquirente ser penalizado ante a verificação de um resultado negativo a que não deu causa e que decorreu unicamente da culpa com que se houve o outro contraente. Todavia, ele tem legitimidade para, segundo a sua conveniência, optar pela manutenção do liame, reclamando abatimento proporcional no preço da coisa, considerada a quantidade que se perdeu em razão da culpa com que se houve alienante.

9.3. Venda de coisas existentes submetidas a risco

Se for aleatório o contrato, por se referir a coisas existentes, mas expostas a risco, assumido pelo adquirente, terá igualmente direito o alienante a todo o preço, posto que a coisa já não existisse, em parte, ou de todo, no dia do contrato (art. 460). Os contratos aleatórios podem ter por objeto coisas já existentes, e não apenas aquelas cuja produção esteja projetada para um momento futuro. Haverá álea, então, na exposição das mesmas a risco assumido pelo adquirente, de modo que terá de pagar por inteiro o preço avençado, embora a coisa já não existisse no dia da contratação, no todo ou em parte.

O risco incidente sobre o objeto consiste na possibilidade de perda, depreciação, degradação, ocorrência de danos ou eventos afins a que possa estar submetido, contanto que previstos na contratação firmada. É o que acontece, por exemplo, na compra e venda de animais colocados em determinada área de terras alagadiças, que, sendo alvo de inundação, poderá levar ao perecimento parcial ou total do rebanho. Ainda assim o adquirente assume o risco de que à época de buscar os animais eles já não mais existam, ou estejam em reduzido número. Mesmo que isso aconteça, ficará obrigado a pagar ao alienante todo o valor contratado, haja vista a concretização do risco assumido. Na prática, a vantagem que tem o adquirente em aceitar o perigo reside no fato de que o preço acertado entre as partes normalmente fica abaixo daquele de mercado, exatamente em virtude do fato de que as partes levam em linha de conta a álea que reveste avenças desse jaez.

Segundo o art. 461, a alienação aleatória a que se refere o artigo antecedente poderá ser anulada como dolosa pelo prejudicado, se provar que o outro contratante não ignorava a consumação do risco, a que no contrato se considerava exposta a coisa. Estará sujeito à anulação o contrato aleatório relativo a coisas existentes e expostas a risco, na forma do art. 459, se o alienante sabia da concretização do perigo mencionado no ajuste e ainda assim o celebrou. Ao assim proceder, ele afronta os deveres de boa-fé e probidade, circunstância a merecer o repúdio do legislador pátrio. Cabe à parte prejudicada fazer prova no sentido da ciência do outro contraente acerca da prévia consumação do risco, demonstrando que ao tempo da finalização já estava afetado o objeto sobre o qual recaiu o acordo volitivo.

No quadro disciplinado pelo legislador, o alienante acaba provocando, por meio de conduta dolosa, a celebração de um contrato que de aleatório nada tem, pois o adquirente não assume risco efetivo algum, haja vista o fato de que, no instante da formação do liame, aquilo que antes era um risco já se transformara em concreto prejuízo, desvirtuando a natureza aleatória pretendida para o liame. Exemplo: ao tempo da conclusão da venda dos animais, referida acima, se o alienante já sabia que parte dos animais havia sido morta por força de enchente, poderá o adquirente, provando que o adversário tinha ciência dessa circunstância, anular a contratação e reclamar devolução do preço e mais as perdas e danos que demonstrar.

É indiferente ao deslinde da questão o fato de a prévia afetação sofrida pela coisa tê-la atingido no todo ou em parte, pois o objetivo do legislador é impedir que um dos contraentes — o alienante — obtenha vantagem indevida em detrimento do outro, valendo-se de expediente escuso. Todavia, ao adquirente é que cabe a iniciativa de desfazer a contratação, sendo-lhe facultado mantê-la em todos os seus termos se isso lhe aprouver, mesmo porque se trata de hipótese de simples anulabilidade. Poderá, então, abater do preço final a porção correspondente ao *minus* econômico sofrido pela coisa em função da antecipada consumação do risco.

Capítulo 10

DO CONTRATO PRELIMINAR

10.1. Introdução e conceito

Sabe-se que as partes, ao decidirem contratar, pretendem trazer a lume um ajuste de vontades apto a criar, modificar ou extinguir direitos. Podem fazê-lo de maneira imediata, ou seja, com validade e eficácia emergentes no mesmo instante da finalização do acordo volitivo, ou então com projeção para o futuro, isto é, ajustando que o contrato definitivo somente será celebrado em momento posterior. Neste último caso, é possível entabular um liame provisório, pelo qual os contraentes planejam, com força obrigatória, a formação do vínculo final. Nas situações em que as partes desde logo se atrelam juridicamente, por mecanismo de resultado instantâneo, haverá contrato definitivo; quando ligadas precariamente, dependendo o acerto final de outro ajuste, existirá contratação preliminar.

Desse quadro é possível extrair o seguinte conceito: contrato preliminar é aquele pelo qual uma ou ambas as partes assumem a obrigação de celebrar outra contratação posterior, dita principal, nos moldes básicos fixados na avença preparatória. Embora normalmente as contratações definitivas aconteçam sem que antes sejam firmados contratos preliminares, não é raro, especialmente em se tratando de negócios envolvendo compra e venda de imóveis, que as partes ajustem preliminarmente a obrigatoriedade de concluir o contrato principal, pelo qual efetiva-se o objeto visado. São as chamadas promessas de compra e venda ou pré-contratos, que constituem a imensa maioria das contratações preliminares. Tem-se, então, que a avença preliminar gera obrigação de fazer o liame principal, enquanto este dá nascedouro ao dever de cumprir a prestação substancial prevista, que pode ser de dar, fazer ou não fazer (*v.g.*, venda de uma casa, negociação de um terreno etc.).

É a conveniência, a oportunidade e a economicidade, entre outros fatores, que levam os celebrantes a optar pela contratação provisória. Ao invés de deixar tudo na dependência do cumprimento de mera promessa verbal, sem adequada conformação jurídica, decidem eleger o eficiente mecanismo do contrato preliminar com vistas à perfectibilização futura da concreta vinculação ao objeto final desejado. Ao assim agirem, os interessados prometem, de maneira recíproca, contrair o liame definitivo que gerará a obrigação enunciada no pré-contrato. Por isso, ele também é chamado *pacto de contrahendo*, ou pacto gerador da obrigação de contrair outro dever jurídico. Vale dizer, o contrato preliminar jamais produzirá obrigação que não seja a de fazer, e, mais especificamente, a de fazer o ajuste definitivo. Quando se ligam precariamente, as partes desde logo formatam as cláusulas essenciais da contratação final, estabelecendo os elementos básicos que a compõem (*v.g.*, preço da venda, condições de pagamento etc.).

10.2. Requisitos de constituição

Não obstante colocado como suporte para o estabelecimento do vínculo definitivo, o contato preliminar via de regra tem completa autonomia, de vez que não se submete à relação acessório-principal. Noutras palavras, não se trata de ajuste acessório, nem se pode dizer, portanto, que o definitivo se enquadra como principal. A sobrevivência do contrato preliminar, como instituto gerador das conseqüências jurídicas nele estatuídas, independe da efetiva superveniência da contratação principal, pois, ainda que esta não seja concluída, extrair-se-ão efeitos importantes da celebração preparatória, inclusive com a possibilidade de execução direta e adjudicação do objeto previsto para a avença principal que se não consumou.

O contrato preliminar, exceto quanto à forma, deve conter todos os requisitos essenciais ao contrato a ser celebrado (art. 462). Os pressupostos fundamentais do contrato preliminar coincidem com aqueles exigidos para as celebrações contratuais em geral, a saber: capacidade das partes, objeto lícito e possível, consentimento etc. (art. 104 do Código Civil). Releva observar, entrementes, que alguns detalhes merecem especial atenção, a começar pelo fato de que a falta de capacidade das partes, assim como a ilicitude ou a impossibilidade do objeto previsto para o contrato principal torna insubsistente a avença preliminar. Imagine-se, por exemplo, uma promessa de compra e venda de imóvel feita por alguém que dependia de outorga uxória, ou do pai a um dos filhos sem consentimento dos demais. Há flagrante ausência de capacidade específica (legitimação ou habilitação), quadro que impede a produção dos efeitos esperados daquele liame, porque será inviável a execução por força da falta de elemento constitutivo essencial. Logo, o celebrante de pré-contrato deve ter capacidade para os atos civis em geral e também para alienar a coisa que figura como objeto da vontade manifestada.

Quanto ao objeto, precisa apresentar-se como lícito, porque não vedado em lei, e possível, seja física como juridicamente. Veda-se a aposição, na avença preparatória, de objeto contrário à ordem pública e aos bons costumes (*v.g.*, promessa de se prostituir). Ademais, deverá ser determinado ou, pelo menos determinável até o instante da execução do dever jurídico fixado.

É livre a forma dos contratos preliminares. Não se exige que siga a do futuro contrato principal, de modo que foi ceifada de vez a celeuma, persistente ao longo de muitos anos, em vista da qual infindáveis discussões acerca da forma das contratações preparatórias foram travadas. Para a validade e eficácia, uma vez observados os demais pressupostos, basta que o vínculo se dê por escrito (porque inexiste pré-contrato verbal), seja público ou particular. Essa solução respeita a autonomia do contrato preliminar, cujo resultado final não se atrela, necessariamente, à efetiva construção do vínculo principal.

10.3. Execução do contrato preliminar

Concluído o contrato preliminar, com observância do disposto no artigo antecedente, e desde que dele não conste cláusula de arrependimento, qualquer das partes terá o direito de exigir a celebração do definitivo, assinando prazo à outra para que o efetive (art. 463). Ao finalizarem o contrato preliminar com observância dos requisitos contidos no art. 462, estarão as partes estabelecendo a obrigatoriedade do cumprimento do seu objeto, que é a elaboração do contrato definitivo. Assim, se a contratação preliminar traduzir-se em promessa de compra e venda de certo imóvel, qualquer das partes poderá exigir junto à outra o respeito à obrigação de fazer consistente na celebração do contrato visado pelo liame preparatório.

A exigibilidade direta do respeito à obrigação de fazer nem sempre será possível, pois se houver cláusula de arrependimento fixada pelos contraentes facultar-se-á a qualquer deles voltar atrás e postular o desfazimento da avença preliminar. O ajuste somente será irrevogável e irretratável quando ausente previsão específica que viabilize aos celebrantes retroceder quanto à vontade exarada. Não obstante, é lícito aos interessados fazer constar cláusula penal para a hipótese de arrependimento, de modo que o rompimento culposo por uma das partes levará à incidência do ônus econômico estatuído. Caso inexista previsão de cláusula penal, a liberação dos contraentes após a manifestação de um deles no sentido do arrependimento será automática, sem que ao outro caiba postular perdas e danos.

Tendo as partes estabelecido prazo para o cumprimento da obrigação, dispensa-se interpelação visando a obter o *facere* a que se atrelou o pólo adverso. Vale aqui o princípio *dies interpellat pro homine*, ou seja, o advento da data final fixada pelos contraentes constitui em mora a parte contrária sem a necessidade de espécie alguma de comunicação. Porém, se a obrigação prevista no contrato preliminar não tiver dia certo para cumprimento, caberá ao interessado interpelar a parte contrária para que respeite a avença dentro de prazo razoável. Entende-se por razoável aquele lapso de tempo, variável com as circunstâncias, suficiente para que o obrigado dê cumprimento ao dever assumido. Desatendido este, incidirá na espécie o art. 464, que faculta a busca da execução específica por meio de manifestação judicial.

Os direitos e obrigações emergentes do contrato preliminar transmitem-se aos sucessores do obituado, independentemente do pólo em que esteja postado originalmente. Por outro lado, as prerrogativas contidas no contrato preliminar podem ser objeto de cessão por ato *inter vivos*, contanto que não apresentem natureza personalíssima. Podem as partes, todavia, convencionar a intransmissibilidade de tais elementos, circunstância obstativa da cessão *inter vivos* e da transferência *causa mortis*.

Esgotado o prazo a que se refere a porção final do art. 463, poderá o juiz, a pedido do interessado, suprir a vontade da parte inadimplente, conferindo caráter definitivo ao contrato preliminar, salvo se a isto se opuser a natureza da obrigação (art. 464). Com o advento do termo final estipulado em comum acordo pelas partes, ou com a fixação de lapso razoável pelo interessado (quando inexistir previsão no próprio corpo contratual), poderá este reclamar ao juiz competente a outorga de caráter definitivo à contratação preliminar, fazendo com que o objeto visado venha a se consolidar conforme determinado no ajuste. É o que acontece, por exemplo, no caso de o promitente-vendedor negar-se a celebrar o contrato definitivo de compra e venda, sem qualquer motivação jurídica plausível. Ficará a critério do interessado, diante disso, pleitear judicialmente a observância do conteúdo contratual, de tal sorte que o juiz conferirá caráter definitivo ao contrato preliminar. Na promessa de compra e venda de imóvel descumprida, o Poder Judiciário determinará a translação dominial do bem mediante pagamento do preço avençado e respeito a todas as demais cláusulas.

A experiência demonstra que a grande maioria dos contratos preliminares admite execução mediante decisão judicial, por envolverem obrigações que não demandam a participação física direta do obrigado. Aliás, somente as obrigações de fazer que se traduzem em declaração de vontade podem ser executadas mediante suprimento sentencial. Quanto às demais, que dependem de um agir positivo do sujeito passivo, não há como obrigá-lo fisicamente a realizar o dever, restando apenas a via da indenização de perdas e danos, ressalvada eventual solução diversa contida na lei (*v. g.*, construção, por terceiro, do muro que deveria ser feito pelo devedor).

Em vista disso, a execução do conteúdo da contratação preliminar por meio de sentença não será possível quando a própria natureza da obrigação revelar a existência de impedimento. É o caso, *v. g.*, do contrato preliminar firmado entre um artista de renome e um cliente, que objetiva a celebração de contrato definitivo cuja prestação consistirá em fazer uma obra de arte. Fica claro que o descumprimento do dever contido no liame preparatório (celebrar o vínculo final) não autorizará o juiz a tomar qualquer medida tendente a compelir o artista à feitura da obra, pois isso atentaria contra a sua liberdade pessoal e o submeteria, em última análise, a um estado de coerção física sob todos os aspectos repudiado pelo legislador pátrio na Constituição da República. Portanto, caberá ao lesado pleitear a fixação de prestação pecuniária equivalente aos danos sofridos, em ação ordinária especificamente ajuizada para essa finalidade.

Quando admitida a execução específica, a sentença que supre a vontade da parte inadimplente tem natureza constitutiva, servindo como título aquisitivo do direito que levou ao ajuizamento da ação. Na verdade, a decisão judicial produz o mesmo efeito que se obteria através do cumprimento voluntário da prestação pelo devedor, satisfazendo o direito do demandante.

Ao invés de reclamar a prolação de sentença que lhe atribua o objeto convencionado, tem o credor a faculdade de buscar solução diversa em caso de inadimplemento da parte contrária. A lei diz que se o estipulante não der execução ao contrato preliminar, poderá a outra parte considerá-lo desfeito, e pedir perdas e danos (art. 465). Independentemente de inscrição junto ao registro competente, o contrato preliminar que preencher os requisitos contidos nos dispositivos que tratam do assunto produzirá determinados efeitos, entre os quais o de facultar ao credor, prejudicado pela negativa da parte adversa em dar execução à avença, o desfazimento da mesma. Além disso, poderá, demonstrando a ocorrência de perdas e danos relacionados ao descumprimento, buscar a correspondente indenização.

Diante do acima exposto, é possível estabelecer duas distinções básicas acerca dos efeitos do contrato preliminar quando inobservado, pela parte obrigada, o dever jurídico nele contido, consistente em celebrar a contratação definitiva. Quando inscrito no registro competente, o contrato preparatório gera direito real à percepção do objeto nele previsto, ou, à escolha do credor, o desfazimento do vínculo mais perdas e danos que restarem provados. Faltando o registro, poderá a parte inocente postular o rompimento do contrato preliminar, exigindo recomposição dos prejuízos, ou postular a adjudicação, com suporte no direito pessoal criado *inter* partes, nos casos em que não exista melhor direito de terceiro. Para mais perfeita compreensão do tema, no tópico subseqüente aborda-se a questão relativa ao registro do pré-contrato e às conseqüências derivadas de tal iniciativa.

10.4. Registro do instrumento

O parágrafo único do art. 463 do Código Civil abriga regra de conduta que precisa ser interpretada com muita cautela, sob pena de produzir exegese incompatível com o real sentido que a norma tenciona divisar. O aludido mandamento preleciona: *"O contrato preliminar deverá ser levado ao registro competente"*. Em impressão inicial, poder-se-ia imaginar que o legislador aponta o registro como condição *sine qua non* para a execução específica do objeto, isto é, para que a parte credora da obrigação de fazer obtenha do ajuste a exata conseqüência nele prevista, conforme estatuído no art. 464. Todavia, não é rigorosamente esse o entendimento escorreito que dimana da citada norma, já que a execução específica do objeto pode ser alcançada, observadas certas condicionantes, mesmo quando ausente o registro.

Em princípio, tratando-se de contrato preliminar visando à contratação definitiva em torno de coisa sujeita a registro, a verificação dos efeitos previstos na lei dependerá de inscrição, a fim de que se dê publicidade à avença e possa a mesma ser oposta contra terceiros. Registro competente, saliente-se, é aquele destinado a receber inscrições relativas a negócios envolvendo certos bens jurídicos, como é o caso dos cartórios de registro de imóveis, para bens dessa natureza, e dos ofícios de títulos e documentos, para negócios relativos a móveis. Impende destacar, entrementes, que a falta de registro somente implica na ausência de oponibilidade *erga omnes*, mas não na supressão da prerrogativa de fazer valer o teor do contrato, quando inexistir melhor direito de terceiro em relação ao objeto pactuado. É reflexo natural da avença a possibilidade, que tem o credor, de reclamar sentença judicial capaz de suprir a vontade sonegada, mesmo se faltante o registro do instrumento contratual, se nenhuma outra pessoa tiver legitimidade para reivindicar a coisa com precedência sobre o pré-contratante.

Especial menção merece a promessa de compra e venda. O aludido contrato preliminar, tal como a avença definitiva de compra e venda, inicialmente gera repercussões apenas na seara pessoal ou obrigacional. Assim como este não transfere a propriedade, aquele não confere direito real ao compromissário, servindo apenas como título à sua constituição, que se verifica pela inscrição no Registro Imobiliário. A inscrição pode ser feita a qualquer tempo, e antes disso o direito real não estará constituído. Ainda que tenha validade entre as partes contratantes, o promitente-vendedor não ficará privado dos direitos de alienar e onerar a coisa, porque a limitação desses direitos só se verifica quando o promitente-comprador adquire, pela inscrição do contrato, o direito real. Por conseguinte, ele não poderá opor o seu direito a terceiros, permanecendo inócua a cláusula de irretratabilidade (TJSP, RT 647/102). Somente com a inscrição do contrato preliminar é que ficará viabilizado pleito no sentido da execução específica com base em prerrogativa de caráter real, conforme facultado pelo ordenamento.

A falta de registro importará na ausência de oponibilidade *erga omnes*, de modo que ficará obstada a execução judicial específica se existir alguém com direito prevalente (*v.g.*, o comprador que registrou a escritura). Restará ao prejudicado buscar a composição das perdas e danos que houver sofrido, a menos que o obrigado cumpra voluntariamente o dever jurídico antes da produção de lesões à parte adversa. Caso nenhuma pessoa seja titular de direito mais vigoroso do que o do promitente, este poderá, mesmo sem registro, postular a coisa prometida em venda, fundando a pretensão no liame pessoal produzido entre os celebrantes.

Do exposto conclui-se haver relatividade no emprego do verbo *deverá*, situado no parágrafo único do art. 463. Na verdade, *deverá* haver registro para que a contratação seja oponível contra todos. Todavia, a ausência de registro não impedirá a adjudicação compulsória da coisa prometida em venda, se ninguém tiver melhor direito do que aquele titularizado pelo promitente comprador. Logo, o instrumento *deverá* ser levado a registro apenas por quem desejar torná-lo imperioso contra outrem que não o promitente vendedor. Em relação a este, o contrato é desde sempre oponível, gerando a obrigação de fazer a avença definitiva e de transmitir o bem sobre o qual incide a manifestação volitiva. Em derradeira análise, é correto afirmar que a busca da coisa poderá ser implementada, mas apenas contra o promitente comprador, quando não houver registro do instrumento. Não porque surja direito real, já que este depende do registro, mas porque ao direito pessoal gerado agrega-se um atributo que se pode denominar *eficácia real*, compreendida no sentido de viabilizar ao interessado a perseguição do bem.

Afirma-se a inexistência de direito real porque, faltando o registro, restará apenas um vínculo obrigacional, do qual não emergem atributos próprios das prerrogativas reais, como são, por exemplo, a ambulatoriedade e a seqüela, que acarretam, respectivamente, a adesão do direito real à coisa e a possibilidade de que ela seja buscada onde quer que esteja. A respeito do tema, a Súmula n. 239, do Superior Tribunal de Justiça, é elucidativa: *"O direito à adjudicação compulsória não se condiciona ao registro do compromisso de compra e venda no cartório de imóveis"*. A jurisprudência envereda pelo mesmo caminho: *"Conforme se afere da Súmula n. 239, do STJ, posta-se desnecessário o prévio registro da avença em cartório para que o comprador tenha direito à adjudicação compulsória, motivo pelo qual, uma vez demonstrada a realização do contrato de compra e venda, provada a existência do pagamento dos imóveis e houver recusa do vendedor em realizar o ato para a passagem da escritura para o nome dos compradores, a procedência do pedido de adjudicação é medida que se impõe"* (TJGO, Ap. Cível n. 90129-9/188). Ou, com maior ênfase ainda quanto à natureza da relação gerada: *"O direito à ação de adjudicação compulsória é de caráter pessoal, restrito aos contratantes, não se condicionando a obligatio ficiendi, inscrição no registro de imóveis"* (TJGO, Ap. Cível n. 74088-3/188).

10.5. Promessa unilateral

Se a promessa de contrato for unilateral, o credor, sob pena de ficar a mesma sem efeito, deverá manifestar-se no prazo nela previsto, ou, inexistindo este, no que lhe for razoavelmente assinado pelo devedor (art. 466). Quanto ao direcionamento das obrigações geradas, os contratos preliminares podem ser: a) unilaterais — criam dever jurídico para apenas uma das partes, como acontece quando o promitente estabelece, em favor de outrem, direito de preferência para aquisição de um imóvel. Em vista disso, futura pretensão de vender o bem obrigará o alienante a oferecê-lo ao destinatário da oferta, nos moldes estabelecidos na declaração; b) bilaterais — geram deveres para ambas as partes, reciprocamente, de modo que qualquer delas está atrelada ao objeto contratado, como no caso de promessa de compra e venda de imóvel. Há avença preliminar bilateral quando as cláusulas retratam obrigações recíprocas, e desde logo está programado o pacto definitivo como dever dos signatários.

Em se tratando de promessa unilateral, não pode o devedor ficar à mercê da vontade do credor indefinidamente. A conclusão do contrato definitivo dependerá, então, da vontade de apenas uma das partes, como acontece na hipótese de uma delas receber da outra direito de preferência para eventual venda futura de imóvel. Com isso, o exercício da preferência, se o proprietário decidir vender o bem, terá de ser feito no prazo acordado pelos envolvidos ou naquele assinado pelo interessado, sob pena de tornar-se sem efeito a promessa. Por isso mesmo, caberá ao credor manifestar-se dentro do prazo previsto na contratação, a fim de dizer se pretende ou não o cumprimento da obrigação incidente sobre a parte contrária. Inexistindo prazo previamente definido pelos interessados, caberá ao devedor assinar lapso temporal razoável para que nele ocorra a manifestação. Caso o credor reste silente durante o prazo avençado, ou permaneça inerte ao longo do período demarcado pelo devedor, ficará sem efeito a promessa, permanecendo os sujeitos na posição jurídica original, sem direito algum de indenização.

Capítulo 11

DO CONTRATO COM PESSOA A DECLARAR

11.1. Características e definição

Via de regra, os contratos são constituídos em definitivo, vinculando de maneira imediata e permanentemente os sujeito que participaram da celebração. Aliás, um dos princípios norteadores do direito contratual é o da relatividade dos efeitos do vínculo gerado, de vez que ele somente atrela as partes celebrantes. Terceiros estranhos à relação negocial não podem ser atingidos pelas conseqüências da avença, seja no que tange à assunção de obrigações como no concernente à extração de proveitos, a menos que, tendo legitimidade para tanto, manifestem inequívoca vontade nesse sentido.

O contrato com pessoa a declarar — também chamado de contrato com pessoa a nomear — não foge dessa realidade, eis que inicialmente ficam atrelados ao liame jurídico apenas os celebrantes diretos. A diferença, quando confrontado com os ajustes desde logo definitivos quanto às partes envolvidas, é que um dos contraentes reserva a seu favor o direito de se fazer substituir, em direitos e deveres, pela pessoa que futuramente indicar, caso esta aceite a nomeação realizada. O art. 467 do Código Civil estabelece: *"No momento da conclusão do contrato, pode uma das partes reservar-se a faculdade de indicar a pessoa que deve adquirir os direitos e assumir as obrigações dele decorrentes"*. A cláusula pela qual se institui a mencionada prerrogativa de nomeação é também conhecida como *amico eligendo*.

A dinâmica das relações negociais modernas não prescinde da admissibilidade do contrato com pessoa a declarar, que se caracteriza pela ausência de indicação imediata da pessoa que deve, em lugar do celebrante originário, assumir as obrigações e adquirir os direitos contratualmente fixados. Cuida-se, aqui, de espécie negocial marcada pelo fato de que uma das partes reserva-se a faculdade de promover futuramente a indicação acima aludida, ficando liberada a partir do momento em que restar aceita pelo indicado a qualidade que lhe foi atribuída na contratação. Portanto, não é determinada no instante da celebração, mas determinável em momento posterior, a pessoa que poderá vir a integrar um dos pólos contratuais.

Praticamente todas as espécies contratuais admitem a reserva da prerrogativa de indicar o sujeito que passará a compor a relação, desde a compra e venda até a doação e o comodato, bastando que haja expressa previsão das partes quando da conclusão do vínculo.

É mais empregada, contudo, nas promessas de compra e venda de imóveis, haja vista a perfeita adequação do citado mecanismo à espécie. A sua maior utilidade consiste na perspectiva de que o sujeito não perca a oportunidade de celebrar um contrato que é de seu interesse e também convém a outra pessoa, de modo que para aquele que se reserva a faculdade de promover a indicação é relevante concluir o negócio, seja para figurar em definitivo em um dos pólos (quando não quiser fazer a nomeação), seja para vê-lo preenchido pelo indigitado terceiro. Observe-se, porém, que descabe o emprego do instituto no contrato finalizado *intuitu personae*, ou seja, naquele em que a execução necessariamente precisa ser realizada pelos mesmos sujeitos que o celebraram (*v. g.*, contrato para que um famoso artista pinte uma tela).

Essa modalidade contratual é bastante comum nos casos em que o verdadeiro destinatário final dos direitos ou das obrigações não pode ou não quer aparecer no instante em que celebrada a avença. Revela-se também adequada para hipóteses em que o adquirente inicial pretenda revender de imediato o bem (*v. g.*, na aquisição de automóveis), evitando pagar mais de uma transferência para chegar ao resultado previsto, ou tencione atuar apenas como intermediário em negociação cujo interessado final permanece à espera da conclusão do ajuste. Imagine-se a situação de Paulo, que, sendo vizinho de um desafeto (João), pensa em adquirir a casa dele, que está à venda. Para evitar constrangimentos, ele pede ao amigo Manoel que vá ao alienante e feche negócio em nome próprio, com expressa reserva, todavia, da faculdade de nomear alguém para, em seu lugar, assumir a posição de comprador. Ultimado o negócio, Manoel nomeia Paulo para tomar a posição contratual de comprador, chegando ao objetivo primitivamente colimado. A ilustração serve para demonstrar que circunstâncias ligadas à conveniência, à oportunidade e a outros fatores relativos aos negociadores podem recomendar a opção por esse tipo de ajuste.

11.2. Distinção de outras espécies

São inconfundíveis o contrato com pessoa a declarar e a cessão de direitos contratuais. Enquanto nesta o indivíduo ingressa na relação jurídica apenas a partir do momento em que se torna cessionário, captando as vantagens e arcando com os ônus ainda não produzidos, naquele o sujeito fica inserido no pólo negocial com eficácia retroativa, ou seja, como se desde o princípio houvesse participado da construção da avença. Noutras palavras, no primeiro caso o acesso ocorre *ex nunc*, e no segundo, *ex tunc*, do que resultam importantes conseqüências práticas no pertinente à amplitude do envolvimento jurídico de quem manifesta vontade no sentido de integrar o liame.

O contrato com pessoa a declarar difere da estipulação em favor de terceiro. Nesta, o sujeito estranho à relação negocial, indicado como beneficiário da prestação fixada, não se torna parte no contrato mesmo quando aceita a vantagem assinalada pelos celebrantes. Passa a ser apenas credor de algo, com direito a promover execução judicial para ver satisfeita a sua prerrogativa. Os celebrantes primitivos continuam ligados ao ajuste como inicialmente entabulado, cabendo-lhe respeitar, contudo, o direito daquele que aceita o benefício anunciado. No contrato com reserva da faculdade de nomear pessoa, ao aceitar a indicação o indivíduo se torna parte integrante da avença para todos os fins, ficando dela afastado — porque substituído — o sujeito que promoveu a indicação. A manifestação de vontade, neste caso, produz efeitos retroativos e alcança a data da celebração do ajuste originariamente concebido.

Quando a comparação se dá entre a promessa de fato de terceiro e o contrato com pessoa a declarar, a dessemelhança se manifesta de imediato. No primeiro caso, o promitente assume a obrigação de conseguir, junto a outrem, certa manifestação de vontade ou a prática de um ato. No segundo, é o próprio celebrante que se reserva o direito de praticar a conduta de nomear alguém para ocupar a sua posição contratual. Em comum, ambos apresentam a possibilidade de que terceiro, estranho à relação negocial primitiva, assuma voluntariamente as obrigações apontadas no instrumento constitutivo, o que, porém, não faz parecidos os institutos.

Não se assemelham a gestão de negócios e o contrato com pessoa a declarar, pois aquela pressupõe a atuação oficiosa — ou seja, sem poderes outorgados — de alguém no interesse de outrem, dependendo, o vigor da atuação, de posterior ratificação pelo dono do negócio. Já a outra figura mencionada consiste em atividade desenvolvida pelo próprio celebrante, em nome próprio e com vistas ao seu interesse pessoal. Posteriormente, caso tencione deixar a posição contratual ocupada, poderá nomear pessoa estranha à relação primitiva, que, aceitando, passará a ocupar integralmente o seu posto. De banda diversa, a gestão de negócios não é contrato, mas sim declaração unilateral de vontade, o que faz surgir outra diferença marcante quanto à natureza dos institutos. Saliente-se, ainda, que a pessoa em cujo nome está sendo realizado o ato é imediatamente apontada pelo gestor ao indivíduo com quem está tratando, enquanto na avença com pessoa a declarar isso somente ocorre em momento posterior à finalização do negócio. Por fim, o gestor fica submetido ao dever de indenizar perdas e danos provocados à parte adversa caso o dono do negócio não ratifique os atos praticados; já o celebrante que não indica alguém para assumir o seu lugar, ou que não obtém o assentimento do nomeado, permanecerá inserido no pólo da relação contratual para todos os fins.

11.3. Pressupostos da nomeação

A faculdade de nomear uma pessoa para, querendo, tomar o posto do celebrante originário, não pode ter duração temporal indefinida, pois isso traria insegurança para o outro pólo e riscos para a perfeita execução do ajuste. Essa indicação deve ser comunicada à outra parte no prazo de cinco dias da conclusão do contrato, se outro não tiver sido estipulado. A nomeação da pessoa, assim como a efetiva cientificação do outro celebrante quanto ao mencionado fato, dentro do prazo adequado, é condição essencial para a regular admissão do indicado. Inexistindo demarcação de lapso temporal para o exercício da faculdade, terá ela de ser consumada dentro no prazo de cinco dias, contados da finalização do negócio jurídico, sob pena de fenecimento da prerrogativa.

Deixando de promover a indicação, ficará em definitivo o contraente inserido no respectivo pólo negocial, vigorando o liame em todos os aspectos originalmente estatuídos. A lei não estabeleceu prazo para que a pessoa indicada aceite ou não, limitando-se a prever o tempo de indicação. Assim, terá o indicado de responder no prazo fixado no contrato pelas partes, ou, inexistindo, naquele que razoavelmente lhe for conferido em sede de interpelação.

A aceitação da pessoa nomeada não será eficaz se não se revestir da mesma forma que as partes usaram para o contrato (parágrafo único do art. 468). Em atenção ao princípio de que o acessório segue o principal, exige-se que a aceitação da pessoa indicada seja promovida mediante adoção da forma empregada pelas partes quando da celebração do contrato. Em assim sendo, se a contratação for consignada em instrumento público, somente por outro será firmada a aceitação; sendo por escrito particular o contrato, admitir-se-á aceitação noutro de igual valor ou em instrumento público, pois quem pode o mais pode o menos. De resto, o art. 220 do Código Civil, ao disciplinar em caráter genérico a questão atinente à prova do fato jurídico, diz que a anuência ou a autorização de outrem, necessária à validade de um ato, provar-se-á do mesmo modo que este, e constará, sempre que se possa, do próprio instrumento.

Embora a eficácia da medida dependa da adoção da mesma forma do contrato principal, pode a pessoa indicada referendar aceitação que tenha desatendido à forma exigida em lei, contanto que o faça antes de produzidos os efeitos inerentes ao contrato e com observância do requisito formal preconizado. Em verdade, a obrigatoriedade de forma foi fixada pelo legislador principalmente com vistas à proteção do terceiro nomeado, razão pela qual pode ingressar no pólo contratual desde que tempestivamente referende a aceitação feita com desconsideração da forma. Entretanto, se o contrato já produziu os seus efeitos (*v.g.*, entrega do bem em compra e venda ou doação, pagamento etc.), ficará obstado o ingresso do indicado, pois isso iria em prejuízo da necessária estabilidade negocial.

11.4. Conseqüências da nomeação

A pessoa, nomeada de conformidade com os artigos antecedentes, adquire os direitos e assume as obrigações decorrentes do contrato, a partir do momento em que este foi celebrado (art. 469). A assunção dos direitos e das obrigações contratuais é facultativa para a pessoa indicada, assim como se traduz em mera faculdade a iniciativa de indicação pelo celebrante originário. Porém, ao aceitar a indicação o sujeito passa a figurar no pólo que lhe foi destinado quando da conclusão do contrato, retroagindo os efeitos da aceitação à data da celebração da avença. Exemplo: No dia 10 de janeiro Pedro celebra com José, dono de imóvel residencial, contrato de locação, reservando-se o direito de até o dia 13 indicar alguém para figurar como locatário. Recaindo a indicação sobre Carlos, que terá de aceitar em cinco dias por previsão das partes, já em 15 de janeiro aceita a indicação. Será Carlos considerado locatário a contar de 10 de janeiro, ficando por isso obrigado a pagar desde então, e por inteiro, o valor correspondente aos aluguéis.

Todos os direitos e obrigações contratualmente previstos, contanto que aceita a indicação, serão assumidos pelo indicado sem que possa reclamar a alteração deste ou daquele aspecto, já que a aceitação tem de ser incondicional. Assume-se ou rechaça-se o todo, vedada a aceitação em parte ou mediante modificação de prerrogativas ou encargos, exceto quando por consenso dos interessados houver alteração de cláusulas contratuais.

O contrato será eficaz somente entre os contratantes originários: I – se não houver indicação de pessoa, ou se o nomeado se recusar a aceitá-la; II – se a pessoa nomeada era insolvente, e a outra pessoa o desconhecia no momento da indicação. É o que resulta da literalidade do art. 470 do Código Civil. Feita a indicação dentro no prazo previsto no contrato ou fixado em lei, e restando aceito o apontamento, a relação jurídica seguirá seu traçado normal, tendo em um dos pólos o indicado e no lado oposto um dos contraentes originais, pois aquele que fez a nomeação é excluído do liame. Entretanto, a eficácia da contratação restringir-se-á apenas aos celebrantes primevos, sem alcançar outrem, nas hipóteses estipuladas nos incisos do artigo em comento. A primeira delas aventa as circunstâncias de: a) fluir *in albis* o prazo destinado à indicação do terceiro que assumiria os direitos e obrigações fixadas; ou b) ocorrer negativa deste em aceitar a nomeação feita. Já no segundo inciso tem-se a previsão de que a eficácia do contrato somente existirá entre as partes primitivas se a pessoa nomeada, e que aceitou o apontamento, era insolvente naquele tempo, situação desconhecida do outro contraente quando da indicação.

No inciso I objetiva-se limitar o alcance do contrato se faltar a indicação prevista na lei, pois disso defluirá presunção no sentido de que a parte a quem caberia indicar pessoa para integrar-se à relação preferiu permanecer — ela mesma — em um dos pólos contratuais. Quanto à porção final do inciso I, visa a dotar o contrato de eficácia apenas entre as partes originais, em razão de o indicado exercer a faculdade de não aceitar a nomeação. Em qualquer das situações acima, todos os efeitos da contratação serão produzidos unicamente entre os contraentes que firmaram a avença, obrigando-os nos exatos termos estabelecidos.

O inciso II contém nítida conotação protetora, pois visa a resguardar a parte, a quem não competia a indicação, dos resultados negativos resultantes da nomeação de pessoa insolvente ao tempo em que apontada, e, portanto, incapaz de suportar os ônus anunciados na contratação. Todavia, somente incidirá o dispositivo se a parte que não indicou a pessoa desconhecia, no momento da indicação, o estado de insolvência desta. Caso tenha prévia ciência da situação vivenciada pelo indicado, operar-se-á normalmente a inserção deste no pólo contratual que lhe foi destinado, liberando o outro contraente primitivo. Isto porque o conhecimento do estado de insolvência da pessoa nomeada caracteriza a assunção de todos os inerentes riscos por parte de quem, podendo contestar, optou pelo silêncio.

Se a pessoa a nomear era incapaz ou insolvente no momento da nomeação, o contrato produzirá seus efeitos entre os contratantes originários (art. 471). O legislador praticamente reiterou, nesta regra, a disciplina posta no inciso II do art. 470, adicionando a ela novas nuances. Caso constatado que a pessoa a nomear era incapaz ou insolvente no momento da nomeação, que depende da aceitação e é posterior à indicação, o contrato produzirá efeitos apenas entre os contraentes originários. É possível que à época da indicação, feita pela parte a quem se reservara tal prerrogativa, a pessoa visada não estivesse insolvente ou incapacitada, levando o pólo oposto a acreditar na sua plena aptidão para integrar-se ao liame contratual. Porém, presente a incapacidade ou a insolvência quando da nomeação (fase que conduz à possibilidade de efetiva integração do terceiro a um dos pólos contratuais em substituição ao que reservara para si o direito de apontar), tornar-se-á anti-econômico e inconveniente o contrato para a parte que passaria a conviver juridicamente com um incapaz ou insolvente, situação que por certo, fosse anterior à nomeação e conhecida, levaria o interessado a não contratar do modo como feito.

Capítulo 12

DA EXTINÇÃO DO CONTRATO

12.1. Extinção ordinária

Quando as partes entabulam negociação e culminam por finalizar o contrato, estabelecem os direitos e os deveres que presidem a relação. Ademais, a própria lei fixa prerrogativas e imposições, de caráter geral (incidentes sobre todos os contratos, *v.g.*, submissão ao princípio da boa-fé) ou específico (*v.g.*, na compra e venda, a obrigação de pagamento do preço), às quais os celebrantes têm de obedecer. Tudo isso com vistas à consecução do objetivo maior de qualquer contratação, qual seja, o cumprimento daquilo que foi livremente ajustado pelas partes. Ninguém celebra um ajuste volitivo esperando do pólo contrário a inobservância do seu conteúdo, embora tal desfecho esteja dentro do âmbito de previsibilidade inerente ao plano contratual.

Convém salientar, todavia, que a extinção normal do contrato não se dá, apenas e necessariamente, pelo adimplemento das prestações pendentes. Em caráter ordinário, no mais das vezes é isso que realmente acontece, mas existem outros mecanismos de desfazimento do liame sem que se verifique o cumprimento de uma obrigação como marco derradeiro da avença. São três as causas principais que, em circunstâncias de normalidade jurídica, acarretam a extinção do contrato: o cumprimento do ajuste, o advento do termo e o implemento de condição resolutiva. Não se fala, em qualquer das hipóteses, em inadimplemento, vícios, defeitos etc., pois elas se fundam no pressuposto da verificação de certo acontecimento normal, comum e capaz de romper o vínculo originário, seja por força da lei ou da vontade das partes. O exame de cada uma delas revelará as particularidades que apresentam e o modo pelo qual levam ao fenecimento a relação contratual.

12.1.1. Cumprimento do ajuste

A mais lógica, óbvia e desejada forma de extinção do contrato é o cumprimento do teor da vontade exarada pelos celebrantes. Trata-se do adimplemento por excelência, suficiente para satisfazer os interesses das partes e levar o ajuste a sereno desaparecimento. A integral observância da contratação faz com que não fiquem resquícios de direitos pendentes, restando obstada qualquer iniciativa no sentido de reclamar perdas e danos ou espécie diversa de composição forçada.

Na compra e venda, por exemplo, a entrega do bem pelo vendedor, em conformidade com o que foi ajustado, exaure o dever jurídico que o vinculava. Do lado oposto, o escorreito pagamento do preço libera o comprador. Nesse contexto, deixa de haver substrato jurídico para a continuidade da existência do contrato, razão pela qual ele simplesmente desaparece, haja vista a consecução das suas precípuas finalidades. Isso vale para todas as espécies contratuais, independentemente de serem avenças de execução instantânea, diferida ou sucessiva, pois quando se verifica o pleno atendimento das pendências negociais a relação jurídica perde a razão de ser. A extinção produz efeitos *ex nunc*, porque, à evidência, ficam preservadas todas as conseqüências pretéritas do negócio.

12.1.2. Advento do termo final

É lícito às partes fixar determinado lapso temporal para a duração do liame contratual, após cujo decurso haverá a sua extinção. Vale dizer, os celebrantes previamente estipulam o tempo de vida do contrato, antevendo desde logo o momento em que haverá a liberação dos envolvidos. Cuida-se de evento futuro e certo, eis que projetado no tempo e de ocorrência absolutamente inevitável. Difere, como se percebe, da condição resolutiva, pois nesta o evento a que se subordina a existência do negócio é futuro e incerto, como será exposto adiante.

Não importa, para fins de extinção do contrato pelo advento do tempo, a circunstância de ter ou não havido o cumprimento das obrigações ínsitas na espécie gerada. Mesmo sem adimplemento, ou ainda que apenas parcial a observância daquilo que foi pactuado, a contratação deixa de existir no exato instante do advento do *dies ad quem*. Não há submissão do ajuste, em sua duração, à ocorrência de um fato, mas sim à chegada de uma data indicada pelos interessados. É o caso, por exemplo, do contrato de prestação de serviços em administração de imóveis, por prazo determinado. A figura negocial se extingue com o decurso do tempo estabelecido quando da celebração, mesmo sem cumprimento das obrigações nela estatuídas. Eventual inadimplemento terá de ser debatido na seara própria, já com a avença desfeita pela verificação do termo final.

12.1.3. Implemento de condição resolutiva

Consoante dito acima, enquanto o termo se caracteriza por ser ocorrência futura e certa, a condição resolutiva, que também é de implementação futura, apresenta incerteza quanto à sua concreta ocorrência. A condição resolutiva suprime a eficácia alcançada pelo negócio jurídico quando da sua constituição, ceifando-lhe a existência a partir da consumação do evento a que se subordinava. Ao inserirem tal espécie de cláusula, as partes sabem que desde logo o negócio produz todos os seus efeitos próprios, mas também não ignoram que a materialização do acontecimento futuro e incerto estabelecido como resolutivo desfaz o negócio como um todo, repondo os celebrantes ao estado original.

A condição resolutiva pode ser expressamente aposta no contrato, ou então integrar tacitamente o corpo do negócio jurídico. Porém, sempre deverá emergir do contexto de maneira inequívoca, sob pena de não reconhecimento. Embora o legislador atual não mais estabeleça que a condição resolutiva expressa opera *pleno jure*, e que a tácita depende de prévia interpelação, isso é conseqüência que dimana da própria natureza da cláusula. Afinal, se a primeira é absolutamente clara quanto ao alcance que pretende ter, a segunda não prescinde de notificação prévia ao pólo adverso, a fim de que tenha formal ciência da pretensão extintiva deduzida pelo outro celebrante.

Como exemplo de condição resolutiva pode ser citada a compra e venda de imóvel, dotada de previsão no sentido de se desfazer caso em trinta dias o comprador não obtenha fiador apto a assegurar o pagamento das parcelas concertadas. Assim que celebrado, o negócio está perfeito, acabado e permite ao adquirente promover o registro do bem em seu nome; todavia, o implemento da condição resolutiva repõe as partes ao estado original, cassando a eficácia e a validade do contrato.

12.2. Extinção do contrato em situações especiais

Como referido anteriormente, as partes desejam ver o contrato cumprido em todo o seu conteúdo, pois essa é a ordem natural das coisas no direito contratual. Não é lógico e nem razoável conceber a idéia de que os celebrantes já ingressam no liame negocial dispostos a desonrar as obrigações assumidas. Todavia, afigura-se adequado admitir, no ambiente das hipóteses, a de que o contratante deixe de cumprir o dever assumido, seja voluntária ou involuntariamente. Para tais situações, há normas capazes de disciplinar o destino do contrato, que, face ao não cumprimento, deixou de atingir as finalidades esperadas e previstas. Ocorre, então, a anormal extinção do ajuste, como decorrência de situações especiais pautadas pela falta de atendimento dos deveres fixados pela vontade dos celebrantes.

As causas que conduzem a avença no rumo da extinção podem surgir em três momentos distintos: antes, durante ou depois da sua formação. Logo, é possível que a avença já nasça portando o germe que culminará por dissolvê-la. Noutras oportunidades, ele surge depois de completada a relação negocial, mesmo que na celebração inexistisse qualquer fato concreto a apontar para o futuro desfazimento. Neste contexto, a causa da extinção somente se materializa após a perfectibilização do liame negocial.

12.2.1. Base em causa anterior ou concomitante à celebração

Fundamentalmente, as causas que podem ser verificadas antes da formação, levando à extinção do contrato, relacionam-se à falta de atendimento dos requisitos essenciais de constituição do vínculo: capacidade das partes, objeto lícito, possível, determinado ou determinável e forma prescrita ou não defesa. Já as que surgem durante o nascimento do liame têm a ver com a vontade das partes ou com o vigor da lei, *v.g.*, a condição resolutiva expressamente pactuada.

Nas situações acima relacionadas, embora a extinção aconteça depois de celebrado o contrato, a causa que conduz a esse resultado já existe antes da finalização do ajuste, ou aparece ao longo das etapas de conjugação da vontade das partes. Por isso, está-se falando de circunstâncias que incidem sobre um contrato já existente, porque associados todos os elementos para que ele efetivamente se faça revelar no plano da existência. A validade — e, por conseguinte, a eficácia, quando presente — é que sofre abalo em virtude da extinção operada.

Nulidade e anulabilidade

Em terminologia ainda bastante empregada, a nulidade pode ser absoluta ou relativa, não obstante o legislador civilista empregue os vocábulos *nulidade* e *anulabilidade* para identificar, respectivamente, as duas expressões acima aludidas. Portanto, com vistas a chamar a atenção para esse fato, assevera-se que a nulidade dita absoluta é também conhecida — simplesmente — como nulidade, enquanto a nulidade relativa também recebe a denominação de anulabilidade.

A nulidade *absoluta* é incontornável, ou seja, aquela que, ferindo princípios de ordem pública, carrega defeito insanável e produz a afetação da validade do negócio jurídico. Embora todos os elementos necessários para dar existência ao contrato estejam presentes, algum deles apresenta problema insuscetível de superação. Daí ser correto afirmar que o negócio jurídico nulo não produz quaisquer dos efeitos que dele eram inicialmente esperados. A nulidade absoluta produz efeitos *ex tunc*, isto é, atinge o contrato em sua raiz, na data da celebração, impedindo a consecução dos objetivos visados pelas partes.

Tão acentuado é o rigor dedicado à nulidade absoluta que o ordenamento jurídico permite a sua argüição por qualquer interessado, ou pelo Ministério Público, quando lhe couber intervir. De resto, ela deve ser pronunciada pelo juiz, quando conhecer do negócio jurídico ou dos seus efeitos e a encontrar provada, não lhe sendo permitido supri-la, ainda que a requerimento das partes (art. 168 e parágrafo único). Se, porém, o negócio jurídico nulo contiver os requisitos de outro, subsistirá este quando o fim a que visavam as partes permitir supor que o teriam querido, se houvessem previsto a nulidade (art. 170).

Saliente-se a circunstância de que a nulidade absoluta pode atingir total ou parcialmente o contrato. Neste último caso, respeitada a intenção das partes, a invalidade parcial de um negócio jurídico não o prejudicará na parte válida, se esta for separável (art. 184). Assim, o negócio se mantém intacto na fração não contaminada, mas a etapa atingida pela invalidade não produz conseqüência jurídica alguma, restando dissolvida para todos os fins.

É *relativa* a nulidade quando o contrato padece de defeito sanável pela vontade das partes, ou que convalida pelo silêncio do interessado durante o prazo previsto na lei para o desfazimento da relação jurídica. A nulidade relativa tem como causa a incapacidade relativa do agente, que, não sendo assistido, sujeita o negócio à invalidação. Pode derivar, também, da inexata manifestação de vontade, traduzindo-se em vício que macula o interesse privado envolvido na relação negocial. Ao emitir vontade, o sujeito o faz de maneira imperfeita, postando-se em contexto do qual se extrai a presença de erro, dolo, coação, estado de perigo ou lesão, que são *vícios do consentimento*. Noutras situações, o elemento anímico é perfeitamente emitido, mas o objetivo visado pelas partes encontra óbice na lei, caracterizando fraude contra credores, que é um *vício social* por afrontar a segurança das relações jurídicas, e, assim, a própria sociedade organizada.

A anulação do contrato produz efeitos *ex nunc*, ou seja, apenas a partir da data em que prolatada a sentença de desfazimento do vínculo negocial. As conseqüências produzidas antes disso, e que puderem ser preservadas, não sofrerão o impacto do *decisum* judicial. Tem legitimidade para pleitear a anulação somente quem for juridicamente interessado, não podendo ocorrer a iniciativa de argüição pelo Ministério Público e tampouco reconhecimento *ex officio* pelo juiz (art. 177). Os relativamente incapazes precisam de assistência quando da invocação do defeito, mas, após adquirida a capacidade plena, poderão agir pessoalmente nesse sentido (art. 178, III). Obviamente, apenas o celebrante prejudicado pela existência do fator de anulabilidade do negócio poderá reclamar em juízo o rompimento do liame, descabendo iniciativa da parte que deu causa ao vício (*v.g.*, coagindo o pólo contrário) ou não foi por ele atingido.

Quanto ao meio idôneo para argüir a anulabilidade do contrato, observa-se que o pleito pode ser deduzido em ação autônoma proposta com esse único fim. Também se admite a mesma iniciativa em sede de defesa comum (contestação, resposta etc.) ou nos casos em que pertinente o oferecimento de reconvenção.

Como ponto em comum, tanto a nulidade como a anulabilidade precisam de afirmação judicial. Aquela reclama a prolação de sentença de natureza declaratória, que serve para assegurar ao interessado a existência de pronunciamento definitivo em torno da matéria. A decisão não cria um novo quadro jurídico, limitando-se a reconhecer uma situação jurídica preexistente. Já a sentença de anulação provoca a cessação dos efeitos até então produzidos, motivo pelo qual o seu teor não é meramente declaratório, mas primordialmente constitutivo.

A exposição feita acima revela o porquê de se considerar anterior ou concomitante à celebração a causa instaladora da nulidade ou da anulabilidade. No momento em que as partes iniciam as negociações, ou quando emitem a vontade, já está entranhado no contexto o fator desencadeante da dissolução do vínculo.

Exercício do direito de arrependimento

A autonomia da vontade, que deve prevalecer no campo contratual quando estiverem em jogo interesses eminentemente privados, permite às partes celebrantes a fixação de cláusula estabelecendo direito de arrependimento para qualquer delas. Com isso, por iniciativa unilateral e independente de maiores formalidades, fica o celebrante autorizado a, mediante prévia comunicação à parte adversa, considerar desfeito o liame negocial entabulado. Disso não resultarão conseqüências no plano da responsabilidade civil, já que ao se arrepender a parte não está infringindo o contrato, mas apenas fazendo valer um direito nele estatuído. Todavia, é possível que, convencionado em meio a um ajuste referente a arras, o arrependimento ocasione a perda do valor dado pelo celebrante, se a iniciativa provier de quem as deu, ou a sua entrega em dobro, se oriunda de que as recebeu. É o que se extrai do art. 420 do Código Civil: "*Se no contrato for estipulado o direito de arrependimento para qualquer das partes, as arras ou sinal terão função unicamente indenizatória. Neste caso, quem as deu perdê-las-á em benefício da outra parte; e quem as recebeu devolvê-las-á, mais o equivalente. Em ambos os casos não haverá direito a indenização suplementar*".

A vontade de prever o direito de arrependimento não pode ser inferida das circunstâncias, nem admitida por presunção. Somente a inequívoca manifestação dos interessados, mediante cláusula expressa, é capaz de instalar entre eles a citada prerrogativa. Saliente-se, por relevante, que é preciso auscultar exatamente qual o ânimo dos celebrantes ao fazerem menção à incidência de reflexos econômicos contra quem voltar atrás na vontade originalmente deduzida. Isto porque há dois institutos que aparentam ser muito próximos em sua conformação externa, mas que são bastante diversos quanto à finalidade e mecanismo de funcionamento. As arras penitenciais, conforme visto, têm por alvo viabilizar o arrependimento sem que sobre o agente incidam ônus que não o correspondente ao conteúdo delas mesmas. Já a cláusula penal, ou multa, que também pode ser instituída por iniciativa dos celebrantes do contrato, tende a prefixar perdas e danos em favor da parte que não infringiu o teor do ajuste, além de punir a parte responsável pelo inadimplemento. Logo, nas arras não se trabalha com a idéia da ilicitude ou do descumprimento, enquanto a cláusula penal não prescinde desse pressuposto.

Destaque-se a circunstância de que no âmbito das relações consumeristas existe uma modalidade *sui generis* de direito de arrependimento, eis que desvinculada da iniciativa dos contraentes. O consumidor pode desistir do contrato, no prazo de sete dias a contar de sua assinatura ou do ato de recebimento do produto ou serviço, sempre que a contratação de fornecimento de produtos e serviços ocorrer fora do estabelecimento comercial, especialmente por telefone ou a domicílio (art. 49 do Código de Defesa do Consumidor). Se o consumidor exercitar o direito de arrependimento, os valores eventualmente pagos, a qualquer título, durante o prazo de reflexão, serão devolvidos, de imediato, monetariamente atualizados (parágrafo único). A proteção se dá em virtude da hipossuficiência do consumidor frente à parte adversa, mormente em virtude de ter celebrado a contratação em contexto que lhe é desfavorável, porque finalizada fora do estabelecimento comercial e em condições que muitas vezes obstam maior reflexão em torno das cláusulas da avença, como acontece em compras por telefone ou com oferta de produtos e serviços diretamente no domicílio do consumidor. Quando é deste a iniciativa de procurar a parte contrária, presume-se que já tenha meditado suficientemente acerca do que é melhor para si, o que nem sempre ocorre no caso de ser buscado de inopino por quem oferece os seus préstimos ou itens materiais.

Fundamento em vício redibitório ou evicção

Neste mesmo volume já se tratou do vício redibitório e da evicção, de maneira que se torna prescindível abordar novamente o conteúdo das exposições formuladas. Apenas para reafirmar alguns pontos, cabe destacar que por vício redibitório se entende o defeito oculto contido na coisa posta como objeto de relação contratual comutativa ou doação onerosa, cuja extensão a torna imprópria ao uso normal, ou lhe diminui consideravelmente o valor. Já evicção consiste na perda judicial da coisa, provocada por decisão que reconhece o melhor e anterior direito de terceiro sobre ela, fazendo insubsistente a contratação geradora da transferência impugnada.

Como se depreende dos conceitos acima explicitados, tanto os vícios redibitórios como a evicção derivam de fatores jurídicos e fáticos instalados em momento anterior ou concomitante à finalização do contrato. As suas conseqüências é que advirão em momento posterior, mas sempre embasadas nos elementos cuja existência já se fazia presente ao tempo da celebração. Logo, pode o adquirente da coisa, no caso de vícios redibitórios, optar entre o desfazimento do contrato e o abatimento proporcional no preço inicialmente estabelecido, observadas as normas relativas ao tema (arts. 441 a 446 do Código Civil). Essa faculdade não aproveita ao evicto, que perde a coisa adquirida e não tem como fazer sustentar o ajuste de vontades que celebrara com o transmitente; porém, resta-lhe pugnar pela restituição do valor pago e pela incidência das demais regras relativas ao instituto (arts. 447 a 457 do Código Civil).

12.2.2. Base em causa superveniente à celebração

Há acontecimentos que, verificados apenas depois da conclusão do contrato, ocasionam a dissolução do liame e fazem as partes volverem ao estado primitivo. O ajuste de vontades é perfectibilizado sem que sobre ele paire qualquer elemento de afetação da validade e da eficácia, de modo que às partes é, inicialmente, assegurado o direito de esperar da avença tudo o que dela poderia emergir em caráter ordinário. Inexistem vícios, defeitos ou cláusulas capazes de fazer plausível a ruptura ou de ameaçar a estrutura formada. Porém, uma causa posterior à finalização vai de encontro à plenitude contratual, conferindo ao interessado a faculdade de buscar o desfazimento do vínculo.

As causas supervenientes decorrem da lei ou da vontade das partes, produzindo conseqüências peculiares, conforme a espécie de que se esteja tratando. Cada modalidade será analisada em particular e com especial atenção, já que a escassez de normas a respeito da matéria no Código Civil reclama maior cautela no exame do tema, realçando o papel da doutrina na definição de contornos e limites dos institutos.

Resolução

A idéia de resolução, via de regra, está umbilicalmente atrelada à noção de descumprimento da avença pelo contratante. À exceção dos casos de onerosidade excessiva, ela não ocorre sem que a parte celebrante desatenda ao comando ínsito na relação negocial, ao contrário do que acontece, por exemplo, na resilição, em que não se cogita de inadimplemento contratual. Se é certo que no momento da vinculação os contraentes pensam, presumivelmente, na observância estrita e rigorosa dos deveres postos no ajuste, não menos verdadeira é a circunstância de que nem sempre esse comportamento ideal se materializa, seja porque uma das partes não quer cumprir ou em razão de não conseguir promover adequadamente o adimplemento em função de ocorrências superiores em vigor ao seu próprio elemento anímico (*v.g.*, caso fortuito ou força maior).

Para que se caracterize a resolução não é necessária a demonstração de culpa do celebrante inadimplente, já que a inexecução capaz de resolver o contrato pode ser tanto a de natureza voluntária como a de caráter involuntário. De outra banda, o descumprimento parcial é bastante, dependendo da sua extensão e da espécie contratual versada, para resolver a avença. Diz-se, então, que a causa de resolução pode ser a inexecução total ou mesmo a parcial, sendo que aquela sempre é suficiente para produzir o rompimento, ao passo que esta se submete a determinadas condicionantes fáticas e jurídicas.

De qualquer sorte, na hipótese de verificação do inadimplemento, surge para o sujeito, que não deu causa à inexecução, a prerrogativa de ajuizar demanda tendente a produzir o reconhecimento da dissolução do contrato. Caso assim não deseje proceder, porque ainda lhe é útil a prestação e porque esta não se tornou impossível, terá legitimidade para reclamar o rigoroso adimplemento do objeto pactuado.

Na seqüência, serão examinadas as espécies de resolução, com apresentação das particularidades de cada uma, cujo ponto comum é o inadimplemento da obrigação pelo devedor, salvo na onerosidade excessiva, em que o desfazimento do contrato acontece em virtude do posterior, súbito e desmesurado volume do dever jurídico assumido por uma das partes, com extrema vantagem para o pólo oposto.

Cláusula resolutiva expressa ou tácita

Cláusula resolutiva é aquela previsão, derivada da lei ou da vontade das partes, que viabiliza o desfazimento do contrato em razão de o devedor ter inadimplido a obrigação a que estava jungido. Inserida no momento da celebração, somente produzirá repercussões se ocorrer o evento que a desencadeia, motivo pelo qual fica colocada dentre as causas supervenientes à conjugação volitiva. Tal cláusula é viável em negócios jurídicos bilaterais, de modo que se uma das partes inobservar o dever que sobre si recai, faculta-se à parte contrária postular a resolução da avença, a menos que opte por outra solução eventualmente admitida em lei.

A cláusula resolutiva pode ser expressa ou tácita. A primeira, também chamada de pacto comissório expresso, opera de pleno direito; a segunda depende de interpelação judicial (art. 474). Será expressa quando os contratantes fizerem inserir na relação jurídica previsão direta no sentido de que o inadimplemento de alguma cláusula específica — ou de qualquer delas — por um dos envolvidos autorizará o outro a considerar imediatamente resolvido o contrato e constituído em mora o oponente, sem necessidade de sua interpelação ou forma diversa de cientificação. Por outro lado, em todas as contratações bilaterais existe cláusula resolutiva tácita. Ela simplesmente decorre das normas gerais relativas aos contratos, permitindo a um dos contraentes, diante de infração cometida pelo outro, postular a resolução do negócio jurídico, não sem antes promover a necessária interpelação a fim de constituir em mora o pólo contrário.

Seja qual for o panorama jurídico, somente por decisão judicial se pronuncia a concreta incidência da cláusula resolutiva. A sentença prolatada terá natureza declaratória, se a discussão versar sobre cláusula resolutiva expressa, já que o rompimento do liame acontece no exato instante de verificação do evento previsto. Sendo tácita a cláusula, porque emergente do vigor da lei, a decisão judicial é que acarretará o desfazimento do vínculo, por reconhecer circunstância dotada de força suficiente para tanto. Neste último quadro, o juiz avalia a situação posta em debate e se pronuncia acerca de aspectos como os fatos narrados, o direito incidente, a boa-fé contratual, a subsunção da hipótese abstrata à norma e assim por diante.

Sendo expressa a cláusula resolutiva, a ocorrência do evento previsto no contrato como hábil a resolver a avença constitui automaticamente o infrator em mora, disso decorrendo a incidência de cláusula penal, multa contratual e demais cominações convencionadas ou emergentes da lei. São efeitos da mora *ex re* nas obrigações líquidas e com prazo previamente definido para adimplemento, de tal forma que a infração produzirá a resolução do contrato e, contra o inadimplente, a sujeição à composição das perdas e danos. No caso de silêncio das partes quanto à resolução por infração, considera-se existente a cláusula resolutiva tácita, que obriga o interessado a interpelar o infrator com a finalidade de dar ensejo à aplicação das penalidades e cominações que, fosse expressa a cláusula, incidiriam *pleno jure*. Ao interpelar judicialmente o infrator, o interessado fixará prazo para que aquele efetue a prestação avençada, sob pena de se resolver o contrato. Semente depois de esgotado o lapso temporal demarcado é que poderá postular em juízo a resolução do liame.

Seja expressa ou tácita a cláusula resolutiva, a parte prejudicada pelo inadimplemento protagonizado pela outra terá obrigatoriamente de pleitear em juízo a resolução do contrato. Isto porque a cláusula resolutiva tem como efeito maior provocar a constituição em mora do infrator, o que se dá *pleno jure* — no caso de ser expressa — ou mediante interpelação — na hipótese de ser tácita. Reconhecido em juízo o rompimento do liame contratual em função do inadimplemento culposo ensejado por uma das partes, ficará ela sujeita à reparação de todos os danos experimentados pelo pólo contrário e à aplicação das penalidades estatuídas no contrato, se não colidentes uns efeitos com os outros.

A apresentação de exemplos ilustra com maior clareza a situação gerada pelo instituto: a) cláusula resolutiva expressa — em contrato de *leasing*, se as partes estabelecerem que o não pagamento do valor residual juntamente com as prestações rompe o liame e autoriza a parte adversa a buscar liminarmente a reintegração de posse, a simples ocorrência do evento previsto no contrato permite ao arrendador reclamar tal efeito perante o Poder Judiciário, independentemente de prévia interpelação da parte adversa; b) cláusula resolutiva tácita — em compra e venda de veículo, a falta de pagamento do valor acordado autoriza o vendedor a, depois de interpelar a parte adversa e aguardar o prazo para purgação da mora, pleitear judicialmente a declaração de rompimento do contrato e a aplicação dos gravames correspondentes, mesmo sem que haja qualquer previsão convencional nesse sentido.

Em determinados casos a lei exige que sempre aconteça a interpelação do infrator, ainda que no contrato esteja expressamente inserida cláusula resolutiva. São situações marcadas pelo interesse em oportunizar a conservação do liame, haja vista a relevância da matéria versada em certas contratações. É o que acontece, por exemplo, no contrato de compra e venda de imóvel, pois a resolução do mesmo dependerá, sem exceções, de prévia interpelação judicial ou notarial, por força do art. 1º do Decreto-lei n. 745/69, permitindo ao réu purgar a mora.

Por sua vez, o art. 14 do Decreto-lei n. 58, de 10.12.37, que dispõe sobre o loteamento e a venda de terrenos para pagamento em prestações, diz que vencida e não paga a prestação, considera-se o contrato rescindido 30 (trinta) dias depois de constituído em mora o devedor. Para este efeito será ele intimado, a requerimento do compromitente, pelo ofício do registro a satisfazer as prestações vencidas e as que se vencerem até a data do pagamento, juros convencionados e custas da intimação (§ 1º). Purgada a mora, convalescerá o compromisso (§ 2º). Disposição semelhante, relativa ao parcelamento do solo urbano, encontra-se no art. 32 da Lei n. 6.766, de 19.12.79, que exige interpelação do devedor para que ocorra a sua constituição em mora.

A parte lesada pelo inadimplemento pode pedir a resolução do contrato, se não preferir exigir-lhe o cumprimento, cabendo, em qualquer dos casos, indenização por perdas e danos (art. 475). Somente ao prejudicado cabe legitimidade para reclamar o dissolução da avença, vedando-se ao próprio infrator invocar tal circunstância como meio de resolver a contratação. Ao lesado, porém, alcança-se a oportunidade de escolher entre a resolução do ajuste ou o cumprimento conforme originariamente estabelecido, pois muitas vezes, não obstante a infração perpetrada pelo oponente, subsiste a utilidade da prestação e o interesse na sua obtenção. Todavia, qualquer que seja a escolha feita pela parte lesada, ser-lhe-á facultado pleitear indenização das perdas e danos cuja ocorrência comprovar em juízo.

Caso se tenha tornado impossível a prestação por culpa do devedor, restará ao credor apenas a via da resolução do contrato e a reparação de perdas e danos, ficando inviabilizado o cumprimento específico, já que a inviabilidade de repassar ao sujeito ativo o teor da prestação acordada tolhe a alternativa, mencionada *retro*, que em circunstâncias normais existiria. O Código de Processo Civil, no art. 461, traz regra que reforça a dicção do legislador civilista. Segundo a citada norma, na ação que tenha por objeto o cumprimento de obrigação de fazer ou não fazer, o juiz concederá a tutela específica da obrigação ou, se procedente o pedido, determinará providências que assegurem o resultado prático equivalente ao do adimplemento. A obrigação somente se converterá em perdas e danos se o autor o requerer ou se impossível a tutela específica ou a obtenção do resultado prático correspondente.

É importante estabelecer diferenças entre as cláusulas resolutivas expressa ou tácita e a nulidade ou anulabilidade do negócio jurídico, pois somente incidirão os arts. 474 e 475 na hipótese de resolução por inadimplemento, e não nos casos em que restar declarada a inutilidade do contrato por vício ou defeito. A resolução somente recai sobre contrato válido e eficaz, sendo que a sentença que a reconhece acarreta a liberação dos contraentes, determinando, contudo, a produção dos efeitos previstos na lei (aplicação da cláusula penal, reparação das perdas e danos etc.). Já a nulidade e a anulabilidade pressupõem uma declaração de vontade juridicamente inviável, de modo que a sentença fará cessarem os efeitos contratuais a partir de sua prolação (quando anulável o negócio) ou retroagirá à data da celebração, atacando a avença na origem (quando nula). Quer seja nulo ou anulável o negócio jurídico, não caberá a aplicação de cláusula penal ou a reparação de perdas e danos, haja vista a inocorrência de inadimplemento culposo, mas sim a existência de defeito de ordem subjetiva, objetiva ou formal na constituição do contrato.

Resolução por inexecução voluntária ou culposa

O simples fato de não haver cumprimento da obrigação contratualmente ajustada caracteriza culpa do agente, seja porque procurou aquele resultado e optou por descumprir, seja apenas em virtude de não efetuar o adimplemento conforme previsto. Existe uma presunção relativa de culpa, que, à míngua da apresentação de elementos aptos a revertê-la, consolida em definitivo a situação e legitima a parte inocente a adotar as providências cabíveis. Logo, a inexecução culposa resta consubstanciada na pura e simples ausência de cumprimento da obrigação assumida, do que resulta a provocação de prejuízos à parte adversa. Porém, admite-se que o interessado demonstre a ocorrência de fatos capazes de elidir as conseqüências que, fosse hipótese de culpa, sobre si recairiam.

Salvo no caso de contratos cuja execução é sucessiva (*v.g.*, locação), a resolução por inexecução voluntária ou culposa produz efeitos *ex tunc*, ou seja, retroativamente à data da celebração. A exceção acima mencionada se justifica na medida em que o trato sucessivo das parcelas faz permanente o adimplemento das pretéritas, pois elas evidenciam o cumprimento de uma fração da dívida que tem autonomia jurídica — aluguel de certo mês da locação do imóvel, por exemplo — e diz respeito a determinado período de tempo cujo objeto foi alcançado conforme previsto na origem pelos celebrantes. Portanto, em tal contexto a decisão que afirma a resolução da avença produz efeitos somente *ex nunc*, isto é, do seu pronunciamento em diante.

Por óbvio, somente o Poder Judiciário tem competência para reconhecer a resolução, pois mesmo nos casos em que ela opera de pleno direito (*v.g.*, por incidência de cláusula resolutiva expressa), o pronunciamento do juízo é importante para evitar eventuais discussões em torno da concreta verificação da causa que levou ao desfazimento do vínculo. Havendo a resolução, as partes retornam ao estado anterior, cabendo àquele que recebeu parcial ou totalmente a prestação alheia restituí-la à parte contrária, sem prejuízo do direito de receber indenização das perdas e dos danos cuja existência demonstrar, e sem que fique obstada a aplicação dos encargos e ônus decorrentes da lei ou do próprio contrato. Como exemplo de tais elementos podem ser citados os juros, a cláusula penal moratória estatuída para a hipótese de retardamento do devedor, a cláusula penal compensatória instalada para o caso de inadimplemento total e assim por diante.

É preciso salientar que nem toda falta de preciso cumprimento do contrato acarretará a resolução. Esta é reservada para situações graves, em que a prestação se torne imprestável para o credor ou perca tão substancialmente a sua força a ponto de não se fazer mais interessante sob o prisma jurídico e econômico. Suponha-se, por exemplo, que o vendedor entregue a coisa em lugar diverso do estabelecido, mas sem que isso provoque qualquer prejuízo ao comprador, que obtém todas as vantagens esperadas da espécie negocial celebrada. Não haverá fundamento para a resolução, eis que, embora a rigor se pudesse falar em inadimplemento quanto ao lugar em que teria de ser efetivado, o resultado final foi o mesmo que se alcançaria se a prestação fosse repassada nos moldes originariamente preconizados.

Com isso, convém destacar que o inadimplemento, para fins de incidência das regras geradoras da resolução, somente se verifica quando o sujeito desatende ao dever emergente do contrato de maneira a carrear prejuízos concretos e substanciais à parte contrária. Isso não se caracteriza, logicamente, se a inobservância é irrelevante ou de nenhuma conseqüência danosa para o pólo adverso. Daí que no exame dos fatos levados a exame o juiz deverá atentar detidamente para as peculiaridades do caso, considerando os elementos que norteiam a conduta das partes celebrantes (boa-fé, probidade etc.) e os acontecimentos específicos do contexto analisado.

Exceção do contrato não cumprido

O estudo da resolução por inexecução voluntária não pode deixar de lado a questão atinente à *exceptio non adimpleti contractus*, ou exceção do contrato não cumprido. Ela funciona como mecanismo capaz de evitar, em determinadas situações, o reconhecimento de que a obrigação foi inadimplida. Atua, por assim dizer, como justificativa oposta pelo contratante com vistas a evitar as conseqüências advindas de eventual inadimplemento do dever jurídico assumido. Afasta a alegação de falta de cumprimento, feita pelo outro pólo contratante, por meio da apresentação de matéria suficientemente robusta para embasar a negativa de repasse da prestação devida.

O art. 476 do Código Civil dispõe: *"Nos contratos bilaterais, nenhum dos contratantes, antes de cumprida a sua obrigação, pode exigir o implemento da do outro"*. A bilateralidade do contrato importa na existência de direcionamento recíproco de prestações entre as partes, ou seja, cada uma delas tem direitos e ao mesmo tempo obrigações em relação à outra. Disse deriva a necessidade de que ambas cumpram rigorosamente aquilo que avençaram quando da conclusão do negócio jurídico, sem que qualquer delas possa esquivar-se imotivadamente do dever que sobre si recai. Todavia, às vezes se admite a negativa de adimplemento imediato por parte de um dos celebrantes, haja vista a excepcional conjuntura fática criada.

Em se tratando de obrigações simultaneamente exeqüíveis, isto é, de deveres que as partes têm de cumprir de maneira concomitante, faculta-se àquela que for demandada pelo cumprimento da sua obrigação a invocação da chamada *exceptio non adimpleti contractus* (exceção do contrato não cumprido), por meio da qual admite-se a retenção da prestação ou a suspensão do pagamento enquanto não for pela outra parte viabilizado o cumprimento da obrigação a que está atrelada. Fica claro, portanto, que para exigir do pólo contrário o respeito aos termos da avença, terá o interessado de também dar execução ao que se obrigou, sob pena de, ao demandar contra o adversário, sujeitar-se à argüição da exceção do contrato não cumprido como forma de sobrestar a satisfação da pendência até que se regularize o cumprimento recíproco das obrigações contratuais.

O aludido instituto não acarreta a extinção do dever contraído, mas apenas o temporário sobrestamento da entrega da prestação, até que o quadro se normalize. Funciona, na realidade, como meio de proteção oponível por uma das partes quando a outra, sem cumprir o que lhe cabe no contrato, postula o recebimento daquilo a que tem direito. *"A exceptio non adimpleti contractus como toda exceção, trata-se de um meio de defesa processual. Enquanto a ação representa, processualmente falando, um meio de ataque, a exceção é sempre um instrumento de defesa, invocado pelo réu, para paralisar a investida do autor. Além de recíprocas, é mister que as prestações sejam simultâneas, pois, caso contrário, sendo diferente o momento da exigibilidade, não podem as partes invocar tal defesa"* (Ap. Cível n. 0125739-4. Caso os dois pólos sejam inadimplentes, não será hipótese de argüição de tal defesa, mas sim de rompimento do liame e retorno das partes ao estado anterior à avença.

Funda-se, a aludida exceção, na interligação e mútua dependência existente entre as obrigações que emergem dos contratos sinalagmáticos. Não pode servir, de modo algum, para que o contraente de má-fé recuse-se à prestação avençada, sob a alegação de que o outro não observou por inteiro o modo ou o conteúdo da obrigação assumida, porque não é intenção do legislador facilitar o desrespeito ao contrato sob o manto da aparente prerrogativa de argüir a exceção prevista na lei. Somente haverá de prosperar a invocação quando ocorrer efetiva inobservância do contrato pela parte que reclama da outra a prestação a que faria jus se ambas estivessem dando normal execução aos deveres contratualmente fixados.

Cuidando-se de prestações sucessivas, poderá a parte obrigada ao pagamento em segundo lugar recusar-se à prestação sob o pretexto de que o contraente a quem competia prestar em momento temporal anterior incorreu em inadimplência. Exemplo: Emerson adquire de Adalberto um veículo, ficando acertado que a entrega do bem acontecerá dez dias depois do pagamento da primeira parcela, vencível no quinto dia após a assinatura do contrato. Se o adquirente não pagar a primeira parcela e ainda assim demandar do alienante a entrega da coisa, poderá este invocar a *exceptio non adimpleti contractus* como fundamento para a recusa em repassar o automotor.

Saliente-se que no âmbito das relações contratuais mantidas entre particulares e a Administração Pública há sérias restrições à invocação da defesa supramencionada. O princípio da continuidade das atividades públicas justifica a limitação, fazendo predominar, no mais das vezes, o interesse coletivo quando confrontado com o individual. *"É inerente aos ajustes firmados pelo poder público a presença das denominadas cláusulas exorbitantes. Assim, enquanto que no contrato privado é possível que um dos contratantes suscite a exceptio non adimpleti contractus, para justificar o descumprimento de sua obrigação pelo fato de o outro contratante ter deixado de adimplir com a contraprestação, no contrato administrativo, o particular não pode invocar dita exceção, devendo cumprir com o acordo ainda que a administração pública descumpra seu encargo"* (TJDF, Ap. Cível n. 20010111147789). Porém, a análise de cada quadro concreto é imprescindível, pois se o inadimplemento protagonizado pelo Poder Público for de tamanha envergadura a ponto de inviabilizar o adimplemento pelo particular, a conduta daquele terá funcionado como causa decisiva na frustração do objeto visado, ensejando a argüição da *exceptio*.

Risco oriundo de diminuição patrimonial

Ainda no tocante ao aparato de segurança destinado a fomentar o cumprimento dos deveres contratuais, o art. 477 do Código Civil estatui: *"Se, depois de concluído o contrato, sobrevier a uma das partes contratantes diminuição em seu patrimônio capaz de comprometer ou tornar duvidosa a prestação pela qual se obrigou, pode a outra recusar-se à prestação que lhe incumbe, até que aquela satisfaça a que lhe compete ou dê garantia bastante de satisfazê-la*". Também aqui não haverá inexecução ante eventual recusa do devedor em oferecer a sua prestação, desde que presentes os elementos apontados na norma.

Tratando-se de prestações sucessivas, é permitido ao contraente, obrigado a prestar em primeiro lugar, recusar-se a cumprir a sua obrigação se houver fundada suspeita de que o pólo adverso não entregará a prestação a que se atrelara, face à superveniência de redução patrimonial. A regra tenciona resguardar o contraente do risco de que, embora respeitando a sua parcela obrigacional, veja frustrada a justa expectativa de receber o que lhe é devido, por força da falta de recursos econômicos que atinge o pólo adverso. É bem verdade que se uma das partes tem de prestar antes da outra, a prestação desta última ainda não é exigível no instante do vencimento da primeira. Todavia, é possível a existência de provas convincentes no sentido de que o obrigado em segundo lugar foi afetado por diminuição patrimonial de tamanha envergadura que, depois de receber a prestação a que tem direito, provavelmente não cumprirá a que sobre si mesmo incide.

Sendo fracionadas as prestações sob responsabilidade de uma das partes, e cabendo à outra efetuar a sua prestação durante o cumprimento realizado pelo pólo contrário (*v.g.*, consórcio com entrega do bem programada para quando promovido certo número de pagamentos), poderá qualquer dos contraentes recusar a satisfação de seu próprio dever jurídico se verificada a presença do risco mencionado no artigo em estudo.

Diante de quadros como os acima descritos, poderá o juízo acolher a recusa do contraente até que o pólo oposto cumpra a sua prestação ou dê garantias bastantes de cumprimento. O ordenamento não enumera as garantias aptas a serem oferecidas para resguardo da prestação, inferindo-se desse silêncio que são admitidas tanto as de natureza real como as de caráter fidejussório, contanto que cumpram a finalidade de assegurar a oportuna satisfação da pendência. Uma vez prestada a garantia em extensão compatível com a dívida, desaparece o motivo que autorizava a suspensão do cumprimento da prestação, tornando-se a mesma imediatamente exigível por iniciativa do contraente que ofereceu a segurança mencionada na lei.

Não é necessária prova cabal de insolvência da parte contrária para que se acolha a recusa em prestar antes de oferecida a garantia ou satisfeita a prestação devida pelo oponente. Basta que seja demonstrada a presença de efetivo risco de inadimplemento, e que tal perigo decorra de diminuição patrimonial posterior à conclusão do contrato. Indicativos seguros e suficientes para revelar a existência de risco são, por exemplo, a alienação de todos os bens pelo devedor, a ocorrência de protestos de títulos, a inscrição do devedor em cadastros de inadimplentes, o pedido de concordata, o processo de insolvência civil, a moratória etc. Se o risco preexistir ao contrato e for conhecido do outro contraente, não lhe será permitido recusar-se à prestação, eis que conhecia as circunstâncias contratuais em sua plenitude e ainda assim as aceitou sem oposição.

Resolução por inexecução involuntária

Ainda que a inexecução se dê sem qualquer ingerência da vontade do sujeito obrigado, isso não obsta, necessariamente, a caracterização do inadimplemento e a produção dos principais reflexos que lhe são inerentes. Diversas ocorrências fáticas, alheias ao querer do devedor, podem levar ao desatendimento da obrigação primitivamente estabelecida, entre eles o caso fortuito, a força maior, o fato de terceiro e assim por diante. De qualquer sorte, todos eles são posteriores à celebração, pois ao tempo da finalização do ajuste volitivo as partes estavam presumivelmente imbuídas do intento de cumprir por inteiro aquilo que foi acordado.

Para que a inexecução seja juridicamente considerada involuntária, é imprescindível que para ela não tenha contribuído, de maneira alguma, o comportamento culposo do obrigado. O evento que dá origem ao descumprimento involuntário é totalmente estranho ao ânimo do sujeito e ocorre à sua absoluta revelia. Sempre que atuar com culpa, o sujeito estará protagonizando desatendimento culposo do contrato, submetendo-se, por isso, aos corolários legais dessa conduta, em especial o dever de indenizar perdas e danos ocasionados ao pólo adverso.

Diante da ausência de agregação do ânimo do sujeito ao quadro que levou à inexecução do contrato, desde logo se percebe que toda solução entendida como justa terá de levar em conta esse detalhe. Afinal, não se afigura correto tratar da mesma forma o celebrante que descumpre o contrato porque quer, ou em função de conduta culposa, e aquele cujo elemento anímico não desencadeou o evento produtor do inadimplemento. No Direito Civil brasileiro, uma das conseqüências imediatas da verificação de culpa no desatendimento das obrigações é o surgimento do dever jurídico de indenizar perdas e danos causados à parte inocente. Contrário senso, se a inexecução acontece de maneira involuntária, as partes volverão ao estado original, mas sem que qualquer delas possa reclamar composição de perdas e danos. A menos, é claro, que da celebração conste expressa cláusula no sentido de que mesmo em caso de descumprimento sem culpa haverá responsabilização pelos prejuízos ocasionados, em favor de quem não descumpriu a avença (arts. 393 e 399 do Código Civil).

Sendo independente da vontade da parte, a inexecução acarreta resolução que opera *pleno jure*, já que se mostra inviável admitir a inserção, no contrato, de cláusula prevendo hipóteses específicas de caso fortuito, de força maior, de intervenção de terceiros etc. como mecanismos de desfazimento da avença. Na realidade, são acontecimentos cuja consumação faz resolvido o contrato em função do vigor da lei, prescindindo de qualquer iniciativa das partes ao tempo da finalização do ajuste. Por isso, a sentença que reconhece a resolução é de natureza declaratória e produz efeitos *ex tunc*, atingindo o núcleo do pacto desde o instante da celebração. Salvo, consoante dito *retro*, quanto aos ajustes de trato sucessivo, porque estes são adimplidos em frações dotadas de independência jurídica e, por isso, tornadas imutáveis em sua formatação final. Nisso, como se percebe, a inexecução culposa e a involuntária se assemelham, pois em ambas o contrato é abolido desde a raiz, fazendo com que os celebrantes retornem ao estado anterior, inclusive com restituição recíproca daquilo que acaso houverem recebido. Todavia, apenas naquela primeira hipótese incidirá responsabilidade pela composição das perdas e danos causados à parte a quem não se atribui o inadimplemento, já que na falta de execução sem concorrência do ânimo da parte essa conseqüência não se produz.

Assim como ocorre na hipótese de inexecução culposa, a involuntária falta de cumprimento do contrato também enseja à parte prejudicada a escolha entre exigir o adimplemento conforme pactuado na origem ou desfazer o vínculo mediante demanda judicial. É que o credor pode ter interesse na execução específica da avença mesmo depois de inobservadas as condições estatuídas primitivamente com o devedor. Na realidade, somente quando a prestação se torna impossível é que haverá apenas uma solução, qual seja, a da resolução do contrato. Nos demais casos, abre-se à parte a perspectiva de optar pela solução que melhor atenda aos seus interesses, consoante exposto *retro*.

Resolução por onerosidade excessiva

Como os contratos existem para que sejam respeitados em seu teor, somente quando verificadas circunstâncias excepcionais é que se poderá alterar essa consagrada realidade jurídica, noticiada desde tempos imemoriais por meio do brocardo *pacta sunt servanda*, que se pode traduzir como *os contratos devem ser cumpridos*. Somente a partir da estabilidade das relações negociais se faz viável fomentar o incremento de atividades capazes de melhor e mais adequadamente promover a circulação das riquezas. Contrato rodeado pela insegurança é instituto fadado ao perecimento, pois a ninguém interessa estabelecer um vínculo inócuo, despido de sustentação, e, portanto, imprestável.

Entrementes, também não seria correto fazer intangível toda e qualquer contratação, como se estivesse protegida por redoma indevassável e alheia aos acontecimentos sociais. Disso já sabiam os antigos, que adicionaram ao preceito *pacta sunt servanda* a conhecida cláusula *rebus sic stantibus*, pela qual a preservação das condições objetivas originais, considerado o quadro existente ao tempo da celebração, funcionava como requisito de conservação do estado das coisas. Contrário senso, em específicas e excepcionais oportunidades admitir-se-ia a mudança do panorama contratual, mormente em virtude de acontecimentos imprevisíveis e de tal maneira graves sob o prisma econômico que o reequilíbrio da avença era medida impositiva, se pleiteada pela parte a quem afetava negativamente aquela situação.

Desse contexto brotou a noção de revisão contratual e de resolução por onerosidade excessiva. No primeiro caso, para restabelecer o equilíbrio originalmente firmado pelas partes; no segundo, para dissolver o liame em virtude da radical mutação dos seus contornos econômicos, a ponto de não ser mais possível a manutenção do liame contratual. A rigor, tais soluções independem de expressa previsão pelos interessados, pois se encontram implicitamente postadas, em abstrato, no seio de qualquer contratação comutativa e de execução projetada no tempo.

É relevante observar que a resolução por onerosidade excessiva não se confunde com a revisão contratual. Esta, prevista no art. 317, tem por desiderato repor o equilíbrio da avença quando, por motivos imprevisíveis, sobrevier desproporção manifesta entre o valor da prestação devida e o do momento de sua execução, de modo que assegure, quanto possível, o valor real da prestação. Já a dissolução do ajuste, nos casos de superveniente variação, tende a romper o vínculo se a prestação de uma das partes se tornar excessivamente onerosa, com extrema vantagem para a outra, em virtude de acontecimentos extraordinários e imprevisíveis. Nesta última hipótese, a situação não pode ser contornada por simples revisão, razão pela qual o desfazimento do ajuste é o único caminho apto a evitar irreparáveis prejuízos ao prejudicado. Estando presentes os requisitos para a resolução, a parte não precisa inicialmente mostrar disposição no sentido de revisar as cláusulas contratuais, ficando legitimada a, pela via direta, propor demanda resolutória.

No ordenamento jurídico brasileiro, a resolução decorre da antiga teoria da imprevisão, que por sua vez tem raízes na também vetusta cláusula *rebus sic stantibus*, segundo a qual o contrato deve ser rigorosamente cumprido, *"no pressuposto de que as circunstâncias ambientes se conservem inalteradas no momento da execução, idênticas às que vigoravam no da celebração"* (Caio Mário da Silva Pereira, obra citada, vol. III, p. 109). Por conseguinte, se houver substancial modificação do contexto em função de fatores exógenos e incontroláveis pelas partes, de forma que ocorra enriquecimento indevido em proveito de uma e gravame demasiado em prejuízo da outra, será admitida a resolução do contrato. É claro que não se pode resolver a contratação apenas porque uma das partes auferiu mais benefícios do que os esperados, enquanto a outra experimentou prejuízos não imaginados, pois tal quadro está presente em todo liame contratual e se insere em um nível jurídico de absoluta normalidade e risco. O que se pretende ao admitir a resolução por onerosidade excessiva é contornar os inconvenientes derivados de fatores extraordinários e imprevisíveis que afetam o equilíbrio como originariamente estabelecido pelos contraentes.

Pioneiro em fixar regra específica a respeito da matéria no Brasil, o Código de Defesa do Consumidor dispõe, no art. 6º, V, ser direito básico do consumidor a modificação das cláusulas contratuais que estabeleçam prestações desproporcionais ou sua revisão em razão de fatos supervenientes que as tornem excessivamente onerosas. Com a edição do Código Civil de 2002, o tema também recebeu tratamento diferenciado, ao contrário do que acontecia à época da vigência da codificação revogada.

O norte da disciplina jurídica do instituto é dado pelo art. 478 do Código Civil: *"Nos contratos de execução continuada ou diferida, se a prestação de uma das partes se tornar excessivamente onerosa, com extrema vantagem para a outra, em virtude de acontecimentos extraordinários e imprevisíveis, poderá o devedor pedir a resolução do contrato. Os efeitos da sentença que a decretar retroagirão à data da citação"*. Contratos de execução continuada *"são os que se protraem no tempo, caracterizando-se pela prática ou abstenção de atos reiterados, solvendo-se num espaço mais ou menos longo de tempo. Ocorrem quando a prestação de um ou de ambos os contraentes se dá a termo"* (Maria Helena Diniz, *Curso de Direito Civil Brasileiro*, Editora Saraiva, 3º vol., p. 87).

Tais avenças, cuja prestação devida não é satisfeita de uma só vez, mas sim projetada para adiante no tempo e dividida em etapas, até que se esgote com a total solução (como acontece, *v.g.*, na compra e venda a prazo), são denominadas por *Caio Mário da Silva Pereira* como *contrato de execução diferida ou retardada* (obra citada, vol. III, p. 48). Por outro lado, também são de execução continuada, mas dita sucessiva, os contratos que apresentam soluções periódicas de prestações independentes que se vão tornando exigíveis ao longo do tempo. O pagamento de cada uma delas não provoca a extinção da obrigação como um todo, de vez que o dever jurídico ressurge a cada período até que certa condição ou o próprio tempo façam cessar a contratação. Exemplo disso é a locação, pois a cada pagamento estará sendo satisfeita a prestação nascida pelo uso do bem durante certo período, mas já se entrevê para o futuro a exigibilidade de outra prestação, fruto do transcurso de novo lapso temporal. As modalidades contratuais de que se falou acima sujeitam-se à incidência do art. 478 do Código Civil. Já os contratos de execução imediata ou instantânea, ou seja, aqueles solvidos de uma só vez e por meio de prestação única (*v. g.*, compra e venda à vista), não estarão sujeitos à resolução por onerosidade excessiva, porque inteiramente extinta a obrigação no instante singular do pagamento.

A resolução por onerosidade excessiva consiste na possibilidade de rompimento do contrato quando as circunstâncias objetivas que presidem o momento da execução são tão diferentes daquelas existentes ao tempo da celebração que provocam benefício desmedido e imotivado para uma das partes e onerosidade descabida para a outra, resultado da incidência de fatores externos e objetivos que se revelam extraordinários e imprevisíveis. Funda-se, a solução posta na lei, não apenas em elementos jurídicos propriamente ditos, mas também noutros de caráter moral e ético, pois não se afigura justo e nem razoável exigir de alguém que se sacrifique muito além do que normalmente resultaria da contratação firmada, carreando à parte contrária vantagem financeira igualmente inadmissível. Consoante asseverado, a possibilidade de resolução deflui simplesmente da verificação dos pressupostos elencados na lei, sem que seja necessário constar de cláusula expressa no contrato. Cuida-se de proteção implícita em toda contratação comutativa de execução continuada ou diferida.

Fatores pertinentes à situação pessoal das partes não ensejam a resolução por onerosidade excessiva, pois apenas os que forem exógenos poderão ser acolhidos como argumento capaz de liberar o devedor. Por isso, aspectos como a repentina perda da capacidade econômica, dificuldades na obtenção de um crédito dado como certo e outros acontecimentos relacionados à condição financeira específica dos contraentes não autoriza a resolução da avença, pois se assim não fosse haveria sérios riscos para a preservação das relações contratuais em geral, haja vista a facilidade com que todos aqueles a quem não mais interessasse determinada contratação poderiam dela livrar-se mediante singela alegação de hipossuficiência pecuniária. Somente eventos externos e de grande espectro, extraordinários e imprevisíveis, cujo alcance não possa ser refreado pelas partes, permitirão a incidência da resolução prevista pelo legislador.

A sentença que decretar a resolução nos moldes estabelecidos no art. 478 produzirá efeitos retroativos, alcançando a citação. Assim, não terá influência sobre o período anterior a ela, pois se o devedor preocupou-se em ajuizar a demanda a partir de certo momento, entende-se que no período anterior ainda não estavam configurados os pressupostos ensejadores da resolução, e que o sujeito passivo pode perfeitamente suportar os ônus até então emergentes do contrato. As prestações satisfeitas até o momento da propositura da lide (*v.g.*, aluguéis) não sofrem os efeitos da decisão judicial, ficando livres de qualquer influência que dela resulte sobre o contrato. Por óbvio, não podem ser alvo de afetação alguma os contratos já executados e cumpridos em todos os seus aspectos.

Somente é admitida a resolução por excessiva onerosidade em se tratando de contratos comutativos, pois neles os contraentes conhecem por inteiro a prestação a que se sujeitam. Já nos contratos puramente aleatórios não funciona assim, pois o acaso, a incerteza da prestação e o imponderável, quando inerentes à espécie de negócio celebrado, estão presentes e são assumidos como risco pelos contraentes, de modo que nenhum deles poderá reclamar da superveniência de radicais alterações nas condições de cumprimento. Por óbvio, se houver afetação do panorama contratual em virtude de acontecimentos que não disserem respeito ao risco comum do tipo de pacto finalizado, poderá ser reclamada a resolução de que se está tratando. Exemplo: na compra e venda de safra futura em que o adquirente assume o risco de nada vir a ser produzido, ele não terá legitimidade para postular a resolução se a safra vier a ser integralmente frustrada por força de estiagem. Porém, se o preço estiver atrelado a um índice oficial de atualização que abruptamente duplica ou triplica em curto espaço de tempo, haverá espaço para a resolução fundada na excessiva onerosidade, porque o adquirente ficará submetido a injustificado empobrecimento, enquanto o alienante experimentará imotivado enriquecimento. Como se percebe, no exemplo dado a álea estava concentrada na quantidade de cereal a ser produzido, mas não na variação extraordinária e inesperada do preço.

Sendo parcialmente cumprido o contrato, a resolução pode operar-se quanto ao restante, desde que verificada a onerosidade excessiva apontada como requisito de aplicação do instituto. Todavia, em qualquer situação ficará obstada a iniciativa de quem, estando em mora no cumprimento da sua obrigação, invocar a ocorrência de fatores extraordinários e imprevisíveis, durante o estado moratório, como causa da modificação objetiva das condições econômicas da contratação.

A resolução poderá ser evitada, oferecendo-se o réu a modificar eqüitativamente as condições do contrato (art. 479). No prazo da contestação, caberá ao demandado demonstrar firme disposição em alterar a situação geradora da desmedida onerosidade, de vez que tal intento, uma vez concretizado no bojo da lide, restabelecerá o necessário equilíbrio entre as partes. O mesmo poderá ser feito por ele mesmo sem que haja demanda em curso, bastando que ajuíze ação no sentido de oferecer à parte contrária, então posicionada como ré, o reajustamento indicado na norma. Embora tal solução não esteja prevista de maneira expressa pelo legislador, que se limitou a mencionar a faculdade que o *réu* tem de assim proceder, cuida-se de iniciativa compatível com a finalidade visada pela ordem legal.

A modificação adequada das condições do contrato poderá ser feita por meio de acordo entre as partes dentro da própria lide ajuizada, por petição dirigida ao juiz ou termo nos autos. Caso o réu apresente proposta de alteração contratual, com rejeição da mesma pelo adversário, restará ao juiz analisar a situação e decidir pela resolução do contrato ou pelo restabelecimento do equilíbrio por meio da adoção das medidas aventadas pelo réu, ou por outras que se mostrem compatíveis com a situação. Ao ajuizar a ação, o demandante pretende resolver o contrato face ao desequilíbrio verificado; de outra banda, ao admitir a tomada de medidas tendentes a alterar a contratação, demonstra o réu a sua vontade de conservar a avença. Disso resulta que ao juízo é permitido revisar o contrato naquilo que desequilibra as partes, remodelando-o com vistas a evitar a ruptura. Logo, injusta resistência do autor da ação em aceitar o oferecimento do réu não acarretará, necessariamente, a resolução do contrato por excessiva onerosidade, ficando o julgador autorizado a proferir decisão capaz de repor a normalidade da relação contratual.

Se no contrato as obrigações couberem a apenas uma das partes, poderá ela pleitear que a sua prestação seja reduzida, ou alterado o modo de executá-la, a fim de evitar a onerosidade excessiva (art. 480). Nos contratos que, sob o prisma do direcionamento das obrigações geradas, são considerados unilaterais, somente sobre uma das partes pende o dever jurídico, como é o caso das doações puras e simples, do comodato etc. Sobrevindo onerosidade excessiva enquadrável no art. 478 do Código Civil, de maneira que a prestação acarrete demasiado ônus para o devedor e proveito desmedido para o oponente em razão de eventos extraordinários e imprevisíveis, faculta-se ao obrigado pleitear redução da prestação devida, a fim de adequá-la aos parâmetros de normalidade originariamente fixados. A pretensão à redução será deduzida em demanda apropriada, figurando o credor como réu. Poderá o demandado, credor da prestação, concordar com o intento declinado pela parte adversa, de modo que se procederá sem maiores indagações ao restabelecimento do equilíbrio contratual. Se houver irresignação do credor, caberá ao juiz prolatar sentença capaz de adequar a contratação à realidade, colocando-a em harmonia com o modelo originalmente estabelecido.

Resilição

Ao contrário do que acontece no caso de resolução, que geralmente parte do pressuposto de ter havido inexecução contratual, a resilição trabalha com a idéia de que o contrato pode ser desfeito por iniciativa de apenas uma das partes, ou mesmo de ambas, sem a concorrência de qualquer inadimplemento.

Tendo em vista, para as partes, a natureza cogente do vínculo negocial finalizado, desde logo é possível perceber que a resilição não é um fenômeno comum, embora tenha grande utilidade em determinadas situações específicas. Como é a vontade bilateralmente manifestada que une os celebrantes, o modo prioritário de dissolução do liame consiste em manifestar novo querer, de caráter extintivo, com igual força e em sentido contrário ao gerador da relação. Daí que ordinariamente aparece o distrato, que provém da vontade bilateral, como elemento de desate do vínculo estabelecido. Não obstante, também se admite que apenas uma das partes provoque o rompimento, por iniciativa singular e à míngua de qualquer intervenção do pólo adverso. Nisso se consubstancia a chamada resilição unilateral, outra modalidade de desfazimento do liame sem que haja infração a dever contratualmente fixado.

Passa-se, a seguir, ao exame individual das espécies acima apontadas. Diversas em seu mecanismo de inflexão sobre o contrato, promovem, ao final, resultado principal único, qual seja, a dissolução daquilo que fora inicialmente pactuado. Sua fonte é a lei ou a vontade das partes, podendo, via de regra, ser aplicadas em quaisquer contratações. Outro aspecto que concerne às duas modalidades é o da sua eficácia *ex tunc*, de maneira que a resilição retroage em efeitos e determina a volta das partes ao estado original. As conseqüências pretéritas do vínculo, em especial quanto à fração já cumprida, não se conservam intactas, devendo cada celebrante restituir ao outro o que acaso tenha recebido. Exceto, obviamente, nos pactos de trato sucessivo, pois neles as parcelas são autônomas e independentes, correspondendo a uma contraprestação oriunda do pólo adverso (*v.g.*, aluguéis pelo uso da casa locada). Todavia, podem os interessados estabelecer, quando do distrato e em cláusula específica, que o volume já adimplido não seja devolvido por quem o recebeu, disso emergindo a cessação dos efeitos da avença apenas a contar da resilição operada.

Resilição bilateral ou distrato

Distrato é negócio jurídico, formulado mediante declaração bilateral de vontade, por meio do qual as partes que anteriormente haviam concluído determinado contrato deixam evidenciada sua disposição no sentido do rompimento do liame, estabelecendo as cláusulas e condições em que isso ocorrerá. Trata-se de força que desfaz a contratação, cuja intensidade é tão grande quanto aquela geradora do vínculo. A mesma vontade que cria o liame é capaz de dissolvê-lo, cabendo unicamente às partes, em livre juízo de conveniência e oportunidade, promover ou não o rompimento e enunciar as suas peculiaridades.

Em geral, todos os contratos podem ser alvo de resilição bilateral, contanto que os efeitos que lhe são próprios não se tenham verificado integralmente. Caso a contratação esteja extinta em virtude do adimplemento completo, é natural e lógico que não possa ser desfeita. Afinal, já se dissolveu no instante da satisfação das obrigações nela inseridas. Na hipótese de contrato a que as partes ainda não tenham dado qualquer cumprimento, o distrato simplesmente faz com que permaneçam em estado similar ao existente na data da celebração, sem que possam exigir, uma da outra, perdas e danos ou compensação econômica. Assim, em compra e venda de automóvel em que nenhuma parcela do preço foi paga e a coisa não foi entregue, a resilição bilateral repõe os contraentes ao estado primitivo. Caso já tivesse ocorrido o pagamento de parcelas, o princípio do não enriquecimento sem causa carrearia ao vendedor a obrigação de restituir o montante recebido. Sempre que anteriormente ao distrato houve execução parcial do ajuste, a tendência será o do retorno das partes ao patamar existente ao tempo da celebração, salvo, como dito acima, quando o contrário for previsto em cláusula expressa, ou nos ajustes de pacto sucessivo.

O distrato faz-se pela mesma forma exigida para o contrato (art. 472). Nas situações em que a lei impõe forma especial para a confecção do contrato, somente por meio da adoção da mesma poderá ser feito o distrato, eis que se trata de avença em rumo inverso ao estabelecido inicialmente pelas partes, e por isso deve conter idêntico vigor. Não são admitidas exceções e nem convenções contrárias, já que se trata de princípio destinado a resguardar a integridade das relações interpessoais.

Se a lei não estabelecer forma especial para o contrato, poderão as partes promover livremente o distrato, independentemente da forma pela qual se deu efetivamente a celebração. Embora diante da liberdade de forma para contratar, ficarão as partes autorizadas a adotar para o distrato a mesma que porventura tenha sido eleita para a conclusão do contrato. Assim, se a forma é livre, mas o contrato for confeccionado por instrumento público, por qualquer meio se admitirá o distrato, salvo convenção expressa em sentido contrário. Igual solução incidirá caso as partes optem livremente pelo escrito particular, pois poderão de qualquer modo desfazer o vínculo, inclusive por outro instrumento escrito. Se contratarem verbalmente, nada impede que distratem por escrito, pois quem pode o mais pode o menos, ainda que em tal hipótese seja suficiente o distrato verbal.

Resilição unilateral

Às vezes mostra-se possível, por força de previsão expressa ou implícita da lei, desfazer o contrato por iniciativa de uma só das partes, sem necessidade da elaboração de distrato proveniente da vontade de ambos os contraentes. Chama-se tal providência de resilição unilateral. Via de regra, a iniciativa de um dos integrantes da relação, no sentido de romper individualmente o vínculo, caracteriza infração civilmente punível. Por esse motivo, o ordenamento preocupa-se em afastar o aspecto infracional e conferir a um dos pólos — ou a ambos — a prerrogativa de desfazer o contrato por vontade unilateral.

As situações que a autorizam decorrem, no mais das vezes, da inferioridade jurídica ou econômica de uma das partes em relação à outra, o que motiva o legislador a proteger o pólo mais fraco a fim de evitar resultados danosos ou indesejados. É o que acontece, por exemplo, com o segurado em plano de saúde, com o representante comercial e com o locatário de imóvel, eis que lhes é facultado romper unilateralmente a contratação, pondo fim ao liame sem as conseqüências gravosas normalmente derivadas de medidas dessa natureza. A lei confere ao interessado legitimidade para denunciar a avença porque entende ser essa uma solução adequada quando instalados certos quadros fáticos. Noutros casos, o legislador permite a adoção da medida quando a confiança que desde o início sustentou o ajuste fica abalada, *v.g.*, no contrato de mandato. Nunca é exigida do sujeito qualquer justificativa acerca dos motivos que o levaram a romper o liame, presumindo-se que os tivesse suficientemente robustos a ponto de promover a drástica medida. Saliente-se, por relevante, que a dissolução configura direito da parte, não podendo, em hipótese alguma, ser considerada ato ilícito ou abusivo. Quem contrata sabe de antemão da perspectiva de ver desfeito unilateralmente o liame, motivo pelo qual nada poderá reclamar se isso realmente ocorrer.

A vontade contratual das partes também pode estabelecer a prerrogativa de extinção do vínculo por meio de manifestação isolada de qualquer delas. A existência de previsão nesse sentido já foi abordada quando da análise das causas que, sendo anteriores ou concomitantes à celebração, ocasionam o rompimento do liame. Não haverá, então, resilição unilateral propriamente dita, mas exercício do direito de arrependimento.

A resilição unilateral, nos casos em que a lei expressa ou implicitamente o permita, opera mediante denúncia notificada à outra parte (art. 473). Caberá à parte, a quem se faculta a medida, a promoção da chamada *denúncia notificada*, que nada mais é do que uma manifestação de vontade direcionada à parte contrária, a fim de dar-lhe ciência da intenção de resilir o contrato. Para a notificação da denúncia não se exige forma especial, bastando ao interessado demonstrar que à parte adversa foi comunicada a resilição unilateral. Destarte, tanto a notificação judicial como a extrajudicial, assim como todo meio escrito e comprovadamente recebido pelo destinatário, prestam-se para essa finalidade. O art. 6º da Lei n. 8.245/91, por exemplo, diz que o locatário poderá denunciar a locação por prazo indeterminado mediante aviso por escrito ao locador, com antecedência mínima de trinta dias.

O parágrafo único do art. 473 contém importante norma de proteção ao celebrante que corre o risco de ser prejudicado pela abrupta iniciativa unilateral do pólo adverso: *"Se, porém, dada a natureza do contrato, uma das partes houver feito investimentos consideráveis para a sua execução, a denúncia unilateral só produzirá efeito depois de transcorrido prazo compatível com a natureza e o vulto dos investimentos"*. Como se percebe, é limitada a faculdade legal de resilição nos casos em que a espécie contratual que se pretende unilateralmente desfazer tenha exigido de uma das partes investimentos economicamente consideráveis para a sua execução. Se isso acontecer, a denúncia notificada pelo interessado à parte que realizou os investimentos somente passará a produzir efeitos depois do decurso de lapso temporal que permita a esta última reequilibrar-se economicamente e recuperar por inteiro o dispêndio, considerado o montante dos gastos e o retorno proporcionado pelo exercício dos direitos emergentes da contratação.

A norma legal tem visível conotação protetora, eis que objetiva fazer persistir por inteiro o contrato enquanto as partes não volverem ao estado de relativo equilíbrio econômico que deve presidir toda forma de liame jurídico, observadas as peculiaridades das hipóteses concretamente verificadas. Exemplo: suponha-se uma locação comercial por prazo determinado de um ano. Se ao longo desse período o inquilino foi autorizado pelo dono a fazer obras de valor considerável, necessárias ao desenvolvimento do contrato, é possível que eventual denúncia promovida pelo locador após o transcurso de doze meses seja contornada pelo inquilino mediante invocação da supracitada regra de direito. Se assim não fosse, experimentaria prejuízos em razão da resilição unilateral, promovida em circunstâncias altamente lesivas no âmbito econômico. Igual solução haveria no comodato em que o comodatário realiza melhorias no bem com vistas a melhor utilizá-lo, vindo a ser surpreendido pela repentina denúncia do contrato logo após o início da sua execução.

A definição do que sejam *investimentos consideráveis*, expressão lançada no parágrafo único do art. 473, deve ser buscada em cada situação levada a exame, pois aquilo que para determinada contratação é expressivo em termos econômicos, para outra talvez pouco represente. Detida análise da questão efetivamente posta poderá levar a uma conclusão razoável acerca da magnitude dos investimentos para fins de aplicação da norma. Serão levados em linha de conta os gastos estritamente realizados com vistas à execução, deixando-se de lado os desnecessários e os abusivos, assim considerados todos os que não tiverem relação direta com a contratação e com a execução propriamente dita. Com substrato nisso, o juiz determinará a ampliação do tempo de duração do liame, de modo que a denúncia unilateral só produzirá efeitos após encerrado o seu curso.

Rescisão

Etimologicamente, a palavra *rescindir* significa quebrar, dissolver, invalidar, romper, desfazer, anular um contrato. É muito utilizado como sinônimo de resilição, e, não raramente, de resolução por inadimplemento. Com efeito, nas lides forenses e mesmo na jurisprudência o emprego do vocábulo *rescisão* não é restrito ao seu sentido mais específico, que será analisado na seqüência, mas sim para designar genericamente todas as formas de extinção dos contratos. É comum falar-se em *ação de rescisão* com vistas ao rompimento do liame em virtude da falta de pagamento do preço ajustado na compra e venda, quando na verdade se trata de hipótese de resolução. Também é freqüente mencionar-se a ocorrência de rescisão por vontade dos celebrantes, caso tecnicamente enquadrado como resilição bilateral ou distrato.

Por óbvio, não se pode mudar essa cultura em sede doutrinária, mesmo porque ela não traz prejuízos à compreensão das causas de extinção dos contratos. Todavia, mostra-se factível e necessário expor os contornos da rescisão em seu sentido jurídico mais rigoroso, a fim de explicitar os pontos que a estremam dos demais institutos congêneres. Em princípio, ocorre rescisão quando os contratos são desfeitos por força da verificação de estado de perigo (art. 156) ou lesão (art. 157). Configura-se o estado de perigo quando alguém, premido da necessidade de salvar-se, ou a pessoa de sua família, de grave dano conhecido pela outra parte, assume obrigação excessivamente onerosa. Tratando-se de pessoa não pertencente à família do declarante, o juiz decidirá segundo as circunstâncias. Ocorre a lesão quando uma pessoa, sob premente necessidade, ou por inexperiência, se obriga a prestação manifestamente desproporcional ao valor da prestação oposta. Aprecia-se a desproporção das prestações segundo os valores vigentes ao tempo em que foi celebrado o negócio jurídico. Não se decretará a anulação do negócio, se for oferecido suplemento suficiente, ou se a parte favorecida concordar com a redução do proveito.

No estado de perigo, a parte que contrata com quem se encontra na posição de dificuldade mencionada na lei aproveita-se do desespero alheio para obter vantagem econômica. Com isso, o prejudicado tem legitimidade para ajuizar demanda tencionando alcançar a rescisão da avença. Ao mesmo tempo em que protege o lesado, o legislador pretende coibir a atitude abjeta da parte contrária. Na lesão, ainda que ignore o quadro fático experimentado por quem assume prestação desproporcional, o outro celebrante somente poderá obstar a rescisão pelo oferecimento de meios capazes de estabelecer equilíbrio contratual. Já que a situação de necessidade foi determinante na celebração, o legislador admite posterior iniciativa do lesado no sentido de rescindir aquilo que foi originalmente ajustado. Portanto, não se exige dolo e intento de auferir vantagem para que exista a perspectiva de anulação, bastando a constatação objetiva de que prestações desproporcionais entre si foram fixadas, tendo como elemento causal o estado de necessidade suportado por um dos contraentes.

Conforme estabelecido no art. 178, II, do Código Civil, é de quatro anos o prazo de decadência para pleitear-se a anulação do negócio jurídico, contado do dia em que se realizou o negócio jurídico. Operada a rescisão, as partes voltam ao contexto anterior à celebração, com restituição recíproca daquilo que acaso houverem recebido, exceto se a natureza ou as circunstâncias do negócio indicarem a permanência do quadro instalado.

Morte do contratante

Os contratos em geral não se dissolvem, necessariamente, em função da morte de um dos celebrantes. Aliás, é comum e ordinário que permaneçam intactos diante do óbito, passando aos herdeiros do *de cujus* os direitos e os deveres emergentes do ajuste de vontades. Somente quando for caso de avenças celebradas *intuitu personae* haverá extinção automática como resultado da impossibilidade de ser transmitida aos sucessores algo que somente poderia ser cumprido, ou que apenas era devido, à pessoa falecida. Os contratos finalizados em razão da pessoa têm na figura do contraente a sua razão de existir, porque todas as vantagens e os ônus são direcionados aos personagens integrantes da relação, descabendo, portanto, o repasse dos elementos contratuais a outrem na hipótese de morte.

Na compra e venda de terras com pagamento em prestações, por exemplo, a morte do adquirente faz passar aos herdeiros o dever de pagar o saldo remanescente, ao mesmo tempo em que ficam investidos nas mesmas qualidades anteriormente ostentadas pelo *de cujus*. Já no comodato de imóvel rural, pactuado com a única finalidade de que o comodatário possa concluir estudos agrícolas (e, portanto, *intuitu personae*), a morte deste encerra o vínculo, porque ninguém mais poderá ocupar a sua posição no liame.

Havendo encerramento do contrato por morte, os efeitos verificados até o momento do óbito persistem inalterados e se tornam definitivos. Apenas a porção que estava por ser cumprida deixa de existir, a menos que a espécie negocial e os seus caracteres faça ver da necessidade de restituição de valores ou itens patrimoniais ao sobrevivente. Assim, se alguém foi contratado para esculpir certa estátua e falece antes de a ultimar, tendo recebido antecipadamente todo o valor acertado, caberá aos sucessores devolver montante proporcional ao estágio em que se encontrava o trabalho já feito, caso ele seja aproveitado pela outra parte. Se nada fora pago, e se o labor até então efetivado não tiver utilidade alguma para o sobrevivente, nada será devido aos sucessores, nem por estes àquele.

Na prática, a extinção por morte assemelha-se, em alguns efeitos, à impossibilidade de cumprimento sem culpa da parte, *v.g.*, não ensejando reclamação de perdas e danos. Todavia, salienta-se que não são institutos idênticos, já que, por exemplo, a morte não se equipara ao caso fortuito e à força maior, eventos admissíveis como justificativa em sede de inexecução involuntária. Com a resolução também não se confunde, pois enquanto esta pressupõe o inadimplemento, o óbito apenas torna impraticável a execução das cláusulas entabuladas. Por outro lado, difere visivelmente da resilição, na medida em que o rompimento por morte não provém da vontade comum das partes e tampouco da iniciativa singular de uma delas. Todo contrato carrega consigo, implicitamente, a possibilidade de ser desfeito por morte de um dos celebrantes, se não for viável a substituição dele por outrem como decorrência da sua formatação *intuitu personae*.

Parte II

DAS VÁRIAS ESPÉCIES DE CONTRATO

Capítulo 1

DA COMPRA E VENDA

1.1. Conceito, características e sistema adotado

O legislador inicia a disciplina do contrato de compra e venda no art. 481 do Código Civil: *"Pelo contrato de compra e venda, um dos contratantes se obriga a transferir o domínio de certa coisa, e o outro, a pagar-lhe certo preço em dinheiro".* Dessa norma é possível extrair o seguinte conceito: compra e venda é o contrato bilateral pelo qual uma das partes, denominada vendedor, assume a obrigação de transferir à outra, chamada comprador, o domínio de uma coisa, tendo, em contrapartida, o direito de receber determinado preço em dinheiro.

O sistema adotado pelo legislador brasileiro seguiu os passos traçados pelo Direito alemão, que, de outra parte, tem raízes no Direito Romano. Consoante preconizado pela citada corrente, os contratos geram unicamente uma obrigação de dar, mas não repassam de um sujeito a outro a propriedade da coisa negociada. Portanto, no Direito brasileiro os contratos não provocam a transferência do domínio, funcionando apenas como causa geradora da translação, que se opera efetivamente a partir da tradição, em se tratando de coisas móveis, e do registro — ou transcrição — do título aquisitivo, para coisas imóveis. Na compra e venda não é diferente, pois por meio dela o alienante obriga-se a transferir o domínio ao adquirente como avençado quando da conclusão do liame jurídico. O que se tem é a produção de um ato causal (o contrato propriamente dito) secundado por um ato de translação dominial (a tradição ou o registro, conforme a natureza da coisa negociada).

Prova disso são os arts. 1.226 e 1.227 do Código Civil. No dizer do primeiro, os direitos reais sobre coisas móveis, quando constituídos, ou transmitidos por atos entre vivos, só se adquirem com a tradição. Para o segundo, os direitos reais sobre imóveis constituídos, ou transmitidos por atos entre vivos, só se adquirem com o registro no Cartório de Registro de Imóveis dos referidos títulos (arts. 1.245 a 1.247), salvo os casos expressos no próprio Código. *"Antes desses fatos, o comprador só tem contra o vendedor um direito de natureza pessoal; a tradição e o registro é que dão origem ao direito real"* (Washington *de Barros Monteiro*, obra citada, p. 90). Portanto, a compra e venda produz repercussões de natureza exclusivamente pessoal entre os celebrantes, não fazendo surgir um direito real sobre a coisa negociada. Exceção à regra está colocada no art. 1.361, que, ao disciplinar a alienação fiduciária em garantia, deixa patenteada (§ 1º) a circunstância de que a propriedade da coisa é transmitida, com a finalidade de produzir segurança ao credor, independentemente da *traditio*.

Em contraposição ao sistema alemão está o francês, que afirma concentrar-se num único ato o ajuste final e a transmissão dominial. O art. 1.582 do Código Napoleônico estabelece que o contrato era suficiente para gerar o liame jurídico entre as partes e repassar a propriedade do vendedor ao comprador. Logo, a tradição e o registro não são pressupostos da transferência do domínio, pois o momento do acerto de vontades é o mesmo em que acontece a alteração na titularidade da coisa. O *solo consensu* atua como fator determinante da transmissão, que se opera de imediato e indepede de formalidades adicionais. Ainda hoje os dois sistemas acima referidos inspiram as legislações modernas, havendo em todo o mundo adeptos de um e de outro, *v.g.*, Itália, Portugal e Bélgica (sistema francês) e Holanda, Espanha e Chile (sistema alemão).

Conseqüência direta da filiação do legislador brasileiro à corrente alemã é a de que o comprador não pode reclamar a coisa do terceiro que a houver adquirido do vendedor, com tradição do móvel ou registro do imóvel, após a celebração de primeiro contrato gerador da obrigação de transmitir. Imagine-se que Venâncio celebre a compra e venda de determinado apartamento, pertencente a Anderson. O ajuste é feito por escritura pública e segue todos os passos ditados pela lei; porém, não é levado a registro perante o cartório competente. Se Anderson firmar outra avença de venda, agora tendo Silvana como compradora, e esta registrar o instrumento público de aquisição, Venâncio somente poderá reclamar perdas e danos junto ao vendedor. Não lhe será lícito, entrementes, postular a entrega do imóvel, porque o ato causal (contrato) não foi seguido da efetiva transferência da titularidade (registro). Observe-se, todavia, que Venâncio poderia exigir de Anderson o imóvel se não tivesse havido a posterior alienação a Silvana, haja vista a perspectiva de se executar a obrigação de transmitir emergente do contrato, sem que existisse, então, melhor direito de terceiro.

É importante salientar que a disciplina da compra e venda, como posta no Código Civil, serve para nortear todas as espécies de contratações dessa natureza, quer sejam realizadas entre particulares ou destes para com o Poder Público, obviamente que com variantes diretas na lei para a melhor preservação dos interesses coletivos. De outra banda, embora existam normas especiais destinadas a reger contratos de compra e venda eminentemente mercantil (*v.g.*, Código de Defesa do Consumidor), eles são também submetidos, na essência, às mesmas regras que, encontradas no Código Civil, incidem sobre relações comuns e despidas de índole comercial.

1.2. Classificação do contrato de compra e venda

Examinada a formatação jurídica que lhe foi atribuída pelo legislador, o contrato de compra e venda pode ser submetido a diversos enquadramentos, levados em consideração aspectos como as obrigações geradas, os reflexos econômicos produzidos, as prestações cabíveis aos celebrantes e assim por diante. Tomados os principais elementos de classificação, é correto afirmar que a compra e venda se apresenta como contrato bilateral, consensual, não solene, comutativo e oneroso.

É *bilateral*, ou *sinalagmático*, porque dá nascedouro a obrigações para ambas as partes. Enquanto o vendedor assume o dever jurídico de entregar a coisa negociada, o comprador fica obrigado a pagar o preço ajustado. No contraponto de cada uma das supracitadas imposições encontra-se o correlato direito da parte contrária, de maneira que o vendedor tem a prerrogativa de auferir o preço e, o comprador, a de receber a coisa. Em todo contrato bilateral a obrigação de um dos celebrantes tem como fundamento e causa o dever que recai sobre o outro; logo, as prestações são interdependentes em seu cumprimento. Em circunstâncias específicas, já examinadas alhures, pode inclusive haver a invocação da *exceptio non adimpleti contractus* (exceção do contrato não cumprido) quando aquele que tiver de cumprir antes a sua obrigação exigir do outro a observância da que lhe incumbe.

A contratação é *consensual* porque não se exige a entrega da coisa como pressuposto de vinculação das partes. Basta o *solo consensu* para que os celebrantes estejam imediatamente jungidos ao ajuste realizado. Tanto é assim que o art. 482 do Código Civil dispõe no sentido de que a compra e venda, quando pura, considerar-se-á obrigatória e perfeita, desde que as partes acordarem no objeto e no preço. A referência ao consentimento como mecanismo de ligação dos interessados revela o caráter consensual acima referido, ao contrário do que acontece noutras figuras típicas (*v.g.*, empréstimo) em que a lei impõe a tradição como fator de perfectibilização da avença.

Cuida-se de ajuste *não solene*, porque, em princípio, há liberdade de forma na sua celebração. Geralmente, as partes podem optar pela manifestação verbal ou escrita (pública ou particular) de vontade, sem que tenham de seguir determinado padrão indicado em lei. Isso não impede que em determinadas situações seja necessária a confecção de escritura pública para que a compra e venda se constitua regularmente. Tal ocorre, salvo disposição em contrário, nos negócios envolvendo a constituição, transferência, modificação ou renúncia de direitos reais sobre imóveis de valor superior a trinta vezes o maior salário mínimo vigente no País (art. 108). Plantada a exigência legal, a compra e venda será considerada solene, dependendo, a sua regular constituição, da estrita observância da forma indicada pelo legislador.

É *comutativo* porque as partes conhecem, de antemão, a prestação a que se obrigam e a que compete ao outro pólo. Com isso, os celebrantes têm como aquilatar o grau de comprometimento do seu acervo patrimonial em razão do negócio, assim como os proveitos potencialmente captáveis. Não há espaço para surpresas submetidas ao imponderável, ao acaso ou a riscos que não sejam os normais daquela espécie negocial entabulada. Somente em hipóteses específicas se admite a conclusão de compra e venda dotada de índole aleatória, regida pelos arts. 458 a 461 do Código Civil. Em suma, o contrato é comutativo, mas poderá ser aleatório se integrado a alguma das situações previstas no ordenamento jurídico. Neste caso, ao menos uma das partes não sabe exatamente qual a prestação a que estará obrigada no momento da execução, ou a que incumbirá à parte adversa (*v.g.* venda de safra futura).

Por fim, trata-se de ajuste *oneroso*, por importar em sacrifício econômico para ambos os celebrantes. Enquanto o comprador deixa de ser titular do dinheiro correspondente ao preço pago, o vendedor deprecia o seu acervo patrimonial ao entregar a coisa à parte contrária. Isso nada tem a ver com a equivalência das prestações pactuadas, já que a natureza onerosa não leva em conta a circunstância de ter sido feito um bom ou mau negócio sob o prisma do mercado, mas sim a concreta existência de ônus econômico para os celebrantes, independentemente do grau em que se apresente. Quem compra um veículo por menos do que vale está participante de um negócio oneroso, pois despendeu o valor referente ao preço. Já quem vende a coisa por mais do que vale também se põe em igual situação jurídica, pois perde o direito subjetivo de proprietário ao promover a entrega do bem ao adquirente.

1.3. Elementos constitutivos do contrato

Toda espécie contratual possui elementos que precisam estar presentes para que ocorra o regular surgimento da avença pretendida. A estrutura do contrato é definida pela lei, da qual emergem os pressupostos básicos capazes de conferir existência, validade e eficácia ao negócio. Com suporte no art. 482 do Código Civil, pode-se concluir pelo apontamento de três elementos essenciais na constituição da compra e venda: coisa, preço e consentimento. A citada norma diz que a compra e venda, quando pura, considerar-se-á obrigatória e perfeita, desde que as partes acordem no objeto e no preço. Daí que o acerto volitivo entre comprador e vendedor, em torno de certo objeto e com base no preço definido, perfaz a contratação. A tais requisitos se junta, quando estabelecido em lei, a obrigatoriedade de adoção de determinada forma, sem a qual o negócio não se perfectibiliza. O estudo individualizado de cada elemento permitirá entrever as suas características, o modo de inserção no pacto e as demais peculiaridades que apresentam.

1.3.1. Coisa

Todas as coisas *in commercium*, ou seja, aquelas sobre as quais inexistem óbices à comercialização, são passíveis de transmissão onerosa, sejam corpóreas (móveis ou imóveis) ou incorpóreas (direitos), presentes ou futuras e assim por diante. A operação, quando realizada em relação a coisas incorpóreas, recebe a denominação de *cessão*, ficando a expressão *compra e venda* reservada para a transferência de coisas corpóreas. Em verdade, o sistema de funcionamento de uma e outra não apresenta diferenças, de modo que a denominação discrepante não significa que tenham diversidade de efeitos, mas, apenas, permite identificar a natureza do objeto negociado. A cessão é, para os elementos incorpóreos e para os direitos, aquilo que a compra e venda representa para os bens materiais, no concernente ao seu mecanismo de transmissão e de conseqüente alteração de titularidade.

Não podem figurar como objeto da compra e venda coisas insuscetíveis de apropriação, isto é, as que não podem ser tomadas pelo sujeito com o fito de serem submetidas à sua titularidade. É o caso, por exemplo, do ar atmosférico, da água dos oceanos e assim por diante. Também se postam na mesma situação as coisas que a lei arrola como inalienáveis, *v.g.*, as clausuladas em testamento como tal com substrato no ordenamento jurídico, os bens de comercialização proibida em nome do interesse coletivo etc. Tudo aquilo cuja transmissão não é vedada pode ser inserido como objeto de compra e venda; logo, só mediante expressa restrição é possível obstar a realização de negócio dessa natureza.

Diz o art. 483: *"A compra e venda pode ter por objeto coisa atual ou futura. Neste caso, ficará sem efeito o contrato se esta não vier a existir, salvo se a intenção das partes era de concluir contrato aleatório"*. Como se percebe, a venda de coisa futura é admitida, desde que ao tempo da execução do contrato, com a tradição do móvel ou o registro do imóvel, ela exista e esteja incorporada ao acervo patrimonial do vendedor, podendo por ele ser disponibilizada. Portanto, é suficiente que se tenha, no ato da celebração, a chamada *existência potencial*, consistente na futura captação do bem pelo alienante, pois somente assim ele estará investido do necessário *jus abutendi*, ou direito de dispor. Se a coisa, objeto da compra e venda, não vier a existir no patrimônio do alienante até o momento aprazado pelas partes para a entrega, ficará sem efeito o contrato, volvendo os contraentes ao estado anterior.

Tendo em vista a circunstância de que a celebração do contrato gera apenas o dever de transmitir a coisa, a inexistência dela, assim como a conseqüente falta de colocação no patrimônio do alienante ao tempo do ajuste de vontades, não obsta, necessariamente, a consecução da finalidade prevista pelos interessados. Basta, como sobredito, que seja viável a transferência dominial no momento aprazado, para que todas as conseqüências do acerto se produzam. Portanto, a venda de coisa futura (ou seja, inexistente quando da finalização do contrato) é negócio jurídico lícito, embora a sua validade e eficácia fiquem submetidas ao evento futuro acima indicado, qual seja, a regular existência e integração do bem, desembaraçada e livremente, ao quadro patrimonial do vendedor.

Caso o comprador assuma inteiro risco de que a coisa não venha a existir, prevalecerá o negócio também se nada for produzido. Especificamente, a lei prevê essa modalidade nos arts. 458 a 461 do Código Civil, o que não impede a realização de venda de coisa futura embasada nas normas gerais da estrutura legal típica. Assim, mesmo que o adquirente não assuma risco algum acerca da existência da coisa, e até nem saiba que o bem não existe e nem está incorporado ao patrimônio do vendedor no instante da celebração, poderá reclamá-lo se cumprir a sua parte na avença e o item negociado pertencer ao alienante até a data do repasse.

A propósito da negociação eminentemente aleatória, é preciso ressaltar que neles a álea, o risco e o imponderável estão sempre presentes, de modo que em contratações dessa natureza o celebrante sabe que pode vir a perder, seja pela inexistência da coisa, seja pela sua presença em quantidade e qualidade inferiores ao esperado. Exemplo disso é a negociação de colheita futura, com riscos de inexistência assumidos pelo adquirente, pois eventual ausência da coisa não provocará a ineficácia do contrato, já que a álea integra a contratação e aparece como uma de suas principais características.

Também a venda de coisa alheia não é completamente abominada pelo Direito pátrio, ainda que sobre ela pesem imposições cuja observância é imprescindível à regularidade do negócio. O entendimento da matéria tem como ponto de partida um aspecto conhecido de todos: ninguém pode vender em nome próprio coisa pertencente a outrem, como se fosse titular da propriedade. Não se está tratando aqui, logicamente, das situações em que o mandatário age em nome do mandante e a este vincula, quando atende aos limites dos poderes conferidos. Importa salientar, isto sim, o fato de que somente quem tiver *jus abutendi* (poder de disposição) sobre a coisa poderá transmiti-la por meio de compra e venda. Todavia, para evitar que o contrato seja considerado insubsistente de maneira automática, é aceitável a idéia de aproveitamento da avença em algumas situações especiais.

A mais comum delas é a efetiva integração do bem, que já existe no plano jurídico quando da celebração, ao patrimônio do vendedor até o momento da execução da obrigação de transmitir, em contexto similar àquele relativo à venda de coisa futura. Como exemplo é citado o caso de quem vende automóvel que não lhe pertence, para entrega em trinta dias. Não se trata de venda de coisa futura, eis que ela já existe; cuida-se, isto sim, de alienação de bem cujo titular não é o vendedor. Todavia, se este adquirir por qualquer modo legítimo a coisa, a tempo de cumprir o acordado, terá plena viabilidade o negócio.

Hipótese semelhante é a da compra e venda de bem submetido a risco de evicção. Sabe-se que acontece o fenômeno da evicção quando, por sentença, o adquirente perde a coisa para terceiro que revela anterior e melhor direito à titularidade. Tal negócio não subsiste, mas permite ao comprador a invocação das garantias previstas no art. 447 e seguintes. Porém, a venda será perfeita caso o vendedor, anteriormente à evicção, contornar a sua ocorrência e puder atender plenamente ao teor do contrato. Exemplo disso seria a realização de acordo entre o vendedor e o terceiro dotado de melhor direito sobre o bem, no sentido de que este se integra em definitivo ao patrimônio do primeiro. Assim, considerada a circunstância de que o alienante conseguirá cumprir por inteiro o ajuste feito com o comprador, prevalecerá a venda realizada.

Coisas litigiosas podem ser transmitidas, mas, assim como em todos os contratos onerosos, o vendedor responde pelos riscos da evicção, ressalvando-se ao comprador, portanto, a faculdade de reclamar a devolução do preço e das despesas efetuadas, caso venha a perder para outrem o bem adquirido. Também não há restrição à venda de coisa submetida a direito real de garantia (penhor, hipoteca ou anticrese), mas quem compra recebe o bem gravado, ficando obrigado a respeitar a faculdade cabível ao credor do alienante, nos exatos moldes vazados no título constitutivo da oneração.

Ainda quanto ao objeto da compra e venda, cabe ressaltar que a coisa negociada deve ser determinada, ou ao menos determinável. Assim, tanto pode ser vendido o automóvel "X", previamente individuado em todos os seus aspectos, como um dos animais de raça pertencentes ao alienante, ficando para momento posterior a indicação definitiva acerca de qual deles será entregue ao adquirente. É a indeterminação absoluta que compromete a viabilidade do contrato, pois não haverá negócio jurídico se for impossível definir o bem que está sendo vendido. Portanto, expressões vagas e inusitadas como *"vendo-te algo"* ou *"faço a venda de uma coisa"* geram perplexidade e produzem empecilho à formação do contrato.

1.3.2. Preço

No concernente ao preço, é impositivo que seja fixado em dinheiro, haja vista expressa disposição legal nesse sentido (art. 481, *in fine*). O contrato em que as partes fazem recíproca entrega de coisas, a título de contrapartida pelo bem que individualmente recebem, caracteriza troca ou permuta, e não compra e venda. Todavia, poderá haver este último contrato se ocorrer a substituição do preço em dinheiro por coisa que o represente, ou por expressão econômica equivalente. Assim, por exemplo, é factível o estabelecimento do preço por meio de cláusula contratual que preveja o pagamento de valor correspondente a mil sacas de café em certa data. Também é possível efetuar o pagamento por meio de cheque, nota promissória etc., sem que isso deixe de configurar preço em dinheiro.

Via de regra, o preço é determinado pela parte no instante da conclusão da avença; porém, admite-se que o mesmo seja determinável em momento posterior. O que se não tolera é a absoluta indeterminação, isto é, a impossibilidade completa da sua fixação, como ocorreria, *v.g.*, se no contrato houvesse previsão dizendo que o adquirente se obriga a pagar algum valor qualquer, sem detalhamento do modo de apuração do *quantum*. Isso inviabiliza a contratação, motivo pelo qual não haverá compra e venda, em virtude da ausência de elemento fundamental.

O art. 485 dispõe: *"A fixação do preço pode ser deixada ao arbítrio de terceiro, que os contratantes logo designarem ou prometerem designar. Se o terceiro não aceitar a incumbência, ficará sem efeito o contrato, salvo quando acordarem os contratantes designar outra pessoa"*. Uma das maneiras de fixar o preço, que não seja diretamente pelos contraentes, é por meio do arbítrio de terceira pessoa, indicada por elas quando da celebração ou em etapa posterior à mesma, conforme preferirem. A designação de terceiro obriga as partes a respeitarem o preço por ele fixado, sendo vedado alegar insignificância ou excesso como forma de rompimento do contrato e negativa de dar cumprimento aos termos avençados. Contudo, se ficar comprovado que a pessoa incumbida da fixação do preço afastou-se das regras estabelecidas no contrato ou agiu com vontade viciada, poderá o prejudicado invocar tal circunstância em juízo para inviabilizar a obrigatoriedade do preço definido.

Deixada a fixação do preço ao arbítrio de terceiro, a superveniência de negativa deste em assumir a tarefa deixará sem efeito o contrato, a menos que os contraentes, quando da conclusão do contrato ou em momento posterior, acordem acerca da designação de nova pessoa para realizar a mesma função. A previsão normativa alcança também os casos em que o terceiro designado não puder desempenhar a atribuição que lhe foi conferida (por morte, impedimento, ausência etc.), com o que se inviabiliza o contrato ou indica-se outra pessoa, se houver expressa estipulação quanto a este último aspecto.

Ficando encarregadas da determinação do preço duas ou mais pessoas, todas elas deverão participar da tarefa, sob pena de não subsistir a fixação feita por somente uma parcela do grupo indicado. Por outro lado, caso algum dos nomeados não queira ou não possa tomar assento na decisão, tornar-se-á sem efeito o contrato, a menos que esteja prevista a substituição por outra pessoa. Por fim, sendo vários os apontados e havendo discordância de algum deles quanto ao preço aventado pelos demais, fenecerá de todo a contratação, pois a existência do elemento preço depende, nesse contexto, de unanimidade na sua definição.

Tendo em vista o princípio da autonomia da vontade, é facultado às partes prever a sujeição do arbítrio do terceiro, a quem couber a fixação do preço, à análise do Poder Judiciário. Podem, também, estabelecer que a decisão pronunciada pelo terceiro não valerá senão depois de conferida e discutida pelas partes, com limitação de sua abrangência. Enfim, o conteúdo contratual é que dirá qual a força da fixação do preço quando feita por pessoa estranha à relação, somente prevalecendo o inteiro rigor da construção normativa na hipótese de os contraentes não alterarem o alcance da mesma.

Também se poderá deixar a fixação do preço à taxa de mercado ou de bolsa, em certo e determinado dia e lugar (art. 486). Será determinável o preço se as partes atrelarem a sua apuração a um dos critérios aludidos. Assim, por exemplo, é facultado aos contraentes acordarem no sentido de que o preço na compra e venda de animais ou de produtos agrícolas será aquele apurado a partir da análise do mercado de certo lugar em data definida, sujeitando-se às variações para mais ou para menos verificadas em relação à data da celebração. Portanto, se a cotação estabelecida como parâmetro era de "X" no dia da conclusão do contrato, e de "$X - 1$" ou de "$X + 1$" quando do advento do marco temporal para fixação do preço, não poderá qualquer dos contraentes reclamar em torno da ocorrência de diferença, pois a vontade emitida sujeitou-os àquela taxa.

Havendo variação da taxa do mercado ou da bolsa no dia demarcado como sendo o da fixação do preço, este será tornado definitivo tomando-se por base a média da oscilação naquela data. É importante perceber que não se trata de levar em consideração a variação havida entre o momento da celebração e o dia de fixação do preço, mas sim aquela verificada apenas na data final aprazada para a determinação do preço. Logo, se a taxa escolhida variar, no dia aprazado, entre 1 e 3, será preponderante a média de tais fatores, qual seja, o valor 2.

É lícito às partes fixar o preço em função de índices ou parâmetros, desde que suscetíveis de objetiva determinação (art. 487). Tem-se aqui norma de largo espectro e amplo alcance, pois acabam sendo incontáveis as maneiras de fixação do preço, haja vista a multiplicidade de fatores, elementos e peculiaridades passíveis de adoção pelas partes como substrato para a sua definição. Entre as hipóteses mais comuns, podem ser citados os seguintes índices e parâmetros para estabelecimento do preço na compra e venda: o praticado por certa cooperativa; fração daquele costumeiramente usado na região; o que representar a melhor oferta; o de menor expressão em determinada indústria etc. A diferença mais importante entre a previsão contida no art. 486 e a ínsita no art. 487 reside na circunstância de que neste as partes podem jogar com infindáveis possibilidades à sua livre escolha e criação, enquanto naquele a fixação do preço na compra e venda é deixada à taxa de mercado ou da bolsa em certo e determinado dia e lugar, o que consubstancia uma vinculação a fatores mais estáveis, precisos e, normalmente, sujeitos a interferências oficiais ou de magnitude internacional.

O art. 488 apresenta norma de grande relevância, destinada a solucionar problema que, embora de surgimento concreto apenas esporádico, traz grandes dificuldades para os envolvidos: "*Convencionada a venda sem fixação de preço ou de critérios para a sua determinação, se não houver tabelamento oficial, entende-se que as partes se sujeitaram ao preço corrente nas vendas habituais do vendedor. Parágrafo único – Na falta de acordo, por ter havido diversidade de preço, prevalecerá o termo médio*". Em princípio, a compra e venda sem preço não subsiste como negócio jurídico, eis que ausente um de seus elementos essenciais. Todavia, sendo convencionada a venda sem fixação de preço, ou critérios para a sua determinação, e ainda inexistindo tabelamento oficial, a venda poderá subsistir quando for possível inferir dessa conduta das partes a exteriorização de uma vontade presumida, qual seja, a de terem como preço aquele habitualmente praticado pelo vendedor.

Para que isso aconteça, será necessária a conjugação de vários fatores: a) celebração de venda sem fixação de preço; b) abstenção das partes quanto à especificação de critérios para a sua definição; c) inexistência de tabelamento oficial. Caso os contraentes estabeleçam critérios para a determinação do preço, este será o que corresponder à vontade real externada, sem espaço para a solução apontada no art. 488 do Código Civil. Por outro lado, a existência de tabelamento oficial sobre a coisa vendida também se sobrepõe à solução proposta na parte final do dispositivo, de modo que no silêncio das partes o preço será definido com base na tabela oficial.

Somente será viável a aplicação da porção final do *caput* em se tratando de negócios que tenham como alienante pessoa dedicada a vendas freqüentes (vendedores profissionais, representantes comerciais, comerciantes etc.), pois do contrário não existirá o parâmetro definido na lei, isto é, a habitualidade capaz de fornecer o padrão de preços utilizado. Na compra e venda esporádica, e que tem como alienante pessoa não habituada à mercancia, afasta-se a aplicabilidade do dispositivo, reputando-se sem efeitos o negócio entabulado e permanecendo as partes no estado original, a menos que consintam em determinar o preço de outra maneira.

O legislador, atento à massificação das vendas, procurou por meio do art. 488 conferir validade e eficácia a negócios nos quais se possa entrever a existência de uma vontade presumida, mesmo no silêncio das partes quanto à determinação do preço. Se o comerciante adquire mensalmente certo produto de fornecedor habituado a vendas dessa natureza, a falta de definição expressa do preço não importa em ineficácia do negócio, querendo significar, na ausência de tabelamento oficial, que os contraentes sujeitam-se de modo consciente à aplicação do preço corrente nas vendas habituais realizadas pelo alienante. Não se pode esquecer que muitas vezes passa a vigorar entre as partes certa relação de confiança, dada a freqüência com que negociam. Assim, é possível vislumbrar, no silêncio dos contraentes, vontade implícita no sentido de que o preço será aquele comumente praticado pelo vendedor.

Não se exclui a hipótese de que o preço praticado pelo vendedor, em suas vendas habituais, possa apresentar diversidade capaz de suscitar dúvidas entre os contraentes. Seja qual for a causa geradora da diversidade, a ausência de acordo acerca do preço fará com que ele seja estabelecido com suporte no termo médio dos valores praticados habitualmente pelo vendedor à época da celebração do negócio. Importa salientar que a diferença de preços que leva à aplicação dessa solução deve existir ao tempo da conclusão da venda, sendo desconsideradas as alterações posteriores (*v.g.*, entre a data do negócio e a entrega do bem), já que o adquirente tem o direito de receber a coisa pelo preço vigente quando da contratação.

Nulo é o contrato de compra e venda, quando se deixa ao arbítrio exclusivo de uma das partes a fixação do preço (art. 489). Já se disse anteriormente que a compra e venda está inserte dentre os ajustes comutativos, caracterizando-se pelo equilíbrio — desejado e estabelecido pelas partes — entre as prestações devidas de um a outro contraente. Isso não significa que tenham de manter absoluta paridade econômica, pois mesmo que certo bem seja vendido por preço extremamente inferior ao de mercado, não há com negar a existência do que se chama equilíbrio contratual, ou seja, um contexto firmado pela vontade das partes e que deve ser conservado ao longo de toda a execução do conteúdo negocial.

Por isso mesmo, ao ser deixada a fixação do preço ao arbítrio exclusivo de uma das partes está-se na verdade colocando em iminente risco a consecução da comutatividade do contrato, já que a determinação do preço não partirá do consenso, e tampouco ficará subordinada ao arbítrio de terceiro, a certa taxa de mercado ou bolsa, ou mesmo a índices e parâmetros eleitos pela vontade dos contraentes, subordinando-se unicamente à livre manifestação de um deles. Tal situação evidencia candente possibilidade de abusos, seja por parte do vendedor, liberado para definir preço abusivo, seja por conta do adquirente, autorizado a impor preço irrisório. Assim, até sob o prisma da preservação da moralidade das relações negociais convém a oposição de obstáculo ao livre arbítrio de apenas uma das partes quanto à fixação do preço. Constatado que a estipulação do preço foi deixada a critério exclusivo de uma das partes, a compra e venda não produzirá os efeitos que lhe seriam inerentes, haja vista ser tida pelo legislador como nula. Sendo absoluta a nulidade, opera *pleno jure* e *ex tunc*.

Por fim, cabe referir que o preço estabelecido pelos contraentes deve ser sério, isto é, exteriorização do efetivo querer de quem emite a vontade. Não pode ter sido aventado a título de gracejo ou zombaria, nem se mostrar insignificante a ponto de deixar entrever a ausência de ânimo de adquirir, pois a oferta de valor meramente simbólico não contém, em princípio, a seriedade esperada pelo legislador. Todavia, se o alienante consentir, mesmo o valor desproposto será tido como apto a gerar o vínculo.

1.3.3. Consentimento

O consentimento é um dos elementos essenciais da compra e venda, pois representa a convergência volitiva das partes em torno de determinado objeto e do preço. Indispensável para tornar obrigatória e perfeita a contratação, o consentimento tem de partir de pessoa apta a emiti-lo, pois do contrário será desconsiderado. Assim, de nada adianta a emissão de vontade se o alienante não era titular do domínio, ou incapaz de praticar atos da vida civil.

A obrigatoriedade e a perfeição do contrato surgem a partir do momento em que se consumar a convergência volitiva, o que acontece por meio da definição do preço e do objeto da compra e venda. Sendo exigida determinada forma para a conclusão, o consentimento fica cristalizado através da própria elaboração contratual propriamente dita. Para que vincule as partes, o elemento anímico há de ser externado sem vícios que possam comprometer a sua integridade. Deve provir, destarte, de agente capaz para a realização dos atos da vida civil. A incapacidade absoluta de qualquer dos celebrantes (art. 3º) faz nula a avença, porque emitido um querer imprestável no âmbito jurídico. Já a relativa incapacidade do agente (art. 4º) faz anulável o negócio. Isso não significa que tais pessoas não possam celebrar compra e venda; apenas importa na necessidade de que sejam, respectivamente, representadas e assistidas no ato da contratação, ao que se associa a exigência de prévia autorização judicial em certos casos.

Em situações arroladas pelo ordenamento, pessoas plenamente capazes não poderão celebrar compra e venda sem que preencham determinados requisitos. Por carecerem de legitimação, haja vista o peculiar contexto jurídico em que se inserem, a celebração do contrato fica atrelada à observância de especiais prescrições. Exemplo disso é a venda de ascendente a descendente, que, para se efetivar, depende da anuência dos demais descendentes e do cônjuge do alienante, para que sejam adequadamente preservados futuros direitos sucessórios. Essas hipóteses passarão por detalhado exame em tópico específico, a ser construído na seqüência do estudo.

Os denominados vícios do consentimento (erro, dolo, coação, estado de perigo e lesão) também produzem anulabilidade, haja vista a afetação do ânimo do sujeito e a necessidade de que lhe seja facultado argüir o defeito com vistas ao desfazimento do contrato. Enfim, sempre que estiver presente alguma imperfeição no consentimento, a compra e venda não se terá constituído na plenitude esperada, seja porque paciente de defeito insanável, seja em virtude de ficar submetida ao risco de anulação por força de vício corrigível. Neste último caso, a vontade terá sido validamente formada, mas poderá ser desconstituída pelo prejudicado juntamente com a avença; naquela outra hipótese, a manifestação anímica não produzirá qualquer resultado.

Por outro lado, exige-se que, afora estar dotado de capacidade genérica para os atos da vida civil, o agente possua aptidão para transmitir a coisa. Isto porque a celebração do contrato impõe ao alienante a obrigação de retirar do seu acervo o bem vendido, para que passe a integrar o patrimônio do comprador. Logo, somente quem puder exercer o direito de disposição (*jus abutendi*) sobre a coisa terá legitimação para vendê-la. No pertinente ao comprador, é suficiente que tenha a capacidade geral ditada pela conjugação dos elementos comuns previstos na legislação: maioridade ou emancipação e higidez mental.

Havendo liberdade de forma, o consentimento prova-se pelos meios ordinariamente admitidos. Em qualquer circunstância, é a regular manifestação volitiva que faz perfeito e acabado o contrato, pois, sendo vontade exarada no sentido da efetivação do negócio, junta os demais elementos essenciais em um só contexto jurídico e obriga os contraentes.

1.3.4. *Eventual imposição de forma*

A forma não é, em verdade, elemento constitutivo da compra e venda genericamente considerada. Noutra etapa deste trabalho já se observou que ela somente surge como requisito que integra a substância do ato quando a lei assim o estabelece. Todavia, sempre é relevante atentar para o fato de que a eventual imposição, pelo legislador, da observância de determinada forma assume contornos de tamanho vigor que o atendimento da prescrição normativa se equipara, em alcance e repercussão, aos elementos acima arrolados (coisa, preço e consentimento), somando-se a eles para a elaboração escorreita do contrato.

Torna-se a asseverar, todavia, que a compra e venda é contrato não solene, independendo do seguimento de forma específica — que em princípio é livre — para se aperfeiçoar e produzir todas as conseqüências que lhe são pertinentes.

1.4. Efeitos decorrentes da compra e venda

1.4.1. Garantia contra evicção e vícios redibitórios

Visando a evitar prejuízos ao adquirente que toma assento em contratação onerosa, o legislador estabeleceu duas garantias básicas, que se encontram implícitas em qualquer avença dessa natureza, mesmo que as partes nada tenham estabelecido a respeito nas cláusulas fixadas. São elas: resguardo contra evicção e vícios ocultos. Conforme afirmado anteriormente, dá-se evicção quando terceiro, com melhor e anterior direito do que o adquirente em relação à coisa, toma-a deste com base em decisão judicial definitiva. Nos contratos onerosos, o alienante responde pela evicção. Subsiste esta garantia ainda que a aquisição se tenha realizado em hasta pública (art. 447). Cabe ao vendedor, portanto, fazer boa, firme e valiosa a coisa vendida, suportando as repercussões do eventual desatendimento desse ônus. É o que ocorre, por exemplo, se Paulo compra uma casa de Marcos e depois vem a perdê-la para Tiago, que prova em juízo a ocorrência de prescrição aquisitiva em seu favor. Ao alienante caberá, em tais circunstâncias, restituir o preço recebido e arcar com os demais consectários indicados no art. 450 do Código Civil.

De banda diversa, a coisa recebida em virtude de contrato comutativo pode ser enjeitada por vícios ou defeitos ocultos, que a tornem imprópria ao uso a que é destinada, ou lhe diminuam o valor (art. 441). Tais vícios, denominados redibitórios, têm o condão de redibir o contrato a pedido do celebrante prejudicado, a quem se faculta, ainda, optar pelo abatimento proporcional do preço da coisa comprada (art. 442).

As garantias enunciadas acima são extremamente relevantes na compra e venda, haja vista a segurança que trazem para o comprador, que, assim preservado, não fica à mercê do vendedor e nem precisa demonstrar que este conhecia os problemas que afetavam a coisa ao tempo da celebração. Basta ocorrer alguma das hipóteses previstas na lei para que o adquirente tenha a prerrogativa de fazer valer os seus direitos, emergentes de regras de conduta inseridas *ex vi legis* em toda contratação onerosa e comutativa, nos moldes expostos *retro*.

1.4.2. Responsabilidade por riscos

Até o momento da tradição, os riscos da coisa correm por conta do vendedor, e os do preço por conta do comprador (art. 492). A disciplina legal, quanto aos riscos que se abatem sobre a coisa na compra e venda, atende aos mesmos preceitos adotados pelo ordenamento quando regulou a obrigação de dar coisa certa. Isto porque, a rigor, surge sempre um dever dessa natureza para o vendedor e para o comprador, seja diretamente na celebração — nos casos em que o objeto e o valor já ficarem determinados — ou no momento da execução — se a identificação da coisa e a apuração do montante a ser pago forem postergados para etapa subseqüente à da finalização do ajuste. Se é correto afirmar que ao comprador caberá entregar o preço e, ao vendedor, repassar o bem, o princípio a ser aplicado é o mesmo das obrigações de dar coisa certa.

Levando-se em consideração a circunstância de que a coisa perece para o dono (*res perit domino*), e sendo certo que enquanto não houver a tradição ela ainda pertence ao alienante, os riscos de perecimento ou deterioração correm por conta deste. Assim, se durante o período transcorrido entre a contratação e a efetiva entrega o bem jurídico vier a sofrer danos sem culpa do adquirente, suportará todos os prejuízos o vendedor, ainda que resultantes de caso fortuito ou força maior. Nunca é demais salientar que a celebração do contrato é o ato causal da transmissão da titularidade, já que esta somente acontece de uma parte para a outra com a tradição do móvel ou com o registro do imóvel. Logo, não tendo recebido a coisa, o comprador estará isento de responsabilidade por riscos, pois ainda não é dono. Somente se contribuir para a perda ou deterioração é que deverá indenizar, pois a culpa é normalmente considerada, no Direito pátrio, como fonte geradora do dever de reparar.

Se os riscos da coisa correm por conta do vendedor até a tradição, os riscos do preço recaem sobre o comprador, eis que ainda não efetuou o pagamento, e, portanto, arcará com todos os prejuízos e danos provenientes da perda, extravio ou evento similar que incidir sobre a representação material da prestação pecuniária. Exemplo: se o adquirente tiver furtado o dinheiro com que pagaria o preço do veículo comprado, isso em nada afetará o direito do vendedor, já que os recursos pecuniários ainda pertenciam ao adquirente. Cuida-se, aqui também, da aplicação do princípio *res perit domino*, cujo mérito maior consiste em distribuir com eqüidade os riscos entre os contratantes.

Depois da tradição ocorre a inversão dos riscos, eis que o domínio da coisa passou ao adquirente, enquanto o preço foi entregue ao alienante, de tal forma que cada um responderá como novo titular, respectivamente, da coisa e do preço. Segue-se aqui exatamente o mesmo princípio de que cada titular arca com as conseqüências negativas referentes à coisa que está sob sua propriedade, assim como tem a prerrogativa de auferir as vantagens que ela acaso produzir.

Todavia, os casos fortuitos, ocorrentes no ato de contar, marcar ou assinalar coisas, que comumente se recebem, contando, pesando, medindo ou assinalando, e que já tiverem sido postas à disposição do comprador, correrão por conta deste (§ 1º). A colocação da coisa alienada à disposição do comprador importa em assunção presumida, por este, dos respectivos riscos de deterioração ou perda, ainda que decorrente de caso fortuito ou força maior, quando a compra e venda tiver por objeto coisas que se transmitem segundo o modo apontado na norma legal. Não se exige a formal constituição do comprador em mora, pois equivale à própria tradição dominial a colocação, à disposição do adquirente, de coisas assim vendidas e compradas, como é o caso, por exemplo, de animais negociados por peso vivo no campo do alienante. Se em decorrência de caso fortuito houver perecimento de animais, ou a eles sobrevierem danos (fraturas, lesões em geral etc.) durante os atos de pesar, suportá-los-á o comprador, não podendo imputá-los à parte adversa. Somente havendo culpa desta será permitido ao adquirente reclamar abatimento no preço ou, conforme o caso, pleitear rescisão do contrato com perdas e danos.

A colocação da coisa à disposição do adquirente é fundamental para que se lhe possam atribuir os riscos do caso fortuito quando da contagem, pesagem, marcação ou sinalização, como se material tradição já tivesse havido. Não será assim se o ato de contar, pesar, medir ou assinalar couber ao vendedor antes de entregar a coisa ao comprador (*v.g.*, quando se dedica a apartar os animais que escolherá para vender), porque então o risco será daquele, por ser dono e não ter ocorrido evento jurídico equiparável à tradição.

Correrão também por conta do comprador os riscos das referidas coisas, se estiver em mora de as receber, quando postas à sua disposição no tempo, lugar e pelo modo ajustados (§ 2º). Para tanto, será necessário que o vendedor respeite rigorosamente o contrato e cuide de colocar a coisa à disposição da parte contrária exatamente como previsto, no que se refere ao tempo, lugar e modo. Assim, não se considera como estando à mercê do adquirente o bem jurídico oferecido depois de ultrapassado o prazo de entrega, ou aquele que se pretende repassar em local diverso do pactuado. O atraso no recebimento da prestação acarreta a transferência dos riscos, que passam a incidir por inteiro sobre o credor em mora, independentemente da natureza da coisa e do mecanismo pelo qual ela se transmite. Também aqui, como acontece no parágrafo primeiro, existe uma equiparação entre a tradição e o ato de colocar a coisa à disposição do adquirente, mas com a agravante da existência da mora, razão pela qual a ocorrência desta provoca a inversão dos riscos da coisa disponibilizada ao adquirente, mesmo que ela não seja das que se repassam contando, pesando, medindo ou assinalando. Exemplo: Maicon vende certo animal a Francisco, ficando ajustado entre as partes que o comprador o buscará no dia seguinte. Se o adquirente não comparecer para pegar o animal, e este vier a morrer em virtude de um raio, Francisco não terá direito ao recebimento de outro bem e suportará por inteiro o prejuízo, devendo pagar ao alienante todo o preço avençado.

Para que as partes se previnam quanto aos riscos da coisa, é importante que cumpram as obrigações exatamente de acordo com o pactuado. Para o vendedor, a escorreita observância dos deveres assumidos passa pela entrega do bem no lugar indicado no contrato. O art. 493 contém regra de caráter supletivo sobre a matéria, cuja aplicabilidade se dará sempre que as partes não tiverem optado por solução diversa, haja vista a incidência, na espécie, do princípio da autonomia da vontade. O referido mandamento legal preleciona: *"A tradição da coisa vendida, na falta de estipulação expressa, dar-se-á no lugar onde ela se encontrava, ao tempo da venda"*.

O local da celebração do ajuste não interfere na execução do teor da norma, eis que sempre prepondera, para fins de *traditio*, o lugar de situação da coisa quando da conclusão do contrato, ainda que depois disso seja deslocada para ponto diverso. A solução apontada visa a facilitar a entrega do bem ao adquirente, ao mesmo tempo em que também serve para desde logo impedir disputas acerca do local de cumprimento do dever de promover a tradição, quando silentes as cláusulas contratuais. Para inverter a regra geral, terão as partes de, modo expresso, apontar no contrato ou em aditivo posterior o lugar em que se dará a transferência.

O art. 494 do Código Civil dispõe sobre os riscos da coisa que se transmite por meio de expedição para lugar diferente daquele em que houve a celebração do contrato. Esta é a redação: *"Se a coisa for expedida para lugar diverso, por ordem do comprador, por sua conta correrão os riscos, uma vez entregue a quem haja de transportá-la, salvo se das instruções dele se afastar o vendedor"*. O ato de entrega da coisa ao transportador, por ordem do comprador, com a finalidade de que seja expedida para lugar diverso equivale à tradição, de forma que passarão a correr por conta do adquirente os riscos do transporte.

A assunção dos riscos somente não ocorrerá se o vendedor, encarregado de promover a expedição, afastar-se das instruções do comprador e fizer a remessa seguindo modo diverso do pretendido por este. É que assim procedendo estará o vendedor chamando para si os riscos de que a coisa venha a perecer ou deteriorar-se durante o transporte. Tal fenômeno ocorre ainda que a perda se dê em razão de caso fortuito ou força maior, porque se presume que o evento lesivo não ocorreria se as instruções houvessem sido observadas. Porém, reserva-se ao alienante a faculdade de provar que a perda se daria mesmo que as instruções fossem estritamente seguidas, única circunstância capaz de elidir a sua responsabilidade e de fazer com que fique resolvido o contrato, com reposição das partes ao estado original.

Considerado o teor do art. 494, pouco importa que o alienante tenha objetivado enviar a coisa por meio que entendia mais seguro (*v.g.*, via aérea ao invés da terrestre), bastando que se afaste das instruções do comprador para que continue consigo a responsabilidade pelos danos sobrevindos ao bem até a efetiva tradição, que no caso se daria com a entrega do mesmo quando da chegada ao destino final.

Para que recaiam sobre o comprador os riscos do transporte é necessária a presença dos seguintes fatores: a) expedição da coisa para lugar diverso daquele em que se encontrava quando da celebração do contrato; b) que a expedição se dê por ordem do adquirente; c) estrita observância, pelo vendedor, das instruções dadas pelo comprador acerca do transporte da coisa. Cabe ressaltar que, uma vez conjugadas tais circunstâncias, passarão a fluir por conta do comprador os riscos do transporte, tendo por marco inicial o momento em que for efetuada a entrega da coisa a quem haja de transportá-la.

Caso o próprio transportador cause danos à coisa, seja descumprindo o dever de entregá-la pelo modo avençado, seja de alguma outra forma culposa, nenhuma responsabilidade incidirá sobre o vendedor que a expediu conforme pactuado na celebração, cabendo ao adquirente buscar indenização junto àquele que desatendeu à obrigação de transportar incólume o bem jurídico.

1.4.3. *Responsabilidade por despesas e débitos*

Salvo cláusula em contrário, ficarão as despesas de escritura e registro a cargo do comprador, e a cargo do vendedor as da tradição (art. 490). Restando silentes as partes quanto à cobertura dos gastos efetuados na realização do negócio, caberá ao comprador arcar com os que disserem respeito à confecção da escritura e subseqüente registro junto ao cartório competente, tais como: emolumentos cartorários, custas, tributos de transmissão etc. Por outro lado, o vendedor suportará as despesas feitas com a tradição da coisa, como, por exemplo, aquelas relacionadas à corretagem, pesagem, medição, deslocamento até o lugar da entrega e assim por diante.

Poderão os contraentes, porém, alterar a realidade exposta no dispositivo e atribuir a uma das partes as despesas que de ordinário caberiam à outra, fazendo com que, *v.g.*, o comprador suporte os gastos correspondentes à tradição e o vendedor arque com os relativos à escritura e ao registro. É lícito, também, acordar no sentido de que apenas um dos pólos suportará todas as despesas feitas para a celebração do negócio. Tudo depende do que estiver previsto no contrato, sendo certo que somente se aplicará o dispositivo em análise, cuja natureza é supletiva, se os interessados nada dispuserem a respeito do tema.

O vendedor, salvo convenção em contrário, responde por todos os débitos que gravem a coisa até o momento da tradição (art. 502). Caso incidam sobre o bem pendências de natureza tributária, administrativa, civil etc., ficará obrigado o alienante a satisfazê-los, assegurada às partes a possibilidade de, por acordo concomitante ou posterior ao negócio, promoverem modificação dessa regra geral. Desde o instante da tradição assume o comprador os débitos que se forem daí em diante constituindo, eis que se torna titular do domínio.

A previsão normativa não impede que em certas situações os credores, fundados na lei, venham a reclamar diretamente junto ao comprador o pagamento das dívidas, como é o caso, por exemplo, dos impostos sobre a propriedade de veículos automotores. Sem o pagamento não será licenciado o veículo, ficando o proprietário impedido de circular. Todavia, quando compelido a pagar, terá o adquirente direito de pleitear o reembolso perante o vendedor, por ser deste a responsabilidade final pelo débito. Na realidade, o art. 502 tem por escopo maior assegurar ao comprador, desde que não haja convenção em contrário, o direito de não arcar com o prejuízo decorrente do pagamento dos ônus incidentes sobre a coisa até a tradição, de modo que, se não as saldar o vendedor e for ele mesmo — comprador — obrigado a solvê-las, poderá ao depois exigir da parte contrária o correspondente reembolso.

1.4.4. Venda de coisas conjuntamente

Nas coisas vendidas conjuntamente, o defeito oculto de uma não autoriza a rejeição de todas (art. 503). As coisas assim alienadas formam uma universalidade jurídica, de tal sorte que se a considera em razão do todo, e não das frações que a integram. O alienante responde pela existência e utilidade do complexo, mas isso não significa que assegura a absoluta ausência de defeitos em todos os itens singularmente considerados. Em assim sendo, o defeito oculto de uma não autoriza a rejeição de todas as coisas, sendo inviável ao adquirente a invocação do instituto dos vícios redibitórios como causa de desfazimento do negócio jurídico.

Somente se houver defeitos em considerável número das unidades formadoras do todo é que se poderá invocá-los como fonte de resolução contratual. Se o defeito for em apenas uma das unidades, ou em número inexpressivo delas frente ao conjunto, caberá ao adquirente, apenas, pleitear abatimento proporcional no preço. Tal faculdade, todavia, somente será aplicável se demonstrado que o conjunto sofreu diminuição de valor em razão do defeito.

Não obstante o que se disse acima, se o defeito em uma das coisas comprometer notoriamente o valor ou a utilidade do universo adquirido, poderá o comprador valer-se da garantia legal contra vícios redibitórios. Imagine-se a compra de um par de tênis, em que um dos elementos esteja com problema oculto que, posteriormente constatado, impede a destinação normal da coisa. Sem dúvida, terá o comprador a prerrogativa de romper o liame contratual em virtude do defeito encontrado. O mesmo se dá quando volumes de livros raros são adquiridos em conjunto e, depois, é percebido que determinadas páginas de um dos livros foram suprimidas, exatamente em uma parte imprescindível do tema abordado. Como não é possível a substituição do volume afetado, resta comprometida a própria coleção, ensejando ao adquirente o desfazimento do contrato.

1.4.5. Direito a reter a coisa ou o preço

Na falta de previsão diversa, a compra e venda é ajuste de execução instantânea. Assim, cabe ao vendedor efetuar a entrega da coisa no mesmo instante em que ao comprador compete o pagamento do preço. Evidentemente, a dinâmica das relações negociais faz com que se mostre mais comum, especialmente nos liames de consumo, a imediata tradição da coisa e o pagamento projetado no tempo, em prestações mensais e de vencimento sucessivo. Nas vendas a prazo, terá o vendedor de entregar a coisa no ato da conclusão do contrato, a menos que se tenha avençado solução diferente. Silenciando as partes acerca do assunto, poderá o comprador exigir de imediato a entrega, haja vista o conteúdo do art. 491. A compra e venda a prazo permite ao adquirente pagar em prestações o preço, mas faz surgir de imediato o direito ao recebimento instantâneo da coisa, exceto quando previsão diversa for livremente acertada. Logo, se esta fórmula não for expressamente prevista pelos celebrantes, prevalecerá aquela primeira, gerando simultaneidade no cumprimento das prestações.

Não obstante, a experiência revela que a observância do repasse instantâneo daquilo que uma parte deve à outra é difícil, senão impraticável. Mostra-se quase impossível promover a troca concomitante de prestações, razão pela qual o legislador editou regra a respeito do tema. O art. 491 estabelece: *"Não sendo a venda a crédito, o vendedor não é obrigado a entregar a coisa antes de receber o preço"*. Portanto, nos contratos de compra e venda com pagamento à vista, o vendedor não é obrigado a entregar a coisa antes de receber o preço, podendo retê-la enquanto não for oferecido o pagamento pelo comprador. Embora vencido o prazo definido para a entrega, não haverá mora do alienante se ele estiver exercendo legitimamente o direito de retenção. Trata-se de faculdade tendente a evitar que o vendedor corra o risco de sofrer prejuízos ao cumprir a sua obrigação sem garantia de atendimento do dever cabível à parte contrária.

Por outro lado, em correspondência a tal previsão normativa, o comprador não é obrigado a pagar diretamente ao vendedor quando perceber que este, em virtude de insolvência ou motivo afim, deixa entrever que não cumprirá o dever jurídico de entregar imediatamente a coisa. Caberá ao adquirente, então, consignar em juízo o preço e reclamar a entrega da coisa, ou, caso impossibilitada a prestação pelo vendedor, resolver o contrato e pedir indenização por perdas e danos.

Posição semelhante se permite ao vendedor na hipótese de insolvência do pólo oposto, conforme estatuído no art. 495 do Código Civil: *"Não obstante o prazo ajustado para o pagamento, se antes da tradição o comprador cair em insolvência, poderá o vendedor sobrestar na entrega da coisa, até que o comprador lhe dê caução de pagar no tempo ajustado"*. Conforme asseverado anteriormente, nas compras à vista duas prestações têm de ser satisfeitas quase ao mesmo tempo, pois enquanto ao vendedor compete a entrega da coisa ao adquirente, a este incumbe pagar o preço avençado. Ambos, para poderem exigir o cumprimento da obrigação que recai sobre a parte contrária, precisam dar atendimento à sua. Já nas compras a prazo, em princípio, incide sobre o vendedor a obrigação de entregar a coisa, para somente depois ver integralizado o pagamento, de acordo com as prestações avençadas.

Porém, não vai esse dever jurídico ao ponto de impor ao alienante a entrega da coisa à margem de maiores considerações em torno do eventuais alterações econômicas supervenientes. Destarte, se antes da tradição o comprador cair em insolvência, poderá o vendedor recusar a entrega da coisa, até que a parte adversa preste caução idônea, real ou fidejussória, capaz de assegurar o pagamento no tempo contratualmente acordado. Isso configura nada mais do que a aplicação da cláusula *rebus sic stantibus*, segundo a qual a conservação das nuanças das obrigações contratuais depende da manutenção do *status quo* reinante quando da finalização do pacto.

A insolvência referida na dispositivo pode ser verificada em inúmeros acontecimentos que afetam a vida financeira do comprador, tais como: protesto de títulos sem resgate dos mesmos, decretação de concordata ou falência, abertura de processo de insolvência civil, registro em órgão de inadimplentes e assim por diante. Caso sobrevenha situação dessa natureza, pode o vendedor, por questão de segurança, consignar em juízo a coisa enquanto discute o mérito, mesmo porque assim agindo evitará a incidência da mora caso vencido na demanda. Por isonomia, também ao adquirente assiste o direito de negar o pagamento das prestações, quando, nas compras a prazo com entrega programada para certa etapa do cumprimento, constatar que o vendedor caiu em insolvência e há risco iminente de descumprimento da obrigação de entregar a coisa no tempo acordado.

Embora o art. 495 não indique o rumo a ser seguido no caso de ficar insolvente o comprador depois da *traditio*, quando ainda pendente o pagamento de parcelas avençadas, não é difícil perceber qual a melhor solução. Sobrevindo a insolvência do comprador após a tradição, de modo a colocar em risco o pagamento das parcelas que se vencerem a partir de então, assiste ao vendedor o direito de optar entre a execução compulsória da obrigação e a rescisão contratual, com reposição ao estado anterior. É caminho que harmoniza os direitos das partes e revela sintonia com o espírito das normas editadas pelo ordenamento jurídico acerca do assunto.

1.5. Modalidades submetidas a regras específicas

Em determinadas situações, a legitimação de certos indivíduos para a celebração de compra e venda condiciona-se ao preenchimento de requisitos peculiares, que não se aplicam à generalidade dos contratos de mesma natureza. Noutras palavras, a possibilidade de tomar assento na regular formação da compra e venda depende do implemento de exigências específicas, postas na lei com vistas à preservação dos interesses de certas pessoas, fragilizadas em virtude da diferenciada posição que circunstancialmente ocupam.

Em outros casos, o ordenamento simplesmente veda a integração do sujeito a contratos de compra e venda que estiverem inseridos em determinada realidade fática e jurídica. Nessas hipóteses, não há como contornar a ausência de legitimação, pois o intento da lei é obstar totalmente o acesso daquela pessoa a certos contratos. A restrição concerne à especial posição do sujeito, já que aos demais indivíduos fica franqueada a celebração sem necessidade do atendimento de exigências diversas das ordinárias. Enquanto a uns o legislador impede a contratação, aos que não se enquadrarem no rol dos que sofrem limitações é facultado avençar livremente.

Não se pode confundir a ausência de legitimação com a incapacidade dos contraentes. Na hipótese de incapacidade, a condição individual do sujeito (menoridade, problemas mentais etc.) compromete a sua participação no contrato, havendo notória preocupação da lei em preservar a segurança jurídica do próprio incapaz, evitando que sofra prejuízos como decorrência de eventual vinculação com pessoa capaz. Na restrição ou negativa de legitimidade, a lei que o resguardo da parte com quem o indivíduo — mesmo civilmente capaz — tenciona contratar, ou então busca a tutela dos interesses de terceiro estranho à relação negocial. Em ambos os contextos, porém, existe acentuada preocupação de cunho moral, no sentido de prevenir a prática de atos lesivos à parte mais frágil da relação jurídica.

A relativa falta de legitimação produz a anulabilidade do contrato, que é contornada pelo cumprimento das imposições legais, ao contrário do que ocorre quando absoluta a negativa, pois então será inviável burlar a vigilância estabelecida pelas regras de direito, sob pena de nulidade do ajuste firmado. Tais quadros estão delineados em regras expressas do Código Civil, nos moldes que serão explicitados nos tópicos subseqüentes.

1.5.1. Venda de ascendente a descendente

O art. 496 do Código Civil estatui: *"É anulável a venda de ascendente a descendente, salvo se os outros descendentes e o cônjuge do alienante expressamente houverem consentido. Parágrafo único – Em ambos os casos, dispensa-se o consentimento do cônjuge se o regime de bens for o da separação obrigatória"*. O Direito brasileiro, seguindo o rumo traçado pelas codificações de muitos outros países, consagra a igualdade patrimonial entre os descendentes perante o ascendente, de modo que a todos aqueles é assegurado tratamento igualitário.

Para evitar privilégios como a venda fictícia que dissimula doação, considera-se anulável a venda feita de ascendente a descendente sem o consentimento dos demais descendentes e do cônjuge casado em regime que não o da separação obrigatória de bens. A falta de aquiescência dos descendentes, que não figuram no contrato como adquirentes, acarreta presunção de fraude contra os demais, autorizando estes últimos a ajuizarem demanda visando à anulação da venda. Tal presunção deriva do fato de que a aparente venda mascara a realização de liberalidade, e, conseqüentemente, impossibilita a correta aplicação do art. 544 do Código Civil, que considera antecipação de legítima a doação regularmente feita pelos pais aos filhos, sujeitando-a à colação depois do óbito do doador. Se não há colação do bem supostamente vendido, os quinhões sucessórios se desigualam, violando a vontade do ordenamento jurídico.

Cumpre destacar que a lei não distingue entre a venda feita diretamente ao descendente e aquela que se vale de interposta pessoa para chegar ao objetivo vedado pela norma. Em ambos os casos a transmissão é anulável por falta de consentimento dos outros descendentes e do consorte do vendedor, nos mesmos termos expendidos *retro*.

Para que a venda a descendente considere-se perfeita e acabada, impõe-se o consentimento dos descendentes que não fazem parte do contrato, cuja expectativa sucessória foi afetada pelo negócio jurídico. E também da anuência do cônjuge, quando não incide a exceção mencionada no parágrafo único do art. 496. Exemplo: a venda de um imóvel, feita por Carlos (casado sob o regime da comunhão universal com Maria) ao filho Paulo, depende do assentimento dos outros filhos do alienante e da própria mulher, pois a eles é que atinge o ato negocial. A concordância deve ser expressa e por escrito, podendo constar do mesmo instrumento em que foi celebrado o negócio ou noutro em apartado, contanto que contenha inequívoco desiderato de anuir com a venda. Tratando-se de venda de imóvel de valor superior a trinta vezes o maior salário mínimo vigente no País (art. 108), o consenso deve ser exarado por instrumento público, haja vista a incidência do princípio da atração da forma. É admitida a emissão de consentimento em período posterior ao da realização da venda, pois isso importa na sua confirmação e, por via oblíqua, na abdicação do direito de contestá-la.

A legitimidade *ad causam* para a ação de anulação de venda de bens de ascendente para descendente é exclusivamente dos herdeiros que não consentiram, quer tenham a prerrogativa de suceder por direito próprio ou por representação. Por isso é que a venda do avô ao neto, sucessor de filho pré-morto do alienante, também depende do consentimento dos outros filhos, já que o neto representa o pai na sucessão do avô, trazendo com isso a necessidade de igualização das legítimas. O ajuizamento da demanda sujeita-se ao prazo geral de prescrição previsto no art. 205 do Código Civil (dez anos), ficando sem efeito o teor da Súmula n. 494, do Supremo Tribunal Federal, nesse particular, eis que, editada antes do advento da codificação de 2002, previa prescrição vintenária com suporte no Código de 1916. A ação anulatória somente pode ser ajuizada a partir da abertura da sucessão (data do óbito do ascendente), antes do que não têm os descendentes interesse econômico nem moral para aparelhar o pedido, por inexistir, ainda, direito à herança. Porém, se não for o caso de falta de consentimento, mas sim de vício na sua emissão (*v.g.*, erro ou dolo), o prazo para desfazimento do ato começará a fluir a partir de quando realizado.

É aplicável o suprimento judicial de consentimento à hipótese de um dos herdeiros recusar-se sem justa causa a autorizar a alienação da coisa, contanto que seja provado de modo cabal que o negócio é real e sério, ou seja, que o descendente efetivamente pagará ao ascendente o valor pelo qual está sendo negociada a coisa. Isto porque a substituição desta, no patrimônio do ascendente, pelo correspondente valor em dinheiro, conserva intacta a legítima cabível aos herdeiros necessários. Assim, afastada a possibilidade de prejuízo econômico à fração destinada por lei aos descendentes, é imotivada e suscetível de reversão judicial a negativa em consentir.

Em se tratando de descendente incapaz, o consentimento poderá ser suprido pelo juiz, desde que nomeado curador e ouvido o Ministério Público. Todavia, em hipóteses dessa natureza somente será factível o suprimento se o negócio for interessante ao incapaz, circunstância objetiva a ser aferida em cada situação concreta.

O legislador jurídico dispensa o consentimento do cônjuge do alienante na hipótese de serem casados sob o regime da separação obrigatória de bens. Isto porque tal regime impõe aos consortes a completa distinção de seus acervos individuais, sendo impraticável a comunicação dos bens anteriores ou posteriores ao casamento. Assim, a alienação feita pelo ascendente diz respeito, necessariamente, a itens que integram o seu próprio patrimônio, de maneira que é de nenhuma relevância a outorga do cônjuge. Sendo outro o regime do casamento, e tratando-se de alienação que reclame ordinariamente a outorga do cônjuge, esta será tão imprescindível para a perfeição do negócio jurídico quanto o consentimento dos outros descendentes do alienante, conforme previsto no *caput*.

1.5.2. Venda obstada pela posição jurídica do sujeito

Em determinados casos, o legislador simplesmente impede a celebração da compra e venda, tomando em consideração, para estabelecer tal óbice, a especial posição jurídica em que se encontra a pessoa sobre quem recaem os efeitos da previsão normativa. No art. 497 do Código Civil está disciplinada a matéria: *"Sob pena de nulidade, não podem ser comprados, ainda que em hasta pública: I – pelos tutores, curadores, testamenteiros e administradores, os bens confiados à sua guarda ou administração; II – pelos servidores públicos, em geral, os bens ou direitos da pessoa jurídica a que servirem, ou que estejam sob sua administração direta ou indireta; III – pelos juízes, secretários de tribunais, arbitradores, peritos e outros serventuários ou auxiliares da justiça, os bens ou direitos sobre que se litigar em tribunal, juízo ou conselho, no lugar onde servirem, ou a que se estender a sua autoridade; IV – pelos leiloeiros e seus prepostos, os bens de cuja venda estejam encarregados. Parágrafo único – As proibições deste artigo estendem-se à cessão de crédito".*

As funções e atribuições de certas pessoas impedem-nas de comprar determinados bens, que por negociação direta com o proprietário ou seu representante, como também por meio de oferta feita ao público em hasta. Essa vedação objetiva não apenas resguardar os próprios impedidos, como também a credibilidade das atividades que desempenham. Assim, em nome do necessário zelo para com as pessoas e os lugares que ocupam na atividade pública ou privada, entendeu o legislador de negar habilitação para que comprem coisas sujeitas à sua atuação, mesmo que a venda ocorra em disputa aberta e endereçada ao público.

O objetivo maior que preside cada um dos incisos consiste em preservar a lisura procedimental das pessoas neles elencadas, evitando que sobre elas pairem suspeitas ou imputações capazes de colocar em risco a seriedade e a magnitude da atividade desempenhada. Por outro lado, previne-se a prevaricação, o prevalecimento que poderia surgir em razão do fato de tais pessoas estarem colocadas em posição privilegiada em relação aos bens colocados à venda. Noutras situações, zela pela imprescindível imparcialidade de certos indivíduos postados em lugares estratégicos e que por si mesmos facilitariam o acesso à aquisição do bem, em detrimento dos verdadeiros interesses que deveriam ser protegidos, geralmente inconciliáveis com os das pessoas arroladas na norma legal. Trata-se, em suma, de severa e incontornável restrição à liberdade genérica de contratar. Por isso, a compra feita com violação ao conteúdo do art. 497 padece de nulidade absoluta, não convalescendo em hipótese alguma. Todavia, cessada antes da celebração a causa da qual se originava a proibição (término da tutela, da curatela, desligamento do serviço público etc.), a venda poderá ser livremente feita a quem anteriormente se encontrava impedido.

Os mesmos fundamentos que bloqueiam a realização de venda para determinadas pessoas (preservação de certos postos, funções e da moralidade) servem para impedir que se lhes faça cessão de crédito, já que ambas constituem operações marcadas por notória semelhança jurídica, motivo pelo qual mostra-se correta a opção por atribuir à compra e venda e à cessão de crédito igual tratamento normativo.

Conforme disposto no art. 498, a proibição contida no inciso III do art. 497 não compreende os casos de compra e venda ou cessão entre co-herdeiros, ou em pagamento de dívida, ou para garantia de bens já pertencentes a pessoas designadas no referido inciso. Haverá liberdade de celebração de compra e venda ou cessão nos casos em que desaparece a incompatibilidade de interesses e inexiste risco à moralidade que se espera de operações realizadas nessas condições. Assim, a compra e venda ou cessão entre co-herdeiros pode ser livremente feita com as pessoas indicadas na norma, haja vista a importância de preservar o exercício dos direitos existentes sobre o patrimônio comum. Como condôminos em coisa indivisível, os co-herdeiros têm total interesse na proteção ao patrimônio que a todos pertence, e a alienação ou cessão é uma das formas de resguardo do mesmo.

Também é admitida a compra e venda ou a cessão quando destinadas ao pagamento de dívidas, circunstância que terá de constar expressamente do respectivo instrumento, sob pena de caracterizar a nulidade estatuída no *caput* do art. 497. Por fim, é igualmente admitida a compra e venda ou a cessão visando à garantia de bens já pertencentes às pessoas arroladas no inciso III do mencionado dispositivo, eis que então estará ausente o conflito de interesses, tendo em vista que o negócio será efetivado com o exclusivo objetivo de resguardar o próprio patrimônio, sem prejuízo e risco para outrem.

1.5.3. Venda mediante amostra

Se a venda se realizar à vista de amostras, protótipos ou modelos, entender-se-á que o vendedor assegura ter a coisa as qualidades que a elas correspondem (art. 484). Nas compras de grande porte e por atacado, dificilmente o adquirente faz o negócio tendo em sua presença todo o objeto do contrato, mesmo porque, normalmente, é constituído por expressivo número de itens individualizados. Até em negócios de menor amplitude tornou-se comum o fornecimento das mercadorias posteriormente ao fechamento da alienação, haja vista a dinamicidade com que tais relações acontecem. Em virtude da proliferação de vendas por meio da apresentação de amostras, protótipos ou modelos, feitas por representantes comerciais, viajantes e negociantes em geral, é preciso assegurar que a mercadoria final corresponda em qualidade àquela constante dos mostruários, peças, fragmentos etc.

Não pode o vendedor oferecer determinado produto por meio de amostragem ou padrão afim e depois entregar a encomenda final sem a qualidade da amostra, protótipo ou modelo, pois se presume que o adquirente não celebraria o contrato da maneira como formulado se conhecesse a real qualidade do objeto adquirido. Por isso, em toda venda concretizada por meio de pedido, sem que o produto desejado seja por inteiro apresentado ao adquirente quando da celebração, entende-se estar o alienante assegurando desde logo que a coisa possui as qualidades que lhe correspondem, similares às apresentadas ao comprador por meio de amostragem ou procedimento análogo.

Pode-se dizer que o negócio jurídico feito nos moldes previstos no *caput* do art. 484 enquadra-se na categoria dos condicionais, pois a produção integral de seus efeitos depende da entrega da coisa como acordado pelos contraentes. Cabe ao adquirente, quando da entrega ou em espaço de tempo razoável (se outro não tiver sido fixado pelas partes), conferir a qualidade da coisa e insurgir-se contra eventual irregularidade, pois o silêncio, salvo prova em contrário, importa em aceitação e faz com que o contrato produza todos os seus efeitos. Por outro lado, a falta de correspondência entre a coisa oferecida e aquela efetivamente entregue autoriza o lesado a ajuizar demanda visando à produção antecipada de provas, *ad perpetuam rei memoriam*, que servirá como fundamento para futura rescisão do contrato e reclamação de perdas e danos.

Prevalece a amostra, o protótipo ou o modelo, se houver contradição ou diferença com a maneira pela qual se descreveu a coisa no contrato (parágrafo único). Nesse contexto, o vendedor ficará obrigado a entregar objeto que corresponda em qualidade ao originalmente oferecido. Isto porque o adquirente por certo pretendeu obter a coisa como lhe foi prometida quando da contratação, ficando a parte adversa vinculada ao dever jurídico de entregá-la em tais condições. Não poderá o alienante alegar mudança na linha de fabricação ou nos demais fatores que porventura venham a interferir nas qualidades do bem jurídico, eis que fica vinculado às informações inseridas no contrato e tem de observá-las por inteiro, sob pena de autorizar a parte adversa a romper o liame e exigir a indenização de perdas e danos comprovadamente ocorridos.

1.5.4. Venda de um cônjuge a outro

É lícita a compra e venda entre cônjuges, com relação a bens excluídos da comunhão (art. 499). Vários são os regimes de bens, estando cada um dotado de características próprias e variadas, das quais as mais relevantes são as que disciplinam a comunicabilidade ou não dos bens entre os cônjuges. Todavia, é certo que todos os regimes excluem da comunhão determinados bens, em maior ou menor escala, fazendo com que permaneçam sob exclusivo domínio de um dos consortes. A opção dos interessados por este ou aquele regime de bens, ou a incidência normativa que culmina com a aplicação de um deles ao liame matrimonial que se forma, estabelece qual a destinação a ser dada aos bens já pertencentes a cada nubente antes do casamento e aos adquiridos posteriormente ao enlace.

Independentemente do regime que venha a nortear o casamento, será lícita a compra e venda feita entre os cônjuges quando incidir sobre bens excluídos da comunhão. Assim, se o regime escolhido pelos consortes for o da separação de bens, cada um terá acervo próprio e exclusivo, de modo que não haverá comunicação dos itens pertencentes a cada nubente em fase anterior ao matrimônio e nem dos que forem adquiridos depois da celebração. Porém, poderá o marido vender à mulher e vice-versa, contanto que se trate de venda efetiva, real e perfeita, e não de ardil visando a ferir direitos alheios.

Estarão sujeitas à anulação as operações de compra e venda, efetivadas entre cônjuges, quando destinadas a mascarar e encobrir doações, eis que na realidade não passam de simulacro ou artifício semelhante com o desiderato de burlar a vigilância da lei. Não se haverá de olvidar a circunstância de que aos herdeiros necessários cabe o recebimento de metade dos bens deixados pelo *de cujus*, de tal maneira que, depois do óbito da pessoa que fez a venda ao consorte, poderão tais herdeiros combater o negócio jurídico mediante argüição de vício capaz de levá-lo ao desfazimento. Prosperando a alegação, os bens volverão ao acervo hereditário para a devida distribuição entre as pessoas apontadas pelo ordenamento jurídico.

1.5.5. *Venda* ad mensuram *e venda* ad corpus

Se, na venda de um imóvel, se estipular o preço por medida de extensão, ou se determinar a respectiva área, e esta não corresponder, em qualquer dos casos, às dimensões dadas, o comprador terá o direito de exigir o complemento da área, e, não sendo isso possível, o de reclamar a resolução do contrato ou abatimento proporcional ao preço (art. 500). A questão que se põe agora, portanto, tem direta relação com o fato de estar sendo vendida uma coisa que deve apresentar rigorosamente as dimensões anunciadas no contrato, ou, ao revés, um corpo certo, em que as medidas indicadas pelos celebrantes são de relevância secundária.

Denomina-se *ad mensuram* a venda de imóvel feita com determinação da respectiva área ou com fixação de preço por medida de extensão. Ao vender desse modo, será do alienante a responsabilidade por eventual diferença que se venha a encontrar entre a área estipulada e a efetivamente existente, ressalvada a exceção prevista no § 1º, que será analisado adiante. Entende-se como venda *ad mensuram*, por exemplo, aquela cuja escritura especifica as dimensões do imóvel, dizendo que possui cem hectares, quinhentos metros quadrados, dez braças etc. Também é *ad mensuram* a venda que menciona o preço por medida de extensão ou unidade, como no caso de imóvel vendido pelo valor de 1000 por hectare, ou de 10 por metro quadrado, ainda que não haja referência ao número final de hectares ou metros.

Diz-se *ad corpus* a venda de imóvel certo, referido pelo todo, sem que sejam discriminadas com rigor as medidas. O bem vendido constitui corpo certo ou conjunto determinado, e mesmo que exista alguma alusão a medidas, esta configura mero enunciado destituído de sentido cogente. É o que acontece, por exemplo, quando da escritura pública consta que está sendo vendida a "Granja Santana", a "Fazenda Peão", a "Chácara Cristal" e assim por diante. Também será *ad corpus* a venda de imóvel quando na respectiva escritura estiverem inseridas expressões que denotam a relevância secundária da referência às medidas ou extensões (*"terras com aproximadamente 1000 hectares"*, *"terreno com mais ou menos 500 metros quadrados"* etc.).

Tratando-se de venda de imóvel com estipulação de preço por medida de extensão ou determinação de área, o comprador terá direito de exigir o complemento da mesma caso haja divergência entre a dimensão contida na escritura e a que realmente existe. É que ao ser anunciada a existência de medida certa, ou determinada por preço, fica o comprador investido no direito de exigir a entrega conforme avençado, pois criada a justa expectativa de receber o imóvel consoante estatuído no contrato firmado. Sendo impossível o complemento da área, poderá o comprador reclamar a resolução do contrato ou abatimento proporcional no preço acordado, ficando ainda legitimado, em qualquer das hipóteses, a pleitear perdas e danos efetivamente demonstrados.

A ação hábil a viabilizar o complemento da área é de caráter ordinário e denomina-se *ex empto* ou *ex vendito*. Funda-se na ausência de sintonia entre a extensão mencionada na escritura, que confere ao adquirente certeza quanto à área adquirida, e aquela posteriormente verificada. Se o comprador optar pelo abatimento no preço, o valor final será calculado com base na extensão a menor encontrada na área vendida. Assim, se o valor era 1000 para imóvel que deveria ter 100 metros quadrados, o fato de serem apurados apenas 90 metros quadrados faz com que o preço caia para 900, haja vista a incidência de redução proporcional.

Presume-se que a referência às dimensões foi simplesmente enunciativa, quando a diferença encontrada não exceder de um vigésimo da área total enunciada, ressalvado ao comprador o direito de provar que, em tais circunstâncias, não teria realizado o negócio (§ 1º). Nem sempre a referência às dimensões do imóvel vendido serão tomadas como questão decidida para fins de vinculação estrita do vendedor. Portanto, é possível que mesmo havendo na escritura menção acerca da extensão do bem, o vendedor não seja obrigado a complementar a área, e nem a ver abatido o preço. Isto porque se presume ser apenas secundária — sem finalidade de definir com exatidão o todo — a alusão às dimensões quando a diferença encontrada for de até um vigésimo (ou seja, 5%) da área total mencionada no instrumento. Na dúvida quanto à concreta intenção das partes, aplica-se a regra em exame. Destarte, se a escritura faz alusão ao fato de que o imóvel tem 100 hectares, mas na realidade possui apenas 97, não poderá o comprador postular a resolução do contrato, nem terá direito a abatimento proporcional no preço. Porém, se no mesmo contexto for constatado que o imóvel tem apenas 94 hectares, estará o adquirente legitimado a propor ação *ex empto* ou a buscar redução no preço.

Não obstante o acima exposto, a porção final do parágrafo primeiro autoriza o adquirente a fazer prova no sentido de que, caso soubesse da existência de dimensões inferiores às mencionadas na escritura, não teria realizado o negócio. Com isso, ficará legitimado a exigir o complemento da área, ou, caso se mostre impossível, a resolver o contrato ou postular abatimento no preço, nos moldes previstos no *caput*. A referida prova se faz por meio de todos os meios admitidos em direito, sendo exemplo disso a demonstração, pelo comprador de terreno supostamente com 1000 metros quadrados, mas cuja área real não passa dos 940, de que determinado empreendimento que tencionava executar e já estava dotado de projeto não poderia de modo algum ser concretizado em imóvel com menos do que os 1000 metros quadrados estabelecidos na escritura.

Se em vez de falta houver excesso, e o vendedor provar que tinha motivos para ignorar a medida exata da área vendida, caberá ao comprador, à sua escolha, completar o valor correspondente ao preço ou devolver o excesso (§ 2º). Sendo constatada a existência de diferença a maior entre a extensão mencionada na escritura e aquela efetivamente apurada, o vendedor somente terá direito de reclamar o complemento do preço ou a devolução do excesso de território caso faça prova no sentido de que tinha motivos para ignorar a exata medida da área negociada. Assim, por exemplo, se o alienante demonstrar que ao tempo em que adquiriu a área deixou de medi-la, e que as dimensões constantes do registro eram inferiores às realmente existentes, estará apto a invocar os proveitos contidos no parágrafo segundo.

O fundamento básico do permissivo legal reside não apenas na necessidade de dispensar às partes tratamento igualitário e alcançar-lhes prerrogativas semelhantes, mas especialmente na vedação, clássica no Direito pátrio, do enriquecimento sem causa. O comprador certamente estaria enriquecendo indevidamente se incorporasse ao seu patrimônio área maior do que aquela enunciada no instrumento, pois pagou valor correspondente às dimensões contratuais, inferiores às reais. Assim, salvo quando o vendedor deixar de apresentar motivos plausíveis para ignorar a medida exata, caberá ao adquirente pagar a diferença de preço ou restituir a área excedente. Ao comprador é que cabe optar entre o pagamento do valor faltante ou a restituição do excesso de território, mas terá o vendedor de promover interpelação, a fim de que seja fixado prazo para a efetivação da escolha e cumprimento da obrigação dela decorrente.

O excesso de área porventura apurado não se submete à regra contida no parágrafo primeiro, de modo que qualquer diferença a maior ensejará o exercício do direito ínsito no parágrafo segundo. Logo, ele não ficará condicionado à verificação de que a disparidade aconteceu em patamar superior a um vigésimo (ou seja, 5%) da área total, bastando que se constate a existência de diferença e que o vendedor faça a prova reclamada pela norma legal.

Não haverá complemento de área, nem devolução de excesso, se o imóvel for vendido como coisa certa e discriminada, tendo sido apenas enunciativa a referência às suas dimensões, ainda que não conste, de modo expresso, ter sido a venda *ad corpus* (§ 3º). Ficando demonstrado por provas inequívocas que a venda do imóvel se deu, desde logo, como coisa individuada, não terá direito o comprador ao complemento de área em caso de vir a ser apurada diferença a menor, nem poderá o vendedor reclamar a devolução do que exceder na hipótese de se verificar diferença a maior nas dimensões da área negociada. O dispositivo objetiva evitar que qualquer das partes, depois de implementada uma venda de coisa perfeitamente singularizada, pela qual não se tencionou atentar rigorosamente para a área mas sim para o corpo certo que estava sendo transacionado, venha a exigir da outra vantagem econômica que a própria natureza jurídica do negócio não tolera.

A previsão ínsita no parágrafo terceiro depende da conjugação dos seguintes fatores: a) que o imóvel seja vendido como coisa certa e discriminada (*v.g.*, "Fazenda Calixto", "Loteamento Gaúcho" etc.), e não por medida ou unidade de área capazes de evidenciar a ocorrência de venda *ad mensuram*; b) que eventual referência às dimensões seja meramente enunciativa, o que faz incidente, na espécie, o § 1º do art. 500. Presentes os requisitos acima, nenhuma importância terá a ausência, na escritura, de expressa menção à circunstância de a venda ter sido *ad corpus*, pois as peculiaridades mesmas do negócio conferir-lhe-ão tal caráter.

O art. 501 disciplina o tema atinente à decadência do direito de exercer as prerrogativas explicitadas acima: *"Decai do direito de propor as ações previstas no artigo antecedente o vendedor ou o comprador que não o fizer no prazo de um ano, a contar do registro do título. Parágrafo único – Se houver atraso na imissão de posse no imóvel, atribuível ao alienante, a partir dela fluirá o prazo de decadência"*. Escoado o aludido lapso temporal sem que o legitimado tome a iniciativa até então cabível, não mais poderá ajuizar as ações, ficando definitivamente consolidada a situação jurídica, por desaparecimento do direito. Não caberá, daí em diante, pleito destinado a obter a complementação de área, o abatimento proporcional no preço, a resolução do contrato, a restituição do excesso e o complemento do preço. Conta-se tal prazo decadencial a partir da data em que o título aquisitivo do domínio for inscrito junto ao registro competente, pois somente com essa providência terá sido transferida a propriedade do imóvel e estarão legitimadas as partes para litigar.

O parágrafo único abre uma exceção à regra contida no *caput*, em nome do resguardo dos direitos porventura cabíveis ao adquirente. Quando o alienante, culposa ou dolosamente, deixar de entregar a posse do imóvel à parte contrária no tempo aprazado, o lapso de decadência fluirá somente a partir do momento em que houver a efetiva imissão de posse. Não faz diferença que a referida imissão ocorra por iniciativa do alienante ou que seja determinada judicialmente, pois a alteração do marco inicial de transcurso do prazo decadencial acontece pelo só fato de o alienante atrasar a entrega do imóvel, desde que tal circunstância lhe possa ser atribuída. Sendo de decadência, o prazo não se interrompe e nem se suspende, de modo que, uma vez iniciado, somente cessará com o inteiro transcurso (art. 207 do Código Civil).

O fundamento da construção normativa consiste em que apenas a partir da imissão na posse é que estará ao alcance do adquirente a aferição das exatas dimensões do imóvel. Logo, enquanto não for imitido na posse ficará impedido de fazer as constatações necessárias para que se mostre viável o ajuizamento das ações cabíveis, o que torna imperiosa a alteração do ponto inaugural de fluência do prazo decadencial, que deixa de ser a data do registro ou transcrição e passa a ser o dia da imissão de posse. Porém, isso não acontecerá se o atraso for atribuível ao próprio comprador, já que a ninguém é dado tirar proveito de fato a que culposa ou dolosamente deu causa. Também não será deslocada a demarcação do prazo de decadência se a imissão de posse não puder ser feita no tempo avençado em razão de caso fortuito ou força maior, já que o parágrafo único somente admite a modificação se for possível atribuir ao alienante o atraso. Caso fortuito e força maior não são fatores imputáveis a qualquer das partes, e, faltando expressa previsão normativa, não interferem na contagem do lapso decadencial.

1.5.6. Venda de fração condominial

A venda, pelo condômino, da sua fração na coisa é regulada pelo art. 504 do Código Civil: *"Não pode um condômino em coisa indivisível vender a sua parte a estranhos, se outro consorte a quiser, tanto por tanto. O condômino, a quem não se der conhecimento da venda, poderá, depositando o preço, haver para si a parte vendida a estranhos, se o requerer no prazo de cento e oitenta dias, sob pena de decadência. Parágrafo único- Sendo muitos os condôminos, preferirá o que tiver benfeitorias de maior valor e, na falta de benfeitorias, o de quinhão maior. Se as partes forem iguais, haverão a parte vendida os comproprietários, que a quiserem, depositando previamente o preço".*

No condomínio, tem-se a propriedade de certa coisa fracionada entre vários titulares, que a exercem em relação a terceiros como se fosse um só direito. Entre os condôminos, todavia, existem limites ao exercício em determinadas situações, pois cada um deles é titular apenas de fração ideal da coisa. Entre tais limites destaca-se o contido no dispositivo reproduzido acima, de modo que se algum dos condôminos desejar alienar a quota que tem em coisa indivisível, primeiramente deverá oferecê-la aos demais consortes, de vez que a estes assiste direito de preferência. Observe-se, porém que essa prerrogativa somente existe em se tratando de condomínio sobre coisa indivisível (*v.g.*, uma casa, um terreno de dimensões iguais à mínima permitida etc.), pois se o bem jurídico for divisível a alienação será livre e a quem melhor interessar ao alienante. Isto porque a intenção da norma é facilitar ao máximo a concentração do domínio em mãos dos demais condôminos, seja para evitar eventuais desacordos com o novo consorte, seja porque se apresenta como o mais curto caminho para a redução ou extinção do estado condominial.

A preferência do consorte subsiste ainda quando ofereça valor igual ao alcançado junto a estranho. Portanto, em igualdade de condições econômicas preferirá o co-titular a terceiros. Caso não seja dado conhecimento da venda ao condômino, ser-lhe-á facultado adjudicar a coisa, contanto que o requeira no prazo de cento e oitenta dias e deposite em juízo o valor pago pelo terceiro adquirente. O citado prazo é decadencial, de tal sorte que não se interrompe e nem sofre suspensão, iniciando seu curso a partir da data em que se efetivou a transcrição do título aquisitivo. Transcorrendo *in albis* o prazo, o negócio jurídico ficará consolidado e não mais poderá sofrer ataques com fundamento na inobservância do direito de preferência.

O conteúdo do art. 504 não se aplica às alienações gratuitas (*v.g.*, doações), porque o legislador expressamente reportou-se à compra e venda. Ademais, não há como obstar a livre disposição gratuita, sob pena de ocorrer profunda e irregular ingerência no atributo da disposição, que, embora possa ser restringido, não admite supressão. Do mesmo modo, não há direito de preferência em favor do condômino em edifícios residenciais, salvo se as próprias unidades de habitação forem comuns. Isto porque, como regra, os apartamentos estão sob exclusiva titularidade de alguém, permanecendo em condomínio apenas o solo e algumas partes chamadas comuns (corredores de circulação, calçadas etc.). Logo, o dono da unidade residencial pode vendê-la a quem quiser, sem que possam os demais condôminos das áreas comuns se insurgir contra o negócio jurídico.

É livre a cessão, onerosa ou gratuita, de direitos hereditários, não cabendo preferência aos demais co-herdeiros e nem adjudicação da fração cedida. O legislador somente deu prioridade aos demais consortes na hipótese de venda da parte em coisa indivisível, omitindo-se no que pertine à cessão de direitos sobre a herança, do que deflui a inviabilidade de interpretação extensiva.

O parágrafo único contém regra importante na prevenção de litígios. Com efeito, não se descarta a hipótese de que, sendo mais de dois os condôminos, haja interesse de vários deles em adquirir a fração cuja venda está sendo proposta por outro. Para situações dessa natureza é que foi estabelecida pelo ordenamento uma ordem de preferência entre os próprios condôminos, visando a disciplinar a disputa. Em razão disso, preferirá na aquisição o que tiver benfeitorias de maior valor e, na falta de benfeitorias, o de quinhão maior na coisa comum. Sendo iguais os quinhões dos interessados, haverão em conjunto a parte vendida os co-proprietários que a quiserem, depositando previamente o preço.

O Código de Processo Civil também se preocupou em disciplinar a alienação judicial de coisa comum, fazendo-o nos arts. 1.118 e 1.119. Assim, caso seja levada a leilão ou hasta pública coisa submetida ao regime de condomínio, terão preferência de aquisição os consortes em relação a estranhos, em igualdade de condições econômicas. Havendo disputa entre condôminos, a preferência será daquele que tiver erigido na coisa comum benfeitorias de maior valor. Inexistindo benfeitorias, na disputa entre condôminos terá prioridade o titular de quinhão maior.

Preterido o condômino na venda judicial, poderá requerer, antes da assinatura da carta, o depósito do preço e a adjudicação da coisa. Em assim sendo, as disposições processuais aplicam-se à alienação judicial de coisa comum, enquanto o Código Civil disciplina negócios jurídicos extrajudiciais. Exatamente por isso, o prazo de decadência previsto na norma substantiva não se aplica à hipótese de alienação judicial de bem sujeito ao regime condominial, cabendo ao titular de fração, quando preterido, requerer o depósito do valor e a subseqüente adjudicação até a data da assinatura da carta de arrematação, sob pena de tornar-se definitivo o negócio. Nas ações que objetivam viabilizar o exercício do direito de preferência por parte do condômino preterido, serão citados, além do consorte vendedor, o adquirente e os demais condôminos.

Capítulo 2

DAS CLÁUSULAS ESPECIAIS À COMPRA E VENDA

As cláusulas especiais são pactos adjetos ao contrato de compra e venda, funcionando como elemento de alteração do seu mecanismo ordinário de execução. Inserindo previsão dessa natureza, os celebrantes modificam o rumo traçado na estrutura típica normal da contratação, fazendo com que o cumprimento da avença não importe, pura e simplesmente, na tradicional fórmula consistente no pagamento do preço ao vendedor e na entrega definitiva da coisa ao comprador.

Na prática, as cláusulas especiais têm pouca aplicabilidade, por ser incomum alguém aceitar a submissão do negócio a circunstâncias diferenciadas como as pertinentes aos pactos adjetos. Ademais, a possibilidade de que a economia brasileira fique abruptamente à mercê de sobressaltos é fator adicional a pesar sobre a decisão no momento de inserir ou não uma cláusula especial no contrato celebrado. Isto porque ela reduz a dinamicidade do negócio, acarretando certa limitação na perspectiva de promover mais ágil circulação dos bens e, conseqüentemente, das riquezas que produzem. De resto, a previsão especial traz consigo, ainda que às vezes indiretamente, certo grau de afetação do direito de dispor *(jus abutendi)*, de modo a desestimular a opção dos celebrantes pela sua inclusão no contrato.

Não obstante as observações feitas acima, o legislador brasileiro preferiu manter a disciplina da maioria das cláusulas especiais que consagrara na codificação revogada. Agora em menor número, as cláusulas continuam à disposição dos celebrantes, para servir aos objetivos e anseios que tiverem no momento da finalização do ajuste.

2.1. Da retrovenda

Com base no art. 505 do Código Civil, pode-se conceituar a retrovenda como pacto adjeto ao contrato de compra e venda, por meio do qual o vendedor original reserva-se o direito de recobrar, no prazo máximo de decadência de três anos, o imóvel vendido, reembolsando ao comprador original as despesas feitas por este, inclusive as que, durante o período de resgate, se efetuaram com a sua autorização escrita, ou para a realização de benfeitorias necessárias.

A retrovenda é uma cláusula resolutiva expressa idealizada em favor do alienante, eis que torna resolúvel a propriedade do adquirente, permitindo que o exercício do retrato reconduza as partes ao estado anterior, ou seja, o vendedor readquire o domínio da coisa imóvel e o comprador recebe de volta o preço e as demais verbas previstas na lei. Entre as partes, o ajuste vale desde quando celebrado, independendo de registro; este somente é necessário para dar eficácia *erga omnes* ao teor da avença, de modo a tornar-se oponível contra quem não participou da sua elaboração. Portanto, a retrovenda até poderá ser exercida pelo alienante primitivo mesmo sem registro da cláusula; porém, isto se dará única e exclusivamente na hipótese de não ter ocorrido anterior transmissão do imóvel a outrem, a quem, então, caberá melhor direito sobre a propriedade.

Sendo mero pacto adjeto, e tendo caráter eminentemente acessório, a sua nulidade não afeta a venda como um todo. Afinal, respeitada a intenção das partes, a invalidade parcial de um negócio jurídico não o prejudicará na parte válida, se esta for separável; a invalidade da obrigação principal implica a das obrigações acessórias, mas a destas não induz a da obrigação principal (art. 184). Logo, o contrato produzirá por inteiro os efeitos que lhe são inerentes, apenas com supressão da disposição concernente à retrovenda defeituosamente instalada, o que importa na definitiva transferência do domínio desde quando registrado o título.

O prazo para exercício do retrato é decadencial, fazendo desaparecer a pretensão se fluir *in albis*. Cumpre atentar para o fato de que ele corre contra os relativa, mas não contra os absolutamente incapazes (art. 208). Sendo de decadência, não se interrompe e nem sofre suspensão, começando o seu cômputo, contra terceiros, da data em que realizado o registro da escritura junto ao cartório de imóveis competente. Isto porque a transferência da propriedade imóvel acontece pelo registro, razão pela qual o prazo decadencial flui a partir da sua efetivação. Seria de todo inadmissível o exercício do direito de retrato contra quem ainda não se tornou dono pela inscrição do título aquisitivo.

O prazo máximo para retrato é de três anos e não pode ser prorrogado. Caso se convencione lapso temporal maior, reputar-se-á não escrito o excesso, fixando-se em três anos o período para a recompra do bem. Exercido o direito que dimana da cláusula, não serão devidos tributos de transmissão na recompra, eis que não se trata de novo contrato, mas de exaurimento das conseqüências da avença original.

Optando por exercer o direito decorrente da cláusula de retrovenda, o vendedor original ficará obrigado a devolver ao comprador o preço recebido, monetariamente corrigido desde a data da conclusão do contrato. Além disso, ficará o alienante obrigado a reembolsar ao adquirente as despesas por este suportadas em função do negócio, como as pertinentes à confecção da escritura, registro etc. Reembolsará igualmente as despesas feitas pelo comprador durante o período compreendido entre a celebração do negócio e o resgate, contanto que tenha obtido por escrito prévia autorização da parte contrária para realizar tais dispêndios. Quanto às benfeitorias necessárias, para as quais é inexigível anterior assentimento do pólo oposto visando à sua execução, o direito de ser por elas indenizado é automático. As vantagens econômicas produzidas pelo imóvel no espaço que medeia a venda e o resgate pertencem ao comprador original. De outra banda, a restituição da coisa será feita no estado em que se encontrar, somente respondendo o comprador por danos quando houver obrado com culpa na sua provocação.

Se o comprador se recusar a receber as quantias a que faz jus, o vendedor, para exercer o direito de resgate, as depositará judicialmente (art. 506). O direito de recomprar o imóvel pode ser exercido pelo vendedor original, dentro do prazo de retrato, independentemente da vontade da parte contrária. Exatamente por isso, não pode o comprador objetar a iniciativa daquele a quem assiste a prerrogativa legal. Daí que a eventual negativa do comprador, nos moldes aludidos acima, legitima o vendedor a se tornar dono do bem mediante depósito do valor adequado, ou seja, o somatório de preço e despesas previstas no art. 505. O depósito judicial terá de ser feito dentro do prazo de resgate, considerando-se como tal, inclusive, o dia seguinte ao último da contagem, eis que a iniciativa do retrato e a recusa do vendedor original podem acontecer exatamente no *dies ad quem*, fazendo com que a demanda visando ao depósito somente possa ser ajuizada no dia subseqüente.

Segundo o parágrafo único do art. 506, verificada a insuficiência do depósito judicial, não será o vendedor restituído no domínio da coisa, até e enquanto não for integralmente pago o comprador. Então, o domínio do imóvel não volverá de imediato ao alienante original, porque ele ficará obrigado a complementar o numerário até que alcance aquele efetivamente devido. É direito do comprador inicial receber todo o valor referente ao resgate, razão pela qual conserva consigo a propriedade da coisa até que seja cumprida pela parte contrária a obrigação a que está atrelada.

A espera do comprador pelo pagamento integral não poderá prolongar-se *ad infinitum*, sob pena de restar descaracterizada a finalidade da retrovenda. Impor ao alienante demasiada espera não se afigura como justo e nem jurídico, eis que, embora ainda sendo dono, terá a seu cargo a conservação do imóvel para posterior restituição ao pólo oposto. Assim, caberá ao juiz fixar prazo razoável para que seja efetuada a complementação do depósito, sob pena de se tornar definitivo o domínio até então exercido pelo adquirente inicial.

O direito de retrato, que é cessível e transmissível a herdeiros e legatários, poderá ser exercido contra o terceiro adquirente (art. 507). Como se denota por simples exame do texto legal, transmite-se *causa mortis* o direito de resgate. Falecendo o vendedor sem testamento, a prerrogativa de resgatar o imóvel passará aos herdeiros na exata ordem de vocação definida pelo Código Civil. Por outro lado, é lícito ao vendedor, em testamento, atribuir o direito de resgate a outrem em forma de legado. Se o testamento não contiver legados, ainda assim o direito de resgate poderá ser atribuído a herdeiro testamentário ou legítimo, bastando para isso que no processo de inventário e partilha a fração do acervo destinada ao referido sucessor acabe sendo composta pelos atributos pertinentes à compra e venda com cláusula de retrovenda.

O exercício do direito de resgate por herdeiro ou legatário ficará condicionado ao não esgotamento completo do respectivo prazo até o dia do óbito do *de cujus*. Isto porque o transcurso completo do lapso temporal destinado ao resgate, sem que seja tomada iniciativa no sentido de recuperar a coisa, torna definitiva a propriedade do comprador e faz com que ela deixe de ser resolúvel, eliminando toda e qualquer possibilidade de retratação. Não se transmite por ato *inter vivos* a prerrogativa do resgate, pois se trata de direito personalíssimo que somente por morte do titular poderá ser exercida por outrem. Destarte, o contrato ou qualquer outra avença entre vivos não será meio hábil à cessão do direito de retrato decorrente da cláusula de retrovenda.

O terceiro adquirente do imóvel fica sujeito ao exercício do direito de resgate, pelo vendedor original, nos mesmos termos em que o próprio comprador poderia ser demandado. Isto porque a cláusula de retrovenda produz efeitos a partir do momento em que inscrita junto ao registro de imóveis. Logo, todo aquele que adquirir a coisa durante a fluência do prazo de resgate tem plena ciência, dada a publicidade do registro, da existência da mencionada cláusula, por força da qual a propriedade do adquirente inicial é resolúvel. Se este alienar o imóvel enquanto pendente de retrato a venda primitiva, o novo adquirente recebê-lo-á com essa mesma marca, de modo que somente será considerado proprietário em definitivo se não for exercido o direito de resgate. Ante o teor da lei, a circunstância de o terceiro estar ou não de boa-fé é despicienda, sendo certo que terá de se sujeitar ao resgate, caso promovido com estrita observância das regras legais.

O exercício do resgate contra terceiro é possível ainda quando este haja adquirido o imóvel em hasta pública, pois a publicidade conferida pelo registro presume que todos são conhecedores dos ônus, gravames, encargos e demais peculiaridades que porventura afetem a coisa. Se o adquirente não adotou as cautelas necessárias, ser-lhe-á vedado invocar a ignorância ou mesmo a boa-fé como expediente destinado a obstacularizar o exercício do retrato por quem estava a tanto autorizado por lei.

Se a duas ou mais pessoas couber o direito de retrato sobre o mesmo imóvel, e só uma o exercer, poderá o comprador intimar as outras para nele acordarem, prevalecendo o pacto em favor de quem haja efetuado o depósito, contanto que seja integral (art. 508). Muitas vezes, o direito de resgatar o bem com base no pacto adjeto chamado retrovenda cabe a mais de uma pessoa. Nesse caso, qualquer delas, indistintamente, poderá promover o exercício da referida prerrogativa. Também é viável o resgate em conjunto, de modo que o imóvel ficará sob regime de condomínio. Todavia, se apenas uma das pessoas legitimadas exercer o retrato, poderá o comprador cientificar as outras para que nele consintam, de tal forma que prevalecerá o pacto em favor do legitimado que houver efetuado o depósito. A este caberá por inteiro a propriedade do imóvel resgatado, mas para que isso ocorra terá de depositar a totalidade da verba devida por força da incidência do art. 505 do Código Civil, ainda que ao tempo da venda fosse titular de apenas uma fração da coisa. Logo, ainda que os vendedores originais conservassem primitivamente um regime de condomínio, o exercício do direito de retrato por apenas um deles, com o assentimento dos demais, fará com que a propriedade do bem retorne exclusivamente àquele que depositou integralmente o montante devido.

Sendo atribuído a várias pessoas o direito de resgate, e não havendo acordo quanto ao exercício por apenas uma delas ou por todas em comum, a solução do problema passará por caminho diferente. A ausência de acordo faz com que o resgate seja eficaz em relação ao legitimado que por primeiro depositar integralmente a verba devida. Não poderá qualquer das pessoas, a quem assiste o direito de resgate, exercê-lo apenas sobre uma parcela do imóvel se assim não foi convencionado, pois em princípio o direito de retrato é indivisível.

Tratando-se de retrovenda de imóvel em condomínio, mas operada em várias etapas pelos titulares das respectivas frações e em contratações apartadas umas das outras, o exercício do resgate caberá a cada um dos vendedores originais, e somente poderá abarcar a correspondente fração alienada. Em condomínio de imóvel divisível a alienação das frações é livre, e, feita com cláusula de retrovenda, atribuirá ao vendedor a prerrogativa de resgatar aquilo que transferiu. Todavia, não poderá promover retrato sobre a parcela vendida pelo consorte, pois sobre ela não tem ingerência alguma. Havendo condomínio em imóvel indivisível, e sendo a fração alienada a terceiro — com cláusula de retrovenda — por desinteresse dos demais condôminos acerca da preferência que lhes cabia, eventual retrato, por óbvio, será exercido somente sobre a fração ideal transferida.

2.2. Da venda a contento e da sujeita a prova

Venda a contento é negócio jurídico subordinado a condição suspensiva, de modo que somente será reputado perfeito se o comprador manifestar seu agrado em relação à coisa. Em nada interfere na natureza da contratação a circunstância de a coisa já ter sido entregue ao comprador no momento da celebração, de vez que a transferência do domínio ocorrerá apenas a partir de quando o adquirente se disser satisfeito (art. 509). Aliás, a essência do negócio condicional, no mais das vezes, reside exatamente no fato de o comprador levar o bem consigo por certo período, para, ao depois, dizer se lhe convém ou não concretizar a compra, cujos efeitos são suspensos até a implementação da condição a que se subordina.

Tratando-se de pacto que modifica as nuanças da compra e venda, a cláusula *ad gustum* deve estar expressamente inserida no contrato, pois de maneira alguma poderá ter sua existência presumida. A venda condicional depende, para transformar-se em definitiva, exclusivamente da vontade do comprador. Não poderá o vendedor apresentar objeções à recusa, ainda que imotivada ou mesquinha, já que o único fator relevante será o livre arbítrio daquele em cujo proveito editou-se o pacto.

O direito decorrente da venda a contento é personalíssimo, não sendo passível de cessão por ato *inter vivos* ou *causa mortis*, já que somente ao comprador cabe dizer se a coisa adquirida é ou não de seu agrado. Por isso, a morte do comprador fulmina a relação jurídica, obrigando os herdeiros a restituir o bem. Já a morte do vendedor nenhuma repercussão tem sobre a prerrogativa da parte adversa, cabendo aos herdeiros do alienante aguardar a manifestação durante o tempo estipulado ou promover a intimação para que o adquirente responda no prazo improrrogável que lhe for conferido.

Também a venda sujeita a prova presume-se feita sob a condição suspensiva de que a coisa tenha as qualidades asseguradas pelo vendedor e seja idônea para o fim a que se destina (art. 510). A venda sujeita a prova difere da venda a contento, mormente pelo mecanismo de funcionamento da condição suspensiva que a ambos os institutos alcança. Enquanto na venda a contento o adquirente pode rejeitar a concretização final do negócio jurídico sem dar satisfação alguma ao vendedor, ficando inteiramente à mercê do primeiro o conteúdo da resposta, na venda sujeita a prova a condição que suspende a aquisição do domínio é a verificação da existência das qualidades asseguradas pelo vendedor e a idoneidade da coisa no que diz respeito ao fim a que se destina.

Diante disso, se ela for portadora das qualidades anunciadas e estiver apta a cumprir a finalidade que lhe é precípua, não poderá o comprador recusar-se a tornar definitivo o negócio, sob pena de execução judicial do contrato e responsabilização por perdas e danos. Em suma, não se admite a recusa imotivada ou injusta por parte do comprador, pois somente quando a coisa não atender às especificações qualitativas e de finalidade é que será facultada ao adquirente a negativa em tornar definitiva a contratação.

Em ambos os casos, as obrigações do comprador, que recebeu, sob condição suspensiva, a coisa comprada, são as de mero comodatário, enquanto não manifeste aceitá-la (art. 511). Pendente a manifestação do comprador, a contratação existe e vincula as partes, mas não produz o principal efeito, que é a translação dominial, cuja verificação terá lugar somente em caso de resposta positiva do adquirente.

Em decorrência disso, tanto na venda a contento como naquela sujeita a prova estará o comprador obrigado a conservar e zelar pela coisa como se fosse comodatário, de vez que a lei assemelhou os institutos nesse aspecto. Assim, o adquirente assume o dever jurídico básico de conservar, para depois restituir nas mesmas condições em que recebeu a coisa, se não tornada definitiva a aquisição. O comprador responderá pelos danos que culposamente provocar, e não poderá reclamar do vendedor o reembolso das despesas feitas, ainda que necessárias e extraordinárias, exceto quando a causa que as originou situar-se em período anterior à entrega do bem pelo alienante.

O ordenamento não fixou prazo máximo ou mínimo para resposta do adquirente, tanto na venda a contento como na sujeita a prova. Por isso, às partes é facultado convencionar livremente nesse particular, valendo tal previsão como lei entre si. Todavia, se nada dispuserem acerca do prazo para resposta, caberá ao vendedor intimar o comprador, judicial ou extrajudicialmente, para que diga de seu agrado ou não dentro do prazo que restar fixado (art. 512). Esse prazo será improrrogável, salientando-se que o silêncio do comprador importará em recusa à concretização do negócio e na conseqüente obrigação de imediatamente restituir a coisa, a menos que da intimação conste indicativo de que o silêncio será tomado como aceitação presumida.

A manifestação do adquirente no sentido de que a coisa é de seu agrado não está atrelada a fórmula especial e nem precisa ser expressa, podendo inclusive resultar das circunstâncias, como no caso de o comprador, dentro do período de resposta, efetuar depósito a título de pagamento do preço, ou emprestar a coisa a outrem. Enfim, o agrado admite exteriorização implícita ou tácita, bastando para tanto que o adquirente adote atitude compatível com a de quem deseja tornar definitivo o negócio jurídico.

2.3. Da preempção ou preferência

A preempção, ou preferência, impõe ao comprador a obrigação de oferecer ao vendedor a coisa que aquele vai vender, ou dar em pagamento, para que este use de seu direito de prelação na compra, tanto por tanto (art. 513). Preempção, preferência ou prelação é um pacto adjeto ao contrato de compra e venda por meio do qual o comprador de coisa móvel ou imóvel assume a obrigação de oferecê-la ao vendedor, em igualdade de condições com terceiros, se a quiser vender ou dar em pagamento. Somente depois de oferecida a coisa ao vendedor primitivo é que ficará liberado o comprador para transmiti-la, por venda ou dação em pagamento, a outrem. Para que exista, a cláusula de preempção deve constar expressamente do instrumento constitutivo do contrato, pois de modo algum terá presumida a sua inserção.

Ao contrário do que acontece quando a compra e venda contém cláusula de retrovenda, naquela ajustada com pacto de preempção o vendedor original não pode exigir da parte adversa a recompra da coisa, eis que a obrigação de oferecê-la somente passa a existir se e quando o adquirente primevo decidir vender ou dar em pagamento aquele mesmo bem jurídico. Destarte, o direito de prelação funciona como uma espécie de opção ou faculdade de recompra, mas condicionada à circunstância de o comprador inicial desejar vendê-la. Também ao reverso do que se dá na retrovenda, o exercício da prelação importa em nova transmissão da coisa, desta feita ao antigo titular, haverá incidência da tributação porventura aplicável em operações do gênero, *v. g.*, imposto de transmissão *inter vivos*.

O pacto adjeto de preempção ou preferência convencional presta-se exclusivamente para inclusão em contratos de compra e venda. Existem, porém, hipóteses de prelação legal previstas no ordenamento jurídico e que independem de manifestação de vontade contratual, *v. g.*, do condômino sobre a coisa indivisa (art. 504) e do locatário sobre o imóvel locado (art. 27 da Lei n. 8.245/91). Por outro lado, o direito ao exercício do conteúdo da referida cláusula convencional somente surge quando o comprador primitivo decidir vender ou dar em pagamento a coisa, não se aplicando, portanto, nos casos de outros contratos pretendidos pelo titular da propriedade, tais como doação, permuta etc.

O prazo para exercer o direito de preferência não poderá exceder a cento e oitenta dias, se a coisa for móvel, ou a dois anos, se imóvel (parágrafo único do art. 513). A contagem tem início na data em que houver o recebimento da notificação pelo titular do direito. Não poderão as partes convencionar lapso temporal maior, e, se assim o fizerem, o mesmo será computado como se estivesse previsto pelo máximo admitido em lei, desconsiderando-se o excesso.

Ultrapassado o prazo estabelecido pelas partes sem que o comprador demonstre interesse em vender a coisa e comunique essa intenção ao pólo adverso, ou sem que o vendedor inicial proceda na forma do artigo subseqüente, ficará liberada a venda a outrem a partir de então, fenecendo o conteúdo da cláusula que estatuía o direito de preferência. Igual solução advirá do transcurso *in albis* do prazo máximo fixado em lei, seja por silêncio das partes no contrato como por redução do lapso convencionado em excesso.

Inexistindo prazo estipulado, o direito de preempção caducará, se a coisa for móvel, não se exercendo nos três dias, e, se for imóvel, não se exercendo nos sessenta dias subseqüentes à data em que o comprador tiver notificado o vendedor (art. 516). O prazo previsto no art. 513, parágrafo único, do Código Civil, tem por escopo evitar que o direito de prelação se perpetue, impondo restrições permanentes ao atributo dominial da disposição (*jus abutendi*). Por isso, o tempo máximo de subsistência da prerrogativa é aquele indicado na aludida norma. Já o prazo estatuído no art. 516 diz respeito ao período de tempo de que dispõe o vendedor original para dizer se aceita ou não a oferta de venda feita pela parte adversa, quando notificado, judicial ou extrajudicialmente, da pretensão de venda ou dação em pagamento.

Às partes é permitido fixar prazo para o exercício do direito de preempção, contado de quando for instado o vendedor primevo pelo comprador que tenciona vender a coisa ou dá-la em pagamento. Assim, podem estabelecer que a aceitação deve seguir-se imediatamente à notificação, ou em dois dias, e assim por diante. Contudo, no silêncio contratual dos interessados o prazo para o exercício será de três dias, em se tratando de móveis, e de dois meses, na hipótese de negociação de imóveis. Logo, o lapso estabelecido pelo parágrafo único do art. 513 delimita a existência do direito de prelação em abstrato, cujo exercício, após a notificação feita pelo vendedor inicial dentro do aludido interregno, submeter-se-á ao marco temporal definido no art. 516. Exemplo: entre as partes fixa-se prazo de um ano para a existência do direito de prelação relativo a imóvel, sem determinação do tempo para efetivo exercício após a notificação. No décimo mês, o comprador original notifica o vendedor para que exerça a prelação em igualdade de condições com a proposta apresentada por terceiro. Terá o vendedor primevo, diante do contexto acima, dois meses para dizer se lhe convém ou não exercer a preempção e readquirir a coisa. Sendo de decadência ou caducidade, o prazo não se interrompe e nem se suspende, iniciando seu transcurso a partir da data em que chegar a comunicação, do comprador ao vendedor, para que este exerça a prelação contratualmente estatuída.

O vendedor pode também exercer o seu direito de prelação, intimando o comprador, quando lhe constar que este vai vender a coisa (art. 514). Para que o exercício do direito estabelecido em favor do vendedor primitivo não fique condicionado unicamente à efetiva manifestação do comprador no sentido de que decidiu vender o bem ou dá-lo em pagamento, o legislador admite que o vendedor exerça o seu direito de prelação conforme exposto acima. Todavia, a preferência também nesse caso somente ficará positivada se o comprador confirmar a intenção de vender a coisa, pois do contrário a intimação feita pelo vendedor primevo não terá utilidade alguma.

Como o legislador delimita expressamente a possibilidade de incidência da intimação do vendedor original ao comprador, prevendo-a somente para o caso de existência de intenção de venda da coisa, não é possível fazer interpretação extensiva para alcançar a hipótese em que a pretensão do comprador consiste em dá-la em pagamento. Se a dação em pagamento ocorrer sem prévia cientificação do comprador primitivo ao vendedor, restará a este pleitear indenização por perdas e danos.

A mencionada solução é extraída do art. 518, que se aplica, ademais, a todos os casos de preterição do alienante primitivo: *"Responderá por perdas e danos o comprador, se alienar a coisa sem ter dado ao vendedor ciência do preço e das vantagens que por ela lhe oferecem. Responderá solidariamente o adquirente, se tiver procedido de má-fé"*. A inserção de cláusula de preferência no contrato de compra e venda não gera direito real, e por isso mesmo o vendedor original não poderá reivindicar a coisa junto a terceiros, mediante depósito do preço, se não lhe for previamente comunicada pelo comprador a intenção de vendê-la ou dá-la em pagamento, ou se restar desinformado acerca do preço e as vantagens que por ela foram ofertados. Tampouco poderá reclamar para si a coisa se o comprador primitivo deixar de promover a devida cientificação em torno do efetivo preço que está sendo oferecido, dizendo-o maior do que é na realidade.

Sempre que a coisa for alienada pelo comprador inicial sem que tenha dado ao vendedor ciência do preço, das vantagens ou mesmo da venda propriamente dita, terá direito este último à indenização das perdas e danos que sofrer, cabendo-lhe a prova do alegado. Se o adquirente tiver procedido de má-fé (conluio, espírito de emulação etc.), e se essa circunstância restar demonstrada por meio do devido processo legal pelo vendedor primitivo, serão responsáveis solidariamente pela indenização acima referida o comprador original e o posterior adquirente. Por óbvio, não haverá indenização se o negócio for diferente de compra e venda ou dação em pagamento (*v. g.*, doação), pois quanto a estes descabe qualquer preferência em favor do vendedor inicial. Saliente-se, por relevante, que o art. 518 não tem aplicabilidade aos casos de desapropriação geradora de preferência legal (*v.g.*, art. 519), pois então de compra e venda não se tratará. Limita seu alcance, portanto, às hipóteses de contrato de compra e venda com cláusula convencional de preferência.

Quando o direito de preempção for estipulado a favor de dois ou mais indivíduos em comum, só pode ser exercido em relação à coisa no seu todo. Se alguma das pessoas, a quem ele toque, perder ou não exercer o seu direito, poderão as demais utilizá-lo na forma sobredita (art. 517). Em regra, o direito de preferência é indivisível, vale dizer, somente pode ser exercido no seu todo, ainda que vários sejam os indivíduos a quem cabe a prerrogativa. Logo, não é facultado a um deles exercer a prelação sobre determinada fração da coisa, salvo quando o negócio tiver sido originalmente feito em quotas condominiais e por meio de contratações independentes firmadas entre o comprador e os diversos titulares. Nesse caso, o exercício da preferência incidirá sobre cada parcela alienada, em proveito de seus antigos e respectivos titulares.

Caso alguma das pessoas, a quem couber o direito comum de preempção, vier a perdê-lo ou não o exercer, às demais acrescerá a prerrogativa, dividida proporcionalmente entre elas. Entrementes, continuará sendo impositivo o exercício da prelação sobre o todo, vedado o fracionamento da recompra decorrente do direito de preferência.

O fenecimento do direito de prelação normalmente acontece pela perda do prazo — fixado pelas partes ou resultante da lei — destinado ao exercício. Isso, em condições normais, acarretaria o desaparecimento total da prerrogativa; mas, na hipótese de existência de estipulação de exercício comum em favor de dois ou mais indivíduos, a perda do direito ou a deliberada inércia no exercício de um deles faz com que acresça em favor do consorte. Essa solução também tem lugar quando uma das pessoas renuncia ao direito derivado da cláusula de preempção.

Aquele que exerce a preferência está, sob pena de a perder, obrigado a pagar, em condições iguais, o preço encontrado, ou o ajustado (art. 515). Isso significa que a preferência impõe ao vendedor que tenciona readquirir a coisa o dever de igualar a proposta feita por terceiros, seja no que pertine ao valor da venda propriamente dito, como no que tange às condições de venda (parcelamento, incidência de encargos etc.). Na dação em pagamento, o valor da coisa para fins de prelação corresponderá àquele pelo qual seria entregue como solução da dívida junto a terceiros.

É possível que nem mesmo haja proposta de terceiros, e que a intenção de vender o bem seja simplesmente comunicada pelo comprador inicial à parte oposta, levando a um acordo de vontades acerca do preço e demais aspectos do negócio. Também nesse caso caberá ao vendedor original pagar o valor ajustado, sob pena de perder a preferência que lhe foi contratualmente assegurada por cláusula especial.

O direito de preferência não se pode ceder nem passa aos herdeiros (art. 520). Daí o seu caráter personalíssimo, seja convencional ou legal a faculdade criada em favor do alienante primevo, de modo que não pode ser cedida por ato entre vivos e nem passa aos herdeiros depois do óbito do titular. Nesse caso, ficará inteiramente liberado o comprador primitivo para alienar o bem, a qualquer título e a quem quiser. Todavia, se é o próprio adquirente que morre, os seus sucessores ficam obrigados a respeitar a preferência cabível à parte contrária, na forma ajustada ou emergente do ordenamento jurídico.

Finalmente, o legislador estipula uma hipótese conhecida como *retrocessão*, cuja aplicabilidade fica restrita ao contexto explicitado no art. 519: *"Se a coisa expropriada para fins de necessidade ou utilidade pública, ou por interesse social, não tiver o destino para que se desapropriou, ou não for utilizada em obras ou serviços públicos, caberá ao expropriado direito de preferência, pelo preço atual da coisa"*. Para exercer esse direito, terá o expropriado que depositar o preço atual da coisa, ou seja, o montante pago pelo expropriante acrescido de atualização monetária segundo os índices oficiais.

São vários os requisitos para que ocorra a retrocessão: a) desapropriação da coisa para fins de necessidade ou utilidade pública; b) que a coisa expropriada não tenha o destino para o qual se realizou a desapropriação; c) ausência de emprego da coisa noutra atividade caracterizada como obra ou serviço público; d) transcurso dos prazos previstos no parágrafo único do art. 513 do Código Civil. Enfim, a retrocessão somente terá lugar na hipótese de a coisa expropriada ser utilizada para finalidade totalmente divorciada do interesse público, ou permanecer sem qualquer destinação útil à coletividade. Sendo de interesse coletivo a destinação dada ao bem, ainda que diversa da inicialmente idealizada, não haverá lugar para a retrocessão. Exemplo: o Poder Público expropria um terreno para nele edificar um depósito de alimentos, mas constrói um hospital. O antigo titular do imóvel não poderá reclamar retrocessão, haja vista a prevalência do interesse da sociedade quando confrontado com os anseios individuais.

Convém destacar que todo ato expropriatório contém implícita a cláusula de retrocessão, sendo inexigível consignação expressa no edital ou em qualquer outro documento pertinente à operação. Inobservada a preferência legal, caberá ao expropriado pleitear em juízo a recuperação da coisa nas condições ínsitas no art. 520, o que se dará mediante depósito do valor atualizado da mesma. Descabe, aqui, a indenização por perdas e danos estatuída no art. 518, porque incompatível, a expropriação, com a definição atribuída ao contrato de compra e venda. Também como resultado dessa diferença conceitual, a retrocessão não sujeita o expropriado ao pagamento de tributos relativos à transmissão *inter vivos*, eis que transferência como ato bilateral de vontade não houve, e a situação é tratada como se a coisa jamais houvesse saído do patrimônio do expropriado.

2.4. Da venda com reserva de domínio

O art. 521 do Código Civil estabelece: *"Na venda de coisa móvel, pode o vendedor reservar para si a propriedade, até que o preço esteja integralmente pago"*. Disso se depreende que a reserva de domínio consiste em pacto adjeto ao contrato de compra e venda de coisa móvel, pelo qual o vendedor conserva consigo a propriedade da coisa vendida enquanto não for satisfeita a totalidade do preço avençado. Em hipótese alguma incidirá em contratos de compra e venda de coisas imóveis, haja vista expressa disposição normativa nesse sentido. É bastante comum nos negócios que envolvem venda a crédito e em prestações, mormente em relação a veículos, eletrodomésticos etc.

Não obstante a cláusula de reserva dominial, o comprador é desde logo investido na posse da coisa, mantendo-a a título precário até que realize o completo pagamento do preço. Portanto, a aquisição da propriedade fica suspensa enquanto pendente a satisfação da dívida, motivo pelo qual a cláusula *reservati dominii* configura condição suspensiva da transferência e da correspondente aquisição da propriedade. No período compreendido entre a celebração do contrato e a quitação do preço, pode o adquirente, como possuidor que é, usar e gozar da coisa, auferindo todas as vantagens que proporcionar. Todavia, não sendo proprietário fica-lhe vedada a prática de atos de disposição, a menos que obtenha expressa autorização da parte adversa.

Com o pagamento completo do preço opera-se *pleno jure* a translação dominial, tendo por base a tradição já realizada quando da conclusão do contrato. Vale dizer, a mesma tradição que investira o comprador na posse precária da coisa funciona, por força do pagamento integral ajustado, como fator de transferência do direito de propriedade. Sua eficácia translatícia depende do cumprimento da parte econômica da avença. Após a satisfação completa do preço, pela quitação da última parcela, não haverá necessidade de declaração alguma de vontade por parte do comprador ou do vendedor, nem se exige a prática de qualquer outro ato jurídico, eis que de pleno direito o comprador torna-se titular do domínio da coisa.

Conforme sobredito, a transferência de propriedade ao comprador dá-se no momento em que o preço esteja integralmente pago. Todavia, pelos riscos da coisa responde o comprador, a partir de quando lhe foi entregue (art. 524). Existe aqui uma peculiaridade, que se traduz em exceção à regra de que a coisa perece para o seu dono (*res perit domino*) e faz dele desaguadouro final de todos os riscos e prejuízos verificados. Como a posse da coisa se transfere de imediato para o comprador, e sopesada a circunstância de que lhe fica facultada a utilização do bem, a fruição e a captação dos proveitos produzidos, nada mais correto do que inverter os riscos, fazendo com que o comprador os suporte enquanto pendente de pagamento o preço avençado. E assim efetivamente é, pois desde que investido na posse da coisa recaem sobre o comprador os riscos a ela relacionados (*res perit emptoris*), situação que se consolidará em definitivo quando satisfeito por inteiro o preço. Por outro lado, os riscos somente volverão a incidir sobre o vendedor se — e a partir de quando — a coisa for retomada por ordem judicial em razão de inadimplemento do devedor. Convém salientar, todavia, que embora estando a posse em poder do comprador, é lícito ao vendedor praticar atos conservatórios da coisa e defendê-la contra incursões ilídimas de terceiros.

De outra banda, também ao comprador, como possuidor a título precário, permite-se a proteção da posse contra terceiros e inclusive contra o vendedor, se indevidamente molestado.

A cláusula de reserva de domínio será estipulada por escrito e depende de registro no domicílio do comprador para valer contra terceiros (art. 522). Não se admite reserva de domínio convencionada verbalmente, pois a norma é expressa ao exigir a forma escrita, seja pública ou particular. Uma vez concluída, a contratação desde logo passa a fazer lei entre as partes, obrigando-as nos moldes convencionados. Todavia, para que adquira oponibilidade *erga omnes* terá de ser inscrita no cartório competente, qual seja, o destinado ao Registro de Títulos e Documentos situado no domicílio do comprador. O registro do contrato confere-lhe publicidade e certeza quanto ao conteúdo, permitindo a terceiros, que eventualmente pretendam fazer negócios com o comprador, a realização de consulta acerca da situação jurídica de determinado bem aparentemente incorporado ao seu patrimônio. Por isso mesmo, nenhuma eficácia produz contra terceiros a inscrição feita no domicílio do vendedor, pois é natural que o interessado em contratar com alguém somente esteja obrigado a consultar os cartórios situados no domicílio da pessoa com quem pretende negociar.

Presume-se, de maneira absoluta, que todos conhecem o teor do contrato registrado, até porque essa é uma das mais importantes conseqüências da inscrição. Diante disso, não poderão terceiros alegar boa-fé como fator de conservação dos efeitos do contrato firmado com quem adquirira a coisa mediante reserva de domínio em favor do original vendedor, pois a este é inclusive facultado, em caso de inadimplemento, reintegrar-se na posse junto a quem estiver com a coisa, conservando consigo o domínio.

Não pode ser objeto de venda com reserva de domínio a coisa insuscetível de caracterização perfeita, para estremá-la de outras congêneres. Na dúvida, decide-se a favor do terceiro adquirente de boa-fé (art. 523). Na compra e venda com reserva de domínio, a própria coisa negociada é que garante o adimplemento integral do valor acordado. Por isso mesmo, deve ser infungível, passível de diferenciação de outras de mesmo gênero, semelhantes ou similares, pois do contrário seria impossível ao juiz determinar a sua apreensão e depósito em caso de inadimplência por parte do devedor e ajuizamento da correspondente ação pelo alienante. As coisas que não se podem estremar de outras congêneres, com perfeita identificação e individuação, são insuscetíveis de compra e venda com reserva de domínio. Exemplo: uma saca de café, um animal do rebanho etc. Por outro lado, nada impede a reserva de domínio sobre coisas que, embora semelhantes a outras, possam ser de algum modo individualizadas com precisão, como no caso de certo animal marcado a ferro, embora de pelagem idêntica aos que compõem o rebanho do comprador e àquele incorporado.

Havendo dúvida ou insuficiência de provas acerca da identificação perfeita da coisa vendida com reserva de domínio, que acabou sendo alienada pelo comprador primitivo a terceiro de boa-fé, decide-se a pendência a favor deste último, ainda que tenha havido registro do negócio. Terá o terceiro, portanto, direito de fazer válida e acabada a aquisição perante as partes originais, seja a que título houver sido realizada. Isso não apenas em prestígio à boa-fé, mas também pelo fato de que as coisas insuscetíveis de caracterização perfeita não poderão ser vendidas com reserva dominial. O vendedor primevo, lesado pelo inadimplemento protagonizado pelo comprador, poderá buscar junto a este o valor em aberto, mas sem que tenha por garantia a coisa repassada a terceiro de boa-fé.

O vendedor somente poderá executar a cláusula de reserva de domínio após constituir o comprador em mora, mediante protesto do título ou interpelação judicial (art. 525). O só fato do inadimplemento protagonizado pelo comprador não tem o condão de, por si mesmo, autorizar a execução da cláusula de reserva de domínio. É imperioso que o vendedor constitua em mora a parte adversa pelos mecanismos acima referidos, inclusive porque tais medidas poderão levar o inadimplente a satisfazer o débito dentro do prazo legal subseqüente ao apontamento para protesto, ou no lapso temporal indicado pelo credor no instrumento de interpelação. A regra legal segue o princípio de que o simples transcurso do tempo não constitui em mora o devedor, fugindo, portanto, do princípio *dies interpellat pro homine*, inerente à denominada *mora ex re*. Trata-se, à evidência, de mora *ex persona*, que reclama seja instado o devedor a pagar, o que se dá mediante formal cientificação acerca da existência e exigibilidade do débito.

Verificada a mora do comprador, poderá o vendedor mover contra ele a competente ação de cobrança das prestações vencidas e vincendas e o mais que lhe for devido; ou poderá recuperar a posse da coisa vendida (art. 526). Promovida a interpelação ou efetivado o protesto sem que o devedor quite a pendência, ficará planificada a mora. Dela decorre a faculdade de o vendedor mover contra o comprador ação de cobrança das prestações vencidas e vincendas, regida pelo art. 1.070 do Código de Processo Civil, eis que a constituição em mora provoca o vencimento antecipado de toda a dívida. Além disso, por força do art. 526 poderá o vendedor exigir o pagamento de tudo o mais que lhe for devido pelo oponente, como encargos contratuais, juros legais, atualização monetária, multa, honorários advocatícios e assim por diante. Consoante consta expressamente do mandamento legal, cuida-se de ação de cobrança, que seguirá o rito ordinário, e não de processo de execução.

Como alternativa em benefício do vendedor, após a constituição do comprador em mora é facultada a recuperação da posse da coisa vendida. A vontade do comprador não tem a menor ingerência no caminho final a ser trilhado pelo vendedor, a quem cabe a decisão entre cobrar ou retomar a coisa, sejam quais forem os aspectos subjetivos que o conduziram a tal opção. O art. 1.071 do Código de Processo Civil também vai no mesmo rumo e estipula que ocorrendo mora do comprador, provada com o protesto do título, o vendedor poderá requerer, liminarmente e sem audiência do comprador, a apreensão e depósito da coisa vendida.

No intuito de proteger a posição jurídica do alienante, o art. 527 dispõe que, se optar pela recuperação da posse da coisa com vistas à preservação do domínio, é facultado ao vendedor reter as prestações pagas até o necessário para cobrir a depreciação da coisa, as despesas feitas e o mais que de direito lhe for devido. O excedente será devolvido ao comprador; e o que faltar lhe será cobrado, tudo na forma da lei processual. Entre as despesas que poderão ser supridas com base na retenção das prestações satisfeitas situam-se as derivadas da confecção do contrato, custas judiciais, apreensão e depósito, honorários advocatícios etc. Também caberá ao comprador suportar encargos contratuais como multa, juros de mora e outros.

Para cobrar os valores a que tem direito, requererá o vendedor a penhora da própria coisa alienada, para posterior submissão a leilão a pedido de qualquer das partes. O produto do leilão será depositado, ficando sub-rogada nele a penhora, de acordo com o estatuído nos §§ 1º e 2º do art. 1.070 do Código de Processo Civil. Depois de apurados os valores devidos pelo comprador ao vendedor, haverá a sua confrontação com o montante relativo às prestações pagas pelo adquirente. Sendo constatada a existência de excesso, terá o vendedor de restituí-lo à parte adversa, pois se assim não fosse ocorreria enriquecimento sem causa, situação tradicionalmente repudiada pelo Direito nacional. Por outro lado, se depois da aferição ainda faltar numerário para cobrir tudo quanto assegurado por lei ao vendedor, ser-lhe-á facultado buscar em juízo essa diferença, nos moldes previstos na legislação pertinente (arts. 1.070 e 1.071 do Código de Processo Civil). Cabe salientar que a apuração dos valores envolvidos — quer tenham sido pagos pelo vendedor, ou aqueles a que tem direito o comprador — serão alvo, sempre que cabível, de atualização monetária, a fim de que se possam adequar à realidade econômica vivenciada à época da realização dos cálculos.

Se o vendedor receber o pagamento à vista, ou, posteriormente, mediante financiamento de instituição do mercado de capitais, a esta caberá exercer os direitos e ações decorrentes do contrato, a benefício de qualquer outro. A operação financeira e a respectiva ciência do comprador constarão do registro do contrato (art. 528). Em muitas das negociações envolvendo reserva de domínio, o vendedor recebe no momento da conclusão do contrato, ou em período posterior, todo o montante correspondente à venda realizada, como resultado de financiamento feito pelo comprador junto a instituição do mercado de capitais. Com isso, ao alienante nada mais caberá reclamar, porque inteiramente satisfeito o preço. Logo, despe-se de qualquer qualidade para agir em juízo a esse título. Exatamente em função dessa realidade é que o legislador atribui à instituição que financiou a operação legitimidade processual para ajuizar demanda visando ao exercício de todos os direitos e ações decorrentes do contrato, seja em benefício direto próprio, seja em proveito de qualquer outra pessoa que tenha fornecido numerário para efetivação do financiamento.

Para que se perfectibilize a qualidade referida no art. 528, é absolutamente imprescindível que a operação financeira e a respectiva ciência do comprador constem do registro do contrato, a fim de que possa haver a devida publicidade em torno dela e passe a existir oponibilidade contra terceiros, cujo objetivo maior é prevenir e combater futuros dissensos. Caso não haja registro dessa particularidade contratual, ainda assim poderá a instituição financeira exercer os direitos e ajuizar as ações que normalmente caberiam ao vendedor, já que este recebeu todo o crédito e nada mais tem a pleitear. Contudo, tal prerrogativa não será oponível *erga omnes*, pois a avença terá força vinculante apenas entre as partes.

2.5. Da venda sobre documentos

Considera-se venda sobre documentos aquela em que o comprador, ou instituição financeira a quem confie a realização do negócio, assume o dever jurídico de, no lugar e momento ajustados para a entrega dos documentos representativos da coisa, pagar o preço convencionado. Na venda sobre documentos, a tradição da coisa é substituída pela entrega do seu título representativo e dos outros documentos exigidos pelo contrato ou, no silêncio deste, pelos usos (art. 529). Ao repassar os elementos documentais, o vendedor fica liberado da obrigação contraída e pode exigir o pagamento integral do valor previsto. Por seu turno, ao receber os documentos o adquirente se investe de legitimidade para exigir a mercadoria. É espécie de avença que se presta para aplicação na venda de coisas depositadas em portos, alfândegas e estabelecimentos afins, pois agiliza a circulação das riquezas ao evitar a morosidade que naturalmente decorreria da prévia inspeção dos produtos negociados.

Também conhecida como venda contra documentos, a contratação é de há muito praticada; todavia, somente agora o legislador brasileiro tratou de formalizar a sua existência e estabelecer os seus exatos contornos jurídicos. Cuida-se de venda dotada de todas as características estruturais comuns à espécie contratual, tendo como peculiaridade a circunstância de que a tradição da coisa não se efetua de acordo com a formatação tradicional, sendo substituída pela entrega do título representativo do bem e dos outros documentos exigidos pelo contrato. Caso haja silêncio das partes quanto aos demais documentos de entrega obrigatória, os usos do local da contratação é que definirão quais as peças a serem entregues pelo vendedor ao adquirente.

Achando-se a documentação em ordem, não pode o comprador recusar o pagamento, a pretexto de defeito de qualidade ou do estado da coisa vendida, salvo se o defeito já houver sido comprovado (parágrafo único). A entrega dos documentos traz consigo presunção relativa — *juris tantum* — no sentido de que a mercadoria possui as características mencionadas, cabendo ao adquirente, se verificar o oposto, fazer prova capaz de derrubar tal presunção. Todavia, isso somente se viabilizará após o recebimento da coisa, sendo vedado ao comprador reter o pagamento sob o pretexto de que ela não possui as qualidades anunciadas na documentação. Noutras palavras, eventual debate em torno da matéria necessariamente ficará postergado para momento subseqüente ao recebimento da coisa.

Não havendo estipulação em contrário, o pagamento deve ser efetuado na data e no lugar da entrega dos documentos (art. 530). Ao celebrarem a contratação, as partes podem estabelecer os critérios que bem entenderem para a realização do pagamento, inclusive no que pertine ao lugar e à data de sua feitura. Destarte, a norma legal é de aplicação subsidiária, servindo para preencher eventual lacuna deixada pelos contraentes. Em tal hipótese, o pagamento deverá ser concretizado na data e no lugar da entrega dos documentos, pois tal providência substitui a *traditio*, e, como se sabe, o dia e o lugar da perfectibilização desta, na compra e venda, normalmente assinalam o momento e o local da consecução do pagamento. O art. 530 destina-se apenas a delimitar data e lugar do pagamento, mas não se presta para a fixação de regras acerca de outros detalhes relacionados ao tema. Assim, o pagamento terá de ser efetuado segundo o modo e as condições ajustadas no contrato, submetendo-se a sua validade e eficácia aos preceitos gerais que disciplinam a matéria.

Se entre os documentos entregues ao comprador figurar apólice de seguro que cubra os riscos do transporte, correm estes à conta do comprador, salvo se, ao ser concluído o contrato, tivesse o vendedor ciência da perda ou avaria da coisa (art. 531). Já se disse alhures que, tratando-se de venda sobre documentos, a entrega do título representativo da coisa, e dos demais papéis exigidos pelo contrato, substitui a tradição. Caso o vendedor entregue ao comprador apólice de seguro que cubra os riscos do transporte da coisa alienada, o perigo de que venha a perecer durante o deslocamento corre por conta do adquirente, liberando o alienante de qualquer ônus. É que a existência de seguro afasta do vendedor o dever de garantir a entrega incólume da coisa, quando isso houver sido pactuado à época da celebração. Assim, o comprador terá resguardado mediante seguro o recebimento da coisa conforme avençado, ou o valor da indenização resultante de sinistro acaso verificado.

Entregue a apólice de seguro ao comprador, os riscos do transporte somente não serão dele na hipótese de restar provado que, ao tempo da conclusão do contrato, o vendedor tinha ciência da perda ou avaria da coisa. Nesse caso, o alienante sabia não mais ser possível cobrir a coisa de riscos futuros, eis que já consumada a lesão, de modo que fica obrigado pelos danos perante o adquirente. Em favor deste abre-se inclusive a possibilidade de desfazimento do contrato, haja vista o mau ânimo da parte adversa e o descumprimento da obrigação contratualmente assumida.

Estipulado o pagamento por intermédio de estabelecimento bancário, caberá a este efetuá-lo contra a entrega dos documentos, sem obrigação de verificar a coisa vendida, pela qual não responde (art. 532). Quando o pagamento do valor referente à compra e venda é feito por meio de estabelecimento bancário, este não assume os riscos pertinentes à integridade da coisa, nem tampouco os relativos à eventual divergência concernente à quantidade ou à qualidade avençadas. Não é da alçada da instituição bancária, nem se inclui entre as obrigações que assume, a verificação da coisa vendida; compete-lhe apenas a efetivação do pagamento, contra entrega imediata dos documentos relativos ao negócio jurídico. Todavia, ao recebê-los deve verificar se estão em ordem, para somente após realizar a solução do débito, providência que, na realidade, é feita no interesse e em nome do comprador. Quando paga, a instituição financeira se torna credora junto ao adquirente da coisa, ficando legitimada a reclamar o reembolso dos valores despendidos e do mais a que tiver direito em razão de ajuste direto celebrado com o cliente. No caso mencionado no *caput* do art. 532, somente após a recusa do estabelecimento bancário a efetuar o pagamento, poderá o vendedor pretendê-lo, diretamente do comprador (parágrafo único). Acordado entre as partes que o pagamento se fará por intermédio de estabelecimento bancário, o vendedor só tem direito de receber dele o valor a que faz jus, não podendo afrontar o comprador senão depois da recusa de pagamento por parte da instituição. Sendo livre a fixação de cláusula que estipula o pagamento por estabelecimento bancário, não é lícito ao vendedor, unilateral e arbitrariamente, esquivar-se da rigorosa observância dos ditames contratuais e pretender o recebimento imediato do valor junto ao adquirente.

Capítulo 3

DA TROCA OU PERMUTA

3.1. Conceito e características

Troca ou permuta é o contrato pelo qual as partes obrigam-se, reciprocamente, a transferir o domínio de uma coisa móvel ou imóvel por outra de igual ou diversa natureza. Trata-se da entrega de uma coisa em contraprestação de outra, sendo ambas sempre diferentes de dinheiro. Todas as coisas *in commercium* podem ser objeto da troca, de sorte que somente aquelas sujeitas a indisponibilidade decorrente da própria natureza, da vontade das partes ou da lei serão insuscetíveis de escambo. Cabe frisar que bens futuros podem ser objeto da avença, como é o caso da permuta que o dono do solo faz com a construtora, recebendo em contrapartida unidades habitacionais que serão edificadas em certo tempo.

Não consta da lei forma especial para a celebração do contrato de permuta, mas cumpre ressaltar a circunstância de que em se tratando de bens imóveis cujo valor esteja acima de trinta salários mínimos, é da essência da avença a escritura pública (art. 108). O subseqüente registro perante o cartório competente promoverá a efetiva translação dominial entre os contraentes, tendo em vista que o contrato gera apenas obrigação da transferir, produzindo um liame de índole pessoal. Ainda no que diz respeito à permuta de imóveis, observa-se que a outorga do cônjuge será imprescindível apenas quando o regime patrimonial em vigor apontar essa necessidade (*v.g.*, comunhão universal), ficando dispensado nas demais hipóteses (*v.g.*, separação de bens). Afinal, está em cena a disposição de direitos reais sobre imóveis, e quanto a isso o ordenamento jurídico é bastante claro ao elencar as situações que impõem o consentimento do cônjuge.

As características dessa modalidade contratual são basicamente as mesmas da compra e venda, destacando-se o contrato como: a) bilateral, pois há prestações mútuas de uma parte à outra; b) oneroso, pois envolve a transferência do domínio da coisa, que sai do patrimônio de um contraente e segue para o do pólo adverso, em duas operações idênticas; c) comutativo, porque geralmente as prestações guardam certo equilíbrio econômico entre si, e, ainda que assim não seja no que diz respeito ao valor das coisas no mercado, existe claro equilíbrio contratual no simples fato de as partes entenderem ser adequada a contrapartida dada uma à outra; d) ato causal, pois gera a obrigação de transferir a propriedade das coisas permutadas; e) não solene, porque se aperfeiçoa no instante em que há convergência de vontades.

3.2. Aplicação das regras da compra e venda

Em geral, aplicam-se à troca as regra do contrato de compra e venda (art. 533), havendo basicamente duas exceções a esse princípio, que serão analisadas na seqüência. Daí que, incidindo normas daquele contrato, é forçoso concluir no sentido de que aspectos relacionados aos riscos de perda ou deterioração, vícios redibitórios, responsabilidade por evicção etc., têm tratamento igual ao dispensado à compra e venda, motivo pelo qual o presente estudo é complementado pelas observações já feitas quando da abordagem daquela outra espécie negocial.

Não afeta a natureza do negócio a circunstância de os valores das coisas permutadas serem discrepantes, ainda que de maneira acentuada. A avaliação de mercado desimporta, bastando a vontade livre de concretizar uma troca. Nos casos em que a diferença porventura existente é satisfeita com dinheiro, poderá ser caracterizado o contrato de compra e venda, eis que se houver flagrante predominância da parcela em dinheiro em relação ao valor da coisa permutada com o pólo contrário, o negócio será regido pelas normas da compra e venda. Isto porque a permuta caracteriza-se como contrato do qual resulta a entrega de uma coisa por outra, diferente de dinheiro. Entretanto, deve-se atentar também para a vontade expressa das partes, de modo que o negócio denominado por elas como troca somente terá reconhecida natureza diversa se perfeitamente visíveis os caracteres dessa outra contratação. Exemplo: será compra e venda, e não permuta, o negócio em que uma das partes recebe da outra automóvel avaliado em 100 e entrega, em contrapartida, motocicleta avaliada em 10, pagando mais 90 em dinheiro.

3.3. Custeio das despesas

Salvo disposição em contrário, cada um dos contratantes pagará por metade as despesas com o instrumento da troca (inciso I do art. 533). Enquanto na compra e venda há discriminação das despesas a serem suportadas individualmente pelos contratantes, na permuta partilham-se por metade os gastos com o respectivo instrumento. Como se pressupõe que na troca estão sendo transferidas, de uma parte a outra, coisas de valor equivalente, afigura-se correto determinar a divisão, por metade, das despesas feitas com a conclusão do negócio, *v.g.*, escritura pública, emolumentos, corretagem, etc. Aos contraentes, contudo, é facultado alterar o funcionamento do mecanismo de partição idealizado pelo legislador, distribuindo de maneira diferente os percentuais de contribuição nos gastos ou mesmo imputando a apenas um dos pólos o pagamento dos valores despendidos.

Tendo em vista que a norma jurídica faz menção à partilha das despesas com o instrumento da troca, nisso não se inclui eventual tributação pertinente às coisas negociadas, eis que não integra quaisquer das etapas primárias de formação do negócio jurídico. Assim, na permuta de imóveis cada um dos contraentes suportará os encargos fiscais — inclusive imposto de transmissão — da coisa que está recebendo, corolário lógico da aquisição patrimonial operada. Também aqui é permitido às partes modificar o contexto, haja vista a natureza privada das normas que regem a matéria.

3.4. Troca de valores desiguais

É anulável a troca de valores desiguais entre ascendentes e descendentes, sem consentimento dos outros descendentes e do cônjuge do alienante (inciso II do art. 533). Desde já importa salientar que a mencionada desigualdade é aquela prejudicial ao ascendente, presente quando ele entrega coisa de maior valor do que a recebida da parte adversa. Somente assim ficará caracterizada a redução do acervo do ascendente, causando potencial risco à futura legítima dos sucessores. Se quem dá o bem de maior valor é o descendente, não existirá anulabilidade, porque então o ascendente estará incrementando a própria fortuna, sem perigo algum de danos a outrem.

Uma das maiores preocupações do legislador pátrio sempre foi a proteção à legítima cabível aos herdeiros necessários, de modo que há profundo zelo pela sua preservação e pela igualdade de tratamento entre os sucessores no que pertine à fração a eles destinada. Não menos candente é a preocupação com o resguardo do cônjuge do alienante, pois do casamento resultam conseqüências patrimoniais consideráveis e que devem ser tuteladas com cuidado extremo. Considerada a similitude entre os contratos de compra e venda e de troca, e sopesado o conteúdo do art. 496 do Código Civil, age com acerto o ordenamento jurídico ao somente admitir a troca de valores desiguais entre ascendentes e descendentes quando houver consentimento dos outros descendentes e do cônjuge do alienante, de vez que, estando em discussão interesses privados, é lícito aos interessados anuir com a realização de negócios dos quais poderão resultar prejuízos a si mesmos.

A permuta de valores desiguais sem o assentimento das pessoas indicadas no dispositivo legal conduz à anulabilidade do ato, ficando legitimados para a correspondente ação judicial todos aqueles que foram lesados em razão do negócio, ou seja, os herdeiros cuja concordância não restou patenteada e o cônjuge do alienante. Contrário senso, a troca de valores iguais entre ascendentes e descendentes independe de consentimento dos demais descendentes e do cônjuge do alienante, pois então ficará afastada a possibilidade de lesão à porção legítima do acervo e aos direitos do consorte. A anulação estabelecida no inciso II não é obstada pelo fato de a coisa já ter sido alienada a terceiro depois da permuta original, haja vista a relevância dos direitos a proteger. Portanto, quem adquire um bem nessas circunstâncias pode vir a perdê-lo em razão de sentença, tornando-se evicto e legitimando-se a reclamar a correspondente proteção normativa (arts. 447 a 457).

Observe-se que os descendentes referidos pela lei, cuja anuência precisa ser obtida, são os da classe que restaria contemplada com a porção necessária do acervo hereditário do alienante por óbito deste. Destarte, em primeiro lugar aparecem os filhos, ou os sucessores de filho pré-morto. Inexistindo filhos vivos, busca-se a anuência dos netos, ou dos filhos de neto pré-morto, e assim por diante. Nenhuma importância terão, nesse particular, os descendentes que ao tempo da permuta não se enquadravam na classe apta a receber o acervo. Quanto ao consentimento do cônjuge, a sua imposição depende do regime de bens a que esteja submetido o casamento, sendo imprescindível nas hipóteses mencionadas na lei (*v.g.*, comunhão universal), mas inexigível nas demais (*v.g.*, separação convencional).

O consentimento exigido pelo legislador deve ser expresso e constará, sempre que possível, do próprio instrumento de permuta ou em termo apartado. Nada impede que a concordância seja obtida depois da realização do negócio, pois então estarão os descendentes e o cônjuge renunciando o direito de futuramente propor ação visando à desconstituição da permuta.

Capítulo 4

DO CONTRATO ESTIMATÓRIO

4.1. Noções gerais e classificação

Contrato estimatório é aquele pelo qual uma das partes recebe da outra coisa móvel, ficando obrigada, alternativamente, a restituí-la ou pagar o preço estimado, em tempo certo ou após interpelação. Por força do contrato, fica o consignatário investido do atributo de disposição da coisa, mesmo porque essa modalidade contratual objetiva proporcionar a celebração de outro contrato de alienação entre o consignatário e o terceiro interessado em adquirir o domínio da coisa. Exemplo disso é a consignação de automóveis, jóias, bijuterias e produtos de beleza, mercadorias que são entregues pelo consignante à pessoa com quem contrata, a fim de que esta promova, em nome próprio e como se dono fosse, a venda a terceiros. Caso seja efetivada a venda no prazo contratual, o consignatário terá de pagar ao consignante o valor estimado; não realizada a negociação com terceiro, ficará obrigado a restituir as coisas inicialmente recebidas. É o art. 534 do Código Cível que permite entrever tais peculiaridades: *"Pelo contrato estimatório, o consignante entrega bens móveis ao consignatário, que fica autorizado a vendê-los, pagando àquele o preço ajustado, salvo se preferir, no prazo estabelecido, restituir-lhe a coisa consignada"*.

No plano da classificação, o contrato estimatório é: a) bilateral, pois gera obrigações recíprocas para os celebrantes, das quais se destacam, para o consignante, o dever de respeitar a posse direta do consignatário, e para o consignatário, a de restituir a coisa ou pagar o preço; b) real, pois se aperfeiçoa com a entrega da coisa ao consignatário; c) comutativo, pois as partes conhecem de antemão os sacrifícios e as vantagens advindas do contrato; d) oneroso (no caso de venda da coisa, pois se não houver venda volta-se ao estado original), já que produz encargos econômicos para os celebrantes, um dos quais se despe da titularidade do bem (se for vendido), enquanto o outro paga o preço ajustado; e) não solene, por independer de forma especial para a sua celebração.

Conforme visto acima, o contrato estimatório é real, pois somente se completa com a entrega da coisa do *tradens* ou *accipiens*. Não se trata, à evidência, de tradição com ânimo imediato de transmitir o domínio, figurando o consignatário como mero titular da posse direta da coisa para fins de venda ou posterior restituição. Diz-se ainda que a relação contém nuances de ajuste condicional, pois o dever de pagar ou restituir somente surge com a efetiva tradição da coisa ao consignatário, aspecto que funcionaria como condição.

O certo é que a partir disso gera-se para o consignatário obrigação alternativa, ficando a seu critério optar entre o pagamento do preço e a restituição da coisa. Quanto a esse aspecto não terá o consignante a menor ingerência, sequer podendo alegar que a parte adversa nada fez para efetuar a venda a terceiro, ou que ela se empenhou pouco para isso. A inadimplência existe apenas no caso de o obrigado deixar de pagar e tampouco promover a restituição da coisa no momento adequado.

O contrato estimatório não pode ser confundido com o de mandato. Enquanto neste o mandatário age por conta e risco do mandante e a este vincula, o consignatário atua em nome próprio, suportando todos os efeitos da negociação acaso realizada com terceiro. De resto, será titular do lucro que obtiver transmitindo a coisa a outrem, circunstância impensável na figura do mandato, que atribui ao mandante os ônus e os proveitos oriundos da atuação do mandatário. Também não é igual à compra e venda, já que nesta, como regra geral, o comprador se torna definitivamente dono, não sendo titular da opção de restituir o bem. Com o depósito também não se confunde, pois ao consignatário a devolução do bem é mera faculdade, ao passo que para o depositário constitui dever inarredável.

Ao *tradens* é assegurada a recuperação da coisa, mas somente na hipótese de não ocorrer o pagamento do preço ajustado. Aliás, a estimação do preço é elemento essencial à validade do ajuste, tanto que este não subsistirá sem a sua presença. Por outro lado, fica-lhe vedado exigir o preço ao invés da devolução, a menos que a coisa se venha a perder durante a vigência do contrato. Exatamente por isso é que se chama estimatória a contratação celebrada com essas peculiaridades, já que a relação jurídica é travada exclusivamente entre o consignante e o *accipiens*, sendo estranho àquele a figura do terceiro que vier a adquirir a coisa junto a este último.

Pouco importa a circunstância de o consignatário obter preço maior do que o estimado, ou vender a coisa por menos do que esse valor. Também desinteressa eventual oscilação no custo de mercado, pois a liberação do *accipiens* se dá pelo simples pagamento feito à parte adversa, pelo preço originalmente avençado, ou mediante devolução da coisa. Tendo lucros fabulosos ou prejuízos astronômicos, nada disso interfere na relação contratual inicial. O prazo para restituir o bem ou pagar o preço é aquele fixado no contrato. Todavia, como esse elemento não é essencial à validade da contratação, no silêncio das partes permite-se ao consignante a iniciativa de interpelação judicial do consignatário, a fim de que, no prazo então definido, seja devolvida a coisa ou pago o preço. A aludida interpelação, judicial ou extrajudicial, poderá ser feita depois de fluído *in albis* lapso temporal razoável, suficiente para que a parte adversa pudesse cumprir o contrato.

4.2. Demais repercussões do contrato

O consignatário não se exonera da obrigação de pagar o preço, se a restituição da coisa, em sua integridade, se tornar impossível, ainda que por fato a ele não imputável (art. 535). Já se disse que ao consignatário é facultado escolher entre o pagamento do preço estimado quando da celebração do contrato com o consignante e a restituição da coisa. Optando pela segunda alternativa, terá de devolver a coisa no estado em que se encontrava quando recebida, sendo inviável pretender obrigar a parte adversa a aceitá-la em estado diverso, depreciada ou deteriorada. Ressalte-se, igualmente, que a obrigação de restituir incide sobre a coisa como um todo, descabendo a entrega em partes ao consignante. O consignatário que devolve a coisa — assim como o que paga o preço — não terá direito de pleitear reembolso das despesas de conservação ou afins verificadas entre a celebração e a extinção da avença, já que isso faz parte do rol de incumbências assumidas a partir da tomada da posse direta. Não vigora, aqui, o princípio *res perit domino*, eis que ao se tornar possuidor o consignatário, mesmo sem ser dono da coisa, responde pelas defecções que ela sofrer, independentemente das causas de que se originaram.

Caso a restituição da coisa, em sua integralidade, tornar-se impossível, incidirá sobre o consignatário o dever jurídico de pagar a totalidade do preço estimado. Nenhuma relevância terá o motivo gerador da impossibilidade, pois ainda na hipótese de completa ausência de culpa por parte do consignatário terá ele de entregar ao pólo contrário o preço ajustado na avença. Até mesmo sobrevindo caso fortuito ou força maior, como catalisadores do evento que levou à impossibilidade, haverá responsabilidade do consignatário pelo pagamento do preço. Isto porque a transferência da posse ao *accipiens* faz migrarem também para o novo possuidor os riscos de perda ou deterioração. O único fator capaz de exonerar o *accipiens* da obrigação contida no art. 535 é a culpa do próprio consignante na geração da impossibilidade. Sendo provada tal circunstância, incidirá sobre o *tradens* o dever de suportar os correspondentes ônus, ficando liberado por completo o consignatário. Faculta-se ao mesmo a busca de indenização por perdas e danos, contanto que a impossibilidade ocasionada pela parte adversa comprovadamente as acarrete.

Em atenção ao fato de que a *traditio* não transmite a propriedade do bem ao consignatário, o legislador editou o art. 536: "*A coisa consignada não pode ser objeto de penhora ou seqüestro pelos credores do consignatário, enquanto não pago integralmente o preço*". Embora haja repasse da posse por força da tradição operada, eventuais credores do consignatário não poderão penhorar ou arrestar a coisa com o fito de cobrir débitos contraídos pelo *accipiens*. Isto porque enquanto perdurar em favor do *tradens* a prerrogativa de receber o preço ou de recuperar a coisa, a sua exclusiva função será a de resguardar esse direito. Perdura tal situação até que o consignante receba integralmente o valor estimado no contrato, sendo de salientar que a vedação contida no art. 536 independe de prévio registro do contrato estimatório, pois o *tradens* somente deixa de ser dono se houver pagamento completo do preço ajustado. Antes disso ainda é dono da coisa, e sendo assim o seu patrimônio pessoal não responderá por dívidas alheias.

Não obstante o acima exposto, é permitido aos credores do consignatário satisfazer o débito deste junto ao consignante (pagando o preço contratualmente acordado) e depois disso promover a constrição da coisa, salvo quando já houver sido alienada a outrem. Ao resgatar a dívida pendente, os credores do consignatário, estarão fazendo com que o bem automaticamente se incorpore ao patrimônio deste, viabilizando a penhora para segurança do crédito. Caso o débito a ser protegido pela penhora ou arresto seja do próprio consignante, poderão seus credores promover a constrição da coisa enquanto estiver em poder do consignatário, exceto quanto a dívidas posteriores à contratação, e se cumulativamente a isso o instrumento que a constituiu estiver inscrito no cartório competente, pois assim terá eficácia contra terceiros.

O consignante não pode dispor da coisa antes de lhe ser restituída ou de lhe ser comunicada a restituição (art. 537). O consignatário não recebe em definitivo a coisa quando da conclusão do contrato, tendo-a consigo, porém, durante determinado período. Ele não é simples intermediário entre o consignante e terceiro, até porque aliena a este em nome próprio. Destarte, pode opor-se a qualquer iniciativa do *tradens* no sentido de dispor da coisa, pois titular da alternativa de pagar o preço estimado ou restituí-la. Porém, se comunicar ao consignante o intento de restituir a coisa, o consignatário cometerá esbulho possessório caso não a devolva nos moldes devidos, sujeitando-se, então, ao emprego da ação de reintegração de posse.

Recebendo integralmente o preço, o consignante deixa automaticamente de ser proprietário. Disso decorre a circunstância de que somente poderá dispor da coisa depois de efetivada a restituição, ou, pelo mínimo, após ser comunicado pelo consignatário de sua disposição em devolvê-la. Em caso de controvérsia, cumpre ao *tradens* fazer prova no sentido da comunicação de restituição, pois do contrário a disposição feita em favor de outrem durante a vigência das prerrogativas contratuais do *accipiens* poderá ser completamente desconstituída pelo lesado. Por fim, impende considerar que a negativa do consignante em receber o preço autoriza o consignatário a depositá-lo em juízo.

Capítulo 5

DA DOAÇÃO

5.1. Conceito e classificação

O legislador brasileiro optou por conceituar diretamente a doação, evitando especulações em torno da sua natureza jurídica. Isto porque os ordenamentos filiados ao sistema francês não a apontam como contrato, preferindo situá-la no rol das formas *sui generis* de aquisição da propriedade. A discussão principal diz respeito à circunstância de haver ou não necessidade da conjugação de vontades para que passem a se operar os efeitos do ato. Filiado ao sistema alemão, o ordenamento pátrio entende que um dos pressupostos para a doação é exatamente a aceitação por parte do donatário, aspecto que, associado ao expresso indicativo contido na lei acerca do tema, elide qualquer debate em torno da gênese contratual do instituto.

Diz o art. 538 do Código Civil: *"Considera-se doação o contrato em que uma pessoa, por liberalidade, transfere do seu patrimônio bens ou vantagens para o de outra"*. O ânimo de beneficiar é característica marcante da doação, pois o doador reduz o seu acervo patrimonial sem nada exigir em contrapartida. Daí o porquê de se traduzir em liberalidade, que pressupõe esse desiderato de agraciar e de carrear vantagem ao destinatário final. À finalidade de repassar ao donatário certo bem ou vantagem (*animus donandi*) soma-se a efetiva transferência do proveito ao beneficiário, de maneira que nisso se conjugam os elementos subjetivo e objetivo da contratação.

A doação é um contrato porque, não obstante consistir em liberalidade de uma das partes à outra, reclama a aceitação do beneficiário para que passe a existir e vigorar. No plano da classificação, a avença é: a) unilateral, pois apenas um dos contraentes — o doador — fica obrigado para com o outro, tendo de entregar-lhe a coisa que figurou como objeto do negócio jurídico. O fato de ser possível inserir encargo na doação não o torna bilateral, pois o núcleo obrigacional sempre reside no pólo doador; b) gratuito, porque enquanto o doador tem diminuído o patrimônio pessoal, o donatário aumenta o seu próprio patrimônio por meio do acréscimo do bem ou vantagem transferido. A doação com encargo não desnatura o caráter liberal do contrato, porque carrega consigo a vontade livre de oferecer proveito patrimonial a outrem; c) formal, já que, como regra, é da sua essência a celebração por escrito (público para imóveis e público ou particular para móveis), somente por exceção admitindo-se a doação verbal, quando incidente sobre bens móveis de pequeno valor (art. 541); d) ato causal, por gerar a obrigação de transferir, funcionando como causa da translação do bem ou vantagem; e) consensual, tendo em vista que basta o *solo consensu* para que as partes fiquem juridicamente atreladas; todavia, a doação de bens móveis de pequeno valor é real, impondo-se a tradição como elemento formador do ajuste.

O parágrafo único do art. 541 informa: *"A doação verbal será válida, se, versando sobre bens móveis e de pequeno valor, se lhe seguir incontinenti a tradição"*. O legislador acertadamente não informou qual a definição de bem móvel de pequeno valor, pois aquilo que tem ínfimo conteúdo econômico para o doador "A" talvez apresente mais acentuada expressão patrimonial para o sujeito "B". Em assim sendo, a aferição dessa circunstância — pequeno valor — deverá ser feita em cada caso especificamente analisado. Para quem é titular de grande fortuna, a doação de um bracelete de ouro pode ser enquadrada como verbalmente factível, o que não se dá quanto a outra pessoa cujo patrimônio seja limitado a ponto de o mesmo bracelete representar grande parte de seus recursos. De qualquer sorte, à celebração verbal deve seguir-se a imediata tradição, pois desta é que resulta a transmissão da propriedade da coisa.

Nunca é demais ressaltar que, como todo contrato, a doação não transfere por si só o domínio, pois isso acontece por intermédio da tradição ou do registro, respectivamente para coisas móveis ou imóveis. Somente se opera o exaurimento da doação por intermédio da efetiva transferência da coisa doada. A essência do contrato reside na geração do dever positivo e pessoal de transferir algo, não se conformando com a mera inércia, renúncia ou ato similar. Assim, o perdão de uma dívida não representa doação, mas sim remissão.

5.2. Objeto e capacidade

O art. 538 menciona a possibilidade de que a doação seja constituída pela transmissão de bens ou vantagens. Disso se extrai que todos os bens *in commercium* (dotados de algum conteúdo econômico aferível) podem ser doados, quer se trate de móveis ou imóveis, corpóreos ou incorpóreos, universalidades etc. Quanto às vantagens passíveis de doação, serão aquelas dotadas de expressão econômica e sobre as quais não incida vedação legal quanto à transmissão. Os direitos também podem ser alvo de transmissão a título gratuito, mas essa espécie de negócio é mais exatamente perfectibilizada por meio de *cessão*, que, no caso de ter por objeto um crédito, é submetida a disciplina específica (arts. 286 a 298 do Código Civil).

Não é expressamente vedada a doação de coisa alheia, mas, por óbvio, ela não prevalecerá se o estado fático do momento da celebração permanecer inalterado. Somente com a incorporação da coisa ao patrimônio do doador é que estará patenteado o poder de disposição (*jus abutendi*) que o autoriza a transferir o objeto contratual ao donatário. Nem mesmo a efetiva *traditio* seria suficiente para contornar o óbice original, pois, feita por quem não seja proprietário, a tradição não aliena a propriedade, exceto se a coisa, oferecida ao público, em leilão ou estabelecimento comercial, for transferida em circunstâncias tais que, ao adquirente de boa-fé, como a qualquer pessoa, o alienante se afigurar dono (*caput* do art. 1.268). Se o adquirente estiver de boa-fé e o alienante adquirir depois a propriedade, considera-se realizada a transferência desde o momento em que ocorreu a tradição (§ 1º).

Mesmo os bens futuros são suscetíveis de figurar como objeto da liberalidade, contanto que o negócio jurídico não contenha natureza sucessória, pois do contrário fica caracterizada contratação sobre herança de pessoa viva, repudiada pelo Direito nacional. Exemplo: não vale a doação feita por Pedro, se incidente sobre os bens que vier a receber por morte do pai, quando esta ocorrer. Na doação de bens futuros, é impositivo que venham a existir e estar disponíveis no patrimônio do autor até o momento demarcado para a entrega, *conditio sine qua non* de eficácia. Exemplo de doação válida é aquela que incide sobre a safra que virá a ser colhida em determinado local. A eficácia do negócio, todavia, ficará jungida à existência do cereal no acervo do doador ao tempo do cumprimento da avença. O critério balizador da prevalência do contrato, seja no caso da doação de coisa futura como na hipótese de liberalidade sobre coisa alheia, é o da viabilidade prática do negócio, fator que pressupõe, à evidência, a integração do bem ao patrimônio do doador até o momento em que deva ser executada a obrigação assumida.

Pode figurar como doador toda pessoa, física ou jurídica, dotada de capacidade para os atos da vida civil. Importa salientar que, inversamente à disciplina da compra e venda e da permuta de valores desiguais entre ascendentes e descendentes — que impõe o assentimento dos demais descendentes e do cônjuge do vendedor ou permutante — não há óbice normativo à doação feita por aqueles a estes. Todavia, o art. 544 dispõe que essa espécie de liberalidade importa adiantamento de legítima, cujas nuanças serão examinadas na seqüência.

Os cônjuges podem doar entre si, exceto no regime da comunhão universal, que torna inócua a iniciativa por força da comunicabilidade legal dos bens de um consorte ao outro. Já a doação do cônjuge adúltero ao seu cúmplice pode ser anulada, por quem de direito, até dois anos depois de dissolvida a sociedade conjugal (art. 550). Finalmente, aos menores de idade é vedado efetivar doações, porque toda liberalidade pressupõe a capacidade pessoal do agente para reger o próprio destino civil, haja vista a circunstância de que avença provoca redução no patrimônio do doador.

Podem receber doação todas as pessoas, naturais ou jurídicas, assim como o nascituro. Logo se percebe, destarte, que a ausência de capacidade civil não é obstáculo à percepção do proveito ínsito na liberalidade. É tão acentuado o interesse do legislador em viabilizar o negócio jurídico — presumivelmente favorável ao donatário — que se admite a colocação do nascituro, a quem sequer é atribuída personalidade, na posição de receptor. Nascendo com vida, auferirá o proveito estabelecido; caso contrário, será insubsistente a doação. Se o donatário for absolutamente incapaz, dispensa-se a aceitação, desde que se trate de doação pura (art. 543). A prole eventual de certo casal também pode ser aquinhoada, nos moldes incrustados no art. 546.

5.3. Aceitação da doação

Como é sabido, todo contrato pressupõe a integração de pelo menos duas vontades, emitidas pelos pólos adversos da relação negocial entabulada. No caso da doação não é diferente, eis que, tratando-se de contrato, devem convergir os elementos anímicos do doador e do donatário, entendido como tal o desiderato de, respectivamente, oferecer gratuitamente e aceitar a coisa ou vantagem que figura como objeto da avença. Sob o prisma do beneficiário, o consentimento importa, à evidência, na demonstração de que possui interesse em receber o proveito acenado. Todavia, a lei não impõe sempre a direta e inequívoca afirmação dele no sentido de que aceita a doação. Como o negócio jurídico é gratuito e tem por finalidade carrear aumento patrimonial ao destinatário da utilidade, admite-se que o consentimento assuma formatação variada.

Na *donatio*, há quatro espécies de aceitação, o que não importa em afirmar que todas elas possuem aplicação em qualquer liberalidade. Existem circunstâncias legais e fáticas que dizem qual o mecanismo de implementação do consentimento a ser empregado em cada situação concreta. Antes de adentrar no exame das hipóteses normativas cabíveis no contrato em análise, é preciso elencar as espécies de aceitação: expressa, tácita, presumida e ficta.

Ocorre aceitação *expressa* quando o donatário afirma, direta e objetivamente, que deseja figurar como tal no contrato. No mais das vezes, isso ocorre no momento da celebração escrita, quando no próprio instrumento constitutivo é inserida a manifestação de assentimento de ambos os celebrantes.

Por outro lado, a aquiescência é *tácita* quando deflui do comportamento do donatário, embora não aconteça a explícita afirmação do interessado. O elemento anímico dimana da conduta praticada, como no caso de sujeito que, mesmo não ofertando resposta ao doador quanto à sua efetiva vontade, porta-se de modo compatível com o de quem aceita. Exemplo: na doação de imóvel, o beneficiário paga os tributos de transferência, ou, na de animal, recebe o cavalo que lhe foi remetido pelo doador.

Há aceitação *presumida* quando a lei considera existente o consentimento, à vista de determinado contexto fático. Duas situações brotam do ordenamento jurídico brasileiro, a esse propósito, contidas nos arts. 539 e 546 do Código Civil. O primeiro dos dispositivos citados estabelece: *"O doador pode fixar prazo ao donatário, para declarar se aceita ou não a liberalidade. Desde que o donatário, ciente do prazo, não faça, dentro dele, a declaração, entender-se-á que aceitou, se a doação não for sujeita a encargo"*. A partir do momento em que é cientificado da existência do referido prazo, o beneficiário terá de se manifestar pela recusa, pois do contrário presumir-se-á que o seu silêncio importa em aceitação. Isso somente acontece nas doações puras e simples, em que nenhum ato ou comportamento é exigido ao donatário pelo doador. Nas doações com encargo, que reclamam do beneficiário a prática de ato ou conduta determinada, não se infere do silêncio a aceitação, haja vista ser inviável impor a outrem a assunção de determinado encargo sem que ocorra inequívoca aceitação. Já o art. 546 faz presumido o assentimento na doação *propter nuptia*, que não pode ser impugnada por falta de aceitação, e só ficará sem efeito se o casamento não se realizar. Neste caso, não é equivocado vislumbrar também a ocorrência de consentimento tácito, pois se infere da conduta do donatário o ânimo de receber a coisa ou a vantagem. De qualquer modo, cuida-se de um mecanismo que ao mesmo tempo está previsto na lei e deixa à mostra a realização de ato positivo, permitindo a conclusão acima expendida.

Tem lugar a aceitação ficta na doação feita a incapaz. Assim como a presumida, ela também decorre do vigor da lei, mas com a diferença de ser dispensada qualquer manifestação efetiva de vontade, mesmo porque o absolutamente incapaz não tem elemento anímico valorado no plano jurídico. O art. 543 do Código Civil preleciona: *"Se o donatário for absolutamente incapaz, dispensa-se a aceitação, desde que se trate de doação pura".* Tendo em vista o fato de que a doação pura funciona como incondicional liberalidade em favor do donatário, e que sobre este nenhum encargo recai, dispensa-se por inteiro a aceitação. Nem mesmo se exige pronunciamento do representante legal, pois entende-se que a vontade do donatário, se a pudesse expressar, consistiria exatamente na aceitação do beneplácito. É modalidade ficta de consentimento, porque deriva de previsão legal cujo desiderato reside na total desnecessidade de qualquer mecanismo efetivo de aceitação. Diante do exposto, impende considerar que a doação considera-se válida, perfeita e acabada desde quando o doador a formula.

5.4. Promessa de doação

É controvertida, na doutrina e na jurisprudência, a possibilidade de se fazer promessa de doação apta a ser exigida pelo credor perante os Tribunais. A favor da tese, há o argumento de que a lei não impede a sua realização, nem dela resulta ofensa a preceito de ordem pública. Contra, existe a assertiva de que toda doação é uma liberalidade, motivo pelo qual a pessoa não pode ser compelida a doar depois de haver prometido assim proceder, pois isso suprimiria o *animus donandi*. Não haveria genuíno ato de desprendimento, mas sim conduta forçada por decisão judicial, aspecto suficiente para afastar a viabilidade da promessa de doação como instituto jurídico. Outro posicionamento, algo como um meio-termo entre os acima referidos, aponta para a admissibilidade da promessa de doação quando esta se fizer acompanhar de encargo, imposto pelo promitente doador ao donatário. Nesse caso, a disposição do donatário em cumprir o encargo indicado no instrumento da promessa já o legitimaria a reclamar o adimplemento da promessa formulada.

Afigura-se relevante observar que, admitida a pertinência da promessa, dela emergiria obrigação de fazer, mais precisamente fazer o contrato definitivo. De banda diversa, sabe-se que a doação propriamente dita origina obrigação de dar, eis que compete ao doador repassar ao patrimônio do donatário a coisa ou vantagem indicada no contrato. Argumentam, os que não aceitam a promessa de doação, que ninguém pode ser forçado a fazer uma liberalidade, mesmo tendo assumido o compromisso de praticá-la. Em contraponto, dizem os defensores da promessa que a execução do seu teor nada mais representa do que a busca do cumprimento do dever, porque livremente contraído, sendo irrelevante a diversidade entre a natureza jurídica da obrigação emergente da promessa (fazer) e a oriunda do contrato de doação (dar). Esta última exegese revela-se mais adaptada à realidade negocial do instituto, harmonizando-se com o princípio da autonomia da vontade, que, de resto, preside as relações contratuais sempre que não predominar o interesse coletivo. O fato de se tratar de iniciativa formulada a título gratuito não afasta a prestabilidade da promessa, eis que o próprio contrato de doação, mesmo gratuito, também gera prerrogativas jurídicas exigíveis.

A jurisprudência fornece entendimentos em ambos os sentidos, sem ainda fixar postura definitiva ou notoriamente majoritária. Assim, já se decidiu ser *"legítima a promessa de doação entabulada entre os litigantes"* (Emb. Infr. n. 003312-2. TJSC). Em semelhante formatação, encontra-se: *"A promessa de doação de imóvel aos filhos menores, feita como condição de acordo que possibilitou a dissolução da sociedade conjugal, já tendo sido ratificado pelas partes, impede qualquer retratação unilateral"* (Ap. Cível n. 1.0433.04.127809-7/001, TJMG). Em direção oposta, afirmou-se que *"as promessas só são exigíveis nos contratos a título oneroso, que são negócios jurídicos, com prestações recíprocas. Daí que se entremostra inexigível a mera promessa de doação"* (Ap. Cível n. 00103786, TJRJ).

5.5. Modalidades básicas

5.5.1. Doação pura e simples

Quando o doador não impõe ao donatário qualquer obrigação ou dever como condição para o recebimento da coisa ou vantagem, diz-se que a doação é pura e simples. Nela, nada se exige do donatário para que receba o proveito indicado, existindo, por parte do autor da liberalidade, ânimo direto e exclusivo de beneficiar.

Contra o doador não correm juros moratórios, pois não se afigura justo, e nem consentâneo com o dever moral de gratidão incidente sobre o donatário, que o autor de uma liberalidade seja penalizado por eventual atraso no cumprimento da prestação a que se atrelou. Por idêntica razão, não estará sujeito às conseqüências da evicção ou do vício redibitório nas doações puras e simples, a menos que expressamente as assuma (art. 552).

5.5.2. Doação com encargo, modal ou gravada

Ao doador é permitido fazer certa exigência, a ser cumprida pelo donatário, como pressuposto para a finalização do ajuste. Trata-se do *encargo*, que consiste na prática de ato ou conduta (fazer algo, abster-se etc.), podendo ser estipulado em benefício do autor da liberalidade, de terceiro ou do interesse geral. Embora de rara aparição, também é admitido o encargo em proveito do próprio donatário. O encargo consubstancia elemento capaz de impedir que se torne imediatamente definitiva a eficácia do contrato. Descumprido o encargo, as partes retornam ao estado anterior, restando insubsistente a avença celebrada. Importa salientar, porém, que a aposição do encargo não suspende a aquisição nem o exercício do direito, salvo quando expressamente imposto no negócio jurídico, pelo disponente, como condição suspensiva (art. 136). Aliás, exatamente nesse aspecto é que se estremam o encargo e a condição suspensiva, de vez que a inserção desta subordina o efeito do negócio jurídico a evento futuro e incerto (art. 121), circunstância bastante para obstar a aquisição e o exercício do direito estabelecido em favor do donatário, ao contrário do que acontece com o encargo. Considerado o fato de que a doação existe para beneficiar o destinatário do bem ou vantagem, e que, por isso, toda restrição precisa estar expressamente indicada, qualquer imposição de dever jurídico ao donatário será vista *prima facie* como encargo, somente funcionando como condição suspensiva diante de inequívoca manifestação do autor da liberalidade.

Quando o doador impõe à parte adversa certo dever jurídico, tal iniciativa não retira do contrato a característica de liberalidade, porque o proveito é economicamente maior do que o encargo. A rigor, não prima pelo refino técnico a expressão *doação onerosa* (utilizada pelo legislador no art. 562 e no parágrafo único do art. 441), pois a eventual existência de encargo não transformará em contrato oneroso um ajuste eminentemente gratuito como é a *donatio* (art. 540, *in fine*). Ele continuará marcado pela gratuidade, apenas com a observação de a ela associar-se um gravame desejado pelo doador. A conotação de liberalidade situa-se, mais precisamente, no que exceder da expressão econômica necessária ao cumprimento do encargo imposto. Assim, se para receber certo bem é exigido do donatário que entregue um similar de menor valor a certa associação beneficente, o conteúdo da doação será a diferença entre o valor da coisa doada e o daquela repassada por exigência contratual. Tal dever, a propósito, não é de assunção obrigatória, mas uma vez aceita a doação o donatário somente receberá o bem ou vantagem em definitivo se o cumprir como rigorosamente estipulado na celebração.

Acerca da situação jurídica do donatário na hipótese de incidência de encargo, o art. 553 do Código Civil determina: *"O donatário é obrigado a cumprir os encargos da doação, caso forem a benefício do doador, de terceiro, ou do interesse geral"*. Somente não será exigível judicialmente o cumprimento da imposição nos casos em que ela for estatuída em benefício do próprio donatário (*v. g.*, faço a ti uma doação de 1000 para que pagues as tuas dívidas), pois então será dele mesmo o interesse em atender ou não ao proposto, de acordo com as suas conveniências. Se o encargo aposto for do interesse geral (*v. g.*, faço a doação desta casa, mas terás que destinar metade da renda locatícia ao Lar de Menores), o Ministério Público poderá exigir sua execução, depois da morte do doador, se este não tiver feito (parágrafo único do art. 553).

Considera-se não escrito o encargo ilícito ou impossível, salvo se constituir o motivo determinante da liberalidade, caso em que se invalida o negócio jurídico (art. 137). A doação será considerada pura e simples, legitimando o beneficiário a pleitear de imediato o objeto da avença, quando ocorrer a indicação de encargo portador dos caracteres acima referidos. É o caso, por exemplo, da doação de um imóvel com previsão de que o donatário terá de nele instalar um ponto de tráfico de entorpecentes.

Importa destacar, ainda, o fato de que a doação modal fica ao abrigo da tutela jurídica dedicada à hipótese de verificação de vícios redibitórios, haja vista a expressa conformação do parágrafo único do art. 441 do Código Civil. Por isso, sempre que o encargo restar cumprido e a coisa vier a ser consideravelmente afetada em sua extensão econômica ou perder a utilidade que lhe era inerente, poderá o donatário enjeitá-la, reclamando o correspondente valor, e, em caso de culpa do doador, também as perdas e os danos cuja existência provar. Sendo modal a liberalidade, também é viável ao donatário reclamar o resguardo jurídico decorrente da evicção, pois ele somente recebeu a coisa porque praticou a conduta exigida pelo doador, e isso representa ônus de natureza econômica passível de proteção legal.

5.6. Modalidades especiais

5.6.1. Doação remuneratória

Considera-se remuneratória a doação promovida com declaração, pelo doador, de que a liberalidade tem por base serviços prestados pelo donatário, que não tenham gerado em favor deste um crédito econômico juridicamente exigível. É o que acontece, por exemplo, quando alguém, mesmo sem fazer expressa menção no instrumento contratual, pretende agraciar certa pessoa que lhe deu amparo quando esteve doente, buscando medicamentos, preparando refeições etc. em razão da amizade e do apreço recíproco que os vinculava. Como se percebe, tal espécie de *donatio* é celebrada com o fito de retribuir ao beneficiário o esforço despendido na execução de serviços feitos em prol do doador. O doador não poderia ser submetido a demanda judicial para pagamento desse tipo de atividade, de modo que o caráter de liberalidade reside na circunstância de estar deslocando um bem ou vantagem de índole econômica para retribuir aquilo que a parte contrária realizou.

Note-se que a doação remuneratória não se confunde com o pagamento de dívidas. Na verdade, caso a obrigação seja juridicamente exigível, toda forma de contraprestação ofertada pelo tomador dos serviços significará pagamento. Sujeito, portanto, ao regramento pertinente, inclusive quanto aos riscos de perda ou inutilização da coisa que vier a ser alcançada ao prestador (*v.g.*, na hipótese de dação de um veículo em pagamento). Convém salientar que a doação destinada a remunerar alguém na forma prevista na lei não perde o caráter de liberalidade (art. 540), nem deixa de configurar ajuste a título gratuito.

Outro aspecto digno de abordagem diz respeito às obrigações que, dotadas de potencial exigibilidade jurídica, são satisfeitas pelo devedor mediante entrega de valor ou coisa cujo alcance econômico supera o da dívida. Exemplo: a pessoa sabe que deve apenas 1000, mas faz questão de entregar 1200. Haverá pagamento até o limite dos préstimos remunerados nos moldes ordinários; daí em diante, o que existe é efetiva liberalidade. Cada porção será tecnicamente tratada de acordo com a sua natureza, ou seja, pagamento e doação simples.

Feita de ascendente para descendente, a doação remuneratória não estará sujeita à colação, isto é, não será considerada antecipação da legítima do donatário, haja vista que se destinou a retribuir serviços prestados por ele. Isso acontecerá ainda que o doador não faça expressa dispensa de colação no instrumento contratual. A natureza remuneratória da liberalidade, porém, deve ser rigorosamente comprovada, mormente a partir de contrato onde conste direta menção dos motivos e do valor dos serviços que o doador tencionou gratificar, a fim de permitir eventual debate em torno da veracidade dos fatos arrolados. Importa frisar que em circunstâncias comuns essa espécie de doação não reclama apontamento das causas ou motivos que a ensejaram; mas, na hipótese de se buscar a dispensa de colação, quando a mesma não foi expressamente formulada pelo autor da liberalidade (art. 2.005), somente diante de inequívoca comprovação escrita do caráter remuneratório será viável atingir o objetivo colimado.

Sendo remuneratória a liberalidade, o doador responde pelas repercussões da evicção e do vício redibitório, na parte que corresponder ao serviço prestado. Como o beneficiário é recompensado em razão de serviços que realizou, embora não exigíveis juridicamente, fica obstada a caracterização da *donatio* pura e simples, esta sim geradora de isenção do autor quanto a vícios redibitórios e evicção.

5.6.2. Doação meritória

Cuida-se de benefício realizado em reconhecimento a méritos e qualidades do donatário, visando a oferecer-lhe incentivo, demonstrar gratidão, conceder honraria etc. É o caso de alguém que doa certa coisa móvel porque o donatário salvou-lhe a vida, ou prestou-lhe auxílio espiritual em determinado momento difícil. Tem clara conotação de obrigação moral do doador para com o donatário, sem que isso caracterize espécie alguma de débito juridicamente exigível.

Para que se configure a doação meritória, é preciso que o doador mencione expressamente, no título constitutivo, a razão pela qual efetiva a *donatio* à outra parte, indicando o fato que justifica tal reconhecimento. Por outro lado, a efetiva existência do fato apontado é pressuposto de eficácia da contratação, de sorte que restando atestada a inexistência fática da causa não surge a obrigação de transferir. Na doação remuneratória, o doador pode silenciar quanto à causa ou motivo da celebração, já que não está apenas a afirmar um merecimento do donatário, mas principalmente retribuindo serviços materiais recebidos.

A doação meritória constitui liberalidade (art. 540), já que o doador não estava obrigado a contraprestar economicamente aquilo que lhe foi oportunizado pelo donatário. E nem está a efetuar pagamento, mas apenas carreando ao outro celebrante o proveito que entendeu justo. Celebra o contrato, portanto, apenas porque assim deseja proceder, de maneira livre e espontânea, imbuído do desinteressado ânimo de agraciar o outro pólo.

5.6.3. Doação ao *nascituro*

O Direito nacional dispensa ao nascituro concreta proteção. Tanto é verdade que permite seja-lhe feita doação, cuja eficácia ficará condicionada ao nascimento com vida. Caso isso não aconteça, a liberalidade caducará e o bem ou vantagem continuará a integrar o patrimônio do autor. Regrando o tema, o art. 542 do Código Civil dispõe: *"A doação feita ao nascituro valerá, sendo aceita pelo seu representante legal".* A liberalidade produz todos os efeitos a partir do momento da aceitação, motivo pela qual o nascimento com vida apenas faz definitivo aquilo que se verificara à época da contratação.

Na doação feita a nascituro, a aceitação é formulada pelo seu representante legal, que pode ser tanto o pai como a mãe, indistintamente. Na hipótese de não estarem no exercício do poder familiar, ou de serem incapazes, nomear-se-á curador (art. 1.779), se já não houver, para declarar se aceita a doação feita ao nascituro. Em tal caso, a manifestação do curador terá de ser precedida de autorização judicial (art. 1.748, II). Ordinariamente, ela acontece ainda antes do nascimento, mas nada impede que, havendo prazo certo, definido no contrato para aceitação, e estando o mesmo em transcurso depois de nascido o beneficiário, seja aceita a coisa ou a vantagem já em vida deste. Semelhante quadro poderá ocorrer na falta de fixação contratual de prazo de aceitação, pois então somente por notificação do doador ele terá curso, mostrando-se possível que transcorra após o nascimento do destinatário.

5.6.4. Doação em forma de subvenção periódica

Subvenção periódica é toda vantagem de caráter pecuniário auferida pelo indivíduo em interregnos definidos, que tanto podem ser mensais como anuais, semestrais e assim por diante. Nessa categoria se enquadram as pensões, as vantagens em dinheiro, as doações de numerário etc. Deste último caso é que trata o legislador brasileiro no art. 545 do Código Civil: *"A doação em forma de subvenção periódica ao beneficiado extingue-se morrendo o doador, salvo se este outra coisa dispuser, mas não poderá ultrapassar a vida do donatário"*.

Como liberalidade personalíssima feita pelo doador em proveito do donatário, a doação em forma de subvenção periódica não tem existência para além do óbito do autor. Falecendo o doador, desaparece no mesmo instante a doação constituída em parcelas periodicamente entregues ao pólo adverso, de sorte que não ficarão os sucessores do doador obrigados a suportar os efeitos da liberalidade até as forças da herança. A extinção da doação somente não ocorrerá se o autor dispuser de maneira diversa, prevendo expressamente a conservação da liberalidade para depois da morte, até onde alcançar a herança deixada.

Ainda que o doador outra coisa disponha no concernente à extinção da *donatio*, esta não poderá ultrapassar a vida do donatário, ou seja, a morte do beneficiário ocasionará necessariamente a extinção da liberalidade. Por outro lado, nada impede que o doador estabeleça termo de duração (*v.g.*, cinco anos, dez anos etc.), fixe determinado evento como marco para o término do benefício (*v.g.*, até que o donatário atinja a maioridade, enquanto não casar etc.) ou simplesmente estipule que durará até o óbito do destinatário ou enquanto a herança suportar. É certo, todavia, que no máximo prevalecerá ao longo da extensão temporal da vida de quem recebe a vantagem.

5.6.5. Doação para casamento futuro

O art. 546 do Código Civil preleciona: *"A doação feita em contemplação de casamento futuro com certa e determinada pessoa, quer pelos nubentes entre si, quer por terceiro a um deles, a ambos, ou aos filhos que, de futuro, houverem um do outro, não pode ser impugnada por falta de aceitação, e só ficará sem efeito se o casamento não se realizar"*. Doação feita em contemplação de casamento futuro é contrato que somente produzirá efeitos se vier a ser celebrado o matrimônio a que se refere. Por meio dessa liberalidade, o doador assume a obrigação de entregar ao donatário a coisa objeto da avença, caso seja efetivado o enlace. Se já houver feito a entrega e o casamento não se realizar, caberá ao possuidor restituí-la ao doador, sob pena de cometer esbulho e de ser, daí em diante, considerado possuidor de má-fé, respondendo pelas conseqüências advindas do aludido estado anímico.

Para que a contratação se amolde aos ditames do art. 546, impõe-se que o casamento futuro seja com certa e determinada pessoa. Logo, não se afigura como tal a estipulação do doador no sentido de que doará um veículo a Carlos se este casar "com alguém". Isso configuraria doação submetida a condição suspensiva regida pelas normas gerais referentes ao contrato de doação. Para a aplicação do art. 546, é necessária a indicação precisa e inequívoca das pessoas de quem se deseja o matrimônio, sendo intolerável a indeterminação absoluta. É válido, por exemplo, o contrato pelo qual Paulo doa a João o imóvel "X" se este casar com Maria dentro em dois anos.

A doação feita em contemplação de casamento futuro não pode ser impugnada por falta de aceitação, tendo em vista que o só fato de o matrimônio ser realizado importa em tornar perfeito e acabado o negócio jurídico, implicando em presunção *juris et de jure*. Há submissão do mesmo, portanto, a uma condição suspensiva da aquisição do direito, qual seja, a celebração do casamento. Somente ficará sem efeito, portanto, se inocorrer a condição aposta à contratação, exceto no que pertine aos vícios que maculam os atos jurídicos em geral, que por óbvio também podem afetar as doações. Finalmente, cumpre obtemperar que a posterior ocorrência de separação ou divórcio do casal, assim como a morte de um dos cônjuges, não afeta a doação, que se considerou perfeita e acabada desde o momento do enlace.

A prole eventual do casal que se deseja ver consorciado pode ser indicada como donatária no instrumento constitutivo. Nesse caso, existirão duas condições a serem verificadas, ambas de natureza suspensiva: a efetivação do casamento entre as pessoas mencionadas e o nascimento com vida dos respectivos filhos, beneficiários da liberalidade.

A doação com vistas a casamento futuro não pode ser revogada por ingratidão (art. 564, IV). Embora não se trate de encargo imposto pelo doador, há certa semelhança na disciplina jurídica nesse particular, já que a pessoa se submete à condição imposta e, com isso, adquire direito irreversível à percepção da coisa ou da vantagem referida no contrato.

Conforme disposto na segunda parte do art. 552, nas doações *propter nuptia* a regra geral consiste na responsabilização do doador pelas conseqüências da evicção, pois, ainda que não se trate de encargo, a condição imposta pelo autor para a consecução da liberalidade verificou-se, o que a afasta da qualidade de pura e simples. É lícito, entrementes, excluir a responsabilidade mediante convenção em contrário à indicação normativa. Tendo em vista que a mencionada norma somente faz referência à incidência dos ônus provenientes da evicção, fica claro que, nessa espécie de liberalidade, o doador não responderá por vícios redibitórios, salvo se os assumir expressamente.

5.6.6. Doação de ascendente a descendente e entre cônjuges

Diz o art. 544 – "*A doação de ascendentes a descendentes, ou de um cônjuge a outro, importa adiantamento do que lhes cabe por herança*". O princípio da proteção da legítima e da igualdade entre os herdeiros é tradicional no ordenamento jurídico brasileiro. Fosse irrestrita a liberdade de doar, estaria em sério risco esse resguardo desejado pelo legislador. Em vista disso, tal prerrogativa sofre interferências normativas, entre as quais a que considera a doação como sendo adiantamento do que caberia por herança ao donatário quando da morte do doador, em se tratando de liberalidades feitas de ascendentes a descendentes ou de um cônjuge a outro. Obviamente, a colação somente é necessária quando a *donatio* houver sido feita a quem seja sucessor do agente à data do seu óbito. Logo, o doação feita ao neto não será levada a colação, exceto se ele estiver legitimado a receber, por direito próprio ou em representação de herdeiro pré-morto, a herança do *de cujus*. Quanto a isso, destarte, presume-se imputada na parte disponível a liberalidade feita a descendente que, ao tempo do ato, não seria chamado à sucessão na qualidade de herdeiro necessário (parágrafo único do art. 2.005). Por outro lado, a liberalidade praticada em favor de filho estará automaticamente fadada à colação, ressalvados os casos previstos em lei, haja vista a sua qualidade de herdeiro necessário e a conseqüente aplicação do art. 2.005, *caput*.

Chama-se colação o ato de conferir as doações recebidas em vida, pelos descendentes, do ascendente comum, para o fim de igualar as legítimas (art. 2.004, § 1º, do Código Civil). As doações assim formuladas, cuja feitura não reclama a anuência dos demais descendentes, serão somadas ao acervo hereditário visando a apurar qual o montante cabível a cada descendente, como se jamais houvessem existido as liberalidades. Após a apuração, cada descendente receberá um complemento, permanecendo com as coisas doadas, ou restituirá ao monte o excesso que houver recebido como doação. A regra geral de que as doações serão consideradas adiantamento do que couber aos descendentes por herança é excepcionada pelo próprio Código Civil, que dispensa da colação as doações que o doador determinar saiam da parte disponível, contanto que não a excedam, computado o seu valor ao tempo da doação.

Como a dispensa de colação somente diz respeito aos descendentes que receberam doações do ascendente, forçoso é concluir pela inadmissibilidade da dispensa em se tratando de doações feitas em vida ao cônjuge. Assim, sempre que um consorte for sucessor do outro em virtude da lei, concorrendo com sucessores do falecido, as liberalidades praticadas em seu proveito deverão ser submetidas à colação, para igualar legítimas. Importa destacar que o legislador considera adiantamento as doações feitas em favor do cônjuge somente quando este for também herdeiro do doador, observado o teor do art. 1.829, I, do Código Civil. Se isso não acontecer, é evidente que as doações não serão alvo de conferência depois do óbito do autor da liberalidade, embora estejam sujeitas a desfazimento sob fundamentos jurídicos diversos (*v.g.*, vício de consentimento quando da celebração).

Nem todo regime de bens admite que um cônjuge efetue doação ao outro. Na comunhão universal, por exemplo, praticamente todos os itens patrimoniais se comunicam, de maneira que — em regra — não haveria sentido jurídico algum em praticar a liberalidade, pois de imediato a coisa doada estaria novamente se comunicando entre os consortes (exceto quanto aos itens apontados no art. 1.668). Na comunhão parcial, somente os bens não comunicáveis e exclusivos do cônjuge podem ser doados ao outro, já que os aqüestos integram o acervo comum. Na separação obrigatória, um cônjuge não é sucessor do outro, exceto se faltarem descendentes e ascendentes, motivo pelo qual a colação não se aplica às doações acaso celebradas. Na separação convencional, os bens doados ao cônjuge precisam ser colacionados, porque há vinculo sucessório entre os consortes. No regime da participação final nos aqüestos, a possibilidade de doação e necessidade da respectiva colação dizem respeito aos itens exclusivos de cada consorte, excluídos os aqüestos elencados no art. 1.672 do Código Civil.

5.6.7. Doação clausulada com reversão

O doador pode estipular que os bens doados voltem ao seu patrimônio, se sobreviver ao donatário (art. 547). A chamada *cláusula de reversão* consiste em previsão expressa, feita pelo doador, no sentido de que os bens doados volverão ao seu acervo se o donatário morrer antes dele, autor da liberalidade. Cuida-se de condição resolutiva instituída por iniciativa do doador, de modo que por óbito do donatário o negócio cessará os efeitos produzidos até então. É uma maneira de fazer com que o benefício somente alcance os sucessores do donatário se o doador falecer antes daquele, pois do contrário os bens serão retomados e, por óbito do autor da liberalidade, passarão aos seus próprios herdeiros. Havendo morte simultânea (comoriência) das partes celebrantes da doação, não se implementará a condição resolutiva, já que não houve a sobrevivência do doador ao donatário. Logo, os bens passarão diretamente ao acervo dos sucessores deste último, afastada a perspectiva da reversão.

É lícito às partes fixarem, no contrato, reversão vinculada a evento que não a morte do doador. Admite-se, por exemplo, o retorno dos bens após certo tempo, ou quando acontecer determinado fato que também atue como elemento de resolução da avença. Executada a cláusula de reversão, seja por implementação do evento morte ou de outro qualquer que tenha sido previsto, a volta dos bens ao patrimônio do doador não estará sujeita a pagamento de tributos, porque simplesmente terá existido uma só operação de transferência, cassada em seus efeitos pelo superveniente o óbito do beneficiário, fazendo com que o estado original seja reposto.

Saliente-se que, instituindo condição resolutiva, a cláusula não impede que o donatário imediatamente se torno titular da propriedade da coisa, motivo pelo qual poderá dela dispor livremente. Juridicamente, quem dispôs da titularidade ao tempo em que pendia a condição resolutiva será tratado, salvo prova em contrário, como possuidor de boa-fé, motivo pelo qual terá direito, enquanto ela durar, aos frutos percebidos (*caput* do art. 1.214). Os frutos pendentes ao tempo em que cessar a boa-fé devem ser restituídos, depois de deduzidas as despesas da produção e custeio; devem ser também restituídos os frutos colhidos com antecipação (art. 1.214, parágrafo único). Resolvida a propriedade pelo implemento da condição ou pelo advento do termo, entendem-se também resolvidos os direitos reais concedidos na sua pendência, e o proprietário, em cujo favor se opera a resolução, pode reivindicar a coisa do poder de quem a possua ou detenha (art. 1.359). Por isso, o terceiro adquirente não poderá exigir a preservação da sua condição de dono, ficando legitimado, apenas, a reclamar do alienante o desfazimento do negócio e a reposição do *status quo ante*.

Não prevalece cláusula de reversão em favor de terceiro (parágrafo único). Como a previsão contratual de retomada do *status quo ante* se traduz em faculdade pessoal conferida pelo legislador ao sujeito que efetua a doação, somente é viável a sua aposição quando destinada a fazer voltarem os bens ao próprio patrimônio do doador, sendo vedada cláusula de reversão dos bens em proveito de outrem. Não pode o autor, por exemplo, estabelecer que se sobreviver ao donatário os bens doados serão direcionados a um amigo comum. Isso equivaleria a admitir a criação de fideicomisso, por ato *inter vivos*, dotado de bilateralidade imediata, circunstância não prevista no ordenamento jurídico.

5.6.8. Doação a entidade futura

Ao doador é permitido fazer doação em benefício de entidade futura, que ainda não existe ao tempo da formalização da liberalidade, como na hipótese de doar um imóvel para a Associação de Bairro que vier a ser constituída no local onde mora. Não obstante essa prerrogativa, a legislação limita a espera, a que estará obrigado o doador, para a constituição regular da entidade. Diz o art. 554: *"A doação a entidade futura caducará se, em dois anos, esta não estiver constituída regularmente"*. Em tal prazo, que não se interrompe e nem se suspende, fenecerá a doação, caso não seja constituída a beneficiária, com observância de todas as normas pertinentes. Não basta a mera atuação fática, pois a condição reclamada é que o surgimento se dê pelo modo regular, ou seja, com atenção aos preceitos legais pertinentes. Cabe lembrar que a existência dos entes jurídicos personificados se dá com o registro dos respectivos atos constitutivos (art. 45 do Código Civil), e, dos não personificados, com o atendimento das regras jurídicas pertinentes.

O prazo mencionado no art. 554 será tido como máximo, se outro menor não for estabelecido quando da doação. É possível reduzi-lo, mas não aumentá-lo, de vez que o interesse social — afora o do próprio autor — também recomenda a fixação de período máximo para o atendimento da exigência, sob pena de caducar a liberalidade. Criada a entidade destinatária da coisa ou vantagem, de imediato é tida como donatária e legitimada a reclamar o proveito contratualmente estipulado, sendo dispensado qualquer ato de formal aceitação.

Na categoria de *entidades*, vocábulo lançado pelo legislador, estão as pessoas jurídicas de direito privado em suas várias modalidades, *v. g.*, associações, fundações e sociedades. Também os organismos sem personalidade jurídica, mas dotados da qualidade de sujeitos de direitos e obrigações, *v. g.*, massa falida e condomínios edilícios. Por fim, não se pode excluir da listagem as pessoas jurídicas de direito público ainda não existentes à época da liberalidade.

5.7. Outras disposições específicas

5.7.1. Doação universal

É nula a doação de todos os bens sem reserva de parte, ou renda suficiente para a subsistência do doador (art. 548). Veda-se a denominada *doação universal* porque acarreta desmedida supressão dos itens patrimoniais pertencentes ao doador, sem que consigo permaneçam bens ou renda suficientes para a própria subsistência. Não se coaduna com as regras norteadoras da doação a disposição total dos bens, pois ao mesmo tempo em que leva benefício ao donatário, provoca profundo e insuperável abalo na condição de vida do autor da liberalidade. Porém, sem inequívoca demonstração de que o negócio gratuito implicou em doação de todos os bens da parte, e que disso resultou a sua hipossuficiência econômica, não se reconhece a citada nulidade.

A doação universal não se caracteriza, sempre e necessariamente, pela doação da totalidade dos bens que compõem o acervo. Também ingressa na seara da nulidade o contrato que promove a disposição de itens em quantidade capaz de suprimir aquele mínimo necessário à sobrevivência digna do doador, mormente no que pertine à produção de renda bastante para que conserve um padrão de vida aproximado daquele até então desfrutado. Suponha-se que o doador tenha em seu patrimônio disponível duas casas e um veículo, utilizando todos os bens como fonte de rendimentos por meio de locação. Se doar as duas casas, será reconhecida como nula a liberalidade, na hipótese de o produto auferido a partir da locação do veículo mostrar-se insuficiente para atender às necessidades básicas do doador e daqueles cuja subsistência provia.

Caso o doador concretize a liberalidade, reservando para si o usufruto dos bens e com isso conservando a fonte de renda de que anteriormente desfrutava, a doação será plenamente válida sob esse ângulo de análise. Por outro lado, nada impede que a sentença reconheça como nula a doação apenas até o limite do comprometimento da subsistência do doador, mantendo intacto o restante da liberalidade. Isso pode ocorrer tanto em virtude de expresso pedido exarado na petição inicial, como também em função do teor da defesa apresentada pelo donatário réu, quando demonstrar que a parte contrária terá suficiente rendimento, podendo subsistir com dignidade, com a nulificação parcial do contrato.

5.7.2. Doação inoficiosa

Chama-se *doação inoficiosa*, e é considerada nula, a parte da liberalidade que exceder a de que o doador poderia dispor em testamento (art. 549). O momento de aferição do excesso coincide com a conclusão do contrato, isto é, quando da aceitação pelo donatário. O objetivo da vedação instituída pela lei é proteger a legítima, porção patrimonial que obrigatoriamente deve ser reservada aos herdeiros necessários quando do óbito do titular do acervo.

Embora não se obstaculize a alienação onerosa das coisas, outra é a solução em se tratando de disposição a título gratuito, pois se ao proprietário é atribuído poder de disposição em larga escala em relação aos próprios bens, limita-se essa prerrogativa quando potencialmente puder acarretar prejuízos à fração necessária do patrimônio. Por meio de doações abusivas, poderia o autor esquivar-se das normas legais que protegem a legítima, e isso contraria os princípios do direito sucessório como concebido pelo legislador pátrio.

A parte disponível do patrimônio de qualquer pessoa, para fins de confecção de testamento e distribuição a quem quiser, é constituída por metade do acervo, se tiver herdeiros necessários (art. 1.846). Portanto, essa é a base de quantificação da prerrogativa de doar, expressamente atrelada à extensão da faculdade de testar. A aferição é singela, bastando que seja tomado o valor total do acervo no momento da liberalidade e comparado com o montante que foi alvo de disposição gratuita. Se esta ultrapassar a faixa dos cinquenta por cento, o excedente constituirá a parte inoficiosa da doação, que por isso será reduzida até os limites admitidos em lei. Valerá, porém, a parcela que se enquadrar nos padrões normativos, de modo que será incorreto argüir de nulidade toda a doação realizada.

O reconhecimento da nulidade da doação inoficiosa não pode ser pleiteado em vida do doador, haja vista o conteúdo do parágrafo único do art. 1.014 do Código de Processo Civil. Ademais, não se pode litigar sobre herança de pessoa viva, e quem busca a nulificação de liberalidade inoficiosa durante a vida do doador está, em derradeira análise, antecipando discussão em torno do acervo hereditário. Assim, somente depois do falecimento do doador é que terão legitimidade, os herdeiros preteridos, para ajuizar ação tendente à nulificação da liberalidade, no que for excessiva. Outro aspecto a merecer consideração: embora a apuração da inoficiosidade se dê pelo valor dos bens ao tempo da efetivação da liberalidade, eventual excesso será restituído ao acervo e partilhado pelo valor que tiver no momento da abertura da sucessão, já que a sua distribuição entre os herdeiros deverá ocorrer com base na avaliação atual do acervo, e não com suporte na que possuía quando da realização da liberalidade excessiva.

Como o legislador não arrolou os companheiros na listagem dos herdeiros necessários, o doador não encontra limitação legal à doação de mais do que a metade do seu acervo exclusivo. Caso tivesse desejado estender a restrição à hipótese de existência de companheiro, o ordenamento assim teria procedido, seja incluindo-o no rol dos herdeiros necessários ou editando norma expressa a respeito da matéria. Tendo silenciado, entende-se que optou por liberar o doador para que efetue a liberalidade entendida como adequada, segundo juízo pessoal de oportunidade e conveniência, mesmo que mantenha união estável ao tempo da celebração do contrato.

Há outro aspecto a ser abordado, relativo à realização de sucessivas doações da metade do acervo, *v.g.* quando o titular possui 100 e doa 50, para dias depois doar outros 25 e assim por diante. Como o limite quantitativo da doação corresponde à metade do acervo disponível, a feitura de várias liberalidades poderia esgotar o patrimônio sob a aparência de legítima conduta. Porém, apurada a ocorrência de diversas liberalidades em curto espaço de tempo, é possível buscar a afirmação da inoficiosidade de tudo o que foi transmitido após o primeiro contrato. Afinal, a comprovação de ter havido mau ânimo do doador, que tencionava burlar a vedação contida na lei, é suficiente para restringir a validade apenas ao contrato inicial, com reconhecimento da nulidade dos subseqüentes. Se assim não fosse, restaria implementada a perspectiva de afronta por via transversa ao ordenamento, fazendo letra morta o art. 549 do Código Civil.

5.7.3. Doação do cônjuge adúltero ao cúmplice

A doação do cônjuge adúltero ao seu cúmplice pode ser anulada pelo outro cônjuge, ou por seus herdeiros necessários, até dois anos depois de dissolvida a sociedade conjugal (art. 550). Considera-se anulável tal liberalidade porque operações dessa natureza afrontam os princípios morais mais relevantes. Com base nisso, confere-se exclusivamente ao cônjuge lesado — porque a ele é que afeta em caráter imediato o adultério — a legitimidade para buscar em juízo a anulação da liberalidade contrária à norma legal, ainda na constância da sociedade conjugal ou depois de encerrada, observado o prazo de decadência fixado pela lei. Importa salientar que se o cônjuge prejudicado falecer durante o trâmite da ação, passarão a integrar o pólo ativo os herdeiros necessários, até a finalização da demanda.

O art. 550 vai na mesma linha do art. 1.801, III, que veda ao testador casado a efetivação de deixa testamentária em proveito do concubino, ou seja, da pessoa com quem travou relacionamento não eventual (art. 1.727). Porém, a doação é ato *inter vivos* e mereceu maior vigor legal, de maneira que a proibição não atinge apenas a hipótese de liberalidade feita ao concubino, mas também àquela pessoa que entreteve com o doador relação sexual única ou episódica, consumando o adultério. Por outro lado, a regra obstativa não afeta doações feitas pela pessoa judicialmente separada ou divorciada, e tampouco aquelas celebradas pelo indivíduo separado de fato que passou a viver em união estável e depois promoveu a liberalidade em favor do companheiro.

Uma vez desfeita a sociedade conjugal por morte do cônjuge inocente, a legitimidade para a propositura da ação de anulação da liberalidade passa a ser dos herdeiros necessários do doador, que dispõem do prazo decadencial de dois anos para a propositura, contado da data em que desaparecer a sociedade conjugal por morte do cônjuge enganado. Releva destacar que não se trata de legitimidade concorrente, de modo que enquanto viver, o consorte inocente concentrará toda a faculdade de ajuizar a demanda. Os herdeiros necessários só poderão atuar após a morte daquele, seja dando continuidade à ação já aparelhada, seja propondo a lide em nome próprio. Tratando-se de prazo decadencial, uma vez iniciado seu curso não sofre interrupção nem suspensão, de forma que a fluência *in albis* torna definitiva a doação inicialmente viciada.

Haja vista a existência de interesses exclusivamente particulares na busca da anulação, associada à circunstância de que o ajuizamento pode tornar público o evento e ocasionar imprevisíveis conseqüências sobre a estabilidade moral e o sossego dos envolvidos, o legislador preferiu adjetivar de anulável — e não de nula *pleno jure* — a doação, atribuindo às pessoas indicadas no dispositivo acima referido o direito de optar pelo silêncio ou pelo litígio.

À semelhança do que acontece no pertinente ao art. 549, a aplicação do art. 550 fica limitada à doação feita pelo *cônjuge* adúltero ao cúmplice, e não pelo *companheiro* à pessoa com quem manteve ocasional relacionamento paralelo. Quisesse ampliar a extensão da norma, o legislador faria nela abarcar também a liberalidade realizada pelo membro de união estável. Logo, a doação feita por companheiro não é afetada pela mencionada norma, mantendo-se intacta no plano da validade e da eficácia.

5.7.4. Doação conjuntiva

Salvo declaração em contrário, a doação em comum a mais de uma pessoa entende-se distribuída entre elas por igual (art. 551). Chama-se *conjuntiva* a doação feita com pluralidade de donatários, figurando todos como titulares do proveito. Se o contrato não especificar a fração cabível a cada um, reputa-se que receberão partes economicamente iguais, por ser esta a vontade presumida do autor da liberalidade. Para que haja distribuição diversa, deverá haver expressa menção contratual, ou posterior avença entre os interessados. Conforme forem faltando os donatários em razão de morte, as respectivas frações serão destinadas aos sucessores que tiverem, exceto se outra disposição for feita no contrato. Nesse particular, o direito de acrescer é a exceção, sendo regra a destinação da parte que cabia ao falecido aos próprios herdeiros.

Se os donatários conjuntos, em tal caso, forem marido e mulher, subsistirá na totalidade a doação para o cônjuge sobrevivo (parágrafo único). Isso se dará independentemente do regime de bens que vigorar no casamento, de maneira que a falta de um dos consortes acarretará a soma de sua parcela à do sobrevivo, conservando por inteiro a doação na esfera jurídica deste. Em razão dessa previsão legal, que consagra o denominado direito de acrescer como regra na doação conjuntiva a marido e mulher, a parte da doação que cabia ao cônjuge falecido não integra o acervo hereditário que deixa para os sucessores, concentrando-se no supérstite a doação. Por morte deste, ficarão seus próprios sucessores com a totalidade do conteúdo da doação, que será repartido nos moldes previstos nas normas pertinentes.

Caso a doação contenha cláusula no sentido de que não haverá direito de acrescer por morte de um dos cônjuges donatários em comum, a parcela que lhe cabia será destinada aos herdeiros que tiver. Também é facultado estipular cláusula de reversão, fazendo volver ao patrimônio originário a porção cabível ao consorte falecido, se o doador lhe sobreviver. Em ambas as hipóteses não haverá direito de acrescer em favor do cônjuge supérstite, tomando sua fração o rumo indicado na avença.

5.8. Revogação da doação

5.8.1. Sentido e diferenciação

Inicialmente, é preciso asseverar que o vocábulo *revogação* se aplica com maior pertinência, no plano jurídico, como sinônimo de ato unilateral capaz de dissolver determinada relação jurídica. Isso pode ocorrer até mesmo sem a tomada de providências judiciais, como se dá, por exemplo, no ato de revogar os poderes conferidos em procuração ao mandatário. Todavia, não é desse sentido que trata o legislador ao disciplinar a revogação das liberalidades. Ainda que ela aconteça por iniciativa de apenas um dos pólos celebrantes, o pleito revocatório há de ser deduzido em juízo, vedada a providência unicamente extrajudicial.

A palavra *revogação*, quando relacionada às doações, está empregada no Código Civil como sinônimo de promover a supressão da vigência, desfazer, retirar a validade e a eficácia, sempre por meio de lide judicial e mediante cumprimento de certos requisitos, dentre os quais sobressai o da existência de causa legalmente prevista.

Como regra geral a doação é irrevogável. Porém, visando a disciplinar situações especiais e que apontam para a necessidade de rompimento do liame, tal providência é admitida em elenco taxativo (*numerus clausus*). A revogação não opera *pleno jure*, pois é apenas mera faculdade conferida ao doador ou aos herdeiros (quanto a estes, ainda mais excepcionalmente), dependente de sua iniciativa junto ao Poder Judiciário para que possa ser levada ao resultado final pretendido. Conforme observado anteriormente, não há revogação extrajudicial ou decorrente de ato unilateral do autor da liberalidade, de vez que somente a sentença transitada em julgado produz esse efeito.

A revogação nada tem a ver com a anulabilidade da *donatio* em virtude de incapacidade relativa do agente ou por verificação de que padece de vícios sanáveis na formação (art. 171).

Os defeitos do negócio jurídico, que afetam indistintamente todas as relações contratuais, estão previstos nos arts. 138 a 165 do Código Civil e ensejam a anulação dos contratos em geral. Por óbvio, a doação, como contrato que é, também se submete àquelas regras; todavia, elas não conduzem à revogação, instituto cujas bases são absolutamente diversas. Também as nulidades (art. 166) não se confundem com a revogação, já que elas partem da existência de intransponível mácula no negócio (*v.g.* incapacidade do celebrante), as passo que esta pressupõe a ocorrência de circunstância que não diz respeito à estrutura do contrato propriamente dita, mas sim a fatos supervenientes à regular formação do ajuste.

O Direito brasileiro somente admite a revogação das liberalidades em duas situações estanques, explicitadas no art. 555 do Código Civil: a) por ingratidão do donatário; a) por descumprimento do encargo. Ao lado disso, estipula circunstâncias que podem afetar especificamente as liberalidades, em rol não extensível aos demais contratos. Como exemplo, podem ser citados os casos de reversão (art. 547), doação universal (art. 548), doação inoficiosa (art. 549) e assim por diante.

5.8.2. Revogação por ingratidão do donatário

A primeira causa a ensejar a revogação da liberalidade é a ingratidão do donatário, de vez que, tendo sido beneficiado pela livre iniciativa do doador, o mínimo que se pode esperar é a adoção de comportamento condigno, em atenção a um dever natural e ético de respeito. Não se exige amizade perene, nem tampouco reconhecimento explícito ou gratidão em sentido estrito do donatário ao doador. O que não se tolera é o cometimento de atos arrolados na lei e que configuram desprezo, malícia e total desconsideração pelo autor da liberalidade. Disso se extrai o caráter essencialmente punitivo do rompimento do vínculo.

Conforme asseverado *retro*, não são todos os fatos tidos como reveladores de ingratidão em sentido comum que autorizam o desfazimento da liberalidade. Logo, a superveniente inimizade entre as partes, a falta de interesse e de apoio moral do donatário ante dificuldades experimentadas pelo doador e outros episódios afins não prescritos em lei são inaptos a gerar a prerrogativa de revogação do benefício. Somente nas hipóteses restritivamente previstas pelo legislador é que isso se mostra factível. A propósito, o art. 557 prevê: *"Podem ser revogadas por ingratidão as doações: I – se o donatário atentou contra a vida do doador ou cometeu crime de homicídio doloso contra ele; II – se cometeu contra ele ofensa física; III – se o injuriou gravemente ou o caluniou; IV – se, podendo ministrá-los, recusou ao doador os alimentos de que este necessitava".* Para melhor exame do tema, revela-se adequado apresentar individualmente os casos elencados na norma transcrita.

Embora seja de bom alvitre a suspensão do processo cível de apuração da causa destinada ao reconhecimento da ingratidão, até que sobrevenha julgamento da ação penal porventura existente em relação aos mesmos fatos, o juiz por onde tramita a demanda que trata da ingratidão do donatário não está obrigado por lei a assim proceder. E, como o legislador em momento algum exige a existência de sentença penal condenatória transitada em julgado para que se viabilize a revogação da liberalidade por ingratidão, pode o juízo cível reconhecer a circunstância aventada e promover o desfazimento da doação.

Ao atentar contra a vida do doador ou contra ele cometer homicídio doloso (inciso I), estará o donatário externando a maior mostra de ingratidão que se possa imaginar de um ser humano. Revela com isso completo desprezo e aversão para com o autor da liberalidade, autorizando-o, ou aos seus herdeiros em caso de consumação do homicídio, a revogar o negócio jurídico. Não constitui causa de revogação do benefício o homicídio culposo, eis que nele inexiste a vontade deliberada de matar ou a assunção do risco de alcançar o resultado letal. Também não implica em risco ao contrato a morte ou tentativa protagonizada por pessoa que não seja o donatário, mesmo quando seja dele muito próximo (*v.g.*, quando o filho ou irmão do beneficiário pratica homicídio contra o doador).

Sopesado o fato de que a revogação contém índole punitiva, e que a figura penal do dolo reclama capacidade de entendimento do agente, não poderá ser revogada a doação feita a pessoa que, temporária ou definitivamente inimputável, mata ou tenta matar o doador. Afinal, falta-lhe o elemento anímico que caracterizaria a ingratidão em sentido jurídico. Importa, para aferição desse aspecto, o momento da execução do ato considerado penalmente ilícito, e não o da *donatio*, de maneira que a liberalidade proveitosa a pessoa capaz, mas que ao depois se torna inimputável, e nessa condição age contra o doador, não será desfeita por ingratidão. Por motivos diversos, mas com a mesma base jurídica, resta intacta a liberalidade no caso de absolvição do autor do óbito ou tentativa por reconhecimento de alguma das excludentes da ilicitude postas no art. 23 do Código Penal. Isto porque não estará patenteada a conduta reprimível exigida pelo ordenamento como substrato da revogação.

Se houver prévia manifestação do juízo penal, condenando o agente por tentativa de homicídio ou homicídio doloso consumado, a decisão, uma vez irrecorrível, fará coisa julgada também no juízo cível, em que não mais será discutida em seus aspectos de autoria, materialidade e ânimo subjetivo (art. 935). Portanto, a condenação criminal facultará o desfazimento da doação por ingratidão do donatário, bastando que os legitimados provoquem o Poder Judiciário com esse desiderato. Já a sentença absolutória criminal não produzirá necessariamente coisa julgada no cível, mas, como obtemperado *retro*, excludentes da ilicitude como a legítima defesa e o exercício regular de direito impedem a revogação da doação, porque então não se falará em homicídio doloso ou tentativa de homicídio como figuras capazes de afetar a liberalidade concretizada.

A ofensa física contra o doador é outra das causas de revogação da liberalidade (inciso II). Basta a sua existência dolosa, não importando se penalmente classificada como leve ou grave, pois essa circunstância independe de condenação criminal. Pune-se, à evidência, o ânimo de lesionar, de atingir a integridade física do autor do benefício. Diante disso, não enseja a revogação a lesão culposamente provocada, tendo em vista a ausência do elemento subjetivo revelador de menosprezo e desconsideração. Valem aqui as mesmas considerações expendidas acima, quanto ao reflexo da imputabilidade do agente e das excludentes da ilicitude, que fazem insuscetível de revogação a liberalidade.

Injúria e calúnia, mencionadas no inciso III, são figuras de natureza criminal, e naquele âmbito (arts. 138 e 140 do Código Penal) busca-se a conceituação de ambas. Injuriar é ofender a dignidade e o decoro alheio por meio da imputação de fato genérico, inespecífico, como na hipótese de o donatário afirmar que o doador é homossexual, ou que é débil mental e estúpido. Consiste em *"juízo de valor depreciativo capaz de ofender a honra da vítima no seu aspecto subjetivo"* (Aníbal Bruno *apud* Júlio Fabbrini Mirabete, *Manual de Direito Penal*, São Paulo: Atlas, p. 144). Caluniar significa imputar a outrem, falsamente, fato definido como crime, individualizando a situação narrada. É o que acontece quando o donatário afirma que o doador tentou subornar um policial de trânsito em determinado dia, local e horário.

A definição do que seja *injúria grave* não se encontra na legislação penal, mas a adjetivação utilizada pelo legislador cível deixa entrever que não será qualquer menção injuriosa do donatário em relação ao doador que acarretará a faculdade de revogar o benefício. Somente quando as circunstâncias revelarem-se de considerável gravidade é que se viabilizará o aludido desfazimento. O mesmo não acontece no que diz com a calúnia, porque toda incursão desse jaez contém em si mesma gravidade bastante para ensejar a revogação da liberalidade, tendo em vista tratar-se de falsa imputação da prática de crime.

Embora o legislador não tenha mencionado na norma legal o instituto da difamação, é imperioso considerar que também quando houver a prática dessa ilicitude ficará o doador legitimado a dissolver o contrato. Não se vislumbra razão plausível para que a difamação deixe de produzir os mesmos efeitos que resultam das outras duas modalidades de ilícitos contra a honra. Todas pertencem a um só gênero, sendo inclusive disciplinados seqüencialmente pelo legislador penal. Logo, ainda que se reconheça a necessidade de limitar tanto quanto possível a amplitude do elenco traçado no Código Civil, o caráter taxativo da norma não fica afetado pela consideração de estar incluída por simetria, a difamação, no rol apontado pelo dispositivo.

Por fim, o inciso IV contempla quadro especialmente permeado pela questão moral e ética. Revela-se insensível o donatário que, não obstante recebendo as vantagens decorrentes da liberalidade e podendo ministrar alimentos, nega-os ao doador que deles necessitava. É preciso, porém, que o donatário, independentemente de constar ou não do rol das pessoas obrigadas a alimentar o doador, tenha reais condições de alcançar alimentos sem prejuízo da subsistência própria e da família, pois o ordenamento não exige atitudes heróicas ou sacrifícios desmedidos, mas apenas um mínimo de reconhecimento pela doação que lhe foi direcionada. Ademais, é necessário que o doador *"se encontre em estado de indigência e não tenha parentes próximos dos quais possa reclamar a prestação alimentícia"* (*Washington de Barros Monteiro*, obra citada, 5º vol., p. 131). Isso tudo, aliado à recusa do donatário quando comprovadamente instado pelo doador, faculta a este a revogação do beneplácito por ingratidão.

Pode ocorrer também a revogação quando o ofendido, nos casos do art. 557, for o cônjuge, ascendente, descendente, ainda que adotivo, ou irmão do doador (art. 558). Isto porque as condutas arroladas na lei, quando praticadas contra tais pessoas, implicam em afronta indireta ao autor da liberalidade, provocando-lhe comoção, dano e indignação semelhantes à que experimentaria se ele próprio fosse o alvo. Assim, *v.g.*, a tentativa de homicídio praticada pelo donatário contra o filho adotivo do doador autoriza a revogação da liberalidade, assim como a calúnia perpetrada contra vítima que seja esposa do doador.

Ainda que o legislador faça referência apenas ao cônjuge do doador, também leva à revogação o ato praticado contra a sua companheira, assim como aquele que tem por alvo pessoa não adotada formalmente pelo autor do benefício, mas que com ele habita como se descendente fosse. Esse entendimento decorre da natureza do bem jurídico protegido pelo legislador e da finalidade por ele almejada, qual seja, a de viabilizar o desfazimento da doação em situações que façam presumir a ocorrência de elevados níveis de afronta à pessoa do benfeitor. Tais circunstâncias, porém, exigem prova escorreita, inequívoca e cabal, pois na dúvida decide-se pela impraticabilidade da revogação, haja vista a necessidade de restringir ao máximo as hipóteses de desfazimento de ato perfeito e acabado.

A revogação por qualquer desses motivos deverá ser pleiteada dentro de um ano, a contar de quando chegue ao conhecimento do doador o fato que a autorizar, e de ter sido o donatário o seu autor (art. 559). O referido prazo é decadencial, motivo porque não se interrompe e nem suspende, tornando-se definitiva a doação caso transcorra *in albis*. Conta-se esse interregno a partir do momento em que as duas circunstâncias citadas na norma se conjugam. Tendo ocorrido homicídio doloso contra o doador, o prazo fluirá em relação aos herdeiros do falecido, computando-se nas mesmas condições estabelecidas no dispositivo legal.

O direito de revogar a doação não se transmite aos herdeiros do doador, nem prejudica os do donatário. Mas aqueles podem prosseguir na ação iniciada pelo doador, continuando-a contra os herdeiros do donatário, se este falecer depois de ajuizada a lide (art. 560). É personalíssimo o direito de revogar a *donatio* por ingratidão (exceto na hipótese do art. 561), de modo que não se transfere a outrem por meio de ato *inter vivos* e nem passa aos herdeiros *mortis causa*. Falecendo o doador durante o período que teria para promover a revogação, desaparece a prerrogativa de efetivação da medida, salvo se à data do óbito a competente ação já houver sido ajuizada, pois então ficará a critério dos herdeiros do doador a assunção do pólo ativo, até final julgamento da lide. Caso isso ocorra, o superveniente falecimento do donatário em nada atingirá a demanda, que continuará tramitando contra os herdeiros do beneficiário, tendo no pólo ativo os sucessores do doador.

Não obstante o acima exposto, é indesmentível que os efeitos dos fatos e atos que podem levar ao desfazimento da liberalidade são exclusivamente pessoais. Nesse compasso, os herdeiros do donatário não serão prejudicados pelo direito de revogar cabível ao doador, o que faz concluir pela impossibilidade de aqueles serem acionados em juízo por este para fins de revogação da liberalidade. Em suma, a morte do donatário, enquanto ainda em curso o prazo concedido por lei ao doador para revogar a doação, não enseja a interposição de demanda visando a tal desiderato, pois o referido óbito faz imediatamente fenecer a faculdade de rompimento. Com a sobriedade de sempre, Caio Mário da Silva Pereira ensina: "*A ação somente pode ser iniciada contra o donatário, em pessoa. Se, porém, qualquer das partes falecer após a instauração da instância, a ação poderá continuar com os herdeiros do doador contra o donatário, ou com o primeiro contra os herdeiros do segundo, ou com os sucessores de um contra os do outro*" (obra citada, vol. III, p. 183).

No caso de homicídio doloso do doador, a ação caberá aos seus herdeiros, exceto se aquele houver perdoado (art. 561). A única exceção à regra contida no art. 560, que atribui exclusivamente ao doador o direito de revogar por ingratidão a liberalidade, consiste na legitimação *ad causam* dos herdeiros em caso de homicídio doloso cuja vítima foi o próprio doador. Destarte, poderão eles, na ordem vocacional estabelecida pelo Código Civil, e com exclusão dos mais remotos pelos mais próximos em grau, ajuizar a ação destinada a revogar a doação. É de ser ressaltado que a referida exceção deixa de ter aplicabilidade no caso de o doador perdoar o donatário que lhe causa a morte. Isso acontece quando entre o ato delituoso e o resultado letal medeia espaço de tempo suficiente para que a vítima, preservada a sua capacidade, reflita sobre o acontecido. Nem sempre a agressão provoca de imediato a morte, sendo comum que esta sobrevenha como resultado de infecções, evolução negativa das lesões etc. Não é necessário que o perdão se dê por escrito, mas terá de ser inequivocamente provado pelos meios ordinários admitidos em direito, pois na dúvida mantém-se intacta a faculdade de revogar a liberalidade por ingratidão do donatário.

Sendo vários os donatários, a ingratidão de um deles afetará exclusivamente a sua parte no benefício, permitindo quanto a ela a revogação. Os demais consortes não podem ser punidos pela conduta ilídima alheia, pois do contrário a pena ultrapassaria a seara jurídica do infrator. Contudo, se a coisa doada for indivisível, somente por ingratidão de todos poderá o benefício sofrer revogação. Havendo vários doadores, e figurando um deles como alvo de ingratidão provinda do único donatário, o desfazimento alcançará todo o contrato, se indivisível a coisa; do contrário, atingirá apenas a respectiva porção do ofendido na liberalidade.

É de ordem pública o princípio que estabelece, excepcionalmente, a possibilidade de revogar a doação por ingratidão do donatário. Por isso, é inteiramente inviável a renúncia antecipada desse direito (art. 556), tendo-se por não convencionada qualquer cláusula eventualmente existente nesse sentido. Porém, depois de verificada a consumação de alguma das situações que autorizam a revogação do benefício, poderá o doador renunciar o direito de concretamente promover o seu desfazimento, já que a norma legal apenas referiu-se à proibição de renúncia antecipada, nada dispondo acerca daquela feita posteriormente.

Revogada a doação com fundamento na ingratidão do donatário, os bens ou vantagens doados retornam ao patrimônio do autor da liberalidade. A sentença que decreta a revogação produz efeitos *ex nunc*, os quais verificam-se, por expressa previsão legal, a partir da citação válida. Embora sobrevenha revogação do benefício, a decisão não prejudica os direitos adquiridos por terceiros, salvo se agirem com provada má-fé, pois esse estado de ânimo não pode ser simplesmente desconsiderado, sob pena de restar privilegiado quem procura burlar a vigilância da lei. Assim, se a coisa doada já tiver sido vendida a terceiro, ficará o doador com direito de buscar junto ao donatário indenização correspondente à média do seu valor de mercado. A regra é a devolução do próprio objeto da liberalidade, mas se isso não for possível restará unicamente o direito de crédito contra o beneficiário.

Pertencem ao donatário os frutos percebidos antes da data da citação válida, sejam eles naturais, civis ou de caráter diverso. A partir daquele marco os frutos pertencerão do doador, caso procedente a ação tendente à revogação do contrato, devendo ser pagos integralmente ao autor. O ordenamento estabelece que os frutos serão indenizados, e não restituídos, mas pode o doador aceitá-los em espécie.

As conclusões expendidas acima têm como fonte o art. 563 do Código Civil: *"A revogação por ingratidão não prejudica os direitos adquiridos por terceiros, nem obriga o donatário a restituir os frutos percebidos antes da citação válida; mas sujeita-o a pagar os posteriores, e, quando não possa restituir em espécie as coisas doadas, a indenizá-la pelo meio-termo do seu valor".* Entende-se como *meio-termo* do valor da coisa, com vistas à apuração da indenização prevista no dispositivo, a avaliação média que o bem doado tiver, considerada as cotações mais alta e mais baixa durante o período compreendido entre a data da liberalidade e a do pleito indenizatório. Não importam as datas em que houve a variação maior e a menor, desde que estejam postadas dentro do intervalo de tempo antes referido.

Algumas liberalidades não podem ser desfeitas por ingratidão, haja vista a existência de expressa menção a isso no Código Civil. Efetivamente, quando se tratar de benefícios que não os puros e simples, e se a tal circunstância somarem-se os demais pressupostos reclamados pela lei, ficará inviabilizada a revogação, porque se terá tornado definitiva a liberalidade. Diz o art 564: *"Não se revogam por ingratidão: I – as doações puramente remuneratórias; II – as oneradas com encargo já cumprido; III – as que se fizerem em cumprimento de obrigação natural; IV – as feitas para determinado casamento".* O exame de cada situação precisa ser feito, a fim de esclarecer os principais elementos que as constituem.

A modalidade remuneratória (inciso I) é promovida pelo doador mediante menção da causa geradora, que é a prestação de serviços pelo donatário. Por isso, não se cuida, necessariamente, de hipótese de liberalidade integral, configurando-se como concreta doação apenas naquilo que exceder o valor dos aludidos serviços. Se a expressão econômica corresponder estritamente ao montante dos préstimos, o contrato será irrevogável, porque terá havido doação puramente remuneratória. Entretanto, na parte excedente, que configura efetiva liberalidade, poderá o doador promover a revogação por ingratidão do pólo contrário.

As doações modais (inciso II) implicam na imposição de prática, pelo donatário, de algum ato apontado pelo doador. Em razão disso, não se trata de negócio jurídico puro e simples, nem de exclusiva liberalidade. Sobre o beneficiário recai um ônus que, cumprido, obstaculiza a revogação por ingratidão. Encargo cumprido é sinônimo de direito adquirido no que diz respeito à doação, ficando o autor impedido de desfazer o contrato sob o pretexto de ingratidão da parte adversa. Embora pendente o prazo para que o donatário cumpra o encargo, a ocorrência de evento capaz de levar à revogação por ingratidão faculta ao doador a imediata adoção dessa providência, haja vista o conteúdo moral e pedagógico da norma em estudo. A letra da lei é extremamente clara, vedando o desfazimento por ingratidão apenas quando o encargo já tiver sido cumprido pelo beneficiário.

Obrigações naturais (inciso III) são aquelas que, não obstante juridicamente inexigíveis, podem ser livremente contraídas e pagas. Criam para o devedor um ônus moral de solvê-las. Por isso, se o credor não as pode reclamar em juízo, também não será legítimo ao devedor, após quitá-las, postular judicialmente a devolução da prestação entregue à parte contrária. Percebe-se que, na verdade, a doação feita para cumprir obrigação natural não é pura e simples, nem acarreta para o donatário propriamente um benefício, tendo em vista que a causa geradora do contrato foi um dever moral que pendia sobre o doador, e isso é motivo bastante para que seja vedada a revogação por ingratidão. É o que acontece, por exemplo, no pagamento de dívida de jogo ou de aposta não regulamentados.

As doações *propter nuptia* (inciso IV) também são insuscetíveis de revogação por ingratidão do donatário, eis que, embora não sendo modais ou com encargo, muita proximidade têm com elas, de vez que para se tornar perfeito o negócio jurídico depende da ocorrência da condição imposta pelo doador, qual seja, o casamento com certa e determinada pessoa. Cumprida a exigência estabelecida, será definitiva a contratação, de modo que, refugindo à configuração de doação pura e simples, desautoriza-se o autor da liberalidade a desfazê-la por ingratidão a partir do instante em que implementada a condição.

5.8.3. Revogação por descumprimento do encargo

A segunda causa de revogação é o descumprimento do encargo imposto nas doações modais, pois estas ficam submetidas a uma condição resolutiva do negócio jurídico, isto é, deixando de cumprir o encargo o donatário leva à ineficácia a liberalidade. Mais precisamente, o descumprimento do encargo previsto no instrumento contratual impede que a propriedade se consolide na pessoa do donatário. Observe-se, todavia, que a revogação fundada nesse acontecimento somente poderá ser pleiteada depois de feita a constituição em mora do donatário através de interpelação judicial. É o que emerge do art. 562 do Código Civil: "*A doação onerosa pode ser revogada por inexecução do encargo, se o donatário incorrer em mora. Não havendo prazo para o cumprimento, o doador poderá notificar judicialmente o donatário, assinando-lhe prazo razoável para que cumpra a obrigação assumida*".

Neste último caso aludido na norma legal, entende-se por *prazo razoável* aquele que, dadas as peculiaridades da situação concreta, seria bastante para que o donatário pudesse adimplir a prestação estipulada. A constituição do donatário em mora se dá automaticamente a partir da data em que escoar *in albis* o prazo fixado na interpelação judicial para cumprimento do encargo. Tratando-se de prazo já fixado quando da doação, a constituição em mora não dependerá de interpelação judicial, surgindo pelo só esgotamento do lapso temporal concedido, salvo se outro for o caminho indicado na contratação. Em qualquer das situações expostas, o doador poderá pleitear — sempre judicialmente — o desfazimento do negócio jurídico tão logo escoado o prazo fixado ao donatário para adimplemento da obrigação contraída no momento em que aceitou o benefício. Importa salientar, que, assim como na revogação por ingratidão, também no caso de inobservância da exigência feita pelo doador o rompimento do liame não é automático, nem pode ser unilateralmente proclamado pelo autor da liberalidade. A efetiva supressão do vínculo e a conseqüente retomada do bem dependem da "*propositura de ação contenciosa desconstitutiva em que se prove o inadimplemento do encargo imposto ao donatário no ato de doação*" (Ap. Cível n. 000821-7, TJSC). Releva frisar que se aplica à espécie o princípio da *actio nata*, segundo o qual o curso do prazo prescricional só começará a partir do dia em que restar constituído em mora o devedor.

Considera-se descumprido o encargo quando o donatário, dolosa ou culposamente, deixa de realizar a conduta prevista na celebração. Não há mora sem que o destinatário do proveito tenha dado causa ao inadimplemento do seu dever jurídico. Assim, o caso fortuito e a força maior excluem a possibilidade de rompimento do contrato por desatendimento do encargo. Exemplo: o doador estipula que, para receber a doação, o outro celebrante deverá disponibilizar o seu veículo a uma entidade de caridade para transporte de menores carentes a uma festa em determinado dia. Se o veículo incendeia em razão de circunstâncias alheias à vontade do donatário, inexistirá mora e descumprimento, tornando-se pura e simples a doação regularmente aceita.

Na doação feita a várias pessoas, o desatendimento do encargo por qualquer delas permitirá ao doador a revogação da liberalidade, contanto que o encargo seja indivisível (*v.g.*, disponibilizar certo terreno para a realização de determinado evento). Como não se mostra factível o fracionamento do encargo, a sua inobservância será sempre total, ensejando a revogação por inteiro. Na hipótese de encargo divisível (*v.g.*, repassar ao asilo de idosos uma quantia em dinheiro), ela somente atingirá a porção correspondente ao donatário inadimplente. Por fim, havendo diversos doadores, o descumprimento protagonizado pelo beneficiário autoriza a revogação por qualquer daqueles. Quem discordar da iniciativa adotada pelo consorte poderá, na qualidade de doador, manter intacta a sua fração na liberalidade e conservá-la sob titularidade do destinatário, mas apenas quando o bem ou vantagem for divisível.

Capítulo 6

DA LOCAÇÃO DE COISAS

6.1. Conceito e classificação

Examinado o conteúdo do art. 565 do Código Civil, pode-se afirmar que locação é o contrato pelo qual uma das partes (denominada locador, senhorio ou arrendador) se obriga a ceder à outra (chamada locatário, inquilino ou arrendatário), por tempo determinado ou não, o uso e gozo de coisa não fungível, mediante certa retribuição, conhecida como aluguel.

Desde logo convém esclarecer que a locação de imóveis urbanos, para fins residenciais ou não residenciais, é regida pela Lei n. 8.245, de 18.10.1991 (Lei do Inquilinato), restando ao Código Civil e à legislação esparsa a disciplina dos contratos não abarcados pelo referido diploma legal. Eles estão arrolados no parágrafo único do art. 1º da Lei do Inquilinato, a saber: a) as locações: de imóveis de propriedade da União, dos Estados e dos Municípios, de suas autarquias e fundações públicas; de vagas autônomas de garagem ou de espaços para estacionamento de veículos; de espaços destinados à publicidade; em apart-hotéis, hotéis-residência ou equiparados, assim considerados aqueles que prestam serviços regulares a seus usuários e como tais sejam autorizados a funcionar; o arrendamento mercantil, em qualquer de suas modalidades. De banda diversa, o Estatuto da Terra (Lei n. 4.504, de 30.11.1964) disciplina o arrendamento rural, que incide sobre prédio rústico e aparece no ordenamento como espécie diferenciada de locação predial, subsidiariamente sujeita às normas codificadas, consoante dicção posta no § 9º do art. 92 do citado Estatuto da Terra.

É importante não confundir a locação de coisas com a prestação de serviços. Nesta, o prestador repassa ao outro celebrante o seu trabalho físico ou intelectual, enquanto naquela o locador entrega ao pólo adverso uma coisa infungível. Ademais, o tomador dos serviços se torna titular do resultado obtido com a sua execução, ao passo que o locatário fica obrigado a restituir o mesmo bem jurídico recebido em função do contrato. Também difere a locação da compra e venda, pois nesta há transferência dominial do bem ao adquirente, ao passo que naquela ocorre tradição apenas para uso e fruição pelo inquilino. Entre a locação e o comodato, a principal diferença é a gratuidade desta última avença, em contrapartida à onerosidade daquela outra.

O contrato de locação pode ser classificado como: a) bilateral, pois gera obrigações para ambas as partes, comprometidas ao repasse de prestações reciprocamente exigíveis;

b) oneroso, haja vista que aos contratantes são atribuídas vantagens e proveitos como contrapartida dos deveres a que se vinculam; c) consensual, já que se torna perfeito pelo consentimento das partes e não reclamando a efetiva tradição como elemento de eficácia, até porque a *traditio* já integra a fase de cumprimento da avença; d) de execução sucessiva, porque o pagamento do aluguel não extingue a obrigação referente a todo o contrato, solvendo apenas aquela criada pelo uso da coisa durante certo período. O dever jurídico ressurge a cada início de novo lapso temporal, que pode ser mensal, trimestral, semestral etc., somente desaparecendo a obrigação quando quitado o valor pertinente ao último período de utilização antes da extinção do contrato; e) pessoal, por ser esta a natureza dos direitos gerados em favor do locatário. Eles não têm caráter real, dado que não conferem prerrogativas sobre a substância da coisa locada. Também os créditos a que tem direito o locador são de natureza pessoal, não incidindo sobre itens patrimoniais, pertencentes ao devedor, previamente indicados. Importa observar, igualmente, que o contrato de locação não é *intuitu personae* motivo pelo qual pode ser cedido por ato *inter vivos* ou *causa mortis*, nos moldes estatuídos em lei; f) não formal, pois a lei dispensa o emprego de forma especial para a validade e eficácia do contrato de locação, que pode ser constituído inclusive verbalmente, embora isso dificulte a prova da existência da avença e de suas peculiaridades; g) comutativo, por viabilizar às partes antecipada ciência em torno da prestação que competirá ao pólo adverso e da vantagem a ser auferida, afastando a existência de álea.

6.2. Elementos do contrato

Basicamente, são três os elementos do contrato de locação: objeto, preço e consentimento. Deles defluem outros, que, todavia, podem ser considerados derivativos da tríade acima especificada, ensejando o exame conjunto das suas particularidades. Salienta-se que os três elementos fundamentais são comuns também a outros ajustes contratuais de vontade (*v. g.*, compra e venda), mas em cada espécie negocial eles apresentam características próprias.

Quanto ao *objeto*, importa destacar que todas as coisas infungíveis podem ser locadas, exceto quando houver legislação especial impedindo, ou existir algum óbice ligado à própria natureza do negócio jurídico. Assim, admite-se a locação de coisas corpóreas ou incorpóreas (*v. g.*, o usufruto), inteiras ou em frações (*v. g.*, metade de um prédio), móveis ou imóveis etc. Por outro lado, não se exige que as coisas, para serem locadas, estejam *in commercium*, já que o contrato não envolve disposição dominial e, conseqüentemente, nem transferência, perda ou aquisição da propriedade. Logo, muitas vezes as coisas fora de comércio podem ser locadas, *v. g.*, as gravadas de inalienabilidade. Cumpre ressaltar, porém, que o objeto da locação deve ser lícito e possível, o que impede seja constituído tendo por alvo coisas cuja circulação a lei proíbe (por exemplo, armas privativas do Exército), ou que se revelem inacessíveis (*v. g.* um terreno dentro do mar).

Estando em condomínio a coisa locada, a celebração do contrato dependerá de prévia deliberação da maioria, conforme previsto no art. 1.323 do Código Civil. Por outro lado, admite-se a locação de coisa alheia, pois para ser locador não é necessária a qualidade de proprietário; todavia, o agente deverá ter consigo a posse e a regular disponibilidade do bem jurídico (*v.g.*, ser síndico de massa falida, locatário autorizado a sublocar etc.). *Caio Mário da Silva Pereira*, contudo, entende que *"não terá validade, porém, a locação de coisa alheia, por faltar ao pretenso locador a titularidade do uso e, portanto, a liberdade de cedê-lo"*. O renomado doutrinador aduz, entrementes, que *"a ratificação do proprietário convalesce o contrato"* (obra citada, p. 193).

Ainda que em termos econômicos os mais relevantes contratos de locação envolvam bens imóveis, a celebração abrangendo móveis é de suma utilidade na circulação de riquezas, sendo exemplo disso os ajustes relativos a máquinas e utensílios, mídia eletrônica, filmes, vestimentas e assim por diante. Logo, mesmo que à primeira vista as locações regidas pela codificação brasileira pareçam de imponência secundária frente às avenças submetidas à Lei do Inquilinato, a realidade mostra que o maior número de relações locatícias tem por fulcro as coisas móveis.

Em atenção ao princípio *accessorium sequitur principale*, os acessórios da coisa locada integram o liame contratual, salvo se as partes expressamente os excluíram. Assim, por exemplo, os equipamentos de refrigeração (câmara fria, balcão) e os de uso em atividade de comercialização de carne (serra elétrica, moedor) consideram-se incluídos na relação *ex locato* de prédio destinado ao funcionamento de açougue, se os celebrantes não promoverem a devida exclusão por meio de cláusula contratual.

Não se deve olvidar que a locação pressupõe a restituição da própria coisa locada, e que isso deve ocorrer sem diminuição da sua substância. As conseqüências do desgaste normal, contudo, recaem sobre o locador, como no caso de peças do motor locado, que vão tendo reduzida a vida útil por força do seu uso normal. É vedada a devolução de outra coisa, ainda que mais valiosa, em lugar da locada. Assim, é inviável a contratação que tiver por objeto coisa fungível (art. 85) ou consumível ao primeiro uso (art. 86), como alimentos, dinheiro e produtos perecíveis em geral. Esses elementos são adequadamente postados como objeto do contrato de mútuo, por exemplo. Porém, às partes é lícito dar à coisa destinação diversa da que ordinariamente teria, viabilizando a locação, como acontece no caso de frutos exóticos locados para embelezar a mesa de uma festa, com dever de restituição logo após o final (contrato *ad pompam et ostentationem*). Em tal quadro, a vontade das partes transforma contratualmente a natureza jurídica da coisa, o que permite seja objeto de locação.

Quanto ao *preço*, traduz-se no pagamento de aluguel pelo uso potencial da coisa locada. *"O preço é devido ao locador, por todo o tempo que a coisa estiver à disposição do locatário, independentemente da circunstância de usá-la efetivamente"* (Caio Mário da Silva Pereira, obra citada, p. 104). Cabe ao senhorio buscar junto ao inquilino o montante devido, por se tratar de obrigação quesível, salvo estipulação contratual capaz de transformá-la em portável. Não há locação gratuita, consubstanciando comodato (empréstimo gratuito de coisas infungíveis) a entrega de um bem para desfrute alheio sem contrapartida pecuniária. Incumbe às partes celebrantes a fixação do aluguel, mas nada impede que deleguem a terceiro essa tarefa. O que não se admite é deixar ao exclusivo arbítrio de um dos contratantes o estabelecimento do valor, pois isso obstaria a definição de um ponto comum de equilíbrio econômico na relação *ex locato*.

Não se exige que o preço seja justo ou adequado àquele praticado no mercado. As partes é que definem a melhor remuneração em cada situação concreta, descabendo ao Poder Judiciário imiscuir-se nesse tema. Todavia, é preciso que o preço seja determinado, ou pelo menos determinável, e que apresente a seriedade esperada de todo elemento integrante de um negócio jurídico. Assim, o valor irrisório ou meramente simbólico deve ser desconsiderado, prevalecendo como comodato a avença celebrada. O custo do aluguel não precisa ser necessariamente fixado em dinheiro, admitindo-se plenamente o pagamento em espécie diversa, como prestação de serviços, construção de benfeitorias etc. Quando em dinheiro admite-se que seja livremente atrelado a índices oficiais de reajuste a atualização monetária, salvo quando a lei determinar em sentido contrário ou ela mesma dispuser acerca do índice aplicável, conforme explanação a ser feita abaixo.

O pagamento do valor ajustado pelas partes será feito em períodos espaçados de tempo. Via de regra, os celebrantes optam pela solução mensal das pendências geradas; porém, é viável definir mais larga periodicidade. No caso de aluguel de imóvel urbano, a variação do preço fica jungida àquilo que a Lei do Inquilinato estabelece, não podendo haver reajuste do montante estipulado senão pela forma nela ínsita, salvo acordo dos interessados. Em tal espécie locatícia, veda-se a fixação em moeda estrangeira, assim como o atrelamento do reajuste à variação cambial e ao salário mínimo (art. 17 da Lei n. 8.245/91). Nas demais modalidades, a aplicação da moeda estrangeira também é vedada, por dificultar a circulação do ativo monetário nacional. O salário mínimo também não pode ser utilizado como parâmetro de realinhamento, porque serve apenas à definição do padrão remuneratório mínimo do trabalhador. A variação cambial pode ser aplicada como fator de reajuste nas locações comuns, mas muitas vezes acarreta o ajuizamento de lides com base na abrupta e inesperada oscilação, para mais ou para menos, que de tempos em tempos se abate sobre o cenário econômico brasileiro.

O instrumento de locação, público ou particular, é título executivo extrajudicial (art. 585, IV, do Código de Processo Civil), podendo o locador executar o crédito gerado, preservando o contrato, ou buscar encerrá-lo com base no inadimplemento da obrigação contratual de pagar. Tendo por objeto imóvel urbano, esta última hipótese se concretizará mediante aparelhamento de ação de despejo, com fundamento na Lei do Inquilinato. Nos demais casos, caberá lide ordinária com vistas ao desfazimento da avença, sem prejuízo da busca do crédito existente.

Quanto ao *consentimento*, aspecto anímico do liame, é preciso que parta de sujeito dotado de capacidade para os atos da vida civil. Se assim não for, será caso de nulidade, exceto quando houver adequada assistência ou representação. De outra banda, se o ânimo for externado com imperfeição ou vício (*v.g.*, erro, dolo, coação etc.) o contrato poderá ser anulado por iniciativa da parte prejudicada, assim como qualquer outra contratação poderia sofrer o mesmo destino. A vontade pode ser expressa ou tácita, conforme o sujeito, respectivamente, manifeste de modo inequívoco o seu intento (*v.g.*, firmando o instrumento negocial) ou deixe inferir da sua conduta a vontade de celebrar o ajuste (*v.g.*, aceitando a posse da coisa ofertada em locação). Não se exige, todavia, capacidade específica de disposição, já que ao locar o indivíduo não está transmitindo o domínio à parte adversa, mas apenas alcançando-lhe as utilidades que a coisa pode propiciar.

Não apenas o proprietário pode locar, pois essa modalidade contratual não reclama poder de disposição. Têm legitimidade, salvo vedação convencional ou especial, os administradores em geral, o usufrutuário, os pais sobre os bens dos filhos menores, o tutor e o curador sobre os bens do tutelado e do curatelado, o enfiteuta etc. É mais comum, todavia, que o dono seja locador, mesmo porque dentre os atributos da propriedade estão os de usar e fruir a coisa, e a relação *ex locato* implica em fazê-la produzir frutos civis. Observe-se que o bem submetido a condomínio pode ser alugado, desde que com isso acordem os cotitulares. Afinal, nenhum dos condôminos pode alterar a destinação da coisa comum, nem dar posse, uso ou gozo dela a estranhos, sem o consenso dos outros (parágrafo único do art. 1.314 do Código Civil).

6.3. Obrigações do locador

Diz o art. 566 do Código Civil: *"O locador é obrigado: I – a entregar ao locatário a coisa alugada, com suas pertenças, em estado de servir ao uso a que se destina, e a mantê-la nesse estado, pelo tempo do contrato, salvo cláusula expressa em contrário; II – a garantir-lhe, durante o tempo do contrato, o uso pacífico da coisa"*. A codificação elenca as obrigações gerais do locador e do locatário, mas nada impede que legislação especial acrescente outros itens ou direcione a interpretação dos já existentes, como acontece, por exemplo, com os contratos relativos a imóveis urbanos. A Lei n. 8.245/91 arrola, em cada um dos dez incisos do seu art. 22, os deveres cabíveis ao senhorio. Importa agora, entretanto, examinar apenas as obrigações do locador nas relações não submetidas à Lei do Inquilinato.

Como a locação consiste na cessão temporária do uso e fruição de coisa infungível mediante contraprestação, a mais imediata conseqüência para o locador é a obrigação de entregá-la ao locatário (inciso I). Mas não basta a entrega, sendo também impositivo que esteja em condições de servir ao uso a que se destina, pois se assim não fosse razão alguma haveria para a existência do contrato. Depois de entregar a coisa ao locatário em estado de servir, ainda terá o locador de conservá-la nesse estado, de modo que possa continuar sendo utilizada em sua destinação precípua.

A manutenção da coisa em condições plenas de utilização e fruição faz com que ao locador incumba a execução de obras de conservação, serviços de restauração e tudo o mais que se mostrar necessário, ainda que decorrente de caso fortuito ou força maior. Essa obrigação se estende às chamadas pertenças, que são *"as coisas que completam o objeto do contrato ou dele dependem, constituindo elemento que concorre para a inteira fruição"* (Carvalho Santos, apud Washington de Barros Monteiro, obra citada, 5º vol., p. 141), como se dá com os poços de água e os estábulos em locação de prédio rústico. Todavia, às partes é lícito convencionar diversamente, eis que se trata de direitos patrimoniais disponíveis. Quanto aos danos causados culposamente pelo locatário, a este caberá suportar os correspondentes gastos.

Se o inquilino não se preocupar em promover vistoria capaz de descrever o estado da coisa ao tempo do início da vigência do contrato, presumir-se-á, *juris tantum*, que a recebeu em condições normais. Assim, terá ao depois maiores dificuldades de fazer prova em sentido oposto àquele que decorre da presunção estabelecida. Por outro lado, caso o senhorio não entregue a coisa ao locatário, terá desatendido obrigação inerente ao liame *ex locato*, ficando este último legitimado a postular a resolução do ajuste. Se a coisa não puder ser entregue por evento estranho à vontade do locador, o contrato ficará desfeito; havendo culpa dele, deverá indenizar as perdas e os danos de existência provada pelo locatário.

A garantia do uso pacífico durante toda a contratação é outro dos deveres imputados pelo ordenamento ao locador (inciso II). Tal dever se traduz basicamente em aspectos como a abstenção do próprio locador quanto a atos que possam turbar a posse direta exercida pelo inquilino, e assegurá-lo contra perturbações provindas de terceiros. A propósito disso, o art. 568 determina: *"O locador resguardará o locatário dos embaraços e turbações de terceiros, que tenham ou pretendam ter direitos sobre a coisa alugada, e responderá pelos seus vícios, ou defeitos, anteriores à locação"*. Como extensão do dever de garantir ao locatário o uso pacífico, recai sobre o locador a obrigação de proteger o pólo oposto de incursões ilídimas de terceiros, quando neles estiver contida a pretensão ou a invocação acerca de eventuais direitos sobre a coisa. Assim, se alguém molesta judicialmente a posse exercida pelo inquilino sob o pretexto de ter melhor direito, deverá o locador tudo fazer para repor o estado de normalidade. Até mesmo a defesa da própria posse indireta exercida pelo locador integra a proteção reflexa que tem de fazer em proveito do locatário, pois a este deve ser assegurada a efetividade das prerrogativas decorrentes do contrato.

A segunda parte da norma estipula que o locador responderá pelos vícios ou defeitos da coisa, contanto que sejam anteriores à locação. Entre eles destacam-se os vícios redibitórios, eis que afetam o cumprimento da finalidade da locação, senão total, ao menos parcialmente. Essa responsabilidade por vícios ou defeitos anteriores à locação independe de culpa, de forma que uma vez constatados autorizam o locatário a desfazer o liame ou pleitear redução proporcional no aluguel, conforme a extensão da diminuição causada na utilidade da coisa. Havendo culpa do locador, além das conseqüências acima expostas poderá o lesado buscar indenização por perdas e danos que demonstrar. É o que acontece, por exemplo, quando o locador deixa de cientificar à parte contrária defeitos conhecidos da coisa e verificados antes da contratação, cujas repercussões negativas sobre o uso e a fruição passam a revelar-se tempos depois.

Quanto à evicção da coisa locada, cabe destacar que se for total restará inviabilizada a locação, devendo a mesma ser rescindida. O senhorio, então, arcará com a reparação dos danos experimentados pela parte adversa, cumprindo-lhe ainda indenizar despesas e demais gastos feitos pelo locatário com a contratação. Sendo parcial a evicção, mas podendo ainda subsistir o contrato, o inquilino terá legitimidade para pleitear abatimento proporcional no aluguel, em nível correspondente à depreciação do uso e da fruição por força da evicção verificada. Caso esta seja parcial, mas de tal amplitude a ponto de colocar em risco a economicidade da contratação, poderá o locatário optar entre a sua rescisão, com indenização de perdas e danos, ou o abatimento proporcional no valor do aluguel.

6.4. Obrigações do locatário

O art. 569 do Código Civil preconiza: *"O locatário é obrigado: I – a servir-se da coisa alugada para os usos convencionados ou presumidos, conforme a natureza dela e as circunstâncias, bem como tratá-la com o mesmo cuidado como se sua fosse; II – a pagar pontualmente o aluguel nos prazos ajustados, e, em falta de ajuste, segundo o costume do lugar; III – a levar ao conhecimento do locador as turbações de terceiros, que se pretendam fundadas em direito; IV – a restituir a coisa, finda a locação, no estado em que a recebeu, salvas as deteriorações naturais ao uso regular*". Por seu turno, o art. 23 da Lei n. 8.245/91 traz o elenco dos deveres do inquilino nas locações de imóveis urbanos para fins residenciais ou não residenciais. Neste momento, porém, examina-se unicamente o rol explicitado na codificação.

Deve o locatário dispensar à coisa alugada tratamento equivalente ao que lhe seria dado pelo locador (inciso I). Terá de conservá-la no estado em que se encontrava quando da confecção do contrato, tomando as providências básicas que se mostrarem relevantes, tais como limpeza, resguardo contra intempéries, pequenos reparos e o mais que, estando ao seu alcance, não se inclua dentre as obrigações pertinentes ao locador (reformas amplas, benfeitorias necessárias etc.). Ao locatário cabe, ainda, utilizar a coisa alugada estritamente de acordo com o que restou convencionado entre as partes, ficando vedado o desvio da finalidade prevista. Se um veículo é locado para passeio, não poderá servir como táxi e transporte oneroso de passageiros. Na hipótese de os contraentes não disciplinarem a destinação a ser dada à coisa alugada, deverá o locador utilizá-la naquilo que indicarem a sua própria natureza e as circunstâncias. Um animal reprodutor de raça, e que somente para esse fim serve, não será empregado em corridas ou em tração de charretes. Um automóvel antigo comumente usado em exposições não poderá destinar-se a disputas de velocidade.

Sendo dado uso diverso do avençado ou daquele presumido a partir da natureza da coisa alugada e das circunstâncias, ou ainda se ela se danificar por abuso do locatário, haverá infração contratual e possibilidade de ser desfeito o contrato por iniciativa judicial do locador, com indenização, pela parte adversa, das perdas e dos danos que restarem provados (art. 570). Ocorre ato abusivo por parte do inquilino, por exemplo, quando o barco locado tem as velas danificadas em virtude de exposição a ventos acima daqueles para os quais foram confeccionadas, desde que esse limite esteja previsto no contrato ou de algum modo seja conhecido do locatário.

Outra obrigação de suma relevância que recai sobre o inquilino é a de pagar por inteiro o aluguel avençado (inciso II), devendo fazê-lo pontualmente nos prazos acordados, com observância ainda do lugar, modo e demais peculiaridades do caso concreto. O preço é elemento essencial da locação, juntamente com a coisa e o consentimento. Não basta, todavia, a realização do pagamento; é necessário que isso aconteça na data (exemplo: dia 10) e na periodicidade fixadas (exemplo: mensalmente), sob pena de liberação do devedor não haver, caracterizando-se a infração contratual. Conforme referido alhures, a dívida gerada em locação é quesível, ou seja, ao locador cabe buscá-la junto ao locatário; todavia, a vontade das partes normalmente altera essa faceta, transmudando-a em dívida portável, isto é, tem o devedor de levá-la até o credor. Ao pagar, pode o *solvens* exigir a correspondente quitação, ficando autorizado a reter o valor caso lhe seja negada, ou alcançada por modo destoante daquele previsto na lei (art. 319 do Código Civil).

Ausente previsão das partes acerca do tempo do pagamento e do interregno entre uma e outra prestação, servirão como base os costumes do lugar em que tiver de ser satisfeita a dívida, sendo de salientar a importância de se atentar para a natureza quesível ou portável da pendência, já que por meio disso será viável saber qual o lugar e quais os costumes que serão tomados como parâmetro. É clara a necessidade de interpelação na falta de convenção em torno do tempo do pagamento do aluguel, pois de outra forma não haveria como constituir em mora o devedor. Tratando-se de locação de imóvel urbano, deixando de ser fixado o tempo do pagamento caberá ao locatário efetuá-lo até o sexto dia útil do mês seguinte ao vencido (inciso I, art. 23, da Lei do Inquilinato). Já se disse que ao locador cabe resguardar o locatário dos embaraços e turbações de terceiros, que tenham, ou pretendam ter direitos sobre a coisa alugada (art. 568 do Código Civil). Para que possa desincumbir-se a contento desse dever jurídico, impõe-se ao inquilino a obrigação de levar ao conhecimento daquele todas as turbações e importunações provindas de terceiros, quando invocarem a existência de direito sobre a coisa alugada (inciso III). Isto porque muitas vezes tais incursões são ignoradas pelo locador, de modo que não poderá ser responsabilizado por falta ao dever imposto se o locatário, conhecendo o problema, dele não der ciência ao interessado. Aliás, tal omissão configura ilicitude capaz de levar inclusive ao desfazimento da contratação por iniciativa do locador prejudicado.

A locação cria para o inquilino o dever de restituir a coisa alugada nas mesmas condições em que a recebeu (inciso IV), presumindo-se, no silêncio do contrato, que o estado de conservação ao início da locação enquadrava-se dentro dos parâmetros da normalidade, sem imperfeições dignas de ressalva. As deteriorações naturais e compatíveis com o uso regular convencionado ou inerente à natureza do objeto não poderão ser imputáveis ao locatário, nem por elas responderá de qualquer maneira. Disso deflui a conclusão de que tais depreciações, *v.g.*, desgaste normal do motor de um veículo, natural esgotamento de fonte etc., constituem ônus a ser suportado pelo locador, haja vista que nenhum bem jurídico corpóreo é infenso à ação do tempo, em maior ou menor escala. Para melhor assegurar o seu direito, e face a eventual questionamento do locador quanto ao estado da coisa, poderá o locatário, antes de entregar o bem, promover ação cautelar com vistas à produção antecipada de provas (arts. 846 a 851 do Código de Processo Civil), para futura utilização em lide principal tendente ao conclusivo debate da matéria.

6.5. Retomada e retenção da coisa

Havendo prazo estipulado à duração do contrato, antes do vencimento não poderá o locador reaver a coisa alugada, senão ressarcindo ao locatário as perdas e danos resultantes, nem o locatário devolvê-la ao locador, senão pagando, proporcionalmente, a multa prevista no contrato (art. 571). A locação pode ou não submeter-se a prazo determinado. A indeterminação pode decorrer do fato de as partes convencionarem a persistência da contratação enquanto pendente o objetivo nela previsto, enquanto não acontecer certo evento ou simplesmente por força de lei que estabelece a prorrogação automática do contrato quando verificadas determinadas circunstâncias. Exemplo: locação de um trator, prevendo-se que o término se dará na data em que o locatário ultimar o preparo de suas terras com a máquina, ou quando outro equipamento similar, adquirido pelo locatário junto a terceiro, for entregue, tornando prescindível o bem locado.

Estando patenteado prazo contratual certo, é vedado ao locador retomar a coisa alugada antes de seu inteiro escoamento, sob pena de ficar sujeito à indenização de perdas e danos. É claro que legislação especial, como a que regula as locações de imóveis urbanos, pode restringir ainda mais a retomada, ou estipular penalidades de maior amplitude para o caso de o locador pretender recuperar o bem antes de esgotado o prazo. Prova disso é o art. 4º da Lei n. 8.245/91, em que restou plasmado que durante o prazo estipulado para a duração do contrato, não poderá o locador reaver o imóvel alugado; o locatário, todavia, poderá devolvê-lo, pagando a multa pactuada, segundo a proporção prevista no art. 924 do Código Civil e, na sua falta, a que for judicialmente estipulada. Impende frisar, todavia, que *"ao juiz, desde que motivadamente, é possibilitado, nos casos referentes ao art. 4º da Lei n. 8.245/91, manter na íntegra a cláusula penal pactuada. Afinal, dependendo da situação concreta, pode a multa representar um valor pequeno diante do inadimplemento, ainda que parcial, caso em que não está o julgador obrigado a reduzir o quantum conforme preceituado no art. 924 do Código Civil"* (TJMS, Ap. Cível n. 004153-5). Porém, em relação às contratações regidas pelo Código Civil, assegura-se ao locatário apenas em caráter relativo a vigência da contratação desde o primeiro dia até aquele demarcado como limite final, pois à parte adversa é dado rescindir a avença mediante indenização das perdas e danos.

Em contrapartida à obrigação de o locador respeitar o prazo contratual, também o locatário não poderá livremente devolver dentro de tal período a coisa alugada, de modo que se o fizer terá de pagar ao pólo contrário, proporcionalmente, a multa prevista no contrato. Pretende o legislador que a multa imputada ao locatário não seja desproporcional ao tempo restante de duração do contrato, isto é, guarde equilíbrio entre a sua extensão econômica e o lapso temporal faltante para o encerramento da locação. Exemplo: suponha-se que a multa prevista para entrega antecipada da coisa pelo inquilino corresponde a 100, em contrato cujo prazo de duração é de um ano. Transcorridos nove meses de cumprimento do contrato, e desejando o locatário devolver a coisa, o valor da multa será proporcionalmente reduzido, de forma que não mais alcançará a expressão 100, mas sim esse valor dividido pelo número de meses previstos na contratação e multiplicado pelos meses faltantes quando da entrega da coisa.

O locatário gozará do direito de retenção, enquanto não for ressarcido (parágrafo único do art. 571). Logo, pelas perdas e danos resultantes da retomada antecipada da coisa pelo locador, terá o locatário direito de mantê-la consigo mesmo contra a vontade da parte adversa. Enquanto não lhe forem satisfeitos tais créditos, terá legitimidade para conservar consigo a coisa alugada, sem que disso decorra qualquer reprimenda jurídica direta ou indireta. Não basta a indenização parcial para que o locador possa recuperar o bem, nem poderá indenizar apenas uma fração para receber de volta parte de objeto contratual divisível. Isto porque o direito de retenção não é suscetível de fracionamento, exercendo-se sobre o todo até a total satisfação da pendência.

Salvo disposição em contrário, o locatário goza do direito de retenção, no caso de benfeitorias necessárias, ou no de benfeitorias úteis, se estas houverem sido feitas com expresso consentimento do locador (art. 578). Em relação às úteis não autorizadas, poderá o locatário de boa-fé pleitear indenização, mas não lhe será facultado reter a coisa até o recebimento do correspondente valor. Quanto às voluptuárias, poderá o locatário levantá-las se estiver de boa-fé e não lhe forem indenizadas; se de má-fé, não poderá levantá-las e nem reclamar indenização. Na locação de imóveis urbanos, regidas pela Lei do Inquilinato, a sistemática é semelhante. Salvo expressa disposição contratual em contrário, as benfeitorias necessárias introduzidas pelo locatário, ainda que não autorizadas pelo locador, bem como as úteis, desde que autorizadas, serão indenizáveis e permitem o exercício do direito de retenção (art. 35). Porém, é lícito às partes excluir expressamente, mediante previsão ínsita no corpo da avença, a indenização de quaisquer benfeitorias. *"Mostra-se válida a cláusula de renúncia expressa ao direito de indenização e retenção por benfeitorias, cuja previsão legal reside no art. 35 da Lei 8.245/91, mormente porque se cuida, em última análise, de estipulação que envolve direito disponível"* (TJMG, Ap. Cível n. 1.0702.00.001473-9/001). Por seu turno, as benfeitorias voluptuárias não serão indenizáveis, podendo ser levantadas pelo locatário, finda a locação, desde que sua retirada não afete a estrutura e a substância do imóvel (art. 36). Em quaisquer das hipóteses acima referidas, o adquirente do imóvel locado não responde pelas benfeitorias do locatário, salvo estipulação contratual averbada no Registro Imobiliário (Súmula n. 158, do Supremo Tribunal Federal).

Se a obrigação de pagar o aluguel pelo tempo que faltar constituir indenização excessiva, será facultado ao juiz fixá-la em bases razoáveis (art. 572). Muitas vezes a indenização, convencionada para o caso de o locatário desejar devolver a coisa, consiste na obrigação de pagar o aluguel pelo tempo contratual que faltar. Em atenção ao disposto no art. 571, e tendo em vista a necessidade de ser mantida lógica e jurídica coerência entre os dispositivos legais, faculta-se ao juiz reduzir a obrigação a bases razoáveis. Isso significa que o julgador deverá tomar o tempo contratual restante e verificar qual a expressão pecuniária da obrigação dentro daquele contexto. Se for excessiva, reduzi-la-á a níveis aceitáveis, sopesados fatores como o valor de mercado da locação à data da entrega da coisa, tempo previsto para a duração do contrato em relação ao efetivamente cumprido pelo locatário etc.

É importante que se tome em linha de consideração, para equilibrar a obrigação imposta, o período de duração concreta da relação locatícia. Quanto mais próxima do final, menor o prejuízo que o locador experimentará ante a restituição antecipada da coisa. Por outro lado, se faltar muito tempo para a finalização do contrato, a obrigação não poderá ser tão ampla a ponto de carrear injusta diminuição econômica ao locatário, com enriquecimento desmedido do locador, e nem tão reduzida que provoque prejuízos acentuados a este. Enfim, incumbe ao juiz, nessa análise, atentar não apenas para norteamentos essencialmente técnicos, mas principalmente para os ditames da razão e do bom senso.

6.6. Extinção do contrato e conseqüências

A locação por tempo determinado cessa de pleno direito findo o prazo estipulado, independentemente de notificação ou aviso (art. 573). Não há necessidade de qualquer medida judicial ou extrajudicial de aviso ou interpelação do locatário, eis que se considera cessada a locação, *pleno jure*, na data em que se esgotar o lapso temporal convencionado. Ao contrário, sendo por tempo indeterminado, a cessação do liame locatício não prescinde de aviso ou interpelação do locatário, pois somente dessa forma ele terá ciência de que o contrato está sendo encerrado.

Se, findo o prazo, o locatário continuar na posse da coisa alugada, sem oposição do locador, presumir-se-á prorrogada a locação pelo mesmo aluguel, mas sem prazo determinado (art. 574). A prorrogação do contrato de locação operar-se-á automaticamente, bastando para isso que, terminado o prazo estabelecido, o locatário mantenha a condição de possuidor não contestado da coisa. Por força dessa situação, o contrato passará a vigorar por prazo indeterminado, ficando obrigado o locatário a pagar aluguel correspondente em valor ao do último período locatício quitado. Assim, se o locatário pagou 100 no último mês da locação cujo prazo era determinado, continuará entregando igual importância ao credor, nas mesmas datas de vencimento e com o mesmo intervalo de tempo entre uma e outra prestação.

Nas locações de prédios urbanos regidas pela Lei n. 8.245/91, quando ajustadas por escrito e por prazo igual ou superior a trinta meses, a resolução do contrato ocorrerá findo o prazo estipulado, independentemente de notificação ou aviso (art. 46). Findo o prazo ajustado, se o locatário continuar na posse do imóvel alugado por mais de trinta dias sem oposição do locador, presumir-se-á prorrogada a locação por prazo indeterminado, mantidas as demais cláusulas e condições do contrato (§ 1º). Em relação à posição jurídica do fiador, o Superior Tribunal de Justiça posicionou-se no sentido de que "*o contrato de fiança deve ser interpretado restritivamente, não vinculando o fiador a prorrogação do pacto locatício sem sua expressa anuência, ainda que haja cláusula prevendo sua responsabilidade até a entrega das chaves*" (Recurso Especial n. 555615/RS). É a solução mais adequada, já que o garantidor não pode permanecer indefinidamente atrelado ao ônus originalmente assumido, presumindo-se que tenha querido conservar tal *status* apenas até o esgotamento do lapso temporal determinado, previsto no instrumento de locação. Não obstante, há posições em sentido contrário, ao argumento de que "*a prorrogação do contrato locatício por prazo indeterminado não extingue a fiança, particularmente quando o contrato prevê a subsistência da obrigação, de forma solidária, até a desocupação do imóvel e efetiva entrega das chaves*" (TJRS, Ap. Cível n. 70011070372). Por outro lado, saliente-se que, ocorrendo a prorrogação, o locador poderá denunciar o contrato a qualquer tempo, concedido o prazo de trinta dias para desocupação (§ 2º). Quando ajustada verbalmente ou por escrito e com prazo inferior a trinta meses, findo o prazo estabelecido, a locação residencial prorroga-se automaticamente, por prazo indeterminado, somente podendo ser retomado o imóvel nas hipóteses elencadas no art. 47 da Lei do Inquilinato.

As observações feitas acima não se aplicam à locação de imóvel urbano para temporada (também regidos pela Lei do Inquilinato), eis que nestas a finalização do prazo autoriza imediata retomada do bem pelo locador. Considera-se locação para temporada aquela destinada à residência temporária do locatário, para prática de lazer, realização de cursos, tratamento de saúde, feitura de obras em seu imóvel, e outros fatos que decorrem tão-somente de determinado tempo, e contratada por prazo não superior a noventa dias, esteja ou não mobiliado o imóvel (art. 48). Findo o prazo ajustado, se o locatário permanecer no imóvel sem oposição do locador por mais de trinta dias, presumir-se-á prorrogada a locação por tempo indeterminado, não mais sendo exigível o pagamento antecipado do aluguel e dos encargos (art. 50). Consoante determina o parágrafo único desta norma, ocorrendo a prorrogação o locador somente poderá denunciar o contrato após trinta meses de seu início ou nas hipóteses do art. 47 (*v.g.*, por acordo, para uso próprio etc.).

Nas locações de imóveis urbanos não residenciais, o término do prazo também enseja ao locador a imediata recuperação da coisa, independentemente de notificação ou aviso (art. 56) exceto quando for destinada aos fins indicados no art. 53 (*v.g.*, funcionamento de hospitais ou asilos), pois então a retomada somente poderá ser feita em moldes semelhantes àqueles idealizados para as locações residenciais. Não se tratando de tais exceções, e uma vez findo o prazo estipulado, se o locatário permanecer no imóvel por mais de trinta dias sem oposição do locador, presumir-se-á prorrogada a locação nas condições ajustadas, mas sem prazo determinado (parágrafo único do art. 56). Conforme estatuído no art. 57, o contrato de locação não residencial por prazo indeterminado pode ser denunciado por escrito, pelo locador, concedidos ao locatário trinta dias para a desocupação. Trata-se da chamada *denúncia vazia*, meio pelo qual o senhorio retoma o imóvel alugado sem invocar outra circunstância senão a do encerramento do prazo contratualmente fixado.

Nas locações submetidas à disciplina do Código Civil, se o locatário for notificado e não restituir a coisa, pagará, enquanto a tiver em seu poder, o aluguel que o locador arbitrar, e responderá pelo dano que ela venha a sofrer, embora proveniente de caso fortuito (art. 575). Esgotado o prazo contratual, o silêncio das partes por mais de trinta dias importará em prorrogação do contrato, nos moldes preconizados no art. 574 da codificação. Portanto, se o locador quiser impedir a prorrogação e reaver a coisa alugada terá de notificar o locatário acerca desse desiderato, com o que estará promovendo a devida constituição em mora, na modalidade *ex persona*. Uma das conseqüências imediatas é a obrigação de o locatário pagar, daí em diante, o aluguel que for estimado pelo locador.

Outra repercussão, ainda como resultado da mora, consiste no dever, incidente sobre o locatário, de responder pelas perdas e danos cuja prova de ocorrência for produzida pelo interessado, dentro da competente demanda judicial. Nisso fica abarcada a composição de todos os danos, inclusive se provenientes de caso fortuito. Também os resultantes de força maior ser-lhe-ão imputados, pois a falta de expressa menção normativa a eles não elide tal obrigação, haja vista a finalidade do art. 575, a tradicional posição do legislador acerca da mora e a sua clara intenção no sentido de fazer com que sobre a parte infratora incidam as normais conseqüências desse estado.

Para evitar abusos na fixação do montante devido, o parágrafo único do supracitado dispositivo estabelece que o juiz poderá reduzir o valor do aluguel arbitrado pelo locador quando for manifestamente excessivo, mas tendo sempre em conta o seu caráter de penalidade. A prerrogativa de arbitramento do aluguel pelo locador quando a parte adversa, não obstante cientificada, deixar de restituir a coisa alugada, sofrerá limitações de ordem jurídica e mesmo moral. Não se admite que o senhorio enriqueça ilicitamente em razão do permissivo legal, pois os objetivos do legislador ao autorizar tal providência consistem: a) em evitar que o locador experimente prejuízo econômico durante a permanência do oponente na posse da coisa alugada; e b) que o locatário seja penalizado por não ter cumprido a obrigação de devolvê-la. Por outro lado, não seria correto permitir que o inquilino continuasse indefinidamente na posse, pagando valor igual ao que suportava quando a contratação transcorria com atenção ao prazo determinado pelos envolvidos. Diante disso, levando em consideração fatores atrelados à eqüidade, ao senso de justo e ao princípio do não enriquecimento imotivado, pode o locador arbitrar o valor que cobrará enquanto a coisa não lhe for restituída.

Constatando que houve exagero na fixação do valor do aluguel pelo locador, poderá o juiz remover o excesso. Nunca é demais salientar o caráter de reprimenda, de penalização, contido na providência facultada pelo ordenamento jurídico. Disso deflui conclusão no sentido de que o juiz utilizará, como substrato para a redução do aluguel unilateralmente fixado, a necessidade de evitar prejuízos ao locador e a aplicação de punição ao locatário, sem que isso represente injusto empobrecimento deste e desmedida vantagem para aquele.

Quanto aos efeitos da morte de uma das partes enquanto em curso a contratação, o art. 577 do Código Civil dispõe: *"Morrendo o locador ou o locatário, transfere-se aos seus herdeiros a locação por tempo determinado"*. Daí que, estando em fluência o prazo fixado pelas partes quando da celebração do contrato ou por meio de posterior aditivo, ficarão os herdeiros de qualquer deles, em caso de morte, investidos na totalidade das prerrogativas e dos deveres emergentes da contratação. Destarte, aspectos como o pagamento dos aluguéis, a retomada da coisa, os efeitos da mora e outros tantos, estarão sujeitos às mesmas regras que vigoravam entre os contraentes originais. Porém, as consequências econômicas inerentes à locação somente poderão ser exercidas contra os herdeiros até as forças da herança, pois do contrário eles ficariam submetidos a uma avença de que não tomaram parte e cujos efeitos, diante disso, não admitem propagação para além da capacidade do acervo hereditário deixado. Saliente-se, todavia, que o art. 577 não alcança as locações que vigoravam por prazo indeterminado ao tempo do óbito de qualquer dos contraentes, de modo que tais contratações encerram-se juntamente com o evento morte.

Sendo casos de relações *ex locato* disciplinadas pela Lei n. 8.245/91, a morte do senhorio faz com que a locação sempre se transmita aos herdeiros (art. 10), independentemente de existir ou não prazo determinado em curso. A perspectiva de retomada do bem, em tal contexto, submete-se às regras gerais contidas na Lei do Inquilinato a respeito da matéria, que anteriormente já foram alvo de exame nesta obra. Morrendo o locatário, ficarão sub-rogados nos seus direitos e obrigações: nas locações com finalidade residencial, o cônjuge sobrevivente ou o companheiro e, sucessivamente, os herdeiros necessários e as pessoas que viviam na dependência econômica do *de cujus*, desde que residentes no imóvel; nas locações com finalidade não residencial, o espólio e, se for o caso, seu sucessor no negócio (art. 11).

6.7. Deterioração ou alienação da coisa

É possível que ao longo da locação a coisa venha a se deteriorar sem culpa do locatário, como no caso de infestação por cupins em móveis, ferrugem por salinização em veículos etc., depreciando ou diminuindo a utilidade original. Se isso ocorrer, será facultado pedir redução proporcional no valor do aluguel, pois a deterioração da coisa e dos serviços que poderia prestar, sem culpa do locatário, acaba caracterizando falta do locador em relação ao seu dever de conservar o objeto contratual em estado de ser utilizado de acordo com sua finalidade normal ou convencionada. Essa orientação está contida no art. 567 do Código Civil: *"Se, durante a locação, se deteriorar a coisa alugada, sem culpa do locatário, a este caberá pedir redução proporcional do aluguel, ou resolver o contrato, caso já não sirva a coisa para o fim a que se destinava"*.

Dependendo da amplitude da referida deterioração, seria demasiado forçoso impor sempre ao locatário que consentisse na continuidade do contrato, pois embora servindo ainda a coisa ao seu fim, certamente muitas vezes essa utilidade estará de tal maneira afetada que não recomendará outra coisa senão a resolução da avença. Logo, assim como a superveniência de evicção parcial proporciona o desfazimento do contrato quando for considerável e impedir a consecução útil dos fins contratados, também na hipótese de deterioração parcial, mas considerável, igual solução poderá ser buscada pelo locatário, sob pena de se o submeter a indevido prejuízo. Corolário lógico do acima exposto é admitir a resolução do contrato quando a deterioração da coisa fizer com que já não mais sirva em nada à finalidade a que se destinava naturalmente ou por força da avença. Havendo culpa do locatário na deterioração, ele não apenas estará sujeito à continuidade do contrato em toda a plenitude, como também ficará obrigado a reparar todos os danos causados. Ao locador permite-se, nesse contexto, resolver o contrato por infração do inquilino ao dever de conservar a coisa como se sua fosse, além de poder reclamar perdas e danos.

No que diz respeito às locações regidas pelo Código Civil, o fato de a coisa estar alugada não impede o locador de aliená-la a título gratuito ou oneroso. Porém, conjugados determinados fatores o terceiro adquirente poderá ser compelido a respeitar o contrato que estiver vigorando por prazo determinado até que o mesmo transcorra por inteiro. Inclusive o contrato em vigor por prazo indeterminado terá de ser respeitado, mas facultando-se ao adquirente a retomada nos mesmos moldes em que a poderia promover o próprio locador.

Para que o adquirente seja obrigado a observar a vigência do contrato de locação firmado entre o antigo titular e o inquilino, há dois pressupostos indeclináveis: a) que esteja consignada no contrato a cláusula de vigência da locação no caso de alienação; b) que o contrato em que foi inserida a aludida cláusula esteja devidamente inscrito no cartório competente (art. 576). A falta de registro ou a ausência do pacto de vigência da locação em caso de alienação impedem que se dê ao vínculo oponibilidade *erga omnes*, fazendo com que o adquirente não se submeta à contratação, que somente terá eficácia entre as partes. O registro a que se refere o art. 576, conforme consta do seu § 1º, será o de Títulos e Documentos do domicílio do locador, quando a coisa for móvel; e será o Registro de Imóveis da respectiva circunscrição, quando imóvel. A justificativa para isso é singela: dada a presunção de que todos conhecem o conteúdo dos registros feitos perante os órgãos competentes, toda pessoa que pretender adquirir alguma coisa móvel ou imóvel terá antes de consultar as repartições do domicílio da parte adversa titular, a fim de saber qual é a situação jurídica daquilo que tenciona adquirir. Atente-se, porém, para o fato de que, nos moldes preconizados na Súmula n. 442 do Supremo Tribunal Federal, a inscrição do contrato de locação no Registro de Imóveis, para a validade da cláusula de vigência contra o adquirente do imóvel, ou perante terceiros, dispensa a transcrição no Registro de Títulos e Documentos, pois isso implicaria em desnecessário *bis in idem*.

Em se tratando de transmissão de imóvel alugado, e ainda no caso em que o locador não esteja obrigado a respeitar o contrato, não poderá ele despedir o locatário, senão observado o prazo de noventa dias após a notificação (§ 2º). Cuida-se de benefício instituído em favor do inquilino, visando a evitar que seja despedido de inopino e sem interregno suficiente para buscar outro imóvel em que se possa instalar.

Nos vínculos regidos pela Lei n. 8.245/91, se o imóvel for alienado durante a locação, o adquirente poderá denunciar o contrato, com o prazo de noventa dias para a desocupação, salvo se a locação for por tempo determinado e o contrato contiver cláusula de vigência em caso de alienação e estiver averbado junto à matrícula do imóvel (art. 8º). Em princípio, a venda do imóvel rompe a locação, sub-rogando-se o adquirente nos direitos do antigo titular, de maneira que somente por expressa previsão contratual locatícia, regularmente oponível *erga omnes*, far-se-á viável ao inquilino obstar a retomada do prédio por quem o adquiriu. Idêntico direito — de recuperação da coisa — terá o promissário comprador e o promissário cessionário, em caráter irrevogável, com imissão na posse do imóvel e título registrado junto à matrícula do mesmo (§ 1º). A denúncia deverá ser exercitada no prazo de noventa dias contados do registro da venda ou do compromisso, presumindo-se, após esse prazo, a concordância na manutenção da locação (§ 2º).

Não se pode olvidar a circunstância de que no caso de venda, promessa de venda, cessão ou promessa de cessão de direitos ou dação em pagamento, o locatário tem preferência para adquirir o imóvel locado, em igualdade de condições com terceiros, devendo o locador dar-lhe conhecimento do negócio mediante notificação judicial, extrajudicial ou outro meio de ciência inequívoca. A comunicação deverá conter todas as condições do negócio e, em especial, o preço, a forma de pagamento, a existência de ônus reais, bem como o local e horário em que pode ser examinada a documentação pertinente (art. 27 e parágrafo único).

O locatário preterido no seu direito de preferência poderá reclamar do alienante as perdas e danos ou, depositando o preço e demais despesas do ato de transferência, haver para si o imóvel locado, se o requerer no prazo de seis meses, a contar do registro do ato no cartório de imóveis, desde que o contrato de locação esteja averbado pelo menos trinta dias antes da alienação junto à matrícula do imóvel (art. 33). Frise-se que a preferência do locatário, para aquisição do imóvel urbano locado, subsiste no caso de haver igualdade de condições com a oferta feita por terceiro. Essa identidade econômica diz respeito tanto ao valor propriamente dito da venda como à forma de solução do preço, *v.g.*, número de parcelas, volume de juros etc. O inquilino não terá preferência se, por exemplo, dispuser-se a pagar em maior número de prestações o mesmo valor oferecido por estranho, pois isso caracteriza desigualdade de condições. Toma-se por base, para exame do quadro econômico da venda, o conteúdo da notificação feita ao locatário e da proposta escrita apresentada pelo terceiro interessado na compra.

Por último, é relevante aduzir que a simples ausência de prévia notificação do inquilino para que, desejando, exerça o direito de preferência na compra do imóvel locado, não gera, *de per si*, direito subjetivo ao recebimento de indenização por perdas e danos. O exercício da prerrogativa embutida no supracitado art. 33 reclama que o locatário preterido faça efetiva e inequívoca prova: a) de que possuía capacidade econômica para comprar o imóvel ao tempo da celebração do negócio entre o locador e o terceiro adquirente; b) da existência e amplitude dos danos experimentados. Se assim não fosse, haveria enriquecimento sem causa do indivíduo cujo direito de preferência não foi observado, já que, mesmo na hipótese de prévia e regular notificação para eventual exercício da mencionada prerrogativa, o locatário sem condições econômicas bastantes não conseguiria consumar a aquisição. Logo, nenhum prejuízo sofre na hipótese de ser olvidada pelo locador a medida apontada no art. 33 da Lei do Inquilinato.

Capítulo 7

DO EMPRÉSTIMO

7.1. Conceito e espécies

Sob a rubrica contratual *empréstimo* abrigam-se duas modalidades: comodato e mútuo. Há bastante proximidade técnica entre ambas, mas, como será visto adiante, a primeira consiste em empréstimo de uso, incidente sobre coisas infungíveis, enquanto a segunda é empréstimo de consumo, recaindo sobre coisas fungíveis que sofrem alteração de titularidade. Em comum, as duas apresentam a característica do uso e da restituição de uma coisa, a ser promovida pelo tomador do empréstimo junto a quem inicialmente a repassara. No comodato, devolverá o mesmo bem jurídico recebido; no mútuo, restituirá outro, mas de igual gênero. Diante disso, pode-se conceituar o empréstimo como sendo contrato pelo qual uma das partes recebe do pólo oposto determinada coisa, de natureza fungível ou infungível, ficando obrigada a promover a devida restituição no prazo fixado, ou após o uso convencionado, ou, ainda, depois de concluída a utilização para os fins que lhe são inerentes.

O contrato de empréstimo se perfectibiliza com a entrega da coisa que figura como objeto da relação negocial. Ao contrário de outros liames de semelhante gênese, porém, a tradição é elemento de constituição do contrato, cujo aperfeiçoamento se dá no exato instante em que a coisa é entregue ao tomador. Na locação, por exemplo, o contrato surge quando as vontades exaradas pelas partes se encontram, de maneira que o posterior repasse do bem locado não é fator de geração da avença, mas simples etapa de execução daquilo que se ajustou. No empréstimo não é assim, já que a falta de *traditio* implica na ausência de contrato finalizado, deixando à mostra mera promessa de contratar, cuja formatação recebe tratamento semelhante ao dispensado ao contrato preliminar. Em suma, tanto no comodato como no mútuo, modalidades do gênero empréstimo, a tradição aparece como etapa de constituição do liame, e não como mecanismo de exaurimento das conseqüências práticas de uma avença já formada.

7.2. Do comodato

7.2.1. Conceito e classificação

Etimologicamente, *comodato* significa *dar em comodidade, fornecer uma coisa para uso e cômodo do alguém.* Em sentido jurídico, é definido como empréstimo gratuito de coisas não fungíveis. Perfaz-se com a tradição do objeto (art. 579). Cuida-se de contratação que objetiva carrear um proveito ou benefício para o comodatário, por intermédio de iniciativa do comodante, traduzida na entrega de coisa para utilização e posterior restituição em espécie.

Em termos de classificação, o comodato possui enquadramento peculiar. Por primeiro, importa frisar que é avença *unilateral*, pois geralmente cria obrigações apenas para uma das partes, o comodatário. Excepcionalmente, admite-se a aposição de dever jurídico também para o comodante (*v. g.*, custear despesas ordinárias, que a princípio competiriam ao comodatário), desde que isso não configure contraprestação ou pagamento capaz de gerar locação. No mais das vezes as obrigações do comodante cingem-se àquilo que também é exigido do transmitente da posse noutros contratos (*v. g.*, respeitar o prazo do ajuste, suportar despesas extraordinárias etc.). Nenhuma das circunstâncias aventadas acima o transmuda em contratação bilateral, pois é da sua essência a unilateralidade, traduzida mormente no dever, que recai sobre o comodatário, de restituir a coisa ao final da relação.

Já se disse alhures que a avença é *real*, de vez que se perfaz no momento em que o comodante entrega a coisa ao comodatário. A tradição, portanto, é etapa da formação do ajuste, e não um passo posterior à celebração. Daí que a entrega do bem não é um dever gerado pelo contrato e incidente sobre o comodante; ao revés, o surgimento da contratação é que tem como pressuposto a efetiva *traditio*.

É contrato *gratuito*, porque apenas o comodatário percebe proveitos e vantagens, sem que fique obrigado a qualquer contraprestação, já que isso faria surgir outro contrato, a locação. É *não solene*, eis que de construção livre, pois o ordenamento não exige forma especial para a celebração do comodato. Pode inclusive ser avençado verbalmente, mas cabe observar que isso poderá dificultar a prova da existência e das particularidades da contratação. Tem natureza *real*, haja vista que o seu aperfeiçoamento depende da entrega da coisa pelo comodante ao comodatário, fazendo com que este se torne possuidor direto, e, aquele, possuidor indireto.

Por outro lado, é contrato *temporário*, não sendo admissível a perpetuidade. O seu prazo de duração pode ser determinado ou determinável. Se o comodato não tiver prazo convencional, presumir-se-lhe-á o necessário para o uso concedido; não podendo o comodante, salvo necessidade imprevista e urgente, reconhecida pelo juiz, suspender o uso e gozo da coisa emprestada, antes de findo o prazo convencional, ou o que se determine pelo uso outorgado (art. 581). O prazo de duração do comodato será aquele fixado pelos contraentes quando da celebração ou em posterior aditivo. Não havendo iniciativa nesse sentido, surge a presunção mencionada acima. Portanto, se um caminhão é emprestado para que o comodatário escoe a safra de pêssegos de certa área de terras, o comodante somente poderá pleitear a restituição depois de transportada a última carga.

Durante o prazo convencional de vigência, ou ao longo do tempo em que a coisa estiver sendo aplicada naquilo que restou avençado, a regra geral é de que não poderá o comodante suspender o uso e gozo proporcionado à parte adversa. Porém, sobrevindo necessidade imprevista e urgente, reconhecida pelo juiz, admite-se a antecipação do momento extintivo do contrato, haja vista sua natureza gratuita e a importância de assegurar ao titular a recuperação da coisa se advier causa excepcional que justifique a medida. Ademais, é moralmente incorreto e juridicamente abstruso exigir do comodante, nesse contexto, o sacrifício de direitos próprios apenas porque existe um comodato em vigor. Para romper o liame antes do seu término ordinário, a iniciativa do comodante deverá sempre ser judicial, configurando exercício arbitrário das próprias razões a retomada direta, e à força, junto ao pólo oposto. Não há na lei um elenco ilustrativo de situações dessa espécie, de modo que somente diante do caso concreto poderá o juiz reconhecer a circunstância autorizadora do encerramento prematuro da relação jurídica. Exemplo: certo trator é emprestado, mas durante o prazo acordado ocorrem incomuns inundações, que arrasam as plantações do comodante e obrigam-no a postular em juízo a retomada do veículo para recuperação da lavoura.

Pode-se afirmar que, em geral, o comodato é *intuitu personae*, ou seja, constituído em razão da pessoa do comodatário, por atenção a laços de apreço ou amizade. Nesse caso, ao longo da duração do liame é impossível ceder ou transmitir a qualidade de comodatário. De banda diversa, falecendo qualquer das partes durante a vigência do contrato transmitem-se aos herdeiros os correspondentes direitos e deveres, exceto quando constituído *intuitu personae* em favor do comodatário. Nesta hipótese, o óbito promoverá a extinção do contrato, como acontece, por exemplo, se alguém empresta a um amigo equipamento de fisioterapia para auxiliá-lo na recuperação da saúde abalada por acidente de trânsito. Falecendo o beneficiário, a coisa terá de ser imediatamente restituída ao comodante pelos herdeiros daquele. Inexistindo a natureza pessoal mencionada *retro*, o falecimento do comodatário permitirá aos herdeiros que continuem fazendo uso até o esgotamento do prazo ou a ultimação da finalidade convencionada, ou inerente à natureza da coisa. Sinale-se, por fim, que o óbito do comodante em nada afeta o vínculo, ficando seus sucessores obrigados a observar os termos contratuais e a utilização do bem pelo comodatário, salvo se houver cláusula resolutiva indicando como marco final aquele evento.

Afora os aspectos já salientados, importa observar que o comodato incide sobre *coisa infungível*, ou seja, aquela que não pode ser substituída por outra da mesma espécie, qualidade e quantidade sem alterar a substância da relação jurídica. Todavia, nem sempre a natureza da coisa ditará sua condição de fungibilidade ou não, pois é lícito às partes convencionar no sentido de que uma coisa ordinariamente fungível torne-se infungível para fins contratuais. É o caso, por exemplo, de moedas em curso noutros países distantes, que são cedidas em comodato para exposição e posterior restituição. O dinheiro é fungível, mas a vontade das partes faz com que o comodatário assuma a obrigação de devolver exatamente aquelas específicas moedas que recebeu para expor. O mesmo acontece com frutos exóticos emprestados para embelezar uma mesa de cerimônias, com obrigação de restituição logo após. Enfim, no que diz respeito ao comodato a fungibilidade não se afere necessariamente a partir da natureza da coisa ou pelo fato de ser ou não consumível, mas sim por força da vontade das partes contratantes.

Ao término do vínculo, terá de ser restituída pelo comodatário exatamente aquela coisa móvel ou imóvel que lhe foi cedida para uso, não podendo liberar-se do dever mediante entrega de outra, embora mais valiosa. Isto porque o comodato não produz translação dominial, de sorte que o comodante continua tendo sobre ela o mesmo direito de quando celebrada a avença.

7.2.2. Conservação e uso da coisa

O comodatário é obrigado a conservar, como se sua própria fora, a coisa emprestada, não podendo usá-la senão de acordo com o contrato ou a natureza dela, sob pena de responder por perdas e danos. O comodatário constituído em mora, além de por ela responder, pagará, até restituí-la, o aluguel da coisa que for arbitrado pelo comodante (art. 582). Já se disse que uma das principais obrigações do comodatário é a de restituir a coisa emprestada ao final do contrato. Por isso, deve zelar por ela como se fosse dono, fazendo reparos, conservando-a e mantendo-a em perfeitas condições de uso. Por outro lado, a utilização é limitada pelo contrato ou pela própria natureza da coisa, não podendo o comodatário dar-lhe outra destinação, sob pena de cometimento de infração e sujeição às correspondentes conseqüências, das quais destacam-se a reparação das perdas e danos e até o desfazimento do negócio jurídico, se assim desejar o comodante. Por iguais razões, é vedada qualquer atitude de transmissão da posse pelo comodatário a outrem (*v.g.*, locação, sub-empréstimo), salvo se houver inequívoco e prévio assentimento do comodante. Cabe ao tomador promover as lides possessórias necessárias à defesa da sua posse direta, ficando legitimado inclusive a demandar contra o possuidor indireto, caso este lhe moleste ou iniba o exercício dos direitos emergentes do contrato.

Uso convencionado, permitido a quem toma a coisa, é aquele que decorre da vontade contratual das partes, como no caso de certo veículo ser emprestado para servir de meio de transporte da família do comodatário durante o período de férias escolares. Uso condizente com a natureza da coisa é o que resulta da finalidade que lhe é inerente, dentro dos limites de normalidade. Um automóvel de passeio, salvo convenção em contrário, não poderá ser utilizado pelo comodatário como veículo de testes ou de corridas. Certo animal reprodutor não poderá ser empregado em certames hípicos, e assim por diante. No silêncio do contrato devem prevalecer o bom senso e a razoabilidade na análise de cada situação concreta, pois somente assim será possível apurar adequadamente qual o uso a que se destinava a coisa emprestada.

A inobservância do dever de restituir a coisa após o término do contrato permite ao comodante a constituição da parte adversa em mora, visando a resguardar as prerrogativas definidas na lei e retomar o bem por meio do ajuizamento de reintegração de posse, face à ocorrência de esbulho. Havendo prazo estipulado no contrato, aplica-se a regra *dies interpellat pro homine*, de maneira que o simples decurso do tempo funciona como evento gerador da mora *ex re*. Quando não houver prazo estabelecido para a devolução terá de interpelar o comodatário (mora *ex personae*), em juízo ou for dele, do que resultará a incursão em mora e o conseqüente dever de indenizar todos os danos sofridos pela coisa nesse período, ainda que creditáveis a caso fortuito ou força maior. Logo, ser-lhe-ão imputados todos os prejuízos resultantes de deterioração ou perecimento, desde que ausente a culpa do comodante. Além disso, terá o comodatário de pagar ao comodante um valor correspondente ao período de utilização da coisa até a data da restituição, e que também sirva para cobrir as despesas que tiver para retomá-la. O legislador denomina tal verba de *aluguel*, mas na realidade não se pode confundi-la com o valor devido por força de locação, eis que na hipótese de comodato se trata de verdadeira indenização pelo uso ao longo do período de mora e pelos gastos nele efetuados.

A fixação do chamado *aluguel* será feita pelo próprio comodante, que, contudo, não poderá ultrapassar as fronteiras do razoável e do mercado, pois não se trata de penalidade imposta ao comodatário, mesmo porque estará sujeito aos encargos legais e aos contratualmente previstos (multa, juros etc.). A indenização será estipulada em consonância com a sua finalidade, qual seja, a de evitar que o comodante experimente prejuízos em razão da privação da posse da coisa durante a mora da parte adversa. Nisso incluem-se as despesas processuais e os honorários advocatícios devidos ao patrono do comodante por força do ajuizamento de demandas tendentes à recuperação do objeto do contrato.

Caso o aluguel arbitrado pelo comodante apresente distorções capazes de gerar a seu favor enriquecimento sem causa, poderá o pólo contrário oportunamente reclamar ao juiz para que promova a devida redução, adequando-o à realidade de mercado e colocando-o em níveis economicamente aceitáveis. Por outro lado, a negativa em restituir a coisa emprestada caracteriza esbulho possessório, autorizando o comodante a ajuizar ação de reintegração de posse, independentemente da incidência dos demais efeitos da mora. É tecnicamente inadmissível o ajuizamento de ação de despejo, reservada para casos expressamente previstos em lei, como ocorre, por exemplo, com a locação de imóveis urbanos. Impossibilitada a restituição específica da coisa durante a mora, sem culpa das partes (*v.g.*, em virtude de incêndio), terá o comodatário de indenizar pelo equivalente pecuniário. Havendo culpa, indenizará também as perdas e os danos apurados.

7.2.3. Danos e despesas concernentes à coisa

O art. 583 do Código Civil apresenta a seguinte disposição: *"Se, correndo risco o objeto do comodato juntamente com outros do comodatário, antepuser este a salvação dos seus abandonando o do comodante, responderá pelo dano ocorrido, ainda que se possa atribuir a caso fortuito, ou força maior"*. Todo contrato gratuito, em maior ou menor escala, traduz-se em benefício feito por um dos contraentes ao outro. No comodato isso não é diferente, sendo notório o proveito carreado ao comodatário. Com base nessa verdade, não se pode aceitar a prática de atos incompatíveis com o dever moral de gratidão e reconhecimento esperado em situações desse tipo. Se a coisa cedida em comodato estiver correndo risco de perecimento ou danificação, recairá sobre o comodatário obrigação inarredável de priorizar a salvação, ainda que coisas de seu próprio patrimônio — e até mais valiosas — estejam submetidas ao mesmo ou a diferente risco naquele instante.

Caso o comodatário anteponha a salvação de coisas suas ao objeto do comodato, abandonando este último, responderá pelo dano sobrevindo, embora decorrente de caso fortuito ou de força maior. Essa solução funciona a um só tempo como meio de indenização dos prejuízos causados ao comodante e como forma de penalização do comodatário em função do comportamento egoísta e desidioso adotado. Na hipótese do o comodatário não ter podido salvar a coisa por absoluta impossibilidade derivada das circunstâncias, não lhe será aplicado o teor do art. 583, pois o desiderato do legislador é punir o comodatário que prestigia mais os próprios itens patrimoniais do que aquele emprestado. Logo, se somente era possível salvar aqueles, colocados em risco por inundação, incêndio etc., a danificação deste sem culpa do comodatário não lhe impõe a obrigação de indenizar. Por outro lado, o dever ínsito na norma não implica em exigir que o sujeito coloque em risco a própria vida, pois o objetivo do legislador não é de impor a realização de condutas heróicas, mas sim de viabilizar, tanto quanto possível, a preservação da coisa e a lealdade entre os celebrantes.

O comodatário não poderá jamais recobrar do comodante as despesas feitas com o uso e gozo da coisa emprestada (art. 584). Tais gastos são de inteira responsabilidade do comodatário e em hipótese alguma serão recobrados junto à parte adversa. Isto porque o comodato, avença de natureza gratuita, somente onera o comodante nos limites daquilo que foi ajustado e de acordo com os ditames normativos. Tudo o mais deve ser suportado pelo beneficiário, que arcará com despesas como abastecimento do automóvel, lubrificação dos implementos agrícolas, substituição de peças desgastadas pelo uso, energia elétrica consumida pelo equipamento, impostos, taxas etc.

Os gastos não relacionados ao uso e gozo da coisa serão reembolsados ao comodatário, porque por eles responde o titular dominial. É o que acontece, *v.g.*, com a multa imposta por edificação irregular da casa cedida em comodato. Despesas extraordinárias de conservação da coisa também não poderão ser imputadas ao comodatário, por igual fundamento jurídico. Salvo ajuste diverso, essas despesas (*v.g.*, reforma do imóvel que ameaça ruir sem culpa do possuidor direto), serão suportadas pelo comodante, mas cabe ao outro celebrante cientificá-lo acerca da situação que está a exigir a sua implementação, a fim de que adote as providências adequadas.

Quanto às benfeitorias aplica-se a regra geral, ou seja, as necessárias e as úteis autorizadas expressa (*v.g.*, por escrito) ou tacitamente (*v.g.*, ciente de sua confecção, o comodante silencia) serão indenizadas, inclusive gerando direito de retenção em favor do comodatário até o reembolso. As úteis não autorizadas na forma acima serão indenizadas ao comodatário que estiver de boa-fé, mas sem gerar direito de retenção. As voluptuárias poderão ser levantadas se não forem indenizadas, mas somente se houver boa-fé, pois do contrário reverterão em proveito do comodante.

O desgaste natural do bem (*v.g.*, envelhecimento da madeira de que é feito o armário emprestado), assim como aquele decorrente do uso regular (*v.g.*, maior quilometragem do motor), não podem ser cobrados do comodatário, por integrar o ônus comum incidente sobre o titular da coisa. Aplica-se, no caso, o princípio *res perit domino*, como sói ocorrer, a título de regra geral, nas demais contratações. Os prejuízos resultantes do fortuito e da força maior, quando não advindos da hipótese apontada no art. 583, também se submetem ao mesmo princípio, onerando o comodante.

Se duas ou mais pessoas forem simultaneamente comodatárias de uma coisa, ficarão solidariamente responsáveis para com o comodante (art. 585). A norma tem aplicabilidade sempre que inexistir expressa convenção em sentido contrário. A solidariedade diz respeito a todas as obrigações derivadas do contrato. Logo, a devolução da coisa poderá ser oportunamente reclamada contra qualquer dos integrantes do pólo beneficiado. Também as indenizações ou penalidades por mora, bem como as reparações porventura devidas poderão ser exigidas de cada um pelo todo. O objetivo da norma legal é facilitar ao comodante a execução de suas prerrogativas, sem que tenha de percorrer um *iter* espinhoso para obter êxito. Justifica-se tal situação, pois o empréstimo gratuito é na verdade um favor sem contrapartida alguma, uma gentileza desinteressada do comodante, de forma que se mostra conveniente e justo reduzir ao máximo eventuais dificuldades, mormente em torno da retomada da coisa ao término do contrato.

7.2.4. Restrições legais ao comodato

Os tutores, curadores e em geral todos os administradores de bens alheios não poderão dar em comodato, sem autorização especial, os bens confiados à sua guarda (art. 580). A capacidade ativa para ceder a coisa em comodato sofre algumas restrições, haja vista tratar-se de negócio jurídico a título gratuito, e que por isso mesmo nenhuma vantagem econômica produz em favor do comodante. Destarte, exige-se dos tutores, curadores e, em geral, de todos os administradores de bens alheios, especial autorização para constituir comodato em relação aos bens que estiverem sob sua guarda.

Afora o aspecto da inexistência de proveito econômico para o comodante, outro objetivo do legislador ao estabelecer as restrições previstas no art. 580 consiste em evitar que os administradores de bens alheios tirem vantagem pessoal a partir do fato de estarem com a guarda, mascarando por meio de empréstimos operações tendentes a obter lucros ilídimos. Eventual conluio entre tais indivíduos e os comodatários poderia carrear pesados ônus ao titular da coisa, pois ao mesmo tempo em que este responderia pelos gastos extraordinários e suportaria o natural desgaste que sobreviesse, nada auferiria em contrapartida.

7.2.5. Extinção do comodato

À semelhança de todas as demais contratações, o comodato pode ser desfeito por qualquer das partes quando houver infração do ajuste. Na espécie, o que mais evidentemente se apresenta é a perspectiva de resolução por desatendimento de obrigação incidente sobre o comodatário, dada a unilateralidade da avença. Ocorrências como o desvio de finalidade, o abuso do direito de utilização da coisa, a provocação dolosa ou culposa de danos ao bem emprestado e tantas outras de natureza afim legitimam o comodante a pleitear o desfazimento do vínculo.

Outro mecanismo capaz de romper a contratação é o pedido de retomada da coisa, pelo comodante, quando presente a causa apontada no art. 581 do Código Civil, a saber, necessidade urgente e imprevista reconhecida pelo juiz. Isso pode acontecer tanto na hipótese de existir prazo determinado ainda em curso como na de não haver lapso temporal previamente fixado para a duração do contrato. A gravidade do quadro permite que isso se dê, sendo inclusive cabível pedido de antecipação de tutela com vistas à imediata recuperação da posse da coisa.

O término do prazo convencionado também é causa de extinção do empréstimo. Não havendo previsão nesse sentido, a interpelação do comodatário é passo essencial para a supressão do liame. Daí em diante haverá esbulho e mora, do que se gera legitimidade para retomada da coisa mediante ajuizamento de lide possessória. O cumprimento do objetivo de uso indicado no contrato, ou que resulte da natureza da coisa, também é fundamento de extinção, pois assim que o comodatário encerrar a utilização deverá restituí-la à parte adversa.

O perecimento da coisa acarreta o desfazimento da contratação, eis que não há direito sem objeto. Assim, a prerrogativa jurídica produzida em favor do comodatário, evidenciada a partir da perfectibilização do ajuste de vontades, deixa de existir quando desaparece o bem jurídico emprestado. A morte do animal e a enchente que faz ruir a casa são exemplos dessa modalidade de acontecimento. Subsistindo parcialmente a coisa, o empréstimo passará a incidir sobre a fração não perecida, desde que ela conserve a utilidade para a qual foi celebrada a avença.

Finalmente, a morte do comodatário é causa de extinção do contrato, se produzido *intuitu personae*. A razão de ser do ajuste era a existência da pessoa beneficiada, de maneira que o seu óbito rompe o vínculo havido entre as partes. Conforme salientado *retro*, isso não se dá nos empréstimos que não têm em vista a pessoa do comodatário, pois então a relação prossegue com os respectivos sucessores.

7.3. Do mútuo

7.3.1. *Conceito, objeto e classificação*

Pode-se conceituar o mútuo como sendo o contrato pelo qual uma pessoa transfere a outra o domínio de coisa fungível, obrigando-se a restituir outra do mesmo gênero, quantidade e qualidade. É o que se extrai da análise dos arts. 586 e 587 do Código Civil. Ao contrário do comodato, não se trata de empréstimo de simples uso, mas sim de consumo, pois a transferência da propriedade autoriza o mutuário a dar à coisa o destino que quiser, alienando-a gratuita ou onerosamente.

Somente quem é dono da coisa pode ser mutante, haja vista o fenômeno, acima referido, da transmissão da propriedade. Já a condição de mutuário está ao alcance de todo aquele que tiver capacidade civil geral e estiver apto a contratar. Entretanto, desde logo convém chamar a atenção para as restrições apontadas pelos arts. 388 e 389, cujo exame será realizado no decorrer deste trabalho.

As contratações de mútuo mais comuns têm por objeto dinheiro, mas nada impede que incidam sobre quaisquer coisas que tenham o pressuposto contratual da fungibilidade, tais como: mercadorias, produtos, títulos e assim por diante. A propósito, convém esclarecer que fungíveis são as coisas móveis que podem ser substituídas por outras de igual espécie, qualidade e quantidade (art. 85), consumindo-se, em geral, ao primeiro uso (art. 86). Porém, valem aqui as mesmas observações feitas acerca da fungibilidade no comodato, pois às partes é permitido convencionar que coisas ordinariamente infungíveis passem contratualmente à categoria das fungíveis, como se dá, por exemplo, no empréstimo de cinco computadores, com obrigação de o mutuário restituir em certo tempo outros de idênticos caracteres. Sendo em dinheiro o empréstimo, a devolução ocorrerá com aplicação dos índices oficiais de atualização monetária, a fim de que o poder de compra da moeda se recomponha adequadamente. Isso não elide a aplicação de juros, tema que será analisado na seqüência. É vedado o empréstimo em moeda estrangeira, ressalvadas as hipóteses admitidas pelo ordenamento. Também é vedada a cobrança, em moeda estrangeira, de valores emprestados em moeda nacional, excetuados os casos previstos na legislação especial (art. 318 do Código Civil e art. 1º da Lei n. 10.192, de 14.2.2001).

No que diz respeito à classificação, o mútuo admite vários enquadramentos, segundo os diversos critérios de análise. É contrato idealizado para ser *gratuito*, mas pode revelar-se *oneroso*, conforme seja, respectivamente, destinado a fins não econômicos (*v.g.*, empréstimo de algumas sementes de plantas exóticas) ou econômicos (*v.g.*, empréstimo em dinheiro). Se gratuito, o mutuante nada recebe em troca da contratação; oneroso, incidem juros e demais encargos acordados. Às partes, todavia, é permitido convencionar de forma diversa do acima exposto, fazendo, por exemplo, que sobre empréstimo em dinheiro não se apliquem juros. Para tanto, será preciso que haja expressa cláusula nesse sentido, haja vista o teor do art. 591: *"Destinando-se o mútuo a fins econômicos, presumem-se devidos juros, os quais, sob pena de redução, não poderão exceder a taxa a que se refere o art. 406, permitida a capitalização anual"*.

No que pertine ao contrato de mútuo, juros são o rendimento produzido pelo capital emprestado, o produto do dinheiro empregado, razão pela qual denominam-se compensatórios. Por outro lado, serão moratórios quando significarem indenização por atraso no cumprimento de certa obrigação. Consoante asseverado, o mútuo para fins econômicos é oneroso, destoando da natureza gratuita que via de regra é inerente ao contrato de empréstimo. Entende-se como sendo para fins econômicos o ajuste feito em dinheiro ou expressão equivalente. Ainda que as partes não convencionem a incidência de juros, estes são presumivelmente devidos, mas sofrerão as limitações previstas no art. 406 do Código Civil, ou seja, a sua fixação não ultrapassará a taxa que estiver em vigor para a mora do pagamento de impostos devidos à Fazenda Nacional. Se os contraentes estipularem juros mais elevados do que os definidos na aludida norma, a pedido do interessado haverá redução pelo juiz, a fim de que não violem as fronteiras legalmente estabelecidas. O anatocismo, isto é, a contagem de juros sobre outros juros já produzidos pelo capital empregado, merece constante reprimenda ou limitação no Direito nacional. Somente expressa determinação legislativa pode alterar a orientação que estipula capitalização exclusivamente anual de juros. No que diz com os contratos de mútuo é assim, pois somente se admite a capitalização anual de juros, considerando-se nula qualquer cláusula que estabeleça a operação em intervalo inferior. Não se nulifica toda a avença, mas apenas a porção que estiver em desacordo com o mandamento normativo.

Ainda no tocante à classificação, a avença tem natureza *real*, pois a sua concretização depende da efetiva entrega da coisa ao mutuário, não bastando o simples consenso para que se torne acabado e perfeito. A tradição, portanto, é pressuposto da regular constituição do liame jurídico. No comodato, transmite-se unicamente a posse da coisa, enquanto no mútuo o próprio domínio sofre alteração de titularidade. Trata-se de ajuste *unilateral*, eis que depois de repassada a coisa ao mutuário este se torna dono da mesma, passando a ter o dever jurídico de restituir outra do mesmo gênero, qualidade e quantidade. Ao mutuante, por seu turno, nenhuma obrigação específica compete, incidindo sobre ele apenas os deveres gerais de qualquer contratante (boa-fé, respeito ao prazo avençado etc.). A circunstância de incidirem juros adiciona outro componente de onerosidade sobre o mutuário, não afetando a natureza unilateral do pacto, já que o mutuante continua na mesma posição que teria se fosse gratuita a contratação. Cumpre salientar que o mútuo em dinheiro e com incidência de juros é o único contrato unilateral e oneroso, pois em geral as avenças unilaterais são gratuitas (*v.g.*, doação) e, as bilaterais, onerosas (*v.g.*, compra e venda).

O mútuo é *temporário*, pois, embora o prazo de duração do contrato geralmente seja determinado, nada impede que se apresente como determinável, cuja fixação no plano concreto se dá mediante interpelação promovida pelo mutuante à parte contrária (art. 592, III, do Código Civil). O legislador alinha, nos incisos I e II do art. 592 do Código Civil, hipóteses em que é presumida a duração do contrato, mas a vontade das partes pode livremente alterar a presunção firmada, por se tratar de norma legal de aplicação subsidiária.

Cuida-se de contrato *não solene*, podendo ser celebrado com liberdade de forma. É bem verdade, porém, que a sua geração por escrito torna mais acessível a prova em torno da existência e do teor. Ademais, é preciso observar a limitação ínsita no art. 227 do Código Civil, pelo qual, salvo os casos expressos, a prova exclusivamente testemunhal só se admite nos negócios jurídicos cujo valor não ultrapasse o décuplo do maior salário mínimo vigente no País ao tempo em que foram celebrados. Mas, por adição posta no parágrafo único, qualquer que seja o valor do negócio jurídico, a prova testemunhal é admissível como subsidiária ou complementar da prova por escrito. Finalmente, importa observar que o ajuste é sempre *temporário*, não podendo jamais ser marcado pela perpetuidade. O contrato que transfere gratuitamente a propriedade da coisa não é mútuo, mas doação.

7.3.2. Riscos da coisa emprestada

Conforme dito acima, o mútuo transfere o domínio da coisa emprestada ao mutuário, por cuja conta correm todos os riscos dela desde a tradição (art. 587). Enquanto no comodato a principal obrigação do tomador consiste em restituir a mesma coisa que foi emprestada, no mútuo incumbe à parte tomadora devolver outro bem, mas dotado de iguais caracteres, já que o mutuário torna-se dono da coisa no instante da tradição. Por isso é que se diz ser empréstimo de consumo, haja vista decorrer da natureza do contrato a atribuição, ao tomador, da faculdade de dar ao bem a destinação que quiser, ensejando até mesmo o integral comprometimento da sua substância. Exemplo: o plantio da semente emprestada provoca o desaparecimento dela como bem jurídico original, mas a restituição de outra, pautada por iguais características, libera o mutuário do dever contratualmente assumido.

Em atenção ao princípio *res perit domino*, pelo qual se consagrou a máxima de que o perecimento total ou parcial do bem se dá em detrimento do seu titular, por conta do mutuário correm todos os riscos da coisa a partir da tradição, nisso incluídas as depreciações e deteriorações, bem como os prejuízos decorrentes de caso fortuito ou força maior. Ao mutuante somente serão imputáveis os danos a que, portando-se com dolo ou culpa, der causa. A prova do mencionado elemento anímico cabe ao mutuário; não apenas porque é dono e *a priori* deve arcar com os prejuízos verificados na coisa, mas especialmente em virtude de se presumir a boa-fé da outra parte, que, de resto, fica submetida à teoria da responsabilidade subjetiva. Cabe salientar, ainda, o fato de que o mutuante não é responsável por despesas de conservação da coisa, pois se despede da propriedade com a *traditio*. Em contrapartida, a ele cabe suportar os prejuízos originados de defeitos ou vícios ocultos apresentados pelo bem posteriormente à tradição, se o tornarem impróprio ao seu fim ou lhe afetarem consideravelmente a expressão econômica.

7.3.3. Mútuo feito a menor de idade

O mútuo feito a pessoa menor, sem prévia autorização daquele sob cuja guarda estiver, não pode ser reavido nem do mutuário, nem de seus fiadores (art. 588). Não se trata de norma que enquadra como nulo ou anulável o negócio assim celebrado; cuida-se de contrato válido e eficaz, mas do qual não emerge o direito de postular a restituição da coisa emprestada. Como o mútuo quase sempre envolve dinheiro, o ordenamento jurídico não hesitou em proteger o menor de idade contra a exploração a que estaria sujeito se não fossem editadas regras especiais para disciplinar a situação. Todas as contratações de que participa menor relativamente incapaz implicam, em princípio, na necessidade de prévia autorização de seu representante legal, quais sejam, pai, mãe ou tutor. Quanto ao menor absolutamente incapaz, todos os atos negociais que praticar serão nulos e não poderão convalidar, nisso incluído, obviamente, o mútuo. Trata-se de norma de ordem pública que, preterida, macula o negócio jurídico.

Quando feito mútuo a menor relativamente incapaz e sem prévia autorização daquele sob cuja guarda estiver, não poderá o mutuante pleitear devolução junto ao próprio mutuário. Tampouco responderão os fiadores que houverem figurado na relação jurídica, ainda que maiores e capazes. O objetivo de impedir a recuperação da coisa mutuada junto ao menor é desestimular a contratação com pessoas naturalmente mais suscetíveis a engodos. Impede-se também que os fiadores respondam, pois se isso não ocorresse o menor é que acabaria suportando o dever de restituir, ao final da cadeia de responsabilidade, já que ficaria obrigado a indenizar regressivamente os fiadores demandados pelo mutuante.

A regra contida no art. 588 não é absoluta, comportando as exceções previstas expressamente no art. 589 do Código Civil, *verbis*: *"Cessa a disposição do artigo antecedente: I – se a pessoa, de cuja autorização necessitava o mutuário para contrair o empréstimo, o ratificar posteriormente; II – se o menor, estando ausente essa pessoa, se viu obrigado a contrair o empréstimo para os seus alimentos habituais; III – se o menor tiver bens ganhos com o seu trabalho. Mas, em tal caso, a execução do credor não lhes poderá ultrapassar as forças; IV – se o empréstimo reverteu em benefício do menor; V – se o menor obteve o empréstimo maliciosamente"*. Algumas situações culminam por revelar que a pessoa, embora menor de idade, tem maturidade psíquica e/ou condições materiais suficientes para tomar empréstimo validamente. Em outras hipóteses, as circunstâncias específicas da relação jurídica recomendam seja conferida validade e eficácia ao mútuo.

A mácula que recai sobre o mútuo feito a menor relativamente incapaz desaparece se houver posterior ratificação do representante legal (pai, mãe ou tutor), de modo que o negócio convalidará e adquirirá eficácia em todos os seus termos, autorizando o mutuando a exigir a restituição da coisa (inciso I). Já o feito a menor absolutamente incapaz, consoante dito acima, jamais poderá ser remediado, pois tais pessoas não possuem vontade jurídica alguma.

Também poderá ser reavido do mutuário, assim como dos fiadores que tiver, o mútuo feito a menor para prover às necessidades básicas de subsistência deste, contanto que ausente a pessoa que teria aptidão para autorizar a contratação (inciso II). Duas observações são relevantes: a) a expressão *alimentos habituais* envolve todos os itens de primeira necessidade do menor, como os relacionados à alimentação propriamente dita, vestuário, educação, saúde etc.; b) *ausente* não é necessariamente a pessoa assim declarada em juízo, mas todo pai, mãe ou tutor que, embora tendo a guarda do menor, não estiver próximo para alcançar-lhe os alimentos habituais, seja em razão de viagem como por doença, ocultação e assim por diante.

Por outro lado, quando o menor de idade aufere renda suficiente para adquirir bens e contrai mútuo, os seus itens patrimoniais responderão pela restituição a que se obrigou (inciso III). Porém, a execução não ultrapassará as forças do patrimônio pertencente ao menor, ficando projetado para o futuro eventual saldo, se outros bens vierem a existir. Observe-se, por necessário, que o mútuo somente será exigível junto ao menor se ele tiver bens ganhos com o seu trabalho, do que deriva a conclusão de que o mutuante não poderá recuperar o objeto do mútuo se o menor não tiver, em seu patrimônio, componentes dessa natureza. Itens doados ou obtidos por herança, destarte, não respondem por obrigações assim contraídas.

O inciso IV procura evitar o enriquecimento sem causa, na esteira de tradicional posicionamento do Direito pátrio, que invariavelmente coíbe ocorrências dessa natureza. Assim, desaparecem os riscos inerentes ao mútuo feito a menor quando constatado que o empréstimo reverteu efetivamente em seu benefício, como acontece, por exemplo, quando o dinheiro captado é aplicado na aquisição de um imóvel, no pagamento da escola freqüentada pelo mutuário, no custeio do tratamento médico e assim por diante. Proibir o mutuante de exigir a restituição, em tais casos, significaria admitir o indevido locupletamento econômico do menor. Destarte, sempre que o empréstimo feito sem prévia autorização do titular da guarda reverter em benefício do menor, poderá o mutuante reavê-lo junto àquele ou aos fiadores que tiver.

No inciso V é encontrada norma que tenciona combater a malícia, o artifício ou o ardil dolosamente lançados para ludibriar e iludir. Tal espécie de conduta demonstra que o menor de idade já tem suficiente raciocínio para entender quais as conseqüências do mútuo contratado. Quando, por exemplo, engana o mutuante acerca da verdadeira idade que tem, sujeita-se a restituir o objeto do empréstimo como se plenamente capaz fosse. Afinal, se teve astúcia bastante para iludir a parte adversa, fenecem faticamente as razões que conduziram à idealização da proteção normativa à sua qualidade de menor. Nesse caso, os fiadores também podem ser demandados pela composição do dever jurídico, segundo os moldes preconizados na legislação.

7.3.4. Alteração do equilíbrio contratual

O mutuante pode exigir garantia da restituição, se antes do vencimento o mutuário sofrer notória mudança em sua situação econômica (art. 590). É possível que depois de contraído o empréstimo, e antes do vencimento da pendência, venha o mutuário a experimentar desfalque patrimonial ou alteração econômica bastantes para produzir fundadas dúvidas em torno de suas reais condições de honrar o dever de restituir. Quando essa mudança na situação econômica for notória, ou seja, visível, induvidosa, conhecida, poderá o mutuante exigir garantia da restituição da coisa. A lei não especifica que espécie de garantia é essa, o que permite seja oferecida pelo mutuário tanto em sua variante real (*v.g.*, hipoteca) como na modalidade fidejussória. O que importa é, à evidência, assegurar ao mutuante o recebimento da restituição devida pela parte adversa.

A exigência de garantia da restituição deverá ser deduzida em juízo, se não for amigavelmente alcançada pelo mutuário. É possível postular a cominação de pena pecuniária para o caso de não ser efetivada a garantia dentro do prazo fixado pelo juiz. Caso não seja obtida por ausência de meios ou por mera negativa do mutuário, ficará o mutuante autorizado a desde logo executar o contrato, considerando-o vencido para todos os fins. Afinal, se fosse imposta ao credor a espera pelo vencimento normal da obrigação, poderia haver efetiva insolvência do devedor, tornando de nenhuma prestabilidade o crédito.

7.3.5. Extinção do mútuo

Como os demais contratos, o mútuo pode ser extinto por infração aos deveres convencionados ou que decorrem da natureza mesma da avença. Sopesada a sua índole unilateral, percebe-se que recaem apenas sobre o mutuário as obrigações contratuais, de modo que ao mutuante é facultado buscar o desfazimento da relação quando a parte adversa inobservar os ônus que lhe incumbem. Logo, se no mútuo em dinheiro foi pactuado que o devedor pagará juros a cada interregno, a falta de cumprimento dessa imposição legitima o mutuante a considerar rompido o contrato e a pleitear em juízo a imediata restituição da quantia emprestada. Também haverá infração contratual quando a finalidade do empréstimo, aposta em cláusula específica, for desatendida.

Ao contrário do que se verifica no comodato, o perecimento da coisa não extingue a contratação, pois o mutuário é dono e suporta as conseqüências do desaparecimento do bem jurídico. A morte do mutuante em nada afeta a relação, cabendo ao tomador o cumprimento do dever de restituir segundo o que restou ajustado. Por seu turno, o óbito do mutuário obriga os respectivos sucessores à restituição convencionada, na data aprazada, até onde as forças da herança suportarem.

O término do prazo do empréstimo é outra causa de extinção do liame. Quando as partes fixarem prazo de duração do contrato de mútuo, nenhum outro o substituirá, pois as disposições legais acerca desse tema somente se aplicam em caráter subsidiário. Não se tendo convencionado expressamente, o prazo do mútuo será: I – até a próxima colheita, se o mútuo for de produtos agrícolas, assim para o consumo, como para semeadura; II – de trinta dias, pelo menos, se for de dinheiro; III – do espaço de tempo que declarar o mutuante, se for de qualquer outra coisa fungível (art. 592).

No mútuo de produtos agrícolas para consumo ou semeadura, o contrato vigorará até a próxima colheita. O objetivo de estender o prazo na direção desse marco justifica-se, haja vista que na colheita seguinte é que presumivelmente o mutuário terá condições de restituir os produtos emprestados. Eventual frustração de safra, assim como aumento ou redução da cotação do produto, não provocam a prorrogação do prazo para restituição do objeto do mútuo, salvo se houver convenção entre as partes nesse sentido. Exemplo de mútuo com prazo até a próxima colheita: empréstimo de dez sacas de sementes de soja para plantio, sem prazo demarcado para devolução; empréstimo, igualmente sem prazo, de cem sacas de semente de milho para consumo dos animais do mutuário.

O mútuo em dinheiro somente será de prazo inferior a trinta dias se as partes assim o convencionarem, pois do contrário ficará, pelo menos, nesse patamar. Caso circunstâncias como a finalidade do empréstimo e as nuanças contratuais revelem que os contraentes tencionaram avençar mútuo por lapso temporal maior, poderá o juiz assim o declarar, se levado o tema para debate por meio da competente demanda. Somente essa exegese justifica a colocação, pelo legislador, da expressão *pelo menos* no inciso II, pois se assim não fosse estar-se-ia ante verdadeira letra morta.

Não se tratando de mútuo de produtos agrícolas para consumo ou semeadura, e nem de empréstimo em dinheiro, o silêncio das partes no contrato transfere para o mutuante a prerrogativa de fixar o prazo de vigência da relação jurídica. Isto se dá mediante interpelação judicial ou extrajudicial feita ao mutuário, na qual o mutuante declarará o espaço de tempo que entender cabível, cuja finalidade básica consiste em delimitar o momento em que se tornará exigível a restituição do objeto contratado. Não obstante se trate de atributo conferido ao mutuante, pode o juiz aumentar o prazo unilateralmente estabelecido, se as circunstâncias do caso concreto indicarem que aquele estipulado pelo mutuante não condiz com a realidade contratual.

Capítulo 8

DA PRESTAÇÃO DE SERVIÇO

8.1. Conceito e classificação

Depois de relegada a plano secundário pelo advento do contrato de trabalho, a prestação de serviço voltou a assumir papel de grande relevância no cenário jurídico brasileiro, nas situações que não caracterizam relação de natureza trabalhista, submetida à legislação específica (Consolidação das Leis do Trabalho e diplomas legais esparsos). De acordo com o art. 593, a prestação de serviço, que não estiver sujeita às leis trabalhistas ou a lei especial, reger-se-á pelas disposições do capítulo que o Código Civil especialmente lhe dedica.

Essa modalidade negocial não se confunde com o contrato de trabalho, nem pode servir para mascarar vínculos de caráter trabalhista, mesmo porque estes acarretam conseqüências jurídicas bem mais amplas. Tampouco se confunde com a empreitada, tendo em vista algumas peculiaridades básicas. Na prestação de serviços, o prestador coloca sua atividade à disposição da parte contrária, recebendo em contrapartida remuneração certa. O risco quanto ao resultado final da atividade não é de quem presta o serviço, mas do outro contraente, tendo em vista que a este é que cabe o controle e a fiscalização dos trabalhos, havendo subordinação do prestador às ordens emitidas. Já na empreitada importa o resultado, busca-se a finalidade geradora da contratação. O empreiteiro obriga-se a fazer obra ou executar trabalho mediante pagamento do preço avençado. Não há subordinação dele ao dono da obra, sendo patente a independência de ambos, até porque a atividade se desenvolve por conta e risco do empreiteiro.

Com base no panorama acima traçado, pode-se definir a prestação de serviço como o contrato civil pelo qual uma das partes obriga-se, mediante pagamento da remuneração ajustada, a fazer o serviço apontado pela parte contrária quando da celebração.

No que diz respeito à classificação segundo os vários critérios existentes, cumpre iniciar o exame observando que o contrato é *bilateral*, gerando deveres para ambas as partes. Enquanto o prestador assume a obrigação de fazer o que restou acordado, o dono do negócio compromete-se a dar a remuneração ajustada. É liame de caráter *oneroso*, já que ambos os pólos auferem vantagens e tiram proveitos da contratação, em contrapartida ao serviço prestado e à remuneração paga, que representam os ônus incidentes sobre as partes. Uma das marcas dessa relação jurídica é a retribuição feita ao prestador, pois se houver gratuidade não existirá prestação de serviços como contrato típico idealizado pelo legislador, mas sim avença inominada.

Cuida-se de avença *não solene*, podendo ser celebrada verbalmente ou por escrito, e provada por qualquer meio em Direito admitido (mesmo que exclusivamente por testemunhas) haja vista a ausência de prescrição de forma especial. O art. 595 traz previsão aplicável à avença celebrada por escrito: *"No contrato de prestação de serviço, quando qualquer das partes não souber ler, nem escrever, o instrumento poderá ser assinado a rogo e subscrito por duas testemunhas"*. Atento à circunstância de que muitas vezes os contratos de prestação de serviço têm em um dos pólos — mormente no prestador — pessoas que não sabem ler e nem escrever, o ordenamento facilita ao máximo a celebração. Tanto isso é verdade que não prescreveu forma especial, permitindo inclusive o acerto verbal. Além disso, mesmo nos casos em que qualquer dos contraentes não sabe ler e nem escrever, mas a contratação se dá por escrito, há preterição de qualquer exigência mais acentuada, podendo ser o respectivo instrumento assinado a rogo e subscrito por duas testemunhas. A assinatura a rogo funciona como se fosse a do próprio contraente, aperfeiçoando o liame jurídico. A subscrição pelas testemunhas tem por finalidade não apenas servir como reserva técnica para dirimir eventuais desacertos futuros acerca da assinatura a rogo e dos termos contratuais, como também para conferir exeqüibilidade judicial à contratação (art. 585, II, do Código de Processo Civil).

A prestação de serviço tem índole *consensual*, por se aperfeiçoar por meio de simples acordo de vontades, não reclamando qualquer outra providência. Celebra-se *intuitu personae*, haja vista a circunstância de que cada parte somente se vincula por levar em consideração o personagem situado no pólo adverso. Daí que a morte de qualquer dos celebrantes extingue o ajuste (art. 607), não havendo transmissão do contrato aos sucessores do falecido.

8.2. Objeto do contrato

Toda espécie de serviço ou trabalho lícito, material ou imaterial, pode ser contratada mediante retribuição (art. 594). Como se percebe, não há limitações quanto ao objeto do contrato de prestação de serviço, devendo-se, porém, atentar para o fato de que não será viável a contratação quando a atividade estiver submetida à legislação trabalhista ou especial. Superada essa observação, todos os serviços ou trabalhos dotados de licitude podem ser contratados, sejam materiais ou imateriais, como por exemplo, respectivamente, limpar um terreno ou escrever um livro. O objeto da contratação não é a energia da pessoa, a sua força ou o seu intelecto, mas sim a atividade que efetivamente prestar, a materialização do serviço desenvolvido.

São inúmeras as hipóteses que admitem a confecção de contrato de prestação de serviço, sendo as mais comuns aquelas que dizem respeito a atividades advocatícias, de engenharia, odontológicas, médicas etc., contanto que não estejam submetidas às regras trabalhistas, o que acontece quando houver entre as partes, a um só tempo, vínculo de dependência, pagamento de salário, habitualidade, continuidade e presença dos demais caracteres inerentes ao contrato de trabalho.

Não sendo o prestador de serviço contratado para certo e determinado trabalho, entender-se-á que se obrigou a todo e qualquer serviço compatível com as suas forças e condições (art. 601). A contratação pode ser endereçada à prestação de trabalho especificado, ou simplesmente adquirir conotação genérica, sem discriminação do serviço a ser realizado, hipótese que ensejará a incidência da supracitada norma. As forças do prestador importam não apenas em sua capacidade braçal, mas também intelectual, como no caso de um escritor, que não pode ser obrigado a produzir ininterruptamente apenas porque não restou fixado prazo para a entrega da obra. Quanto às condições do prestador, envolvem as qualidades e aptidões individuais, cuja extensão depende de cada situação concreta. Se um advogado da área trabalhista compromete-se a prestar serviço para determinada empresa, é evidente que não atuará em causas criminais, mas não se poderá negar a participar de audiências em demandas relativas à sua especialidade. Um pedreiro que contrata prestação de serviço com certo particular para a construção de uma casa não é obrigado a fazer os trabalhos de carpintaria, mas não poderá esquivar-se de trabalhar durante a parte da tarde, a menos que assim avençado.

8.3. Peculiaridades da retribuição devida

A prestação de serviço é contrato eminentemente oneroso, não existindo na modalidade gratuita. Diante disso, a falta de estipulação contratual, ou o desacordo das partes acerca da contrapartida a ser alcançada ao prestador não importa na inviabilidade de sua fixação pelo juiz. É a própria lei que determina o arbitramento nesse contexto, devendo ser levados em linha de consideração o costume do lugar, o tempo de serviço e sua qualidade (art. 596).

Não é exigido que a retribuição seja inteiramente pecuniária, de vez que se admite complementação por meio de outras espécies dotadas de expressão econômica, como bens, utilidades, moradia, alimentação etc. Poderá haver retribuição exclusiva em espécie que não dinheiro, contanto que as partes assim o prevejam. Quando os contraentes fixarem contratualmente a recompensa, não poderá o juízo alterá-la sob o pretexto de que é excessiva ou irrisória, pois a vontade emitida pelas partes faz lei entre elas, de modo que tanto a modificação unilateral como a judicial são vedadas. A fixação pelo juiz somente será possível nos casos expressamente arrolados no art. 596, e ainda assim com estrita observância dos parâmetros objetivos nele indicados.

Sendo necessária maior profundidade na avaliação, ou sentindo o juiz necessidade de esclarecimentos, poderá valer-se do trabalho de peritos na apuração da retribuição devida. Porém, não ficará vinculado à conclusão a que chegarem, sendo-lhe facultado nomear outros *experts* ou contrariar diretamente o laudo produzido. O que realmente importa é que o valor da retribuição seja compatível com o serviço prestado, sem enriquecer indevidamente o prestador e sem empobrecer injustificadamente o outro pólo contratante.

A retribuição pagar-se-á depois de prestado o serviço, se, por convenção, ou costume, não houver de ser adiantada, ou paga em prestações (art. 597). Admite-se que os interessados ajustem, mesmo verbalmente, a realização parcial ou total do pagamento antes da conclusão das atividades. É comum o acordo no sentido de que serão pagas parcelas mensais, quinzenais, semanais etc., como contrapartida do serviço que ainda estiver sendo executado. Mesmo que os contraentes nada estipulem a respeito do momento oportuno para a retribuição, é possível que a regra do pagamento posterior à execução do serviço ceda espaço a outra realidade, de modo que possa o prestador exigir retribuição adiantada, ou pagamento em parcelas vencíveis ao longo das atividades. Para tanto, basta que o costume do local em que se dará a prestação do serviço aponte para a ocorrência contumaz de pagamento antecipado ou fracionado da retribuição devida ao prestador, circunstância a ser avaliada pelo juiz em cada caso levado para análise. Uma coisa, porém, é absolutamente certa: não serão levadas em conta as práticas habituais do local, nem a regra da retribuição posterior, se as partes houverem convencionado o pagamento de maneira diversa.

8.4. Limite temporal do contrato

A prestação de serviço não se poderá convencionar por mais de quatro anos, embora o contrato tenha por causa o pagamento de dívida de quem o presta, ou se destine à execução de certa e determinada obra. Neste caso, decorridos quatro anos, dar-se-á por findo o contrato, ainda que não concluída a obra (art. 598). A norma tem por desiderato evitar que a liberdade do prestador seja tolhida por meio de contratações extremamente longas. Sendo apontada no contrato duração superior a quatro anos, nem por isso ele estará viciado no seu todo, pois apenas o prazo originalmente previsto será afetado, reduzindo-se ao máximo aceito pela norma.

A limitação temporal impera ainda que o contrato tenha por causa de celebração a existência de dívida do prestador para com o tomador do serviço, e que a avença objetive exatamente extinguir o débito mediante a atividade a ser desenvolvida. O mesmo se diz quanto ao contrato destinado à execução de certa e determinada obra, cuja duração temporal provável seja superior ao prazo máximo de prestação de serviço admitido em lei. Em ambas as hipóteses, a duração do contrato não excederá quatro anos, sendo reduzido a esse patamar sempre que por mais tempo for convencionado, ainda que não saldada a dívida do prestador, geradora da contratação, ou não concluída a obra desejada pelo tomador.

Embora tenha limitado a duração do contrato, o legislador não proíbe a repactuação. Sendo interessante às partes a continuidade da prestação do serviço, podem imediatamente fazer nova contratação pelo prazo máximo de quatro anos. O que não pode ocorrer é a renovação automática, decorrente de previsão contratual, pois se assim fosse estaria sendo inobservada a vontade da lei.

Não havendo prazo estipulado, nem se podendo inferir da natureza do contrato, ou do costume do lugar, qualquer das partes, a seu arbítrio, mediante prévio aviso, pode resolver o contrato (art. 599). A falta de expressa menção ao prazo do contrato não impede que o tempo de vigência do liame deflua de outros elementos. Assim, se é ajustada a colheita da safra de pêssegos do tomador dos serviços ou o plantio de 100 quadras de arroz, a extinção se dará tão logo concluída a atividade. A retribuição será devida pela finalização do serviço, e o contrato avançará no tempo até que isso aconteça, observado o limite imposto pela lei no art. 598 do Código Civil.

Quando não houver indicativos de duração, e qualquer das partes tencionar pôr fim ao contrato com base no *caput* do art. 599, terá de promover aviso ao pólo adverso. Isso será feito, conforme indicado no parágrafo único da citada norma: I – com antecedência de oito dias, se o salário se houver fixado por tempo de um mês, ou mais; II – com antecipação de quatro dias, se o salário se tiver ajustado por semana, ou quinzena; III – de véspera, quando se tenha contratado por menos de sete dias. Mesmo fazendo menção, no primeiro inciso, ao vocábulo *salário*, é óbvio que o legislador não se quis reportar à contraprestação derivada dos contratos de trabalho sujeitos às leis trabalhistas específicas. Destarte, *salário* foi aí aplicado como sinônimo de retribuição devida ao prestador do serviço por força de contrato civil.

O prévio aviso não exige formalidades especiais de implementação, mas deve ser promovido por escrito, até mesmo como garantia em torno de futura prova que venha a ser necessária. Pode ser feito por meio de notificação judicial ou extrajudicial, pois o que interessa é a demonstração de efetiva ciência pelo destinatário. A falta de prévio aviso implica na obrigação de a parte interessada na resolução indenizar todas as perdas e os danos suportados pelo outro contratante em virtude da ruptura do pacto.

Não se conta no prazo do contrato o tempo em que o prestador de serviço, por culpa sua, deixou de servir (art. 600). A disposição normativa tem por fim evitar que o prestador, de algum modo, abrevie na prática o tempo de atividade, especialmente da paralisação imotivada dos trabalhos. Há, por assim dizer, uma suspensão do transcurso do prazo, de maneira que o prestador terá de completá-lo depois de retomada a contagem, com subtração daquele em que culposamente deixou de atuar. Saliente-se, porém, que a retribuição devida ao prestador não sofrerá alteração alguma, mantendo-se conforme originalmente convencionada. Por outro lado, ele não receberá nenhum acréscimo na contraprestação a que faz jus, eis que deu causa à maior dilação do contrato ao deixar de servir. É o que se dá quando deliberadamente fica ausente, decide dedicar-se a outra atividade paralela e susta a que desenvolvia etc. Caso o prestador não tenha culpa no sobrestamento do serviço, o tempo do contrato continuará sendo computado para todos os efeitos, como acontece quando o contratado adoece, é convocado para executar serviço eleitoral e assim por diante. Não obstante, poderá o tomador promover o abatimento proporcional na retribuição sempre que não houver disposição legal em sentido contrário, pois se assim não fosse experimentaria injusto prejuízo.

8.5. Despedida do prestador

O prestador de serviço contratado por tempo certo, ou por obra determinada, não se pode ausentar, ou despedir-se, sem justa causa, antes de preenchido o tempo, ou concluída a obra (art. 602). A principal obrigação do prestador é executar o serviço para o qual foi contratado. Seja com demarcação temporal (*v.g.*, três meses, um ano etc.), ou com indicação da tarefa a ser cumprida (*v.g.*, limpar um terreno, aramar uma área etc.), não poderá ausentar-se, retardando o cumprimento da avença, sob pena de incidência da previsão contida no art. 600 do Código Civil. Tampouco será permitido ao prestador despedir-se sem justa causa antes de adimplido o contrato nos moldes em que celebrado. Não havendo prazo certo, nem se inferindo a duração do contrato a partir das circunstâncias da relação ou pelos costumes do lugar, poderá o prestador dar prévio aviso de resolução do contrato, nos moldes estatuídos no art. 599 do Código Civil.

Justa causa, que autoriza o prestador a despedir-se antes do tempo previsto ou quando ainda não concluída a obra, é aquele acontecimento de que não se extrai a existência de culpa. É o que ocorre, por exemplo, quando o tomador do serviço corta o fornecimento do material necessário ao desenvolvimento das atividades (ferramentas, produtos de limpeza etc.), inviabilizando a continuidade do labor. Se tornar impraticável a prestação do serviço, a culpa do tomador funcionará como justa causa para que o prestador ausente-se ou despeça-se sem ficar obrigado a indenizar a parte contrária. Também os acontecimentos oriundos de caso fortuito ou força maior (inundações, atos do Poder Público, moléstias) configuram justa causa para os fins acima indicados.

Se o prestador se despedir sem justa causa, terá direito à retribuição vencida, mas responderá por perdas e danos. O mesmo dar-se-á, se despedido por justa causa (parágrafo único do art. 602). É preciso reafirmar o fato de que, *ausentando-se* o prestador sem justa causa, terá aplicação o art. 600 do Código Civil. Já na hipótese de *despedir-se* sem justa causa, arcará com as perdas e danos demonstrados pelo tomador, eis que a este não se poderão impingir os ônus decorrentes da conduta irregular protagonizada pela parte adversa. Porém, caberá ao tomador pagar a retribuição devida pelo vencimento das parcelas econômicas ou pela fração de serviço prestado, pois se assim não fosse estaria locupletando-se às custas do trabalho alheio. A ilídima atitude do prestador não autoriza o tomador a também infringir normas ou princípios jurídicos, de maneira que lhe será exigível o pagamento daquilo que já houver sido feito pelo pólo contrário dentro das prescrições contratuais ou das peculiaridades do quadro.

Se a iniciativa do despedimento partir do tomador do serviço, lastreada em justa causa devidamente comprovada, o prestador não perderá o direito de receber aquilo a que faz jus pelo serviço até então efetiva e adequadamente prestado. Porém, suportará as perdas e danos experimentados pelo outro contraente, pois deu causa ao despedimento e tem de responder pelas conseqüências. É possível inclusive promover a compensação entre o crédito do prestador, fundado no serviço executado, e o crédito do tomador contra aquele, cujo substrato é a ocorrência de perdas e danos.

Se o prestador de serviço for despedido sem justa causa, a outra parte será obrigada a pagar-lhe por inteiro a retribuição vencida, e por metade a que lhe tocaria de então ao termo legal do contrato (art. 603). Assim como sobre o prestador recaem encargos quando se despede sem justa causa ou é despedido com justa causa, o ordenamento jurídico oferece-lhe garantias para o caso de ser alvo de despedimento sem justa causa. Patenteada esta, o tomador do serviço será obrigado a pagar-lhe por inteiro a retribuição vencida. Esse aspecto não tem qualquer caráter indenizatório, pois consiste apenas em vedação ao locupletamento indevido do tomador em relação às atividades desenvolvidas pelo outro contratante. O tomador ficará obrigado, ainda, a pagar ao prestador metade do que a este caberia desde o despedimento até o final do contrato, previsão legal de cunho eminentemente indenizatório. Em assim sendo, trata-se de uma prefixação legal de perdas e danos em favor de quem presta o serviço e acaba sendo injustamente despedido, o que obstaculiza o ajuizamento de demandas visando a estender a indenização ou alterar a sua configuração, sejam quais forem os motivos invocados pelo interessado. A indenização é determinada por lei e não admite modificações para mais ou para menos, salvo se decorrer de convenção entre as partes.

8.6. Extinção do contrato

Afora pelas causas ordinárias que acarretam a extinção dos contratos em geral (*v.g.*, anulabilidade argüida pelo interessado), a prestação de serviço é submetida a fatores específicos de desfazimento. O art. 607 diz que o contrato acaba com a morte de qualquer das partes. Termina, ainda, pelo escoamento do prazo, pela conclusão da obra, pela rescisão do contrato mediante aviso prévio, por inadimplemento de qualquer das partes ou pela impossibilidade da continuação do contrato, motivada por força maior. É importante analisar cada uma das hipóteses suscitadas, para melhor compreensão da matéria.

O falecimento de qualquer das partes durante a vigência do contrato de prestação de serviço faz com que este se encerre. Os herdeiros do tomador falecido somente ficam obrigados por valores vencidos ao tempo do óbito e até as forças da herança. Por outro lado, ainda que a natureza da atividade contratada não seja pessoal, e que em tese fosse possível sua execução por terceiro, o ditame normativo desconsidera esse aspecto, de modo que a morte do prestador também provoca a terminação do contrato. Nada adianta à parte sobrevivente demonstrar que a avença não se idealizou *intuitu personae*, pois o óbito de uma ou outra parte sempre a faz findar.

O escoamento do prazo é uma delas, também conduz ao mesmo resultado, pois se os contraentes estabeleceram termo para a extinção do liame jurídico, o seu advento libera as partes, a menos que o prestador tenha de complementar o tempo em que por culpa deixou de servir (art. 600 do Código Civil). O encerramento do contrato por término do prazo convencionado acontece ainda que inconcluso o trabalho que estava em andamento, sendo razoável que em caso de execução de obra as partes acordem a extinção do contrato somente para a data em que ela restar concluída. Aliás, outro dos fundamentos para a liberação das partes é exatamente a conclusão da obra em virtude da qual surgiu o vínculo jurídico, observado o prazo máximo ínsito no art. 598 do Código Civil.

A rescisão do contrato mediante prévio aviso também termina o contrato da prestação de serviço. Todavia, somente o faz nas hipóteses estatuídas no art. 599 do Código Civil, únicas a admitirem essa forma de desvinculação dos contraentes. Produz igualmente o término da avença o inadimplemento de qualquer das partes, de vez que ambas estão atreladas a prerrogativas e obrigações contidas na lei e no contrato, sendo-lhes vedado inobservar tais cânones. Assim, quando um dos contraentes deixa de cumprir aquilo a que se obrigara (*v.g.*, deixar o prestador de respeitar prazo de entrega de parte da obra, ou deixar o tomador de pagar as parcelas acertadas), ficará o outro autorizado a pleitear o desfazimento da contratação, podendo postular indenização pode perdas e danos. Sendo inadimplente o tomador, terá direito o prestador também à retribuição vencida, eis que relacionada a atividade já executada.

Por fim, também a impossibilidade da continuação do contrato, motivada por força maior (*v. g.*, chuvas torrenciais que impedem a organização de uma feira, queda de ponte que obstaculiza o transporte de mercadorias etc.), encerra o liame contratual e libera as partes, que não ficam obrigadas uma para com a outra pelo pagamento de indenização, haja vista a ausência de culpa na provocação da impossibilidade. Não apenas a força maior, mas, por extensão, também o caso fortuito, provocam o rompimento do vínculo. Havendo culpa, responderá por ela o agente, indenizando a parte contrária e sujeitando-se às demais cominações estabelecidas na lei. É relevante observar que a impossibilidade total libera os contratantes, mas a parcial não resolve o contrato se ainda subsistente a expressão econômica do objeto; porém, nesse caso reduzir-se-á proporcionalmente a retribuição devida ao prestador do serviço.

8.7. Outras disposições legais

Findo o contrato, o prestador de serviço tem direito a exigir da outra parte a declaração de que o contrato está findo. Igual direito lhe cabe, se for despedido sem justa causa, ou se tiver havido motivo justo para deixar o serviço (art. 604). Da mencionada declaração não constará qualquer coisa senão o aspecto referido *retro*, qual seja, o de que o liame foi extinto. Veda-se a menção à causa ensejadora do resultado (*v. g.*, justa causa ou o seu conteúdo), salvo se isso beneficiar o prestador, como, por exemplo, referência à conclusão dos trabalhos, se for obra, ou o simples advento do termo, se apenas a este vinculado o encerramento da avença. A declaração tenciona alcançar ao prestador um documento por meio do qual possa mais facilmente provar o fim do contrato, se no futuro isso vier a ser necessário. A negativa do tomador em fornecê-la autoriza o prestador a buscar em juízo, por meio de ação ordinária, sentença que reconheça o seu direito e que fixe obrigação de o pólo adverso produzir e entregar o referido documento.

O direito de obter declaração de finalização do contrato existirá também quando o prestador for despedido sem justa causa, ou se deixar o serviço por motivo justo. No primeiro caso a iniciativa de despedimento foi do tomador do serviço, sem que houvesse razão jurídica bastante. Logo, ao prejudicado deve ser alcançada declaração no sentido de que o contrato findou, de modo que possa provar tal circunstância sempre que necessário. No segundo caso — justo motivo para deixar o serviço — a prerrogativa de obter a declaração encontra substrato no mesmo fundamento, qual seja, o de proporcionar ao prestador a demonstração da finalização do contrato para que consiga, por exemplo, fazer prova de liberação de suas obrigações e aptidão para firmar novo contrato.

Nem aquele a quem os serviços são prestados, poderá transferir a outrem o direito aos serviços ajustados, nem o prestador de serviços, sem aprazimento da outra parte, dar substituto que os preste (art. 605). A conseqüência estatuída pelo legislador tem fulcro no fato de que a prestação de serviço apresenta nuanças que o tornam pessoal (*intuitu personae*), impedindo que os seus efeitos possam ser aproveitados ou direcionados a terceiros estranhos à contratação. O tomador não poderá transferir a outrem o direito aos serviços ajustados, pois o prestador somente está obrigado a executar as atividades em proveito da parte contratante adversa, e não a terceiro por ela indicado, que, talvez, seja mais exigente. Por idênticas razões, veda-se a substituição do prestador por outro agente, ainda que em tese esteja dotado de melhores condições para cumprir o avençado, a menos que haja assentimento da parte adversa. Exemplos: se alguém se comprometer a pintar uma casa, não poderá enviar outra pessoa em seu lugar, ainda que sob o pretexto de buscar melhor resultado final em prol do tomador. Na mesma situação exposta acima, não será permitido ao tomador, alegando prescindir do serviço avençado, que determine ao prestador a execução da pintura da casa de um amigo.

Se o serviço for prestado por quem não possua título de habilitação, ou não satisfaça requisitos outros estabelecidos em lei, não poderá quem os prestou cobrar a retribuição normalmente correspondente ao trabalho executado. Mas se deste resultar benefício para a outra parte, o juiz atribuirá a quem o prestou uma compensação razoável, desde que tenha agido com boa-fé (art. 606). A prestação de determinados serviços exige qualificação técnica ou especial habilitação do agente, importando, às vezes, até mesmo em conduta delituosa a prática de atividades sem a necessária capacitação e formação exigidas em lei (*v.g.*, advogados, dentistas etc.). Noutros casos, porém, a falta de título de habilitação ou de requisitos outros estipulados em lei não impede que o prestador execute as atividades para as quais foi contratado, embora coloque em dúvida a qualidade do serviço, como acontece com pessoas dedicadas à contabilidade, ao jornalismo, ao magistério, a atividades técnicas de eletricidade e hidráulica etc.

Quando o prestador de boa-fé contrata serviços para cuja execução a lei reclama título de habilitação ou requisitos outros, a falta de tais elementos de capacitação impede que seja exigida do tomador retribuição que normalmente corresponderia ao trabalho executado, seja por força de norma legal como por tabela de categoria profissional ou disposição afim. Todavia, se da atividade desenvolvida resultar proveito para o tomador dos serviços, não poderá este se negar ao pagamento de valor correspondente à vantagem obtida pela execução das atividades, pois isso configuraria ilídimo locupletamento.

O prestador de boa-fé, a quem foi negada a retribuição pelo trabalho realizado com benefício ao tomador, poderá pleitear ao juiz que arbitre contraprestação adequada. Ela poderá inclusive corresponder à que seria devida à pessoa corretamente habilitada, bastando para tanto que o proveito ao tomador seja igual ao que adviria da contratação de profissional que preenchesse os pressupostos legais de capacitação.

Uma das finalidades do art. 606 consiste em evitar que o prestador, agindo com má-fé, ludibrie o tomador dos serviços fazendo com que creia em sua capacitação técnica para a execução pretendida. Nesse caso, não terá direito a retribuição alguma, pois não é admissível que a malevolência e a astúcia ardilosa produzam benefício ao agente, incentivando práticas desse quilate. Portanto, ainda que o prestador de má-fé tenha executado os serviços dentro das correspondentes especificações, e que disso tenha resultado proveito ao tomador, não poderá reclamar retribuição de qualquer espécie.

Por expressa previsão do parágrafo único, não se aplica a segunda parte do art. 606 quando a proibição da prestação de serviço resultar de lei de ordem pública. Isso para que se obstaculize ou dificulte a consecução de atividades das quais possam resultar riscos maiores para a coletividade. Assim, se um médico sem a devida especialização em certa área promove intervenção somente facultada a outro profissional, que preencha determinados requisitos contidos em lei, não poderá o agente cobrar retribuição do tomador dos serviços, ainda que exitosa a atividade. Isto porque o êxito eventual não justifica o perigo carreado ao paciente quando operado por pessoa sem a necessária qualidade técnica. Afora esse aspecto cível, poderá o prestador inclusive ser alvo de persecução administrativa e penal, conforme estabelecido em normas específicas. Normalmente, todas as atividades privativas de profissionais de nível superior provocam a incidência do referido dispositivo, de vez que não se pode admitir a usurpação de funções dessa natureza por quem esteja fora dos enquadramentos exigidos pelas prescrições legais.

Aquele que aliciar pessoas obrigadas em contrato escrito a prestar serviço a outrem pagará a este a importância que ao prestador de serviço, pelo ajuste desfeito, houvesse de caber durante dois anos (art. 608). Para fins de interpretação do dispositivo, aliciar significa atrair a si, angariar, seduzir, convidar pessoas obrigadas a prestar serviço a outrem, fazendo com que descumpram contrato previamente firmado. Exemplo: entre Pedro, tomador, e José, prestador, há contrato escrito de prestação de serviço por quatro anos. A retribuição pactuada é de 100 pelo tempo de duração da avença. Ocorrendo aliciamento por iniciativa de Carlos, este será obrigado a indenizar Pedro alcançando-lhe o valor de 50, correspondente a dois anos de contrato. Se a avença foi acordada por um ano, com retribuição de 10 por mês, a indenização devida pelo aliciador corresponderá a 240, isto é, vinte e quatro vezes a retribuição mensal que seria paga ao prestador. A penalidade cominada na lei somente incidirá se for escrito o contrato de prestação de serviço. Essa determinação visa a impedir que haja conluio entre pessoas interessadas em prejudicar terceiros, *v. g.*, por meio da simulação da existência de prévio contrato verbal de prestação de serviço entre o prestador supostamente aliciado e o pretenso tomador.

Por último, o art. 609 prescreve: *"A alienação do prédio agrícola, onde a prestação dos serviços se opera, não importa a rescisão do contrato, salvo ao prestador opção entre continuá-lo com o adquirente da propriedade ou com o primitivo contratante"*. A norma se aplica tanto na alienação gratuita (*v. g.*, doação) como na onerosa (*v. g.*, compra e venda). Trata-se de previsão cujo objetivo é resguardar o prestador do risco de ver rompido o liame pela unilateral iniciativa do titular do prédio agrícola ao aliená-lo. Depois de feita a opção que lhe é alcançada pelo ordenamento, o prestador será credor daquele com quem continuar o contrato. Escolhendo o contratante primevo, em nada ficará alterada a avença, inclusive quanto ao sujeito passivo do débito; optando por prosseguir com o adquirente do imóvel, este figurará como devedor daí em diante, ficando liberado o contratante original. Uma vez realizada a opção válida, não poderá o prestador voltar atrás para redirecionar a escolha. Tampouco poderá o adquirente do imóvel esquivar-se da opção feita pelo prestador, eis que a este se faculta assim agir, como forma de tutela dos direitos contratualmente previstos.

Capítulo 9

DA EMPREITADA

9.1. Conceito e classificação

Empreitada é o contrato pelo qual uma das partes se obriga, mediante remuneração e sem subordinação ou dependência, a fazer e entregar determinado trabalho para o outro contraente. Não se confunde a empreitada com a prestação de serviço, pois enquanto aquela tem em vista o resultado final, que é o verdadeiro objeto do contrato, esta tem por objeto contratual apenas a atividade do prestador. Noutras palavras, na empreitada o trabalho é o meio pelo qual se chega ao objetivo almejado, ao passo que na prestação de serviço o trabalho é o próprio fim visado, ainda que, obviamente, ao tomador interesse o produto da atividade realizada. Embora se diga que outra diferença essencial consiste na circunstância de que o tempo de execução do trabalho pouco importa na empreitada, e que na prestação de serviço o fator tempo é fundamental, isso nem sempre ocorre, pois o empreiteiro pode ser obrigado a fazer a atividade no prazo demarcado pelas partes, constituindo infração contratual a sua inobservância sem justa causa. Outra diferença consiste em que na prestação de serviço o dono da obra orienta e fiscaliza a execução da atividade, ao passo que na empreitada a condução dos trabalhos cabe ao empreiteiro, seguindo o planejamento inicialmente traçado. Quanto às obrigações geradas, na prestação de serviço há um dever de meios, isto é, o prestador se libera desde que empregue adequadamente todos os recursos que tiver à disposição, enquanto na empreitada a obrigação é de resultado, não se exonerando o empreiteiro até que entregue o trabalho conforme avençado. Salienta-se, também, a circunstância de que o prestador de serviços não suporta os riscos relacionados ao empreendimento, pois estes pertencem ao tomador; já na empreitada, quem executa a atividade é que arca com tais riscos, respondendo por eles perante o dono da obra.

Em termos de classificação, a empreitada é contrato *bilateral*, gerando obrigações para ambos os contratantes. O dono da obra se compromete a pagar o preço ajustado, e o empreiteiro, a executar a atividade prevista. Pode, ainda, ser obrigado a fornecer os materiais necessários ao labor, se isso foi estabelecido pelas partes. É ajuste *oneroso*, já que os dois pólos auferem proveitos e vantagens oriundos do lado contrário, assim como suportam ônus. A retribuição devida ao empreiteiro pelo trabalho executado normalmente é em dinheiro, mas pode ser fixada noutra espécie, como quota de área construída, bens móveis etc. Se as partes não quantificaram a retribuição, caberá ao juiz fixá-la, tomando por base o valor da mão-de-obra no lugar da prestação, no contrato de labor, ou a soma do custo dos materiais e da mão-de-obra, na empreitada mista. A atividade realizada em hipótese alguma será considerada gratuita, pois o contrato de empreitada é eminentemente oneroso.

O contrato apresenta caráter *comutativo*, por existir certo equilíbrio jurídico e equivalência entre as prestações devidas por um pólo ao outro, que de antemão conhecem os proveitos e os encargos emergentes da avença. É *consensual*, ficando perfeito e acabado mediante simples acordo de vontades, não sendo necessária a prática de qualquer ato externo para que as partes se vinculem. A empreitada é *não solene*, porque prevalente a liberdade de forma na sua geração. Prova-se a existência do liame por todos os meios admitidos em Direito, mesmo que exclusivamente por testemunhas.

Cuida-se de contratação que, via de regra, não se revela *intuitu personae*, de maneira que a execução dos trabalhos, salvo se existir cláusula em sentido contrário ou óbice resultante da natureza do ajuste, pode ser confiada pelo empreiteiro a outrem. Daí que não se extingue o contrato de empreitada pela morte de qualquer das partes, salvo se ajustado em consideração às qualidades pessoais do empreiteiro (art. 626). A contratação *intuitu personae* tem em vista atributos específicos vislumbrados por um dos contraentes no outro. Assim, se a empreitada tem por finalidade a construção de uma casa por empreiteiro cuja atividade apresenta características peculiares que o distingue dos demais, é claro que o óbito do executor extingue o contrato, porque desaparecidas as qualidades especiais que geraram o pacto. Se nem mesmo em vida o empreiteiro poderia transferir a execução do contrato (sub-empreitada), com muito mais razão tem-se por cessada a avença quando de sua morte. Por outro lado, o falecimento do dono da obra também faz desaparecer o liame contratual, haja vista a circunstância de que as suas preferências pessoais, no que diz com as qualidades do empreiteiro, é que determinaram a contratação, e tal fato gerador fenece no exato instante do óbito do proprietário.

Caso a empreitada não tenha sido constituída em atenção às qualidades pessoais do empreiteiro, a morte de qualquer dos contratantes não extingue o liame jurídico. Por isso, terão os herdeiros do falecido de responder pelo pagamento dos valores avençados se vier a sucumbir o dono da obra e as atividades forem concluídas pelo empreiteiro conforme acordado. De outra banda, aos herdeiros do empreiteiro morto caberá concluir o trabalho convencionado, ainda que o façam por intermédio de terceira pessoa. Depois disso, terão direito à percepção dos valores originalmente fixados. Importa dizer, ainda, que a responsabilidade dos herdeiros de uma e de outra parte irá apenas até as forças da herança, sendo vedado que ultrapasse essa fronteira para alcançar e obrigar o seu patrimônio pessoal.

9.2. Espécies de empreitada

A empreitada pode ser somente de trabalho ou de trabalho e materiais (art. 610). No primeiro caso, tem-se *empreitada de lavor*, na qual o empreiteiro recebe os materiais do dono da obra, comprometendo-se a executar as atividades conforme orientação inicial dada pelo outro contraente. Disso resulta, para o exeqüente, uma obrigação de fazer. Na segunda hipótese tem-se *empreitada mista*; nela, a responsabilidade pelo fornecimento dos materiais com os quais será realizado o trabalho é unicamente do empreiteiro, a quem compete também a execução das atividades contratadas. São geradas para ele, destarte, obrigações de fazer e de dar.

A obrigação de fornecer os materiais não se presume; resulta da lei ou da vontade das partes (§ 1º). No silêncio da partes quando da celebração da avença, entende-se que se trata de empreitada de trabalho, sem obrigação de o empreiteiro fornecer os materiais necessários. Esse dever jurídico de providenciar os materiais somente existe se for expressamente previsto pelos contraentes, ou se a lei assim o determinar. A demonstração da existência de empreitada de trabalho e materiais tem de ser inequívoca e cabe a quem a invocar, pois do contrário subsiste o contrato apenas com o dever de o empreiteiro realizar a atividade convencionada.

Quando determinada pessoa (engenheiro, arquiteto etc.) é contratada para elaborar um projeto de edificação, reforma ou outro que envolva atividade material, isso não significa que esteja implícita na avença a execução do referido projeto ou a fiscalização da execução pelo seu autor. Na realidade, uma coisa não tem relação necessária com a outra, e somente mediante acordo de vontades devidamente formulado existirá obrigação de o autor do projeto praticar alguma atividade além da pura e simples concepção teórica. A base legal dessas conclusões é o § 2º do art. 610, pelo qual o contrato para elaboração de um projeto não implica a obrigação de executá-lo, ou de fiscalizar-lhe a execução.

Como o contrato visando à confecção de projeto não está submetido a norma alguma que exija seja celebrado por escrito, prova-se a extensão do dever jurídico assumido pelo autor por todos os meios permitidos na lei. Ausentes elementos probantes robustos em contrário, exclui-se do rol de deveres do agente a execução do projeto ou a fiscalização dos trabalhos nele baseados, pois isso constitui um *plus* que reclama previsão contratual insofismável.

Observadas as características do contrato, é viável afirmar que a empreitada pode ter por objeto a construção de prédios, casas ou pontes, a execução de demolições, aterros ou canalizações, e tudo o mais que for lícito e passível de consecução pelo trabalho humano, inclusive atividades de caráter imaterial e intelectual, como escrever livros e novelas, compor músicas etc.

9.3. Riscos na empreitada

Quando o empreiteiro fornece os materiais, correm por sua conta os riscos até o momento da entrega da obra, a contento de quem a encomendou, se este não estiver em mora de receber. Mas se estiver, por sua conta correrão os riscos (art. 611). Considerando-se a regra segundo a qual a coisa perece para o dono (*res perit domino*), é fácil concluir que o empreiteiro de trabalho e materiais suporta os riscos destes últimos até o momento em que entrega a obra ao dono dentro das especificações estatuídas no contrato. Antes disso é tido como titular dos produtos utilizados na obra, motivo pelo qual arca com os prejuízos resultantes da sua má aplicação, deficiente manuseio e até por caso fortuito ou força maior que provoquem danos, como inundações, incêndios, granizo etc.

Se quem encomendou a obra não a recebe em razão de estar afastada do projeto original ou das especificações e orientações transmitidas ao empreiteiro de trabalho e materiais, sobre este continuam recaindo os riscos mencionados no art. 611, até que providencie a adequação da obra e a entregue a contento da parte adversa. A injustificada recusa do dono da obra em recebê-la faz com que haja migração dos riscos dos materiais fornecidos pelo empreiteiro, salvo no que disser com a solidez e segurança da obra. A partir do momento em que o dono da obra, notificado a recebê-la, recusa-se a tanto sem justo motivo, fica constituído em mora, em sua modalidade *accipiendi*, e arca com os riscos, respondendo por prejuízos como os decorrentes de falta de conservação, depredação por terceiros, eventos fortuitos e tudo o mais que não derivar de culpa do empreiteiro.

Se o empreiteiro só forneceu mão-de-obra, todos os riscos em que não tiver culpa correrão por conta do dono (art. 612). Nisso se incluem os decorrentes de caso fortuito ou força maior, pois é deste último contratante a responsabilidade pelo fornecimento de materiais, de modo que, como proprietário dos mesmos, sujeita-se à incidência da regra *res perit domino*. O empreiteiro de trabalho somente responderá por danos que com culpa provocar, sendo exemplo disso a quebra de lajotas e de azulejos por indevida manipulação, a perda de cimento por causa de infiltração de água nas embalagens mal resguardadas de intempéries, a desídia no trato com produtos que vêm a perecer e assim por diante.

Sendo a empreitada unicamente de lavor (art. 610), se a coisa perecer antes de entregue, sem mora do dono nem culpa do empreiteiro, este perderá a retribuição, se não provar que a perda resultou de defeito dos materiais e que em tempo reclamara contra a sua quantidade ou qualidade (art. 613). Avisando o dono da coisa acerca dos problemas constatados, e recebendo autorização para prosseguir, continuará o empreiteiro tendo direito à percepção da retribuição ajustada. A autorização não precisa ser expressa, bastando que o dono, após cientificado da baixa qualidade dos materiais ou da insuficiência quantitativa destes não tome as medidas necessárias à solução dos problemas e nem determine a paralisação do trabalho. Por meio da aplicação do art. 612, são partilhados os prejuízos derivados da perda da coisa antes de entregue ao dono. Afinal, se o empreiteiro não agiu com culpa, o dono também assim não obrou, motivo pelo qual cada um suportará uma parcela dos ônus. O empreiteiro não receberá a retribuição avençada, ao passo que o dono da coisa suportará o prejuízo resultante do perecimento.

Quando agir com culpa e der causa ao perecimento da obra, ainda mais se justifica que o empreiteiro deixe de perceber a retribuição ajustada no contrato, indenizando ainda os danos sofridos pelo pólo contrário. Isso evita que o empreiteiro unicamente de lavor, por ganância ou sentimento escuso diverso, execute a atividade mesmo sabendo que os materiais fornecidos pela parte adversa não têm qualidade suficiente para assegurar a segurança e solidez do trabalho, ou foram entregues em quantidade inferior à necessária. A perda da retribuição também funciona como uma espécie de penalidade aplicada ao empreiteiro que, embora agindo sem espírito de locupletamento ou ganância, revela-se imperito ao não constatar aquilo que ordinariamente estava obrigado, ou seja, a má qualidade ou a insuficiência dos materiais oferecidos pelo dono da obra, promovendo a execução sem que houvesse condições bastantes.

O empreiteiro é obrigado a pagar os materiais que recebeu, se por imperícia ou negligência os inutilizar (art. 617). Conforme já dito alhures, nas empreitadas unicamente de labor a obrigação de fornecer os materiais necessários é do dono da obra. No entanto, desde o momento em que isso ocorrer o empreiteiro será responsável pela adequada utilização de tudo o que restar fornecido, cabendo-lhe indenizar os materiais que por culpa forem inutilizados. Destarte, os tijolos quebrados, os equipamentos elétricos danificados, os ladrilhos manchados e o mais que houver sido alcançado pelo dono da obra ao empreiteiro e sofrer dano imputável a este terá de ser indenizado pelo valor equivalente. Os prejuízos originados de caso fortuito ou força maior recairão sobre o dono da obra que entregou os materiais para execução, eis que é titular dominial das coisas danificadas sem culpa do empreiteiro (*res perit domino*). Em caso de parcial afetação de materiais por culpa do empreiteiro, mas ainda restando possível a sua utilização na obra sem prejuízo da estrutura ou da estética, caber-lhe-á indenizar apenas pela depreciação causada, e não pelo todo. Nas empreitadas de material e trabalho, as perdas ocasionadas aos materiais serão automaticamente suportadas pelo empreiteiro que os fornece, contanto que não atribuíveis a atitude culposa da parte contrária.

9.4. Verificação e entrega da obra

O tempo para execução da empreitada é aquele contratualmente fixado. Silentes as partes, entende-se que o empreiteiro tem de entregar a obra dentro do lapso temporal normalmente despendido em atividades semelhantes. Neste último caso, caberá ao dono da obra interpelar a parte adversa tão logo transcorrido prazo razoável, a fim de ofertar-lhe outro interregno para conclusão dos trabalhos sob pena de constituição em mora. Ao concluir a obra, o empreiteiro tem o direito de entregá-la ao dono, após a verificação deste acerca da sua conformidade com o que fora originalmente ajustado. Cabe analisar, agora, os aspectos jurídicos relativos a tais procedimentos, pois deles resultará a perspectiva de adoção de providências, para uma ou outra parte, com vistas à solução de eventuais litígios surgidos ao longo do transcurso da relação negocial.

Se a obra constar de partes distintas, ou for de natureza das que se determinam por medida, o empreiteiro terá direito a que também se verifique por medida, ou segundo as partes em que se dividir, podendo exigir o pagamento na proporção da obra executada (art. 614). Independentemente da modalidade de obra, se os celebrantes pactuaram que ela somente poderá ser entregue depois de inteiramente concluída assim deverá ocorrer, sendo vedado ao empreiteiro exigir que o dono a receba por partes. A avença obriga os contraentes na exata medida de seus termos, eis que a conjugação de vontades desconsidera aspectos específicos da obra, como a divisibilidade ou indivisibilidade física.

Silenciando os celebrantes acerca da verificação da obra, se em partes ou por inteiro, poderá o empreiteiro exigir do dono que a verifique e receba por medida ou frações, se a natureza da obra indicar que se determina por medida ou é realizada em partes distintas. Exemplo: se a empreitada consiste na construção de um conjunto de prédios de apartamentos, ao concluir cada um deles é facultado ao empreiteiro reclamar do dono a imediata verificação, a fim de que seja entregue cada unidade edificada tão logo esteja pronta. O mesmo se dá quando a empreitada objetiva preparar determinadas áreas de terras para plantio, sendo cada uma definida pela extensão "X". Após realizada a atividade nessa extensão, faculta-se ao empreiteiro postular junto ao dono a verificação e recebimento por medida, antes de passar à área seguinte.

Entregando a obra por partes distintas ou medida de extensão, terá direito o empreiteiro ao recebimento do valor correspondente ao trabalho feito, de modo que cada ato de entrega gera em favor dele a prerrogativa de cobrar pelo trabalho executado. Às partes, no entanto, é lícito convencionar que mesmo sendo a obra entregue em frações o pagamento somente acontecerá ao final, depois de concluída toda a empreitada.

A ordem lógica dos fatos indica que o dono da obra promoverá a verificação, por inteiro, em partes ou medida, e somente depois pagará o valor ajustado. Portanto, uma vez satisfeito o preço correspondente à atividade executada presume-se que o dono fez prévia verificação e recebeu a obra (§ 1º), constatando que estava perfeitamente enquadrada nos moldes contratuais. Não poderá ao depois negar a ocorrência de verificação, salvo se demonstrar cabalmente que houve avença no sentido da realização de pagamento para subseqüente análise da adequação dos trabalhos às orientações transmitidas ao empreiteiro. Trata-se de exceção que por atropelar a ordem lógica dos fatos reclama insofismável prova, pois do contrário subsiste a presunção de que a obra paga foi verificada e recebida sem restrições.

Em se tratando de obra cuja verificação se dá por medida de extensão, tudo o que se mediu presume-se verificado (§ 2º), produzindo em favor do empreiteiro o direito de reclamar a correspondente retribuição. Todavia, reserva-se ao dono a faculdade de não ser demandado pelo pagamento antes de transcorridos trinta dias da medição, pois dentro nesse prazo poderá denunciar vícios ou defeitos da obra, enjeitando-a até que sejam solucionados os problemas, promovendo abatimento proporcional no preço se a quiser receber assim ou simplesmente rompendo o liame contratual por inadimplemento do empreiteiro, quando incorrigíveis os defeitos ou vícios. A denúncia pode ser feita tanto pelo dono da obra como por aquele a quem foi confiada a fiscalização e verificação (preposto, agrimensor, técnico etc.). Promove-se sem exigência de forma especial, podendo ser por escrito ou verbalmente, embora nesta última hipótese fique dificultada a prova da efetiva ocorrência da denúncia formulada à parte adversa.

Concluída a obra de acordo com o ajuste, ou o costume do lugar, o dono é obrigado a recebê-la. Poderá, porém, rejeitá-la, se o empreiteiro se afastou das instruções recebidas e dos planos dados, ou das regras técnicas em trabalhos de tal natureza (art. 615). A rejeição infundada da obra autoriza o empreiteiro a constituir em mora o dono, com sujeição dele a todas as conseqüências pertinentes. Nessa esteira de raciocínio, são viáveis a consignação judicial da obra e a cobrança integral da retribuição convencionada. Por outro lado, se o dono negar-se a pagar o que é devido poderá o empreiteiro exercer direito de retenção até que seja satisfeito em suas prerrogativas contratuais.

Ficando ajustadas no contrato as peculiaridades da obra, não poderá o empreiteiro pretender entregá-la sob o pretexto de que coincide com os costumes do lugar, pois essa solução será admissível apenas quando inexistente estipulação expressa firmada entre as partes acerca das características do trabalho a ser desenvolvido. Caso os costumes se revelem de difícil aferição, valer-se-á o juiz da experiência comum ou da nomeação de técnicos para dizer se a obra está de acordo com o que ordinariamente dela seria exigível.

Considera-se justa a recusa do dono da obra em recebê-la se o empreiteiro afastou-se das instruções fornecidas pela parte contrária quando da contratação e dos planos adrede estabelecidos, fazendo com que a obra não se mostre compatível com a avença original. O mesmo se dá quando o empreiteiro desconsidera regras técnicas que, embora ausentes da avença firmada, devam ser seguidas em atividade da mesma natureza daquela que gerou a contratação.

Ao invés de enjeitar a obra com suporte na segunda porção do art. 615, o dono pode recebê-la no estado em que se encontrar, com abatimento no preço. A redução da retribuição devida ao empreiteiro será equivalente ao montante necessário à colocação da obra nas condições acordadas entre as partes ou ditadas pelas regras técnicas aplicáveis. À falta de acordo em torno da quantificação do abatimento no preço, poderá o juiz nomear perito que o defina, ou valer-se das provas apresentadas pelos interessados e das regras comuns de experiência para fixar a redução.

9.5. Segurança e solidez do trabalho

O recebimento da obra pelo dono libera o empreiteiro de material e labor das obrigações assumidas e cumpridas, mas não impede que ele seja responsabilizado por posteriores vícios ou defeitos relacionados à solidez e segurança do trabalho, tanto em relação aos materiais como ao solo, nos contratos de empreitada de edifícios ou outras construções consideráveis. É que nesses empreendimentos os problemas geralmente não se revelam de imediato, por envolverem grandes estruturas cuja afetação apresenta-se dentro em alguns anos. O art. 618 é que disciplina o assunto: *"Nos contratos de empreitada de edifícios ou outras construções consideráveis, o empreiteiro de materiais e execução responderá, durante o prazo irredutível de cinco anos, pela solidez e segurança do trabalho, assim em razão dos materiais, como do solo".* Nas empreitadas exclusivamente de labor, o empreiteiro não é responsável pela solidez e segurança dos materiais, obrigando-se apenas em relação à qualidade das atividades desenvolvidas. Por estas poderá ser compelido a indenizar eventuais prejuízos causados a outrem, se foi imprudente, negligente ou imperito na execução.

No que diz respeito à responsabilidade pela segurança e solidez do trabalho em razão do solo, o empreiteiro não poderá ser demandado quando não for autor do projeto e seguir estritamente o planejamento nele traçado. O projeto depende de acordo de vontades entre o dono da obra e o criador intelectual; portanto, em nada será responsabilizado o empreiteiro se a sua atuação limitar-se ao cumprimento das orientações recebidas. Logo, se o solo sobre o qual ficará assentada a obra revelar-se ao depois incapaz de sustentá-la, a responsabilidade civil será do autor do projeto, e não do empreiteiro.

Entende a jurisprudência que a expressão *solidez e segurança*, empregada pelo legislador, *"não se refere simplesmente ao perigo de desmoronamento do prédio, cabendo a responsabilidade ao construtor nos casos em que os defeitos possam comprometer a construção e torná-la, ainda que em um futuro próximo, perigosa"* (Ap. Cível n. 89821-9/188, TJGO). Logo, o seu espectro de abrangência deve ser alargado, a fim de abarcar a maior gama possível de situações capazes de comprometer a estrutura e os demais elementos que integram a obra. Todavia, *"para a responsabilização do engenheiro e do construtor perante uma construção, há que ficar demonstrada a culpa e o nexo de causalidade entre sua atitude e os danos causados ao proprietário do imóvel em obras. 'O primeiro dever legal de todo o profissional ou empresa de engenharia e arquitetura é assegurar e responder pela perfeição da obra, ainda que essa circunstância não conste de qualquer cláusula contratual, pois é inerente ao serviço contratado. (...) Adverte Alfredo de Almeida Paiva que o emprego de material de má qualidade ou defeituoso deve ser incluído entre os vícios de construção e por ele responderá o empreiteiro construtor' (Rui Stoco)"* (Ap. Cível n. 011655-4, TJSC).

A definição do que sejam *outras construções consideráveis*, com vista à aplicação do art. 618, deverá ser apurada em cada caso submetido ao crivo judicial. Porém, o legislador acenou como parâmetro a empreitada de edifícios, não sendo difícil deduzir que todas as obras assemelhadas, ou que exijam mão-de-obra e atividades de certa magnitude (*v.g.*, construção de casas e pontes, asfaltamento de ruas, demolições etc.) encontram adequação no dispositivo legal.

O período durante o qual o empreiteiro fica obrigado a responder na forma do art. 618 é de cinco anos, sendo vedado às partes reduzi-lo ou de qualquer modo mitigá-lo em seu alcance. Trata-se de princípio de ordem pública que visa a resguardar o dono da obra e todos os que com ela vierem a ter posterior contato, seja adquirindo-a como simplesmente utilizando-a. Todos os danos que advierem de problemas relacionados à solidez e à segurança da obra serão suportados pelo empreiteiro. Nisso incluem-se os danos morais, como, por exemplo, os resultantes de morte, deformidade física ou invalidez por ruína da obra.

A propósito do prazo fixado pela norma, é de todo sensata a lição de *Washington de Barros Monteiro* (obra citada, 5º vol., p. 200): *"Esse prazo, porém, é de simples garantia; durante o qüinqüênio o construtor fica adstrito a assegurar a solidez e estabilidade da construção; entretanto, embora excedido o prazo, poderá o proprietário demandar o construtor pelos prejuízos que lhe advieram da imperfeição da obra"*. Com efeito, a prerrogativa de demandar contra o empreiteiro de materiais e execução, depois de escoados os cinco anos, persiste até que se complete o prazo prescricional genérico de dez anos, previsto no Código Civil quanto aos direitos pessoais. Advirta-se, ainda, que a alteração da titularidade do imóvel não libera o empreiteiro, que fica vinculado ao dever de garantia para com o adquirente até o escoamento do prazo indicado na lei.

Segundo o parágrafo único, decairá do direito assegurado no art. 618 o dono da obra que não propuser a ação contra o empreiteiro, nos cento e oitenta dias seguintes ao aparecimento do vício ou defeito. Constatada a imperfeição dentro do prazo de cinco anos, deverá o interessado aparelhar a demanda judicial cabível, tendo para tanto o lapso temporal acima referido, que não sofre interrupção e tampouco suspensão. Essa faculdade existe ainda que, verificada a existência do problema nos últimos dias do qüinqüênio, a interposição da lide venha a avançar período posterior excedente dos cinco anos fixados pelo ordenamento. A inércia ao longo desse prazo acarreta a decadência do direito, inviabilizando o ajuizamento de qualquer ação. Porém, se o vício ou defeito for constatado depois de esgotado o lapso qüinqüenal, mas ainda dentro daquele genericamente estabelecido como de prescrição dos direitos pessoais, poderá o dono ajuizar a demanda a qualquer tempo, desde que antes do advento da citada prescrição.

Quando a empreitada for enquadrável como relação de consumo (*v.g.*, celebrada entre uma empresa construtora e um particular visando à edificação de uma casa para este último), a aplicação do Código Civil se dá no tocante às normas gerais que disciplinam o instituto. Todavia, aplicam-se as regras específicas do Código de Defesa do Consumidor (Lei n. 8.078/90) para nortear as demais questões, nisso incluídos os prazos para que o dono da obra acione o empreiteiro em determinadas situações. Segundo o art. 12 do mencionado diploma, o construtor responde, independentemente da existência de culpa, pela reparação dos danos causados ao consumidor por defeitos decorrentes de projeto, construção, montagem etc. Por seu turno, o art. 27 dispõe no sentido de que prescreve em cinco anos a pretensão à reparação pelos danos causados por fato do produto ou do serviço, iniciando-se a contagem do prazo a partir do conhecimento do dano e de sua autoria. Daí que, sendo regramento específico e mais favorável ao consumidor quanto ao momento em que tem início a contagem do prazo, não incidiria na espécie o art. 618 do Código Civil, mas sim o art 27 do Código de Defesa do Consumidor.

Perante terceiros, respondem solidariamente o dono da obra e o empreiteiro quanto aos danos culposamente causados em imóveis limítrofes com aquele onde se realiza a obra. Ocorrências como desabamentos, rachaduras, descolamentos de materiais etc., desde que produzidas pelas atividades inerentes à empreitada, geram danos que devem ser suportados tanto por aquele que promove a execução como por quem o contratou. O primeiro responde pelo seu agir culposo e direto; o segundo, por ser titular da obra e ter faltado ao dever de bem escolher o empreiteiro e fiscalizar o andamento dos trabalhos (culpa *in eligendo et in vigilando*). Cabe ao lesado demonstrar a culpa, assim como a existência e a extensão dos danos, pois estes não se presumem. A responsabilidade de ambos perante terceiros que não sejam vizinhos do imóvel em que acontecem as atividades (*v.g.*, pedestres atingidos por materiais que se desprendem do edifício) segue a mesma linha de raciocínio, dependendo sempre da comprovação de ter havido conduta culposa, e de que esta funcionou como elemento produtor do resultado nocivo.

9.6. Alterações no projeto ou no custo a obra

Salvo estipulação em contrário, o empreiteiro que se incumbir de executar uma obra, segundo plano aceito por quem a encomendou, não terá direito a exigir acréscimo no preço, ainda que sejam introduzidas modificações no projeto, a não ser que estas resultem de instruções escritas do dono da obra (art. 619). A partir do momento em que os interessados contratam empreitada e estabelecem os moldes em que serão executadas as atividades, ficam ambos vinculados aos exatos dizeres da avença. Logo, por aquela determinada obra o empreiteiro receberá valor definido, ficando o dono obrigado a pagar aquilo que se convencionou. Ao empreiteiro cabe contratar e despedir os operários necessários à execução do plano de obra, arcando com os respectivos encargos (salários, verbas previdenciárias etc.). Em assim sendo, não poderá exigir do dono da obra acréscimo no preço, embora aumentem os gastos com encargos, materiais, inflação e outros componentes.

Todavia, se houver desequilíbrio contratual por evento repentino e imprevisível (*v.g.*, súbita e inesperada desvalorização monetária), poderá o juiz, a pedido do interessado, determinar medidas que devolvem à avença o equilíbrio primitivo. Tal medida evitaria enriquecimento sem causa do titular da obra, pois ao pagar menos por algo que vale mais, deixa de despender o montante adequado e se locupleta à custa do sacrifício do empreiteiro. Este, ao revés, experimenta injusto empobrecimento, por receber menos do que teria direito em virtude da súbita alteração das condições objetivas que originalmente se apresentavam quando da celebração do ajuste.

Também não poderá o empreiteiro reclamar acréscimo se forem, por iniciativa unilateral e *sponte própria*, introduzidas modificações no projeto original, pois somente será imputável ao dono da obra o *plus* originado de modificações que ele mesmo solicitou e instruiu por escrito. Ademais, cumpre salientar que eventual mudança arbitrária do rumo da obra pelo empreiteiro, à revelia do proprietário, caracteriza infração aos deveres do contrato e legitima o prejudicado a postular o rompimento da avença.

Ainda que não tenha havido autorização escrita, o dono da obra é obrigado a pagar ao empreiteiro os aumentos e acréscimos, segundo o que for arbitrado, se, sempre presente à obra, por continuadas visitas, não podia ignorar o que se estava passando, e nunca protestou (parágrafo único). O conhecimento do dono acerca das alterações promovidas unilateralmente pela parte adversa é inferido do seu próprio comportamento. Assim, se freqüentemente visita o local com a finalidade de observar o andamento dos trabalhos, não poderá ao depois alegar ignorância quanto aos acréscimos e aumentos realizados pelo empreiteiro sem autorização por escrito. A constância no acompanhamento das atividades revela que o dono sabe perfeitamente de tudo o que acontece na obra, e o seu silêncio, no que diz respeito às modificações feitas pelo empreiteiro, consubstancia aquiescência tácita, situação geradora do dever de pagar as despesas a maior feitas pelo outro contratante.

Afora o aspecto do consentimento tácito, convém salientar que o dever de pagar, resultante da absoluta ausência de protesto do dono da obra em relação aos acréscimos e aumentos feitos pelo empreiteiro, também cumpre outra finalidade: a de evitar o enriquecimento sem causa de uma das partes em detrimento do sacrifício irregular do pólo oposto. Afinal, se o dono da obra, conhecendo o andamento das atividades, simplesmente soma ao patrimônio pessoal aquilo que o empreiteiro executou a maior, estaria locupletando-se sem justa causa, situação sempre coibida pelo Direito pátrio.

Diante de todo o exposto, é possível perceber que a forma escrita, com vistas à regular promoção de alterações na obra, somente será inexigível na hipótese acima referida. Do contrário, tratando-se da situação aventada no *caput* do art. 619, caberá ao empreiteiro obter autorização por escrito do dono acerca das modificações introduzidas no projeto. Todavia, é facultado às partes avençar em sentido contrário ao previsto na norma legal, ou seja, determinando que eventuais modificações no projeto, com aumento de custo, serão suportadas pelo dono da obra mesmo que dele não tenham provindo as instruções de como deveria proceder o empreiteiro.

Sem anuência de seu autor, não pode o proprietário da obra introduzir modificações no projeto por ele aprovado, ainda que a execução seja confiada a terceiros, a não ser que, por motivos supervenientes ou razões de ordem técnica, fique comprovada a inconveniência ou a excessiva onerosidade de execução do projeto em sua forma originária (art. 621). Qualquer das hipóteses arroladas como exceção, porém, reclamam a presença de correlação com motivos supervenientes ou questões de ordem técnica. São exemplos disso: a deficiência na idealização da estrutura, insuficiência do plano hidráulico ou elétrico, incorreta avaliação das dimensões físicas da obra em relação ao terreno sobre o qual será executada etc. Também a disparidade entre a previsão de gastos e a posterior realidade do mercado (*v.g.*, aumento exagerado de preço de certo piso ou de algum outro componente, com encarecimento substancial das despesas inicialmente estimadas) permite ao dono da obra alterar o projeto originalmente concebido.

A proibição quanto a futuras modificações, exceto nos casos estabelecidos pela mencionada regra, objetiva resguardar não apenas o autor do projeto no que diz respeito à sua criação intelectual, como também o próprio dono da obra, eis que em caso de posteriormente virem a ser detectados problemas relacionados à qualidade e operacionalidade do projeto, poderá reclamar do autor a composição dos danos que disso resultarem. Ademais, quem elabora projetos vende a sua imagem profissional por meio da consecução de obras estética e estruturalmente viáveis, não sendo admissível que outra pessoa decida, unilateralmente, alterar o que foi concebido, a menos que haja motivação jurídica capaz de reverter essa realidade em nome de interesses maiores.

A vedação contida no *caput* do art. 621 tem lugar ainda que seja terceiro — e não o autor do projeto — o responsável pela execução, porque uma coisa é a criação abstrata dos planos de obra, e outra é a sua materialização. Aquela e esta geram conseqüências diferentes na área da responsabilidade civil, inclusive porque se o empreiteiro seguir rigorosamente o projeto e depois ocorrerem prejuízos oriundos do inadequado planejamento, o responsável final pela reparação dos danos porventura verificados será o autor intelectual, e não o executor.

Conforme previsto no parágrafo único, a proibição legal não abrange alterações de pouca monta, ressalvada sempre a unidade estética da obra projetada. Mudanças de menor envergadura podem ser promovidas sem qualquer consulta ao criador intelectual, pois disso não decorrerá afronta alguma ao conjunto idealizado e à imagem do profissional. O que importa é a preservação da chamada unidade estética da obra projetada, ou seja, o resguardo de sua conformação ao projeto original. Essa unidade é preservada, por exemplo, quando há pequenas alterações no plano inicial, com a troca de uma janela de madeira por outra de material diferente, a retirada de uma floreira, a substituição de certo piso por outro de mesma tonalidade e assim por diante. Afinal, a proteção que se deve conferir ao autor do projeto não vai tão longe a ponto de fazer com que o maior interessado na consecução da obra — o proprietário — fique totalmente impedido de adequá-la, mediante alterações de pouca monta, ao seu gosto e conveniência pessoais.

Se a execução da obra for confiada a terceiros, a responsabilidade do autor do projeto respectivo, desde que não assuma a direção ou fiscalização daquela, ficará limitada aos danos resultantes de defeitos previstos no art. 618 e seu parágrafo único (art. 622). A norma tem em vista a diversidade de posições jurídicas dos personagens a que alude. A responsabilidade do autor do projeto da obra e do executor não é a mesma, pois enquanto o primeiro responde apenas pelos eventos danosos ligados à deficiente elaboração do projeto (erros de cálculo, insuficiência na estrutura de sustentação etc.), sobre o segundo recai o dever de indenizar os danos causados pela má execução (inobservância rigorosa dos planos, alterações unilaterais do projeto, uso de material a menos etc.).

Quando o projetista e o executor são a mesma pessoa, todos os danos provocados por problemas relacionados às suas atividades serão por ele suportados. Porém, se uma pessoa é autora do projeto e outra tem o encargo da execução, o primeiro somente pode ser demandado nos moldes preconizados no art. 618 do Código Civil, ou seja, em projetos de edifícios ou outras construções consideráveis, responderá pela solidez e segurança do trabalho, tanto em razão dos materiais, como do solo, durante o prazo irredutível de cinco anos. Essa responsabilidade não ultrapassa os limites do projeto elaborado, pois se os danos tiveram origem na execução, ao empreiteiro é que caberá repará-los, salvo quando o autor dos planos assume expressamente a obrigação de dirigir ou fiscalizar o andamento das atividades, pois assim agindo estará chamando para si todo o dever jurídico de reparação.

Eventual demanda deverá ser intentada pelo dono da obra nos cento e oitenta dias seguintes ao aparecimento do vício ou defeito originados do projeto, sob pena de decadência. Essa iniciativa poderá ser tomada ainda que apenas nos últimos dias do qüinqüênio sejam constatadas as deficiências, sendo perfeitamente admissível que o ajuizamento da demanda ultrapasse esse marco, contanto que respeitado o período de tempo estabelecido no mandamento legal.

Se ocorrer diminuição no preço do material ou da mão-de-obra superior a um décimo do preço global convencionado, poderá este ser revisto, a pedido do dono da obra, para que se lhe assegure a diferença apurada (art. 620). Isto porque, ao contratarem, as partes têm em linha de consideração a incidência dos mais variados fatores para a fixação da retribuição devida ao empreiteiro, tais como o preço da mão-de-obra, o custo dos materiais, a corrosão monetária etc. Daí a perspectiva de promover a adequação da avença à nova realidade objetivamente constatada. Porém, isso será admissível apenas nos casos em que a redução dos custos de material ou mão-de-obra for superior — e não meramente igual — a um décimo do preço total pactuado. Suponha-se que o custo de uma empreitada de labor, destinada à construção de um edifício, foi estipulada em 100, e que desse total 80 representavam o custo da mão-de-obra e 20 o lucro do empreiteiro. Se posteriormente vem a ocorrer diminuição que conduz ao patamar de 65 o custo da mão-de-obra, houve redução correspondente ao valor de 15, ou seja, mais de um décimo do valor global contratualmente acordado. Logo, poderá o dono da obra postular junto à parte adversa o abatimento da diferença apurada, pois isso não atingirá a vantagem patrimonial avençada pelas partes em favor do empreiteiro. Tal medida servirá para restabelecer o equilíbrio das partes contratantes, evitando indevido enriquecimento de uma em detrimento da outra.

Caso a diminuição do preço do material ou da mão-de-obra não alcance expressão econômica equivalente a um décimo do preço global ajustado, continuarão as partes obrigadas conforme posto originalmente na contratação, sem que ao dono da obra assista direito algum à revisão prevista no mandamento em análise. Todavia, podem as partes, desde a celebração do contrato e mediante aposição de cláusula expressa, estabelecer que o valor da retribuição será inalterável. Se assim for, nenhum elemento superveniente interferirá no *quantum* devido pelo dono da obra ao empreiteiro, pois a cláusula que torna definitiva a retribuição faz lei entre os interessados.

9.7. Suspensão da execução da obra

O início da obra por meio de empreitada não veda ao dono a suspensão dos trabalhos até então executados pela parte adversa. Mesmo após iniciada a construção, pode o dono da obra suspendê-la, desde que pague ao empreiteiro as despesas e lucros relativos aos serviços já feitos, mais indenização razoável, calculada em função do que ele teria ganho, se concluída a obra (art. 623). Isso não caracteriza infração de espécie alguma, mas apenas o exercício de direito expressamente reconhecido pelo ordenamento. Para tanto, o proprietário não precisará justificar as razões que o levaram a promover a suspensão, bastando que decida sobrestar as atividades.

Quando a suspensão dos trabalhos não tiver como causa a prática de ilicitude pelo empreiteiro, ou não estiver estribada em culpa deste, ficará o dono da obra obrigado a duas atitudes: a) pagar ao empreiteiro todas as despesas e lucros relacionados aos serviços já feitos, o que corresponde à satisfação das obrigações contratuais cumpridas pelo executor até a data do sobrestamento das atividades; b) indenizar razoavelmente o pólo contrário, tendo por base de quantificação aquilo que receberia se houvesse concluído a obra. Ademais, faltando justa causa para a suspensão, ficará obrigado nos termos estatuídos no art. 624, respondendo por perdas e danos. Quanto ao dever arrolado na primeira alínea *supra*, funda-se na necessidade de evitar que o proprietário aufira vantagens à custa do trabalho alheio, e que o empreiteiro fique sem perceber aquilo a que faz jus em função dos serviços já realizados. No que tange ao segundo aspecto elencado acima, tem por substrato a circunstância de que a suspensão repentina da execução da obra afeta diretamente o empreiteiro, pois no mais das vezes deixa de lado a perspectiva de execução de outras obras a fim de dar cumprimento ao contrato firmado. Em assim sendo, é de direito que lhe seja oferecida pelo proprietário indenização razoável, a ser apurada pelo juízo mediante análise das peculiaridades do contrato. É inviável dizer de antemão que uma indenização justa seria aquela que correspondesse a determinado percentual sobre o valor final da empreitada, pois somente a averiguação das peculiaridades do caso concreto é que poderá levar à adequada fixação do *quantum*.

Conforme já frisado, suspensa a execução da empreitada sem justa causa, responde o empreiteiro por perdas e danos. Embora se faculte ao proprietário da obra promover a qualquer tempo a suspensão das atividades, essa medida pode estar embasada ou não em justa causa. Entende-se por justa causa todo fator capaz de respaldar o sobrestamento das atividades, como desapropriação promovida pelo Poder Público, embargo da obra pela autoridade competente etc. Havendo justa causa para a suspensão dos trabalhos, situação que pressupõe inocorrência de culpa, o dono da obra terá de pagar pelas atividades já realizadas e indenizar de maneira razoável, segundo aquilo que o empreiteiro auferiria se a obra fosse concluída. Ausente justa causa, o dono da obra responderá nos moldes colocados no art. 623, além de ficar obrigado a indenizar as perdas e os danos comprovados pelo empreiteiro. Considera-se sem justa causa a suspensão quando derivar da condição pessoal do proprietário, como mudança na fortuna, simples desinteresse pela obra e tantas outras hipóteses.

Quando o empreiteiro der causa à suspensão das atividades, terá direito somente ao valor correspondente ao trabalho executado, mas não poderá reclamar indenização alguma, pois se assim não fosse estar-lhe-ia sendo alcançada retribuição por força de evento protagonizado por ele mesmo, o que é indevido e moralmente condenável. Afinal, ninguém pode invocar em seu favor comportamento pessoal culposo para obter vantagem econômica. Por outro lado, o dever de pagamento do trabalho que foi feito obedece ao princípio do não enriquecimento sem causa do dono da obra.

O art. 625 elenca as hipóteses em que o empreiteiro poderá suspender a obra mediante iniciativa unilateral, caracterizadoras de justa causa, e sem responder por perdas e danos. Fica legitimado a adotar essa providência: I – por culpa do dono, ou por motivo de força maior; II – quando, no decorrer dos serviços, se manifestarem dificuldades imprevisíveis de execução, resultantes de causas geológicas ou hídricas, ou outras semelhantes, de modo que torne a empreitada excessivamente onerosa, e o dono da obra se opuser ao reajuste do preço inerente ao projeto por ele elaborado, observados os preços; III – se as modificações exigidas pelo dono da obra, por seu vulto e natureza, forem desproporcionais ao projeto aprovado, ainda que o dono se disponha a arcar com o acréscimo de preço. O objetivo do permissivo legal é dar às partes envolvidas na empreitada um tratamento jurídico igualitário, pois se ao dono da obra é facultado sobrestar os trabalhos a qualquer tempo, ao empreiteiro também se autoriza tal conduta, embora em menor amplitude.

A culpa do dono, capaz de inviabilizar o prosseguimento das atividades (inciso I), fica evidenciada, por exemplo, no caso de o dono não fornecer os materiais necessários, ou deixar de pagar as etapas concluídas e verificadas. Também a força maior e o caso fortuito permitem ao empreiteiro suspender a obra, *v.g.*, se houver inundação do terreno destinado à construção de edifício, se a autoridade pública embargar os trabalhos etc. "*O empreiteiro, necessitando ausentar-se da obra contratada, deve comunicar formalmente ao contratante bem como a seus subordinados o motivo de força maior apto a ensejar o abandono ou suspensão da execução da empreitada, devendo tomar as medidas cabíveis para a regular execução dos serviços contratados durante sua ausência, sob pena de violação ou falta a um dever de lealdade contratual, dando causa à rescisão do instrumento por negligência*" (EI na Ap. Cível n. 0110209916, TJDFT).

Igual providência — de suspensão — é aceita se há oneração excessiva e superveniente (inciso II), pois isso faz com que se eleve o valor das despesas da empreitada, que fora calculado com base no projeto inicial e passa a ser maior em razão de eventos supervenientes enquadráveis na previsão normativa. Entre as causas que justificam a iniciativa estão: a presença de lençol d'água não constatado anteriormente, alterações no solo que exigem reforço da estrutura, presença de rochas cuja perfuração ou remoção exigem gastos consideráveis etc. Impende asseverar, porém, que a suspensão da obra com fundamento no inciso II pressupõe total ausência de culpa por parte do empreiteiro, pois se dele mesmo foi a confecção do projeto, e se na ocasião deixou de tomar as medidas adequadas para analisar o solo e viabilizar a obra nos moldes originalmente propostos, terá agido culposamente e não lhe será facultado o sobrestamento das atividades sob o pretexto de que o dono não concordou em pagar mais do que fora a princípio acordado. O proprietário somente terá de cobrir as diferenças de preço quando resultantes da superveniência das causas elencadas na norma legal. Nesse caso, toma-se o aumento nos gastos e se o imputa ao dono da obra, pois se assim não fosse o empreiteiro experimentaria indevido prejuízo.

Por fim, observa-se que o empreiteiro não é obrigado a aceitar toda e qualquer alteração que venha a ser exigida pelo dono da obra em relação ao projeto original. Se as modificações impostas forem tão acentuadas a ponto de descaracterizarem o projeto original, a atividade poderá ser suspensa unilateralmente, ainda que o dono se disponha a pagar valor maior do que o avençado (inciso III). Consideram-se desproporcionais as modificações quando, por seu vulto e natureza, afastarem demasiadamente os rumos da obra daquilo que se previra de início. É o que ocorre, por exemplo, se o dono de edifício de apartamentos com projeto para quatro andares exigir do empreiteiro que faça outros três. Nada impede que as partes cheguem a um acordo, mas o empreiteiro não fica atrelado à vontade arbitrária do proprietário, pois se presume que ao aceitar a empreitada fê-lo considerando o tempo de execução, o número de empregados necessários etc., sendo inexigível que assuma compromisso maior do que o acertado.

9.8. Extinção da empreitada

A maior parte das causas gerais de extinção da empreitada também se aplica às demais espécies de contratos. Nessa linha, a regular conclusão da obra pelo empreiteiro, com rigorosa observância das prescrições negociais, faz desaparecer o liame contratual. O mesmo se dá quando os celebrantes, por acordo, decidem emitir vontade contrária à geradora do vínculo, produzindo distrato.

O cometimento de infração contratual por qualquer dos envolvidos legitima o outro a reclamar em juízo a resolução do ajuste. Pode ser cumulada, a tal pretensão, a de indenização de perdas e danos cuja existência foi demonstrada (art. 389). Quanto à possibilidade de romper o contrato por iniciativa unilateral do interessado, os arts. 623 e 625, oportunamente analisados no tópico anterior, disciplinam as hipóteses em que a vontade de apenas uma das partes é suficiente para resilir a avença.

O desaparecimento da coisa em razão de caso fortuito ou força maior também é causa de extinção da empreitada. Assim, por exemplo, o incêndio que destrói a construção, sem culpa do empreiteiro, acarreta o desfazimento do liame. Nesse caso, os prejuízos decorrentes do evento são suportados pelo proprietário, haja vista a incidência da regra *res perit domino*. Por fim, a morte do empreiteiro ou do proprietário da obra, conforme visto antes, não afeta a integridade do liame, exceto quando for celebrado *intuitu personae* (art. 626).

Capítulo 10

DO DEPÓSITO

10.1. Definição e aspectos essenciais

É possível conceituar o depósito como sendo o contrato pelo qual uma das partes, chamada depositário, recebe de outra, denominada depositante, objeto móvel, com a finalidade de guardá-lo até que expire o prazo convencionado ou seja reclamado pelo segundo. O dever de guarda aparece como elemento essencial da avença, pois a finalidade desta é exatamente ensejar ao depositante a entrega do bem jurídico a quem assuma o encargo de mantê-lo em iguais condições até o momento em que tenha de haver a restituição.

O depósito difere do comodato, na medida em que o comodatário recebe a coisa para uso e posterior restituição, enquanto o depositário a recebe para custódia e não tem a faculdade de utilizá-la, salvo se expressamente autorizado pelo depositante. A propósito, a faculdade de usar nunca pode sobrepor-se ao dever de guarda, porque se assim fosse não existiria depósito, mas sim figura contratual diversa (*v.g.*, arrendamento). Por outro lado, o comodato é sempre gratuito, pois do contrário haveria locação; ao revés, o depósito admite tanto a gratuidade como a onerosidade, sem perder a natureza que lhe é intrínseca. Referir, ainda, que no comodato, salvo necessidade imprevista e urgente, o comodante não pode exigir a devolução da coisa antes de expirado o prazo de uso; já no depósito, a parte incumbida da guarda deve restituir a coisa prontamente, tão logo instada a tanto pelo outro celebrante.

Todas as coisas móveis podem ser confiadas a outrem em depósito, nisso incluídos os semoventes, dinheiro, papéis e todos os demais bens jurídicos materiais. Obviamente, não figuram como objeto do ajuste os direitos cujo exercício não se materializa em alguma coisa tangível (*v.g.*, créditos sem instrumentalização), já que a posse efetiva da coisa pelo depositário é marca indelével do contrato. Os imóveis não podem ser submetidos às modalidades de depósito regidas pelo Código Civil, pois a guarda de bens de raiz envolve a sua administração, e isso pode ser melhor alcançado por meio de outras figuras contratuais, como é o caso da prestação de serviços. Todavia, o ordenamento processual admite que os imóveis sejam integrados ao depósito chamado judicial, como no caso de penhora em lide executiva, para futura hasta pública.

10.2. Espécies de depósito

Antes de iniciar o exame do contrato de depósito em suas minúcias, é imprescindível dizer que há duas espécies de depósito: a) *voluntário*, quando tem por origem a convenção; b) *necessário*, quando imposto pela lei (e então denomina-se *legal*) ou por circunstâncias especiais que envolvem emergências públicas (e então chama-se *miserável*). Salienta-se desde logo que o depósito voluntário abriga a subespécie chamada *irregular*. Dentro desse quadro, é preciso examinar as características de cada um dos tipos descritos na lei, adicionando observações quanto às eventuais variantes admitidas.

10.2.1. Depósito voluntário

Conceito, objeto e classificação

Pelo contrato de depósito recebe o depositário um objeto móvel, para guardar, até que o depositante o reclame (art. 627). Cabe a este último escolher a pessoa a quem confiará o bem, segundo puro juízo de conveniência e oportunidade. Nota-se, na relação negocial, a prevalência da obrigação de guarda, que é assumida voluntariamente pelo depositário. Também fica evidenciada a possibilidade de rompimento do liame a qualquer tempo pelo celebrante que entregou o bem a outrem.

Tal espécie negocial incide sobre coisas móveis corpóreas, nada impedindo que também se dê em relação a coisas que, embora incorpóreas, materializam-se em um título representativo, como acontece com ações de empresas, apólices estatais etc. Direitos puramente subjetivos (*v.g.*, à liberdade, à honra etc.) ou sem instrumentalização não podem ser objeto do contrato. Os imóveis também não estão sujeitos a depósito voluntário, mas apenas àquele determinado pelas normas processuais, como no caso de depósito subseqüente à penhora, de coisa litigiosa etc., pelo qual o depositário recebe poderes de conservação e administração sem que haja um contrato como fonte geradora.

Podem pactuar depósito voluntário todos os que tiverem capacidade para se obrigar. Exige-se do depositante que tenha a plena administração do bem que figura como objeto da avença, não sendo reclamada a condição de dono. Ao depositário basta a capacidade genérica de contrair obrigações, pois a lei não menciona outros requisitos com vistas à assunção de tal posição jurídica. Nesse viés, percebe-se que os absolutamente incapazes (menores e interditos) não podem ser depositários. Quanto aos que possuem capacidade relativa, também não lhes é dado integrar a relação contratual, salvo na condição de depositantes e desde que adequadamente assistidos.

Embora inexista imposição legal no sentido de que a avença se constituirá necessariamente por escrito, o ordenamento jurídico estabelece que a modalidade voluntária ou convencional de depósito somente se provará caso seja instrumentalizada (art. 646). Decorrendo da vontade livre das partes, o contrato precisa estar pormenorizado em suas nuanças, a fim de que se viabilize a exata compreensão do liame firmado entre os envolvidos, na hipótese de surgirem posteriores controvérsias. A forma escrita não é da substância do ato, mas sim elemento imprescindível para a prova da sua existência. O legislador instituiu para o depósito voluntário a forma chamada *ad probationem*, sem a qual não se demonstra a contratação. Por isso, forçoso reconhecer que a falta de instrumento escrito não poderá ser suprida por outros elementos, eis que a prova se perfectibiliza exclusivamente pela apresentação de escrito público ou particular. Já o depósito necessário, a ser analisado na seqüência, prova-se por todos os meios em Direito admitidos, sem restrição alguma.

Quanto à classificação, é importante desde logo referir que se trata de avença *real*, pois se aperfeiçoa com a entrega da coisa ao depositário, não sendo suficiente o simples acordo de vontades sem que lhe siga a tradição. Esta geralmente acontece no exato instante da celebração, mas nada impede que o depositário já esteja com o bem consigo ao tempo da manifestação de vontade, do que resultará a *traditio* ficta. Assim, não desvirtua o depósito a circunstância de alguém ser inicialmente possuidor em virtude de determinada relação jurídica (*v.g.*, detenção), vindo posteriormente a se tornar depositário por força de contrato firmado.

É, em regra, ajuste *gratuito*, por não envolver retribuição de cunho econômico ao depositário; porém, a vontade das partes, ou a natureza mesma do depósito, podem torná-lo oneroso. O *caput* do art. 628 do Código Civil estabelece: *"O contrato de depósito é gratuito, exceto se houver convenção em contrário, se resultante de atividade negocial ou se o depositário o praticar por profissão"*.

Sendo gratuito, o depósito é considerado *unilateral*, recaindo obrigações de índole contratual (guardar, conservar etc.) apenas sobre o depositário. Ao depositante não cabem deveres específicos, mas apenas os genéricos relativos a todo e qualquer contrato, como os de agir com boa-fé e probidade. Na hipótese de onerosidade, o depósito é bilateral, competindo ao depositário as obrigações acima indicadas, e, ao depositante, o pagamento da correspondente retribuição econômica, que por ajuste de vontades pode ser fixada em dinheiro ou noutra espécie. O vínculo oneroso pode caracterizar relação de consumo em virtude do serviço prestado de uma parte para a outra, fator que desafiará a incidência da normatização própria do Código de Defesa do Consumidor. Funcionará o Código Civil, então, como fonte legislativa secundária, aplicável em caráter subsidiário.

O depósito é *temporário*, haja vista a circunstância de que uma das principais obrigações do depositário é a restituição da coisa ao outro contratante assim que reclamada. Fosse permanente e irreversível a *traditio* haveria doação, compra e venda etc., ficando nisso patenteada a temporariedade que deve presidir o depósito. Segundo o art. 633, ainda que o contrato fixe prazo à restituição, o depositário entregará o depósito logo que se lhe exija, salvo se tiver direito de retenção, que será alvo de tópico em apartado.

Em tempos remotos, o contrato de depósito era sempre constituído *intuitu personae* e tinha em vista as qualidades pessoais do depositário, especialmente a confiança do depositante nele. Com a multiplicação das atividades negociais a avença deixou de ser feita em razão da pessoa, sendo certo que muitas vezes as partes nem travam relações mais estreitas.

Prerrogativas e obrigações do depositário

O depositário é obrigado a ter na guarda e conservação da coisa depositada o cuidado e diligência que costuma ter com o que lhe pertence, bem como a restituí-la, com todos os frutos e acrescidos, quando o exija o depositante (art. 629). Duas são as obrigações fundamentais do depositário: a) guardar e conservar a coisa; b) restituí-la no tempo previsto ou assim que procurado.

O primeiro dever do depositário consiste em zelar pela coisa com se sua fosse, pois se isso não acontecer ficará sujeito a indenizar os danos produzidos. Agindo com os cuidados necessários e sem qualquer culpa, não responderá por deterioração ou perecimento causados por caso fortuito ou força maior, exceto se estava em mora de restituir. Ausente culpa e mora do depositário, será o depositante quem suportará os prejuízos (desgaste natural, ação do tempo etc.), haja vista o princípio *res perit domino*. Ao invocar a escusa do caso fortuito ou força maior como catalisadores dos danos, sobre o depositário recairá o ônus de fazer prova no sentido afirmado, sob pena de responder por todos os prejuízos experimentados pela coisa.

A segunda obrigação do depositário é a de entregar a coisa, com seus frutos e acrescidos, assim que o exigir o depositante, ou tão logo expirado o prazo convencional, salvo se tiver a prerrogativa de retenção prevista no art. 633 do Código Civil. Deixando de restituir, incorrerá em mora e indenizará as perdas e danos devidamente comprovados pelo lesado. A devolução dos itens agregados ao bem jurídico tem por fundamento a circunstância de que a tarefa do depositário é apenas a de guardar em nome e no interesse alheio. Por isso, as crias dos animais, os rendimentos do capital e os proveitos de expressão econômica acrescidos à coisa ao longo do depósito terão como destinatário o depositante, sem que nisso tenha qualquer participação o depositário. Todavia, poderá reclamar o reembolso das despesas feitas com a conservação da coisa e seus acrescidos, tendo direito, ainda, à indenização dos prejuízos que teve com o depósito.

Sob pena de responder por perdas e danos, não poderá o depositário, sem licença expressa do depositante, servir-se da coisa depositada, nem a dar em depósito a outrem (art. 640). Ao contrário do que acontece no comodato, que é empréstimo de uso, a finalidade do depósito não é a de proporcionar ao depositário a utilização da coisa. Somente com autorização expressa do depositante poderá a parte adversa utilizar o objeto e alterar a regra geral, que consiste na obrigação de guardá-lo e conservá-lo. Todavia, ainda que lhe seja facultada a utilização, suportará os danos cuja existência for provada, desde que provocados com culpa. Também responderá por perdas e danos, uma vez provada a sua ocorrência, o depositário que der a coisa em depósito a outrem, pois isso também configura desídia no trato de bem alheio, haja vista ter assumido pessoalmente a obrigação de guardá-lo.

Violando o dever de não usar a coisa, ou de não entregá-la à custódia alheia, o depositário responderá inclusive pelos danos decorrentes de caso fortuito ou força maior. Isto porque embora não tenha agido com culpa direta na provocação dos danos, o desatendimento ao dever primário de cautela pessoal da coisa acarreta a responsabilização civil do agente.

Se o depositário, devidamente autorizado, confiar a coisa em depósito a terceiro, será responsável se agiu com culpa na escolha deste (parágrafo único do art. 640). O fundamento da responsabilização é a presença de culpa *in eligendo et in vigilando*, ou seja, culpa pela má eleição da pessoa a quem foi repassado o bem, associada à ausência da devida fiscalização e vigilância sobre os atos posteriores à entrega. A rigor, essa modalidade de culpa aparece sempre que o terceiro revelar-se negligente, imprudente ou imperito no trato com a coisa depositada, como acontece no caso de certa praga debilitar o animal depositado porque o encarregado de guardá-lo deixou de ministrar no tempo indicado a substância prescrita pelo veterinário.

Outra obrigação do depositário está apontada no art. 630 do Código Civil: *"Se o depósito se entregou fechado, colado, selado, ou lacrado, nesse mesmo estado se manterá"*. Recebido o bem em tais condições, estará nisso implícita a vontade do depositante no sentido de que assim permaneça, sem devassa ou ingerência por parte do encarregado da guarda. A violação da embalagem ou lacre da coisa depositada não enseja, por si só e isoladamente, a responsabilização imediata do depositário, pois somente se houver demonstração de prejuízo ele ficará obrigado a indenizar. É bem verdade, porém, que a simples prática da conduta coibida pelo ordenamento constitui infração ao dever de zelo e guarda, fazendo com que sobre o depositário recaia a presunção de responsabilidade por todos os danos, ainda que resultantes de caso fortuito ou força maior, obrigando-o a indenizar os prejuízos regularmente demonstrados. A presunção que recai sobre o depositário, fazendo-o responsável pelos danos causados à coisa por violação do depósito é relativa, podendo ser elidida. Todavia, para que isso aconteça terá de fazer prova cabal em sentido contrário, pois se assim não for subsistirá o dever de reparar.

Salvo disposição em contrário, a restituição da coisa deve dar-se no lugar em que tiver de ser guardada. As despesas de restituição correm por conta do depositante (art. 631). Em princípio, a devolução da coisa depositada tem de ser feita no lugar previsto na avença, em atenção à vontade das partes. Ausente previsão acerca desse aspecto, a restituição ocorrerá no lugar onde a coisa permanecer sob depósito. O lugar da celebração do contrato, assim como o de domicílio das partes, não tem influência alguma na definição do lugar da restituição, salvo se a vontade dos contraentes designar um deles como sendo o da devolução.

A oneração do depositário no desempenho de seu mister deve ser a menor possível, mesmo porque a contratação muitas vezes é gratuita, e, ainda que onerosa, a retribuição devida não pode ser diminuída por via oblíqua por meio da imputação de encargos econômicos. Destarte, o pagamento das despesas de restituição incumbe ao depositante, como é o caso daquelas feitas com o deslocamento da coisa desde o local em que está depositada até aquele em que tem de ser entregue à parte adversa. As despesas que houverem sido suportadas pelo depositário terão de ser reembolsadas pelo depositante, monetariamente atualizadas, tão logo demandado.

Se a coisa houver sido depositada no interesse de terceiro, e o depositário tiver sido cientificado deste fato pelo depositante, não poderá ele exonerar-se restituindo a coisa a este, sem consentimento daquele (art. 632). A regra encontra justificativa no fato de que nem sempre o depósito se dá no interesse do depositante, pois este pode ter em vista interesse de terceiro, seja porque é o verdadeiro titular do domínio, seja por outra razão qualquer. É o que acontece, por exemplo, quando o sujeito "A" deposita junto ao indivíduo "B" um veículo que pertence a "C", pois a este é conveniente que assim se proceda. Sendo cientificado pelo depositante de que o contrato está sendo feito no interesse de terceiro, o depositário somente ficará liberado se a devolução for precedida da anuência do terceiro interessado. Havendo discordância deste quanto à restituição pretendida pelo depositante, poderá o depositário consignar em juízo a coisa, a fim de se liberar sem risco algum. Daí em diante, ao juiz é que caberá determinar a quem será feita a devolução. Caso o depositário restitua a coisa contra a vontade do terceiro, ficará sujeito à reparação das perdas e danos regularmente provados.

A obrigação de zelar adequadamente pela coisa pode vir a sofrer interferências exógenas que a tornem impraticável e alterem consideravelmente o contexto original, tornando-o mais gravoso para o depositário. Caso isso ocorra, não será de bom alvitre forçá-lo a ainda assim persistir na guarda da coisa até o advento do tempo contratualmente fixado, pois o risco a que ela ficaria submetida sofreria multiplicação. É o que acontece, por exemplo, se o local destinado ao depósito vem a ser inundado, ou se o campo em que estão depositados os animais situa-se nas proximidades de outro cujo rebanho foi atacado por moléstia contagiosa.

Em situações dessa gravidade, permite o legislador que o depositário abrevie o próprio dever jurídico de guarda e conservação, notificando o depositante a retomar o objeto antes de findo o lapso temporal convencionado. O que não pode o depositário fazer é transferir a terceiro as suas atribuições, a menos que com isso concorde o depositante. Se houver recusa de recebimento, a solução consistirá no depósito judicial da coisa (art. 635 do Código Civil), observados os ditames ínsitos nos arts. 890 a 900 do Código de Processo Civil. Por outro lado, sendo plausível o motivo invocado pelo depositário, e havendo recusa do depositante em reaver a coisa, poderá o primeiro proceder também como acima indicado, requerendo seja judicialmente depositado o objeto. Tal medida objetiva a um só tempo resguardar os direitos do depositante, colocando a salvo o objeto, e evitar que sobre o depositário incidam encargos decorrentes de depreciação ou perecimento do bem.

Em termos genéricos, a responsabilidade pelos riscos da coisa é do depositante, em atenção à máxima *res perit domino*. Ainda que nem sempre seja dono, o depositante equipara-se ao titular dominial para fins de assunção dos riscos. Contudo, podem as partes convencionar no sentido de que com a colocação do objeto sob guarda do depositário passam a este todos os riscos, invertendo-se a regra geral. Em algumas situações, embora inexista convenção estipulando a responsabilidade do depositário, cabe a este arcar com eventuais prejuízos. É o que acontece em relação aos danos sobrevindos à coisa durante o período em que o depositário estava em mora de entregá-la. A mora se verifica quando o depositante reclama a restituição do objeto antes de findo o prazo contratual e não é atendido, ou quando, advindo o termo da contratação, o depositário não promove a necessária devolução.

Os danos verificados na coisa em virtude de caso fortuito ou força maior também serão suportados pelo depositário. Perecendo o objeto porque atingido por inundação, raio, incêndio etc., e não havendo por parte do depositário culpa alguma, encerra-se a relação contratual e as partes retornam ao estado anterior. Todavia, conforme preconizado no art. 642, sobre o depositário é que incide a obrigação de fazer prova da ocorrência do evento e de sua caracterização como força maior, de modo que se não conseguir desincumbir-se a contento desse dever jurídico prevalecerá a presunção de responsabilidade pelos danos causados à coisa depositada. O mesmo se diz, por exegese ampliativa, quanto às hipóteses de caso fortuito.

Outra situação reclama detida análise. É possível que a coisa depositada se perca por fator não imputável ao depositário, como na hipótese de roubo, moléstia, requisição por autoridades etc. Isso faz com que o contrato desapareça sem maiores conseqüências para o depositário. Todavia, é bastante comum a substituição da coisa perdida, ou o pagamento de indenização por terceiros, face à existência de contrato de seguro. Em qualquer situação que acarrete a perda da coisa por força maior e a sua substituição por outra, ficará o depositário obrigado a restituir ao depositante, tão logo instado, aquela que vier a integrar a lacuna deixada pelo perecimento da original (art. 636). Idêntico raciocínio se aplica às situações motivadas por caso fortuito, embora o legislador não o tenha incluído expressamente no texto da lei. Na mesma esteira de conseqüências jurídicas, o depositante passará a ser titular das ações cabíveis contra terceiros, a fim de que possa pleitear o que for de direito com vistas à plena reparação dos prejuízos sofridos. A ele é permitido, ainda antes de ocorrida a substituição ou paga a indenização devida, tomar para si a prerrogativa de ajuizar as correspondentes demandas. Exemplo: certo automóvel é depositado e vem a perecer por incêndio causado a partir de um raio. Com perda total, a empresa seguradora repõe o objeto, oferecendo outro de igual marca, modelo e valor. Esse veículo, entregue ao depositário, passará a constituir o objeto do depósito em substituição ao que pereceu, devendo ser alcançado ao depositante assim que esgotado o prazo contratual ou tão pronto seja reclamado. Se o depositante entender que a indenização ficou abaixo daquilo que seria correto, poderá acionar judicialmente a seguradora para perseguir o que crê adequado.

Havendo mais de um depositante, o depositário ficará liberado da obrigação por meio da entrega da coisa indivisível ao primeiro deles que reclamá-la, ou quando findo o contrato. A indivisibilidade pode resultar de convenção das partes ou da força da lei, independentemente da divisibilidade física que porventura tenha o objeto. Qualquer que seja a origem da indivisibilidade, o depositário se livrará do dever jurídico pela forma acima apontada. Sendo divisível a coisa depositada (*v. g.*, cem sacas de arroz, dez animais etc.) e havendo dois ou mais depositantes, o depositário somente entregará a cada um a respectiva parte no todo, exceto se houver solidariedade entre os membros (art. 639), pois então ficará livre da obrigação entregando tudo a qualquer deles. No caso de ser divisível o objeto depositado, a liberação do depositário se dará por etapas, conforme for entregando a cada um o que lhe cabe no conjunto.

Venda da coisa pelo herdeiro do depositário

O herdeiro do depositário, que de boa-fé vendeu a coisa depositada, é obrigado a assistir o depositante na reivindicação, e a restituir ao comprador o preço recebido (art. 637). Pelo princípio da *saisina* (art. 1.784 do Código Civil), a morte do titular da herança faz com que ela se transmita, desde logo, aos herdeiros legítimos e testamentários. Assim, o herdeiro da pessoa que falece passa de imediato à titularidade de tudo quanto deixado pelo extinto. No que diz respeito ao depósito, o óbito do depositário faz com que o seu herdeiro tenha de restituir o objeto a quem de direito. Todavia, se ignorava a existência do depósito e, acreditando ser o dono, de boa-fé vendeu a coisa depositada, ou de algum modo alienou-a onerosamente, terá de assistir o depositante na reivindicação que este promover contra o adquirente, a quem não se facultará, em hipótese alguma, fazer perfeita a aquisição.

Além do dever de assistir o depositante na reivindicação, terá o herdeiro do depositário de devolver ao comprador o valor recebido na venda da coisa, pois se assim não fosse estaria enriquecendo sem causa jurídica bastante, ao mesmo tempo em que o adquirente sofreria injustificado prejuízo, já que é obrigado a entregar ao depositante o objeto. O adquirente tem direito de receber de volta o valor pago ainda que estivesse de má-fé ao tempo da negociação, haja vista o expresso teor da norma legal.

Caso o herdeiro do depositário estivesse de má-fé quando vendeu a coisa a terceiro, afora assistir o depositante na reivindicação e devolver o preço, terá ainda de compor todos os prejuízos causados ao próprio depositante e ao adquirente de boa-fé. A estes compete demonstrar a ocorrência e a extensão dos danos sofridos em virtude do negócio. Observe-se, porém, que estando de má-fé o adquirente não terá direito à reparação dos prejuízos, mas tão-somente à devolução do valor pago pela coisa, monetariamente atualizada.

Se a alienação feita pelo herdeiro foi gratuita (*v.g.*, doação), terá como obrigação apenas assistir o depositante na reivindicação promovida junto ao adquirente. Afinal, nada recebeu na negociação, e, portanto, não há preço a devolver. Observado o rumo traçado pelo ordenamento jurídico, o depositante recuperará o objeto inicialmente depositado e as partes volverão ao *status quo ante*.

Incapacidade superveniente do depositário

Se o depositário se tornar incapaz, a pessoa que lhe assumir a administração dos bens diligenciará imediatamente restituir a coisa depositada e, não querendo ou não podendo o depositante recebê-la, recolhê-la-á ao Depósito Público ou promoverá nomeação de outro depositário (art. 641). A superveniência de incapacidade do depositário é causa de extinção do depósito, pois o obrigado não mais pode responder pelos efeitos da contratação. Com isso, ela se resolve e não cabe ao depositante reclamar indenização de eventuais perdas e danos junto ao depositário, eis que ausente o elemento anímico culpa.

Diante disso, incumbe a quem assumir a administração dos bens do incapaz a imediata restituição da coisa ao depositante. Na hipótese de haver recusa em receber, seja porque a parte adversa não quer, seja porque não pode assim proceder, o encarregado da devolução peticionará ao juiz a fim de que autorize o recolhimento do objeto ao Depósito Público, ou nomeie outro depositário em substituição ao que se tornou incapaz. Tal providência é adotada nos moldes preconizados nos arts. 890 a 900 do Código de Processo Civil, que disciplinam a ação de consignação em pagamento.

A pessoa encarregada da administração dos bens do depositário a quem sobreveio a incapacidade por interdição, falência de comerciante ou qualquer outro fundamento bastante, não poderá simplesmente avocar para si a condição de depositário em substituição ao anterior, pois não se presume que fosse essa a intenção do depositante. Ademais, tratando-se de contratação cuja existência depende de expressa vontade das partes, somente haverá depósito se os interessados celebrarem a avença com observância dos ditames apontados em lei.

Direito de retenção

Quando, em tópico antecedente, examinou-se a classificação do contrato de depósito, foi dito que se trata de avença temporária. Isso deflui da circunstância de que ao depositário incumbe restituir o objeto tão logo seja reclamado pelo depositante. A determinação de imediata entrega está posta no art. 633, prevalecendo mesmo diante da fixação contratual de prazo à restituição, salvo se o encarregado da guarda tiver o direito de retenção a que se refere o art. 644, se o objeto for judicialmente embargado, se sobre ele pender execução, notificada ao depositário, ou se houver motivo razoável de suspeitar que a coisa foi dolosamente obtida.

Como visto, o prazo fixado no contrato para restituição do depósito não obriga o depositante, que pode reclamar a qualquer tempo a entrega da coisa. Essa faculdade, porém, não é absoluta, eis que se o depositário estiver ao abrigo de uma das causas estatuídas no art. 644 do Código Civil (débito relativo à retribuição, valor de despesas ou de prejuízos experimentados) poderá exercer direito de retenção até que a parte contrária satisfação a obrigação pendente. É relevante destacar que a retenção não constitui penalidade imposta ao depositante, mas meio coercitivo de convencê-lo a pagar ao outro contraente o que deve.

Observe-se, ainda, que o *jus retentionis* somente é admitido quanto aos valores demonstráveis de plano, ou seja, os que independam de prova complexa e apuração em demanda futura. Os gastos que se demonstram por meio de notas fiscais ou recibos, e que tenham evidente ligação com o desempenho dos deveres de guarda e conservação do objeto depositado são considerados líquidos, não reclamando dilação probatória para sua quantificação. Logo, ensejam o exercício do direito de retenção contra o depositante. Mas, se essas dívidas, despesas ou prejuízos não forem provados suficientemente, ou forem ilíquidos, o depositário poderá exigir caução idônea do depositante ou, na falta desta, a remoção da coisa para o Depósito Público, até que se liquidem (parágrafo único do art. 644). Não haverá direito de retenção nos aludidos casos, mas apenas a possibilidade de optar pela adoção das medidas de resguardo acima citadas. É importante salientar que a prerrogativa de retenção não pode ser exercida pelo depositário como mecanismo arbitrário destinado a simplesmente compelir a parte adversa ao pagamento da retribuição ajustada, e tampouco como garantia de gastos supérfluos ou alheios à coisa depositada, pois quanto a estes inexiste reembolso.

Outras circunstâncias impedem o depositante de recuperar a coisa a qualquer tempo. Uma delas consiste no fato de o objeto ter sido judicialmente embargado, isto é, sobre ele recair qualquer medida judicial constritiva, como arresto, penhora, seqüestro etc. Também se houver execução judicial pendente sobre a coisa, regularmente notificada ao depositário, ficará este obrigado a retê-la em nome do juízo até que seja definida a sua destinação. Por fim, se o depositário tiver fundada suspeita de que a coisa foi dolosamente obtida, isto é, que possa resultar de estelionato, furto, dolo como vício de vontade etc., poderá negar a entrega ao depositante enquanto não forem esclarecidos os fatos. A obtenção dolosa da coisa pelo depositante pode decorrer de ilicitude civil ou criminal, bastando que lhe chegue ao conhecimento com razoável consistência para que se justifique a negativa de entregar, cabendo ao magistrado decidir qual a solução a ser dada. Enquanto isso, deverá o depositário pleitear em juízo o recolhimento do objeto ao Depósito Público (art. 634).

De acordo com previsão ínsita no art. 638, não poderá o depositário furtar-se à restituição do depósito, alegando não pertencer a coisa ao depositante, ou opondo compensação, exceto se noutro depósito se fundar. As exceções que viabilizam a negativa de devolução estão postas no elenco taxativo dos arts. 633 e 634, a saber: retenção legal, embargo judicial do objeto, pendência de execução notificada ao depositário, existência de motivo razoável para suspeitar que a coisa foi dolosamente obtida. Nesta última hipótese, deverá ocorrer o recolhimento da coisa ao Depósito Público.

Fora dos casos arrolados pela lei, não poderá o depositário recusar-se à restituição do depósito. Não será aceita a alegação de que a coisa não pertence ao depositante, pois quem não é dono pode contratar depósito, já que visa a resguardar a coisa de afetações e ingerências. Tampouco poderá retê-la sob o argumento de compensação de crédito que possui junto à parte adversa, porque crédito algum, exceto se fundado noutro depósito, poderá ser abatido ou compensado com a coisa depositada. Uma vez que foi ao depositário confiada para guarda e conservação, não se admite o descumprimento do dever de vigilância a pretexto de satisfazer interesse próprio. Também é vedado ao depositário recusar-se a restituir a coisa alegando ser dono. A discussão em torno do domínio deverá ser travada no âmbito próprio por meio de ação reivindicatória, não podendo haver retenção do objeto confiado para guarda e conservação. Ainda que pretenda debater questões dominiais, terá o depositário de restituir a coisa ao depositante tão logo reclame, ou requerer ao juiz que determine o depósito judicial enquanto discutido o mérito.

Obrigações do depositante

Via de regra, o contrato de depósito é marcado pela gratuidade, do que resulta a unilateralidade das obrigações geradas. Assim, apenas o depositário tem deveres jurídicos contratuais, ao passo que do depositante nada se pode exigir. Porém, quando oneroso, o depósito estabelece bilateralidade nas obrigações, fazendo recair sobre o depositante a imposição do pagamento da contrapartida ajustada ou que for fixada pelo juízo.

Mesmo que não exista previsão voluntária no contrato, em determinadas situações presume-se a onerosidade do depósito (art. 628). É o que ocorre quando ele deriva de atividade negocial, como na hipótese do depósito de cereais em armazém de cooperativa. Também presume-se oneroso o depósito quando o depositário o exercitar profissionalmente, pois então a atividade será destinada a proporcionar renda e subsistência ao agente, afastando-se da seara do mero favor ou obséquio destituído de maior interesse. O parágrafo único esclarece que se o depósito for oneroso e a retribuição do depositário não constar de lei, nem resultar de ajuste, será determinada pelos usos do lugar, e, na falta destes, por arbitramento.

Outros deveres incidem sobre o depositante por força da lei, tanto no depósito gratuito como no oneroso, sem que isso represente contraprestação da atividade desenvolvida pelo depositário. Nessa esteira, o art. 643 estabelece: *"O depositante é obrigado a pagar ao depositário as despesas feitas com a coisa, e os prejuízos que do depósito provierem"*. Perceptível, destarte, o fato de que não se imputam ao depositário os gastos feitos com a coisa, sendo da outra parte o dever de por eles responder. Logo, despesas como as de conservação, manutenção e todas as demais que forem feitas em proveito do objeto terão de ser oportunamente reembolsadas. Como exemplos, podem ser citados os gastos com alimentação e saúde do animal, lubrificação da máquina, reparos no veículo etc.

Além da prerrogativa consistente no reembolso das despesas feitas com a coisa, o depositário tem direito à indenização dos prejuízos que do depósito provierem e para os quais não haja contribuído culposamente. Assim, se o animal depositado carrega determinada bactéria patológica e vem a contaminar o rebanho do depositário, poderá este reclamar junto ao depositante a indenização de todos os prejuízos oriundos da referida contaminação. Se determinado recipiente lacrado é depositado, e de seu interior vaza substância que afeta a saúde do depositário, ficará obrigado o depositante a compor os gastos feitos com vistas ao restabelecimento da vítima (médicos, laboratórios etc.).

No que diz respeito às benfeitorias feitas na coisa depositada, segue-se a regra geral contida no Código Civil (arts. 1.219 e 1.220), qual seja, a de que as necessárias serão indenizadas, assim como as úteis autorizadas expressamente ou feitas à vista do interessado sem que tenha apresentado oposição, salvo má-fé do depositário. Quanto às voluptuárias, se não forem indenizadas poderão ser levantadas, contanto que isso não interfira na substância da coisa depreciando-lhe o valor. Em relação às benfeitorias necessárias e às úteis indenizáveis, poderá por elas o depositário de boa-fé exercer direito de retenção até que quitada a pendência.

Viabilidade do depósito irregular

Chama-se *irregular*, variante da espécie voluntária ou regular, o depósito incidente sobre coisa fungível (*v.g.*, dinheiro) ou consumível (*v.g.*, cereais), pois em razão dele o depositário torna-se dono do objeto. Como decorrência dessa realidade, fica obrigado a restituir não exatamente aquilo que foi depositado, mas outra coisa de mesmo gênero, qualidade e quantidade. Portanto, pode fazer o que quiser da coisa depositada, inclusive aliená-la, consumi-la ou dela dispor como lhe aprouver. O depósito irregular encontra grande penetração no campo dos depósitos bancários, haja vista que a instituição depositária recebe o dinheiro do cliente e devolve a mesma quantia, monetariamente atualizada, representada por outras cédulas ou por título que a ela corresponda.

As características dessa subespécie revelam-se frontalmente contrapostas às do depósito voluntário ou regular, no concernente ao objeto da restituição pendente. Afinal, é ordinária a devolução da mesma coisa que foi colocada sob guarda de outrem. Porém, é lógica a constatação de que fica impossível admitir a existência de depósito comum na hipótese de recair em coisa fungível ou consumível, já que ela naturalmente poderá ter a sua substância destruída no primeiro uso. E, ainda que isso não ocorra, a fungibilidade permite que o depositário utilize o objeto como desejar, pois sempre terá a faculdade de restituir outro e liberar-se por inteiro da obrigação assumida. Atento ao peculiar quadro, o legislador definiu como única saída a devolução de coisa diversa, que deverá preencher, com a maior fidelidade possível, a lacuna deixada no patrimônio do depositante em virtude da entrega que fez ao outro celebrante.

O instituto do depósito irregular guarda intensa semelhança com o mútuo, que é denominado empréstimo de consumo e envolve objeto que passa ao domínio do mutuário, gerando o dever de restituir outro também de mesmo gênero, qualidade e quantidade. Por isso tudo, o depósito de coisas fungíveis regular-se-á pelo disposto acerca do mútuo (art. 645). Todavia, o art. 9º da Lei n. 8.866, de 11.4.94, veda a aplicação da mencionada norma aos casos de depósito de valor pertencente à Fazenda Pública, com vistas à proteção desta.

10.2.2. Depósito necessário

Conceito e espécies

Depósito necessário é aquele que, gerado com base em imposição da lei ou fundado em acontecimentos específicos nela listados, faz da vontade das partes um elemento de reduzida importância para a sua constituição e funcionamento. Decorre de situações jurídicas e fáticas excepcionais, cujo rigor e premência fazem incidir os impositivos legais que estabelecem a geração do instituto. Não há interferência decisiva da vontade individual na instituição do depósito, sendo de salientar que muitas vezes até mesmo a indicação do depositário consta da norma, tendo em vista a finalidade de impedir que a coisa sofra ruína ou de algum modo gravoso seja atingida. Embora a prevalência da norma em relação à vontade das partes, o depósito necessário é modalidade de contrato e prima pela consensualidade, pois se forma a partir da submissão consciente dos celebrantes ao imperativo legal.

Nos termos do art. 647 do Código Civil, é depósito necessário: I – o que se faz em desempenho de obrigação legal; II – o que se efetua por ocasião de alguma calamidade, como o incêndio, a inundação, o naufrágio ou o saque. Estão explicitadas, nessa norma, as espécies básicas em que se divide: *legal* e *miserável*. Porém, como será visto adiante, a elas se equipara a variante que está disciplinada no art. 649 do Código Civil.

Quando o depósito necessário se faz em desempenho de obrigação estatuída no ordenamento jurídico, chama-se *legal*. Exemplo disso é o depósito que tem de ser feito pela pessoa que assumir a administração dos bens do depositário acometido de incapacidade (art. 641 do Código Civil). Com efeito, a lei ordena que ele diligenciará imediatamente no sentido de restituir a coisa depositada, e, não querendo ou não podendo o depositante recebê-la, recolhê-la-á ao Depósito Público, ou promoverá nomeação de outro depositário. Assim, verificadas as circunstâncias colocadas no referido mandamento, terá o administrador de promover depósito necessário da coisa. Diversas outras hipóteses estão previstas na lei (*v.g.*, art. 1.233, parágrafo único), devendo sempre ser seguida estritamente a orientação nela traçada.

Como o depósito necessário legal é invariavelmente desempenhado em cumprimento a expressa determinação contida no ordenamento jurídico, cabe a este disciplinar todos os aspectos que envolvem o instituto (art. 648). As regras gerais destinadas a regular o depósito voluntário somente terão aplicabilidade quando a lei específica que nortear a modalidade necessária for deficiente, deixando de abarcar com clareza aspectos relevantes. O mesmo se dará quando a lei especial editada simplesmente omitir-se ou silenciar acerca de elementos essenciais do depósito.

Embora não se enquadre na categoria de legal, o depósito chamado *judicial* também deita raízes em previsão normativa específica. Trata-se de espécie pertencente ao plano processual, e não à seara dos contratos. Surge a partir de mandado expedido pelo juiz da causa, que nomeia depositário pessoa encarregada da mera detenção — e não posse — de alguma coisa até ser definida a matéria controvertida nos autos. É o que se dá, por exemplo, quando o magistrado encarrega certa pessoa de ficar com o veículo sobre o qual recai o litígio. O indicado, geralmente uma das partes, assume encargo de índole pública e gratuita, embora caiba remuneração na hipótese de estranho à demanda funcionar como depositário.

Também é comum a nomeação de instituições bancárias para o desempenho da tarefa de depositário judicial, mormente quando um dos litigantes em processo cível realiza depósito de valores para segurar o juízo, evitar a mora etc. Incide, então, a Súmula n. 179, do Superior Tribunal de Justiça: *"O estabelecimento de crédito que recebe dinheiro, em depósito judicial, responde pelo pagamento da correção monetária relativa aos valores recolhidos"*.

Denomina-se *miserável* o depósito necessário que se efetua por ocasião de alguma calamidade, como o incêndio, a inundação, o naufrágio ou o saque. O elenco colocado no ordenamento é apenas enunciativo, pois todas as situações que se assemelham em gravidade às arroladas no inciso II do art. 647 podem levar à constituição da modalidade miserável, sendo exemplo disso o estado de guerra externa, revolução intestina, epidemias etc.

O depósito necessário miserável também se sujeita a regulamentação específica, aplicando-se, na deficiência ou silêncio dela, os mandamentos concernentes ao depósito voluntário. Como não há exigências formais para a constituição, a existência desta modalidade negocial pode ser provada por quaisquer dos meios em Direito admitidos (parágrafo único do art. 648). Viável, portanto, a demonstração exclusivamente testemunhal, ainda que o contrato apresente valor superior ao décuplo do maior salário mínimo vigente no País ao tempo da celebração, o que exclui a incidência da parte final do art. 227 do Código Civil. A premência do contexto que a gera recomenda seja facilitada ao máximo a sua criação e prova, pois seria verdadeiro contra-senso prever o depósito necessário para ocasiões excepcionais e ao mesmo tempo colocar óbices à regular e ágil constituição do instituto.

De acordo com o art. 649, aos depósitos previstos no art. 648 é equiparado o das bagagens dos viajantes ou hóspedes nas hospedarias onde estiverem. A norma tem aplicação aos casos em que o indivíduo fica em hotéis, pousadas, apart-hotéis e congêneres. Também os que se instalarem noutros estabelecimentos destinados à acolhida de pessoas por período certo de tempo ou por lapso temporal decorrente das circunstâncias submetem-se às regras do depósito necessário, nisso englobados os hospitais, casas de saúde, centros geriátricos, colégios de internato etc. Com isso, ao instalarem-se em pontos de hospedagem os clientes, imediata e automaticamente, tornam-se depositantes das bagagens que portam consigo, ficando como depositários necessários os estabelecimentos que os acolhem.

A responsabilidade dos hospedeiros em virtude do depósito necessário das bagagens dos clientes independe de tradição, pois basta o ingresso das mesmas no estabelecimento para que exista o dever genérico de guarda. A existência do depósito necessário e de suas conseqüências também independe do conhecimento do hospedeiro acerca do conteúdo das malas e recipientes, cabendo ao cliente demonstrar, se houver prejuízos, quais os objetos que portava ao iniciar a relação de hospedagem. O depósito referente às bagagens dos viajantes ou hóspedes abrange todos os objetos com que chegaram ao estabelecimento, seja dinheiro, roupas de uso pessoal, jóias, cartões de crédito etc.

Existe depósito necessário ainda que a finalidade dos estabelecimentos não seja comercial, pois o que define a existência do instituto é o fato de as pessoas serem recebidas para ficar durante algum tempo no local, o que torna obrigatório à parte contrária garantir a incolumidade dos indivíduos e das coisas que carregam consigo. A gratuidade da estadia não afasta o dever de guarda que recai sobre os titulares do estabelecimento.

Diz o parágrafo único do art. 649 que os hospedeiros responderão como depositários, assim como pelos furtos e roubos que perpetrarem as pessoas empregadas ou admitidas nos seus estabelecimentos. Disso resulta que, além de serem responsáveis pelas bagagens dos clientes na qualidade de fiéis depositários, os hospedeiros e afins também serão chamados a arcar com os ônus provenientes dos eventos mencionados pelo legislador. A regra incide ainda que os fatos tenham como agentes outros hóspedes ou prestadores de serviços contratados pelo estabelecimento. A norma tem por fundamento o dever jurídico, que recai sobre o titular de hospedagem ou similar, de garantir aos clientes total incolumidade de seus pertences. Aliás, em termos de responsabilidade civil a obrigação de indenizar abrange até mesmo os danos à integridade corporal e moral produzidos pelo dono do estabelecimento, por quem estiver sob suas ordens ou por terceiros que tiverem indevido acesso aos hóspedes.

Nas situações aventadas acima, cessa a responsabilidade dos hospedeiros, se provarem que os fatos prejudiciais aos viajantes ou hóspedes não podiam ter sido evitados (art. 650). A responsabilidade civil no Direito brasileiro, ressalvadas as exceções previstas em lei, depende da existência de culpa por parte do agente a quem se atribui a provocação de danos. No que diz com o depósito necessário não chega a ser diferente, pois o hospedeiro, que inicialmente responde pelo fato de em seu estabelecimento ocorrerem prejuízos aos clientes, pode afastar a responsabilidade civil que lhe é imputada mediante prova cabal no sentido de que os eventos prejudiciais aos viajantes ou hóspedes ocorreriam independentemente da sua conduta. A responsabilidade, portanto, não é objetiva, motivo pelo qual a presença do elemento culpa, seja qual for o grau em que se apresente, é indispensável. Com isso, o ordenamento jurídico outra vez define o caso fortuito e a força maior como fatores de inibição da responsabilidade pelos danos produzidos, eis que verificados sem culpa do hospedeiro.

Entre os acontecimentos que afastam a responsabilidade civil do hospedeiro, *ex vi* da aplicação do art. 650, estão o roubo praticado por meio de artifício empregado por estranho que utiliza a parte externa do prédio para ter acesso ao quarto do hotel, assalto com uso de armas e rendição do hospedeiro, incêndio provocado por causas naturais e assim por diante. Não há na lei elenco algum quanto às hipóteses teoricamente abarcadas; isso acaba sendo importante, pois deixa ao julgador a tarefa de analisar em cada caso concreto as suas peculiaridades.

Exceto nos casos submetidos à disciplina do Código de Defesa do Consumidor, a responsabilidade do hospedeiro pelos danos causados por condutas de terceiros pode ser previamente afastada mediante acordo de vontades, por meio do qual o hóspede ou viajante assume os riscos de eventuais prejuízos de qualquer natureza ao longo do tempo em que permanecer no estabelecimento. É o que se admite, por exemplo, na hospedagem gratuita. Todavia, isso não pode ser feito mediante simples edição de regulamentos internos ou avisos, pois a exclusão da responsabilidade civil prevista em lei tem de ser efetuada mediante expresso acordo de vontades.

Por outro lado, cabe observar que a culpa exclusiva do hóspede é causa de afastamento da responsabilidade do hospedeiro. Afinal, ele não pode reclamar dos resultados lesivos de eventos para cuja ocorrência prestou colaboração direta ou indireta. É o que acontece, por exemplo, quando deixa de fechar as janelas e portas ao sair, ou quando leva para dentro do estabelecimento pessoas estranhas, que vêm a provocar os danos.

Remuneração devida

O depósito necessário é relação jurídica de cunho oneroso, eis que ao depositário assegura-se retribuição pela atividade desempenhada, exceto quando houver convenção em sentido contrário. A gratuidade não se presume, devendo resultar de manifestação inequívoca dos interessados, pois se assim não for ficará patenteada a onerosidade.

Em se tratando de depósito necessário decorrente de hospedagem paga, a remuneração devida ao depositário já se encontra incluída no preço cobrado (art. 651), sendo defeso ao hospedeiro, salvo se convencionado quando da chegada do cliente, fixar retribuição paralela ao valor da hospedagem como forma de cobertura da atividade desenvolvida na condição de depositário. A inclusão da remuneração no preço global da hospedagem é a regra; a cobrança em separado é a exceção, e por isso tem de ser antecedida de convenção entre as partes, ainda que implícita em forma de aviso ao público afixado no local da hospedagem.

10.3. Prisão do depositário

Questão sumamente controvertida na doutrina e na jurisprudência tem sido a que envolve a possibilidade da prisão do chamado depositário infiel. Isto porque existe, de um lado, a necessidade de preservação do instituto do depósito, que não pode ficar à mercê da vontade de quem se dispõe ou é obrigado a funcionar como depositário de coisa alheia. E, de outro, está a corrente que preconiza a relevância da limitação das hipóteses de constrição da liberdade pessoal, que deve predominar sobre os interesses meramente econômicos envolvidos no contrato.

Em primeiro lugar, é preciso distinguir o quadro estabelecido no depósito contratual (voluntário ou legal) daquele vislumbrado no depósito judicial. Neste último caso, conforme sobredito, a pessoa nomeada depositária da coisa móvel ou imóvel exerce um *munus* público e não tem a posse, mas apenas a detenção em nome do Estado. Logo, a qualquer tempo o depositário pode ser instado a promover a imediata restituição do bem, sob pena de prisão civil. Não há necessidade da adoção de qualquer outra providência adicional, bastando o descumprimento da ordem para que o juiz, nos autos da lide onde houve a nomeação, decrete a prisão e a busca da coisa.

A propósito do que se expôs acima, a Súmula n. 619, do Supremo Tribunal Federal, preconiza: *"A prisão do depositário judicial pode ser decretada no próprio processo em que se constituiu o encargo, independentemente da propositura de ação de depósito"*. Nessa mesma linha, posteriormente, foi editado o § 3º do art. 666 do Código de Processo Civil: *"A prisão de depositário judicial infiel será decretada no próprio processo, independentemente de ação de depósito"*. No plano criminal, o art. 168, § 1º, I, do Código Penal, considera como causa de aumento da pena no crime de apropriação indébita a circunstância de o agente receber a coisa em depósito necessário, deixando de entregá-la assim que instado pelo juízo da causa.

No concernente ao depósito de natureza contratual, disciplinado pela codificação civil, a matéria encontra previsão no art. 652: *"Seja o depósito voluntário ou necessário, o depositário que não o restituir quando exigido será compelido a fazê-lo mediante prisão não excedente a um ano, e ressarcir os prejuízos"*. Isso vale tanto para a espécie voluntária como para a necessária. O direito nacional sempre foi avesso a medidas coercitivas que envolvessem a limitação da liberdade física do agente em função de débitos de natureza cível. Tanto isso é verdade que em somente duas hipóteses admite a drástica solução: pendência de débito alimentar e infidelidade do depositário. A este, conforme dito à saciedade, cabe restituir a coisa tão logo lhe seja reclamada, ou assim que advier o tempo ou acontecer o evento fixado como marco final do depósito. Deixando de proceder à imediata devolução do objeto, torna-se depositário infiel e sujeita-se ao rigor da lei. Com efeito, o depositário infiel quebra a confiança e a lealdade que dele se exige perante a parte contrária, colocando em risco a segurança das relações jurídicas.

Nunca se deve deixar de observar que em diversas situações a lei permite ao depositário que se negue a restituir a coisa, e se isso ocorrer não ficará caracterizada a infidelidade coibida pelo ordenamento. São exemplos de negativa justificada do depositário em devolver a coisa: o exercício do direito de retenção autorizado em lei (art. 644 do Código Civil), a existência de motivo razoável de suspeitar que a coisa foi dolosamente obtida (art. 633 do Código Civil) e diversos outros.

Em qualquer circunstância, a prisão não tem finalidade punitiva ou de ressocialização, desideratos inerentes ao campo do Direito Penal; visa, isto sim, simplesmente a compelir o depositário a promover a restituição a que está obrigado. Embora o juiz fixe no máximo do prazo a constrição da liberdade, a devolução da coisa depositada faz imediatamente cessar a prisão, haja vista a circunstância de ter sido atingido o objetivo almejado. O decreto prisional não poderá ser renovado quando o somatório dos períodos fizer com que seja ultrapassado o marco máximo de um ano. Porém, a renovação será permitida, até que se chegue a um ano, nos casos em que o juízo determinar a prisão por período menor e o depositário continuar inadimplente em seu dever de restituir.

Além da obrigação de devolver a coisa, sobre o depositário também recai o dever de ressarcir os prejuízos verificados. Todavia, não poderá ser determinada a prisão por falta de indenização dos referidos prejuízos, pois a restrição à liberdade somente é autorizada contra o depositário que faltar ao dever de restituir a coisa cuja guarda lhe foi confiada. Para a obtenção da indenização assegurada pelo legislador ao depositante existem os meios comuns, especialmente traduzidos em ações ordinárias e executivas.

Importante observação se faz necessária nesta etapa da análise da matéria. A prisão do depositário infiel, nos moldes preconizados no art. 652, somente poderá ser decretada no curso de ação de depósito (arts. 901 a 906 do Código de Processo Civil), depois de assegurada plena defesa ao devedor e constatado que não há causa alguma de afastamento da aplicabilidade da medida coercitiva, *v.g.*, caso fortuito ou força maior que fizeram perecer a coisa, roubo, exercício de direito previsto em lei etc. Não há como determinar a prisão diretamente nos autos de lide diversa (ação de busca e apreensão, por exemplo). Tal cuidado pretende impedir que a prisão seja determinada antes de exaustiva investigação em torno das peculiaridades do evento concreto, pois disso poderia resultar o cometimento de injustiças contra a liberdade física, valor que, juntamente com a vida, é inestimável para todo indivíduo.

Embora não produza depósito contratual *stricto sensu*, a alienação fiduciária em garantia autoriza o credor a reclamar a prisão do devedor. O ordenamento regula a providência no art. 4º do Decreto-lei n. 911/69, dispondo que se o bem alienado fiduciariamente não for encontrado ou não se achar na posse do devedor, o credor poderá requerer a conversão do pedido de busca e apreensão, nos mesmos autos, em ação de depósito, na forma prevista na legislação adjetiva.

Capítulo 11

DO MANDATO

11.1. Conceito e objeto

Segundo se depreende do art. 653 do Código Civil, mandato é o contrato pelo qual uma das partes, chamada mandatário, recebe de outra, denominada mandante, poderes para, em seu nome, praticar atos ou administrar interesses em situações para as quais a lei não exija a pessoal intervenção do interessado. Não se pode confundir o *mandato*, que é espécie de negócio jurídico, com o *mandado*, elemento de direito processual consistente em determinação judicial a ser cumprida por servidor público competente (*v.g.*, mandado de intimação de testemunha para que compareça à audiência designada).

Como regra, é permitido constituir mandatário para a prática de todos os atos que, pertencendo ao plano civil, poderiam ser realizados diretamente pelo interessado, tenham ou não natureza patrimonial, ressalvados os que possuam caráter personalíssimo e exijam intervenção direta, como por exemplo o exercício de função pública, a confecção de testamento, o ato de votar e assim por diante. Por outro lado, o mandato não se presta para incumbir outrem da execução de atos materiais comuns, *v.g.*, a edificação de prédio e a pintura de quadro, pois para isso existem formas contratuais adequadas. Fica evidenciada, portanto, a circunstância de que o objeto da avença é sempre a prática de um ato de natureza jurídica, não bastando que se trate apenas de um evento qualquer passível de consecução pelo mandatário. O sentido jurídico da conduta esperada é que dá ao ajuste os contornos próprios de mandato, distinguindo-o de outras atividades inerentes a liames de cunho diverso.

Consoante asseverado, os atos passíveis de execução pelo mandatário não são apenas os que, lícitos e possíveis, carregam teor patrimonial, embora nesses resida a grande maioria dos encargos cometidos. Atos pessoais como o casamento e o reconhecimento de filhos também podem ser praticados por intermédio de mandatário, haja vista a existência de normas a admitirem tal procedimento. Entrementes, a regra geral consiste em evitar que os atos personalíssimos sejam realizados por representantes, até mesmo para evitar inconvenientes e contratempos prejudiciais ao interesse de terceiros.

11.2. Mandato e outros institutos

O mandato não se confunde com a gestão de negócios (arts. 861 a 875 do Código Civil). Enquanto esta se caracteriza como uma atuação oficiosa do gestor no interesse presumível do dono do negócio, aquele é um contrato. No mandato, o representante age em nome do representado, vinculando-o a todas as condutas tomadas dentro das fronteiras dos poderes conferidos. Na gestão, o gestor não recebe poderes para atuar, de maneira que, sem autorização, intervém na condução de negócio alheio, ficando obrigado a dirigi-lo segundo o interesse e a vontade presumível de seu dono, ficando responsável a este e às pessoas com que tratar. Observe-se, porém, que a ratificação pura e simples do dono do negócio retroage ao dia do começo da gestão, e produz todos os efeitos do mandato. Por outro lado, o mandatário que exceder os poderes do mandato, ou proceder contra eles, será considerado mero gestor de negócios, enquanto o mandante lhe não ratificar os atos (art. 665). Daí que, embora a existência de alguns pontos em comum entre os institutos, eles são absolutamente diversos em sua gênese e mecanismos de funcionamento.

Também não são confundíveis o mandato e a prestação de serviço. Esta última é contrato civil pelo qual um dos celebrantes obriga-se, mediante pagamento da contrapartida acertada, a colocar a sua atividade à disposição e a realizar o serviço indicado e dirigido pelo outro pólo no momento da constituição do vínculo. Porém, não há nisso qualquer espécie de representação do prestador em relação ao tomador, de modo que aí já se verifica a abissal distância que separa as duas avenças, pois no mandato a tônica é exatamente a idéia de representação do mandante, excetuada a hipótese de comissão mercantil. O mandatário tem poder de decisão acerca de aspectos relativos à condução do negócio, ao passo que o prestador deve cingir a atuação às ordens exaradas pelo tomador.

O mandato difere da comissão mercantil, na medida em que o comissário toma conta de negócios em nome do comitente, mas contrata em nome próprio. Assim, fica atrelado pessoalmente ao teor daquilo que convencionou com terceiros. O mandatário, ao revés, contrata em nome do mandante e o vincula diretamente ao terceiro com quem celebrou o negócio.

11.3. Representação do mandante

O mandato traz consigo a noção de que o mandatário representa o mandante, ou seja, atua em nome deste e o vincula para todos os fins definidos quando da outorga de poderes. É como se o mandante estivesse, por via direta, praticando atos junto a terceiro com quem é efetivada a negociação, haja vista a total responsabilidade que assume a partir da regular atuação do constituído. O mandatário, por seu turno, não fica pessoalmente atrelado às conseqüências da atividade realizada, pois, respeitados os limites das prerrogativas conferidas, agiu em nome e no interesse alheio. Em caráter excepcional, pode-se falar em mandato sem representação, sendo exemplos disso a comissão mercantil e a avença dotada da cláusula *em causa própria*.

Considerada a realidade acima exposta, resta patente o fato de que eventual atuação do mandatário em nome próprio não tem o condão de vincular o mandante. Terá agido, então, na condição de sujeito da relação jurídica constituída, devendo responder pelos resultados dela advindos. Por outro lado, se o indivíduo atuar em nome alheio, mas extrapolando os poderes de representação outorgados, dependerá da posterior ratificação do interessado para que se perfectibilize o liame jurídico. Se o mandante não ratificar os atos, estes não o vincularão e o mandatário responderá por perdas e danos junto à pessoa que com ele negociou. Caso a atividade seja desenvolvida sem poder algum decorrente de mandato, mas por voluntária iniciativa de quem pretende ser representante alheio, haverá nisso uma gestão de negócios, que é ato unilateral de vontade e depende de posterior confirmação para prevalecer.

Encerrado o contrato, o mandatário deixa de ter poderes para atuar em nome do mandante. Com isso, tudo o que praticar avocando a qualidade de representante não terá o condão de vincular quem lhe atribuirá os poderes resolvidos. Há algumas exceções a este último aspecto, cuja análise ocorrerá quando da abordagem do tema relativo à extinção do mandato.

Afirmada a noção de representação contida no mandato, é preciso observar que em determinadas hipóteses o poder de representar alguém na prática de atos concernentes à vida civil independe da existência de mandato. Afinal, os representantes podem ser legais (*v.g.*, pais, tutores e curadores), judiciais (*v.g.*, inventariante) e convencionais (nomeados pelo interessado), e somente estes últimos são mandatários. Em suma, se no mandato há representação, nem toda representação resulta do mandato. É o que acontece nas situações antes explicitadas, nas quais o resultado da atuação de tais indivíduos é semelhante aos decorrentes do contrato de mandato, mas reside na lei — e não na vontade das partes — a fonte que estabelece a vinculação do representado às conseqüências da conduta do representante.

11.4. Forma do contrato e procuração

De acordo com o enunciado final do art. 653, a procuração é o instrumento do mandato, ou seja, o meio físico onde se materializam os poderes conferidos pelo mandante ao mandatário. Todavia, é equivocado imaginar que a existência do ajuste dependa da confecção de procuração, já que o art. 656 estabelece que o mandato pode ser expresso ou tácito, verbal ou escrito. Portanto, a menos que a lei exija forma especial (*v.g.*, quando o mandante for cego ou analfabeto), o mandato é de livre pactuação e se caracteriza como elemento simplesmente consensual, tanto no que diz com a validade como em relação à prova, admitindo-se que seja tácita ou expressamente celebrado, e que neste último caso se componha verbalmente ou por escrito.

Será expresso o mandato quando as partes contratarem oralmente ou por meio de escrito público ou particular. No caso de mandato verbal, a prova poderá ser feita por qualquer meio em Direito admitido, ainda que exclusivamente por testemunhas. Por outro lado, o mandato será tácito quando das circunstâncias resultar inequívoca a outorga de poderes de uma pessoa a outra para fins de execução de atos da vida civil, com ou sem natureza patrimonial. É entendimento jurisprudencial que o emitente de nota promissória assinada em branco confere mandato tácito ao portador para completá-la, o que não a minimiza em seu valor cambial. De outra banda, o gerente do estabelecimento comercial dispõe de mandato tácito para fazer compras e preencher o cheque assinado em branco pelo proprietário, sendo de nenhuma influência sobre o direito do credor posterior desentendimento entre mandante e mandatário. É claro que somente se admite o mandato tácito quando regularmente demonstrado em hipóteses especiais, e desde que a lei não o exija expresso.

Como toda contratação, o mandato depende da convergência das vontades das partes, ou seja, da conjugação do elemento anímico de um dos contraentes com o do outro, ainda que os objetivos e os interesses não sejam exatamente comuns. No mandato não basta que alguém se disponha a outorgar poderes a outrem; faz-se necessária a aceitação daquela pessoa a quem se pretende transmitir prerrogativas visando à prática de certo ato. Em suma, o mandatário somente será considerado como tal a partir do momento em que aceitar a condição que lhe está sendo alcançada.

A aceitação é ordinariamente feita de maneira expressa e verbal, sendo mesmo rara a aceitação por escrito. Todavia, admite-se que o mandatário aceite tacitamente a qualidade de representante do outro contraente, o que acontece quando dá início à execução do objeto previsto na avença (art. 659). Destarte, considera-se aceito o mandato pela pessoa que, encarregada de realizar a compra de um veículo, mune-se da respectiva procuração e, mesmo sem dizer que assume a qualidade de mandatário, passa a buscar a coisa desejada pelo outro celebrante. Enfim, a aceitação tácita é inferida da conduta do mandatário no contexto vivenciado, de maneira que se adotar atitude compatível com a de quem assume a representação do mandante têm-se por aceitos a atribuição e os correspondentes poderes. Cumpre asseverar, porém, que o silêncio da pessoa que se pretende indicar como mandatário não importa em aceitação, pois ninguém é obrigado a responder, seja afirmativa ou negativamente, a quem oferece a oportunidade de contratação.

A procuração pode ser impressa em série, digitada, datilografada ou manuscrita. Ela adquire valor jurídico a partir do momento da aposição da assinatura pelo outorgante (art. 654). Todavia, para que possa ser imediatamente oposta *erga omnes* dependerá de reconhecimento da firma do mandante junto ao tabelionato. Salvo quando se tratar de mandato judicial, pois então o instrumento terá imediata eficácia contra todos desde a assinatura, sem a necessidade de reconhecimento da firma. Confeccionada a procuração em instrumento particular, este deve conter a indicação do lugar onde foi passado, a qualificação do outorgante e do outorgado, a data e o objetivo da outorga com a designação e a extensão dos poderes conferidos (§ 1º).

Toda pessoa que se dispõe a contratar com o mandatário tem o direito de tomar as cautelas necessárias para certificar-se da autenticidade da assinatura do mandante. Por isso, poderá o terceiro exigir que a procuração exibida pelo outorgado traga a firma reconhecida do outorgante (§ 2º), pois por meio dessa medida estará sendo dada fé pública acerca da veracidade da subscrição constante do instrumento. Convém ao terceiro que exija o reconhecimento da firma como sendo verdadeira, e não apenas por semelhança, eis que no primeiro caso, tendo o tabelião presenciado a confecção da assinatura, será certa a autoria. Em se tratando de reconhecimento por semelhança, não é possível de imediato descartar a ocorrência de manobras ardilosas visando a burlar a vigilância do tabelião e ludibriá-lo, por meio da aposição de assinatura falsa e extremamente semelhante com a matriz arquivada no cartório. Como se sabe, nessa espécie de reconhecimento não é exigida a aposição da firma à vista do tabelião, mas tão-somente a apresentação do documento já assinado para comparação da firma com aquela guardada nos arquivos.

Embora geralmente haja liberdade de forma para a outorga de poderes ao mandatário, em algumas situações vigora o *princípio da atração da forma* no que diz respeito ao ato cuja prática é visada pelo vínculo (art. 657). Afinal, o mandato é contratação de cunho preparatório, não sendo um fim em si mesmo, mas sim um meio para a obtenção do resultado final pretendido. Se o ato a ser praticado pelo mandatário reclama escritura pública, o correspondente mandato também deverá seguir essa forma, isto é, ser confeccionado por escrito público de igual valor jurídico. Exemplo: para a compra e venda de imóveis a lei exige escritura pública; logo, a constituição de procurador para realizar tal negócio jurídico também depende de instrumento público. É o princípio da atração da forma em sua mais perfeita gênese, até porque seria incoerente admitir que o legislador impusesse forma especial para determinado ato e permitisse que o mandatário encarregado da execução do mesmo em nome do mandante pudesse receber poderes mediante escrito público, determinação verbal ou até tacitamente.

Corolário lógico do que se expôs acima é a vedação da constituição verbal do mandato quando o ato a ser celebrado pelo mandatário depender de forma escrita, seja pública ou particular. Havendo previsão no sentido de que o ato visado pelo mandante deva ser efetivado por escrito, somente por meio de mandato escrito serão válidos e eficazes os poderes conferidos ao mandatário. Como quem pode o mais pode o menos, é óbvio que se o ato final puder ser executado por instrumento particular, o respectivo mandato será convencionado tanto em escritura pública como particular, indistintamente e com igual vigor.

Ainda quando se outorgue mandato por instrumento público, pode substabelecer-se mediante instrumento particular (art. 655). A escritura pública para outorga de poderes em mandato pode ser adotada pelos interessados por mera opção, até porque atribui maior segurança ao liame jurídico estabelecido e define com precisão os seus contornos. Noutras oportunidades é a lei que exige a forma pública para o contrato de mandato, exatamente com vistas a tornar mais segura a relação jurídica travada. Seja qual for a razão que levou à confecção da procuração por instrumento público (vontade das partes ou imposição legal), faculta-se ao mandatário, quando autorizado pelo mandante, promover o substabelecimento dos poderes por meio de instrumento particular. Como se sabe, o ato de substabelecer implica na transmissão parcial ou total da qualidade de representante a outrem, sem que o mandante tenha de ser previamente consultado ou de qualquer maneira precise assentir.

Por força da norma acima referida, o substabelecimento dos poderes conferidos no mandato não está sujeito ao princípio da atração da forma. Mesmo quando o escrito público é imposto por lei para a validade e eficácia do mandato, a transferência dos poderes do mandatário original a outrem poderá ser feita mediante escrito particular. Nada impede, por óbvio, que isso se dê por outro instrumento público, pois quem pode o mais pode o menos.

11.5. Capacidade de contratar

A legitimidade para ser mandante por meio de participação direta reclama a existência de capacidade genérica para os atos da vida civil, seja a contratação escrita ou verbal. Todavia, podem figurar como mandantes os relativa ou absolutamente incapazes, desde que, respectivamente, assistidos ou representados quando da celebração do ajuste.

Todas as pessoas capazes são aptas para dar procuração mediante instrumento particular, que valerá desde que tenha a assinatura do outorgante (art. 654). Logo, podem outorgar poderes em procuração todos os que forem maiores e capazes ou emancipados. Não se enquadram nesse contexto, portanto, os incapazes por idade ou em razão de problemas de ordem mental. Eles precisarão da interferência de outrem, conforme acima explicitado, para que possam ser mandantes. E ainda assim mediante instrumento público, exceto no caso de mandato judicial.

O analfabeto não pode outorgar procuração por instrumento particular, eis que não tem condições de conhecer com exatidão o conteúdo do documento e firmá-lo. Porém, poderá constituir procurador por escritura pública, sem qualquer outra espécie de limitação.

Em princípio, para ser mandatário é preciso ter capacidade geral para os atos da vida civil, bem como estar apto a contratar. Todavia, o maior de dezesseis e menor de dezoito anos não emancipado pode ser mandatário, mas o mandante não tem ação contra ele senão de conformidade com as regras gerais, aplicáveis às obrigações contraídas por menores (art. 666). Saliente-se que o menor relativamente incapaz pode ser constituído como mandatário independentemente de autorização ou assistência do respectivo representante legal. A sua atividade vincula por inteiro o mandante, autorizando o terceiro, com quem negociou, a reclamar a observância do teor do liame estabelecido.

Embora pareça paradoxal que alguém sem capacidade plena para gerir os próprios interesses tenha o aval do ordenamento jurídico para servir de mandatário, não vai nisso contra-senso algum. A incapacidade civil é instituída em favor do menor, eis que necessita de proteção jurídica face à ausência de maturidade psíquica. Sendo constituído mandatário, e no mais das vezes ficando imune a posteriores incursões do mandante que porventura restar prejudicado pelo exercício dos poderes outorgados, o menor em nada será afetado. Tal resguardo prevalecerá ainda que haja atuação errônea ou mesmo eivada de má-fé, já que o elemento anímico do menor não produz as mesmas conseqüências da conduta de quem é plenamente capaz, e o risco da contratação incide totalmente sobre a parte adversa. Esse é o motivo pelo qual se admite que o indivíduo situado na faixa etária entre dezesseis anos completos e dezoito incompletos, não emancipado, possa servir como mandatário. Se emancipado, responderá de acordo com as normas gerais aplicáveis, eis que detém plena capacidade.

Com a acuidade de sempre, *Caio Mário da Silva Pereira* expõe (obra citada, 12ª ed., vol. III, p. 277): *"Em jogo está a fazenda do mandante, cuja capacidade não obsta a que delegue poderes ao menor, se este é da sua confiança. Em conseqüência do princípio, as relações entre o mandante e o terceiro não sofrem qualquer modificação, originando os mesmos direitos e obrigações, como se o representante fosse maior".* É de ver, destarte, que o terceiro não sofrerá repercussão negativa alguma pelo fato de ser menor a pessoa com quem tratou, sendo-lhe facultado reclamar contra o mandante o integral cumprimento de tudo o que restou acordado.

O mandante que nomeou pessoa relativamente incapaz como representante não poderá mover ação comum de responsabilidade contra ela; poderá, todavia, demandar com substrato nas regras gerais aplicáveis às obrigações contraídas por menores. Logo, normalmente arcará o mandante com os prejuízos experimentados, mas em algumas situações especiais terá a faculdade de litigar contra o mandatário. Assim, por exemplo, se ao menor advier enriquecimento ilícito em razão do desempenho do mandato, poderá o mandante prejudicado pela atividade de representação buscar diretamente contra ele o ressarcimento das perdas e dos danos suportados, já que nesse caso é indicada a reposição das partes ao estado anterior como forma de evitar locupletamento indevido do mandatário.

Embora impedidos de administrar os seus próprios bens e de praticar outros atos específicos que lhes digam respeito, os pródigos e os falidos podem servir de procuradores. Isto porque como mandatários tratarão de interesses alheios e em nome do mandante, o que torna inaplicáveis, sob esse prisma de análise, as restrições que sofrem na administração de seus interesses pessoais.

11.6. Classificação do contrato

Conforme observado anteriormente, o contrato de mandato é *consensual*, pois se perfaz pelo só acordo de vontades e não depende de qualquer outra providência externa. Exceto quando a lei reclamar instrumento público para a sua formação, o mandato é celebração *não solene*, podendo ser livremente pactuado. Como regra, é ajuste *gratuito*, porque o mandatário nada recebe em retribuição à atividade desenvolvida. Mas nada impede que se convencione a onerosidade da atuação do mandatário, ou que ela resulte da própria natureza da atividade desenvolvida, *v.g.*, no caso de contratação de advogado, leiloeiro, despachante etc. Caso isso se verifique, o caráter oneroso independerá de previsão contratual e terá como fonte unicamente a letra da lei.

Com efeito, o *caput* do art. 658 estabelece: *"O mandato presume-se gratuito quando não houver sido estipulada retribuição, exceto se o seu objeto corresponder ao daqueles que o mandatário trata por ofício ou profissão lucrativa"*. Ainda que esse tipo de mandato se presuma oneroso, nada obsta às partes o estabelecimento, por expressa convenção, de que será desempenhado gratuitamente pelo mandatário. Se o mandato for oneroso, caberá ao mandatário a retribuição prevista em lei ou no contrato. Sendo estes omissos, será ela determinada pelos usos do lugar, ou, na falta destes, por arbitramento (parágrafo único).

Em prosseguimento à tarefa de classificação do mandato, impende observar que ele configura avença *intuitu personae*, de vez que entre as partes se estabelece um laço de confiança, de fidúcia, e isso faz com que geralmente a execução tenha de ser pessoal. Solução diversa depende de inequívoco assentimento do mandante, podendo resultar, também, da outorga de poderes destinados a permitir que o mandatário substabeleça a outrem as prerrogativas recebidas, criando-se nisso uma peculiar relação, cujas nuanças serão analisadas na seqüência do trabalho. Importa destacar, ainda, a circunstância de que o mandato possui caráter *preparatório*, por não ficar esgotado em si mesmo e ter sempre em vista a prática de algum ato posterior pelo sujeito que recebeu poderes do mandante. Mostra-se comum, inclusive, que a razão de existir do mandato seja o encaminhamento da celebração de outro contrato, como acontece quando o mandatário fica encarregado de representar o mandante na compra ou na venda de um imóvel.

O mandato é tido como ajuste *bilateral imperfeito* quando, embora produza obrigações imediatas apenas para o mandatário, gera deveres também para o mandante ao longo da sua execução ou depois dela (*v.g.*, reembolso de despesas feitas com a prática do ato contratualmente previsto). No caso de provocar o surgimento de obrigações apenas para o mandatário, o ajuste enquadra-se como *unilateral*, sendo exemplo disso a celebração feita a título gratuito. Já na hipótese de acarretar desde o início deveres para ambas as partes (*v.g.*, havendo fixação de remuneração certa em favor do mandatário), será contrato *bilateral*.

11.7. Obrigações do mandatário

Várias são as obrigações previstas na lei para cumprimento pelo mandatário. Sendo contrato predominantemente unilateral, admitindo a onerosidade apenas quando convencionada ou decorrente de lei, o mandato atribui ao sujeito encarregado da prática da atividade uma série de encargos.

O primeiro deles consiste em *atuar em nome e no interesse do mandante*, conforme indicado no art. 653 do Código Civil. A execução daquilo que foi previsto quando da celebração da avença, portanto, acaba figurando como mais expressivo dever do mandatário, mesmo porque sintetiza tudo o que significa essa modalidade negocial. Releva destacar a circunstância de que a atuação esperada e exigida do representante terá de ocorrer dentro dos limites estabelecidos pelos celebrantes, pois do contrário, excepcionados os casos apontados na lei, o mandante não ficará vinculado ao que foi ajustado pelo mandatário.

Ao mandatário, destarte, não é permitido atuar exorbitando dos poderes recebidos. Em vista disso, ao terceiro caberá adotar cautelas suficientes para conhecer de antemão as prerrogativas de que está munido quem se apresenta como mandatário, pois se negociar com quem não tenha mandato, ou o tenha sem poderes suficientes, não poderá exigir da pessoa, em cujo nome foram praticados os atos, que assuma os deveres dele emergentes. Portanto, o negócio realizado entre o terceiro e o mandatário que ultrapassou os poderes recebidos, ou entre aquele e pessoa sem poderes, é *res inter allios* no que diz respeito àquele em cujo nome praticaram-se os atos, não o vinculando para qualquer fim.

Na exata dicção da lei, os atos praticados por quem não tenha mandato, ou o tenha sem poderes suficientes, são ineficazes em relação àquele em cujo nome foram praticados, salvo se este os ratificar (art. 662). Se por algum motivo isso for interessante, poderá o interessado confirmar os atos executados por alguém despido de poderes ou que extrapolou os efetivamente conferidos. A ratificação importa em assunção de todos os efeitos das atividades realizadas pelo mandatário, seja no que se refere aos proveitos como no que concerne aos prejuízos. Em suma, abona-se e aprova-se integralmente a conduta do representante, de modo que será tida como se desde o princípio houvesse ocorrido no perfeito desempenho de atribuições transmitidas.

A ratificação há de ser expressa, ou resultar de ato inequívoco, e retroagirá à data do ato (parágrafo único). Ela independe de forma especial, mas como regra haverá de ser explícita em seu conteúdo. Diz-se expressa quando o interessado, de maneira inequívoca e direta, confirma a firmeza e a eficácia da atuação do mandatário. Todavia, o legislador não exclui a possibilidade de que a ratificação se dê tacitamente, ou seja, por meio de postura compatível com a de quem pretende, indubitavelmente, confirmar a validade e eficácia da atividade do mandatário, *v.g.*, entregando o bem alienado ou recebendo o valor correspondente ao arrendamento feito por quem agiu em seu nome. Quer expressa ou tácita, a ratificação volverá em eficácia à data da prática dos atos pelo mandatário. Isso significa que eles produzirão desde aquele marco temporal os efeitos que lhes são pertinentes, obrigando pelo seu conteúdo a pessoa em cujo nome foram praticados os atos e o terceiro que contratou com o mandatário.

Os atos do mandatário obrigam por inteiro o mandante quando praticados rigorosamente dentro dos poderes outorgados. Se excedê-los em sua atuação, indo além da autorização contida no contrato, será tido como mero gestor de negócios e responderá pessoalmente perante o terceiro com quem tratar, salvo se houver ratificação por parte do mandante (art. 665). O mesmo acontecerá no caso de o mandatário proceder contra os poderes recebidos, ou seja, praticar atos em sentido oposto ao estatuído no mandato, afrontando interesses do mandante.

Cabe observar que eventual atuação em nome de terceiro, por parte de quem nenhum poder recebeu, também configura gestão de negócios, à semelhança do que ocorre com aquele que pratica atos extrapolando as prerrogativas recebidas ou contrariando-as. Logo, a vinculação da pessoa em cujo nome foi realizado o negócio ficará na dependência de posterior ratificação. Em qualquer das hipóteses a ratificação retrotrairá em efeitos à data da prática dos atos pelo mandatário, considerando-se obrigado o mandante desde então. Quando a atuação não vai contra os poderes conferidos, mas ultrapassa os limites contratualmente fixados, o mandatário responde apenas pelos excessos perpetrados, havendo vinculação jurídica do mandante quanto ao restante da atividade praticada.

O segundo dever do mandatário encontra fixação no *caput* do art. 667, onde se diz que ele está obrigado a *aplicar toda sua diligência habitual* na execução do mandato, e a *indenizar qualquer prejuízo causado* por culpa sua ou daquele a quem substabelecer, sem autorização, poderes que devia exercer pessoalmente. À evidência, ao exercer os poderes outorgados o mandatário deverá diligenciar no bom andamento dos negócios do mandante como se fossem seus, eis que somente assim estará dando cumprimento aos encargos inerentes à contratação. O zelo e a lisura procedimental deverão pautar a conduta do mandatário, sob pena de responder pelos danos causados ao mandante, em especial os derivados de dolo. Caberá ao mandante provar a falta de diligência da outra parte no desempenho da missão cometida, pois se trata de responsabilidade subjetiva.

Os prejuízos causados em virtude de conduta culposa também terão de ser indenizados ao mandante, desde que por parte do mandatário tenha havido comprovada falta de cautela na execução do contrato. É preciso diferenciar, porém, os reveses decorrentes da própria natureza do negócio daqueles cuja origem é o comportamento culposo ou doloso do mandatário, eis que responderá exclusivamente por estes últimos, já que os primeiros nascem dos riscos assumidos pelo mandante e inerentes às atividades cometidas ao representante convencional.

Estando autorizado a repassar a outrem os poderes recebidos, o mandatário original poderá, por meio de substabelecimento, constituir representante diverso. A iniciativa consiste, portanto, na transmissão de poderes pelo mandatário primitivo a terceiro, passando este a funcionar em representação do mandante. O ato de substabelecer pode ser com ou sem reserva de poderes, de modo que na primeira hipótese o substabelecido passará a ter poderes iguais ao do substabelecente, ao passo que no segundo caso nenhum poder permanecerá com o mandatário original, que deixa de figurar como representante.

Geralmente os atos do substabelecido não serão imputáveis a quem substabeleceu; porém, haverá responsabilização civil do mandatário quando, sem ter autorização para tanto, substabelece poderes que devia exercer pessoalmente, vindo o substabelecido a causar prejuízos ao mandante como resultado de conduta culposa ou dolosa. Realmente, o § 2º do art. 667 dispõe no sentido de que, havendo poderes de substabelecer, só serão imputáveis ao mandatário os danos causados pelo substabelecido, se tiver agido com culpa na escolha deste ou nas instruções dadas a ele. Logo, nem sempre o mandatário ficará livre da responsabilização apenas porque estava autorizado a substabelecer e assim procedeu. O substabelecimento de poderes envolve o mesmo dever de diligência que vincula o mandatário em todas as demais atividades pertinentes ao mandato. Caso escolha mal a pessoa a quem repassou as prerrogativas recebidas, terá agido com culpa *in eligendo*, a chamada culpa de eleição, que se evidencia no fato de o substabelecido ser pessoa incapaz, insolvente, tecnicamente despreparada ou sem habilitação para o desempenho da atividade cometida etc.

Também arcará o substabelecente com os danos causados ao mandante pelo fato de ter agido com culpa no momento de transmitir as necessárias instruções ao substabelecido, a fim de que pudesse bem desempenhar as incumbências cometidas. Portanto, se o mandatário original promove substabelecimento, mas deixa de orientar e de informar o novo representante acerca de aspectos fundamentais pertinentes ao mandato, responderá por culpa e suportará a totalidade dos danos que forem provocados ao mandante.

Quando na celebração do contrato, ou em momento posterior, o mandante impuser expressa vedação ao mandatário, impedindo-o de se fazer substituir por outrem na execução do objeto avençado, a inobservância de tal disposição fará com que o infrator responda perante o constituinte por todos os prejuízos verificados a partir do momento em que se der a substituição, ainda que originados de caso fortuito ou força maior (§ 1º). O mandatário que substabelece, afrontando a vedação convencionada, assume todos os riscos de prejuízos futuros que vierem a ser causados ao mandante e a terceiros, até porque os atos praticados nessas condições pelo substabelecido não obrigam o mandante, salvo se ratificados. A única maneira de afastar a responsabilidade é demonstrando que os danos sobreviriam mesmo que não tivesse ocorrido o substabelecimento. Exemplo: se o objeto adquirido em nome do mandante pelo substabelecido for guardado no local em que o próprio mandatário original estaria obrigado a colocá-lo se fizesse a aquisição, a superveniência de danos resultantes de incêndio de causas naturais não imporá ao mandatário o dever de indenizar, embora tendo infringido a regra que vedava o substabelecimento.

É possível proibir expressamente, por meio de cláusula ou menção no instrumento de mandato, o substabelecimento de poderes por parte do mandatário. Se ainda assim isso ocorrer estará patenteado o desrespeito ao teor contratual, de maneira que os atos praticados pelo substabelecido não obrigarão o mandante (§ 3º), e os danos porventura causados a terceiro serão inteiramente suportados pelo mandatário infrator, ou, havendo culpa do substabelecido, por este em solidariedade com aquele. Todavia, permite-se ao mandante a ratificação dos atos praticados pelo substabelecido, que recebeu poderes contra expressa disposição ínsita na procuração. Com a ratificação os atos surtem todos os efeitos que lhe são peculiares, retroagindo à data da prática e obrigando a contar de então o mandante.

Não havendo na procuração expressa vedação quanto ao substabelecimento, nem tampouco autorização para que aconteça, a responsabilidade do procurador por atos praticados pela pessoa a quem vier a substabelecer os poderes recebidos abrangerá apenas os que causarem prejuízo em função de conduta culposa do substabelecido (§ 4º). Os prejuízos derivados de caso fortuito ou força maior não serão de responsabilidade do mandatário quando substabelece os poderes outorgados em procuração que silencia acerca da possibilidade de repassar as prerrogativas originalmente conferidas. Conforme asseverado *retro*, a responsabilidade do procurador primitivo por caso fortuito ou força maior existe apenas na hipótese de substabelecimento contra expressa vedação contida no instrumento de mandato.

A terceira obrigação imposta é a *de prestar contas da atividade desenvolvida*. Encontra-se patenteada no art. 668, pelo qual o mandatário é obrigado a dar contas de sua gerência ao mandante, transferindo-lhe as vantagens provenientes do mandato, por qualquer título que seja. Como se percebe, além de estar obrigado a diligenciar com máximo esforço e zelo no cumprimento do mandato, ao mandatário incumbe também explicitar ao pólo oposto todos os dados acerca do trabalho feito. Prestar contas significa apresentar ao mandante todo o andamento das atividades cometidas e desenvolvidas, bem como os resultados finais delas decorrentes. Incumbe ao mandatário, ainda, repassar à parte adversa, integralmente, as vantagens advindas da execução do mandato, sejam quais forem. Elas não lhe pertencerão em circunstância alguma, haja vista cumprir função de mero representante, e se este suporta os prejuízos relacionados ao exercício da representação, é justo e legal que aufira os proveitos sempre que verificados.

A prestação de contas não reclama forma especial, mas tem de explicitar informações mínimas, como as relacionadas à receita e à despesa, ao saldo favorável, a eventuais prejuízos, aos métodos utilizados, à atuação do representante e tudo o mais que disser respeito ao exercício dos poderes outorgados. É possível, mediante cláusula expressa, dispensar o mandatário dessa obrigação, já que diz respeito a direitos patrimoniais disponíveis. Por outro lado, sendo hipótese de procuração em causa própria, a desnecessidade de prestar contas é decorrência automática do quadro jurídico criado e não exige prévio acordo dos celebrantes para a sua implementação.

O mandatário não pode compensar os prejuízos a que deu causa com os proveitos que, por outro lado, tenha granjeado ao seu constituinte (art. 669). Quando o mandatário age com culpa ou dolo e com isso causa prejuízos ao mandante, é por eles responsável e tem de indenizar por inteiro. É certo, porém, que pelos prejuízos inerentes à atividade desenvolvida e seus correspondentes riscos não responde, desde que atue dentro dos limites estatuídos quando da contratação. Assim, os prejuízos que tiverem por origem a própria execução do mandato, sem culpa de quem incumbido da representação, serão suportados pelo mandante.

Os proveitos auferidos a partir do cumprimento do mandato têm como destinatário o mandante, eis que o resultado final, positivo ou negativo, não vincula e nem beneficia de maneira alguma o mandatário que limitar sua conduta aos poderes conferidos. Em assim sendo, se ao mesmo tempo houver de um lado vantagens econômicas produzidas pela atuação do mandatário, e de outro lado prejuízos originados de sua conduta culposa, não será permitido ao representante alegar compensação para esquivar-se do dever de indenizar. É que a compensação somente pode ocorrer entre créditos e débitos recíprocos, e em favor do mandatário inexiste qualquer crédito, eis que os proveitos resultantes do cumprimento do mandato pertencem por direito ao representado, enquanto os prejuízos derivados de culpa incidem sobre o representante.

Todas as somas recebidas pelo representante ao longo do cumprimento do mandato devem ser entregues ao representado, a menos que exista convenção dispondo diversamente. Se o mandatário emprega as verbas em proveito próprio, pratica abuso que importa na incidência de juros moratórios a partir da data em que ocorre a indevida utilização (art. 670), sem prejuízo das sanções penais cabíveis. Mesmo quando não fizer uso do dinheiro em proveito pessoal, mas simplesmente deixar de repassá-lo oportunamente sem fundamento jurídico para tanto, ficará o mandatário sujeito aos efeitos da mora. Assim, por exemplo, se José recebeu de Francisco poderes para vender determinado imóvel e concretiza o negócio, o dinheiro apurado terá de ser imediatamente alcançado ao destinatário final, ou repassado pelo modo e no tempo avençados. Não pode o representante simplesmente permanecer com as somas recebidas. Caso haja recusa do representado em receber as importâncias, caberá ao mandatário promover consignação judicial, a fim de evitar a incidência dos efeitos da mora, entre eles a aplicação de juros.

As somas recebidas do mandante para despesas, mas que acabaram sendo aplicadas pelo mandatário em proveito próprio, igualmente sujeitam-no à incidência de juros a partir da data em que cometido o abuso. Os adiantamentos de despesas e os valores que excederem após o pagamento das mesmas terão de ser entregues ao mandatário, pois a ele pertencem. Qualquer destinação diferente e não convencionada será imputada ao mandatário, mormente quando procura tirar vantagem pessoal da aplicação das referidas verbas. Os juros a que se refere o art. 670 são moratórios, numericamente iguais aos que incidem sobre todas as demais situações previstas para a hipótese de mora (art. 406 do Código Civil, *in fine*).

Se o mandatário, tendo fundos ou crédito do mandante, comprar, em nome próprio, algo que deverá comprar para o mandante, por ter sido expressamente designado no mandato, terá este ação para obrigá-lo à entrega da coisa comprada (art. 671). O mandatário deve sempre proceder com lealdade em relação ao mandante, pois a contratação que os vincula é em muito marcada pela confiança. Destarte, se os poderes são outorgados com a finalidade de que seja adquirido determinado bem para o mandante, caberá ao representante envidar todos os esforços para se desincumbir adequadamente da atribuição cometida.

Nas circunstâncias estatuídas na norma, o mandatário não poderá adquirir em nome próprio a coisa. Isso não significa que a compra seja viciada em relação ao alienante, mas importa no reconhecimento, em favor do representado, do direito de mover ação para obrigar o mandatário à entrega do bem adquirido. Ainda que a aquisição dependa de registro, e que este já se tenha efetivado, a operação será desfeita nesse particular, para fins de alteração do destinatário final, de modo que o verdadeiro titular será o mandante inicialmente preterido. Saliente-se que a ação indicada no art. 671 somente poderá ser ajuizada se houver a conjugação dos aspectos nele versados. Do contrário, restará ao mandante preterido demonstrar a má-fé do mandatário, ou provar que a sua conduta culposa ocasionou prejuízos, buscando, assim, a composição das perdas e danos sofridos, pois no que pertine à operação de compra propriamente dita nada poderá fazer.

O quarto dever imposto ao mandatário é o de *apresentar o instrumento de mandato* sempre que a tanto for instado pela pessoa com quem estiver negociando, para que esta fique ciente dos limites impostos pela procuração outorgada. O sujeito que, depois de conhecer os poderes do mandatário, com ele celebrar negócio jurídico exorbitante do mandato, não tem ação contra o mandatário, salvo se este lhe prometeu ratificação do mandante ou se responsabilizou pessoalmente (art. 673). Afinal, o prejudicado não terá legitimidade para alegar em seu favor a própria imprudência e desídia.

O mandante não pode ser compelido a ratificar a atuação do mandatário quando ultrapassados os limites contratuais, respondendo pela firmeza do negócio celebrado apenas até onde tenha havido respeito às fronteiras jurídicas previamente fixadas. Quanto ao excedente, nenhuma responsabilidade terá se não ratificar. Exemplo: Joaquim outorga poderes a Jardel para a compra de determinada casa pertencente a Paula. Porém, o mandatário acaba adquirindo duas casas de Paula, que conhece os poderes do representante. Nesse caso, o mandante de modo algum poderá ser demandado pelos prejuízos que Paula vier a sofrer em função do desrespeito aos limites do mandato, ficando todavia obrigado a respeitar os efeitos da aquisição da casa pretendida. De outra banda, a alienante poderá demandar contra o mandatário por danos se este prometeu ratificação do mandante e não a obteve, ou se pessoalmente assumiu os riscos relacionados a prejuízos que viessem a ser causados.

Conforme salientado alhures, pelos negócios feitos expressamente em nome do mandante por atuação do mandatário, desde que contidos nos limites dos poderes conferidos, será responsável exclusivamente o próprio mandante. Porém, caso o mandatário atue em seu próprio nome, e não no do mandante, responderá pessoalmente pelos negócios feitos e ficará assim obrigado perante o terceiro. Isso ocorre mesmo quando o negócio concretizado é de interesse do mandante e poderia ser praticado em nome deste em vista dos poderes recebidos (art. 663). Não se confundem, portanto, as negociações feitas pelo mandatário como representante do mandante com aquelas efetivadas pela pessoa que circunstancialmente detém poderes de atuação, mas que em determinado momento age em nome próprio e nesse contexto celebra negócio. Exemplo: se Pedro é mandatário de José e tem poderes para comprar determinada casa pertencente a Carlos, mas decide adquirir o imóvel para si e não para o mandante, toda a relação jurídica envolverá única e exclusivamente Pedro e Carlos, ficando José absolutamente à margem dos efeitos da negociação consumada.

A quinta obrigação do mandatário é a de *ultimar os negócios que já houver iniciado*, mesmo quando extinto o mandato após o início da execução, se houver risco na demora (art. 674). Via de regra, o contrato é extinto pela morte, interdição ou mudança de estado do mandante. Entrementes, para evitar que por morosidade na conclusão seja infligido considerável dano ou prejuízo ao mandante ou aos seus herdeiros, a lei determina que o mandatário termine o negócio já começado. O perigo na demora é aferido em cada caso, mas normalmente existe quando a paralisação das atividades pelo mandatário puder ocasionar sério revés econômico ao mandante interditado ou cujo estado sofreu alteração, ou aos herdeiros do celebrante falecido. Exemplo: Renato recebe poderes de Marcos para vender certo rebanho de gado bovino, pois em dez dias terá de entregar a área de terras em que está colocado, e se não o fizer pagará pesada multa ao dono da área. Quando as negociações de venda estão em fase adiantada, o mandante morre. Embora cientificado disso, o mandatário deve concluir o negócio iniciado, evitando prejuízos.

Caso o mandatário não conclua o negócio entabulado nas circunstâncias acima delineadas, ficará sujeito à responsabilização civil se o lesado provar a ocorrência de culpa. Não haverá culpa se o mandatário fizer cessar a negociação por crer piamente na extinção do liame em função da morte do mandante, eis que essa espécie de ânimo afasta a perspectiva da existência de conduta negligente ou imprudente. Observe-se, porém, que sendo hipótese de mandato judicial o art. 45 do Código de Processo Civil prevê que o advogado renunciante continuará a representar o mandante durante os dez dias seguintes, desde que necessário para lhe evitar prejuízo. Tal dispositivo cuida de situação diferente daquela aventada no art. 674 do Código Civil, mas ambos têm em comum a fixação do dever de atuação do mandatário mesmo após afetado o vínculo.

11.8. Direito de retenção

Como forma de equilibrar o quadro econômico da relação instalada entre as partes celebrantes, o art. 664 estabelece que o mandatário tem o direito de reter, do objeto da operação que lhe foi cometida, quanto baste para pagamento de tudo que lhe for devido em conseqüência do mandato. Assim, caso os poderes sejam para a venda de um imóvel, parte do montante apurado poderá ser retido com vistas à composição do crédito do mandatário. Não se admite que a retenção corresponda a valor maior do que o necessário para a citada satisfação, pois do contrário haverá abuso e possibilidade de redução do *jus retentionis*. A retenção tem por fito compelir o mandante a pagar tudo o que deve à parte contrária em razão do mandato, nisso incluídos o reembolso das despesas antecipadas para a execução dos poderes conferidos, as perdas e danos resultantes da regular atuação, a remuneração devida ao mandatário etc.

Na mesma senda, o art. 681 prevê a retenção de bens, servindo de complemento ao teor do art. 664, que admite a retenção de valores relativos à operação cometida. Com efeito aquela norma preconiza: "*O mandatário tem sobre a coisa de que tenha a posse em virtude do mandato, direito de retenção, até se reembolsar do que no desempenho do encargo despendeu*". O direito de retenção pode ser exercido ao mesmo tempo em que se ajuíza ação de cobrança contra o mandante, pois nenhuma das providências é prejudicial à outra. Cumpre observar, no entanto, que se o mandatário for incumbido de várias atividades e em virtude delas permanecer com a posse de diversos objetos, a retenção de cada um deles será restrita aos respectivos créditos gerados.

Noutras palavras, não poderá o mandatário reter todos os objetos como garantia do recebimento do que lhe for devido como conseqüência do desempenho relacionado a apenas uma das operações cometidas. Cada objeto proporciona ao mandatário o direito de retê-lo exclusivamente como segurança do correspondente crédito, não se estendendo jamais a outros, ainda que as várias operações a serem efetivadas constem de um só mandato. Satisfeitas as pendências pelo mandante, incumbe ao mandatário a imediata restituição da coisa retida, sob pena de cometimento de esbulho possessório e sujeição às sanções que lhe são inerentes, sem prejuízo da persecução penal que couber na espécie.

Quer incida sobre valores ou bens, o direito de retenção, como previsto no ordenamento jurídico pátrio, não tem caráter de penalidade à parte que descumpriu certa obrigação e ensejou à outra a conservação da coisa consigo. Visa, isto sim, a servir de garantia a quem retém, ao mesmo tempo em que funciona como meio apto a pressionar o obrigado, levando-o ao cumprimento do dever.

11.9. Obrigações do mandante

A primeira obrigação que incide sobre o mandante está prevista no art. 675 do Código Civil, traduzindo-se na imposição de *satisfazer todas as obrigações contraídas pelo mandatário, na conformidade do mandato conferido*. Cuida-se de norma que fixa dever do mandante para com terceiros, consistente no rigoroso cumprimento daquilo que o mandatário ajustou em seu nome com suporte nas prerrogativas recebidas. Pelas obrigações que excederem do mandato não responderá o representado, cabendo ao terceiro aparelhar demanda direta junto ao representante.

Ao mandante pertencem todas as vantagens auferidas a partir da execução levada a cabo pelo mandatário. Em contrapartida, arcará com todos os prejuízos que decorrerem das obrigações assumidas, não podendo reclamar reparação contra o mandatário quando este obrar em estrita consonância com os poderes conferidos. Afinal, os riscos inerentes aos atos praticados pelo representante são daquele que o nomeou, de forma que o terceiro terá ação contra o mandante para fins de exigir o cumprimento dos deveres assumidos por atuação do mandatário.

As relações internas do mandato, ou seja, aquelas travadas entre os pólos que o constituem, não dizem respeito e nem afetam terceiros que vierem a negociar com o representante. Por isso mesmo é que enquanto o mandatário limitar sua atuação aos poderes recebidos, o mandante não poderá esquivar-se dos efeitos resultantes da atividade desenvolvida, ficando obrigado em toda a extensão negocial perante aqueles com quem o procurador contratou. Isso acontece inclusive nos casos em que este contrariar as instruções recebidas do outorgante, pois o que importa a terceiros é que o negócio se dê com observância dos limites dos poderes conferidos ao mandatário.

Ao contrariar as instruções recebidas o mandatário age com culpa, e se disso surgirem prejuízos para o mandante terá este direito de buscar a devida composição, conforme asseverado na porção final do art. 679 do Código Civil. Assim, se no mandato é confiada ao representante a venda de um imóvel, a realização do negócio por preço inferior àquele pretendido pelo titular e previamente comunicado ao mandatário sujeitará este ao dever de indenizar as perdas e os danos sofridos pelo outorgante, cabendo-lhe demonstrar a sua ocorrência. No que diz respeito ao terceiro adquirente do imóvel nenhuma restrição haverá, eis que contratou com mandatário munido de poderes para realizar a operação, tornando definitivo o negócio. Todavia, se mandatário e terceiro mancomunaram-se com vistas a efetivar negócio prejudicial ao mandante, a validade da operação poderá ser questionada pelo lesado, levando-a ao desfazimento.

Outro dever do mandante, também apontado pelo art. 675 do Código Civil, é o de *adiantar a importância das despesas necessárias à execução* do contrato, quando isso for solicitado pelo mandatário. Como se percebe, afora os deveres que tem perante terceiros, o mandante também fica obrigado junto ao mandatário, nos moldes referidos acima. Caso não sejam adiantadas as despesas, o constituído poderá renunciar os poderes e exigir indenização das perdas e danos que houver sofrido e restarem provadas em ação própria.

A terceira obrigação do mandante está posta no art. 676: *"É obrigado o mandante a pagar ao mandatário a remuneração ajustada e as despesas da execução do mandato, ainda que o negócio não surta o esperado efeito, salvo tendo o mandatário culpa"*. Sendo oneroso o contrato, deverá o outorgante dos poderes pagar ao mandatário a retribuição convencionada. Não tendo sido ajustado o montante a ser pago, mas havendo previsão acerca da onerosidade do contrato, ou sendo daqueles cujo objeto o mandatário trata por ofício ou profissão, o valor devido será fixado judicialmente por arbitramento, ou será aquele que estiver fixado pela lei acaso incidente no caso concreto.

O dever de pagamento das despesas feitas pelo mandatário diz respeito apenas àquelas que não se mostrem abusivas ou totalmente desnecessárias. Assim, gastos com deslocamentos, documentação, taxas e todos os demais relacionados ao fiel cumprimento do mandato serão reembolsados ao outorgado, mediante prévia comprovação. Pelo valor de tais despesas responde o mandante ainda que o resultado final não tenha sido aquele esperado, e inclusive quando acarretar prejuízo, desde que o mandatário não frustre culposamente a expectativa nutrida pelo outorgante. Havendo culpa do representante e conseqüente malogro do resultado que se esperava do negócio, não terá ele direito ao reembolso das despesas e nem receberá a remuneração a que faria jus noutras circunstâncias.

Observe-se, porém, que a frustração da expectativa das partes quanto ao resultado a ser alcançado por meio da execução do mandato não serve, por si só, para afastar o direito do mandatário à adequada retribuição e ao reembolso das despesas feitas. É preciso que a isso se junte a existência de culpa na atuação que levou ao malogro, pois este pode decorrer das próprias nuanças do negócio, de peculiaridades específicas do contexto ou até de aspectos imprevistos e incontornáveis caracterizadores de caso fortuito ou força maior. Nas situações acima exemplificadas o mandatário terá direito à remuneração e a recobrar as despesas da execução.

Os efeitos que se podem considerar esperados do negócio, e que servirão de base para decidir se o mandatário terá ou não direito à remuneração e ao reembolso das despesas em caso de atuação culposa, são aqueles que normalmente decorreriam da atividade cometida ao representante. Assim, quem recebe poderes para adquirir um cavalo de certa raça pura, mas que por falta de atenção e cautela acaba comprando animal proveniente da mescla de raças, não terá direito ao reembolso das despesas e nem receberá a remuneração, ficando ainda sujeito a indenizar as perdas e os danos experimentados pelo mandante e oportunamente demonstrados.

Outro dever, que é o de *pagar juros ao mandatário* desde a data do desembolso do valor das somas adiantadas por ele para a execução do mandato, encontra abrigo no art. 677 do Código Civil. Sempre que o mandatário tirar de seus próprios recursos o necessário para a execução do mandato e se desincumbir a contento das atividades a que estava obrigado, terá direito à recuperação do montante despendido e também ao recebimento dos juros que se vencerem. Tais juros têm natureza compensatória, podendo derivar de acordo firmado entre as partes, mas nunca excederão os índices máximos legalmente estatuídos, sob pena de automática redução ao patamar admitido pelo ordenamento jurídico. Inexistindo acordo acerca da quantificação dos juros compensatórios, aplicar-se-ão aqueles estabelecidos em lei. Considerada a atual ausência de norma específica, a taxa máxima de juros compensatórios é de um por cento ao mês ou doze por cento ao ano, adotada por simetria aquela fixada para os juros moratórios.

A quinta imposição foi consagrada pelo art. 678: *"É igualmente obrigado o mandante a ressarcir ao mandatário as perdas que este sofrer com a execução do mandato, sempre que não resultem de culpa sua ou de excesso de poderes"*. Não tem relevância alguma indagar se o desempenho dos poderes outorgados é causa direta das perdas ou apenas funcionou como fator de criação das circunstâncias que ensejaram a sua verificação, pois em qualquer das hipóteses recai sobre o mandante o dever jurídico de garantir a integridade patrimonial do mandatário enquanto estiver executando as atividades que lhe foram atribuídas. Somente não poderá reclamar ressarcimento o mandatário que desbordar das prerrogativas ou ocasionar culposamente os prejuízos, contanto que de um ou de outro desses aspectos derivem as perdas. Se estas não tiverem relação alguma com aqueles fatores, subsistirá para o mandante o dever de ressarcir os valores correspondentes às perdas experimentadas pelo mandatário durante a execução. Exemplificando, deverá o outorgante ressarcir ao outorgado: os gastos com médico, para recuperar-se de moléstia contraída em viagem a região infestada por malária; valores e objetos perdidos em assalto de que for vítima; lucros cessantes originados da necessidade de permanecer à disposição do mandante mais tempo do que o convencionado etc.

Importante obrigação está patenteada no art. 680 do Código Civil, dizendo respeito à *solidariedade entre mandantes*. Havendo mais de um indivíduo nomeado como mandante, e tendo sido conferidos poderes para efetivação de negócio comum, serão todos responsáveis solidários perante o mandatário e os terceiros com quem este contratou. Assim, tanto no que diz com os efeitos da negociação realizada a partir e no limite dos poderes outorgados, como no que concerne às obrigações contraídas para com o representante (remuneração, reembolso de despesas, indenização de prejuízos etc.), os mandantes ficarão solidariamente obrigados ao cumprimento.

Especificamente no que pertine aos deveres dos mandantes para com quem recebeu poderes visando à realização de negócio de interesse comum dos outorgantes, poderá o mandatário pleitear contra qualquer deles em juízo objetivando receber o total a que tem direito. Consoante disposto no art. 275 do Código de Processo Civil, o credor tem direito a exigir e receber de um ou de alguns dos devedores, parcial ou totalmente, a dívida comum; se o pagamento tiver sido parcial, todos os demais devedores continuam obrigados solidariamente pelo resto. Como há solidariedade, a citada opção cabe exclusivamente ao outorgado, sem que os eleitos possam liberar-se pagando apenas a fração que, não fosse a obrigação solidária, ser-lhes-ia correspondente. Ao mandante que arcar com os compromissos e efeitos do mandato fica ressalvado o direito de, regressivamente, pleitear junto aos demais outorgantes as respectivas frações, de vez que após o cumprimento da obrigação solidária o conteúdo econômico satisfeito divide-se em tantas parcelas quantos forem os co-obrigados, permitindo ao que desembolsou litigar contra os consortes para reaver de cada um a correspondente parcela.

11.10. Mandato geral e mandato especial

Quanto à amplitude dos poderes conferidos, o mandato pode ser especial a um ou mais negócios determinadamente, ou geral a todos os do mandante (art. 660). Entende-se por geral aquele que abrange a prática de atos relacionados à totalidade dos negócios do mandante, mas somente naquilo que disser respeito às necessidades pertinentes à administração ordinária. Tudo o que exigir atuação exorbitante do ordinário terá de ser objeto de outorga de especiais e expressos poderes. Por outro lado, mandato especial é o que confere poderes ao mandatário para atuação relacionada a um ou mais negócios determinadamente, de modo que o mandatário ficará autorizado a praticar apenas os atos especificamente discriminados quando da outorga. Essa espécie de mandato se presta para a realização de atividades como a alienação de bens imóveis, a instituição de direitos reais, o preenchimento de certa nota promissória em favor de terceiro etc.

O mandato especial abarca atos específicos, discriminados e pormenorizados pelas partes (hipotecar a casa situada na rua X, vender o veículo de placas Y) não sendo possível ampliar seu alcance por analogia ou similitude de circunstâncias. Já o mandato geral possibilita ao mandatário praticar todos os atos que, tendo relação com o objeto apontado na contratação, apresentarem caráter ordinário, como é o caso do mandatário encarregado da administração de certa fazenda, que fica desde logo autorizado a providenciar a aquisição de insumos para o rebanho, contratar e despedir empregados etc., mas não pode dispor ou de qualquer forma alienar bens, salvo os imediatamente perecíveis.

Tendo em vista a maior extensão dos poderes conferidos por meio de mandato especial, em comparação com os alcançados pelo geral, a existência do primeiro deverá ser provada com mais rigor do que a do segundo, até porque prerrogativas exorbitantes das ordinárias devem expressamente constar de procuração. Portanto, a existência de mandato especial tácito não é compatível com o rigor imposto pelas normas jurídicas pertinentes, sendo afastada como possibilidade. De igual modo, e com idêntico fundamento, não se pode constituir mandato especial verbalmente, pois é de rigor que se confeccione procuração, por instrumento público ou particular, em casos dessa magnitude.

O mandato em termos gerais permite ao mandatário apenas a prática de atos ordinários de administração (*caput* do art. 661), ou seja, aquelas condutas corriqueiras e comuns para as quais não se reclama a outorga de poderes específicos, e que normalmente são praticadas mediante cautelas mínimas. É o que acontece quando alguém se torna mandatário com a finalidade de locar os imóveis do mandante e zelar pela sua situação jurídica. Nisso incluem-se atribuições como assinar contratos de locação, manter conversação com interessados, fazer pequenos anúncios em seções classificadas de jornais, enviar correspondência aos locatários em atraso no pagamento etc. São atitudes triviais e ordinárias que se traduzem em mera administração das coisas alheias, não envolvendo de maneira alguma atuação sobre a substância, pois para isso seria necessária a outorga de poderes mais amplos através de previsão expressa e em caráter especial.

Atos de maior complexidade e que impliquem em intervenção na substância da coisa, ou dos quais decorra a constituição de direitos reais, o surgimento de compromissos econômicos consideráveis para o mandante e outras implicações desse jaez somente poderão ser praticados por mandatário munido de poderes especiais e expressos. O § 1º do art. 661 traz elenco exemplificativo das condutas que, para a sua efetivação, reclamam poderes mais extensos do que os gerais e comuns. Destarte, o mandatário precisará de poderes especiais e expressos para alienar coisas, seja a título gratuito ou oneroso. Também para transigir, pois isso via de regra envolve a abdicação de elementos de conteúdo econômico. Enfim, para a prática de todos os atos que exorbitem da administração ordinária (emissão de títulos, renúncia de herança, recusa de doação com encargo etc.) terá o mandatário de receber prerrogativas mais amplas, o que se dá por meio da confecção de procuração de que constem expressamente poderes especiais. Não se admite a constituição verbal ou tácita de mandato especial, pois o legislador menciona no dispositivo a necessidade de procuração, ou seja, de instrumento escrito no qual sejam mencionados especificamente os poderes conferidos ao mandatário.

O poder de transigir não importa o de firmar compromisso (§ 2º). Transigir significa encerrar o litígio mediante composição ou acordo que, normalmente, importam em diminuição da pretensão original. Em assim sendo, transige aquele que aceita quitar a dívida recebendo valor inferior ao constante do título, ou que admite terminar a controvérsia aceitando parcelar um valor que poderia exigir à vista. Porém, quando o mandante confere ao mandatário poderes para transigir, isso não importa em se considerar implícita a prerrogativa de firmar compromisso, cuja essência consiste em nomear árbitro para fins de fixação dos termos em que se encerrará o litígio. Estado legitimado a transigir, o mandatário tem a faculdade de promover acordo com terceiro, abrindo mão, razoavelmente e nos moldes previstos quando da contratação, de certos aspectos originalmente tidos como favoráveis ao mandante. Todavia, para que se chegue a esse resultado por intermédio da atuação de árbitros será necessária a outorga de especiais e expressos poderes nesse sentido, consubstanciados na menção à possibilidade de firmar compromisso.

11.11. Pluralidade de mandatários

Havendo mais de um mandatário constituído no mesmo instrumento, a regra geral consiste em que o exercício dos poderes outorgados pode ser feito por qualquer deles, obrigando o mandante por todo o conteúdo dos atos praticados (art. 672). É o que se chama mandato simultâneo, pois não há preferência ou ordem para a atuação de quaisquer dos representantes. No mandato simultâneo com autorização para substabelecimento, a cada um dos mandatários é facultado substabelecer no todo ou em parte os poderes outorgados. Porém, o substabelecimento sem reserva de poderes excluirá da qualidade de mandatário apenas aquele que substabeleceu, ingressando em seu lugar o substabelecido. Os demais representantes continuam investidos das prerrogativas originais.

É possível fazer inserir no instrumento uma cláusula que expressamente declare a existência do denominado mandato conjunto, isto é, aquele que dispõe ser necessária a atuação de todos os mandatários a um só tempo para a firmeza do exercício dos poderes. Atuando em separado, os atos praticados não terão eficácia e não obrigarão o mandante, a menos que haja por iniciativa deste a inequívoca ratificação acerca de seu conteúdo, mesmo porque quem contrata com mandatários conjuntos conhece essa circunstância pelo fato de estar incrustada no instrumento. A ratificação retroage à data em que praticados os atos confirmados, de maneira que seus efeitos serão produzidos a partir daquele marco temporal.

Quando vários forem os mandatários nomeados em um só instrumento, mas individualmente cometerem-se-lhes operações específicas e diferentes, cada um somente poderá praticar os atos correspondentes à sua reservada área de atribuições, de vez que para o restante das atividades não foram transmitidos poderes. É o chamado mandato fracionário, pois na prática consideram-se existentes tantos mandatos quantos forem os mandatários e as respectivas operações cometidas.

Existe ainda o mandato sucessivo, que consiste na expressa atribuição de poderes a vários mandatários, mas cuja atuação terá de atender à ordem de nomeação contida no instrumento, seja porque se trata da prática de atos diferentes, seja porque cada representante foi indicado individualmente para a execução de certo ato de uma seqüência. Assim, os designados em primeiro lugar terão prioridade de atuação sobre os demais, porque se presume a preferência do mandante pelos situados em posição antecedente. Quem for apontado em segundo lugar somente poderá atuar se o primeiro estiver impedido, não quiser ou não puder desempenhar as atribuições cometidas. O terceiro agirá apenas se o primeiro e o segundo estiverem na situação referida *retro*, e assim por diante.

11.12. Irrevogabilidade do mandato

O mandato é contratação genuinamente revogável, sendo permitido ao mandante retirar da parte adversa a todo tempo os poderes que lhe havia outorgado. Podem os contraentes fazer constar do instrumento de contratação uma cláusula de irrevogabilidade, mas nem isso necessariamente obstaculizará, na prática, a revogação dos poderes pelo outorgante, eis que a dita irrevogabilidade apenas funciona como fator de inibição, sem, contudo, obrigar o mandante a permanecer *ad infinitum* à mercê do outorgado. Porém, se revogar o mandato o outorgante cometerá infração contratual, ficando sujeito a indenizar as perdas e danos suportados pela parte adversa (art. 683).

A cláusula de irrevogabilidade nada mais é do que a assunção, pelo mandante, de uma obrigação de não fazer, de cuja inobservância extrai-se o dever de compor os prejuízos causados ao mandatário, contanto que devidamente comprovados. Os atos praticados pelo outorgado depois da revogação também nesse caso não subsistem, eis que a previsão de irrevogabilidade não pode ser apresentada, seja pelo mandatário ou por terceiro que com ele negociar, como causa de vinculação do outorgante às obrigações contraídas pelo mandatário privado dos poderes originalmente conferidos.

Quando a cláusula de irrevogabilidade for condição de um negócio bilateral, ou tiver sido estipulada no exclusivo interesse do mandatário, a revogação do mandato será ineficaz (art. 684). O conteúdo da norma revela genuínas hipóteses de irrevogabilidade, excepcionando a previsão ínsita no art. 683 e realmente vedando ao mandante qualquer iniciativa unilateral válida no sentido da revogação dos poderes outorgados. Nessa linha de raciocínio o legislador fixa, como primeiro caso de mandato que efetivamente não se pode desfazer por vontade exclusiva do outorgante, aquele em que a cláusula de irrevogabilidade apareça como condição de um negócio bilateral. É o que acontece, por exemplo, quando houver outorga de poderes para confecção de contrato preliminar de compra e venda quitado, pois *"em razão de sua vinculação a outro contrato, não suscetível de resilição unilateral, não pode cessar pela revogação"* (*Caio Mário da Silva Pereira*, obra citada, vol. III, p. 290). Na prática, o promitente vendedor atribui poderes irrevogáveis a terceiro, indicado e da confiança do promitente comprador, para o fim de transferir o imóvel objeto da avença. Afasta-se, assim, eventual ingerência do compromissário alienante sobre o negócio celebrado.

O segundo caso de irrevogabilidade genuína existe quando a cláusula tiver sido estipulada no exclusivo interesse do mandatário, porque então os poderes conferidos terão por finalidade satisfazer prerrogativa situada prioritariamente na esfera jurídica do outorgado. É o que ocorre, *v.g.*, quando recebe poderes para vender um automóvel do mandante, objetivando assim captar recursos para que seja paga por este a dívida que tem junto ao mandatário, fruto de negócio jurídico anterior firmado entre as partes. Permitir a revogação corresponderia a inviabilizar a consecução do conteúdo do interesse exclusivo do mandatário, e por isso o legislador preferiu vedar a retirada unilateral dos poderes.

Ao contrário do que acontece nas situações em que a inobservância da cláusula de irrevogabilidade acarreta mero dever de indenização de perdas e danos contra o mandante, a revogação do mandato nas hipóteses elencadas no dispositivo em comento é reputada ineficaz, ou seja, não produz a cassação dos poderes outorgados, permitindo ao mandatário a execução das atividades para as quais foi nomeado.

Existe ainda outra hipótese em que o legislador refere a irrevogabilidade. Ela está posta no art. 685 do Código Civil: *"Conferido o mandato com a cláusula "em causa própria", a sua revogação não terá eficácia, nem se extinguirá pela morte de qualquer das partes, ficando o mandatário dispensado de prestar contas, e podendo transferir para si os bens móveis ou imóveis objeto do mandato, obedecidas as formalidades legais".* O mandato munido da cláusula "em causa própria" tem em vista quase sempre interesse exclusivo do mandatário, já que por meio dele é realizada, por via oblíqua, a transferência de vantagens que originalmente teriam por destinatário o mandante, mas que acabam sendo dirigidas ao mandatário.

"Configura-se a procuração em causa própria ('in rem propriam') quando ao mandatário pertencer todo proveito e dano do mandato, podendo a procuração desde logo operar a transmissão de propriedade. A procuração em causa própria pode configurar-se com a dispensa do procurador de futura prestação de contas, da quitação do preço ou mesmo quando nela consta o procurador como adquirente" (Ap. Cível n. 1.0245.98.003432-7/001, TJMG). Por meio dessa modalidade contratual, permite-se ao outorgado agir em seu próprio interesse ao invés de ficar adstrito aos interesses do mandante, o que culmina por traduzir-se em cessão indireta de direitos. É o que ocorre, por exemplo, quando no mandato apõe-se cláusula *"em causa própria"* com o intuito de permitir ao outorgado que, após adquirir certo bem em nome do outorgante junto a terceiro, transfira-o para si mesmo, e não para quem conferiu os poderes.

Tendo em linha de conta as características do mandato em causa própria do mandatário, é perfeitamente compreensível a sua irrevogabilidade, de modo que ao outorgado será dado executar as atividades sem ser acossado pela parte adversa. Qualquer medida tendente à revogação será tida por ineficaz, e se por alguma razão o mandante conseguir obstaculizar a consecução dos objetivos para os quais foram outorgados poderes, responderá por perdas e danos perante o mandatário.

A morte de qualquer dos contraentes não extingue o mandato em causa própria, ficando os respectivos sucessores investidos nos direitos e obrigações que cabiam aos sucedidos. Também em consideração aos especiais caracteres da procuração com cláusula "em causa própria", o mandatário não está obrigado a prestar contas ao pólo contrário, porque é exatamente ele o maior interessado no escorreito andamento da execução. Como corolário disso, pode ainda o outorgado transferir para si as coisas móveis ou imóveis objeto do mandato, obedecidas as formalidades legais. Na compra de bem de raiz, por exemplo, tanto a procuração como a escritura relativa ao negócio visado deverão ser confeccionadas por instrumento público.

11.13. Extinção do mandato

Sendo contratação, o mandato pode ser afetado pelas causas que acarretam a anulabilidade e a nulidade dos negócios em geral, *v.g.*, incapacidade das partes, objeto ilícito ou impossível, inobservância da forma, presença de vício do consentimento ou social etc.

Não obstante essa realidade, o legislador elencou uma série de situações com suficiente vigor para provocar a extinção do mandato. Elas não têm relação alguma com a ocorrência de defeitos ou óbices à regular constituição do liame, pois dizem respeito a eventos naturais, volitivos (manifestação unilateral ou bilateral) ou puramente jurídicos que, antes ou durante o cumprimento do objeto ajustado, ocasionam o rompimento do vínculo inicialmente gerado. Tais hipóteses estão contidas no art. 682 do Código Civil.

11.13.1. Revogação e renúncia

A *revogação* e a *renúncia*, modalidades de resilição unilateral do contrato, são causas de extinção previstas no inciso I da aludida norma. A primeira pode ser promovida pelo mandante a qualquer tempo e sem necessidade de justificativa à parte contrária. Afinal, a relação contratual funda-se também na confiança depositada pelo outorgante no outorgado e no interesse que aquele tem na realização da atividade para a qual foi concebida a relação. Assim se por qualquer motivo houver interesse na supressão dos poderes conferidos, seja por quebra de confiança entre as partes, seja porque a finalidade visada a partir da constituição do mandato não mais convém ao outorgante, deve-se-lhe facultar e facilitar a revogação dos poderes.

Pode a revogação ser expressa ou tácita. É expressa quando o mandante explicitamente faz cessarem os poderes do procurador, como na hipótese de se dirigir ao tabelionato e confeccionar instrumento revocatório, cientificando disso judicial ou extrajudicialmente a parte adversa. Implementa-se por instrumento particular ou público, mas deverá observar esta última forma quando a procuração assim houver sido confeccionada. É tácita a revogação quando as circunstâncias revelam que o mandante não mais tem na parte contrária o seu representante, como ocorre, por exemplo, quando outro procurador é nomeado com os mesmos poderes conferidos ao anterior para igual ato, ou quando o outorgante resolve executar, ele próprio, a atividade para a qual havia repassado poderes a outrem.

Tanto que for comunicada ao mandatário a nomeação de outro, para o mesmo negócio, considerar-se-á revogado o mandato anterior (art. 687). Pode um mandato mais recente extinguir o anterior. Isso acontecerá quando o mandante constituir novo procurador para o desempenho da mesma atividade cometida ao anterior, comunicando a este último a providência. O efeito da aludida nomeação sobre o mandato mais antigo encontra substrato na agilização que proporciona ao andamento das relações jurídicas. Ao invés de exigir sempre expressa revogação dos poderes e subseqüente notificação judicial ou extrajudicial ao mandatário, conforma-se o ordenamento jurídico com a tácita manifestação do mandante quanto à revogação do contrato, o que se infere da conduta de nomear procurador para executar o mesmo negócio confiado antes a outra pessoa, a quem é cientificada a medida.

Para que tenha pleno alcance e possa ser oponível *erga omnes*, a revogação do mandato deve ser notificada ao mandatário e aos terceiros com quem estava tratando (*caput* do art. 686). Se não forem passíveis de imediata identificação estes últimos, deve o mandante fazer registrar a revogação perante o órgão competente, atribuindo-lhe publicidade e prevenindo futuros inconvenientes. Na notificação ao mandatário deve ser aposta observação no sentido de que daí em diante deixe de praticar quaisquer atos em nome do mandante, sob pena de por eles responder, além de indenizar as perdas e danos resultantes.

Caso o mandante notifique apenas o mandatário, deixando de proceder de igual modo em relação às pessoas conhecidas com quem o outorgado estava tratando quando da revogação, ficará obrigado pelos atos praticados com terceiros de boa-fé que a ignoravam, face à verificação do que se chama *mandato aparente*. Diz-se aparente porque aos olhos dos terceiros que de boa-fé negociam, a pessoa com quem tratam efetivamente parece representar a outra parte envolvida, embora isso não corresponda à realidade. A revogação, por isso, não é de plano oponível contra todos, efeito que somente se alcança mediante notificação aos que tratavam com o mandatário, ou inserção no registro competente, quando desconhecida a existência de tratativas ou não identificados os agentes. Os atos praticados antes da cientificação produzem todos os efeitos que lhes são peculiares.

Na hipótese de ausência de notificação a terceiros, mas ciência, por eles, da revogação promovida, o mandante não ficará vinculado aos negócios celebrados por aqueles com o mandatário. A vinculação do outorgante aos resultados da execução do mandato revogado pressupõe a ignorância de terceiros acerca da revogação, de modo que, se estavam cientes da cessação dos poderes, não lhes será permitido demandar contra o mandante pelo cumprimento das obrigações contraídas pelo representante. O mesmo ocorrerá se de qualquer maneira faltar boa-fé aos terceiros, porque então haverá mau ânimo ou indolência, sempre alvos de sérias restrições no ordenamento jurídico pátrio.

Quando os terceiros que tratavam com o mandatário ao tempo da revogação não forem notificados pelo mandante a tempo de evitar a concretização dos negócios, o representado terá de cumprir as obrigações contraídas. Porém, caso já tenha notificado o mandatário acerca da revogação, e este ainda assim execute as atividades para as quais fora nomeado, poderá o mandante demandar pela indenização de todos os prejuízos que vier a experimentar, de vez que a atuação culposa do mandatário foi a causa primeira das perdas e danos. Ao ser notificado da revogação, o mandatário deve imediatamente fazer cessar todas as negociações que vinha encetando, pois do contrário responderá por perdas e danos perante o outorgante.

Tomada a mesma base jurídica acima colocada, o legislador considera irrevogável o mandato que contenha poderes de cumprimento ou confirmação de negócios encetados, aos quais se ache vinculado (parágrafo único do art. 686). Isso vale tanto para os negócios já encaminhados pelo próprio mandatário ou iniciados diretamente pelo mandante, como por exemplo aquele a que falta apenas a assinatura de escritura pública de compra e venda. Por idêntico fundamento, é irrevogável o mandato que contenha poderes para a confirmação de negócio jurídico de execução principiada, como, *v.g.*, o que estiver sob aguardo de resposta de fechamento pelo mandatário, ou pelo mandante, ao terceiro com quem tratava.

O motivo pelo qual consideram-se irrevogáveis os mandatos que contenham poderes para cumprimento ou confirmação de negócios encetados, aos quais se achem vinculados, reside na necessidade de preservar a atividade desenvolvida pelo mandatário, e especialmente no interesse de conservar a segurança das relações jurídicas entabuladas, eis que não podem ficar sempre à mercê da livre vontade do mandante em finalizá-las ou não. Porém, para que se reconheça a irrevogabilidade é imprescindível que os negócios estejam em estágio adiantado, pois se assim não for o mandante poderá valer-se da prerrogativa de a qualquer tempo revogar os poderes, mesmo porque seria inadequado e temerário submetê-lo a uma vinculação contratual, relacionada ao mandato, indefinida no tempo.

Embora se permita a revogação a todo tempo, caso ela seja imotivada ou infundada e vier a causar prejuízos ao mandatário terá este o direito de buscar a correspondente indenização. Porém, se o mandatário portar-se de maneira inconveniente e levar com isso o mandante a revogar os poderes como medida de precaução, não ficará ele obrigado a compor eventuais prejuízos, eis que imputável ao outorgado o rompimento do liame.

Admite-se que a revogação incida sobre todos os poderes outorgados, e então se diz que é total; atingindo apenas uma fração das prerrogativas, chama-se parcial. Porém, independentemente das razões que levaram à revogação, ou da extensão dela, seus efeitos operarão *ex nunc*, isto é, não serão alcançados os atos já praticados pelo mandatário, ficando responsável o mandante pelo cumprimento das obrigações deles derivadas. Por outro lado, da data da revogação em diante o mandante não responderá pelos atos que vierem a ser praticados pelo mandatário, salvo se oportunamente ratificados.

Havendo vários mandantes, a revogação promovida por um deles somente tem efeito no que concerne à sua participação no contrato, ou seja, os demais mandantes continuarão integrando a relação jurídica com o mandatário, enquanto aquele que tomou a iniciativa de revogar os poderes retira-se por completo da contratação.

A renúncia consiste na abdicação, pelo mandatário, dos poderes que lhe foram outorgados. Será sempre expressa, não se admitindo renúncia tácita. Assim como ocorre na revogação, não se exige a existência de motivos capazes de justificar a iniciativa, haja vista que para o mandatário pode não mais ser interessante continuar representando a outra parte, seja porque quebrada a relação de confiança, seja em função de outro motivo qualquer, cujo teor não cabe ao outorgante investigar e tampouco perquirir. Pode o mandatário renunciar a todo tempo, e assim agindo não ficará, via de regra, sujeito a sanção alguma. Porém, em certas situações o legislador sujeita o renunciante ao pagamento de perdas e danos, como no caso de não avisar a parte adversa com a adequada antecedência e disso emergirem prejuízos.

Sendo judicial o mandato, o advogado poderá, a qualquer tempo, renunciar, provando que cientificou o mandante a fim de que este nomeie substituto. Durante os dez dias seguintes, o advogado continuará a representar o mandante, desde que necessário para lhe evitar prejuízo (art. 45 do Código de Processo Civil). Nesse interregno, a atuação profissional deverá ocorrer, sob pena de responsabilização do patrono pelos danos ocasionados ao constituinte.

A renúncia do mandato será comunicada ao mandante, que, se for prejudicado pela sua inoportunidade, ou pela falta de tempo, a fim de prover à substituição do procurador, será indenizado pelo mandatário, salvo se este provar que não podia continuar no mandato sem prejuízo considerável, e que não lhe era dado substabelecer (art. 688). Portanto, ainda que seja livre o mandatário para renunciar a qualquer tempo, em determinadas circunstâncias ele terá de adotar redobrada cautela em sua iniciativa, eis que a renúncia inoportuna e geradora de perdas e danos obriga-o a indenizar a parte adversa. Mesmo comunicando a renúncia ao mandante, o procurador poderá ser responsabilizado pela inoportunidade da conduta, como se dá, por exemplo, quando o mandatário renuncia na fase terminal dos negócios, vindo o outorgante por isso a perdê-los.

Quando a renúncia ocorrer em momento tal que inviabilize ao mandante a substituição do procurador, terá este de indenizar os prejuízos que se verificarem. Isto porque a renúncia não pode funcionar como fator de surpresa e de obstaculização dos negócios empreendidos pelo outorgante. Cabe ao mandatário, sob pena de responsabilização civil, ter suficiente discernimento e bom senso a ponto de evitar que de sua renúncia surjam para o mandante dificuldades no prosseguimento das atividades planejadas.

A responsabilidade do procurador poderá ser ilidida por meio de prova no sentido de que não podia continuar a desempenhar as funções inerentes ao mandato sem prejuízo considerável a si próprio, e que não lhe era dado substabelecer. É inexigível da pessoa a permanência na condição de mandatário quando disso houver risco iminente de ocorrência de prejuízos contra o seu patrimônio, seja qual for a origem dessa situação, e ainda que nenhuma relação tenha com o desenvolvimento das atividades propriamente dito. Exemplo: O cumprimento do mandato deve ser feito em cidade muito distante, e, em meio às atividades, os negócios pessoais do mandatário na cidade de origem reclamam sua imediata presença, havendo risco de extensos danos se assim não agir.

Nas situações arroladas no art. 688 do Código Civil, a existência de poderes para substabelecer obriga o mandatário a assim proceder quando decidir renunciar as prerrogativas recebidas, a menos que outra seja a posição do mandante. Sendo a renúncia causadora de danos ao outorgante, e havendo poderes para substabelecer, a inércia do mandatário que não indica outro procurador configura culpa, sujeitando-o a reparar os prejuízos constatados.

Cabe, ainda, uma observação adicional. Tendo em vista o fato de que o legislador permite a inserção de cláusula de irrevogabilidade do mandato (art. 683), necessário é admitir, por força do princípio da isonomia entre as partes, que também se faz viável a aposição de cláusula de irrenunciabilidade. Caso isso aconteça, eventual renúncia do mandatário será tida como infração aos termos do contrato, obrigando-o a indenizar os prejuízos cuja existência restar demonstrada.

11.13.2. Morte e interdição

A *morte* ou *interdição* de uma das partes também funciona como acontecimento capaz de fazer cessar a contratação (inciso II do art. 682), haja vista a sua natureza *intuitu personae*. A morte do mandante extingue o mandato instantaneamente, ressalvado o disposto no art. 689 do Código Civil, que diz serem válidos, a respeito dos contraentes de boa-fé, os atos com estes ajustados em nome do mandante pelo mandatário, enquanto este ignorar a morte daquele ou a extinção do mandato por qualquer outra causa. Igual efeito tem a interdição do constituinte, eis que, sendo contratação formulada com substrato na confiança e na preferência pessoal, a superveniência da perda da capacidade (*v.g.*, doença mental, traumatismo etc.) ceifa a possibilidade de continuação do contrato, exatamente porque impede o mandante de manifestar a intenção de preservar o liame jurídico. O óbito ou a interdição do mandatário, pelas mesmas razões expostas acima, acarretam o fenecimento do mandato. Não se pode obrigar o mandante a continuar sendo representado, após a morte do outorgado, pelos sucessores deste. A qualidade de mandatário não se transmite por falecimento do titular, esgotando-se juntamente com a sua personalidade jurídica ou capacidade.

Cabe salientar que a morte do representante de mandante incapaz não extingue a relação contratual, porque o falecido não a integrava, tendo apenas funcionado em nome do mandante quando da constituição do vínculo. É assim também no que diz respeito às pessoas jurídicas, de vez que, sendo-lhes possível nomear mandatário, o óbito da pessoa física que em seu nome atuou na formação do liame contratual não o altera em suas condições originais.

Sobrevindo morte ou interdição de qualquer das partes, a responsabilidade pelo cumprimento das obrigações assumidas até a ocorrência do evento extintivo continuam sendo do mandante ou de seus sucessores, já que os efeitos da extinção não retroagem e operam *ex nunc*. Aqueles atos porventura praticados depois de iniciada a incapacidade do mandatário não produzem efeito jurídico algum.

São válidos, a respeito dos contratantes de boa-fé, os atos com estes ajustados em nome do mandante pelo mandatário, enquanto este ignorar a morte daquele ou a extinção do mandato, por qualquer outra causa (art. 689). A boa-fé sempre recebe especial deferência no Direito pátrio, eis que reveladora de adequado ânimo e de escorreito proceder. Por isso é que os atos praticados pelo mandatário em nome do mandante serão válidos nas hipóteses acima referidas. A extinção do mandato somente se dá, sob o ângulo jurídico do procurador, quando tiver de algum modo ciência da morte ou da interdição do representado. Porém, se o mandatário sabe do evento extintivo, mas este não é ignorado pelos terceiros com quem negocia, os atos praticados não obrigarão o mandante ou seus herdeiros, haja vista a falta de boa-fé por parte de uma das partes interessadas.

Consoante já observado anteriormente, o mandato é contratação *intuitu personae*, o que torna automática a sua extinção a partir da morte de qualquer das partes, ressalvados alguns efeitos expressamente previstos pelo legislador no que pertine ao falecimento do mandante. Quando quem morre é o mandatário, opera-se imediatamente a cessação do contrato, tendo em vista a circunstância de que os herdeiros do representante não o sucedem nos poderes conferidos pelo representado. Caso o óbito do mandatário se dê antes de concluído o negócio para o qual recebeu poderes, caberá aos herdeiros do falecido, se tiverem ciência do mandato, adotar certas providências preventivas e de resguardo. A primeira delas consiste em avisar o mandante da ocorrência do falecimento, a fim de que proceda como melhor convier. Afora isso, deverão providenciar a bem dele, conforme as peculiaridades vislumbradas, de modo a impedir a superveniência de prejuízos ao representado (art. 690). Portanto, aos sucessores do mandatário cumprirá primordialmente conservar as coisas que estavam em poder do sucedido por força do mandato (móveis adquiridos, documentos etc.), recolher informações úteis e repassá-las ao mandante, zelar por valores pecuniários pertencentes à parte adversa até que os recobre e assim por diante.

Na hipótese estatuída no art. 690, a tarefa mais comum e imediata dos herdeiros do mandatário é a de adotar as medidas conservatórias necessárias, entre elas as que foram exemplificadas em nota ao aludido mandamento legal, bem como todas as que se mostrarem importantes e estiverem ao alcance dos sucessores sem risco pessoal ou patrimonial considerável. Entretanto, em situações especiais reclama-se dos herdeiros do mandatário falecido que continuem e concluam os negócios pendentes, agindo nos estritos limites do mandato outorgado ao sucedido.

A continuação dos negócios do mandante pelos herdeiros do mandatário somente se dará quando houver perigo econômico imediato na demora em prosseguir as atividades já iniciadas pelo procurador falecido (art. 691). Em verdade, trata-se mais de uma faculdade do que de um dever jurídico, pois ninguém pode ser compelido a assumir as obrigações decorrentes de contratação *intuitu personae* cujo titular morreu. Se os sucessores do mandatário avisam imediatamente o mandante acerca da ocorrência do evento morte, tomando as providências necessárias à conservação das coisas e dos valores que estavam em poder do representante, ficam imunes a qualquer iniciativa de responsabilização civil, a menos que tenham obrado com culpa ao se omitirem quando lhes era fácil agir, dando causa assim à verificação de prejuízos.

11.13.3. *Mudança de estado*

A mudança de estado que inabilite o mandante a conferir os poderes, ou o mandatário para os exercer, é fator de cessação automática do contrato. Para o fim previsto no inciso III do art. 682 do Código Civil, mudança de estado é qualquer acontecimento, natural ou provocado, que retire do mandante a possibilidade de repassar poderes, ou do mandatário a perspectiva de os empregar conforme ajustado. Pelo citado fenômeno, a pessoa inicialmente apta a figurar em algum dos pólos da relação contratual deixa de portar as condições que a habilitavam, como acontece quando há interdição. É claro que esse evento está previsto especificamente no inc. II do art. 682 do Código Civil, mas nem por isso deixa de configurar mudança de estado. Esta não se caracteriza necessariamente como ocorrência física; ao contrário, pode traduzir-se em hipótese jurídica, como é o caso da pessoa que, quando solteira, nomeou mandatário para hipotecar certo imóvel, e depois contrai núpcias. Com o matrimônio, haverá necessidade de outorga do cônjuge para a constituição de mandatário, independentemente do regime de bens em vigor, e por isso o mandato celebrado enquanto o mandante era solteiro extingue-se.

Nem toda mudança de estado é capaz, por si mesma, de levar à extinção o mandato. Somente a mudança que acarretar a inabilitação do mandante ou do mandatário consegue levar ao desaparecimento a contratação. Assim, o casamento de mandante que conferiu poderes, quando solteiro, para venda de automóvel, em nada afeta o mandato, pois depois de casado não dependerá de anuência do cônjuge para levar adiante o seu intento.

Nunca é demais, salientar, porém, que os atos praticados pelo mandatário que ignorava a mudança de estado ao tempo da negociação entabulada com terceiro permanecerão intactos. Isto por força da incidência do art. 689 do Código Civil. Todavia, o seu efetivo emprego depende da constatação de que o terceiro com quem o mandatário negociou estava de boa-fé, pois se ele sabia da mudança de estado do mandante e mesmo assim celebrou a avença, não poderá invocar a proteção aposta no referido mandamento legal.

11.13.4. Término do prazo e conclusão do negócio

No inciso IV do art. 682 estão previstas duas causas de cessação do mandato: o término do prazo e a conclusão do negócio. Como em toda contratação, é facultado às partes delimitar no tempo a vigência do vínculo estabelecido. Em virtude disso, a finalização do prazo avençado no momento da celebração do ajuste extingue automaticamente o mandato, sem que para tanto seja necessária a adoção de qualquer medida de cientificação à parte adversa. Tudo o que for realizado pelo mandatário em nome do mandante após o *dies ad quem* da avença não vinculará aquele, a menos que o terceiro que entabulou negócios com o representante ignorasse a supracitada causa de extinção.

Por outro lado, a conclusão do negócio é evento que faz desaparecer o mandato, pois se o mesmo foi constituído para atingir determinado objetivo, a implementação deste produz a cessação da causa geradora da relação contratual, que imediatamente deixa de existir.

A verificação da condição resolutiva que houver sido aposta pelas partes quando da celebração também tem o condão de ocasionar a extinção do mandato. Tal acontecimento equipara-se à terminação do prazo e à conclusão do negócio cometido ao mandatário. Exemplo: Paulo nomeia Juliano para adquirir imóvel em seu nome, estabelecendo, porém, que se antes da conclusão de qualquer negócio pelo mandatário sobrevier a compra do bem pela atuação direta do mandante, os poderes cessarão. Trata-se de cláusula resolutiva expressa, de maneira que se o mandante adquirir pessoalmente o imóvel, ficará sem efeito o mandato celebrado. Não obstante, a boa-fé do terceiro e do mandatário, que negociaram entre si ignorando a aludida causa de extinção, vinculará o mandante ao negócio na forma do art. 689 do Código Civil.

11.14. Mandato judicial

O mandato judicial é instituto que, mesmo tendo natureza contratual e, portanto, substantiva, apresenta extensa conotação adjetiva ou processual. Isto porque seus fins dizem respeito à postulação que o advogado faz em juízo, dentro de um processo, em nome do outorgante. Em assim sendo, nada mais lógico do que atribuir à legislação contida no Código Civil um papel supletivo (art. 692), ficando com o ordenamento processual a tarefa de delimitar o alcance a moldar as feições do chamado mandato judicial. Somente na falta de previsões processuais específicas é que as regras estatuídas no Código Civil, para disciplinar genericamente o instituto, serão utilizadas com o fito de regular o mecanismo de funcionamento do mandato judicial.

Mandato judicial é aquele conferido a quem possui *jus postulandi*, ou seja, a advogado regulamente habilitado perante a Ordem dos Advogados do Brasil, *"para patrocínio, em juízo, de interesses do mandante"* (*Sílvio Rodrigues*, obra citada, p. 303). Uma particularidade chama a atenção nessa espécie de negócio jurídico: ao mesmo tempo em que o mandatário assume a obrigação de representar o mandante, presta serviços a este nos moldes ajustados. Presume-se onerosa a contratação, haja vista o teor do art. 658 do Código Civil.

O Código de Processo Civil preocupa-se, em diversas normas, com a disciplina do mandato judicial. Na seqüência, serão abordadas as principais diretrizes acerca do tema, de maneira que as referências aos números dos artigos correspondentes dizem respeito ao caderno processual e não da codificação civilista. Antes, porém, é preciso observar que a Constituição da República considera o advogado imprescindível à administração da Justiça e garante o exercício da profissão (arts. 133 e 5º, XIII).

Sem instrumento de mandato, o advogado não será admitido a procurar em juízo. Poderá, todavia, em nome da parte, intentar ação, a fim de evitar decadência ou prescrição, bem como intervir, no processo, para praticar atos reputados urgentes. Nestes casos, o advogado se obrigará, independentemente de caução, a exibir o instrumento de mandato no prazo de quinze dias, prorrogável até outros quinze, por despacho do juiz (art. 37). Os atos, não ratificados no prazo, serão havidos por inexistentes, respondendo o advogado por despesas e perdas e danos (parágrafo único). Saliente-se, porém, que no processo penal não há necessidade de apresentação de instrumento escrito de mandato para habilitar o defensor, bastando que o réu o constitua verbalmente, por ocasião do interrogatório, ou que o juiz nomeie advogado ao réu.

É defeso distribuir a petição não acompanhada do instrumento do mandato, salvo se o requerente postular em causa própria, se a procuração estiver junta aos autos principais ou no caso previsto no art. 37 (art. 254). A procuração geral para o foro, conferida por instrumento público, ou particular assinado pela parte, habilita o advogado a praticar todos os atos do processo, salvo para receber citação inicial, confessar, reconhecer a procedência do pedido, transigir, desistir, renunciar ao direito sobre que se funda a ação, receber, dar quitação e firmar compromisso (art. 38).

A parte, que revogar o mandato outorgado ao seu advogado, no mesmo ato constituirá outro que assuma o patrocínio da causa (art. 44). O advogado poderá, a qualquer tempo, renunciar ao mandato, provando que cientificou o mandante a fim de que este nomeie substituto. Durante os dez dias seguintes, o advogado continuará a representar o mandante, desde que necessário para lhe evitar prejuízo (art. 45).

Capítulo 12

DA COMISSÃO

12.1. Conceito e objeto

Pelo contrato de comissão, uma das partes, denominada comissário, compra ou vende bens de qualquer natureza (móveis ou imóveis, corpóreos ou incorpóreos etc.) em seu próprio nome, mas por conta da parte adversa, denominada comitente. É contrato que se apresenta com mais freqüência no direito mercantil, mas se o objeto não for de cunho comercial, nem qualquer das partes for comerciante, ter-se-á contratação eminentemente civil. A discussão quanto a esse enquadramento, porém, perdeu qualquer relevância que pudesse ter, haja vista o fato de que a codificação de 2002 promoveu a unificação dos ramos comercial e civil.

Para melhor compreender o mecanismo de funcionamento da comissão, é preciso dizer que por meio dele o comissário integra um dos pólos da relação negocial, pois atua em nome próprio. Todavia, a sua conduta tem em vista o interesse declarado pelo comitente, a quem compete expedir orientações e determinações que serão cumpridas pelo comissário. Por outro lado, o comitente não é parte no contrato, sendo inclusive dispensável a menção ao seu nome quando da celebração, já que o comissário age em seu próprio nome. Entretanto, nada impede que o terceiro, com quem o comissário negocia, tome ciência da identidade do comitente, ainda que contra ele nenhuma ação tenha.

O art. 693 do Código Civil dispõe: *"O contrato de comissão tem por objeto a aquisição ou a venda de bens pelo comissário, em seu próprio nome, à conta do comitente"*. No contrato de comissão existe verdadeira intermediação, feita pelo comissário junto a terceiro, em proveito do comitente, por meio da execução de certa atividade, mediante retribuição pecuniária feita àquele. Mesmo que seja assim, o comissário realiza o negócio com terceiro como membro direto e efetivo do pólo contratual, sem que nisso fique de qualquer modo imediatamente obrigado o comitente. Na realidade, o contrato decorre da outorga de poderes de uma parte à outra, mas sem que nisso exista a representação do comitente pelo comissário, pois se assim fosse haveria mandato. Aliás, desde logo é mister frisar que a comissão não é espécie e nem subproduto do mandato, mas figura típica autônoma que com ele não se confunde. Exposição mais detalhada será feita na seqüência, quando da comparação dessa modalidade negocial com outras.

O campo mais fértil de aplicação do contrato de comissão é o da venda de mercadorias em geral — especialmente roupas e maquinário — e de veículos usados. Existe posicionamento doutrinário no sentido de que se trata de avença cujo emprego é reservado apenas à negociação de bens móveis, já que na alienação ou aquisição de imóveis seria sempre necessária a direta intervenção do proprietário no negócio, a menos que estivesse representado por mandatário. Porém, tal vertente se afigura equivocada, já que a lei não exclui a possibilidade de pactuação de ajuste envolvendo imóveis. Ademais, a estrutura típica da comissão permite o seu emprego na transação imobiliária, pois a outorga de poderes, feita pelo comitente ao comissário, é suficiente para que este aja em nome próprio tendo por objeto coisa alheia. Ao firmar a escritura pública de compra e venda de um imóvel, por exemplo, o comissário estará praticando o mesmo ato que resultaria da assinatura de um contrato de transferência de veículo. Nenhuma diferença existe, portanto, entre a atividade do comissário na negociação de bens móveis daquela constatada quando do estabelecimento de relação jurídica envolvendo imóveis. Em suma, a espécie contratual gerada entre o dono da coisa e a pessoa incumbida da alienação ou aquisição (mandato, comissão, corretagem etc.) é que indicará a disciplina jurídica a observar, sem que existam restrições decorrentes da natureza do bem inserido no negócio.

12.2. Classificação do contrato

A comissão é *bilateral*, pois gera obrigações para ambas as partes, de maneira que ao comissário caberá desenvolver as atividades de alienação ou aquisição previstas, enquanto o comitente arcará com a remuneração devida à parte contrária. Trata-se de contratação *onerosa*, vislumbrando-se nela, em relação aos celebrantes, a captação de proveitos e a realização de esforços economicamente aferíveis. Se de um lado o comissário despende o seu trabalho e recebe uma contrapartida econômica, de outro o comitente tira vantagem do negócio realizado, ficando obrigado a pagar a remuneração pendente.

O contrato é comutativo, porque as partes conhecem de antemão a amplitude e a natureza das prestações emergentes, que são certas. Há, por assim dizer, equilíbrio jurídico entre as prestações devidas por uma parte à outra. Disso se infere, portanto, a circunstância de que eventual falta de adimplemento do ajuste ensejará ao celebrante prejudicado a invocação da exceção do contrato não cumprido (*exceptio non adimpleti contractus*).

Não se exige, para a perfectibilização da avença, a entrega da coisa do comitente ao comissário, nem a adoção de qualquer outra providência que não seja o simples encontro de vontades. Daí a natureza *consensual* da comissão, cujo surgimento para o mundo jurídico se dá pela simples manifestação volitiva. Porém, em certas situações, dada a necessidade de preservação da segurança das relações jurídicas e a natureza das atividades a serem desenvolvidas com base no contrato (*v.g.*, transação envolvendo imóveis), deverá ser celebrado por escrito e com observância da forma pública. Em decorrência do que se expôs acima, o contrato, via de regra, é *não solene*, podendo ser celebrado inclusive verbalmente, embora às partes seja dado optar pela forma escrita, pública ou particular. A prova da contratação, em tais hipóteses, faz-se por qualquer meio em Direito admitido, podendo cingir-se a elementos de cunho testemunhal.

Por fim, a comissão é *intuitu personae*, porque celebrada em razão das qualidades pessoais do comissário, o que torna intransferíveis, por ato *inter vivos* — salvo se houver anuência do comitente — ou *mortis causa*, as suas atribuições. Não há dúvidas de que o comitente sopesa a qualificação pessoal do comissário antes de lhe confiar a execução da tarefa, sendo certo que atributos como a honestidade, a habilidade negocial, o prestígio profissional e outros de similar gênese funcionam como fator decisivo na celebração da avença, pois isso interferirá fortemente no desenvolvimento da atividade-fim pelo comissário.

12.3. Comisssão e outros institutos

Embora tenha algumas semelhanças pontuais com determinadas figuras contratuais típicas, a comissão não pode ser confundida com qualquer delas, pois as diferenças entre elas assumem proporções marcantes. O contrato que mais se poderia assemelhar à comissão seria o de mandato. Porém, já foi salientada anteriormente a circunstância de que neste último ajuste há representação do mandante pelo mandatário, enquanto naquela outra avença o comissário não representa o comitente, limitando-se a agir em nome próprio, mas por conta do pólo adverso. Em suma, as partes contratantes são o comissário e o terceiro que tomou assento na avença. No mandato, o representante pratica atos cujos efeitos são totalmente impostos ao representado, cabendo a este a posição jurídica de parte celebrante, juntamente com o terceiro que entabulou negociações com o mandatário. A única ocasião em que essas duas contratações assumem feições de grande similitude, ao menos sob o ângulo da atividade da parte encarregada do cumprimento do mister anunciado, ocorre quando o mandatário age em nome próprio, autorizado ou não pelo mandante. Não obstante, ainda assim haverá diferença na natureza dos ajustes, pois a conduta do mandatário terá então desvirtuado o mandato, motivo pelo qual o mandante não se vincula ao teor da negociação feita, eis que se desrespeitou as fronteiras dos poderes conferidos.

Diante da existência de vários pontos de aproximação entre os contratos de mandato e de comissão, o ordenamento jurídico determina que serão aplicadas a esta última figura, no que for possível, as regras atinentes ao mandato (art. 709). Isso faz com que sejam buscadas nas normas relativas ao mandato as orientações necessárias à disciplina da comissão, contanto que inexistam regras específicas a norteá-la no capítulo que lhe é dedicado pelo Código Civil. A transposição de nuanças jurídicas do mandato para a comissão, todavia, somente terá lugar em caráter supletivo ou subsidiário, jamais podendo ser priorizada em detrimento de regras específicas.

A comissão distingue-se da corretagem, eis que nesta o corretor é mero intermediário, agindo em nome do interessado que o contratou, a quem cabe a posição de parte contratante. O corretor, por assim dizer, não é parte na avença; apenas executa um trabalho de pesquisa e aproximação dos sujeitos, para fins de celebração de determinado negócio jurídico (*v.g.*, venda de imóvel). Já na comissão, conforme salientado, o comissário atua em nome próprio, mesmo que por conta do comitente. Por outro lado, a remuneração somente é devida ao corretor quando o resultado pretendido pelo dono do negócio for atingido, não bastando a realização pura e simples do ato de aproximar os interessados. Logo, o dever que assume é de resultado, e não de meios. O comissário, por sua vez, somente adquire o direito à remuneração se concluir diretamente o negócio encetado.

Em relação ao contrato de agência e distribuição, as diferenças para com a comissão também se fazem perceber. Por aquele contrato, uma pessoa assume, em caráter não eventual e sem vínculos de dependência, a obrigação de promover, à conta de outra, mediante retribuição, a realização de certos negócios, em zona determinada, caracterizando-se a distribuição quando o agente tiver à sua disposição a coisa a ser negociada. Nesse compasso, a comissão possui semelhante finalidade, qual seja, a de viabilizar certo contrato, geralmente relacionado ao direito mercantil. Todavia, o agente não celebra o negócio em seu nome, cingindo a sua conduta à adoção de providências destinadas a tornar factível a celebração. Exemplo disso é a procura de pessoas interessadas em fazer seguro de vida com determinada empresa. Na seqüência, caberá a esta última estabelecer o vínculo com o terceiro captado por meio do trabalho do agente. Ele não atua como mandatário e tampouco na qualidade de comissário, mas apenas na busca de quem tenha interesse em contratar.

Tomadas as bases expostas acima, percebe-se que a comissão se diferencia da representação comercial, eis que por meio desta o representante age em nome do representado e por conta e risco deste, à semelhança do que acontece no mandato. Já a comissão funciona de maneira diversa, pois nela o comissário vincula-se diretamente ao negócio, promovendo-o em seu nome, mas por conta do comitente, em virtude da contratação que vigora entre ambos.

Finalmente, é preciso dizer que a comissão apresenta diferenças quando defrontada com o contrato estimatório, embora os aludidos tipos negociais tenham alguma parecença. Nos dois, a finalidade é a negociação de bens por intermédio de pessoa que age em nome próprio. O consignatário toma-os para transmissão a terceiros, ficando submetido à avaliação feita pelo consignante, a quem cabe o direito de receber o preço estimado. O lucro correspondente à diferença entre o valor estimado pelo consignante e o obtido pelo consignatário pertence a este último, residindo aí a vantagem econômica que buscava ao celebrar o contrato. Não há remuneração direta por parte do consignante ao pólo adverso, pois no mencionado lucro é que se situa a contrapartida almejada. Existe ainda, para o consignatário, a opção de ficar com o bem para si, adquirindo-o do consignante, ao invés de vendê-lo a terceiro. Na comissão inexiste opção de compra em favor do comissário, já que os esforços deste objetivam o recebimento da remuneração pactuada com o comitente, que será devida quando encontrar quem se disponha a celebrar o contrato definido pelas partes.

12.4. Direitos e deveres das partes

12.4.1. Responsabilidade do comissário

O comissário fica diretamente obrigado para com as pessoas com quem contratar, sem que estas tenham ação contra o comitente, nem este contra elas, salvo se o comissário ceder seus direitos a qualquer das partes (art. 694). Tendo em vista o fato de que o comissário é parte no negócio entabulado com terceiro, e que a relação mantida com o comitente não se confunde com aquela outra, é natural que o comissário fique vinculado às pessoas com quem contratar, respondendo por todas as obrigações assumidas e ficando atrelado ao cumprimento dos deveres emergentes do negócio jurídico.

As pessoas que contratarem com o comissário não poderão demandar pelos efeitos do contrato frente ao comitente. Assim, eventual descumprimento das obrigações pelo comissário somente será imputado a ele, nada tendo a suportar o comitente. De igual modo, a este não se permitirá responsabilizar os terceiros com quem o comissário negociar, ainda que seja para buscar o cumprimento das prestações inadimplidas. Enfim, as controvérsias decorrentes da contratação terão de ser dirimidas entre o comissário e os terceiros envolvidos, ficando alijado dessa disputa o comitente, que não tem legitimidade ativa ou passiva para figurar na relação processual. Não obstante o exposto acima, caso o comissário promova cessão de seus direitos ao comitente ou àqueles com quem negociou, ficará o cessionário sub-rogado nas prerrogativas e nos encargos que originalmente cabiam ao comissário, podendo então figurar no pólo ativo ou passivo da demanda, conforme seja a situação concreta.

O comissário é obrigado a agir de conformidade com as ordens e instruções do comitente, devendo, na falta destas, não podendo pedi-las a tempo, proceder segundo os usos em casos semelhantes (art. 695). Embora agindo em nome próprio, o comissário deve seguir as orientações recebidas do comitente quanto ao modo de agir no que respeita aos negócios pretendidos, que são realizados por conta do comitente e o sujeitam aos riscos e prejuízos inerentes a toda atividade dessa natureza. Não tendo sido transmitidas orientações, caberá ao comissário buscá-las conforme sejam necessárias, a fim de que se executem as atividades consoante a vontade do comitente. Sendo inviável consultar o comitente, em razão da escassez de tempo ou da premência da atividade a ser desenvolvida, o comissário deverá proceder conforme os usos em casos semelhantes, no local em que estão sendo encetadas as negociações. Disso se infere que a autonomia de atuação do comissário é relativa, não lhe sendo lícito praticar todos os atos à revelia da vontade do comitente.

Não se considera que tenha agido mal o comissário quando de suas atividades resultarem proveitos ou vantagens econômicas razoáveis para o comitente, pois isso revela que a conduta se deu dentro dos padrões que seriam esperados e desejados pelo outro contratante. Afinal, é certo que da atuação fundada em contrato de comissão espera o comitente auferir vantagens. Vindo elas a se apresentarem, e sendo adequadas sob a ótica econômica, nenhuma razão haverá para que a conduta do comissário seja questionada ou para que se exijam maiores justificativas, ainda que se tenha afastado das instruções ou não as tenha oportunamente buscado.

Mesmo que os resultados não sejam os pretendidos pelo comitente, tem-se por justificada a sua intervenção se, não tendo tempo para tomar mais detidas cautelas e solicitar orientações, atuou de acordo com os usos em casos semelhantes naquela circunscrição territorial (parágrafo único). Por outro lado, se houver prejuízos, ou se as vantagens obtidas forem muito inferiores às normais em casos semelhantes, e a isso associarem-se indicativos de que o comissário atuou em desconformidade com o que lhe seria exigível, poderá o comitente reclamar a devida prestação de contas, a fim de que a parte adversa exponha pormenorizadamente a atuação desenvolvida.

12.4.2. Modificação das instruções originais

O fato de o comitente ter transmitido determinadas instruções não o impede de modificá-las *a posteriori*, bastando para tanto que faça a devida cientificação ao comissário. Isso somente não poderá ocorrer se houver estipulação contratual em contrário (art. 704). Contudo, os atos praticados sob a égide das orientações anteriores não poderão ser afetados pelas novas diretrizes, eis que consumados de acordo com o que se estipulara anteriormente entre as partes.

Assim que transmitidas as novas instruções ao comissário, ficará este obrigado a atuar em consonância com o seu teor, sob pena de configuração de culpa e surgimento do conseqüente dever de responder na forma preconizada pelo legislador. As novas diretrizes servirão, desde quando comunicadas ao comissário, para a regência dos negócios ainda pendentes e que disserem respeito à comissão. Tendo sido repassadas instruções por escrito ao comissário, impõe-se sejam também escritas as alterações que vierem a ser idealizadas pelo comitente, a fim de que se torne possível fazer prova da sua existência em contraposição às originais.

12.4.3. Deveres de zelo e diligência

No desempenho das suas incumbências o comissário é obrigado a agir com cuidado e diligência, não só para evitar qualquer prejuízo ao comitente, mas ainda para lhe proporcionar o lucro que razoavelmente se podia esperar do negócio (art. 696). Assim como acontece em todo negócio que envolva intervenção contratual de alguém para fins de alcançar resultado aguardado por outra pessoa, deve o agente portar-se como se o negócio fora dele próprio, valendo-se da prudência e dos cuidados que a situação reclamar. Esse modo de agir tem de ser adotado com vistas ao bom desempenho das ações atribuídas ao comissário, seja para evitar a superveniência de prejuízos ao comitente, seja para que ao final ele tenha o lucro normalmente esperado daquele específico negócio jurídico. Todos os lucros obtidos devem ser repassados ao comitente, eis que em sua conta foram realizadas as atividades.

Obtendo lucros maiores do que os previstos, nem por isso poderá o comissário reclamar aumento na retribuição avençada. Porém, ficará obrigado a indenizar todos os prejuízos culposamente causados ao comitente (parágrafo único), pois isso revela a ocorrência de conduta diversa daquela a que se obrigara o comissário. Exemplo de conduta lesiva seria a venda do bem por valor muito inferior ao normalmente praticado, em circunstâncias que permitiriam exigir do comissário mais empenho na busca de melhor preço. A diferença, então, terá de ser paga pelo comissário ao comitente. Responsabilidade não haverá, todavia, se os prejuízos tiverem origem em força maior ou caso fortuito, como é o caso de extraordinária enchente que destrói os bens adquiridos quando já adequadamente colocados em local protegido.

12.4.4. Insolvência do terceiro

Ao mesmo tempo em que impõe severos deveres ao comissário, o legislador idealizou um mecanismo de proteção da sua atividade. Em razão disso, o art. 697 estabelece que o comissário não responde pela insolvência das pessoas com quem tratar, exceto em caso de culpa e no do art. 698, cuja análise será procedida na seqüência. Já se disse que, mesmo celebrado em nome do comissário, são feitos por conta do comitente os negócios jurídicos viabilizados por meio do contrato entre eles firmado. Logo, o comissário não poderá ser chamado a responder pela insolvência das pessoas com quem tratar, se ainda não materializada ao tempo da celebração do negócio. Isto porque não é substituto legal do insolvente perante o comitente para fins de cumprimento das obrigações assumidas por aquele. Apenas em situações específicas será compelido a responder junto ao comitente pelos efeitos economicamente nocivos da insolvência: a) quando agir com culpa, seja porque conhecia a insolvência do terceiro, ou o risco de sua ocorrência, e ainda assim com ele tratou, seja de algum modo gerando o estado de insolvência do terceiro; b) quando assumir expressamente a qualidade de obrigado solidário, nos moldes do art. 698 do Código Civil. Excepcionadas tais hipóteses, os prejuízos decorrentes desse estado são suportados pelo comitente, que não os poderá reclamar nem de um e nem do outro.

12.4.5. Cláusula del credere

Se do contrato de comissão constar a cláusula *del credere*, responderá o comissário solidariamente com as pessoas com que houver tratado em nome do comitente, caso em que, salvo estipulação em contrário, o comissário tem direito a remuneração mais elevada, para compensar o ônus assumido (art. 698). Pela cláusula *del credere*, assume o comissário posição solidária perante o comitente, ficando obrigado em igualdade de condições no que pertine ao cumprimento dos deveres contraídos pelas pessoas com quem houver tratado em nome deste. Cuida-se de exceção à regra de que o comissário somente responde por culpa, pois mesmo sem a presença desse elemento anímico o comissário poderá ser demandado para arcar com os encargos relativos às obrigações assumidas pelos terceiros com quem negociar. A cláusula *del credere* é acessória ao contrato de comissão, devendo ser provada por escrito e de modo a não deixar dúvidas, pois do contrário entender-se-á que inexiste responsabilidade conjunta e solidária entre terceiro e comissário diante do comitente.

A solidariedade importa na igualização dos envolvidos no que diz com a responsabilidade por inadimplemento da prestação avençada. Poderá qualquer deles, terceiro ou comissário, ser demandado pelo comitente tão logo patenteado o inadimplemento, sem ordem de prioridade ou privilégios de um em relação ao outro. A inserção da cláusula *del credere* no instrumento contratual aumenta o ônus assumido pelo comissário, eis que daí em diante não responderá, como é ordinário, ou seja, apenas em caso de atuação culposa; suportará as conseqüências em todas as hipóteses de inadimplemento, e inclusive pelos danos que desse evento advierem ao comitente. Em contrapartida à majoração do ônus, terá direito o comissário à proporcional elevação na sua remuneração, em extensão capaz de compensar os mais acentuados riscos contraídos. Caberá ao juiz, atento ao desiderato objetivado pela porção final do art. 698, arbitrar os valores devidos pelo comitente a título de retribuição pecuniária.

12.4.6. Pagamento de juros

O comitente e o comissário são obrigados a pagar juros um ao outro; o primeiro pelo que o comissário houver adiantado para cumprimento de suas ordens; e o segundo pela mora na entrega dos fundos que pertencerem ao comitente (art. 706). A incidência de juros é um dos efeitos da mora no cumprimento das obrigações de cunho econômico no Direito pátrio. Noutras situações, objetiva remunerar o capital empregado por alguém em relação jurídica travada com outra pessoa. Tendo em vista essa realidade, o legislador determina a aplicação de juros remuneratórios, em favor do comissário, sobre o valor das despesas que tiver antecipado. Afinal, empregou capital com o fito de dar atendimento aos interesses alheios, fazendo por merecer a recuperação do valor despendido, acrescido dos juros previstos em lei, que nada mais representam do que a contrapartida da aplicação realizada.

Incidirão juros moratórios caso o comissário, no tempo avençado ou tão logo receba de terceiros fundos pertencentes ao comitente, descumpra a obrigação de entregá-los ao destinatário final. Isto porque embora realize o negócio em nome próprio, o direito do comissário limita-se ao recebimento da remuneração prevista em lei, já que a atividade propriamente dita é executada por conta do comitente. A taxa de juros de mora, nesse contexto, será aquela definida pelas partes ou a de um por cento ao mês, fixada segundo os parâmetros estatuídos em lei, nos termos do art. 406 do Código Civil.

12.4.7. Falência ou insolvência do comitente

Visando facilitar ao comissário o recebimento dos valores a que tem direito, referentes a comissões e despesas feitas no desempenho das atividades, atribui-se-lhe privilégio geral no caso de falência ou insolvência do comitente (art. 707). Em virtude disso, poderá habilitar-se com prioridade em relação aos créditos de terceiros, ressalvados aqueles que por expressa determinação legal tenham maior preferência. Sendo do comissário a falência ou insolvência, não haverá privilégio em favor do comitente, mas este poderá normalmente reivindicar junto àquele a entrega de tudo quanto, embora estando em seu poder por força do contrato de comissão, pertença ao comitente. É o que acontece com as coisas adquiridas como parte integrante do cumprimento da contratação, assim como equipamentos que estejam com o comissário por igual motivo.

Ainda no que diz respeito à falência ou insolvência do comissário, cabe frisar que ficará o comitente legitimado a pleitear diretamente o cumprimento das obrigações assumidas pelas pessoas com quem o primeiro houver tratado. Porém, não estará ao abrigo de qualquer vantagem ou privilégio legal, ficando adstrito às regras gerais pertinentes aos créditos comuns caso tenha de exercer direitos contra o comissário falido ou insolvente.

12.4.8. Direito de retenção

Quando o comitente deixar de pagar à parte contrária a remuneração devida, ou não reembolsar oportunamente as despesas feitas pelo comissário no desempenho das atividades, poderá este exercer direito de retenção sobre os bens e valores que estiverem consigo em virtude da comissão (art. 708). Isso inclui tanto as coisas e numerários adquiridos ao longo do cumprimento da contratação como aqueles que já pertenciam ao comitente antes da celebração e foram entregues ao comissário para fins de viabilização de seu trabalho. O direito de retenção deve ser interpretado restritivamente, motivo pelo qual não abarca outras situações senão as expressamente definidas na citada norma, quais sejam, percepção da retribuição e reembolso das despesas. Tão logo o comitente pague, deverá o comissário restituir os bens, sob pena de sujeitar-se às ações possessórias cabíveis, tendo em vista o cometimento de esbulho.

12.5. Prazo de pagamento pelo terceiro

Presume-se o comissário autorizado a conceder dilação do prazo para pagamento, na conformidade dos usos do lugar onde se realizar o negócio, se não houver instruções diversas do comitente (art. 699). Tendo sido expedidas ordens ou orientações regulares pelo comitente ao comissário, ficará este obrigado a atendê-las, porque guindadas ao patamar de lei entre as partes, sob pena de restar configurada a culpa, e, disso, a responsabilidade pelos prejuízos causados. Entre os deveres do comissário está o de exigir do terceiro, na data do vencimento, os pagamentos estipulados. Porém, se pelo comitente não foram transmitidas recomendações ou comandos, presume-se que o comissário esteja autorizado a ampliar os prazos de pagamento originalmente concedidos, de acordo com aqueles que forem praticados no lugar da celebração. Exemplo: se em determinada cidade é comum estabelecer período de trinta dias para pagamento em certa espécie de negócio, e tendo comissário e terceiro acordado quitação em dez dias, faculta-se àquele alongar o prazo até que se atinja o trintídio comum, salvo se outras forem as determinações repassadas pelo comitente.

Não se permite ao comissário contrariar as instruções recebidas do comitente, sob pena de responder pelos prejuízos causados. Logo, estará impedido de conceder dilação temporal para pagamento se houver proibição dele provinda (art. 700). Também não poderá estender o prazo se, não obstante o silêncio do comitente, a medida opuser-se aos usos do local em que se deu a negociação com terceiro. Em qualquer das hipóteses acima, a concessão de dilação no prazo demarcado para pagamento importará em responsabilização do comissário, podendo o comitente reclamar dele o imediato pagamento dos valores a que tem direito, ou ainda postular no sentido de que suporte as conseqüências da dilação irregularmente concedida a terceiro.

Mesmo que a distensão temporal seja admitida em abstrato pelo comitente, ou que os usos locais indiquem a plausibilidade da ampliação do prazo de pagamento, cumpre ao comissário informar ao comitente acerca da concessão que porventura fizer, indicando quem é o beneficiário da mesma, permitindo ao interessado que adote as medidas cabíveis no contexto gerado. Agindo assim, o comissário estará afastando de si qualquer responsabilidade relacionada ao alongamento do prazo, eis que terá cumprido todos os deveres que lhe competiam. Entretanto, deixando de comunicar ao comitente a dilação do prazo, ou não identificando o destinatário do benefício, ficará obrigado perante o comitente nos mesmos moldes que incidiriam se lhe fosse vedada expressamente a dilação, ou se os usos locais contrariassem a iniciativa adotada.

12.6. Remuneração do comissário

O contrato de comissão é eminentemente oneroso, gerando em favor do comissário direito de perceber remuneração. Esta atenderá aos parâmetros, limites e nuanças estabelecidos pelas partes quando da contratação, mas ainda que não estipulada subsistirá em favor do comissário a prerrogativa de postular adequada retribuição pecuniária. Não tendo sido convencionada entre os contratantes a remuneração devida ao comissário, a sua fixação será feita mediante arbitramento judicial, que tomará em conta os usos correntes no lugar em que as partes criaram o vínculo jurídico (art. 701). Na falta de tais elementos, ou em caso de insuficiência dos mesmos, caberá ao juiz determinar qual a remuneração a ser paga, considerando as peculiaridades do caso concreto, o trabalho desenvolvido, o tempo exigido, a confrontação entre o resultado razoavelmente esperado e o efetivamente alcançado e assim por diante.

No caso de morte do comissário, ou, quando, por motivo de força maior, não puder concluir o negócio, será devida pelo comitente uma remuneração proporcional aos trabalhos realizados (art. 702). O óbito do comissário extingue o contrato, mas faz transmitirem-se aos sucessores do falecido os direitos já consolidados no pertinente à comissão. Caso ao tempo da morte já houvessem sido realizados pelo comissário trabalhos relacionados ao contrato de comissão, terá o comitente de pagar aos herdeiros da parte contrária uma remuneração proporcional às atividades desenvolvidas. Se assim não fosse, o comitente obteria indevido proveito a partir do trabalho alheio, o que é rigorosamente coibido pelo legislador civil. Ao fixar a retribuição proporcional, o juiz levará em consideração a extensão dos trabalhos executados, a qualidade deles, a comparação entre os resultados esperados e os alcançados e tudo o mais que for útil ao seu convencimento.

Impossibilitada por força maior a conclusão de negócio já iniciado pelo comissário, terá ele direito à percepção de remuneração proporcional, nos moldes e sob os mesmos fundamentos expendidos *retro*. Entende-se por força maior todo evento imprevisível, ou imprevisto e incontornável, que torne inviável a ultimação de atividade atrelada ao contrato de comissão, como: a ruína de ponte que impeça o comissário de dirigir-se a tempo ao local designado para a conclusão do negócio; a ocorrência de acidente que não permita ao comissário o fechamento das tratativas, e tantos outros acontecimentos de semelhante envergadura.

O direito de receber contrapartida econômica subsiste ainda que ocorra dispensa do comissário antes de concluídos os trabalhos. Ainda que tenha dado motivo à dispensa, terá o comissário direito a ser remunerado pelos serviços úteis prestados ao comitente, ressalvado a este o direito de exigir daquele os prejuízos sofridos (art. 703). Receberá, portanto, de acordo com o proveito que houver carreado ao comitente. Consideram-se úteis os serviços dos quais resultarem vantagens, ou ainda aqueles que, embora não as proporcionando, tenham sido desempenhados estritamente de acordo com o que restou pactuado. Porém, se da dispensa motivada pelo comissário resultarem prejuízos ao comitente, poderá este exigir daquele a correspondente indenização. Admite-se, para tanto, que postule a compensação do débito de natureza remuneratória com a reparação dos prejuízos provocados pelo comissário, até onde se encontrem. Os prejuízos a que alude a norma legal são todos os decorrentes da dispensa ocasionada pelo próprio comissário, inclusive perdas, danos e lucros cessantes, além de despesas feitas e que não foram aproveitadas em função do rompimento.

Se o comissário for despedido sem justa causa, terá direito a ser remunerado pelos trabalhos prestados, bem como a ser ressarcido pelas perdas e danos resultantes de sua dispensa (art. 705). Por óbvio, a despedida sem justa causa acarreta para o comitente deveres mais extensos do que a dispensa motivada pelo comissário, considerada como justa causa. Verificada a ausência de motivação para a despedida, ficará o comitente obrigado a remunerar a parte adversa de acordo com os trabalhos já prestados, além de ressarcir as perdas e danos resultantes da dispensa.

A remuneração devida em caso de despedida sem justa causa deve ser correspondente à extensão e à importância dos serviços prestados, tendo-se em linha de conta o total das atividades previstas no contrato de comissão. Toma-se por base o que foi executado e o que ainda falta, estabelecendo-se a partir disso um cálculo de proporcionalidade visando a fixar o valor a que fará jus o comissário. Quanto às perdas e danos, a indenização correspondente abarcará não apenas aquilo que o comissário concretamente gastou ou perdeu durante a execução dos serviços (despesas, reembolsos, antecipações de gastos a terceiros etc.), como também tudo quanto razoavelmente deixou de lucrar em virtude do rompimento protagonizado pelo comitente (lucros cessantes).

Sobreleva destacar novamente o fato de que, havendo inadimplência do comitente quanto ao valor da contrapartida econômica devida ao comissário, poderá este reter as coisas e os recursos que estiverem sob sua posse em razão do desempenho da tarefa cometida, nos moldes do art. 708 do Código Civil.

Capítulo 13

DA AGÊNCIA E DISTRIBUIÇÃO

13.1. Conceito e características

Antes de qualquer outra coisa, é preciso observar que o legislador pátrio disciplinou em um só capítulo a agência e a distribuição porque, a rigor, elas não constituem figuras contratuais independentes entre si. Existe uma única estrutura jurídica central, a da agência, mas a outorga de certos poderes e atribuições específicos por um dos contratantes ao outro pode levar à caracterização da distribuição. Pode-se afirmar, então, que a distribuição também é um contrato de agência, mas qualificado pela amplitude das prerrogativas do preposto.

A diferença básica entre ambas consiste em que na distribuição o distribuidor tem à sua disposição a coisa a ser negociada, enquanto na agência propriamente dita a coisa encontra-se com o proponente e junto a ele deve ser pleiteada após a consecução do negócio. A distribuição, portanto, nada mais é do que um agenciamento com a coisa à disposição do contratado, para entrega às pessoas com quem negociar. É o que ocorre, por exemplo, com os estabelecimentos comerciais dedicados à distribuição de bebidas, pois por meio do ajuste encarrega-se alguém de realizar negócios com terceiros e de repassar-lhes os produtos que previamente recebeu do proponente. *"Impende distinguir o agente do distribuidor, porquanto este último caracteriza-se como tal ao dispor do bem a ser negociado e aquele desempenha a agência sem a disponibilidade da distribuição do referido bem"* (*Novo Código Civil Comentado*, coordenação de Ricardo Fiúza, Editora Saraiva, p. 644).

Pelo contrato de agência, uma pessoa assume, em caráter não eventual e sem vínculos de dependência, a obrigação de promover, à conta de outra, mediante retribuição, a realização de certos negócios, em zona determinada, caracterizando-se a distribuição quando o agente tiver à sua disposição a coisa a ser negociada (art. 710). O contrato se caracteriza pelo fato de o agente assumir a obrigação de encetar a conclusão de negócios, em nome de outra pessoa, dentro de certo limite territorial. Entre os contratantes não se forma vínculo de dependência, de maneira que o agente pode desenvolver livremente as atividades para as quais foi contratado, dentro do espaço que lhe foi destinado, sem que tenha de seguir diretrizes outras que não as expressamente avençadas e que digam respeito ao objeto contratual. É o que acontece, por exemplo, nas relações envolvendo agentes de seguro, de viagem, de aplicação em bolsa de valores e assim por diante.

Algumas características, emergentes do art. 710 do Código Civil, são marcantes. Em primeiro lugar, denota-se que o agente funciona como intermediário, genuíno elemento de captação de interessados no negócio final desejado pelo proponente. Por outro lado, resta patente o pressuposto da habitualidade, já que o ajuste não é compatível com a eventualidade do trabalho prestado. A execução de atividade eventual em nome alheio pode configurar mandato ou contratação afim, mas nunca agência, que reclama certa constância na prática dos atos para cuja execução surgiu o liame jurídico.

Destacável, ainda, a circunstância de que ocorre uma espécie de zoneamento territorial, pelo qual o agente adquire exclusividade de atuação em certa área geográfica, com exclusão de qualquer outro concorrente nomeado pelo mesmo proponente, salvo se houver expressa estipulação contratual em sentido diverso. A isso se acresce a independência de atuação, pois o agente possui relativa liberdade para desempenhar a tarefa cometida, desde que não desborde das orientações e instruções exaradas pelo agenciado. A retribuição pecuniária só é devida ao agente que consegue realizar a tarefa de intermediário prevista na celebração. Caso dela de desincumba, terá direito à contrapartida mesmo que o negócio, por culpa do proponente, não venha a ser consumado.

O parágrafo único do art. 710 estabelece: *"O proponente pode conferir poderes ao agente para que este o represente na conclusão dos contratos"*. Afora o agenciamento ou distribuição propriamente ditos, é comum que o proponente atribua, à parte adversa, poderes de representação na conclusão dos contratos resultantes das tratativas produzidas com terceiros. Isso não desvirtua a agência ou distribuição e nem as converte em mandato; apenas mune-se o agente ou distribuidor de poderes semelhantes aos do mandatário para fins de ultimação dos negócios encetados. A outorga de poderes para que o proponente seja representado na conclusão dos contratos amplia o espectro de atuação da outra parte, permitindo que melhor conduza as negociações. Essa realidade tornou extremamente corriqueira a conferência de tais prerrogativas ao agente ou distribuidor. A representação comercial, que será abordada no tópico subseqüente, é pautada exatamente por essa adição de poderes, aos quais se soma a circunstância de o contrato ser celebrado entre pessoas jurídicas e com finalidade comercial em sentido estrito.

13.2. Representação comercial autônoma

Quando o agente — ou agenciador — e o agenciado são pessoas jurídicas e se vinculam com objetivos comerciais, surge a figura da representação comercial autônoma, disciplinada pela Lei n. 4.886, de 09 de dezembro de 1965, com a redação dada pela Lei n. 8.420, de 08 de maio de 1992. Trata-se de normatização especial, de maneira que o Código Civil, portador de regras gerais relacionadas ao vínculo de agência e distribuição, encontra campo fértil como indicador da estrutura do contrato. De outra banda, o diploma mais antigo não será aplicável naquilo que contrariar a codificação. Todavia, as leis acima aludidas continuam em vigor quanto a aspectos não abordados pelo Código Civil.

As linhas gerais do contrato de agência e distribuição, com viés de representação comercial autônoma, podem ser traçadas com base no texto do Projeto do Código de

Obrigações, do ano de 1965, assim construído: *"Exerce a representação comercial autônoma a pessoa jurídica ou a pessoa física, sem relação de emprego, que desempenha, em caráter não eventual por conta de uma ou mais pessoas, a mediação para a realização de negócios mercantis, agenciando propostas ou pedidos, para transmiti-los aos representados, praticando ou não atos relacionados com a execução dos negócios"*. No parágrafo único do art. 710 do Código Civil encontra-se o fator que mais facilmente permite vislumbrar a representação comercial, isto é, a outorga de poderes ao agente para que proceda representando o agenciado na conclusão dos contratos. É o que acontece, por exemplo, quando certa firma individual atua como representante comercial de um estabelecimento dedicado à venda de peças automotivas. Além de captar a clientela, o representante celebra o contrato.

Sopesado o exposto acima, impende frisar que a agência e distribuição, na modalidade regida unicamente pelo Código Civil (arts. 710 a 721), pode ser contraída tanto por pessoas físicas como jurídicas. Ela pressupõe a formação de vínculo entre partes que não tencionam gerar representação comercial *stricto sensu*. Enquanto esta impõe ao representante a efetiva conclusão do negócio, a agência embasada exclusivamente na codificação se contenta com o agenciamento propriamente dito, ou seja, a função do agente se esvai no momento em que capta a clientela e a aproxima do proponente.

13.3. Comparação com outros institutos

À primeira vista pode-se ter a impressão de que os contratos de agência e de distribuição guardam certa identidade com o de comissão. Porém, essa aparente similaridade não sobrevive a uma análise mais acurada, já que são consideráveis as diferenças entre os institutos. A iniciar pela circunstância de que na agência e na distribuição o agente promove as operações em nome do proponente, enquanto na comissão a pessoa atua em nome próprio, por conta do comitente. Também se diferenciam as contratações em virtude de que na agência e na distribuição o agente, porque executa as atividades em nome alheio, deve demonstrar, às pessoas com quem trata, a existência e extensão dos atributos contratuais, ao passo que na comissão, dado o aspecto de o comissário atuar em nome próprio, isso é despiciendo.

Entre o mandato e a agência e distribuição também há visíveis pontos de afastamento. O principal deles consiste na ampla representação do mandante pelo mandatário, a quem compete celebrar o negócio em nome da outra parte. O agenciador, ao contrário, não conclui o negócio, mas apenas fomenta negócios e capta clientes para o agenciado, competindo a este celebrar o ajuste final com o terceiro. No mandato, há representação em todas as etapas, que podem ir desde a obtenção de alguém que pretenda contratar até o ato final de vinculação das partes. Na agência e distribuição, a atividade do agente se esgota quando encontra terceiro interessado na contratação almejada pelo proponente.

Dada a aproximação, em certos aspectos, da agência e distribuição com a comissão e o mandato, o ordenamento jurídico preconiza o emprego subsidiário, àquela, do regramento relativo a estes. Também admite a aplicação de regras contidas em legislação especial, igualmente em caráter supletivo ou subsidiário (art. 721), como se dá, por exemplo, quando caracterizada a representação comercial autônoma.

Da prestação de serviços distingue-se a agência e distribuição na medida em que, naquela, o prestador fica permanentemente jungido às ordens e imposições do dono, ao passo que o agente desfruta de importante grau de autonomia no desempenho da atividade, submetendo-se, apenas, ao norteamento geral deduzido pelo agenciado. O prestador de serviços não tem vontade própria quanto ao rumo dos trabalhos, situação oposta à do agente, a quem se atribuem as prerrogativas de escolha e de decisão em torno de assuntos relacionados à tarefa. Em suma, não existe hierarquia entre o agente e o proponente, enquanto a mesma se faz notar no liame estabelecido entre o prestador e o tomador dos serviços.

O contrato de trabalho é bem diferente da agência e distribuição, porquanto exige a subordinação do empregado ao empregador e o cumprimento de horário, entre outros aspectos inexistentes na avença civilista. Ademais, o empregado recebe salário e uma série de resguardos revestidos de interesse público (férias, décimo terceiro salário etc.); o agente, por seu turno, aufere somente a contrapartida econômica estabelecida pelas partes ou fixada pelo juiz.

13.4. Classificação do contrato

Colocados os aspectos básicos do contrato de agência e distribuição, pode-se afirmar que se trata de liame *bilateral*, pois ambas as partes assumem obrigações, cabendo ao agente cumprir o encargo apontado quando da celebração, e ao proponente, pagar a remuneração devida. É contrato *oneroso*, já que pela atividade do agente ou do distribuidor fica o proponente obrigado a pagar-lhe a remuneração ajustada ou que vier a ser fixada posteriormente. No lado oposto, o captador da clientela despende esforço, economicamente aferível, com vistas à implementação do resultado almejado pelo outro celebrante.

O contrato é *comutativo*, deixando entrever a existência de prestações recíprocas imediatamente conhecidas pelos interessados. Além disso, existe certo equilíbrio jurídico entre as prestações devidas por um contraente ao outro. Cuida-se de ajuste gerado *intuitu personae*, eis que a celebração acontece em razão da pessoa do agente ou do distribuidor, suas qualidades, aptidões, habilidade etc., sendo intransmissíveis a outrem as atribuições cometidas.

Analisado sob o prisma da formação, o contrato se evidencia *consensual*, pois a formação do vínculo depende apenas do acordo de vontades e não reclama qualquer outra atitude ou formalidade. Prova-se preferencialmente por escrito, mas nada impede seja verbalmente celebrado, nem que tenha a sua existência e o seu teor demonstrados por testemunhas. Daí ser *não solene*, ante a falta de previsão no sentido da observância de determinada forma para surgir no plano jurídico.

13.5. Relações econômicas entre as partes

13.5.1. Exclusividade de atuação

O art. 711 do Código Civil dispõe: *"Salvo ajuste, o proponente não pode constituir, ao mesmo tempo, mais de um agente, na mesma zona, com idêntica incumbência; nem pode o agente assumir o encargo de nela tratar de negócios do mesmo gênero, à conta de outros proponentes*". As partes podem excepcionar a exclusividade inerente ao contrato de agência e distribuição, admitindo a designação de mais de um agente ou distribuidor dentro do mesmo território. Porém, isso deverá ser feito por cláusula inequívoca, presumindo-se, ao revés, que somente aquele sujeito estará legitimado a agenciar negócios na área delimitada.

Havendo exclusividade de atuação dentro de certa zona territorial, todos os negócios que vierem a ser concluídos pelo proponente naquela mesma faixa ensejarão, em favor do preterido, direito de reclamar a correspondente remuneração. Para que isso não aconteça, já foi dito acima, será necessária a existência de ajuste contrário entre as partes, de modo a causar o rompimento da regra geral que aponta para a presumida exclusividade de área em proveito do agente ou distribuidor. Ante a mencionada presunção, é desnecessário perquirir se a exclusividade que protege o agente ou distribuidor decorreu de previsão expressa ou do simples silêncio das partes acerca desse aspecto quando da celebração do contrato, pois a mera constatação de que a zona é exclusiva assegura, em qualquer das circunstâncias aventadas, o direito de reclamar a remuneração devida, ressalvada prévia elisão acordada pelos interessados.

O direito de perceber remuneração correspondente aos negócios concluídos dentro da zona de exclusividade de determinado agente ou distribuidor independe de quem tenha sido o efetivo negociador, pois, de acordo com o art. 714, tanto as conclusões feitas por via direta pelo proponente, como aquelas realizadas por intermédio de outro agente ou distribuidor geram essa prerrogativa em benefício do alijado. Sua pretensão será exercida diretamente contra o proponente, ainda que a celebração do negócio na área de exclusividade tenha sido promovida por outro agente ou distribuidor, contrariando as instruções recebidas. Em tal hipótese, faculta-se ao proponente lesado postular junto ao agente ou distribuidor responsável, por meio do exercício de direito regressivo, o reembolso dos pagamentos feitos em virtude da quebra da exclusividade.

Para que se equilibre a relação contratual, a citada exclusividade é recíproca, sendo vedado ao agente ou distribuidor atuar em proveito de outro proponente dedicado a negócios do mesmo gênero, de vez que isso levaria ao inadmissível fato de um só agente ou distribuidor ser concorrente de si próprio, ou de fomentar a concorrência entre os vários proponentes com quem se vincula. Porém, não há impedimento jurídico algum, salvo existindo expressa vedação contratual, para o agente ou distribuidor quando se dedica a mais de uma contratação de agência ou distribuição relacionadas a atividades diferentes, e que não disputam o mesmo gênero de negócios. Nesse caso, o cumprimento dos deveres assumidos com um dos proponentes não sofre interferência negativa em função da atenção que dá aos demais, de vez que os gêneros de atividades, sendo diversos, coexistem e não colidem. O que importa, frise-se, é, salvo previsão em contrário, evitar que o mesmo agente tenha sob sua responsabilidade o cumprimento de várias contratações relativas a igual gênero negocial, determinando o surgimento de uma concorrência potencialmente nefasta e lesiva ao proponente.

O dever de lealdade do agente para com o pólo adverso está patenteado ainda no art. 712 do Código Civil: "*O agente, no desempenho que lhe foi cometido, deve agir com toda diligência, atendo-se às instruções recebidas do proponente*". Entre os principais deveres do agente encontra-se o de zelar pelo bom andamento das atividades que lhe foram cometidas, havendo-se com cuidados iguais aos que adotaria se estivesse a tratar de assuntos de seu exclusivo interesse. Nisso se insere a obrigação de prestar contas do trabalho e de fornecer informações que sejam úteis ao proponente. Todavia, o agente não poderá afastar-se das instruções recebidas deste, ainda que não lhe pareçam indicar o melhor rumo a seguir, porque em verdade integram a contratação e fazem lei entre as partes. A liberdade de trabalho é ampla, mas elementos básicos como períodos de atuação, perfil das pessoas com quem se pretende negociar, garantias exigíveis de terceiros, forma de pagamento, fundamentos éticos e outros aspectos incorporam-se à contratação e têm de ser respeitados pelo agente. Dedicando-se ao desempenho das atividades com estrita observância do teor contratual e das orientações recebidas, o agente não poderá ser responsabilizado pelos maus resultados que vierem a ser colhidos, os quais serão imputáveis ao proponente que estabeleceu as equivocadas diretrizes.

13.5.2. Responsabilidade por despesas

Salvo estipulação diversa, todas as despesas com a agência ou distribuição correm a cargo do agente ou distribuidor (art. 713). Tendo em vista que trabalha sem vínculos de dependência para com o proponente, e que, exceto no pertinente aos elementos contratuais basilares, tem plena liberdade de atuação, o agente responde pelas despesas necessárias ao desempenho das atividades relativas aos contratos de agência ou distribuição. Afinal, poderá optar por rumos mais onerosos para chegar ao mesmo resultado que poderia atingir com menos dispêndio, motivo pelo qual é adequado e justo que assuma o correspondente ônus econômico. De tais despesas não terá direito a reembolso, nem poderá de qualquer modo atribuí-las ao proponente, salvo quando as partes inequivocamente convencionarem que a este caberá suportar os gastos feitos pelo agente no cumprimento do contrato.

Diante do acima exposto, e como regra geral, despesas com deslocamento, estadia, alimentação, transporte de mercadorias, taxas, encargos fiscais do agente e tudo o mais que tiver relação com o desempenho das atribuições constantes dos contratos de agência ou distribuição serão arcadas pelo agente ou distribuidor.

13.5.3. Atendimento das propostas

O agente ou distribuidor tem direito à indenização se o proponente, sem justa causa, cessar o atendimento das propostas ou reduzi-lo tanto que se torna anti-econômica a continuação do contrato (art. 715). O equilíbrio original do contrato deve ser mantido ao longo de toda a sua existência, pois se assim não for as partes ficarão submetidas a contingências diversas daquelas para as quais estavam inicialmente preparadas, passando a haver álea e risco incompatíveis com a vontade vinculativa. Por isso, compete ao proponente atender por completo às propostas obtidas pelo agente ou distribuidor junto a terceiros, sendo-lhe defeso imotivadamente sobrestar o atendimento ou mesmo mitigá-lo, a ponto de tornar antieconômica a continuação do contrato.

Agindo de forma contrária a tais deveres, o proponente terá de indenizar as conseqüentes perdas e os danos sobrevindos. Somente em circunstâncias especiais poderá ser afastada essa obrigação, *v.g.*, havendo culpa exclusiva do agente ou distribuidor, superveniência de caso fortuito ou força maior, alteração súbita e extremamente gravosa do panorama econômico geral e assim por diante.

A indenização a que se refere o art. 715 não se confunde com a remuneração ajustada no contrato, pois esta será devida sempre que ocorrer execução total ou parcial do trabalho cometido ao agente. A indenização só é exigível ante a verificação de perdas e danos como decorrência da conduta ilídima do proponente, que obsta ou dificulta o andamento das atividades. Abarca tudo aquilo que o agente ou distribuidor perdeu em função da atitude da parte adversa (danos emergentes), bem como todos os valores que por igual motivo deixou de auferir (lucros cessantes). É possível, destarte, que à indenização some-se o dever de pagar a contrapartida por serviços já prestados nos moldes indicados no ajuste.

Cabe ao proponente abster-se de qualquer conduta capaz de inviabilizar as atividades desenvolvidas pelo agente. Se de alguma forma der causa à obstaculização dos negócios encetados, ficará obrigado a pagar por inteiro a remuneração devida ao agente. Isso ocorre, por exemplo, quando o proponente passa a descumprir o dever de entregar mercadorias ao adquirente, ensejando a retração deste quanto ao fechamento de outras negociações já iniciadas com o agente. Para afastar a obrigação de pagar integralmente a remuneração, terá o proponente de demonstrar que a culpa pela não realização do negócio começado é do agente, ou que força maior ou caso fortuito impediu a sua conclusão (*v.g.*, uma enchente que impediu a entrega de mercadorias). Se não conseguir fazer prova nesse sentido, e do contexto restar evidenciada a sua culpa, o proponente remunerará por inteiro a parte adversa, haja vista o teor do art. 716 do Código Civil.

13.5.4. Dispensa ou afastamento do agente

O princípio do não enriquecimento sem causa, assim como a vedação do indevido locupletamento apontam para a obrigatoriedade de o proponente pagar a remuneração relativa a todos os serviços úteis prestados pelo agente, ainda que dispensado por justa causa (art. 717). Cumprida a obrigação assumida, seja em que extensão for, surgirá para o agente o direito de postular a correspondente retribuição, no que diz com as atividades executadas dentro dos parâmetros estipulados no contrato, mesmo que venha a ser despedido em função da posterior verificação de causa juridicamente justa. Sendo parcial a execução das atividades, serão elas remuneradas de acordo com a utilidade que apresentarem, isto é, o proponente pagará a remuneração relativa aos serviços efetivamente prestados.

A linha de raciocínio, acerca da remuneração dos serviços úteis realizados, consiste em desconsiderar eventual existência de justa causa no despedimento do agente. Ela não terá influência alguma na prerrogativa de o agente perceber a retribuição referente às atividades executadas em consonância com o pactuado. Para fins de aplicação do art. 717, são tidos como úteis não apenas os serviços que trouxerem considerável vantagem ao proponente, mas todos os que forem prestados dentro dos limites fixados no contrato, e que, por força dele, derem nascedouro ao direito de obter a remuneração convencionada ou estimada.

Embora obrigado a remunerar o agente pelos serviços úteis prestados, ao proponente é facultado recobrar do agente as perdas e danos que sofrer em função das atividades executadas, desde que atribuíveis à culpa com que se houve a parte adversa na inadequada execução. É possível inclusive promover compensação entre tais créditos e débitos, contanto que líquidos e exigíveis. Quanto àqueles prejuízos relacionados aos riscos inerentes aos serviços cometidos, serão suportados pelo agenciado, sem direito de regresso contra o agente, tendo em vista que os negócios realizam-se por conta do primeiro.

Tratando-se de dispensa sem culpa do agente, maiores serão as suas prerrogativas. Em primeiro lugar, terá direito à remuneração devida até o momento da despedida (art. 718), porque diz respeito a serviços já prestados de modo útil ao proponente. Quanto a esse aspecto, o mecanismo de funcionamento é o mesmo que rege a dispensa com justa causa, ou seja, pagar-se-á o que de direito já houver sido conquistado pela efetiva execução das atividades. Além de fazer jus ao recebimento da remuneração devida até a data da dispensa, a norma supracitada diz que o agente terá direito à percepção da retribuição correspondente aos negócios que, entabulados, não puderam ser concluídos em virtude da despedida imotivada. Isto porque a falta de conclusão foi gerada exatamente pela atitude do proponente, que dispensou a parte inocente, sem motivação jurídica bastante, antes do fechamento dos negócios encetados. Como o agente não deu causa à despedida, não poderá ser lesado com a supressão de qualquer parcela da verba referente aos negócios já iniciados ao tempo do desligamento. Também possui a prerrogativa de reclamar o pagamento das indenizações que forem fixadas em lei especial, sempre com vistas a proteger aquele que for despedido pelo proponente sem que tenha dado causa à medida. Exemplo: na representação comercial autônoma, ao representante desligado fora das hipóteses legais caberá indenização, cujo montante não será inferior a 1/12 (um doze avos) do total da retribuição auferida durante o tempo em que exerceu a representação (art. 27, "j", da Lei n. 4.886/65).

Ausente o elemento culpa, por parte do agente, no rompimento dos contratos de agência e distribuição, a obrigação de remunerar recai sobre o proponente apenas no que tiver pertinência com os serviços realizados ao tempo do término do liame. Eventos caracterizadores de força maior muitas vezes podem impedir o agente ou distribuidor de continuar o trabalho pactuado, mas, dada a impossibilidade de imputar a qualquer das partes a culpa pelo acontecido, a relação obrigacional se extingue por completo, gerando em proveito do agente ou distribuidor o direito de receber aquilo a que faz jus em virtude das atividades até então executadas de acordo com a contratação firmada (art. 719). Tal prerrogativa passa aos herdeiros no caso de morte do agente. Essa legitimação dos sucessores existe na hipótese de o óbito ter sido o próprio evento causador da inviabilização do contrato, e também na situação em que, verificada a força maior e rompido o vínculo contratual, o agente ou distribuidor falece antes de receber os valores que lhe eram devidos. Aliás, as regras pertinentes ao direito sucessório dariam essa mesma solução, ainda que não existisse a previsão ora em estudo.

13.6. Extinção do contrato

O contrato de agência e distribuição extingue-se pelos mesmos motivos que afetam o vigor jurídico das demais figuras contratuais. Portanto, a anulação decorrente de vício reconhecido em sentença, a conclusão do objetivo perseguido, a verificação de cláusula resolutiva expressa ou tácita, o encerramento do prazo e todos os demais fatores comuns aos negócios em geral também o atingem. Todavia, o legislador ocupou-se de disciplinar de modo especial alguns aspectos relacionados à extinção do ajuste. Duas situações já foram examinadas nos tópicos antecedentes, quais sejam: a) dispensa por justa causa (art. 717), que, na realidade, pode ser enquadrada como causa geral de rompimento, haja vista decorrer, por via direta ou oblíqua, de infração do contrato pelo agente; b) resilição unilateral por iniciativa do proponente, sem culpa do agente (art. 718). Resta examinar o quadro descrito no art. 720 do Código Civil, que traça um panorama peculiar.

Aos celebrantes é facultado fixar prazo de duração para os contratos de agência e distribuição, e nesse caso a estipulação fará lei entre os envolvidos e produzirá os efeitos pertinentes. No silêncio das partes acerca da extensão temporal da avença, considerar-se-á operante por prazo indeterminado, e se isso ocorrer será lícito a qualquer dos interessados resolvê-lo, desde que promova aviso prévio de noventa dias ao pólo contrário. Entretanto, se no momento da referida cientificação não houver transcorrido período de tempo compatível com a natureza e o vulto do investimento exigido do agente, ficará o proponente impedido de resolver o contrato até que haja adequação da situação às exigências legais.

Noutras palavras, a resolução dos contratos de agência e distribuição que estiverem vigorando por prazo indeterminado somente poderá ser postulada quando, conjuntamente, forem preenchidos os seguintes requisitos: a) aviso prévio à parte adversa, com antecedência mínima de noventa dias; b) que desde a celebração do contrato até a data do prévio aviso tenha fluído período de tempo compatível com a natureza e a envergadura do investimento feito pelo agente. É o que se extrai de simples leitura do *caput* do art. 720 do Código Civil.

A imposição de que exista compatibilidade entre o tempo de contratação já transcorrido e os gastos do agente para dar execução ao mesmo visa a evitar que a pessoa incumbida do agenciamento ou da distribuição invista valores expressivos sem ter tempo suficiente para obter o esperado retorno. Assim, *v.g.*, se o agente investe o montante de 100 nos preparativos para dar início às atividades, e se já no primeiro mês de execução o proponente denuncia o contrato vigente por prazo indeterminado, e que possibilitaria recuperar mensalmente a importância de 10, ficará evidenciada a impossibilidade de recuperação dos gastos, sendo certo que o agente experimentará sério prejuízo. Tal situação é abominada pelo legislador, eis que não se coaduna com o necessário equilíbrio contratual originalmente estabelecido.

Havendo divergência entre as partes quanto à razoabilidade ou não do prazo de contratação transcorrido até o momento em que for dado aviso prévio por um dos contraentes ao outro, caberá ao juiz decidir sobre o assunto. Assim, quando o proponente manifestar interesse em resolver o contrato, e a parte contrária resistir alegando incompatibilidade do pedido no que diz com o tempo de contrato fluído e com os investimentos efetuados, a solução será fixada em sentença. O mesmo acontecerá se as partes não acordarem em torno do valor devido pelo proponente ao agente ou distribuidor até o instante do rompimento do liame contratual (parágrafo único do art. 720).

Originando-se do agente a pretensão de rompimento do contrato por prazo indeterminado, com prévio aviso de noventa dias, não poderá o proponente reclamar indenização alguma, eis que a resolução propriamente dita não configura infração contratual, e sim exercício de um direito. Excepcionalmente, visando a evitar prejuízos, o legislador admite seja obstada a denúncia do contrato. O texto legal é claro ao preconizar que a resolução somente será impedida ante a ocorrência da incompatibilidade anunciada no *caput* do art. 720, que menciona investimentos feitos pelo agente. Logo, apenas por iniciativa judicial dele — e não do proponente — poderia ser reconhecida a citada incompatibilidade e ocorrer a conseqüente preservação da vigência do contrato, até porque o rompimento unilateral por vontade do primeiro permite ao segundo indicar de imediato outra pessoa para o desempenho das atividades, fazendo improvável a ocorrência de prejuízos. Na realidade, é o agente que pode ter de fazer investimentos e sujeitar-se a efetivo risco; a ele, por isso, a lei defere especial tutela.

Capítulo 14

DA CORRETAGEM

14.1. Conceito e características

Pelo contrato de corretagem, uma pessoa, não ligada a outra em virtude de mandato, de prestação de serviços ou por qualquer relação de dependência, obriga-se a obter para a segunda um ou mais negócios, conforme as instruções recebidas (art. 722). Do texto legal infere-se que corretagem ou mediação é o contrato pelo qual uma das partes, denominada corretor, obriga-se a obter determinados negócios ou informações acerca dos mesmos para a segunda, denominada comitente, mediante retribuição de natureza econômica e sem vínculo de dependência. O objetivo do contrato é encaminhar a celebração de outro, a ser firmado entre as partes aproximadas pelo corretor.

Para ser corretor ou comitente, em princípio, basta ter capacidade civil genérica. É bem verdade que a profissão de corretor de imóveis está submetida a disciplina especial (Lei n. 6.530, de 12 de maio de 1978, regulamentada pelo Decreto n. 81.871, de 26 de junho de 1978), e que o exercício da profissão será permitido ao possuidor de título de técnico em transações imobiliárias, consoante disposto no art. 2º da supracitada lei. Porém, mesmo aquele indivíduo que não possuir registro terá a proteção deferida pela codificação civil e poderá reclamar a remuneração a que faz jus, pois do contrário o comitente, que acaso não precisasse pagar pelos serviços executados, estaria locupletando-se indevidamente do esforço alheio.

O contrato de corretagem é de larga utilização no Direito pátrio, sendo muito comum em transações envolvendo imóveis, embora não se limite tecnicamente a essa espécie de relação jurídica e se expanda para outras áreas (v. g., corretagem de seguros, de valores mobiliários, de planos previdenciários etc.). Dada a dinâmica que envolve essa modalidade negocial, a incidência dos preceitos constantes do Código Civil não exclui a aplicação de outras normas da legislação especial (art. 729). O trabalho do corretor consiste basicamente em promover intermediação entre o comitente e terceiros, aproximando as partes com vistas ao fechamento de certo negócio, ou simplesmente no intuito de conseguir informações junto a outrem, em proveito do comitente, para fins de futura negociação. Este e o corretor não mantêm relações de subordinação, eis que se organizam com o fito de atingir um desiderato previamente entabulado.

Diferencia-se do mandato, da prestação de serviços e do contrato de trabalho exatamente por inexistir, na corretagem, vínculo de dependência entre os contraentes; o corretor atua em seu próprio nome, sujeitando-se a nada receber se não obtiver o resultado esperado, mesmo que siga rigorosamente as instruções dadas pela parte contrária. O ajuste produz uma obrigação de resultado, e não simplesmente de meios. Não obstante, a corretagem faz lembrar em alguns aspectos o mandato, pois de certa forma o corretor acaba representando a parte contrária perante terceiros, muito superficialmente, com vistas à aproximação de ambos ou à obtenção de dados.

14.2. Classificação do contrato

A corretagem é um contrato *bilateral*, por gerar obrigações para ambas as partes, ficando uma delas atrelada ao dever de obter certo negócio de acordo com as instruções recebidas, e a outra jungida à obrigação de pagar a remuneração fixada se o resultado for obtido. É ajuste *oneroso*, pois os celebrantes auferem vantagens e suportam encargos; enquanto o corretor tem o direito de perceber remuneração caso obtenha êxito na atividade desempenhada, o comitente tira proveito do resultado útil da atividade alheia e paga a comissão devida.

De banda diversa, cuida-se de enlace de natureza *consensual*, residindo no simples acordo de vontades o elemento gerador do contrato. Admite-se inclusive a manifestação verbal, motivo por que a prova da sua existência e teor se faz por qualquer meio lícito, podendo ser exclusivamente testemunhal. Em decorrência disso, trata-se de ajuste *não solene*, haja vista a ausência de forma prescrita para a celebração e prova.

O contrato é *aleatório*, pois o corretor somente receberá a remuneração se tiver sucesso no trabalho a que se obrigou, nada podendo reclamar no caso de não conseguir obter os negócios para cuja viabilização gerou-se a avença. Logo, fica na dependência de fatores que muitas vezes escapam do seu controle volitivo, já que a desistência imotivada de contratar, mesmo depois de já encaminhado o trabalho de corretagem, elide qualquer direito à percepção da remuneração esperada. Assim, resta evidente que o corretor assume o risco de ver infrutífero todo o seu trabalho, embora tenha envidado esforços e agido em conformidade com a previsão original. Não obstante o que se disse acima, é admissível que o ajuste seja *comutativo*, bastando para isso que as partes antevejam com segurança as prestações reciprocamente devidas, e que delas se extraia elevado grau de certeza. É o que acontece na aproximação costumeiramente realizada pelo corretor entre dois pólos que sempre acabam contratando em razão do citado trabalho (*v.g.*, no fornecimento de mercadorias). Se por alguma circunstância alheia à atuação do corretor não houver o fechamento do negócio em determinada ocasião, ele, que novamente aproximou as partes, fará jus à contrapartida, por se ter criado prévio substrato contumaz e sólido de exigibilidade da comissão.

14.3. Obrigações do corretor

O art. 723 do Código Civil dispõe: "*O corretor é obrigado a executar a mediação com a diligência e prudência que o negócio requer, prestando ao cliente, espontaneamente, todas as*

informações sobre o andamento dos negócios; deve, ainda, sob pena de responder por perdas e danos, prestar ao cliente todos os esclarecimentos que estiverem ao seu alcance, acerca da segurança ou risco do negócio, das alterações de valores e do mais que possa influir nos resultados da incumbência".
Impõe-se ao corretor, no desempenho das atividades cometidas, o emprego de todo esforço e diligência reclamados pela situação, como se estivesse a cuidar de negócio próprio. Para tanto, aproximará as partes de acordo com a experiência comum e as instruções recebidas, prestando ao comitente minuciosas informações, verbais ou escritas, sobre o andamento dos trabalhos. O comitente tem direito de acompanhar a atuação do corretor por meio do recebimento de dados, sem que tenha de interpelar previamente a parte adversa por qualquer meio, eis que a obrigação de manter o comitente informado acerca do cumprimento da corretagem recai automaticamente sobre o encarregado no momento da celebração da avença.

A menos que exista expressa previsão em sentido oposto, pode o corretor valer-se do auxílio de terceiros no cumprimento das atividades previstas na corretagem, eis que atua sob risco próprio de nada receber se não lograr êxito no empreendimento. Porém, a subcorretagem é de exclusiva responsabilidade do corretor primitivo, sendo certo que dela não surgirá direito a qualquer majoração na remuneração ajustada com o comitente. Caberá ao subcorretor pleitear junto ao encarregado original a retribuição que com ele houver ajustado, sem que tenha prerrogativa jurídica alguma contra o comitente, para quem a subcorretagem é *res inter alios*.

Incumbe ainda ao corretor alertar e esclarecer o comitente sobre os riscos e a segurança do negócio para cujo encaminhamento buscou a intermediação, prevenindo-o, na medida do possível, quanto aos percalços econômicos e legais que poderá ter pela frente. Se assim não agir, terá agido com culpa e indenizará as perdas e danos experimentados pelo comitente, desde que tenham provada relação com a falta dos esclarecimentos que deveria prestar. De igual modo, caberá ao corretor dizer da possibilidade de futura alteração de valores em comparação com o inicialmente imaginado, assim como informar acerca da perspectiva de despesas e gastos a serem efetuados com a negociação, permitindo dessa forma que o comitente possa estar plenamente esclarecido, ainda que em grau aproximativo, das diversas facetas da relação jurídica que trava com o corretor e das que sobrevirão por força da aproximação com terceiro.

14.4. Remuneração do corretor

Sendo oneroso, o contrato atribui ao corretor o direito de perceber remuneração (denominada comissão ou corretagem) se lograr êxito e obtiver o resultado previsto. O pagamento normalmente é em dinheiro e quantificado com suporte em percentual incidente sobre o valor do negócio desejado. Também é comum que seja estipulada com base no proveito econômico auferido pelo comitente. São fórmulas ditadas pela experiência, mas isso não significa que tenham de ser adotadas pela partes, pois a elas é lícito fixar a remuneração como melhor lhes aprouver.

Devedor é aquele que contrata o trabalho de corretagem, mas é possível estabelecer solução diversa. Nos contratos de compra e venda de imóveis, o vendedor suporta o ônus de pagar a comissão do corretor, pois em geral provém dele a iniciativa de buscar os serviços.

Todavia, os usos e costumes indicam que mesmo nos casos em que o sujeito interessado na compra de um imóvel contrata o corretor, acaba o vendedor assumindo o encargo da comissão. Isso poderá ser levado em consideração pelo juiz quando tiver de apontar a quem caberá o pagamento da corretagem, embora a lei não estabeleça expressamente o emprego da tendência local, ditada pelos usos e costumes, como mecanismo de solução do litígio.

A remuneração do corretor terá a extensão econômica estatuída pelas partes ao contratarem, ou a que restar avençada em momento posterior por acordo de vontades. Silentes os interessados, a retribuição ao corretor far-se-á de acordo com o que estiver previsto em lei, nisso incluídos os regulamentos, portarias, tabelas oficiais de corretagem etc. Na falta de legislação acerca da matéria e de previsão contratual dos contraentes, a remuneração a que fará jus o corretor será arbitrada pelo juiz, de acordo com a natureza do negócio e os usos locais (art. 724), levando-se em linha de consideração a qualidade do trabalho, o tempo despendido, o esforço empregado e outros fatores singulares do caso concreto.

É importante observar que o direito do corretor limita-se exclusivamente à percepção da remuneração fixada, não podendo cobrar do comitente as despesas que efetuou no desempenho das atividades cometidas, salvo previsão em sentido contrário. O contrato é aleatório, e os riscos de nada ou de pouco receber são integralmente do corretor, de maneira que a ele cabe analisar, quando da contratação, se a retribuição acordada será suficiente para cobrir os gastos estimados e ao mesmo tempo remunerar o trabalho executado.

A corretagem é típica contratação de resultado, consoante previsto no art. 725 do Código Civil. O corretor terá de atingir o objetivo estabelecido quando da celebração, sob pena de nada receber em retribuição, ainda que se tenha havido com cautela e diligência. Portanto, a hipótese mais comum, que gera em favor do corretor o direito de perceber remuneração, verifica-se quando for alcançado o resultado previsto no contrato de mediação, seja pela aproximação das partes e posterior celebração do negócio esperado, seja pelo fornecimento, ao comitente, das informações estabelecidas como objetivo contratual.

Também terá o corretor direito à totalidade da remuneração se o resultado previsto no contrato não vier a ser alcançado em virtude do arrependimento das partes (art. 725). Entende-se por arrependimento a situação provocada pelos interessados quando já realizada a celebração final do negócio. É o que acontece no caso de o corretor, encarregado de conseguir adquirente para certo imóvel, aproximar o interessado e o alienante, permitindo que celebrem contrato preliminar com arras e princípio de pagamento. Porém, antes da confecção do contrato final, o adquirente se arrepende e desfaz o negócio. O corretor, nesse contexto, executou o trabalho a que se obrigara e tem direito de ser remunerado, pois a celebração somente não ocorreu por desistência das partes quando já concluída a tarefa cometida ao mediador e obtido o resultado estabelecido na corretagem.

Não sendo por arrependimento das partes que o negócio deixou de ser realizado, mas por outra razão qualquer (desacerto financeiro ou pessoal do comitente com o terceiro, falta de documentação ou numerário, discordância quanto à forma de pagamento etc.), o corretor nada receberá, pois a só aproximação que promove não lhe atribui direito de pleitear retribuição, o que ocorre apenas depois de concretizado o negócio para o qual celebrou-se a corretagem. Portanto, o trabalho do corretor terá de produzir o resultado final desejado pelo comitente e previsto no contrato, pois do contrário remuneração alguma auferirá.

Cumprido o que foi contratado, o corretor terá direito à remuneração independentemente do que vier a ocorrer com o negócio firmado entre o comitente e o terceiro, aproximados pela iniciativa do corretor. Assim, se restar concluída a venda de um imóvel em parcelas mensais, não poderá o comitente negar-se a pagar a comissão ajustada com o corretor na hipótese de o adquirente deixar de honrar as prestações. Na hipótese de distrato entre os pólos aproximados pelo corretor, este não será penalizado com a perda do direito à remuneração, pois o resultado útil esperado do seu esforço foi atingido. O mesmo não se dá, obviamente, quando o contrato é nulo, pois então nunca terá havido efetivo resultado proveitoso ao comitente, sendo indevida a comissão.

Mesmo que exista contrato de corretagem, o comitente, em princípio, não fica obrigado a pagar a comissão se concluir diretamente o negócio com terceiros, eis que sempre terá a faculdade de atuar de maneira independente em relação ao intermediador. Portanto, é lícito ao comitente agenciar negócios para si mesmo enquanto o corretor encarregado das mesmas atividades tenta encontrar interessados em negociar com aquele. O que não se tolera é que seja negada a remuneração quando a conclusão do negócio, embora ocorra diretamente entre o comitente e terceiro, tenha sido resultado da aproximação das partes feita pelo corretor. Nesse caso, a retribuição será devida por inteiro, eis que útil e exitosa a intermediação promovida.

Na hipótese de as partes terem ajustado cláusula de exclusividade, o corretor, independentemente de quem tenha encaminhado o negócio e ainda que não participe como mediador, terá direito a perceber a totalidade da retribuição fixada (art. 726). É que a aludida cláusula atribui a um só corretor a tarefa de obter aquele específico negócio, excluindo todos os demais e inclusive o próprio comitente, de maneira que se qualquer outra pessoa promover a negociação e esta for concluída, poderá o corretor reclamar judicialmente a integralidade da comissão devida. A cláusula de exclusividade não afeta a validade e a eficácia do negócio feito por iniciativa de alguém que não o corretor, mas garante a este a prerrogativa de ser remunerado como se ele mesmo houvesse promovido o agenciamento. Importa observar que a citada cláusula não se presume e nem emerge das circunstâncias. Deve, portanto, constar de instrumento escrito e estar perfeitamente identificada, pois na dúvida considera-se que inexiste.

A retribuição somente não será devida na hipótese de, sendo o negócio concluído diretamente pelo comitente ou por outrem, ficar comprovada a inércia ou ociosidade do corretor, isto é, a sua insignificante ou nenhuma atividade produtiva, circunstância que caracteriza omissão culposa no desempenho dos atributos cometidos. Nesse contexto, não seria lógico e nem justo exigir do comitente que ficasse à mercê de um corretor desidioso ou negligente, a quem a própria omissão poderia favorecer se vingasse sempre a regra segundo a qual a existência de cláusula de exclusividade não afeta o direito de remuneração. A presença de tal cláusula, consoante asseverado *retro*, não obsta a perda da prerrogativa de retribuição pelo corretor que se mostrar inerte ou ocioso, dando ensejo à conclusão do negócio por meio de direta atuação do comitente ou de pessoa diversa.

Havendo pluralidade de corretores contratados para a obtenção do mesmo negócio jurídico, e intermediação de todos no cumprimento da avença, a remuneração a ser paga depois de alcançado o objetivo contratual sofrerá divisão em tantas partes iguais quantos forem os corretores (art. 728). Isso independe do nível de participação individual objetiva, eis que o direito à contrapartida tem como fato gerador qualquer grau de atividade de cada um dos corretores nomeados. Só não poderá reclamar remuneração quem comprovadamente não executou atividade alguma com vistas à aproximação das partes. Todavia, é facultado às partes dispor de modo diverso, estabelecendo, por exemplo, que um deles receberá percentual maior sobre o todo, situação que se condiciona apenas à conjugação das vontades dos contratantes.

Idêntica solução será dada quando o comitente atribuir a mais de um corretor, em contratações independentes, a tarefa de encetar a realização do mesmo negócio jurídico, e a intermediação com vistas à consumação do objetivo visado for promovida por todos eles. A existência de vários contratos de corretagem com igual finalidade é possível, cabendo a remuneração integral ao corretor que lograr êxito na tarefa. Sendo vários os mediadores que atuaram concretamente, a retribuição partilhar-se-á por igual entre eles, salvo disposição em contrário. Cabe salientar, ainda, que se houver cláusula de exclusividade e o negócio for fechado por outro corretor indicado pelo comitente, o preterido terá direito à totalidade da remuneração ajustada, sem excluir o direito de o corretor que efetivou o negócio perceber a retribuição avençada com o comitente (art. 726 do Código Civil).

14.5. Dispensa do corretor

A ausência de estipulação do prazo de duração do contrato de corretagem autoriza qualquer das partes a resolvê-lo mediante prévio aviso à outra, com antecedência suficiente para evitar a superveniência de prejuízos, sob pena de incidência do dever de indenizar. Não obstante exista a faculdade de dispensar o corretor nos moldes referidos, pode o comitente ficar obrigado a pagar por inteiro a remuneração fixada, bastando para isso que o negócio mediado pela parte contrária, enquanto ainda estava no desempenho das atividades contratuais, venha a ser celebrado entre o comitente e a pessoa com quem tratou o agenciador (art. 727). Caberá a este fazer prova no sentido de ser o efetivo responsável pela aproximação das partes que acabaram firmando o liame jurídico, e que a sua atuação teve por objetivo exatamente encaminhar a conclusão do negócio.

Se não for o caso de dispensa do corretor em contrato de corretagem sem tempo certo de duração, mas de puro e simples encerramento do prazo demarcado pelas partes, ainda assim poderá ser devida pelo comitente toda a remuneração ajustada. Isso acontecerá quando o corretor, durante o transcurso do lapso contratual, promover medidas destinadas a aproximar as partes ou de qualquer forma cumprir a obrigação assumida no contrato, e dessa atuação resultar a conclusão do negócio entre o comitente e terceiro depois de encerrado o tempo de duração da avença. Como se percebe, o término do contrato não faz fenecer, necessariamente, o direito de o corretor perceber a remuneração; na realidade, o marco final da avença tem apenas o condão de encerrar, daí em diante, a vinculação contratual, sem, contudo, impedir a repercussão econômica dos efeitos produtivos derivados de atividades executadas ao longo da sua vigência.

Em qualquer das situações expostas, a finalidade do legislador é evitar que o comitente aufira proveito econômico em virtude do esforço do corretor, sem ficar obrigado à correspondente contraprestação pecuniária. A atividade proveitosa do corretor tem de ser remunerada, pois do contrário haveria enriquecimento sem causa do comitente frente àquele, ocorrência sempre repudiada de forma veemente pelo Direito nacional. Na prática, se o comitente conceder exclusividade a um corretor acerca de um objeto, e depois vier a contratar com outro visando à mesma finalidade, a conclusão do negócio previsto fará com que sejam devidas duas remunerações, cada uma delas nos moldes ajustados quando da respectiva contratação geradora.

Capítulo 15

DO TRANSPORTE

15.1. Conceito

O art. 730 do Código Civil estabelece: *"Pelo contrato de transporte alguém se obriga, mediante retribuição, a transportar, de um lugar para outro, pessoas ou coisas"*. Aquele que assume o dever de realizar a tarefa é denominado *transportador*. O objeto ou o indivíduo que é deslocado no espaço se chama *transportado*, ou, mais especificamente para pessoas, *usuário*. O ato de levar indivíduos ou coisas é conhecido como *transladação*, ou, simplesmente, *transporte*. Trata-se de relação de consumo, submetida, portanto, ao regramento inserido no Código de Defesa do Consumidor, naquilo que não estiver disciplinado pelo Código Civil.

O contrato de transporte é firmado entre o transportador e o usuário. Em se tratando de condução de coisas, o destinatário final não participa da relação contratual, embora por vezes, quando ajustado, tenha de suportar determinados deveres originados da avença, como por exemplo o pagamento do frete. Nesse caso, somente receberá a coisa transportada se cumprir a obrigação que lhe foi direcionada.

Não importa, para a configuração da avença e correspondente aplicação das normas legais, a distância física percorrida pelo transportador. Interessa, apenas, saber se houve ou não um contrato de transporte, que pode dizer respeito a deslocamentos entre países, estados, municípios ou apenas no próprio ambiente em que se encontram as partes (*v.g.*, mudança de residência na mesma cidade). Assim, o exame da vontade das partes e do conteúdo do ajuste é que dirá se existe genuíno contrato de transporte.

15.2. Normas aplicáveis ao transporte

As regras editadas pelo Código Civil contêm a disciplina geral do contrato de transporte, mas não são as únicas aplicáveis à espécie, mesmo porque as variantes negociais apresentadas no plano concreto reclamam maior amplitude legislativa. Visando a majorar o espectro e a utilidade prática dessa figura contratual, o ordenamento jurídico admite que legislação especial discipline de maneira mais específica as peculiaridades das múltiplas nuanças possíveis de serem verificadas no transporte de pessoas e coisas. Também prevê a aplicação de tratados e convenções internacionais que regulem a matéria (art. 732), contanto que preservados os caracteres essenciais postos no Código Civil. No conflito ou dúvida entre normas deste e daqueles, prevalece a disciplina contida na codificação, haja vista expressa disposição nesse sentido.

Já o transporte realizado sob as modalidades administrativas da autorização, da permissão e da concessão obedece a ditames especiais, normas regulamentares e atos similares formulados em virtude da supremacia do interesse público sobre o privado, do que decorre, por conseqüência, a aplicação dos diplomas específicos (art. 731), sem prejuízo do disposto no Código Civil, que disciplina e organiza genericamente a figura do contrato de transporte. A complexidade do transporte executado por autorização, permissão e concessão exige normatização mais minuciosa do que a comumente aplicável às contratações firmadas entre particulares, razão pela qual o legislador remete para outros diplomas normativos a tarefa de ampliar a regulamentação do transporte vinculado ao interesse público.

Por outro lado, a coisa, depositada ou guardada nos armazéns do transportador, em virtude de contrato de transporte, rege-se, no que couber, pelas disposições relativas a depósito (art. 751). Quando a coisa é entregue ao transportador em data anterior àquela aprazada para a execução do transporte, ou quando chega ao destino antes do marco definido para a efetiva entrega ao destinatário final, é possível que as partes definam a sua permanência em armazéns, sob cuidados do transportador. Vindo isso a ocorrer, passará a relação a ser disciplinada, no que não contrariar a espécie de liame estabelecido, pelas disposições pertinentes ao contrato de depósito, inclusive com sujeição do depositário infiel, assim reconhecido em juízo, à constrição da liberdade.

Salvo disposição em contrário, e abstraídas as situações em que o próprio transportador der causa à necessidade de depósito (chegada antes do previsto, atraso na partida etc.), a colocação da coisa nos armazéns do transportador é onerosa e depende de remuneração. Essa conclusão é tirada a partir da análise do art. 628 do Código Civil, eis que no contexto em exame o depósito é resultante de atividade negocial, e como tal tem de ser tratado. Logo, somente por expresso ajuste será gratuito, não se o podendo considerar automaticamente como mera extensão do contrato de transporte. Em assim sendo, a menos que haja previsão de gratuidade, ou que o depósito derive de evento imputável ao transportador, entende-se que o teor da contraprestação ajustada pelas partes no contrato de transporte não abarca o depósito, que, por isso, será remunerado separadamente. Tendo em vista a situação jurídica gerada a partir do contrato de transporte, e as obrigações advindas do circunstancial depósito da coisa em armazéns do transportador, evidente que a este caberá zelar pela incolumidade da coisa como se sua fosse, respondendo por todos os danos a ela causados durante o período em que a guardar.

15.3. Comparação com outros institutos

O transporte não se confunde com a prestação de serviços considerada em sua formatação legal típica, já que nela o prestador segue ordens permanentes e contínuas do tomador, ao passo que o transportador possui autonomia na deliberação do *modus operandi*, assumindo dever jurídico cujo adimplemento acontece quando entrega incólume a coisa ou a pessoa transportada. Também não se confunde com a empreitada, pois esta é própria de obras de natureza material (*v.g.*, construção de uma ponte), enquanto no transporte o objetivo é o deslocamento de alguém ou de algo até o destino pactuado, sob inteira responsabilidade do transportador.

Também são inconfundíveis o transporte e o contrato de frete ou fretamento. Neste, o veículo a ser utilizado no deslocamento de pessoas ou coisas é fornecido ao tomador, enquanto no transporte compete ao transportador dirigir os trabalhos até a chegada ao destino planejado. Em razão disso, o transportador responde diretamente pelas conseqüências de eventual inadimplemento, situação diversa da verificada no fretamento, em que a frustração do objetivo almejado e os prejuízos que se verificarem — inclusive quanto à integridade do meio de deslocamento — são suportados pelo tomador.

Nem todo comportamento que importa na condução de objetos é contrato de transporte. Não raramente, um dos pólos de várias espécies negociais tem a obrigação de deslocar no espaço determinada coisa, sem que isso provoque a aplicação das normas relativas ao transporte. Tal fenômeno ocorre, por exemplo, quando um mecânico conserta o veículo e vai entregá-lo na residência do cliente. O objeto do acordo não é a realização do percurso entre a oficina e a casa do proprietário, mas sim a recolocação do veículo em condições normais de uso. Trata-se apenas de uma prestação de serviços, que se esgota por meio da conduta de entregar o carro. O mesmo se dá em qualquer venda de mercadorias com entrega da coisa pelo vendedor.

15.4. Classificação do contrato

O contrato de transporte é *bilateral*, pois gera obrigações para ambos os contraentes, quais sejam: o usuário tem de pagar o preço devido, enquanto o transportador deve desincumbir-se satisfatoriamente do dever assumido, levando incólume ao destino o bem ou a pessoa. Cuida-se de ajuste *comutativo*, porque as prestações de uma e de outra parte celebrante são previamente conhecidas e mantêm relativa equivalência jurídica, isto é, a contrapartida devida pelo usuário — pagamento do preço acordado — guarda correspondência contratual com o dever que recai sobre o transportador.

O transporte disciplinado pela codificação civil é *oneroso*, já que em razão dele os contraentes auferem proveitos e vantagens do contrato, ao mesmo tempo em que se submetem a encargos de índole econômica, que são, respectivamente, pagar a retribuição fixada e levar a coisa ou a pessoa ao destino. O ajuste é *consensual*, de modo que a contratação se perfaz pela só conjugação de vontades, não reclamando qualquer outra atitude. Em se tratando de transporte de mercadorias, a entrega da coisa ao transportador (tradição) já consubstancia o início da fase de execução do contrato, não integrando o momento de sua constituição.

A avença é *de adesão*, sendo pautada pela circunstância de que o transportador apresenta as condições em que deseja vê-la celebrada, restando ao usuário aceitar as cláusulas previamente idealizadas pelo outro interessado ou, simplesmente, deixar de fechar o negócio.

Exemplo clássico é o da aviação, em que as empresas do ramo fixam regras de conduta para os passageiros; estes, ao adquirirem os bilhetes, tacitamente consentem, e regras de cuja elaboração não participaram. Por fim, o contrato é *não-solene*, haja vista que se perfectibiliza sem reclamar a adoção de determinada forma, podendo ser celebrado verbalmente ou por escrito público ou particular. Admite-se a sua prova, destarte, por todos os meios em Direito admitidos, inclusive pela via exclusivamente testemunhal.

15.5. Transporte de pessoas

No contrato de transporte de pessoas, o transportador assume a obrigação, que é de resultado, de conduzir incólume o passageiro ou usuário até o local planejado. Isso vale tanto para os casos em que é realizado transporte coletivo mediante permissão ou concessão pública como na hipótese de excursões ou deslocamentos organizados pelo transportador. Todavia, quando são os próprios interessados que contratam o fretamento no intuito de obter a posse do veículo para uso no fim que lhes aprouver, a avença não é de transporte, mas simplesmente de frete, do que se infere a inaplicabilidade das normas codificadas relativas ao transporte de pessoas. Importa destacar que o acesso por meios esquivos ao interior do veículo (*v.g.*, passageiro clandestino, condução forçada sob ameaça) não enseja a configuração do tipo negocial em exame, porque ausente a vontade de contratar.

Outra observação imprescindível é a de que o contrato de transporte tem execução iniciada a partir do momento em que o passageiro ingressa no interior do veículo utilizado. Todos os atos anteriores são meramente preparatórios, não ingressando na esfera contratual propriamente dita. Neste último estágio se incluem a compra da passagem e a iniciativa de aguardar o ônibus no local de parada e fazer gestos indicando a intenção de ser transportado. Não há, ainda, contrato de transporte, nem será hipótese de responsabilidade contratual se houver danos ao indivíduo antes do acesso ao veículo (*v.g.* atropelamento). Por assim dizer, fica evidente que incidirão na espécie as regras concernentes à responsabilidade civil aquiliana.

15.5.1. *Danos à bagagem e às pessoas*

Quando patenteada a celebração do contrato de transporte de pessoas, passam a vigorar as normas específicas ditadas pelo Código Civil. A começar pelo art. 734, que estabelece: *"O transportador responde pelos danos causados às pessoas transportadas e suas bagagens, salvo motivo de força maior, sendo nula qualquer cláusula excludente da responsabilidade"*. Como se percebe, a responsabilidade do transportador que conduz pessoas, por danos a elas provocados, é de natureza objetiva. Somente não existirá se provada a ocorrência de força maior (*v.g.*, raio que atinge o táxi e mata o usuário) como fator decisivo no desencadeamento do infortúnio. Tendo o transportador obrigação de resultado, e não de meios, considera-se infração a esse dever todo acontecimento do qual surjam danos ao usuário, seja por atuação culposa ou conduta dolosa. A prova da força maior cabe ao transportador, que, caso não cumpra rigorosamente essa tarefa, será responsabilizado pelos prejuízos do usuário na execução do transporte, tanto no que diz com danos emergentes (despesas médicas, gastos com hospedagem etc.) como em relação aos lucros cessantes (*v.g.*, perda de negócio), e inclusive danos à moralidade.

Há controvérsias quanto à admissão do caso fortuito como fonte geradora da elisão do dever de indenizar. A melhor solução parece ser aquela que aceita o afastamento da responsabilidade também com suporte na ocorrência de caso fortuito, até porque modernamente a tendência é de unificar tais conceitos para fins práticos. Não possui tal poder liberatório, todavia, o evento considerado intrínseco ao ato de transportar (*v.g.*, o estouro de um pneu, a quebra da barra de direção etc.), mas apenas o acontecimento exterior, desvinculado do veículo e, conseqüentemente, das circunstâncias objetivas e subjetivas do transportador (*v.g.*, ruína abrupta de uma ponte durante a travessia). Os fatos intrínsecos poderiam ser evitados com a adoção de maior cautela pelo transportador. Implicam, portanto, em culpa. Já os exteriores estão fora do alcance da previsibilidade e do ânimo do celebrante quanto à sua ocorrência, ficando equiparados em repercussões à força maior.

A responsabilidade do transportador abrange também as bagagens do usuário, de maneira que terá de indenizar pelo valor correspondente na hipótese de perda ou extravio, salvo se decorrentes de força maior ou caso fortuito exterior. Havendo regulamento que estabeleça de antemão o montante da indenização, ficarão as partes vinculadas ao seu conteúdo, exceto se o usuário demonstrar que sofreu danos maiores do que o teto econômico estabelecido nas mencionadas normas. Porém, se não há óbice à aposição de restrições ao dever de reparar danos relacionados à bagagem, é completamente nula a cláusula que exclui a responsabilidade do transportador pelos danos causados à pessoa transportada (*v.g.* por lesão incapacitante). Se assim não fosse, o usuário ficaria à mercê da aposição de cláusulas de irresponsabilidade que tolheriam por inteiro a prerrogativa de buscar reparação dos prejuízos verificados ao longo da execução contratual, o que iria de encontro à própria natureza do instituto.

Para prevenir-se contra possíveis controvérsias futuras em caso de extravio ou perda da bagagem, pode o transportador exigir do usuário que promova por escrito declaração do valor dos objetos que estão consigo (parágrafo único do art. 734), fazendo dessa avaliação o limite máximo da indenização para a hipótese da superveniência de danos às coisas da pessoa transportada. Uma vez feita a declaração de valor, não poderá depois o usuário pleitear indenização maior sob a alegação de que os danos reais foram superiores, e que a menção à expressão econômica das coisas foi meramente estimativa. A reparação, nesse contexto, será limitada em seu máximo pelo valor declarado pelo próprio conduzido, vedada prova em contrário, salvo vício de consentimento ou defeito de semelhante natureza.

Embora proibida a inserção de cláusula de exclusão da responsabilidade do transportador, e não obstante ausente qualquer declaração do valor da bagagem pelo usuário, o contrato de transporte pode conter estipulação que discipline a forma e a extensão da indenização em caso de ausência de prova inequívoca acerca do conteúdo dos danos. Assim, é permitido estabelecer que a reparação ficará limitada ao máximo de "X" se o usuário não provar que experimentou maior prejuízo. Na ausência de elementos para a definição do valor da indenização devida, caberá ao juiz fixá-la tomando por base os elementos que tiver à disposição.

15.5.2. Fato de terceiro

A responsabilidade do transportador perante o passageiro, por danos originados de acidentes durante o desenrolar do contrato, não pode ser afastada por aquele sob o pretexto de que houve culpa de terceiro na produção do resultado lesivo (art. 735). A regra encontrou inspiração na Súmula n. 187, do Supremo Tribunal Federal, que dispõe exatamente no mesmo sentido. Ainda que no plano fático seja verdadeira, a alegação de culpa exclusiva de outrem em nada afeta o direito de o usuário demandar diretamente contra o transportador, buscando a reparação da totalidade dos danos verificados. Não está obrigado a litigar contra o terceiro, nem precisa de algum modo chamá-lo para o debate da causa. Tampouco interessa o fato de a culpa do transportador inexistir, ou mesmo de ser apenas parcial, uma vez que a norma legal supracitada protege o usuário conferindo-lhe a prerrogativa de voltar-se contra o pólo oposto para pleitear tudo quanto de danoso resultou do acidente.

Ao transportador que indenizar o passageiro pelos danos verificados em acidente assegura-se direito de regresso contra o terceiro que deu causa ao evento lesivo. Destarte, se o veículo utilizado no transporte é abalroado por outro e vem a ser jogado para fora da estrada, provocando lesões nos passageiros, estes poderão reclamar diretamente da parte contratante adversa a reparação de todas as perdas e danos, tanto de natureza material como de ordem moral. Cabe destacar que o direito de regresso do transportador contra o terceiro que causou o episódio danoso deve ser exercido em demanda autônoma, sendo de todo recomendável a denunciação da lide nos autos do processo ajuizado pelo usuário lesado, nos moldes do art. 70, III, do Código de Processo Civil.

Por força do art. 735, o fato de terceiro não é suficiente para rechaçar a responsabilidade do transportador. Todavia, existe uma hipótese em que este não responde pelos prejuízos causados ao usuário: quando o evento imputável a terceiro seja estranho à relação contratual estabelecida. É o que acontece no exemplo citado por *Carlos Roberto Gonçalves* (obra citada, p. 461), em que o passageiro do veículo é ferido por uma bala perdida. Nesse contexto, não havia como evitar o acontecimento, originado em ambiente exógeno e totalmente dissociado do quadro negocial. O mesmo não acontece em assaltos feitos no interior do veículo, pois o dever de incolumidade que recai sobre o transportador congrega a obrigação de providenciar meios eficientes de resguardo da segurança. Mesmo que tais mecanismos existam, a sua ineficiência prática, plasmada na ocorrência da abordagem por meliantes e na produção de danos, impõe a recomposição dos prejuízos causados. Ainda que o dever geral de segurança pertença ao Estado, é certo que a celebração do contrato acaba jogando um encargo de segurança adicional sobre transportador, a quem caberá indenizar os danos resultantes da sua insuficiência prática.

15.5.3. Transporte gratuito

O transporte feito onerosamente gera para as partes responsabilidade contratual, regida pelas normas da codificação civilista. Sendo gratuito, entendido como tal aquele executado por mera cortesia ou amizade, o ato de transportar não se submete às regras idealizadas pelo legislador para o contrato de transporte, conforme expressamente afirmado no art. 736 do Código Civil. Isto porque a ausência do caráter oneroso faz do transporte um gesto estranho às relações negociais, isto é, não se trata de contratação alguma, mas de simples ato comum, despido de sentido jurídico. Seria até mesmo imoral pretender, de um lado, o transportador reclamar contraprestação, e, de outro, o passageiro invocar a superveniência de danos para pleitear responsabilização civil objetiva do outro pólo, típica dos genuínos contratos de transporte.

Se é verdade que o transporte gratuito não se submete às regras contratuais de retribuição pecuniária e indenização dos danos causados ao passageiro, não menos correto é que a este último assegura-se a busca judicial de indenizações devidas em virtude das regras gerais da responsabilidade civil extracontratual ou aquiliana, como é o caso do motorista que dá carona a alguém e, agindo de maneira imprudente no trânsito, atravessa via preferencial e provoca colisão com outro veículo, causando lesões no passageiro que conduz. É claro que nessas circunstâncias o lesado poderá acionar o transportador com vistas à reparação de todos os prejuízos materiais (gastos médicos e hospitalares, lucros cessantes etc.) e morais originados do evento. Porém, terá sobre si o ônus de provar a culpa do condutor, o que não aconteceria se entre os envolvidos houvesse ajuste contratual.

A Súmula n. 145, do Superior Tribunal de Justiça, tem a seguinte redação: *"No transporte desinteressado, de simples cortesia, o transportador só será civilmente responsável por danos causados ao transportado quando incorrer em dolo ou culpa grave"*. No concernente ao dolo não há reparos a fazer, eis que todo comportamento doloso gerador de danos atrela o agente ao dever de indenizar. Já no tocante à atuação culposa, a idéia de que somente por culpa grave responde o transportador a título gratuito está equivocada, pois todo grau de culpa é suficiente para produzir, contra o agente, a obrigação de reparar os prejuízos sofridos pelo indivíduo transportado.

É preciso fazer uma observação adicional, como fruto do teor do art. 736, em seu parágrafo único. O transporte será considerado gratuito quando for executado de maneira completamente desinteressada sob o prisma econômico, ou seja, quando dele não advier qualquer vantagem pecuniária direta, ou proveito diverso indireto, economicamente apreciável. A existência de benefícios de ordem econômica é característica do contrato de transporte, sujeito, portanto, às correspondentes normas editadas pelo legislador. Assim, se o transporte é realizado sem remuneração ajustada, mas, por exemplo, o passageiro em contrapartida advogará gratuitamente em favor do transportador em determinada causa, estará caracterizada a onerosidade e patenteada a incidência do regramento pertinente. O mesmo acontece quando o transportador está conduzindo alguém com vistas a concluir negócio e granjear benefício econômico, *v.g.*, na hipótese de se tratar de um veículo destinado a *test drive*, que circula tendo o funcionário do estabelecimento comercial na direção e se envolve em acidente de trânsito. Nesse caso, diante do passageiro a responsabilidade do transportador é objetiva, pois aplicáveis as regras do contrato de transporte.

15.5.4. *Deveres do usuário*

A principal obrigação do usuário é a de pagar a contrapartida pecuniária devida ao transportador. Tendo sido fixada quando da celebração, será aquela a importância devida; caso contrário, a sua definição caberá ao juiz, sopesadas as circunstâncias do evento concretamente examinado. Afora isso, outros deveres são impostos ao usuário, como forma de viabilizar e tornar menos gravoso o escorreito adimplemento contratual pelo transportador.

O passageiro terá de submeter-se às normas estabelecidas pelo transportador, sob pena da responder por eventuais danos causados (art. 738). Essas normas podem constar do próprio bilhete de passagem, que funciona como instrumento contratual, sendo possível ainda sua afixação à vista dos usuários nos pontos em que se forma o liame jurídico ou se executa a atividade contratada (locais de vendas de passagens, paradas de embarque, interior do veículo etc.). É lícito ao transportador estabelecer as mais variadas regras, contanto que compatíveis com a contratação firmada. Comumente essas normas se traduzem em proibição de viajar em pé, fumar, ouvir aparelhos sonoros, falar com o condutor durante a viagem e assim por diante. Afora isso, e embora não conste advertência por escrito em lugar algum, é dever do passageiro abster-se de quaisquer atos causadores de incômodos ou prejuízos a outras pessoas transportadas, como, por exemplo, promover algazarra durante o período noturno, portar-se inadequadamente etc. Isso encontra fundamento na obrigação geral de probidade e boa-fé na execução de qualquer avença.

Também é vedado ao usuário danificar o veículo, de vez que se isso ocorrer ficará sujeito à reparação dos danos apurados. Essa regra nem precisaria constar expressamente da normatização relativa ao contrato de transporte, pois segundo as regras genéricas da responsabilidade civil todo aquele que culposamente causar danos terá de indenizar. Enfim, fica o passageiro obrigado a se abster da prática de quaisquer atos que dificultem ou impeçam a execução normal do serviço. Inobservando esse ditame, sobre o usuário recairá a obrigação de indenizar prejuízos que vierem a ser causados, entre eles os relacionados a atraso, desvio no percurso etc. Por outro lado, se o passageiro desatender às regras impostas pela parte adversa e com isso der causa a prejuízos para ele mesmo, sejam de natureza econômica direta ou indireta (*v.g.*, chegada extemporânea ao destino e perda de um negócio), por óbvio não poderá voltar-se contra o transportador exigindo reparação.

Como em todos os eventos que envolvem culpa também por parte da vítima na provocação do resultado lesivo, a concorrência de causas geradoras do acontecimento lesivo interfere na quantificação da indenização acaso devida ao ofendido. No caso específico do contrato de transporte, a concorrência do transportado para a verificação do dano, em razão de conduta contrária às normas e instruções regulamentares, acarreta a redução eqüitativa da indenização pelo juiz (parágrafo único do art. 738). Isto, por óbvio, quando o comportamento do lesado não houver sido o fator exclusivo de provocação do dano que ele mesmo experimentou, pois neste caso o transportador nenhuma responsabilidade terá frente àquele. A norma se aplica às hipóteses em que, não obstante a ocorrência de culpa por parte da vítima, o transportador também contribua para a consecução do dano, em quadro que caracterizaria a denominada culpa concorrente, não fosse a responsabilidade objetiva do transportador. Cumpre salientar que a segurança do passageiro também está aos cuidados dele próprio, não podendo ser exclusivamente atribuída ao transportador. Em suma, havendo conduta culposa do usuário, associada ao dever objetivo de reparar que recai sobre o pólo adverso, a adequação do *quantum* indenizatório é medida legal e de justiça.

O Código de Defesa do Consumidor, aplicável ao contrato de transporte, adota o mesmo entendimento. No inciso II do § 3º do art. 14, estabelece que o fornecedor de serviços só não será responsabilizado quando provar a culpa exclusiva do consumidor ou de terceiro. Logo, quando o consumidor agir culposamente na provocação de danos por ele mesmo experimentados, o transportador responderá — e em caráter objetivo — apenas quanto à fração dos danos cuja produção estava obrigado a evitar.

15.5.5. Direitos do usuário

Como direito primeiro do usuário situa-se o de ser transportado ao destino sem que sofra qualquer espécie de dano material ou moral. É o contraponto do dever de preservar a incolumidade do passageiro, que recai sobre o transportador. Todavia, outras prerrogativas são deferidas pela lei ao usuário, inclusive como resultado da aplicação do Código de Defesa do Consumidor à relação negocial, que se agrega à normatização específica do Código Civil.

É freqüente a desistência do passageiro em relação à viagem já marcada, mesmo que a vaga tenha sido reservada e paga. Mostra-se igualmente comum a argumentação do transportador no sentido de que não restituirá o valor desembolsado pelo interessado. Essa postura colide com o ordenamento jurídico, que facilita ao máximo o rompimento unilateral do contrato de transporte de pessoas, exatamente em virtude das previsíveis e corriqueiras alterações de planos a que se submetem os viajantes, da necessidade de proteger o consumidor e da importância de impedir que o transportador aufira vantagem econômica sem executar a atividade programada.

O passageiro tem direito a rescindir o contrato de transporte antes de iniciada a viagem, sendo-lhe devida a restituição do valor da passagem, desde que feita a comunicação ao transportador em tempo de ser renegociada (*caput* do art. 740). Para rescindir a contratação sem sujeitar-se a sanção de qualquer espécie, recebendo de volta o montante desembolsado, o passageiro deve atentar para a conjugação dos seguintes aspectos: a) que a viagem não tenha sido iniciada, uma vez que o começo da execução do transporte atribui ao transportador integral direito à remuneração fixada, salvo a exceção ínsita no parágrafo primeiro; b) que seja feita prévia comunicação ao transportador, com tempo suficiente para que este renegocie a passagem, oportunizando a colocação junto a outro interessado. O tempo considerado razoável para a finalidade estabelecida no dispositivo em comento não é definido pelo Código Civil, devendo ser aferido em cada situação concreta, ressalvadas as hipóteses disciplinadas no art. 69 do Decreto n. 2.521, de 20 de março de 1998, que disciplina o transporte rodoviário interestadual e internacional de passageiros: *"O usuário poderá desistir da viagem, com obrigatória devolução da importância paga, ou revalidar a passagem para outro dia e horário, desde que se manifeste com antecedência mínima de três horas em relação ao horário de partida".*

Verificados os pressupostos que autorizam o passageiro a rescindir unilateralmente o contrato de transporte, não poderá a parte contrária opor-se à iniciativa, eis que se trata de faculdade imune a questionamentos de ordem subjetiva. Ademais, terá de restituir integralmente o preço da passagem, sem direito a abatimento outro que não o previsto no § 3º do art. 740 do Código Civil.

Como regra, o início da viagem impede o passageiro de rescindir unilateralmente o contrato com recebimento do valor da passagem. Em circunstâncias excepcionais, entrementes, faculta-se ao usuário desistir do transporte já iniciado e ainda assim postular a devolução de parte do valor pago. É o que acontece quando, começada a execução do contrato pelo transportador, o passageiro desiste da viagem e depois prova que a sua vaga foi ocupada por outra pessoa, que não seria transportada se não houvesse sido aberto lugar pela desistência (§ 1º).

Nesse contexto, é visível a ocorrência de dupla remuneração ao transportador em relação a uma só vaga, fato sempre coibido pelo legislador nacional. Em atenção ao princípio do não enriquecimento sem causa, e diante da expressa previsão normativa, deverá o transportador restituir ao passageiro o preço correspondente ao trecho não utilizado (subtraída a importância prevista no § 3º), a partir do qual outra pessoa ocupou o mesmo lugar. Porém, se a desistência ocorrer após o início da viagem, e a vaga aberta não for preenchida de imediato, o passageiro desistente ficará obrigado a pagar proporcionalmente o preço da passagem, até que alguém ocupe aquele posto e passe, então, a suportar o encargo do transporte.

Quando o passageiro deixar de promover a rescisão unilateral do contrato antes de iniciada a viagem, nos moldes previstos no *caput*, limitando-se simplesmente a não embarcar, não terá direito ao reembolso total ou parcial do preço da passagem (§ 2º), eis que seria abusivo impor ao transportador o prejuízo decorrente da inopinada sobra de vagas até então tidas por preenchidas. Porém, no caso de a desistência do passageiro levar à ocupação da vaga por outra pessoa, a solução será idêntica à preconizada no § 1º, com restituição da importância ao adquirente original do bilhete. O ônus da prova, por óbvio, é de quem desistiu de embarcar, cabendo-lhe demonstrar a ocupação da vaga por outrem, com o que obstará a dupla remuneração do transportador.

Em qualquer dos casos de restituição do valor da passagem, e independentemente da amplitude econômica do dever incidente sobre o transportador, assiste a este a prerrogativa de reter até cinco por cento da importância cabível ao passageiro (§ 3º). Essa retenção funciona como multa compensatória, tendo por objetivo primacial atribuir ao transportador alguma contrapartida pelos transtornos e movimentos econômicos derivados da unilateral iniciativa rescisória protagonizada pelo passageiro. Embora o dispositivo faça menção à possibilidade de retenção de *até cinco por cento*, a verdade é que o transportador poderá conservar consigo exatos cinco por cento sobre o valor a ser restituído, mesmo porque se a parte adversa entender excessiva a importância deverá deduzir e provar em juízo os motivos pelos quais acredita exagerado o montante retido.

Havendo interrupção da viagem por culpa do passageiro, não só ficará vedada toda iniciativa indenizatória que tencione promover, como poderá ser obrigado a reparar os danos sofridos pelo transportador. Porém, se a interrupção for imputável a qualquer outra circunstância alheia à conduta do passageiro, terá ele direito de ver concluído o deslocamento em outro veículo de igual categoria (art. 741). Isso ocorrerá ainda que a paralisação do transporte em meio à execução deva-se a evento imprevisível e estranho à vontade do transportador, como quebra do motor, queda de barreira na estrada, ruína de ponte etc.

A obrigação de concluir o transporte em veículo de categoria idêntica à daquele com o qual se iniciou a execução pode ser alterada pela vontade das partes, ficando viabilizada a utilização de automotor de classe diversa se o passageiro anuir com a alteração, *v.g.*, automóvel ao invés de ônibus, ou coletivo de qualidade inferior à do até então usado. Também pode restar avençada a modificação do próprio meio de transporte inicialmente aplicado, concluindo-se o deslocamento, por exemplo, por via aérea ao invés da rodoviária, ou desta em lugar da viagem por água. Essa convenção pode prever a redução do custo da viagem para o passageiro, ou alterar as condições de horários e itinerários originalmente fixados, sempre em atenção à vontade das partes. Em qualquer das hipóteses, contudo, as despesas a maior correrão por conta do transportador, a quem, afinal, cabe cumprir o dever de levar o passageiro com segurança e presteza ao lugar de destino.

Sendo necessária a permanência do passageiro por algum tempo à espera de novo transporte, por força da interrupção da viagem, caberá ao transportador suportar as despesas de alimentação e estada. Incluem-se nesse contexto os gastos com hospedagem em paradouros, hotéis ou similares, bem como todas as refeições feitas ao longo do interregno verificado entre a paralisação do transporte e a sua retomada. Isso chega a ser comum em se tratando de transporte aéreo, normalmente mais suscetível a interrupções causadas por questões técnicas e climáticas, fazendo com que os passageiros tenham de ser acomodados em hotéis para pernoite e alimentados durante a espera.

15.5.6. Deveres do transportador

O principal dever do transportador é de levar o usuário, em segurança, ao destino planejado. Mas há outros deveres previstos pelo legislador civil, tendo em vista a necessidade de preservar os interesses do passageiro. É inegável a relevância de determinados aspectos dentro de um contrato de transporte. Entre eles destaca-se a fixação de horários e itinerários, eis que normalmente o passageiro programa suas atividades de acordo com o tempo gasto no deslocamento, e também depende do cumprimento de certo percurso. Quando o transportador se comprometer a observar horários e percursos, ainda que em contratação puramente verbal, não poderá deles afastar-se, ficando sujeito, em caso contrário, à indenização das perdas e danos que vierem a ser suportados pelo outro contraente (art. 737).

O respeito à citada obrigação existe em qualquer contrato de transporte, seja naquele em que são usados veículos fretados, seja para os que cumprem linha preestabelecida, como é o caso dos ônibus intermunicipais e interestaduais. Quando não houver prévia menção aos horários e itinerários a que se obriga o transportador, toma-se como parâmetro de análise o tempo e as condições normalmente verificadas em situações análogas, de modo que, mesmo na ausência de antecipada estipulação desses aspectos no contrato, poderá o passageiro reclamar indenização dos prejuízos que vier a experimentar por força do mau desempenho da parte adversa.

A superveniência de força maior ou evento fortuito desobriga o transportador quanto à reparação das perdas e danos sofridos pelo passageiro em decorrência da inobservância dos horários e itinerários fixados no contrato. Por isso, se uma porção da pista ruir com as intensas chuvas ocorridas durante a viagem, impedindo a passagem de veículos durante algumas horas, o transportador não terá de reparar os danos sofridos pelo outro contratante em função do atraso na viagem, eis que em nada contribuiu para o acontecimento lesivo.

Outra obrigação do transportador está patenteada no art. 734, que já foi alvo de exame em tópico precedente. Daí que, para evitar inútil repetição literal da exposição formulada, basta agora, em apertada síntese, dizer que o transportador responde pelos danos causados às pessoas transportadas e suas bagagens, salvo motivo de força maior, sendo nula qualquer cláusula excludente da responsabilidade.

Quando o transporte é executado mediante oferta ao público em geral (veículos comerciais de linha ou excursões abertas, por exemplo), o transportador não pode selecionar ou discriminar passageiros, recusando uns e aceitando outros (art. 742). Basta ao interessado pagar a remuneração ajustada para que se conclua a contratação, sem que à parte contrária assista o direito de recusar qualquer passageiro, a menos que estribada em lei a restrição.

Às vezes, certas situações especiais autorizam o transportador a recusar passageiro. Algumas estão elencadas em regulamentos ou normas de abrangência genérica, como é o caso da vedação do transporte interestadual de incapaz sem prévia autorização. Noutros casos, são as condições de higiene ou de saúde do interessado que justificam a adoção da medida incomum da recusa. Pode o transportador negar-se a conduzir pessoa cujo estado de higiene seja de tamanha precariedade a ponto de causar constrangimento aos demais passageiros. Também se admite que recuse pessoa debilitada em termos de saúde física ou mental, se isso ocasionar evidentes riscos à própria integridade do interessado ou dos outros passageiros, como acontece na hipótese de pessoa infectada por moléstia grave contagiosa ou visivelmente acometida de transtornos psíquicos capazes de levá-la a praticar agressões.

15.5.7. Direitos do transportador

O transportador tem a prerrogativa de receber o valor correspondente ao trabalho desenvolvido na condução onerosa de pessoas (art. 730). Em geral, o valor da passagem é solvido antes do início da viagem ou durante o seu transcorrer, de maneira que ao ser concluído o transporte as partes ficam liberadas uma em relação à outra, ressalvadas as situações que possam gerar direito de indenização. Caso o valor da passagem não tenha sido pago antes da viagem ou ao longo de seu desenrolar, nem estivesse vigorando entre os celebrantes avença estipulando pagamento posterior, o transportador poderá exercer retenção sobre a bagagem e os objetos pessoais do passageiro, visando a assegurar o recebimento da importância que lhe é devida (art. 742). Essa retenção persistirá até o momento em que a pendência for saldada; quando isso acontecer, o transportador deverá imediatamente restituir as coisas mantidas consigo, sob pena de cometer esbulho possessório e sujeitar-se às conseqüências que lhe são peculiares.

Cabe salientar que o direito de retenção somente existirá se ao celebrarem o contrato as partes não houverem convencionado que o pagamento seria feito em período subseqüente à conclusão do transporte, como acontece muito comumente nas aquisições dos chamados *pacotes de viagem*, nos quais existe parcelamento do valor da passagem e dos demais serviços contratados. Existindo acordo no sentido do pagamento posterior, nenhuma retenção sobre bagagem e objetos pessoais poderá ocorrer, eis que ainda não exigível a contraprestação do transporte realizado. É importante reiterar que também está elencado dentre os direitos do transportador o de reter até cinco por cento da importância a ser restituída ao passageiro, quando este desistir da viagem antes do seu início, conforme preconiza o § 3º do art. 740 do Código Civil.

Ao transportador é dado fixar normas de conduta dos passageiros no interior do veículo, mas a sua atividade reguladora não pode afrontar a lei, a moral e os bons costumes, sob pena de nulidade. A iniciativa de disciplinar o procedimento dos passageiros tem em vista oportunizar ao transportador meios de se proteger contra eventual responsabilização futura, decorrente da falta de cautela no desempenho da sua função negocial. Por isso é que se admite até mesmo a recusa de passageiros, quando estes deixarem de atender preceitos legais ou regulamentares.

15.6. Transporte de coisas

15.6.1. Considerações gerais

O transporte de coisas submete-se às normas relativas ao transporte em geral, que precisam ser compreendidas em associação com as regras específicas da modalidade. Três são os personagens nela envolvidos: o remetente, que pretende enviar a coisa; o transportador, a quem incumbe levá-la ao destino, sem danos e nos moldes ajustados; e o destinatário, para quem deve ser entregue o objeto remetido. Não se exige que o remetente e o destinatário sejam pessoas diferentes, pois é comum alguém expedir certa coisa para o seu próprio endereço, v.g. quando em viagem de negócios ou lazer. A diversidade de pessoas está situada na relação entre o remetente e o transportador, estes sim atrelados por um negócio em que possuem interesses diferentes, embora com um só desiderato final.

Conforme asseverado, do contrato de transporte emergem alguns deveres básicos para ambas as partes. No que diz respeito às obrigações do transportador, tem-se como principal delas a de entregar a coisa incólume em seu destino final. As avarias, danos ou prejuízos causados pelo transportador serão por ele indenizados à parte adversa, eis que assume obrigação de resultado e não simplesmente de meios. No cumprimento de seus deveres, tem o transportador de empregar toda diligência e as cautelas adequadas com vistas à conservação da coisa no estado em que a recebeu do remetente, até a entrega ao destinatário indicado. Também fica obrigado a cumprir o prazo ajustado com a parte contrária (art. 749), constituindo infração contratual, salvo força maior ou caso fortuito, a verificação de atraso na consumação do transporte, sujeitando o infrator à composição de perdas e danos. Não havendo prazo certo avençado pelos contraentes, o transportador deverá entregar a coisa em lapso temporal previsto para deslocamentos daquela natureza, consideradas as circunstâncias de distância, condições naturais, caracteres da coisa transportada etc. A previsão, embora não consubstancie certeza, funciona como parâmetro do tempo de viagem que deve ser observado pelo transportador. Há perspectiva outra vez, aqui, da prática de infração contratual, que terá lugar na hipótese de o transportador ultrapassar o prazo estimado para a entrega da coisa.

Conforme observado anteriormente, a força maior, o caso fortuito e o fato de terceiro excluem a responsabilidade civil objetiva do transportador. Nisso se incluem, no transporte de coisas, eventos como a destruição da mercadoria exclusivamente em virtude de ocorrência natural e o roubo da carga. Quanto a este último aspecto, o Superior Tribunal de Justiça tem posição firmada: *"O roubo de carga durante o transporte constitui força maior a isentar de responsabilidade a transportadora"* (Ag. Reg. nos Embargos de Declaração no AI n. 728607).

15.6.2. Identificação da coisa

Sendo de coisas o transporte, uma das principais obrigações que recaem sobre o remetente consiste em promover a individualização, ou seja, o repasse de todas as informações necessárias à diferenciação entre o que estiver sendo transportado e outras coisas semelhantes. Além disso, precisa individualizar o destinatário ao menos pelo nome e endereço (art. 743). Essa providência, além de evitar que se confunda a coisa transportada com outras, permitirá ao remetente exercer com segurança os direitos decorrentes do contrato, seja no que pertine à entrega propriamente dita como no que diz respeito à indenização dos objetos que forem perdidos ou extraviados.

A caracterização da coisa se dá pela sua natureza, valor, peso e quantidade, afora outros aspectos que possam ser úteis na individualização, como cor, componentes técnicos e assim por diante. A falta de algum dos elementos de singularização mencionados na lei não afeta as prerrogativas do remetente, desde que pelos caracteres alinhados quando da celebração do contrato seja possível estremar a coisa transportada de outras colocadas na mesma situação. A necessidade de individualização é ainda maior quando a coisa a ser transportada estiver acondicionada em recipiente fechado, pois a partir das informações prestadas pelo remetente é que será ou não possível distingui-la no momento oportuno.

O princípio da lealdade entre as partes não se limita ao âmbito processual, mas tem permanente morada também no direito obrigacional. Isso tudo com vistas a obstar que a má-fé possa ocasionar prejuízos a um dos contraentes, independentemente de levar ou não algum benefício à parte contrária. Mesmo na hipótese de mera culpa subsiste o dever de reparar, cujo fundamento são as regras gerais da responsabilidade civil. No contrato de transporte em que o transportador exige do remetente a entrega de uma relação das coisas e a sua discriminação, deve o interessado proceder de maneira rigorosamente enquadrada na realidade dos fatos, identificando com precisão tudo o que será transportado, a fim de oportunizar ao transportador a adoção das medidas que se fizerem necessárias ao cumprimento da avença, como reforço na segurança, utilização de veículo especial etc.

Se o remetente de boa-fé fornecer declaração inexata acerca das coisas a serem transportadas, mesmo assim ficará sujeito à reparação dos prejuízos causados ao transportador, eis que a inexatidão caracteriza culpa e submete a situação ao regramento relativo à responsabilidade civil. Havendo falsidade na declaração do remetente, mais acentuada ainda a obrigação de reparar, de vez que o ânimo ruim do agente sempre recebe reprimenda no Direito pátrio. Assim, faculta-se ao transportador, em qualquer das hipóteses, exigir da parte contrária cabal composição dos prejuízos que sofrer, como, por exemplo, no caso de o remetente omitir a informação de que o volume expedido contém produto tóxico ou corrosivo, ocasionando lesões em preposto do transportador ou danos ao veículo. Opera-se a decadência se o transportador, a quem advieram prejuízos como resultado da inexatidão ou falsidade protagonizada pelo remetente, não promover a competente ação dentro em cento e vinte dias (art. 745). Conta-se tal prazo da data em que foi prestada a informação inexata ou falsa, e não do dia em que se verificaram os danos.

15.6.3. Emissão de conhecimento e responsabilidade

No transporte de pessoas, o bilhete de passagem funciona como instrumento contratual, se algo específico para esse fim não for confeccionado pelos contratantes. Já no transporte de coisas, o instrumento contratual, à falta de outros elementos, é o chamado *conhecimento*, escrito que, emitido pelo transportador, contém as informações básicas sobre o transporte, como data de expedição, meio utilizado, previsão de chegada, nome das partes, identificação da coisa etc. O formato a ser adotado pelo conhecimento emitido, assim como as demais normas de regência, tem sua definição cometida à legislação especial (art. 744).

O conhecimento emitido pelo transportador nem sempre precisará conter em seu próprio corpo a descrição das coisas a serem transportadas. Para maior segurança jurídica, faculta-se ao transportador exigir da parte adversa que elabore relação contendo a discriminação de tudo quanto será expedido, o que evitará futura irresignação do remetente quanto ao conteúdo transportado, sua qualidade, quantidade e caracteres de individuação.

A relação discriminada das coisas a serem transportadas será feita pelo remetente em duas vias, uma das quais, após conferida com a outra e autenticada pelo transportador, passará a integrar o conhecimento (parágrafo único). A partir disso, ficarão as partes vinculadas ao seu teor, não podendo o remetente exigir a entrega de coisas não arroladas e nem o transportador dizer que não recebeu para expedição quaisquer dos objetos elencados na listagem autenticada. Sabendo-se que o conhecimento funciona como instrumento contratual, é certo afirmar que a relação fornecida pelo remetente e conferida pelo transportador passará a compô-lo para todos os fins, como se houvesse sido por inteiro confeccionado pelo próprio emitente.

O conhecimento revela diversas informações acerca da avença firmada, entre as quais a relacionada ao valor da coisa transportada. Ao receber a coisa para transporte, pessoalmente ou por intermédio de empregados, procuradores, funcionários e prepostos em geral, o transportador daí em diante ingressa na etapa contratual pertinente ao deslocamento propriamente dito, ficando responsável pela integridade da coisa até sua entrega ao destinatário final, ocasião em que se livra em definitivo do dever de conservar. Logo, o recebimento da coisa é o marco primeiro da obrigação de mantê-la no estado em que lhe chegou às mãos, cabendo salientar que sua inobservância gerará para o transportador o dever de arcar com perdas e danos causados ao pólo oposto.

Caso o destinatário final não seja encontrado, e nem outra solução plausível advenha por iniciativa do remetente (restituição da coisa, alteração de destino etc.), a atitude correta a ser tomada pelo transportador consiste no depósito da coisa em juízo, a fim de evitar a incursão em mora. A partir do momento em que acontece o depósito da coisa à disposição do juízo, não pode a parte contrária pleitear a afirmação da mora, salvo se ao ser efetuado o depósito já houvessem sido preenchidos os seus pressupostos de verificação.

A responsabilidade do transportador pela integridade da coisa limita-se ao valor constante do conhecimento (art. 750), ou seja, ao conteúdo da expressão econômica que lhe é atribuída pelos contratantes. Isso não significa que se houver perdas e danos — que não os causados à própria coisa — o transportador estará liberado de qualquer outro dever simplesmente indenizando até o teto máximo constante do conhecimento. Significa, isto sim, que a indenização que poderá ser dele reclamada a título de prejuízos ocasionados por avarias, perda ou deterioração da coisa ficará limitada ao patamar estabelecido no conhecimento. Porém, os demais prejuízos que venham a atingir o remetente, o destinatário ou terceiros, se imputáveis ao transportador e relacionados ao transporte, serão por ele suportados sem limitação ao valor aposto no conhecimento.

15.6.4. Recusa de execução do transporte

Mesmo que a contratação já tenha sido celebrada entre as partes, poderá o transportador esquivar-se da execução da atividade se a coisa a ser transportada estiver inadequadamente embalada (art. 746). A obrigação assumida pelo transportador consiste em assegurar a incolumidade da coisa até ser entregue ao destinatário; a aceitação da mesma para transporte faz presumir que estivesse corretamente preparada para enfrentar o deslocamento, fazendo recair sobre o executor a responsabilidade pelos danos causados. A prova em contrário é admitida, mas tal ônus incide sobre o transportador e tem de ser rigorosamente cumprido, pois do contrário subsistirá a presunção acima referida e o dever de indenizar prejuízos sobrevindos à coisa.

Outras situações há que permitem ao transportador negar-se a realizar o transporte, todas elas ligadas essencialmente a questões econômicas e de segurança. Ninguém pode ser obrigado a transportar mercadorias ou produtos que potencialmente exponham a risco a saúde das pessoas em geral ou possam provocar danos ao veículo e outros bens. Assim, se o contrato de transporte de gás liquefeito é celebrado, mas no momento da entrega da coisa ao transportador este constata que as condições do produto fazem presente o risco de explosão ou vazamento, poderá haver negativa dele em receber a coisa. Embora firmada a contratação e ultimados os preparativos para a execução, a negativa do transportador, quando promovida em consonância com o teor do art. 746, não constituirá infração à avença e nem o submeterá ao dever de indenizar a parte contrária. Entretanto, se a situação não for contornada a contento e o transporte não mais puder ser efetivado, o transportador terá de restituir o valor que já houver sido pago em virtude do ajuste, voltando as partes imediatamente ao estado anterior, com desfazimento do contrato.

O conteúdo do art. 746 diz respeito à faculdade de o transportador recusar o recebimento da coisa, enquanto no art. 747 encontra-se o elenco das situações em que deve, necessariamente, haver a recusa. São elas: a) o transporte ou comercialização da coisa não são permitidos, isto é, o legislador, por meio de leis ordinárias, portarias, regulamentos ou qualquer espécie de normatização, proíbe o deslocamento de determinados objetos, ou veda a sua comercialização (exemplo: substâncias tóxicas, medicamentos *ex commercium* etc.); b) as coisas que se pretende transportar não estão acompanhadas da documentação exigida por lei ou regulamento. O fornecimento dos documentos necessários ao transporte (notas fiscais, autorização do órgão competente etc.) é tarefa que incumbe ao remetente. Dadas as conseqüências tributárias, penais, civis e administrativas que podem emergir da falta da documentação exigida, justifica-se por inteiro a colocação da recusa como dever imposto ao transportador, e não mera faculdade.

Embora a norma legal supracitada não preveja sanções específicas para a hipótese de o transportador não recusar a coisa e a execução do deslocamento, o ordenamento jurídico como um todo faz ver que é certa a responsabilização do transportador nos moldes previstos na legislação esparsa e que incida nas circunstâncias concretas. Exemplo disso são as multas aplicadas com base na codificação de trânsito, as punições pecuniárias de natureza administrativa e inclusive a persecução criminal cabível.

15.6.5. *Desistência pelo remetente*

A dinâmica do contrato em estudo, fruto das variações circunstanciais verificadas nos negócios jurídicos, não recomenda que o remetente seja sempre submetido à efetiva execução completa do transporte, mesmo que tenha havido constituição do vínculo contratual e inclusive início do deslocamento pelo transportador. Em suma, ao remetente é possível pedir a coisa de volta à parte adversa e desistir do transporte, desde que adote essas medidas até antes da entrega da coisa ao destinatário final, pois se isso ocorrer terá havido cumprimento integral da obrigação que incidia sobre o transportador, ficando ele totalmente liberado e com direito consolidado à remuneração fixada. Também se faculta ao remetente alterar o destino final da coisa a ser transportada, com substituição do destinatário originalmente indicado. Essa providência pode ser tomada mesmo que já iniciado o transporte, mas sempre em momento anterior ao da entrega da coisa ao destinatário, haja vista as razões expostas na nota anterior.

Em qualquer das hipóteses aventadas, ficará o remetente obrigado a pagar os acréscimos de despesa decorrentes da contra-ordem expedida ao transportador (art. 748). Destarte, o remetente arcará com os custos de retorno da coisa e com as perdas e danos ocasionadas ao transportador por força da contra-ordem. É comum que o veículo de transporte já se dirija ao destino final tendo carga contratada com outra pessoa, exatamente para que não haja gastos adicionais gerados pelo retorno vazio. A alteração dos planos do transportador ante a contra-ordem do remetente faz deste o responsável pela indenização das perdas e danos, inclusive lucros cessantes. Afora isso, terá ainda o remetente de pagar o preço ajustado pelo transporte, proporcionalmente à fração que houver sido executada. Se, por exemplo, foi cumprida metade da execução e sobreveio contra-ordem, ao remetente incumbirá o pagamento de cinqüenta por cento do valor fixado e mais despesas e danos causados ao transportador. Este não poderá reclamar o todo avençado para o cumprimento total do contrato, eis que a emissão de ordem contrária à continuidade do deslocamento, ou a alteração do destinatário final, são faculdades conferidas ao remetente e não configuram infração contratual.

15.6.6. Obstáculo à execução do transporte

Uma vez entregue a coisa ao transportador para execução do deslocamento, a superveniência de impossibilidade antes do início da viagem obriga-o a, imediatamente, solicitar instruções ao remetente, devendo proceder em conformidade com a vontade deste, seja devolvendo a coisa ao titular, aguardando nova oportunidade de embarque ou simplesmente seguindo outra deliberação qualquer do remetente, a quem cabe exclusivo comando sobre a forma de agir ante a intercorrência acima aludida. A solicitação de informações também será providenciada de imediato na hipótese de o transporte sofrer longa interrupção depois de já iniciado, independentemente do fator que motivou essa paralisação e ainda que creditável a uma conduta culposa do transportador. Considera-se longa a interrupção quando causar risco à integridade da coisa ou à finalidade para a qual estava sendo deslocada, de modo que ao transportador cabe, verificado o referido contexto, buscar e seguir as instruções repassadas pela parte adversa.

Seja qual for o motivo da impossibilidade ou da interrupção do transporte, a coisa permanecerá sob os cuidados do transportador enquanto destino diverso não lhe for dado com base nas instruções exaradas pelo remetente. Por isso, ele terá de zelar pela sua conservação como se a ele mesmo pertencesse, eis que a ocorrência de perecimento ou deterioração acarretar-lhe-á o dever de indenizar os prejuízos apurados (art. 753, *caput*). Essa obrigação desaparecerá no caso de os danos advindos à coisa terem por origem evento caracterizado como força maior, desde que, logicamente, não tenha havido culpa do transportador na inviabilização ou na paralisação do transporte.

O fato de o transportador solicitar instruções ao remetente, sem que este se manifeste a respeito, não autoriza o primeiro a simplesmente manter-se inerte, eis que em tal circunstância a omissão caracterizaria culpa e produziria o dever de indenizar os danos verificados. Diante da ausência de manifestação do remetente quando instado a emitir instruções, e persistindo — sem culpa do transportador — o impedimento que obstou ou interrompeu o transporte, poderá o interessado depositar a coisa em juízo, a fim de precaver-se contra futuros pleitos reparatórios.

Até mesmo a venda da coisa será admitida se perdurar a inviabilidade do transporte (§ 1º), contanto que se trate de medida útil e objetiva destinada exatamente a evitar prejuízos ante o concreto risco de danos. Essa venda normalmente independe de autorização judicial, submetendo-se, contudo, aos ditames normativos aplicáveis, ou aos usos locais. Efetuada a venda, o transportador depositará o valor apurado, em juízo ou em instituição bancária oficial e em nome da parte adversa, eis que a operação como um todo será objeto de posterior prestação de contas ao remetente, a quem se entregará o valor apurado.

A ausência de manifestação do remetente quando provocado a instruir a conduta do transportador, associada à falta de culpa deste na inviabilização ou interrupção do transporte, impedem o primeiro de pleitear junto ao segundo qualquer indenização, já que a sua própria omissão obrigou o transportador a depositar a coisa em juízo ou vendê-la, como providências derradeiras na tentativa de contornar o quadro concretamente vislumbrado.

Dando causa ao impedimento que inviabilizou o transporte (*v.g.*, deficiência na documentação da empresa), ou que provocou a sua interrupção (*v.g.*, viagem iniciada com veículo já apresentando problemas e que vem a quebrar), existirá para o transportador a faculdade de depositar a coisa em local de livre escolha e sob conta e risco próprios. Para tanto, seguirá as normas relativas à consignação (arts. 890 a 900 do Código de Processo Civil). Depositando-a em armazéns, sejam alheios ou próprios, arcará com as correspondentes despesas, ficando ainda sob sua alçada a indenização dos danos sobrevindos à coisa enquanto estiver em seu poder. Quando o impedimento for da responsabilidade do transportador, a venda somente será factível na hipótese de produtos ou mercadorias perecíveis (§ 2º), de vez que então, evidentes os riscos, não se justificaria exigir a permanência da coisa em poder do transportador. À alienação seguir-se-á o imediato depósito do valor apurado, em instituição bancária oficial ou em juízo, mas sempre em nome do pólo contratual contrário.

Havendo impedimento à realização do transporte, ou interrupção na execução iniciada, recairá sobre o transportador a obrigação de informar o remetente acerca da efetivação do depósito judicial ou extrajudicial da coisa, ou da consumação da venda e seu resultado (§ 3º). Afinal, ao remetente deve ser facultada a adoção das medidas que entender plausíveis diante da situação gerada, quer levantando o valor do depósito, quer retomando para si a coisa ou mesmo ajuizando as demandas pertinentes. Caso deixe de promover a cientificação exigida pela lei, o transportador será responsabilizado pelos danos emergentes dessa específica omissão; porém, não verá agravada a situação no que diz com as conseqüências do impedimento na execução do transporte propriamente dito, eis que tal aspecto terá solução com base na presença ou não de culpa no seu desencadeamento.

Não sendo imputável a responsabilidade pelo impedimento ao transportador, terá ele direito a uma remuneração, fundada na armazenagem e custódia da coisa em seus próprios armazéns (§ 4º). Quando o depósito se der em armazém não pertencente e nem regido pelo transportador, poderá este, após pagar as despesas, pleitear junto ao remetente da coisa o reembolso das quantias gastas. À semelhança do que ocorre nos genuínos contratos de depósito, será do transportador a responsabilidade pela conservação e guarda da coisa, de maneira que indenizará à parte adversa todos os prejuízos a que der causa ao longo do período em que perdurar a armazenagem.

A remuneração devida ao transportador em virtude do depósito da coisa nos armazéns que lhe pertencem ou estão sob sua regência será aquela contratualmente fixada, seja no próprio instrumento de transporte ou em avença específica posteriormente definida. Nada dispondo as partes em torno da contrapartida pecuniária, a sua fixação atenderá aos usos adotados em cada sistema de transporte.

Na hipótese de o transportador ser responsável pelo impedimento que obstou o início da viagem ou a interrompeu, não terá direito a remuneração alguma pelo depósito que tiver de realizar, independentemente de haver colocado a coisa em armazéns próprios ou a confiado à guarda de outrem. Arcará, portanto, com todos os custos da operação, fruto da culpa na produção do evento gerador das despesas.

15.6.7. Entrega da coisa ao destinatário

Obriga-se o transportador, pela só existência do contrato, a conduzir a coisa sem avarias até o destino avençado. Não se incluem entre suas obrigações contratuais implícitas a entrega da coisa no domicílio do destinatário, entendido *lato sensu* como o ponto em que mantém residência ou comércio, e nem a expedição de aviso de chegada da mercadoria (art. 752). A inserção desses deveres terá de ser expressa e constar do conhecimento de embarque emitido na origem, pois se isso não ocorrer o transportador libera-se das incumbências decorrentes do transporte pela simples chegada ao destino final nos moldes acordados, com o correspondente desembarque.

Tendo havido ajuste no sentido de que ao transportador incumbe a entrega da coisa diretamente no domicílio do destinatário, a liberação das obrigações inerentes ao transporte somente se dará no momento em que cumprida a etapa final e promovida a entrega. Por igual modo, se as partes avençarem que quando da chegada da coisa ao destino o transportador expedirá aviso, a falta de observância dessa obrigação o sujeitará a compor perdas e danos, além de impedir que cobre pelo depósito da coisa durante o período subseqüente à chegada.

A princípio, é dever do destinatário procurar a coisa no local de desembarque, sejam os armazéns do transportador, o local que este utiliza como marco de distribuição das mercadorias transportadas etc. A verdade é que, independentemente de aviso de chegada terá o destinatário de se dirigir até o lugar em que receberá a coisa, a menos que exista ajuste diverso. Se assim não o fizer, ficará sujeito ao pagamento do preço do depósito, custos da armazenagem e demais despesas a ele relacionadas, como, *v.g.*, conservação da coisa e custos da notificação para promoção da retirada.

A remessa da coisa, geralmente, já se faz com destinatário certo, mediante apresentação de conhecimento extraído em seu nome ou documento de similar valor. Entretanto, não se deve esquecer que o conhecimento é transmissível por simples endosso, de modo que o destinatário inicial pode ser substituído por outro por meio da medida acima mencionada. Em suma, será destinatário aquele que constar originalmente como tal, ou quem vier a assumir o seu lugar, contanto que prove essa circunstância.

O momento adequado para que o destinatário proceda à conferência das mercadorias remetidas é o da entrega, mesmo porque ao depois seria mais difícil demonstrar a ocorrência de eventuais irregularidades. Em vista disso, e objetivando evitar a criação de intermináveis discussões, o legislador faz com que o silêncio do destinatário importe em decadência dos direitos que teria para reclamar acerca de aspectos atrelados à conferência das coisas recebidas. Isso não significa que ficará obstada posterior irresignação contra defeitos ocultos e outros detalhes insuscetíveis de aferição imediata, especialmente por força da aplicação do Código de Defesa do Consumidor; porém, quanto às peculiaridades sujeitas a incontinenti conferência, e relacionadas ao transporte, deverá o destinatário manifestar-se ao receber a mercadoria, sob pena de decadência (art. 754).

Especificamente no que diz respeito a situações envolvendo perda parcial ou avaria não perceptível à primeira vista, o destinatário tem estendido o prazo para fazer as reclamações que entender pertinentes, podendo manifestar-se em torno das mesmas dentro nos dez dias subseqüentes à entrega, com o que evitará a decadência (parágrafo único). É o que acontece, por exemplo, no caso de mercadorias envoltas em embalagem que necessita de especiais equipamentos para abertura, ou que estão postas em grandes recipientes que inviabilizam a análise de uma só vez. Recebendo-as no estabelecimento mantido pelo transportador no domicílio do destinatário, não será possível a este proceder à imediata conferência, razão pela qual poderá apresentar reclamações em dez dias, contados da data da entrega, que fica incluída na contagem.

Deve o transportador abster-se da entrega da mercadoria a quem não seja o destinatário, mesmo porque somente ficará liberado da obrigação assumida perante o remetente no momento em que cumprir integralmente o pactuado, o que envolve, por óbvio, a entrega da coisa a quem tenha sido apontado como destinatário. Não obstante, é possível a ocorrência de incerteza quanto a quem seja o destinatário, tendo em vista situações como a dubiedade nas instruções repassadas pelo remetente, a existência de homônimos, a dificuldade de identificação documental etc. Havendo dúvidas dessa natureza, e com o fito de se resguardar contra posteriores impugnações, deve o transportador promover o depósito da mercadoria em juízo, a menos que consiga obter do remetente instruções capazes de sanar a dificuldade na identificação do destinatário (art. 755). Todavia, nessa última hipótese é importante que o transportador faça a parte adversa documentar as orientações, a fim de que delas se possa fazer prova em caso de necessidade.

Se a normal morosidade no andamento da iniciativa de depósito, ou a demora do remetente em fornecer as instruções solicitadas, colocarem em risco a integridade da coisa transportada em razão de evidente possibilidade de deterioração (*v.g.*, cargas de frutas ou de legumes), poderá o transportador efetuar a sua venda, depositando em juízo o valor apurado. Importa destacar, contudo, que a alienação não poderá ser feita por preço vil, pois isso fomentaria condutas nem sempre compatíveis com a lealdade contratual que se exige. Vendendo a coisa por preço notoriamente inferior ao mínimo que se poderia esperar de operações de igual natureza, responderá o transportador perante o remetente pela diferença entre o preço obtido e o que razoavelmente poderia ser alcançado.

Caso o transportador tome todas as cautelas necessárias (pedido de depósito, contatos com o remetente etc.) e ainda assim sobrevenha deterioração, o prejuízo não lhe será imputável, pois cabia ao remetente identificar com presteza e clareza o destinatário a quem seria entregue a coisa. O transportador somente responderá por prejuízos se agir com culpa, como, por exemplo, se deixar de solicitar instruções ao remetente e não promover o depósito ou a venda da mercadoria.

15.7. Transporte cumulativo

Transporte cumulativo é aquele realizado por vários transportadores, cada qual obrigado a conduzir pessoas ou coisas em determinado trajeto do percurso total acordado. Nessa modalidade de transporte a responsabilidade dos transportadores perante o usuário é solidária, de modo que qualquer deles poderá ser demandado pela composição de prejuízos causados ao longo das várias etapas da execução contratual, independentemente de quem fosse o encarregado direto de realizar o transporte no trecho em que se deu a ocorrência danosa (arts. 733 e 756). Há, por assim dizer, uma conjugação de prestadores com vistas à consecução de um só fim, qual seja, a chegada regular ao destino. Daí o porquê de existir solidariedade entre os vários transportadores, que visam à obtenção de lucro e por isso respondem individual e coletivamente, em relação ao usuário, pela totalidade dos danos ocasionados por qualquer deles ao longo do cumprimento do trajeto.

No transporte cumulativo, considerada a relação interna entre os vários encarregados, considera-se obrigado cada transportador pela etapa assumida, não a podendo imputar aos demais celebrantes. Assim, os vários momentos do percurso total serão cumpridos pelo contratante indicado quando da celebração, ou por outro que vier a ser designado em comum acordo pelas partes ou na forma contratualmente fixada. Todavia, a responsabilidade pela incolumidade de pessoas e coisas, bem como pelo correto desempenho das atividades avençadas incide solidariamente sobre todos os transportadores. Aquele que suportar os ônus relativos aos prejuízos causados ao usuário em virtude do contrato poderá reembolsar-se por inteiro junto ao transportador a quem cabia o dever de executar o percurso em que se deram as lesões. Essa exegese emerge do teor do art. 756 do Código Civil, embora ele de certa forma modifique o mecanismo comum da solidariedade, que geralmente impõe o rateio igualitário, entre os co-responsáveis, dos encargos suportados por apenas um deles perante a parte adversa.

A apuração dos prejuízos finais causados ao usuário de transporte cumulativo, em função de atraso na viagem ou de sua interrupção, origina-se do somatório dos prejuízos apurados ao longo de todo o percurso, e não apenas em uma ou outra das etapas previstas (§ 1º do art. 733). Dimanam do conjunto total da execução, pois a partir da análise do desempenho dos vários transportadores chega-se a um resultado final que espelha com exatidão os prejuízos experimentados pelo usuário diante das deficiências verificadas nas várias etapas do percurso.

Na composição dos danos entram os danos emergentes e os lucros cessantes, segundo as regras gerais da responsabilidade civil. Destarte, terá o usuário, por exemplo, direito de pleitear indenização dos prejuízos referentes ao negócio que comprovadamente deixou de realizar por força do atraso na chegada em certo local, ou exigir a satisfação dos custos da depreciação sofrida pelas mercadorias perecíveis transportadas. Enfim, todo tipo de dano sobrevindo ao usuário como resultado da inobservância do tempo avençado para o transporte de pessoas ou coisas será imputável aos transportadores cumulativos, solidariamente, tomando-se por base o percurso total. No transporte simples, realizado por apenas um transportador, a aplicação das normas gerais pertinentes à responsabilidade civil também leva a igual solução, eis que lhe incumbe indenizar todos os prejuízos causados ao usuário ao longo da execução.

Caso o contrato permita a substituição de qualquer dos transportadores durante a sua vigência, ou a alteração advenha de convenção firmada posteriormente entre as partes, aquele transportador que vier a integrar a contratação cumulativa assumirá a mesma responsabilidade solidária do antecessor, qual seja, a de arcar com eventuais danos causados ao usuário, mormente no que diz respeito à fração da execução que assumir no percurso total (§ 2º do art. 733). O transportador substituído somente responderá por danos verificados até o momento em que deixar de figurar na contratação geradora do transporte cumulativo. O dever de reparar os prejuízos ocorridos após o desligamento recairá sobre os transportadores integrantes da contratação naquele momento, sendo evidente que abarca o substituto, mas não o substituído.

Uma das variantes do transporte cumulativo é o chamado transporte multimodal de cargas, ou seja, aquele que, regido por um único contrato, utiliza duas ou mais modalidades de transporte, desde a origem até o destino, e é executado sob a responsabilidade única de um Operador de Transporte Multimodal (art. 2º da Lei n. 9.611, de 19.2.98).

Não se confunde com a espécie em exame o chamado transporte sucessivo, em que, mesmo havendo vários transportadores, cada um deles é contratualmente responsável apenas pelas ocorrências verificadas ao longo do trecho cujo cumprimento lhe incumbe. Na prática, esse quadro permite entrever a existência de vários contratos, razão pela qual o dever de composição dos prejuízos somente incumbe a quem deu causa à sua verificação. É o que acontece, por exemplo, quando se programa uma excursão em que cada empresa faz um trecho do percurso aéreo, sem vinculação com a avença relativa ao pacote de turismo fechado pela agência de viagens com o passageiro. Note-se que a situação difere bastante da espécie cumulativa, pois nesta há unicidade contratual, enquanto na sucessiva são múltiplas as contratações autônomas.

Capítulo 16

DO SEGURO

16.1. Conceito e características

Pelo contrato de seguro, o segurador se obriga, mediante o pagamento do prêmio, a garantir interesse legítimo do segurado, relativo a pessoa ou a coisa, contra riscos predeterminados (art. 757). A terminologia jurídica empregada no contrato de seguro reclama alguns esclarecimentos. Intervêm duas partes na avença: o *segurado*, a quem cabe pagar o valor em dinheiro relativo à garantia pretendida (*prêmio*), e o *segurador*, pessoa jurídica que cobre os *riscos* previamente definidos na *apólice*, que é o instrumento contratual. A importância paga pelo segurador denomina-se *indenização* e resulta da existência de *cobertura* contra os riscos de ocorrência do *sinistro*. Este se traduz no evento cuja verificação desencadeia o mecanismo indenizatório. O recebedor do montante devido se chama *beneficiário*, que pode ser o próprio segurado ou outra pessoa indicada por ele no ajuste.

No plano concreto, mas sem que assim se dê por força de lei, a fixação do valor do prêmio é feita com base no chamado *cálculo das probabilidades*. Quanto maior o número de ocorrências de certa espécie (*v.g.*, furto de automóveis de específico modelo), mais caro o preço da cobertura. Considerado o fato de que as indenizações são extraídas do conjunto econômico formado pelo volume de prêmios captados junto aos segurados (*princípio da mutualidade*), essa relação entre o que se arrecada e o montante das indenizações determina a amplitude do preço.

O prêmio devido ao segurador pode ser pago à vista ou em prestações sucessivamente vencíveis, como, aliás, acontece na maioria das vezes. Sendo à vista, a cobertura principia na data aprazada pelas partes e somente cessa depois de encerrado o lapso temporal previsto, se causa diversa não afetar o liame contratual (extinção por acordo, infração aos termos da avença etc.). Pagando-se o prêmio em parcelas, impõe-se ao segurado a estrita observância do tempo de solução dos valores que se forem tornando exigíveis, eis que disso depende a conservação da cobertura iniciada na data fixada na celebração. A cobertura é suspensa *pleno jure* a partir do inadimplemento protagonizado pelo segurado, somente volvendo à sua normal fluência depois de purgada a mora. Convém destacar que se está diante da chamada mora *ex re*, ou seja, aquela que se constitui pelo simples inadimplemento da obrigação no termo ajustado, independendo de interpelação do devedor para sua verificação. Portanto, o simples atraso no pagamento do prêmio imediatamente suspende a cobertura até que se regularize a situação.

O estado de mora retira do segurado a prerrogativa de pleitear o recebimento da indenização por sinistro ocorrido a partir do inadimplemento, a menos que ao tempo da consecução do sinistro já tenha havido a purgação (art. 763), isto é, a regularização do débito relativo ao prêmio. A suspensão da cobertura acontece mesmo nos casos em que o segurador recusa-se imotivadamente a receber a prestação vencida, de vez que nada justifica a inércia do segurado em buscar os meios adequados de consignação em pagamento para livrar-se da obrigação e da conseqüente ocorrência da mora.

Por outro lado, a mora do segurador em pagar o sinistro obriga à atualização monetária da indenização devida segundo índices oficiais regularmente estabelecidos, sem prejuízo dos juros moratórios (art. 772). Trata-se da denominada mora *ex persona*, ou seja, aquela decorrente de prévia notificação ou interpelação judicial ou extrajudicial do segurador. Isto porque, sem um termo absolutamente certo para o cumprimento da obrigação, não se pode aplicar o princípio *dies interpellat pro homine*, próprio da mora *ex re*.

Somente pode ser parte, no contrato de seguro, como segurador, entidade para tal fim legalmente autorizada (parágrafo único). As pessoas naturais não podem ser seguradoras, eis que se trata de atividade eminentemente empresarial. Para ser segurado, ao contrário, basta ter capacidade civil para a prática dos atos jurídicos em geral, sem outra exigência diversa. Entretanto, o art. 109 do Decreto-lei n. 2.063, de 07 de março de 1941, proíbe a estipulação de qualquer contrato de seguro sobre a vida de menores de quatorze anos de idade, sendo, porém, permitida a constituição de seguros pagáveis em caso de sobrevivência, estipulando-se, ou não, a restituição dos prêmios em caso de falecimento do segurado. Como beneficiário de todas as espécies securitárias pode figurar qualquer pessoa jurídica ou física, ainda que, no pertinente a esta, trate-se de incapaz.

As pessoas que forem autorizadas pelo segurador a contratar com terceiros serão consideradas representantes daquele para todos os atos relacionados com as contratações que agenciarem (art. 775). Fica o segurador, em função disso, obrigado a respeitar por completo tudo quanto avençado pelos representantes, assim como auferirá os proveitos inerentes às celebrações firmadas. Cuida-se de presunção relativa, admitindo prova em contrário. A demonstração de que os agentes exorbitaram de suas atribuições e agiram além do que lhes era permitido incumbe ao segurador, que se não lograr desincumbir-se a contento do encargo responderá na íntegra por todos os atos relativos às contratações agenciadas. Derrubada a presunção, toda a responsabilidade pelos atos exorbitantes praticados será dos agentes, que ficarão obrigados a indenizar o segurado pelos danos sofridos.

A indenização devida ao segurado, na hipótese de ocorrência do sinistro nos moldes contratualmente ajustados, será paga em dinheiro sempre que expressamente prevista essa forma de liberação, ou ainda no caso de as partes silenciarem a respeito desse aspecto (art. 776). Daí que o segurador não ficará liberado entregando ao pólo contrário outra coisa, embora mais valiosa do que a afetada. Em seguro de automóvel, por exemplo, as partes podem convencionar que em caso de perda parcial a obrigação do segurador consistirá em repor a coisa ao estado original. Sendo total a perda, podem avençar no sentido de que o segurador indenizará pelo valor do veículo segundo a cotação do mercado ao tempo do pagamento. Também é facultado acordar a substituição do veículo por outro de igual modelo, marca, ano e estado geral. Enfim, há evidente amplitude na faculdade de dispor sobre a indenização e as cláusulas contratuais, desde que o façam expressamente e respeitem os limites normativos.

No que concerne ao seguro de vida, a indenização sempre corresponderá ao valor estabelecido na apólice, em dinheiro, pois a vida é insuscetível de avaliação econômica objetiva, e a única forma de segurá-la consiste em estimar o montante do capital a que terá direito o beneficiário, sem parâmetros concretos a orientar essa operação.

Dada a complexidade das relações securitárias, e a imensa variedade de hipóteses, o Código Civil ocupa-se de fixar as bases principais do seguro, mas expressamente admite que a legislação esparsa também cuide da matéria. Todavia, o disposto na codificação aplica-se, no que couber, aos seguros regidos por leis próprias (art. 777). Releva observar, também, que compete privativamente à União legislar sobre seguros (art. 22, VII, da Constituição Federal).

16.2. Questões relacionadas ao risco

O objeto — e principal elemento — do contrato de seguro é o risco, que deve ser perfeitamente delineado em suas nuanças e fronteiras, eis que o segurador somente responde nos moldes contratualmente fixados. Pode-se dizer que o risco é um perigo teórico, de presença necessária, a que se sujeita a coisa ou pessoa; sua concretização futura no plano fático não pode ser provocada deliberadamente pela parte segurada, sob pena de perder o direito à indenização. Já o sinistro aparece como fato circunstancial, que pode ou não ocorrer. Ao celebrar a avença, o segurado transfere ao segurador o risco de que determinado acontecimento se materialize, ficando resguardado pela cobertura securitária.

Se o evento coberto não acontecer, o segurador nada terá de pagar ao pólo contrário, mas este ficará obrigado ao pagamento do prêmio por inteiro (art. 764), eis que representa a contrapartida decorrente da só assunção do perigo pelo segurador. Também será devido o prêmio se o risco, em previsão do qual se faz o seguro, não se verificar na prática. A distinção é sutil, mas perfeitamente visível. O risco nada mais é do que o perigo a que estaria submetida a coisa ou a pessoa mencionada na contratação. Se, por exemplo, é feito seguro contra acidentes pessoais em razão de afirmar-se expressamente que o segurado empreende viagens de negócios, a espontânea cessação dos deslocamentos do segurado após a celebração do contrato não o desobriga do pagamento do prêmio avençado. Isto porque o risco previsto era plausível e concreto ao tempo da contratação, de modo que a supressão do mesmo por fato da exclusiva alçada do segurado não retira do segurador o direito de perceber integralmente a vantagem pecuniária ajustada em virtude da assunção do risco.

Os contratantes devem abster-se de quaisquer atos que alterem as condições iniciais, sob pena de restar comprometida a própria sobrevivência do vínculo formado. Especificamente no que diz respeito ao segurado, incumbe-lhe evitar o agravamento intencional dos riscos assumidos pelo segurador. Isso não significa que as mudanças normais e decorrentes da dinâmica social ou das circunstâncias da existência tenham o condão de afastar a garantia prestada pelo segurador. Portanto, se alguém faz seguro de vida e depois passa a empreender viagens aéreas que não eram de sua rotina, isso não poderá jamais levar à conclusão de que a garantia se perdeu por agravamento intencional do risco original. O mesmo se diz da situação em que o veículo segurado passa a ser utilizado em deslocamentos por regiões mais sujeitas a furtos e roubos em comparação com aquela onde se firmou o pacto. São contingências da vida, que integram os riscos assumidos pelo segurador. O que o legislador não admite é o deliberado agravamento do risco, objeto da avença, pelo segurado, pois do contrário a garantia fixada no momento da celebração será toda perdida (art. 768). Isso acontece, por exemplo, quando em seguro contra incêndio de prédio residencial o titular instala comércio de fogos de artifício no local, multiplicando o perigo sem aquiescência do segurador. Igual solução se apresentará no caso de o veículo de passeio, e como tal segurado, começar a ser utilizado em competições esportivas.

Outro dever imposto pelo legislador ao segurado consiste em comunicar logo que saiba, à parte adversa, a ocorrência de quaisquer incidentes capazes de agravar consideravelmente o risco coberto, sob pena de perda da garantia (art. 769). Está claro que a regra diz respeito aos acontecimentos alheios à vontade do segurado, eis que sobre os eventos intencionalmente provocados, e capazes de agravar os riscos, incide o art. 768, que prevê a perda completa da garantia pela elevação voluntária do perigo a que se submete a coisa ou a pessoa mencionadas na contratação.

A providência exigida do segurado tem por objetivo permitir ao segurador a adoção das medidas que julgar cabíveis no caso concreto, evitando a consumação do sinistro, minimizando as conseqüências do risco aumentado etc. A perda da garantia somente terá lugar se restar comprovado que segurado silenciou de má-fé, deliberadamente optando por não comunicar ao interessado o aumento dos riscos. A mesma sanção incidirá na hipótese de a comunicação ser tardia e frustrar a tomada de medidas pelo segurador.

O segurador, desde que o faça nos quinze dias seguintes ao recebimento do aviso da agravação do risco sem culpa do segurado, poderá dar-lhe ciência, por escrito, de sua decisão de resolver o contrato (§ 1º). Não se pode impor ao segurador a assunção de riscos maiores do que os previstos expressamente quando da contratação. O prazo de quinze dias é decadencial, ficando vedada ao segurador a iniciativa do rompimento se escoado *in albis* o referido lapso, isto é, se durante o seu transcurso não chegar ao segurado a comunicação, judicial ou extrajudicial, concernente à decisão de resolver o pacto.

A resolução só será eficaz trinta dias após a notificação, devendo ser restituída pelo segurador a diferença do prêmio, traduzida naquela parcela econômica correspondente ao período de contrato que deixou de ser implementado em virtude da resolução. Exemplo: se o valor pago a título de prêmio foi 1000, e se ao tempo da resolução faltava ainda o escoamento de 20% do prazo contratual, terá o segurador de devolver a importância de 200 ao segurado. Afora esse acerto, nenhuma outra forma de indenização ou reposição poderá ser reclamada por um dos envolvidos contra o outro.

A menos que as partes disponham em sentido contrário, a diminuição pequena ou mediana do risco ao longo da vida contratual em nada afeta o valor do prêmio e as próprias nuanças da avença. A modificação verificada no perigo a que se sujeita a pessoa ou a coisa arrolada no contrato, contanto que não seja considerável, e independentemente da razão que a motivou, mantém o vínculo como originalmente posto. Mas, sendo considerável a diminuição do risco, quebra-se o equilíbrio relativo do contrato, autorizando o segurado a, com base no art. 770 do Código Civil, adotar uma das seguintes medidas: a) revisão do prêmio, visando a reduzi-lo e, com isso, adequá-lo à nova realidade; b) resolução do contrato, sem necessidade de aquiescência da parte contrária.

No primeiro caso, se o prêmio já houver sido todo pago, caberá ao segurador fazer a restituição conforme definida; estando dividido em parcelas, a redução proceder-se-á em relação ao valor pendente, no limite estabelecido por acordo ou determinação judicial. Optando pela resolução, as partes volverão ao estado anterior à avença, sem que nenhuma deva à outra qualquer retribuição. As prestações relacionadas ao prêmio, que ainda estejam por vencer, não mais serão pagas pelo segurado, haja vista o rompimento do liame e o término da cobertura. Quanto às já satisfeitas, não serão repetidas pelo segurador, eis que até o momento da resolução prestou a garantia contratualmente firmada e fez jus à correspondente contraprestação pecuniária.

A definição do que seja redução *considerável* do risco não pode ser preestabelecida, ficando de ser apurada em cada situação real e de acordo com o contexto. De qualquer modo, é considerável aquela diminuição que afeta de tal maneira o risco, reduzindo-o, que se essa circunstância existisse ao tempo da celebração o segurado nem mesmo teria feito o seguro, ou não se submeteria ao valor fixado a título de prêmio.

Deve o segurado promover a imediata comunicação do sinistro ao segurador, logo que dele tenha ciência, sob pena de perder o direito à indenização (art. 771). Essa obrigação existe a fim de permitir ao segurador que tome as providências que entender pertinentes, seja para reduzir as conseqüências do evento, realizar perícias, colher o máximo de informações possíveis, providenciar o imediato encaminhamento da indenização etc. Ademais, o próprio segurado tem de tomar todas as providências que estiverem ao seu alcance para minorar as conseqüências do evento, desde que isso não represente perigo para a sua integridade ou para a de outrem. Quanto às despesas de salvamento conseqüente ao sinistro, correm à conta do segurador, até o limite fixado no contrato (parágrafo único).

O segurador deve evitar a celebração do negócio quando de antemão souber estar passado o risco de que o segurado se pretende cobrir (*v.g.* segurando a carga de uma caminhão que o segurador sabe já ter sido entregue). Em tais circunstâncias, a expedição da apólice acaba por configurar severa inobservância aos deveres que lhe legalmente impostos. Caso assim proceda, terá de suportar em dobro o valor do prêmio estipulado. Esse montante tem caráter punitivo e será entregue ao pólo inocente.

16.3. Classificação do contrato

O contrato de seguro é *bilateral*, pois gera obrigações para ambas as partes. Ao segurado incumbe pagar o prêmio e cumprir os demais deveres contratuais, ao passo que o segurador assume o compromisso de garantir o pólo adverso contra os riscos enunciados e pagar a indenização se sobrevier o sinistro. É *oneroso*, produzindo vantagens e ônus para o segurado e para o segurador. Aquele paga o prêmio e tem o direito de receber a indenização caso o evento se consume; já este recebe o prêmio e se obriga a indenizar nos moldes pactuados.

Trata-se de contrato *aleatório*, pois o resultado econômico final das partes fica na dependência de evento futuro e incerto quanto à ocorrência, colocado na avença como risco assumido pela empresa. Esta sabe quanto vai receber de prêmio e assume obrigação certa quanto ao seu teor, mas incerta no que diz respeito à verificação ou não do sinistro. Assim, não há rigorosa comutatividade, tendo em vista a circunstância de que apenas a prestação devida pelo segurado é exatamente conhecida em seus contornos. A do segurador é incerta quanto à ocorrência, porque dependente de fato eventual e futuro. Isso afasta a idéia de equivalência das prestações que recaem sobre as partes, daí emergindo o caráter aleatório.

Sendo aleatório, o seguro não é compatível com a garantia contra situação em que inexiste, ao menos em tese, o elemento risco, nem com a hipótese em que a ocorrência do sinistro esteja submetida à simples vontade de uma das partes ou de terceiros. Destarte, a contratação que pretenda segurar algo ou alguém de ato doloso do segurado, do beneficiário, ou do representante de qualquer deles, apresenta-se eivada de nulidade (art. 762). Não se pode deixar à mercê de um dos pólos contraentes, ou de terceiro, a consecução do evento previsto como gerador do direito de indenização (*v.g.*, incêndio no veículo), pois isso abriria as portas da malevolência, da fraude e do artifício. A norma legal contém previsão de ordem pública. A nulidade incide nos contratos em que ficar expressamente prevista a cobertura contra atos dolosos do segurado, do beneficiário, ou do representante de qualquer deles. Nos contratos que não prevêem essa espécie de cobertura, toda iniciativa no sentido de receber indenização por ato doloso que conduz ao sinistro também será rechaçada.

O seguro é *consensual*, pois embora a apólice seja o instrumento comum do contrato de seguro, este não se constitui e nem se prova somente por escrito, podendo ser demonstrado em sua existência e teor por outros meios. Para a perfectibilização do ajuste se faz mister unicamente o consenso das partes, revelando-se desnecessária qualquer outra providência adicional. Cumpre observar, ainda, ser negócio *de adesão*, já que o segurado apenas faz juntar o seu assentimento a um contrato previamente definido em suas cláusulas essenciais. Não há debate em torno do conteúdo estabelecido, ficando o segurado à mercê da vontade do outro pólo. A natureza adesiva acarreta a interpretação restritiva do seguro, excluindo-se da cobertura tudo o que não estiver claramente explicitado na apólice. Não obstante essa verdade, o risco é elemento relativo, que pode sofrer variações consoante as circunstâncias fáticas, sem afetar a perfeição do pactuado.

A ausência de imposição no tocante à forma da contratação faz com que ela se enquadre como *não solene*. O contrato de seguro prova-se com a exibição da apólice ou do bilhete do seguro, e, na falta deles, por documento comprobatório do pagamento do respectivo prêmio (art. 758). Como se percebe, a forma escrita não é da substância do negócio, e nem mesmo se exige de maneira absoluta como elemento de prova da existência e do conteúdo da avença. Não se pode ignorar, todavia, que comumente é a apólice que serve para revelar de maneira inequívoca o contrato de seguro em todos os seus aspectos. Não havendo apólice como usualmente conhecida, ou tendo ela sido extraviada, danificada ou perdida, a exibição do bilhete de seguro cumpre a função probante com idêntica força jurídica. Cabe salientar que inclusive as segundas vias dos documentos acima referidos, expedidas por quem de direito, prestam-se para as mesmas finalidades sem prejuízo de ordem alguma.

Quando por qualquer razão faltarem a apólice e o bilhete de seguro, a prova do contrato poderá ser feita por meio de documento comprobatório do pagamento do respectivo prêmio, tais como: recibo emitido pela seguradora, autenticação bancária mecânica aposta em guia, recibo de depósito bancário com especificação do fim a que se destinava etc. Não há exigência de caracteres especiais para que o documento possa provar a contratação; todavia, deverá ser firme o bastante para revelar a ocorrência de pagamento do prêmio relativo a determinado contrato de seguro, razoavelmente identificado no citado instrumento.

16.4. Considerações acerca da apólice

A emissão da apólice deverá ser precedida de proposta escrita com a declaração dos elementos essenciais do interesse a ser garantido e do risco (art. 759). Tal providência visa a fazer com que a intenção do segurado seja respeitada ao máximo, no que diz com os contornos do seguro que pretende firmar. Geralmente, a proposta consiste em impresso padronizado fornecido pelo segurador, onde há espaços em branco cujo preenchimento explicita os caracteres básicos do interesse a ser resguardado (vida, coisas materiais etc.) e os perigos que o cercam (doenças preexistentes, proximidade da coisa com substâncias inflamáveis etc.).

A emissão da apólice, via de regra, sela em definitivo a contratação, fazendo lei entre as partes. Entretanto, para que isso aconteça ela deverá ser precedida da proposta a que alude a norma supracitada. Embora dela não conste nenhuma sanção ou conseqüência imediata decorrentes da ausência da aludida proposta, a sua inobservância permitirá que o segurado pleiteie o desfazimento da avença, contanto que alegue e demonstre a divergência entre a sua pretensão original e o teor que veio a ser inserido na apólice. Esse rompimento não é automático, nem decorre da mera ausência de proposta; depende, isto sim, de prova cuja produção incumbe ao interessado.

Ao mesmo tempo em que a exigência de confecção de prévia proposta tem como finalidade primeira construir certo grau de certeza quanto às efetivas necessidades e pretensões do segurado, é inegável que em muito serve ao segurador. Isto porque por meio da proposta escrita apresentada pela parte adversa poderá, se necessário, demonstrar que a apólice nada mais representa do que a consolidação da vontade do segurado no momento da celebração do contrato. Isso não impede debates em torno da contratação, nem evita que esteja contaminada por vícios de vontade ou demais defeitos que maculam os negócios jurídicos em geral; todavia, é indesmentível a sua prestabilidade como elemento probante, de cunho relativo, em favor de quem o invoca.

A apólice ou o bilhete, conforme fixado no art. 760, poderão ser: a) nominativos, mencionando o nome do segurador e do segurado (ou de seu representante legal, se for o caso), ou ainda do terceiro em cujo nome houver sido feito o seguro. A transferência dessa modalidade de seguro se dá por meio de alienação ou cessão do interesse resguardado, regida pelas normas comuns de Direito Civil, a menos que exista previsão em sentido contrário. O seguro acompanha a coisa por onde estiver, de maneira que a alienação desta faz com que o contrato e todas as suas nuanças passem a beneficiar o novo titular, exceto se ocorrer exclusão da cobertura; b) à ordem, de maneira que o seguro poderá ser transferido para outra pessoa mediante endosso em preto (com expressa indicação do substituto), desde que promovido pelo titular constante do instrumento ou por quem vier a sucedê-lo no pólo contratual; c) ao portador, de modo que os efeitos do contrato serão direcionados a quem apresentar a apólice ou o bilhete ao segurador, por não existir definição prévia do titular do pólo contratual segurado.

Em se tratando de seguro de pessoas (acidentes, morte, danos pessoais diversos etc.), a apólice ou bilhete terão necessariamente de ser nominativos ou à ordem, não podendo ser emitidos ao portador (parágrafo único). O desiderato da norma é definir com exatidão as partes envolvidas na contratação e, especialmente, os beneficiários da indenização que vier a ser devida por força da ocorrência do evento previsto em abstrato quando da celebração.

A apólice de seguro, ou, na sua falta, o bilhete, terão de mencionar certos aspectos essenciais da contratação, especialmente porque disso depende a exata compreensão da vontade das partes ao celebrarem a avença. Como o objeto do contrato de seguro é o risco a que se submetem, e do qual são resguardadas pessoas ou coisas, é imprescindível que o instrumento faça constar expressamente qual é o perigo assumido pelo segurador, *v.g.*, incêndio, inundação, roubo, morte e assim por diante. Nula será a contratação que não contiver menção ao risco a que se sujeitam a coisa ou a pessoa, eis que se trata de elemento essencial à eficácia do pacto.

Não basta que o instrumento faça referência ao risco para que o contrato esteja perfeito e acabado. É mister que diga quando se inicia e em que momento acaba a sujeição do segurador ao risco, pois disso decorre a necessária ciência acerca do *dies a quo* e do *dies ad quem* da contratação. Afinal, o segurador somente ficará obrigado a indenizar se o evento abstratamente previsto pelas partes verificar-se durante o período de vigência da cobertura; não indenizará quando ocorrer antes ou depois do interregno definido na apólice ou no bilhete. Em vista disso, até mesmo a referência ao horário exato de início da vigência da cobertura é providência salutar, eis que vincula os contraentes sem necessidade de qualquer exercício exegético.

O limite da garantia também é peculiaridade a ser inserida no contrato. Às partes é facultado avençar cobertura parcial ou total, valor igual ou inferior ao da coisa segurada etc. Destarte, importa mencionar a extensão da garantia oferecida pelo segurador para o caso de concretizar-se o evento previsto como gerador da indenização.

A menção ao valor do prêmio é elemento imprescindível. Ele geralmente mantém correspondência com o montante indenizatório abstratamente previsto pelos contraentes e com o perigo que envolve a coisa ou pessoa segurada, sendo tão mais elevado quanto maiores os riscos e a indenização estabelecidos. Trata-se, portanto, de aspecto deixado ao alvedrio das partes e que se define pela própria concorrência do mercado. Na hipótese de seguro obrigatório (*v.g.,* o relacionado a veículos automotores), porém, existe tabela oficial a disciplinar o prêmio devido.

Quando o risco for assumido em co-seguro, a apólice indicará o segurador que administrará o contrato e representará os demais, para todos os seus efeitos (art. 761). No co-seguro vários seguradores distribuem entre si o risco previsto em determinado contrato. Cuida-se, portanto, da junção de diversos seguradores em um dos pólos contratuais, de modo que cada qual responderá pela parcela indenizatória expressamente assumida, ou, no silêncio, por fração igual à dos demais. Na prática nada mais é do que um conveniente partilhar de riscos; o prêmio é dividido entre os seguradores na proporção acordada, assim como a responsabilidade pela indenização decorrente de consumação do evento previsto no contrato.

Em se tratando de co-seguro, impõe-se que todos os seguradores sejam mencionados na apólice ou no bilhete, pois somente poderá ser responsabilizado perante o segurado quem expressamente constar do pólo contratual sobre o qual recaem os riscos assumidos. Alinhados os co-seguradores, deverá um deles ser indicado para administrar o contrato e representar os demais em tudo o que disser respeito à avença firmada. O co-segurador indicado cumprirá tarefas como: recebimento e partição do prêmio, renegociações com o segurado, encaminhamento administrativo do pagamento da indenização depois de verificado o sinistro etc. Contudo, não poderá ser demandado sozinho para pagamento de toda a indenização, salvo se os co-seguradores forem solidariamente responsáveis perante o segurado. O poder de representação não vai além de aspectos administrativos, de maneira que o co-segurador indicado na contratação não poderá promover defesa judicial em nome dos demais, e nem responderá individualmente por mais do que previsto no contrato.

É lícito às partes prever expressamente, em cláusula contratual, a recondução tácita do contrato pelo mesmo prazo de vigência originalmente estabelecido. Essa operação, que acaba configurando na prática a prorrogação da avença, decorrerá do silêncio das partes quando do esgotamento da duração do pacto. Isso importa em considerar que os celebrantes estão reconduzindo a contratação nos moldes originais, tanto no que diz respeito ao prazo de duração como no que concerne aos valores do prêmio e da indenização. Todos esses aspectos terão conservadas as suas facetas primitivas, *v.g.,* valores nominais e sem atualização, caracteres da cobertura e cláusulas especiais, salvo previsão em contrário contida na avença que admitiu a recondução. Em suma, o segurado pagará prêmio igual ao primeiro; a indenização, caso venha a ser devida, terá extensão exatamente igual à estatuída na celebração; as condições do pacto serão as mesmas etc.

Diante da inserção de cláusula que faculta a recondução contratual tácita, a parte que porventura pretender evitar essa conseqüência terá de expressamente manifestar-se nesse sentido até o escoamento do prazo original do contrato, eis que se não o fizer estará tacitamente aquiescendo com a continuidade do liame. Todavia, para impedir a vinculação das partes *ad infinitum,* o legislador somente admite uma recondução (art. 774).

16.5. Dever de probidade, boa-fé e veracidade

Segundo determina o art. 422 do Código Civil, os contratantes são obrigados a guardar, assim na conclusão do contrato, como em sua execução, os princípios de probidade e boa-fé. A disciplina do contrato de seguro contém expressa referência ao dever de guardar, na conclusão e na execução do contrato, a mais estrita boa-fé e veracidade, tanto a respeito do objeto como das circunstâncias e declarações a ele concernentes (art. 765). Isto porque elementos essenciais do ajuste (*v. g.* prêmio, extensão da cobertura etc.) são definidos a partir de declarações prestadas unilateralmente pelo segurado, e encontram substrato em cláusulas idealizadas apenas pelo segurador.

A boa-fé e a veracidade devem estar presentes desde as etapas anteriores à celebração propriamente dita, pois é sabido que o contrato de seguro, em virtude de imposição legal, é antecedido por uma proposta escrita emitida pelo futuro segurado, da qual constam dados fundamentais para que se tenha noção dos riscos, do valor do prêmio e das condições gerais para a contratação. Em assim sendo, é natural que as partes decidam contratar tendo por base os elementos que uma fornece à outra, e o mais que cercar a negociação. Deve o segurado descrever com exatidão a coisa a ser segurada, os riscos a que se submete, eventuais danos ou lesões preexistentes etc. Ao segurador cabe, entre outras atribuições, esclarecer com presteza questões relacionadas ao prêmio, à amplitude da cobertura, aos procedimentos necessários ao recebimento da indenização em caso de sinistro e assim por diante.

Na execução do contrato também se exige o máximo de boa-fé e veracidade dos envolvidos. Assim, incumbe ao segurado, por exemplo, informar ao segurador acerca de eventual aumento do risco, verificação do sinistro, alterações na coisa segurada etc. Em contrapartida, ao segurador compete facilitar o pagamento da indenização devida, fornecer as informações solicitadas e tudo o mais que estiver ao seu alcance para o fiel cumprimento do acordado.

Caso o segurado, pessoalmente ou por intermédio de representante legal ou indicado, faça ao segurador declarações divorciadas da realidade (*v. g.*, afirmar que sofreu cirurgia muito menos séria do que a realmente efetivada) ou omitir circunstâncias fáticas que possam influir na aceitação da proposta ou na taxa do prêmio (*v. g.*, deixar de informar sobre moléstia grave preexistente), não poderá reclamar o pagamento da indenização se vier a ser verificado o sinistro (art. 766). Por outro lado, se a inexatidão ou a omissão vierem a ser constatadas antes da ocorrência do sinistro, a garantia contratual desaparecerá daquela data para a frente.

Além de perder a garantia prevista no contrato, o segurado que prestou informações incorretas ou que omitiu detalhes relevantes continuará obrigado a pagar o prêmio contratualmente ajustado e já vencido. Noutras palavras, se pagou todo o prêmio não poderá reavê-lo; se ainda não o pagou por inteiro, e for pleiteado pelo segurador o desfazimento antecipado do contrato, o segurado perderá as prestações saldadas e responderá pela vencidas até a data em que desaparecida a garantia.

Quando a inexatidão ou omissão nas declarações prestadas pelo segurado não resultarem de má-fé, mas sim de descuido, erro, ignorância ou circunstância similar, a contratação conservará a sua validade e eficácia, a menos que o segurador promova a resolução da mesma ao longo do seu período de vigência (parágrafo único). Se assim não proceder, seja porque desconhecia a inexatidão ou a omissão, seja porque preferiu manter a avença, a indenização será devida integralmente na hipótese de ocorrer o sinistro.

Em contrapartida à obrigação de indenizar, faculta-se ao segurador, ainda depois de concretizado o evento, reclamar da parte contrária o prêmio que foi pago a menor, isto é, a diferença entre o valor avençado quando da celebração e aquele que teria de ser efetivamente pago pelo segurado se as declarações houvessem sido exatas e se inexistentes as omissões. Isto porque, obviamente, presume-se que se o contexto real fosse conhecido do segurador no momento da conclusão do negócio o prêmio seria fixado em patamar superior; assim, mantida a vigência da contratação incumbe ao segurado complementar a importância correspondente ao prêmio.

16.6. Espécies de seguro

O Código Civil disciplinou com precisão duas espécies básicas de seguro: o de dano e o de pessoa. Outras modalidades são objeto de legislação especial, fugindo do limite puramente civilista. É o caso dos seguros sociais e de natureza previdenciária, idealizados para o resguardo de um agrupamento de pessoas inseridas em determinada realidade jurídica (*v.g.*, seguro-desemprego). Já os seguros de índole privada apresentam natureza contratual e a sua constituição depende unicamente da vontade dos envolvidos. Dentro da categoria dos seguros privados existem modalidades regidas exclusivamente por leis especiais, mas o Código Civil funciona como base estrutural de todas elas.

Como asseverado, os seguros regidos especificamente pela codificação em todos os seus contornos são os de dano e os de pessoa. Na primeira categoria enquadram-se os que têm por desiderato a proteção de coisa própria e aqueles destinados a resguardar o segurado contra riscos relacionados a eventos que, provocados pelo segurado, causam danos a terceiros (chamados de seguro de responsabilidade). Na segunda, situam-se os seguros de vida e os de acidentes pessoais. O exame de cada espécie será feito na seqüência, observando-se a disposição da matéria no Código Civil.

16.6.1. Seguro de dano

Limite econômico do contrato

O seguro não é contrato destinado a produzir lucros em favor do segurado; visa, apenas, à cobertura de certo risco, limitado ao valor da coisa e aos danos apurados. Apenas no seguro de pessoa é viável a livre estipulação do montante indenizatório, eis que nele a apreciação pecuniária não se atrela a parâmetros objetivos. Em vista disso, a garantia ínsita na contratação não poderá ultrapassar o valor do interesse segurado no momento da conclusão do contrato (art. 778), ou seja, terá por limite o valor total da coisa segurada ou os efetivos danos experimentados pela pessoa. Não se poderá segurar uma coisa por mais do que valha, pois isso transformaria o seguro em contrato tendente ao lucro, afora facilitar a superveniência de fraudes e vícios de toda ordem com vistas à obtenção de vantagem econômica.

Caso a garantia seja fixada em patamar superior ao valor do interesse segurado, tomado por base o momento da conclusão do contrato, deve-se averiguar qual a origem dessa distorção, se o comportamento do segurador ou o do segurado. A prova incumbe a quem argúi a responsabilidade alheia. Não havendo culpa de qualquer das partes, mas mero equívoco, a garantia automaticamente considera-se reduzida ao patamar adequado, ainda que isso somente venha a ser constatado e a ocorrer depois da verificação do sinistro. Nessa hipótese, o segurado poderá reclamar a restituição proporcional do prêmio, ao passo que o segurador somente ficará obrigado a indenizar até o limite máximo apurado com suporte no valor do interesse ao tempo da celebração da avença.

Se o segurado der causa à fixação de garantia superior ao limite legal, *v.g.*, sonegando informações, superavaliando a coisa ou oferecendo dados inexatos, perderá o direito à garantia, além de ficar obrigado ao pagamento do prêmio vencido, consoante previsto no art. 766 do Código Civil. Isso não o livra da persecução penal cabível, eis que a conduta poderá caracterizar ilicitude criminal como falsidade ideológica, falsificação de documento e outras mais. De outra banda, se for o segurador quem ocasionar a estipulação da garantia acima do nível admitido, haverá a sua automática redução até a completa adequação à norma legal, ficando o segurador obrigado a restituir ao segurado o excesso de prêmio cobrado e sujeitando-se às medidas persecutórias penais cabíveis, sem afetação da garantia propriamente dita.

O valor da apólice ou do bilhete é que limita a extensão da indenização a que ficará obrigado o segurador em caso de ocorrência do sinistro. Porém, o risco assumido não se concentra exclusivamente nos danos sobrevindos à coisa em razão dos prejuízos resultantes, ligados diretamente ao acontecimento lesivo. Também os danos conseqüentes incluem-se na cobertura, entendendo-se como tais os relacionados a toda conduta humana destinada a evitar o sinistro, minorar o dano ou salvar a coisa em perigo (art. 779), como é o caso dos prejuízos causados a estruturas sensíveis à ação da água utilizada pelo Corpo de Bombeiros para apagar o fogo, ou dos danos sobrevindos ao veículo em virtude da necessidade de arrombar uma porta para retirá-lo de local vizinho à inundação que se aproxima.

O fato de a coisa estar coberta por seguro não pode funcionar como elemento de inibição da atuação do segurado e de terceiros, quando necessária a adoção de medidas emergenciais cujo objetivo é exatamente o de impedir a verificação do sinistro, diminuir as conseqüências do evento lesivo que já está em curso ou afastar a coisa de perigo concretamente desencadeado. A cobertura somente não subsistirá quanto aos prejuízos conseqüentes na hipótese de terem sido provocados com má-fé ou culpa grave, isto é, nas ocasiões em que a atitude geradora deles era absoluta e notoriamente impertinente, ou teve lugar por força de mau ânimo do segurado ou de pessoa sob sua instrução.

À pessoa que não segurar o interesse pelo seu valor total, contra certo risco, faculta-se celebrar novo contrato, com outro segurador, até que seja alcançado o limite acima referido (art. 782). Portanto, admite-se a duplicidade de seguros sobre uma mesma coisa e para igual risco, operação denominada resseguro, desde que o somatório deles não supere o valor final do interesse à data da celebração da primeira avença. A viabilidade da conclusão de novo contrato de seguro depende de prévia comunicação escrita ao primeiro segurador, por meio da qual o segurado diga de sua intenção de firmar outro contrato acerca do mesmo risco, com outro segurador. Também deverá obrigatoriamente constar do comunicado o valor pelo qual se tenciona segurar o interesse mediante nova avença, pois a partir disso é que se mostrará possível conferir o enquadramento da situação no teor do art. 778 do Código Civil. Caso a soma das indenizações previstas supere o valor total do interesse protegido, o segurado perderá o direito à garantia constante de ambas as contratações, além de ficar obrigado ao prêmio vencido. Trata-se de prevenção em relação ao mau ânimo e ao objetivo de lucro em contratos de seguro, situações incompatíveis com as normas que regem o direito obrigacional e, especificamente, o contrato em análise.

Cabe destacar que se o primeiro seguro tiver por desiderato a proteção do interesse contra determinado risco e pelo seu valor total, nada impedirá que o segurado celebre tantos outros contratos quantos forem os riscos diferentes de que se pretende resguardar. Assim, se um veículo vale 1.000, o interessado poderá segurá-lo por esse montante contra o risco de incêndio junto ao segurador "A", e por igual valor contra o risco de roubo, junto ao mesmo ou a outro segurador, e assim por diante. O que se não admite é que o interessado faça seguro contra roubo junto ao segurador "A", pelo valor de 1.000, e contrate nova garantia contra o mesmo risco, já que o primeiro pacto celebrado ofereceu cobertura pela avaliação final da coisa, e não se pode segurar algo por mais do que valha.

Limite da indenização

Não tendo por objetivo proporcionar lucro ao segurado, mas tão-somente indenizar os prejuízos, repor a coisa ou então fornecer os meios pecuniários avençados em seguro de vida, o contrato não ensejará ao segurado, em hipótese alguma, a percepção de valor superior àquele estabelecido quando da celebração. Destaque-se, outrossim, a circunstância de que a indenização, no caso de o interesse segurado vir a sofrer depreciação em sua avaliação ao longo do transcurso do prazo contratual, não poderá ultrapassar o valor final que tiver no momento do sinistro.

Destarte, se um veículo é segurado por 1.000 pelo prazo de um ano, e vem a sofrer sinistro com perda total no décimo mês, a indenização corresponderá ao valor que um veículo de mesma marca, modelo, ano e condições alcançaria na data da ocorrência lesiva, limitada em seu máximo ao valor da contratação. Se parcial a perda, o montante indenizatório será apurado em liquidação, de modo que todos os prejuízos resultantes e conseqüentes sejam computados, para reparação até as forças da avença. Disso se infere que no exemplo oferecido a indenização será, no máximo, correspondente a 1.000 em caso de perda total, variando para menos conforme a depreciação que o veículo acaso houvesse experimentado entre a celebração e a data do sinistro. Na perda parcial, consistirá na importância a que se chegar por meio da soma dos prejuízos resultantes e conseqüentes, limitada ao valor contratado.

Na hipótese de seguro de interesses com valor de mercado, principalmente automóveis, caminhões, máquinas agrícolas etc., a fixação do valor da indenização se dá, geralmente, por meio de avaliação comercial procedida sobre bens semelhantes ao sinistrado. Isso não consta da lei, mas vem sendo adotado pacificamente pela jurisprudência e recomendado pela doutrina, por ser o mecanismo que mais aproxima a indenização das finalidades para as quais existe o contrato de seguro, evitando, a um só tempo, o enriquecimento sem causa ou o empobrecimento injustificado de qualquer dos contraentes.

Se a coisa segurada, que sofreu sinistro e perda, houvesse experimentado valorização ao longo do período de cobertura, a indenização ainda assim não ultrapassaria o teor da contratação, ficando limitada ao montante máximo nela previsto. Apenas em uma hipótese o ordenamento admite que a indenização exceda o montante previsto no contrato: quando o segurador incorrer em mora no pagamento do que deve (art. 781). Isto porque em uma situação dessa natureza pode-se fazer somar à verba indenizatória original os juros de mora, a multa contratual e os demais encargos pertinentes (art. 395), a fim de que seja respeitada na íntegra a contratação e se dê cumprimento às normas de Direito. A constituição do segurador em mora ocorre mediante interpelação ou notificação judicial, eis que se trata da chamada mora *ex persona*.

Objetivando evitar que o segurado aufira indevida vantagem, o legislador idealizou um mecanismo destinado a manter o equilíbrio econômico do contrato na hipótese de sobrevir sinistro parcial, tendo o seguro sido feito por menos do que valia o interesse no momento da conclusão. Trata-se da redução proporcional da indenização (art. 783), que toma como linha mestra o confronto entre o valor pelo qual foi segurado o interesse e a sua avaliação total quando da celebração da avença. Assim, se determinado veículo vale 1.000, mas foi segurado por 500 e lhe sobrevém dano cujo conserto seja estimado em 200, o segurador arcará com a importância de 100, haja vista que a proporção entre o valor do veículo e o que lhe foi atribuído para fins de seguro é de 50%, patamar em que ficará a responsabilidade indenizatória do segurador no caso de ocorrer sinistro parcial. A regra da proporcionalidade faz com que o beneficiário do seguro perceba indenização compatível com o risco assumido pelo segurador, evitando a sobrecarga deste e o inadequado enriquecimento da parte adversa.

Embora o interesse tenha sido segurado por menos do que o seu valor real, a verificação de sinistro total obriga o segurador a pagar por inteiro o montante previsto a título de indenização. É que o sinistro com essa característica não tem o condão de provocar a incidência da regra da proporcionalidade, já que o segurado não perceberá em situação alguma qualquer vantagem indevida. Muito pelo contrário, pois ao segurar a coisa por menos do que valia sujeitou-se ao recebimento de indenização insuficiente para cobrir os efetivos prejuízos experimentados.

A regra fixada pelo ordenamento somente operará se as partes não houverem convencionado de modo diverso quando da celebração do contrato. Podem os contraentes, portanto, estabelecer que a indenização devida no sinistro parcial será paga de acordo com os prejuízos verificados, até o limite da apólice e sem abatimento. Faculta-se aos celebrantes, ainda, a promoção de qualquer variação que entendam pertinente, dado o caráter eminentemente privado da contratação. No silêncio das partes acerca desse aspecto é que terá lugar a proporcionalidade prevista na lei.

Elementos de preservação da garantia

No seguro de responsabilidade civil, o segurador garante o pagamento de perdas e danos devidos pelo segurado a terceiro (art. 787). Seguro de responsabilidade civil é aquele que se destina a transferir ao segurador a obrigação de compor danos indenizáveis causados a outrem pelo segurado. Exemplo: Pedro contrata seguro de responsabilidade civil relacionado ao veículo de sua propriedade. Durante o prazo de cobertura, colide contra o automóvel de José, evento causado pela inobservância de um sinal fechado. Como Pedro agiu com culpa, tem dever de reparar os danos suportados por José, mas a existência do seguro faz com que a responsabilidade final pela indenização dos danos caiba ao segurador, em ação regressiva que o segurado moverá depois de indenizar o terceiro, se o segurador não o fizer de modo amigável.

Nos limites do contrato, terá o segurador de indenizar as perdas e danos sofridos pelo terceiro por força da conduta ilídima do segurado. Isso inclui não apenas os danos emergentes, que são os prejuízos imediatamente verificados, como também ficará obrigado a cobrir os lucros cessantes, isto é, aquilo que o lesado razoavelmente deixou de auferir em virtude do evento, como é caso, por exemplo, dos valores que o taxista que teve o veículo abalroado deixou de ganhar ao longo do tempo em que o automotor ficou parado para conserto. Os prejuízos que suplantarem o valor da cobertura serão indenizados pelo autor dos danos sem direito a reembolso, ficando o segurador obrigado somente até onde alcance o exato conteúdo econômico do contrato.

Em qualquer modalidade de seguro, incumbe ao segurado dar ciência à parte contrária da ocorrência do sinistro, a fim de permitir ao segurador a adoção das medidas que julgar cabíveis. Especificamente no que concerne ao seguro de responsabilidade, o §1º do art. 787 diz que a obrigação do segurado consiste em cientificar o segurador da ocorrência de evento capaz de levar à responsabilização civil do primeiro. Caberá ao segurado inteirar o pólo contratual adverso das circunstâncias do episódio tão logo saiba de suas conseqüências, viabilizando, assim, uma tomada de posição mais ágil e que muitas vezes poderá produzir a minoração dos efeitos nocivos do sinistro ou auxiliar na composição amistosa do quadro.

O dever securitário de indenizar fica condicionado a um procedimento todo de apuração da efetiva responsabilidade pelo acontecimento lesivo. Se assim não fosse, seria por demais cômodo ao segurado optar pela confissão imediata da sua suposta culpa, judicial ou extrajudicialmente, encerrando a discussão e carreando à parte contratante adversa toda a obrigação de indenizar. Não funciona dessa forma, de vez que o segurador somente será compelido a cobrir os prejuízos depois de apurada a responsabilidade do segurado na sua provocação. Como o dever final de indenizar será do segurador se incidente a cobertura, a ele precisa ser oportunizada a demonstração de que na espécie não se materializa a obrigação abstratamente estatuída no contrato, mormente no que diz com a prova da culpa do terceiro lesado no desencadeamento do sinistro. Tendo em vista o acima exposto, veda-se ao segurado o reconhecimento de sua responsabilidade, seja em juízo ou fora dele (§ 2º). Caso opte por confessar-se culpado sem a expressa anuência do segurador, perderá imediatamente o direito à garantia, ficando pessoal e inteiramente obrigado frente ao terceiro, perdendo a prerrogativa de reclamar o reembolso dos valores despendidos. Isso acontece em casos como a admissão da culpa em registro policial da ocorrência, a assinatura de documento em que é aceita a imputação de responsabilidade, a revelia em processo de conhecimento, a confissão processual da culpa etc. O mesmo efeito que decorre do reconhecimento da responsabilidade ou da confissão processual verifica-se na hipótese de o segurado transigir judicial ou extrajudicialmente com o terceiro prejudicado sem a aquiescência do segurador, de vez que isso o impede de discutir a fundo as circunstâncias em que produzido o sinistro e os demais aspectos que possam afastar de si a responsabilidade final pela reparação dos danos.

Também a indenização direta do segurado ao terceiro, sem que haja sentença transitada em julgado e sem anuência expressa do segurador, leva à perda da garantia e à liberação daquele a quem originalmente caberia suportar, em última escala, os efeitos econômicos do sinistro. Porém, se houve ajuizamento e regular instrução de processo de conhecimento, e dele resultou a condenação definitiva do autor do dano ao pagamento da correspondente indenização, poderá o segurado, após concretizada a reparação fixada na sentença, voltar-se contra o segurador para postular o reembolso dos valores pagos, eis que essa é a natural conseqüência da assunção de riscos em contrato de seguro de responsabilidade civil.

Se o terceiro prejudicado ajuizar ação de reparação contra o autor dos danos, que contratualmente transferiu os riscos e a obrigação de indenizar, caberá ao demandado dar ciência ao segurador da existência do processo (§ 3º). Isso normalmente é feito por meio da denunciação da lide, como estatuído no art. 70, III, do Código de Processo Civil. Todavia, pode ser promovida de outro modo, *v.g.*, correspondência com aviso de recebimento, notificação extrajudicial, ofício protocolizado etc., eis que a falta de denunciação do segurador não impede o posterior ajuizamento de ação regressiva, se for o caso, pelo segurado. A omissão em cientificar o segurador acerca da lide interposta não acarreta a perda da garantia, pois ao buscar futuramente o exercício do direito de regresso em ação própria, fruto de condenação na demanda anteriormente ajuizada pelo terceiro prejudicado, o segurado estará abrindo à parte contrária a possibilidade de discutir aspectos capazes de levar à improcedência da ação regressiva, como a falta de pagamento do prêmio, ausência de pronto aviso acerca da ocorrência do sinistro, finalização do prazo contratual e tantos outros.

O dever de indenizar os prejuízos experimentados por terceiro não sofre qualquer afetação em virtude da insolvência do segurador (§ 4º), eis que ao segurado, pessoalmente, caberá reparar todos os danos apurados. Assim, a insolvência do segurador terá como única conseqüência a inviabilidade prática do imediato exercício do direito regressivo pelo segurado, mas em nada será prejudicial ao terceiro prejudicado, que terá normal ação contra o autor dos danos.

Quando o contrato de seguro visa à garantia de coisas a serem transportadas, a cobertura efetiva somente tem início a partir do instante em que são recebidas pelo transportador (art. 780), correndo todos os riscos, antes disso, por conta do segurado. A incolumidade das coisas mencionadas na contratação diz respeito exclusivamente aos atos de transportá-las e entregá-las ao destinatário final, não importando em segurança à sua integridade quanto aos demais riscos que possam incidir no período anterior ou posterior ao transporte.

Libera-se o segurador da contratação a partir do momento da entrega da coisa transportada, pessoalmente ao destinatário ou a alguém que regularmente o represente. Isso pode acontecer, sem distinção de efeitos, tanto no estabelecimento do transportador como especificamente no domicílio do destinatário. Se houver sinistro por culpa do transportador durante o desenrolar da atividade relacionada à garantia, o segurador pagará ao segurado a indenização ajustada, mas ficará legitimado a pleitear regressivamente o reembolso da totalidade dos valores satisfeitos.

Vício intrínseco da coisa

Estão cobertos pela garantia os prejuízos relacionados a sinistros originados de causas exógenas, isto é, externas à coisa segurada. Assim, o incêndio provocado por terceiro, a inundação que vem a destruir o imóvel e o acidente de trânsito que danifica o veículo são exemplos de causas extrínsecas que autorizam o segurado a reclamar a indenização conforme avençado na conclusão do negócio jurídico. No que concerne às causas intrínsecas que desencadeiam o sinistro e são a sua fonte primeira, via de regra não subsiste a cobertura prevista no contrato, a menos que nele o segurado tenha feito declaração no sentido da sua existência (art. 784). Caso explicite o vício intrínseco, e o segurador não faça qualquer ressalva expressa, nem apresente válida oposição, a garantia estender-se-á às situações em que o sinistro derivar desses fatores internos à coisa, dada a assunção do risco pela parte interessada.

O defeito que leva à solução apontada no art. 784 deve ser conhecido do segurado ao tempo da contratação ou em momento subseqüente, mas anterior ao sinistro, *"pois se o ignorava, para os efeitos visados, é como se não existisse"* (Carvalho Santos, *Código Civil Brasileiro Interpretado*, 9. ed., XIX/368-9). Se o segurado não conhecia o vício, a garantia subsistirá por inteiro e nenhuma influência terá sobre a contratação, haja vista a boa-fé de que estava imbuído.

Caso o segurador, mesmo não o tendo declarado à parte contrária por ignorá-lo, tinha ciência do vício que afetava a coisa, não poderá esquivar-se da responsabilização pela garantia oferecida. Sabendo da existência do defeito intrínseco ao tempo da celebração, o segurador assume de livre vontade o risco maior e, presume-se, leva em consideração essa circunstância ao fixar o prêmio, sendo-lhe vedado, portanto, fugir do dever de indenizar se verificado o sinistro.

Para ser considerado intrínseco, o defeito terá de apresentar-se como próprio daquela específica coisa segurada, sem que seja comum a outras da mesma espécie (parágrafo único). É, portanto, aquele que de tal modo afeta a coisa segurada que a faz suscetível ao sinistro referido no seguro, sem que para isso concorram primacial e decisivamente eventos externos, *v. g.* quando o bem apresenta defeito de fábrica que o sujeita a risco de incêndio incomum a outros da mesma espécie. Dessa forma, se a coisa pegar fogo em razão daquele defeito, o segurador que ignorava o problema não estará, em princípio, obrigado a indenizar.

Transferência do contrato

Quem figura no pólo contratual segurado não fica a ele jungido obrigatória e definitivamente, pois ao segurador, salvo expressa disposição em contrário, é proibido apresentar qualquer oposição à transferência do contrato a terceiro pelo titular original (art. 785). O segurador sim é que está impedido de se fazer substituir por outro, a menos que com isso aquiesça o segurado. A regra, portanto, consiste na possibilidade de que este transfira o contrato a outrem, e na vedação da substituição do segurador.

A transferência do seguro a terceiro opera-se, geralmente, pela simples alienação ou cessão do interesse segurado. Assim, se determinado veículo está garantido por seguro e vem a ser vendido, o novo proprietário passará a ser titular do contrato e terá direito à indenização que for devida na hipótese de se verificar o sinistro. O mesmo aconteceria, por exemplo, se a casa segurada contra incêndio viesse a ser doada durante a vigência do contrato. A gratuidade ou a onerosidade da alienação ou da cessão do interesse não tem influência alguma na transferência do contrato de seguro, pois se o principal direito do segurador consiste no recebimento do prêmio, uma vez estando em dia a satisfação desse elemento fica caracterizado o dever de pagar a indenização ajustada, quando devida, a quem legitimamente apresentar-se como titular. O adquirente e o cessionário não precisam ser incluídos formalmente no pólo contratual segurado a fim de que se patenteie a prerrogativa, bastando que demonstrem sua titularidade sobre o interesse para que estejam desde logo legitimados à percepção do montante indenizatório acaso devido.

Considera-se nominativo o instrumento contratual de seguro que menciona o nome do segurador, o do segurado e o do seu representante, se existir, ou o do terceiro, em cujo nome se faz o seguro (§ 1º). Há nele, destarte, perfeita identificação do ocupante do pólo segurado, a quem caberá a responsabilidade pelas obrigações contraídas — especialmente relacionadas ao pagamento do prêmio — e a percepção dos benefícios advindos da celebração. Conforme já asseverado *retro*, normalmente admite-se a transferência do contrato pelo segurado a terceiro. Sendo o caso de instrumento contratual nominativo, a transferência opera-se simplesmente com a cessão ou alienação do interesse protegido, sem que haja necessidade de um negócio paralelo e específico pertinente ao seguro. Todavia, a oponibilidade da transferência ao segurador somente passará a existir, consoante diz o § 1º, a partir do momento em que o segurado avisá-lo da cessão ou alienação por meio de escrito em que constem as assinaturas dos participantes do negócio jurídico principal, consistente na translação do interesse resguardado pelo seguro.

O aviso não depende de forma especial, bastando que de maneira inequívoca seja apto a cientificar o segurador acerca da transferência do contrato a terceiro, a quem caberão os direitos e os deveres emergentes da contratação. Percebe-se, portanto, que a forma escrita do aviso pode ser pública ou particular, e consubstanciada em notificação judicial ou extrajudicial, mas sempre com a exigência de que nela conste expressa cientificação ao segurador e figurem as assinaturas do cedente e do cessionário. Se isso não ocorrer, o aviso não produzirá o efeito esperado, de maneira que a transferência do contrato não será oponível ao segurador, que continuará vinculado juridicamente ao segurado original para todos os fins.

Constando da apólice ou do bilhete (via de regra nominativo) a cláusula à ordem, a transferência do contrato somente se operará mediante endosso em preto (§ 2º), também chamado pleno ou completo, e que consiste na expressa menção, no próprio instrumento ou noutro que se lhe junte, ao nome do endossatário, ou da pessoa a quem se transfere o título. Diferencia-se sobremodo do chamado endosso em branco, eis que neste o endossante limita-se a apor a sua firma no verso do instrumento, sem fazer declaração alguma acerca da negociação. Além da identificação da pessoa a quem se transfere o contrato, o instrumento que contém a cláusula à ordem deve especificar a data em que se realiza o negócio, assim como levar a assinatura do endossante e do endossatário. Também nesse caso o segurador não se poderá opor à transferência, eis que conserva por inteiro todos os direitos e obrigações originalmente constituídos. Outro aspecto a ser considerado é o de que, por força do endosso em preto, a oponibilidade da transferência ao segurador não fica condicionada a qualquer espécie de notificação ou aviso, passando a vigorar desde que preenchidos os pressupostos já especificados.

Sub-rogação decorrente do pagamento

Pagando a indenização devida ao segurado, o segurador se sub-roga nos direitos e ações que poderia aquele ajuizar contra o causador do dano, mas que, em virtude do pagamento efetuado, passam à alçada do sub-rogado para todos os efeitos jurídicos (art. 786). Anterior a esse dispositivo, a Súmula n. 188, do Supremo Tribunal Federal, já asseverava: *"O segurador tem ação regressiva contra o causador do dano, pelo que efetivamente pagou, até ao limite previsto no contrato de seguro"*. Assim, se determinado veículo sofre abalroamento e o segurador cobre os prejuízos, poderá demandar contra o autor do dano visando à recuperação do montante despendido, cabendo-lhe provar a culpa da parte processual adversa no desencadeamento do evento danoso.

A sub-rogação do segurador nos direitos e ações que de primeiro eram pertinentes ao segurado encontrará limite econômico máximo na importância concretamente paga a este, e não em todo o conteúdo da apólice. Isto porque nem sempre o seguro cobre integralmente o dano experimentado pelo segurado, que não deve, portanto, ser obrigado a transferir ao segurador o crédito de que seja titular contra o responsável civil, exceto nos limites da indenização que lhe tiver sido paga.

Salvo dolo, a sub-rogação não tem lugar se o dano foi causado pelo cônjuge do segurado, seus descendentes ou ascendentes, consangüíneos ou afins (§ 1º). A sub-rogação é decorrência imediata do pagamento da indenização ao segurado, mas não se apresenta em todas as hipóteses. Em determinadas situações o segurador é o elo final da cadeia de reparação, eis que paga a indenização e não se sub-roga nos direitos e ações que originalmente poderiam ser ajuizadas pelo segurado contra o autor do dano.

Essa solução encontra fundamento na necessidade de preservação dos laços familiares e afetivos que o segurado mantém com o seu cônjuge e com os próprios descendentes ou ascendentes, consangüíneos ou afins. Em tal hipótese, presume-se que o dano provocado sem dolo por uma dessas pessoas não seria alvo de demanda judicial indenizatória promovida pelo segurado, dada a proximidade de parentesco ou as relações conjugais ou de afinidade mantidas entre os envolvidos.

Tendo em vista a orientação do legislador quanto ao que considera parentesco para efeitos patrimoniais civis, bem como o que entende por afinidade, deve-se observar que a sub-rogação somente será obstada quando o dano for causado sem dolo por consangüíneo ou afim do segurador até o quarto grau da linha colateral, verificando-se a sub-rogação, além desse grau, como normalmente definida para todos os demais casos, ou seja, tanto na hipótese de dolo como na de culpa, sem que subsista a proteção dispensada pelo ordenamento às exceções que o § 1º do art. 786 arrola.

No que pertine aos descendentes e aos ascendentes a situação é diversa, eis que inexiste limitação em grau capaz de levar à sub-rogação do segurador na hipótese de dano causado sem dolo. Assim, independentemente do grau de ascendência ou de descendência que houver entre o segurado e o agente do dano, subsistirá a barreira que impede a sub-rogação do segurador com vistas à recuperação do montante pago a título de indenização. De outra banda, em virtude da correlação que há entre a linha reta consangüínea e a afinidade na linha reta, é inevitável a conclusão no sentido de que também quanto aos afins de linha reta não existe limitação em grau que leve à sub-rogação do segurador no valor pago como indenização ao segurado. Existindo dolo por parte do autor do dano, a sub-rogação se opera em qualquer circunstância, independentemente do grau de consangüinidade e de afinidade porventura existentes entre o segurado e o agente, e abstraída a condição de cônjuge acaso existente. É que a presença do dolo como elemento anímico a sustentar a conduta do agente desgasta o absoluto interesse estatal em proteger as relações da família com o segurado, tornando preponderante a reprimenda ao *modus operandi* do autor do dano e a viabilização do reembolso do valor despendido pelo segurador no pagamento da indenização.

É de caráter público a norma que assegura a sub-rogação do segurador, que paga a indenização, nos direitos e ações que couberem ao segurado contra o autor do dano. Não há possibilidade de exclusão dessa prerrogativa, exceto quando aplicável o § 1º e nos limites por ele definidos. Em razão disso, fica eivado de ineficácia qualquer ato do segurado que se destine a diminuir ou extinguir as faculdades previstas pelo legislador em proveito da outra parte contratante (§ 2º). Assim, se acontece o sinistro referido no contrato e o segurado faz acordo com o agente do dano prevendo que o segurador não se sub-rogará no valor que futuramente vier a pagar a título indenizatório, ou mencionando sub-rogação parcial, essa previsão será de nenhum efeito contra o segurador, protegido que está por norma cujo teor é inatacável por atos provindos do segurado.

16.6.2. Seguro de pessoa

Alcance do instituto

O seguro de pessoa abrange não apenas a previsão de riscos relacionados à vida do ser humano, mas também às suas demais faculdades, em especial no que concerne à sua integridade física e mental (*v.g.*, invalidez, afetação da saúde etc.). No seguro de pessoa, o capital segurado é livremente estipulado pelo proponente, que pode contratar mais de um seguro sobre o mesmo interesse, com o mesmo ou diversos seguradores (art. 789). Levando em consideração o fato de que a vida e as demais faculdades humanas são insuscetíveis de mensuração econômica, o legislador não se preocupou em limitar o valor do capital segurado quando elas forem os elementos cujos riscos são assumidos pelo segurador. Diante disso, é inatacável a possibilidade de celebração de tantos contratos de seguro de pessoa quantos forem de interesse do segurado, com o mesmo ou com diversos seguradores. De resto, o valor pago não tem por objetivo cobrir prejuízos materiais ou despesas do beneficiário, mas sim, pura e simplesmente, fornecer-lhe o valor indicado na apólice. O contrário acontece no seguro de dano, cuja natureza efetivamente indenizatória integra a sua própria estrutura jurídica.

A estipulação do capital segurado, no seguro de pessoa, não atende a parâmetros objetivos, ficando à mercê da livre vontade do interessado, contanto que encontre na parte adversa — pessoa jurídica seguradora — a necessária aceitação e assunção dos riscos. Também o prêmio poderá variar ao sabor de circunstâncias como a idade do pretendente, suas condições de saúde, os riscos a que se submete normalmente e assim por diante.

No seguro de pessoa, para o caso de morte ou de incapacidade, não é considerada causa de afastamento da garantia o aumento do perigo, originalmente mencionado no contrato, por utilização de transporte mais arriscado (art. 799). Assim, se alguém faz seguro de vida relacionado à viagem que empreenderia em navio de grande porte, mas que vem a ser consumada em embarcação pequena e menos resistente, permanecerão inalteradas a cobertura e as cláusulas contratuais. O mesmo acontece na hipótese de a elevação dos riscos estar ligada à prestação de serviço militar, eis que o cumprimento desse dever cívico, seja ordinariamente ou em convocação de reservistas, não pode ser invocado pelo segurador como motivo para negar-se à prestação avençada se ocorrer o sinistro.

É assim também no que diz com a prática de esportes, atividade que faz parte do sadio desenvolvimento de qualquer pessoa e que por isso mesmo deve ser incentivada, e não restringida. Destarte, se o segurado passa a praticar esportes radicais e arriscados (*v.g.*, asa delta, alpinismo, luta etc.) depois de celebrado o contrato, nem por isso deixará de ter direito à cobertura nos exatos termos em que ajustada. Por fim, o legislador presta verdadeira homenagem às pessoas dotadas de espírito benevolente e solidário ao determinar que se mantenha o dever de pagar ao beneficiário o capital estipulado se a morte ou a incapacidade do segurado provier de atos de humanidade em auxílio a outrem. É o que se dá, por exemplo, no caso de o segurado ficar incapacitado ou morrer depois de atirar-se às chamas para salvar pessoa em perigo, ou após saltar às águas turbulentas do mar visando a livrar criança que se afoga.

Inexistência de sub-rogação

Ao contrário do que acontece no seguro de dano, em que o segurador fica sub-rogado integralmente nos direitos e ações que ao segurado competirem contra o autor do dano, nos seguros de pessoas o primeiro e único elo da prestação final é o segurador (art. 800).

Depois de alcançar ao beneficiário o capital estipulado, o segurador não pode voltar-se contra o causador do sinistro, ainda que se trate de ilicitude dolosamente praticada (*v.g.*, homicídio). É que nos seguros de pessoas está-se diante do resguardo de interesses insuscetíveis de quantificação pecuniária, de modo que entre as partes contratantes firma-se avença cujo montante econômico tem como limite exclusivo a vontade das partes, sem qualquer parâmetro objetivo a observar. Assim, não há como transferir ao agente direto do sinistro a responsabilidade por quantias livremente estabelecidas pelos contraentes. Nos seguros de danos é diferente, de vez que o causador do evento lesivo fica obrigado a suportar os prejuízos objetivamente mensurados e que foram alvo de reparação procedida pelo segurador em favor do segurado, com sub-rogação daquele nas ações e direitos que competirem a este contra o agente.

Afora o acima exposto, existe outro aspecto de extrema relevância a embasar a posição legislativa. Mesmo havendo contrato de seguro a tutelar o interesse, feito pelo segurado em benefício próprio ou de terceiros, o causador do sinistro não ficará imune às demandas judiciais cíveis que forem pertinentes na situação concreta. Isto porque o pagamento, pelo segurador, do capital estipulado no seguro, não tem a finalidade de reparar danos, mas sim a de fornecer ao beneficiário o montante contratualmente fixado, circunstância que não se condiciona à demonstração deste ou daquele prejuízo. Verificado o sinistro, surge incontinenti para o segurador o dever de pagar. Entretanto, o segurado ou seus sucessores, independentemente de serem estes os beneficiários do seguro, poderão ajuizar demandas contra o causador do sinistro visando à reparação dos danos materiais e morais experimentados em razão do evento lesivo. Em função disso, se fosse o segurador guindado à condição de sub-rogado nos direitos e ações pertinentes, as pessoas acima apontadas ficariam alijadas de qualquer iniciativa reparatória, o que iria de encontro a tudo quanto se prega no Direito pátrio em termos de responsabilidade civil.

A vedação de sub-rogação ocorre tanto no que diz respeito às ações que competiriam ao segurado contra o causador do sinistro (*v. g.*, na hipótese de incapacidade) como naquelas que estariam ao alcance do beneficiário (*v. g.*, no caso de morte do segurado). Assim, ao entregar ao beneficiário o capital segurado, o segurador esgota por completo a sua atuação. De outra banda, o causador do sinistro poderá ser acionado com vistas à composição dos danos cuja ocorrência for oportunamente demonstrada nas vias adequadas.

Por expressa previsão contida no art. 802 do Código Civil, não se compreende nas disposições relativas ao seguro de pessoa a garantia do reembolso de despesas hospitalares ou de tratamento médico, nem o custeio das despesas de luto e de funeral do segurado. Essas verbas, por configurarem reembolso de prejuízos de cunho material, poderão ser objeto de seguro de dano.

Seguro de vida

O seguro de pessoa, que diz respeito à vida do segurado, admite duas variantes básicas: a) seguro de vida, pelo qual o segurado paga o prêmio e institui um beneficiário para a hipótese de vir a morrer durante o período de cobertura. Se não indicar o beneficiário, a indenização será paga a quem a lei discriminar; b) seguro de sobrevivência, em que o segurado paga determinado prêmio ao segurador e, depois de certo tempo ou após a ocorrência de um evento, recebe a indenização na extensão e forma previstas, motivada pelo só fato de não ter morrido ao longo do tempo de duração da cobertura.

Admite-se que o seguro tenha por objeto o risco que recai sobre a vida de pessoa que não o proponente, com estipulação de certo capital para ser pago ao beneficiário indicado se vier a ocorrer o sinistro. O seguro feito sobre a vida do proponente via de regra carrega consigo, por força da natureza humana e do instinto de autopreservação, concreto interesse dele em resguardá-la. Porém, se o seguro diz respeito à vida alheia, exige o legislador que o proponente declare o interesse que teria em preservá-la (art. 790), que pode estar relacionado à existência de amizade íntima, sentimento de profunda gratidão, conveniência profissional e muitos outros. Essa imposição funda-se na necessidade de prevenção contra eventual mau ânimo do proponente em relação à sobrevivência do segurado, já que as circunstâncias inerentes ao seguro de vida, assim como a expectativa de ganho econômico que poderia advir com o óbito de outra pessoa, acabam por vezes gerando mais interesse na ocorrência do sinistro do que na preservação da vida alheia. Caso o proponente preste declarações inexatas ou omita elementos importantes a elas relativos, a garantia será perdida e haverá responsabilização criminal, nos moldes preconizados na legislação aplicável à espécie.

Não é exigível a declaração mencionada no *caput* do art. 790 quando o segurado for cônjuge, ascendente ou descendente do proponente (parágrafo único), eis que então se presumirá a existência de franco interesse na preservação da vida, haja vista a vigência de sociedade conjugal ou a proximidade de parentesco, que constituem indicativos dos laços de afeição que unem segurado e proponente. Ainda que isso nem sempre corresponda à realidade fática, a presunção somente será elidida mediante produção de robusta prova em sentido contrário, que terá, então, o poder de extinguir a garantia.

A citada perda da garantia não se dá somente após a verificação do sinistro, nem depende de prova no sentido de que houve contribuição do proponente para o resultado lesivo. Basta que seja demonstrada a ausência do interesse apontado na lei, ou a falsidade do motivo indicado pelo proponente como base do suposto interesse na conservação da vida da outra pessoa, para que o segurador possa pleitear o rompimento do liame negocial e a responsabilização da parte contrária por perdas e danos. Todavia, se o segurador não tomar a iniciativa de desfazer o contrato antes do sinistro, ou não lograr a comprovação do envolvimento do proponente no seu desencadeamento, ficará obrigado ao pagamento do valor estabelecido.

A cobertura, no seguro de vida em que o óbito do segurado é o elemento gerador do dever de indenizar, nem sempre terá necessário início a partir do momento em que o interessado principiar o pagamento do prêmio convencionado. É permitido às partes ajustar certo prazo de carência (art. 797), ou seja, um lapso de tempo dentro no qual o segurador não ficará obrigado a pagar o capital garantido, embora verificado o sinistro.

A flexibilidade acima referida tem por desiderato facilitar a aproximação das partes e a celebração do negócio jurídico, pois muitas vezes pode ocorrer de o segurador ficar receoso quanto à conclusão da avença, seja porque as condições de saúde do segurado não foram esclarecidas por inteiro, seja em razão da existência de outro temor qualquer acerca do real interesse da parte adversa, ou mesmo de terceiros, quanto à preservação da vida que se tenciona segurar. A fixação do prazo de carência serve como uma espécie de período de prova, eis que somente após o seu decurso terá início a cobertura como estabelecida pelos contraentes.

Tendo em linha de conta o fato de que o segurador não fica obrigado a pagar o capital garantido senão no caso de o sinistro acontecer após o transcurso do prazo de carência, é corolário lógico dessa realidade o dever de restituir a reserva técnica formada pelo pagamento do prêmio se sobrevier o óbito do segurado ao longo do tempo em que a cobertura ainda não se estabelecera (parágrafo único). Destarte, se o prazo de carência fluir normalmente, sem que ocorra o sinistro, o prêmio ficará em definitivo com o segurador e a cobertura estabelecida no contrato terá início; porém, sobrevindo o sinistro enquanto em fluxo o lapso carencial, o segurador terá de devolver ao beneficiário o valor correspondente à reserva técnica, constituída pelo pagamento das parcelas do prêmio até a data do óbito. Neste último caso, a morte do segurado determina o desembolso dos valores que formam a reserva técnica, tendo como destinatária final da verba a pessoa que figurava como beneficiária da contratação.

Beneficiário no seguro de vida

A indicação da pessoa a quem se alcançará a importância do capital segurado, caso sobrevenha o sinistro, não é requisito obrigatório para a constituição e eficácia do contrato. Aliás, cuida-se de elemento dispensável, pois mesmo na hipótese de o segurado deliberadamente deixar de promover o apontamento, a contratação conservará todos os efeitos que lhe são próprios. O legislador designou expressamente os beneficiários do seguro para o caso de não ter acontecido ordinariamente a indicação (art. 792), solução que também terá incidência quando a designação feita não prevalecer, *v.g.*, nulidade, proibição legal quanto à indicação de pessoa inserida em determinado contexto, impossibilidade de identificação do destinatário etc.

Caso não seja indicado o beneficiário, ou se não prevalecer o apontamento procedido, o segurador deverá pagar o valor ajustado, por metade, ao cônjuge do segurado, contanto que ao tempo do sinistro não estivesse dele separado judicialmente. Cumpre salientar, todavia, que se o casal já estava separado de fato por tempo equivalente ao necessário para pleitear a separação judicial (um ano), a constância da sociedade conjugal apresentava-se abalada à época do sinistro, fazendo com que o cônjuge perca o direito de receber a metade do capital segurado. Essa posição é consentânea com a legislação referente ao direito de família, pois se aos cônjuges é dado promover a separação judicial com base no rompimento fático da união durante determinado tempo, e se isso representa o desgaste do próprio vínculo econômico, nada mais lógico do que atribuir a esse afastamento o poder de bloquear ao consorte o acesso à vantagem pecuniária consubstanciada no seguro.

Uma das metades do capital sempre será destinada aos herdeiros do segurado, atendida a ordem de vocação hereditária (art. 1.852 do Código Civil). Caso o cônjuge perca o direito à percepção da metade que lhe é destinada pela parte inicial do art. 792, os herdeiros a quem couber a outra parcela receberão também a perdida pelo consorte, ficando com a totalidade da verba.

Caso não existam as pessoas indicadas no art. 792, ou as existentes por qualquer razão não possam receber o capital segurado, a legitimidade para perceber a vantagem pecuniária será daqueles que demonstrarem que a morte do segurado os privou dos meios necessários à subsistência (parágrafo único). A privação mencionada pelo legislador, decorrente do óbito do segurado, não precisa ser absoluta, bastando que chegue a um patamar de tal gravidade que impeça a pessoa de manter um padrão mínimo de dignidade. É o que acontece, ente outras hipóteses, com as pessoas a quem o segurado, por determinação judicial fundada em circunstância que não o parentesco, o casamento ou o pátrio poder, fornecia pensionamento mensal indispensável à sua manutenção, *v.g.*, a vítima de acidente de trânsito que ficou paraplégica e ajuizou ação indenizatória de lucros cessantes, restando vitoriosa.

A prova referida na norma legal pode ser feita por meio de todas as iniciativas em direito admitidas, dentro de ação ordinária ou declaratória especificamente ajuizada para esse fim. Os meios de subsistência a que se reporta o dispositivo, tolhidos por óbito do segurado, não são apenas aqueles surgidos por determinação judicial, mas sim todos os que ao tempo do sinistro forem imprescindíveis à mantença de quem postula o recebimento do capital segurado.

A substituição do beneficiário originalmente indicado no contrato é faculdade alcançada ao segurado, como regra geral. Ela somente será vedada em duas situações, nos moldes postos no art. 791 do Código Civil: a) se o segurado renunciar à prerrogativa de promover a substituição; b) se o seguro tiver por causa declarada a garantia de alguma obrigação. No primeiro caso, a vontade livremente emitida pelo segurado é o fundamento da proibição de substituir o beneficiário, eis que se o titular abriu mão do direito previsto em lei, não mais poderá restabelecê-lo de maneira unilateral, independentemente dos motivos que o tenham levado a tomar a iniciativa. Na segunda hipótese, veda-se a substituição em virtude do declarado atrelamento do seguro à garantia de certa obrigação, à qual adere de forma indelével. Assim, a troca do sujeito indicado como destinatário do capital por verificação do sinistro retiraria do contrato a própria prestabilidade, eis que vinculado a uma finalidade específica e que configura sua razão de existir. Isso acontece, por exemplo, com o seguro feito para funcionar como remuneração por serviço prestado pelo beneficiário ao segurado, que não conseguiu promover em vida a correspondente contraprestação.

A substituição do beneficiário do seguro de pessoa, quando não incidentes as vedações estatuídas no *caput* do art. 791, pode ser feita por ato *inter vivos* e sem necessidade de observância de forma especial, sendo suficiente que se efetive por escrito e que seja comunicada ao segurador. Também por disposição de última vontade, em testamento, é possível realizar a aludida troca, com comunicação dessa circunstância à parte adversa quando aberta a sucessão.

Verificado o sinistro, a liberação do segurador se dá pelo pagamento, ao beneficiário indicado no contrato, do capital fixado quando da celebração. Caso não tenha sido oportunamente comunicada ao segurador a substituição do destinatário do montante estipulado, de modo que o pagamento acabe sendo feito à pessoa do antigo beneficiário, nem por isso terá de pagar outra vez. Em verdade, a liberação opera-se sem maiores percalços, eis que o segurador não foi cientificado da operação a tempo de redirecionar o valor ao substituto, motivo pelo qual restará plenamente desobrigado em virtude do pagamento efetuado (parágrafo único).

O ordenamento jurídico nacional, em passado recente, viu com muita cautela a matéria concernente ao direcionamento de vantagens econômicas ao companheiro, eis que no mais das vezes era tido quase como se fosse um intruso no matrimônio alheio. Embora isso em certas ocasiões tenha correspondência com a realidade, noutras a situação é exatamente oposta. Para evitar os extremos, certamente nocivos ao Direito e ao bom senso, o legislador permite que o companheiro seja instituído beneficiário do seguro de pessoa feito pelo consorte, desde que preenchidos determinados requisitos.

Para que a instituição do companheiro como beneficiário seja válida, deve-se analisar o contexto matrimonial do segurado no período anterior ao apontamento do destinatário do capital. Se o segurado, ao tempo da celebração do contrato, já estava separado judicialmente ou mesmo divorciado, por óbvio que a previsão contratual será preservada, pois do contrário estar-se-ia rumando na contramão da evolução jurídica, que assegurou uma visão menos formalista da união heterossexual. Se à data da conclusão do seguro estiver com trânsito em julgado a sentença de separação ou de divórcio, restará patenteado o marco de viabilidade da instituição promovida pelo segurado.

Outro aspecto que resguarda a validade da indicação do companheiro como beneficiário do seguro de pessoa é a existência, ao tempo do contrato, de separação fática do segurado em relação ao seu cônjuge. A lei (art. 793) não fixou tempo mínimo de afastamento de fato entre os cônjuges para a viabilidade da indicação do companheiro como beneficiário do seguro. Todavia, o perdurar de tal estado é importante para a definição da questão, pois quanto maior o espaço de tempo de separação de fato mais evidente o desgaste do liame matrimonial. Aliás, o próprio vocábulo *companheiro* importa, em Direito de Família, na verificação da existência de relacionamento duradouro e com ânimo de constituir família.

Proteção do capital segurado

No seguro de vida ou de acidentes pessoais, em que a morte do segurado seja o fator de geração do dever de pagamento do capital estipulado, o beneficiário receberá por inteiro o montante previsto na contratação. As dívidas acaso deixadas pelo segurado perante terceiros não poderão, em hipótese alguma, ter como fonte de satisfação o valor do capital estipulado (art. 794). É expressa e inequívoca a disposição normativa ao afirmar que esse montante não é tratado como herança, mas sim como prerrogativa instituída pelo segurado em favor de outrem por força do evento morte. Aliás, é de observar que a genuína herança é aquela que já integra o patrimônio do *de cujus* ao tempo do óbito, sendo certo que o valor do capital segurado somente se faz exigível a partir da morte do agente, jamais integrando-se ao seu patrimônio. Destarte, mesmo que o legislador não houvesse sido tão enfático como foi, a disciplina geral do Direito Sucessório sustentaria a tese acima exposta sem maiores percalços. De resto, o art. 649, VI, do Código de Processo Civil, diz ser absolutamente impenhorável o seguro de vida, circunstância que a rigor se estende para todas as modalidades de seguro de pessoa.

Sem prejuízo do acima exposto, mas considerada a dinâmica do Direito obrigacional, nada impede que o segurado autorize o segurador a, uma vez verificado o sinistro, abater do valor da indenização o montante que for devido a título de prêmio ou de despesas outras relacionadas ao contrato de seguro. Esse entendimento não leva à burla da vontade da lei, eis que tem direta relação com aspectos que integram a própria perfeição e eficácia contratuais, inclusive porque muitas vezes a contratação somente vem a ser firmada pelas partes em virtude desse acordo quanto à solução dos débitos relativos ao contrato e pendentes quando do sinistro, *v.g.*, o valor da prestação, que se vence no mês do óbito, relativa ao prêmio devido ao segurador.

O montante devido ao beneficiário de seguro de pessoa não poderá ser alvo de redução, ainda que promovida mediante transação entre os interessados. É nula, no seguro de pessoa, qualquer transação para pagamento reduzido (art. 795). Havendo solução a menor, faculta-se ao prejudicado pleitear em juízo a complementação do valor. A pretensão à desconstituição de negócio por vício de nulidade não prescreve, mormente em se tratando de expressa e específica menção legal à invalidade da transação operada quanto ao valor do benefício a ser pago em seguro. Portanto, o defeito é insanável e não convalesce, fazendo imune, a pretensão, ao decurso de quaisquer prazos prescricionais.

A nulidade referida na norma em questão não atinge a transação feita noutra modalidade de seguro que não o de pessoa. Destarte, excetuada esta última modalidade securitária e as hipóteses de vício de consentimento ou de outra mácula do ato negocial estatuída em lei, a transação feita entre o segurador e o beneficiário produz todos os efeitos que lhe são próprios. Por isso, veda-se ao destinatário do proveito econômico qualquer pleito visando à complementação do montante pago por força do acordo de vontades.

Prêmio no seguro de vida

Assim como ocorre em relação a todo e qualquer contrato de seguro, podem as partes avençar o parcelamento do prêmio devido. Porém, em se tratando de seguro de vida é admitida a convenção em torno do pagamento por prazo limitado, ou por toda a vida do segurado (art. 796). Nesta última hipótese, não haverá definição acerca do valor exato e final do seguro de vida, pois o segurado pagará mensalmente determinada importância e estenderá a cobertura no tempo enquanto adimplir os valores acordados. Cuida-se do chamado *seguro de vida inteira*, espécie que pode ser submetida a disciplina diversa daquela estabelecida para os contratos comuns, eis que nestes a tônica consiste no pagamento do prêmio em contrapartida a uma cobertura de extensão temporal predeterminada.

Nos seguros em que a morte do segurado seja o fator determinante do pagamento previsto, às partes é facultado, também, estipular o prêmio por prazo limitado. Nesse sistema o segurado paga o prêmio em parcelas durante determinado período e depois disso fica remido, com garantia de cobertura, nos termos contratados, enquanto viver. É o denominado *seguro de vida inteira com prêmio limitado*.

Em qualquer circunstância, o segurador não poderá acionar judicialmente a parte adversa para a cobrança dos valores já vencidos (parágrafo único). Assim, os efeitos do inadimplemento serão verificados conforme estatuído na contratação, indo desde a resolução do contrato, com a devolução da reserva já formada, até a redução do capital segurado, na proporção do prêmio que até aquele momento houver sido pago. A resolução do contrato por inadimplemento, quando prevista, não dependerá de prévia interpelação do segurado para constituição em mora, que na espécie apresenta-se na modalidade *ex re*, sintetizada pelo brocardo *dies interpellat pro homine*. A razão da incidência da mora *ex re* reside não apenas na circunstância de que entre as partes firmou-se o exato dia de solução da parcela devida, como também porque não seria razoável que a eventual verificação do sinistro imediatamente após o inadimplemento carreasse ao segurador a obrigação de pagar, sem maior análise do contexto, o valor ajustado na apólice.

Tendo sido prevista quando da celebração a redução proporcional do capital garantido na hipótese de inadimplência, a produção desse efeito também não dependerá de antecedente interpelação do segurado, haja vista os fundamentos explicitados *retro*. A redução se dá tomando por base o montante do prêmio já pago, de modo que na ocorrência do sinistro o beneficiário não perceberá a totalidade do capital avençado, mas sim a importância remanescente depois de efetivada a operação conducente à proporcionalidade apontada na norma.

Se o segurador aceita receber a parcela vencida do prêmio, o seguro continua vigorando plenamente. Para que haja o cancelamento da apólice, ou mesmo a sua suspensão, a seguradora deve evitar o recebimento da prestação, eis que recebendo o valor após o vencimento acaba dando normal seqüência ao contrato. De outra banda, a alegação, pelo segurado, de não-pagamento da parcela em virtude de atraso na remessa do carnê ou da guia pelo segurador não justifica a impontualidade, uma vez que, ciente do valor do débito, poderia ter procedido consignação bancária ou judicial.

Suicídio do segurado

Mesmo que não seja fixado pelos contraentes um prazo de carência da cobertura avençada em seguro de vida, e ainda que sobrevenha o óbito do segurado quando já em curso a garantia, o dever de pagar o capital não existirá se restar comprovado que a morte deveu-se a suicídio praticado dentro dos dois anos seguintes ao marco inicial de vigência do contrato (art. 798). Noutras palavras, o próprio ordenamento tratou de estabelecer uma espécie de carência legal, destinada a evitar que o segurador fique onerado pela ocorrência do sinistro previsto em contrato celebrado quando já formada no contraente a idéia de autodestruição, ou quando entre a conclusão do negócio e o suicídio não premeditado transcorre pequeno espaço de tempo, estabelecido pelo legislador em dois anos.

A exclusão da obrigação de pagar o capital estipulado existe apenas no caso de o suicídio ocorrer nos primeiros dois anos de vigência inicial do contrato, não se aplicando, portanto, à hipótese de recondução da vigência depois de finalizado o primeiro período contratual. Isto porque a normal fluência dele solidifica a posição das partes, sendo despicienda a submissão do liame a novo tempo de prova. Ocorrendo o sinistro no período de proteção referido na lei, e, portanto, afastada a obrigação de pagar o capital estipulado, caberá ao segurador devolver ao beneficiário o montante da reserva técnica já formada, ou seja, terá de reembolsar o valor correspondente às parcelas do prêmio que foram pagas até a data do óbito.

O pagamento do capital também não será devido no caso de o suicídio acontecer nos primeiros dois anos da recondução do contrato que por qualquer motivo foi suspenso. É o que acontece, por exemplo, se as partes estabelecem que a cobertura será suspensa por força do inadimplemento de certo número de parcelas do prêmio, voltando a restabelecer-se pelo pagamento dos valores em atraso. Nesse contexto, se o suicídio verificar-se dentro nos dois anos que se seguirem à recondução, o segurador não estará obrigado a pagar ao beneficiário o valor do capital estipulado.

O desate da questão independe das distinções existentes entre o suicídio premeditado e aquele desencadeado por evento súbito e avassalador, *v.g.*, perda de um ente querido, descoberta de moléstia grave etc. Toda espécie de suicídio conduz ao mesmo resultado, qual seja, o afastamento do dever de indenizar se verificado o sinistro antes de esgotado o biênio colocado na lei. O suicídio decorrente de prévia ou antiga engendração do segurado (por doença mental ou fundamento diverso), assim como o vinculado a situações repentinas e conducentes ao desespero do ato fatal, não são em nada diferentes para fins de incidência do art. 798 do Código Civil. Afinal, é importante que o segurador tenha alguma proteção contra iniciativas de autodestruição da parte adversa quando a cobertura contratual ainda esteja em fase incipiente, dada a possibilidade de que o objetivo do segurado, por vezes, seja exatamente o de suicidar-se depois de celebrada a avença.

Ultrapassado o período de dois anos, que faz as vezes de carência legal, haverá nulidade na cláusula que excluir o pagamento do capital por suicídio do segurado (parágrafo único). Quaisquer que sejam as motivações e a forma do suicídio, terá o segurador de honrar o compromisso pertinente aos riscos assumidos, pagando por inteiro o valor ajustado quando da celebração do contrato. Isso significa que descabe perquirir acerca da premeditação ou não do suicídio, eis que basta a sua ocorrência para que o beneficiário possa exigir o valor a que tem direito. Afinal, a superação do biênio normativo sem que ocorra o sinistro faz desaparecer a causa geradora da perda do direito à percepção do capital, integrando em definitivo, aos riscos assumidos pelo segurador, a hipótese do suicídio em suas variadas nuances.

Há de se destacar que a definição do chamado *suicídio premeditado*, tão em voga em épocas recentes, sempre foi motivo de infindáveis e insuperáveis discussões, mesmo porque toda forma de autodestruição possui, imediata ou mediatamente, um conteúdo de prévia elaboração psíquica, embora fruto de contingências as mais variadas. Assim, agiu bem o legislador ao colocar a matéria em mais elaborada e clara construção normativa. Tal posicionamento acabou por obstar a incidência da Súmula n. 105, do Supremo Tribunal Federal, pela qual, salvo se tivesse havido premeditação, o suicídio do segurado no período contratual de carência não eximia o segurador do pagamento do seguro. Porém, se o beneficiário comprovadamente contribuiu para a verificação do sinistro (*v.g.*, auxiliando ou instigando o segurado quando da prática do ato), ou deliberadamente omitiu-se quando poderia evitar o acontecimento letal, perde o direito de perceber o capital estipulado, sem prejuízo da persecução penal cabível na espécie.

Seguro em grupo e à conta de outrem

Seguro em grupo é aquele feito por uma pessoa física ou jurídica em proveito de outrem a quem de qualquer modo se vincule (art. 801). Essa vinculação, em se tratando de pessoas físicas, não precisa ser por laços de parentesco, matrimônio ou afinidade, bastando que exista um liame jurídico a vigorar, como é o caso das relações de emprego. Via de regra o seguro em grupo é constituído por uma empresa, então denominada estipulante, em favor dos empregados, que passam a ser segurados, tendo por segurador quem contratualmente assumir os riscos arrolados no instrumento competente.

A conclusão do contrato de seguro em grupo submete-se às mesmas normas gerais a que se sujeitam as demais modalidades. Assim, idênticos são os requisitos subjetivos, objetivos e formais, inclusive no que se refere ao inderrogável dever de lealdade e boa-fé entre os interessados. Logo, cumpre ao estipulante fornecer ao segurador todas as informações de que dispuser no momento do oferecimento da proposta, a fim de que possam ser analisadas pelo segurador todas as peculiaridades do contexto. Por outro lado, sobre os segurados também incide a mesma obrigação, sendo-lhes vedado oferecer declarações inexatas ou de qualquer modo divorciadas da realidade, eis que se agirem assim perderão a garantia. Como no pólo segurado podem figurar muitas pessoas, cada uma é responsável pelas informações que lhe disserem respeito, pois a perda da garantia é sanção individual que não atinge os segurados que se portarem de acordo com os ditames normativos.

Cabe ao segurador a prova de que o segurado agiu em dissonância com os deveres previstos na lei. Considerado o fato de que geralmente muitas pessoas figuram como seguradas em um só contrato de seguro em grupo, convém ao segurador adotar todas as cautelas necessárias a fim de certificar-se quanto à real situação de cada indivíduo. Assim, por exemplo, se dispensar a prova de saúde para adesão ao contrato, deverá o segurador suportar os riscos da sua omissão de cautela, indenizando o beneficiário nos exatos termos do contrato vigente na data do óbito, salvo se comprovar inequivocamente a má-fé com que se houve este ou o segurado.

Ao estipulante não pode ser atribuída a condição de representante do segurador frente aos segurados. Não obstante essa realidade, é ele quem assume todas as obrigações contratuais perante o segurador (§ 1º), inclusive no que concerne ao pagamento do prêmio convencionado. Muitas vezes o estipulante funciona como mero repassador do numerário ao segurador, após recebê-lo ou descontá-lo dos segurados, como ocorre nos casos de desconto em folha procedido pelo empregador/estipulante sobre os vencimentos do empregado/segurado, para posterior entrega ao segurador; porém, isso não significa que possa atribuir aos segurados a responsabilidade pelas obrigações contratuais, eis que são de sua exclusiva alçada.

O que se tem no seguro em grupo, portanto, é uma contratação firmada entre o segurador e os segurados, tendo o estipulante como figura que assume os deveres contratuais perante o primeiro. Beneficiários serão os que, indicados no contrato, terão legitimidade para postular o pagamento do capital definido, se verificado o sinistro. Como beneficiários podem constar quaisquer pessoas a quem a lei não vede essa condição; na falta de indicação, segue-se a ordem de prioridade estabelecida pelo legislador acerca dos seguros em geral.

Caso ocorra o sinistro e o pagamento do capital venha a ser negado por falta de adimplemento do prêmio, o estipulante ficará pessoalmente obrigado perante o beneficiário pelo correspondente valor, se houver negligenciado na observância do dever legal de implementar o pagamento do prêmio. É o que acontece, por exemplo, quando o empregador contrata seguro de vida em grupo para seus empregados e deixa de efetivar o desconto em folha de pagamento, que ajustara com os interessados, para repasse ao segurador no vencimento das parcelas relativas ao prêmio.

O estipulante não pode pretender imiscuir-se no liame jurídico criado, nem pretender alterá-lo, eis que não tem ingerência alguma na relação depois de formada. A modificação da apólice que estiver vigorando não poderá ser promovida senão por meio da expressa anuência de pelo menos três quartos dos segurados que compõem o grupo (§ 2º). É claro que a esse elemento anímico deve juntar-se o do segurador, pois sem a sua concordância nenhuma medida poderá ser adotada nesse sentido.

O estipulante do seguro facultativo, que atua como mandatário do segurado (art. 21, § 2º, do Decreto-lei n. 73/66), não responde, perante este ou seus beneficiários, pela obrigação do segurador. A qualidade de mandatário torna-o mero representante sem interferência pessoal, de maneira que a sua atuação considerar-se-á como sendo a do próprio mandante.

Quanto ao mecanismo de formação, o seguro à conta de outrem guarda semelhanças com o seguro em grupo. Todavia, enquanto este tem em vista o chamado *grupo segurável*, aquele pode ser celebrado com o objetivo de indicar como segurado um só indivíduo, isoladamente considerado. Com efeito, é possível contratar seguro tendo como estipulante certa pessoa que faz de outra a figura do segurado, protegendo-a contra risco próprio ou de determinada coisa. Tem-se, destarte, três personagens: o estipulante, o segurador e o segurado. Como se percebe, estipulante e segurado não se confundem, pois embora caiba geralmente ao primeiro o pagamento do prêmio, e dele partam as negociações visando à celebração da avença, o segundo é que integra o liame obrigacional propriamente dito.

Observada a configuração que se delineia no chamado seguro à conta de outrem, o segurador pode opor ao segurado todas as defesas que lhe seria lícito deduzir contra o estipulante (art. 767). Portanto, tem legitimidade para negar-se a pagar a indenização, embora verificado o sinistro, se o estipulante deixou de pagar o prêmio ajustado, ou se no momento do sinistro estava em atraso no adimplemento das prestações ajustadas. Também pode questionar a garantia sob o argumento da inexatidão ou omissão nas informações prestadas quando da conclusão do negócio. Enfim, ao segurador é permitido defender-se amplamente em se tratando de descumprimento do pactuado, seja debatendo a vigência da garantia, as cláusulas contratuais, os aspectos relacionados ao prêmio e opondo ao segurado tudo o mais que licitamente poderia invocar diretamente contra o estipulante.

16.6.3. Seguros obrigatórios

Ao contrário do que se dá nos seguros facultativos, em que o segurado tem de indenizar o terceiro prejudicado para depois voltar-se contra o segurador visando à recuperação dos valores despendidos na indenização dos danos, os seguros de responsabilidade que por força de lei são obrigatórios apresentam mecanismo de funcionamento bastante diferente. Neles, o terceiro tem legitimidade para postular de modo direto junto ao segurador (art. 788), administrativa ou judicialmente, a indenização até o limite garantido.

Sendo insuficiente a cobertura, poderá demandar o segurado pelo complemento. Inaplicável à espécie, nesse contexto, a figura do direito regressivo, de vez que ao instituir o seguro obrigatório o legislador impôs a quem se enquadra em determinada situação a contratação do seguro, atribuindo ao segurador, por conseqüência, a responsabilidade de pagar diretamente ao lesado a indenização acaso devida. É o que ocorre, por exemplo, no seguro obrigatório imposto aos proprietários de veículos automotores de via terrestre (Lei n. 6.194/74) e no seguro obrigatório de danos pessoais causados por embarcações ou sua carga (*vide* Lei n. 8.374/91). Verificado o sinistro, o segurador, provocado pela vítima, fica obrigado a indenizar até o limite do valor fixado em norma específica; o segurado responderá pelo excedente, no caso de a indenização porventura obtida em ação própria superar a extensão da cobertura.

Embora havendo seguro obrigatório, o terceiro prejudicado poderá litigar de imediato e diretamente contra o segurado pela totalidade dos prejuízos, sem antes postular a indenização perante o segurador. Afinal, a indenização relacionada ao seguro obrigatório é hipótese estabelecida na lei para amparar a vítima, tornando-lhe mais próxima a indenização. Destarte, nada impede que prefira pleitear a reparação contra o agente dos danos e não contra o segurador. Caso isso aconteça, a quantia que houver sido paga em razão da cobertura obrigatória poderá ser deduzida do valor total da indenização devida por sentença à vítima ou aos seus sucessores.

A opção por acionar ou não o segurador é exclusiva da vítima do dano. Se decidir proceder contra o segurador, a defesa deste poderá abarcar todas as matérias que o segurado poderia deduzir, mormente no que concerne aos fatos geradores dos prejuízos que se tenciona reparar por meio da lide, salvo vedação colocada pela legislação especial criada para reger aquele específico seguro obrigatório que sustenta a pretensão. Entretanto, ao segurador somente será permitido opor ao pólo processual contrário o argumento de que o segurado deixou de cumprir o contrato firmado se houver citação deste para integrar o contraditório (parágrafo único). Isto porque é mais consentâneo com a realidade jurídica oportunizar ao próprio segurado a apresentação de argumento capaz de afastar a alegação do segurador do que exigir da vítima do dano a demonstração da impertinência da invocação feita em defesa.

O pedido de citação do segurado, assim como a exceção do contrato não cumprido, devem ser deduzidos pelo segurador durante o prazo de contestação da demanda. Na *exceptio non adimpleti contractus* o segurador poderá alegar, por exemplo, e salvo disposição normativa em contrário, que o segurado não pagou o prêmio ajustado, deixou de cientificar a parte adversa acerca da ocorrência do sinistro, aumentou dolosamente os riscos etc.

Capítulo 17

DA CONSTITUIÇÃO DE RENDA

17.1. Conceito e características

Geradora de direito de natureza pessoal, a constituição de renda admite variação conceitual de acordo com o fato de ser produzida a título gratuito ou oneroso. De qualquer modo, sempre intervêm no contrato o *instituidor* e o *rendeiro* ou *censuário*, sendo facultativa a inserção da figura do *terceiro beneficiário*, como será visto na seqüência.

Renda é o conjunto de prestações que o devedor obriga-se a entregar ao credor previamente indicado. A periodicidade das parcelas depende da vontade dos contraentes, podendo ser quinzenal, mensal, semestral ou estabelecida com outro intervalo de tempo. O valor da renda convencionada pelas partes não precisa ser invariável, permitindo-se aos contratantes estipular a atualização monetária do mesmo com o fito de evitar a perda do poder de compra da moeda. Também é admitido o reajuste do valor nominal das prestações ao longo do transcurso do prazo contratualmente demarcado, cabendo aos interessados dispor acerca desse tema. Se nada mencionam, considera-se fixa a renda, exceto no que diz com a atualização monetária, eis que a sua incidência configura mera reposição da capacidade econômica da moeda.

A renda é contada por períodos, ou seja, a cada espaço de tempo surge a obrigação de saldar a parcela vencida. Todavia, às partes é permitido estabelecer que o pagamento da prestação será adiantado, de maneira que cada período de tempo ensejará, ao seu início, a antecipação, pelo rendeiro, do correspondente valor devido. Em assim sendo, o pagamento das prestações é feito ao final do lapso temporal prefixo ou de forma antecipada, consoante entabulado pelos contraentes.

Nos casos em que não se convenciona o pagamento adiantado da prestação, o credor adquire o direito à renda dia-a-dia (art. 811). Essa regra segue a mesma linha traçada pela parte final do art. 1.215, segundo o qual os frutos naturais e industriais reputam-se colhidos e percebidos, logo que são separados; os civis — caso da renda — reputam-se percebidos dia por dia. Cada período tem início na data da celebração do contrato, ou naquela que restar ajustada pelos interessados. Isto significa que a apuração e contagem do montante devido, embora demarcado em interregnos prefixados o pagamento das prestações, acontece dia-a-dia, e não de uma só vez ao final do lapso definido pelas partes. A relevância dessa solução reside no fato de que o rompimento do contrato, enquanto ainda em curso seu prazo de vigência, importa na necessidade de calcular qual o montante devido pelo rendeiro, proporcionalmente ao espaço de tempo transcorrido dentro do período total definido. Exemplo: se o valor da renda é de 200, com periodicidade fixada em cem dias, a superveniência de rompimento contratual depois de passadas sessenta dias faz com que o rendeiro tenha de pagar à parte contrária a importância resultante da seguinte operação: 200 (valor da renda) dividido por 100 (número total de dias do período) e multiplicado por 60 (espaço de tempo transcorrido no período, computado dia a dia). Logo, nessa ilustração oferecida o censuário teria de alcançar ao pólo oposto a importância de 120 para se liberar. Isso tudo, por óbvio, desconsiderada a incidência de outros valores relativos à contratação e abstraída a aplicação de encargos, perdas e danos etc.

Outra situação de concreta aplicabilidade do art. 811 diz respeito à hipótese de morte do credor. Se a renda vencer apenas no final do tempo estabelecido, os sucessores receberão valor correspondente aos dias já passados. Se o vencimento for antecipado, o óbito do credor durante a fluência do período não interferirá no direito de percepção, pelos sucessores, da totalidade da renda a ele relativo.

Diz o art. 803 do Código Civil: *"Pode uma pessoa, pelo contrato de constituição de renda, obrigar-se para com outra a uma prestação periódica, a título gratuito"*. Nessa modalidade negocial, o rendeiro ou censuário, por pura liberalidade e sem vantagem econômica alguma, assume o dever jurídico de pagar certa renda ao pólo adverso ou a um estranho, obedecendo-se à indicação feita no momento do ajuste de vontades. Exemplo: João e Gabriel firmam contrato pelo qual o primeiro pagará ao segundo, durante dois anos, o valor mensal de 200, ficando o destinatário do proveito isento de oferecer qualquer contrapartida ao rendeiro. O instituidor não transfere ao rendeiro bens, recursos ou vantagens, recebendo a renda como ato desinteressado do censuário. Percebe-se que o mecanismo de operação da renda constituída a título gratuito se aproxima em muito da doação, eis que constitui pura liberalidade promovida pelo rendeiro em favor do instituidor ou de terceiro. Se houver direcionamento da vantagem a uma pessoa estranha à relação, ocorre genuína estipulação em favor de terceiro. Este pode recusar o benefício, mas se o aceitar adquirirá a qualidade de credor e terá legitimidade para exigir o cumprimento do estipulado.

O instituidor da renda a título gratuito pode estipular que a mesma ficará isenta de qualquer incursão dos credores do beneficiário, livrando-a dos efeitos das execuções pendentes e também das futuras (art. 813). Por força dessa medida, a renda torna-se impenhorável; o titular do direito recebe-a livre de persecuções de qualquer natureza, tomando para si a totalidade do valor fixado. Não obstante o acima exposto, a impenhorabilidade não importa em inalienabilidade da renda, pois se assim fosse ela perderia a sua utilidade em relação ao beneficiário.

Somente a renda constituída a título gratuito em proveito de terceiro pode ser clausulada nos moldes expostos *retro*. Não se pode clausular a renda constituída a título oneroso, eis que isso acabaria incentivando a maquinação de artifícios e fraudes de toda ordem em detrimento dos credores, já que o instituidor, premido pelas circunstâncias, poderia salvaguardar o patrimônio pessoal transferindo certo capital para o rendeiro e recebendo, em contrapartida, uma renda isenta de execuções. Note-se que na constituição gratuita não existe liame algum entre o instituidor e os credores do favorecido, de maneira que a inserção de cláusula de liberação da renda não pode ser vista como iniciativa conducente à verificação de ilegalidade, mas sim como mecanismo de proteção do benefício idealizado pelo instituidor. Na constituição a título oneroso o instituidor entrega determinado capital ao rendeiro, e, se pudesse simplesmente clausular a contrapartida econômica denominada renda, estaria livrando a si próprio, por meio de expediente escuso, de dívidas sujeitas a execução.

Importa destacar que na celebração da avença pode ser estipulada a incomunicabilidade da renda, providência que a torna inacessível ao cônjuge do beneficiário independentemente do regime de bens do casamento. Nesse caso, a livre administração da renda, assim como a fruição de seu conteúdo, permanecem exclusivamente com o favorecido.

Independe de expressa previsão do instituidor a vigência de isenção da renda constituída a título gratuito em favor de montepios e pensões alimentícias (parágrafo único). Tal efeito opera-se *pleno jure* e tem como fonte a imposição feita pela lei, cujo desiderato consiste em resguardar valores destinados à provisão de elementos de primeira necessidade e subsistência do favorecido.

O art. 804 disciplina a constituição de renda em sua modalidade onerosa: *"O contrato pode ser também a título oneroso, entregando-se bens móveis ou imóveis à pessoa que se obriga a satisfazer as prestações a favor do credor ou de terceiros"*. Optando por essa formatação, os envolvidos estarão celebrando contrato pelo qual um deles — chamado *instituidor* — transmite a outro — denominado *rendeiro* ou *censuário* — a titularidade de bens ou valores, reservando para si próprio ou para terceiro — que então será designado como *beneficiário* — o direito de perceber uma importância periódica, vitalícia ou não, em dinheiro ou bens diversos. Difere da celebração gratuita na medida em que a transferência patrimonial é elemento integrado ao liame, caracterizando, assim, juntamente com a obrigação de pagar a renda, a onerosidade que pesa sobre os dois pólos contratantes.

Todos os bens que estejam *in commercium* poderão ser entregues ao rendeiro ou censuário como pressuposto para a assunção do dever de periodicamente fornecer as parcelas ajustadas. Normalmente esses bens servem para gerar as prestações entregues ao destinatário, como é o caso, por exemplo, do repasse de um prédio comercial ao rendeiro, que aluga as salas e disso retira o necessário para o fornecimento da renda no tempo acertado. Caso resulte lucro dessa operação, em virtude de ter sido captada vantagem superior àquela sujeita a repasse, ele pertence ao rendeiro, que, afinal, é o titular do capital inicialmente transmitido.

A renda pode ser constituída por ato *inter vivos* ou *causa mortis*, dependendo, neste último caso, da confecção de testamento pelo instituidor. Imagine-se, por exemplo, a situação em que Pedro deixa para Marcelo, em legado, vários bens imóveis, dispondo que por sua morte o legatário deverá, como requisito para se tornar sucessor, destinar o valor do aluguel produzido por um deles a Francine, amiga do testador, em caráter vitalício. Estará aí patenteada a constituição de renda *causa mortis*, que conserva plena natureza contratual, já que a aceitação manifestada pelo beneficiário implementa o aludido vínculo jurídico negocial.

Como visto anteriormente, a contratação admite as variantes onerosa e gratuita. O devedor, no negócio oneroso, recebe os bens móveis ou imóveis em definitivo, tornando-se proprietário dos mesmos no exato momento em que se operar a tradição (art. 809). É claro que na hipótese de coisas imóveis a efetiva translação dominial acontece com o registro junto à matrícula, meio adequado de alteração da titularidade. A tradição propriamente dita opera a transferência de coisas móveis, de maneira que a construção normativa deve ser entendida no sentido acima explicitado.

17.2. Classificação do contrato

A constituição de renda é contrato *bilateral*, quando oneroso, pois gera para o instituidor a obrigação de passar ao domínio do rendeiro os bens ou valores descritos quando da celebração. Este, por sua vez, suporta o dever de pagar a renda prevista, seja em proveito do instituidor ou de terceiro. Quando gratuito, é unilateral, pois somente o rendeiro suporta ônus econômico, qual seja, o pagamento da renda, enquanto o instituidor não assume dever algum.

O contrato pode ser *oneroso* ou *gratuito*. Na primeira hipótese, enseja proveitos e reclama sacrifícios de ambas as partes, na medida em que o instituidor repassa bens e aufere a renda, ou a encaminha para outrem; já o rendeiro incorpora itens patrimoniais ao seu acervo e assume o dever de pagar o rendimento previsto. Sendo gratuito, o instituidor, ou o terceiro beneficiário, não precisa dar contrapartida da renda que aufere, eis que só o censuário possui ônus, traduzido no pagamento ajustado. A rigor, para o rendeiro o contrato é sempre oneroso, eis que dele emerge a obrigação de alcançar ao destinatário a renda convencionada.

Cuida-se de negócio jurídico *real*, quando atrelado à transmissão de bens ou valores por parte do instituidor ao rendeiro; mas é *consensual*, se gratuito, porque então bastará o simples encontro das vontades para que o pacto esteja perfectibilizado. Há que se frisar, também, o caráter *aleatório* do contrato, caso a sua execução perdure pela vida toda do próprio rendeiro ou do destinatário da renda. Mas será *comutativo* se restar fixado o número de parcelas ou o tempo de persistência do pagamento da renda, pois então o rendeiro anteverá desde sempre o limite temporal do seu dever jurídico.

A constituição de renda é *formal*, por reclamar a confecção de escritura pública (art. 807). Isso acontece em razão da necessidade de serem perfeitamente delineadas as nuanças contratuais e os efeitos da avença, mormente porque, sendo oneroso o contrato, envolve a transferência do domínio de bens ao rendeiro, e sendo gratuito, obriga o rendeiro a fornecer parcelas sem contraprestação alguma. Mesmo que inexistisse a citada previsão legislativa, a lavratura de escrito público seria inevitável, em se tratando de constituição onerosa de renda envolvendo a entrega de capital imóvel ao rendeiro, eis que a translação dominial, nesse caso, obrigatoriamente ficaria atrelada à forma preconizada para qualquer ato dessa espécie. Há que se observar, entrementes, que toda e qualquer constituição de renda, seja gratuita ou onerosa, quer estabeleça a contrapartida em bens móveis ou em imóveis, terá de ser formalizada por intermédio de escritura pública, imposta pelo legislador como requisito de validade e eficácia do negócio jurídico. Para valer contra terceiros, deverá ser efetivado, no cartório competente, o registro das rendas constituídas sobre imóveis ou a eles vinculadas por disposição de última vontade (art. 167, I, n. 8, da Lei n. 6.015/73).

Por fim, cumpre observar que o contrato é *temporário*, porque tem duração limitada. O art. 806 do Código Civil esclarece: *"O contrato de constituição de renda será feito a prazo certo, ou por vida, podendo ultrapassar a vida do devedor mas não a do credor, seja ele o contratante, seja terceiro"*. As prestações assumidas pelo devedor terão sempre uma estimativa de duração temporal, que poderá ser rigorosamente certa em termos de extensão, ou ficar na dependência do avanço da vida do devedor ou do credor no tempo. Desta forma, tanto podem as partes convencionar que a renda será fornecida por determinado número de anos, como estabelecer que será entregue enquanto viverem o devedor ou o credor.

Como referido, é lícito às partes definir que a renda será paga enquanto viver o credor, seja ele o próprio instituidor, seja terceira pessoa designada na relação contratual. Porém, é vedado estabelecer que após o óbito do favorecido, com projeção para o futuro, a renda passará a ser paga aos sucessores do falecido ou a qualquer outra pessoa. Isto porque a morte do beneficiário sempre funciona como fator de extinção do contrato e das obrigações a ele inerentes, salvo no que diz com aquelas já vencidas, que poderão, obviamente, ser postuladas por quem de direito.

O prazo de duração da renda pode ultrapassar a vida do devedor, obrigando seus sucessores. Logo, é lícito às partes contratantes estabelecer que a renda será entregue ao destinatário mesmo após a morte do devedor, durante prazo certo ou não, mas sempre com limitação nas forças da herança. Nesse compasso, respondem os sucessores pelo cumprimento da obrigação nos exatos termos fixados, mas exclusivamente até o montante suportado pela herança, pois não podem ser pessoalmente afetados por uma contratação de que não fazem parte.

Resumindo as hipóteses plausíveis quanto ao tempo de permanência do dever de entregar a renda constituída, pode-se afirmar que terá por limite: a) o prazo certo estabelecido pelas partes; b) a duração da vida do credor, seja ele o próprio contraente ou terceira pessoa indicada, extinguindo-se a obrigação com a sua morte; c) a duração da vida do devedor, desaparecendo com o óbito; d) a duração da vida do devedor, projetando-se a obrigação para depois da morte, até o limite das forças da herança ou ao longo de prazo previamente definido, observado o mesmo critério limitador.

17.3. Garantia e inadimplemento

Sendo feita a avença a título oneroso, pode o credor, no exato instante da contratação, exigir que o rendeiro lhe preste garantia real, ou fidejussória (art. 805). O objetivo da medida é dar maior segurança ao crédito, pois a inserção de garantia faz mais tangível a perspectiva de solvabilidade do devedor. É lícito ao credor, destarte, reclamar daquele o oferecimento de fiança, caução de títulos ou a provisão de mecanismos diversos de índole pessoal com o fito de melhor tutelar o crédito. Tratando-se de garantia real, ela não poderá ter por objeto o próprio bem cujo domínio foi originariamente transferido pelo instituidor ao rendeiro. Isto porque o descumprimento da obrigação estipulada autoriza o credor a interpelar a parte contrária para fins de pagamento das prestações vencidas e segurança das vincendas, sob pena de rescisão do contrato. Assim, se o vínculo vier a ser rompido as partes volverão ao estado anterior, de modo que o instituidor recuperará o domínio da coisa que alcançara à parte contrária. Logo, a circunstância de a garantia mencionada na norma legal recair sobre a coisa transmitida tornaria inútil o desiderato do legislador, que é o de assegurar ao credor o recebimento daquilo a que faz jus.

No contrato a título gratuito, tendo em linha de conta a intenção do rendeiro, no sentido de promover um ato de liberalidade e isento de motivações financeiras, descabe a exigência de prestação de garantia real ou fidejussória no ato da contratação. Descumprida a obrigação de fornecer a renda avençada, poderá o interessado pleitear em juízo o correspondente valor, tendo no patrimônio geral do devedor — e não em coisa previamente indicada — a fonte de satisfação do crédito. Somente quanto às parcelas futuras é que se admitirá a exigência de garantia, consoante explicitado no art. 810 do Código Civil. Ao instituidor, nessas condições, também é facultado, além da cobrança da renda vencida, pleitear o desfazimento do contrato gratuito, com recuperação da coisa alienada.

A renda é obrigação cujo pagamento incumbe ao rendeiro ou censuário, na forma, tempo e demais condições previstas no contrato. Como em toda avença, a inobservância do dever assumido produz variadas repercussões, que vão desde as estatuídas na contratação até aquelas que diretamente decorrem da lei. Na constituição de renda a título oneroso ou gratuito, o descumprimento da obrigação pelo rendeiro atribui ao credor a prerrogativa de demandar judicialmente pelo pagamento das prestações atrasadas, exigindo garantias acerca do pagamento das que se vencerão no futuro (art. 810). Na mesma oportunidade, o credor cientificará a parte adversa no sentido de que, persistindo a inadimplência e não prestada a segurança exigida, haverá rescisão do contrato e retorno das partes ao estado anterior. O pagamento das parcelas atrasadas será acompanhado dos juros de mora, da atualização monetária e dos encargos contratuais, nisso incluída a multa que houver sido estipulada.

A rescisão do contrato de constituição de renda somente poderá ser efetivada depois de regularmente interpelado o rendeiro acerca da exigência do pagamento das parcelas vencidas e da garantia das vincendas, e que a essa cientificação siga-se a persistência do estado de coisas, sem que o censuário tome iniciativas tendentes a normalizar a relação. O rompimento do liame contratual não libera o rendeiro do pagamento dos valores vencidos, nem impede que seja demandado pela indenização de perdas e danos experimentados pelo pólo adverso.

A constituição de renda abriga uma condição resolutiva tácita, eis que o inadimplemento das prestações pelo devedor tem o condão de levar à resolução da avença, caso não haja emenda da mora e garantia das parcelas futuras. Todavia, as rendas relativas a períodos anteriores, já pagas ao beneficiário, assim como os frutos acaso percebidos por ele ao longo da execução da avença (*v.g.*, aluguéis do imóvel dado em compensação), não serão restituídos ao rendeiro, porque definitivamente incorporados ao acervo patrimonial do destinatário.

17.4. Invalidade da constituição

O contrato de constituição de renda pressupõe, necessariamente, a existência da figura do favorecido, ou seja, aquele a quem caberá o recebimento das prestações contratualmente previstas. Em razão disso, padece de nulidade a constituição de renda em favor de pessoa que ao tempo da celebração já era falecida (art. 808), exatamente por desde sempre faltar o beneficiário da vantagem ajustada.

Também será nulo o contrato, com base na mesma norma legal, quando o favorecido que restou indicado na contratação falecer nos trinta dias seguintes, tendo como causa do óbito moléstia de que já padecia quando da celebração. Nenhuma distinção se faz, nesse contexto, entre a contratação que tem por beneficiário o próprio contraente e aquela em que figura como favorecida terceira pessoa indicada pelas partes; a nulidade existirá em ambas as hipóteses, desde que verificada a morte nas condições mencionadas. Embora não haja desde a celebração ausência física de favorecido, equiparam-se para os efeitos legais as duas situações estatuídas no art. 808, de vez que o falecimento do beneficiário em tão exíguo período após a conclusão do contrato, e por causa existente ao tempo do ajuste, macula de nulidade a constituição de renda, como se o favorecido fosse morto à época da contratação.

Para a verificação da nulidade é despicienda a circunstância de as partes, quando da conclusão do contrato, ignorarem ou não a existência da causa que produziu a morte do favorecido. Basta que no plano concreto a causa estivesse presente naquele momento. O ordenamento não objetiva estritamente punir a má-fé dos envolvidos, mas sim estabelecer a nulidade de uma contratação a que falta razão de ser pela ausência de beneficiário, fruto de óbito preexistente ou que vem a ocorrer nos trinta dias seguintes ao estabelecimento do liame jurídico.

Se a morte do favorecido ocorre no trintídio subseqüente à celebração, mas por causa não existente àquela época, o contrato conserva todos os efeitos que lhe são inerentes. Exemplo: embora portador de doença terminal quando da conclusão da avença, o favorecido vem a morrer na semana seguinte como vítima de atropelamento. Para fins de nulidade da constituição de renda por morte do favorecido, consideram-se moléstias todas as patologias que, existentes ao tempo da celebração, apresentam relação de causa e efeito com o óbito. É o que acontece, por exemplo, com tumores malignos, cardiopatias, doenças contagiosas etc. Não assim, porém, no que diz respeito à gravidez, pois de moléstia não se trata, ainda que a gestante faleça em decorrência de mal ligado ao estado gravídico, *v.g.*, complicações no parto. Tampouco a idade avançada poderá ser invocada como fator de nulidade da constituição de renda, já que não configura doença.

Verificada a nulidade, o instituidor terá direito à devolução do capital que houver repassado ao rendeiro, ou, na sua falta, ao equivalente em dinheiro, eis que não chegou a consolidar-se no patrimônio do censuário em função do defeito que maculou o negócio jurídico. Os sucessores do censuário respondem pela restituição dos bens ou valores, até o limite ditado pelas forças da herança.

17.5. Pluralidade de destinatários

Admite-se a indicação de mais de um indivíduo, simultaneamente, como beneficiários da constituição de renda. Nesse caso, cada nomeado auferirá a quota que lhe for destinada quando da celebração, e, se nada for estipulado acerca do modo de partição da renda, será ela distribuída em frações iguais entre os vários indicados.

Havendo pluralidade de beneficiários da renda, como regra geral inexiste o chamado direito de acrescer, ou seja, com a morte de um dos favorecidos os demais não receberão a quota que lhe cabia, pois esta simplesmente é extinta (art. 812). Destarte, a fração que era destinada ao falecido desaparece do mundo jurídico, não se integrando ao direito dos demais, de modo que o óbito do último beneficiário extingue por completo o contrato pelo fenecimento da derradeira quota, liberando totalmente o devedor.

A realidade estampada na norma legal tem caráter subsidiário, ou seja, somente é aplicável no silêncio dos interessados a respeito do destino das quotas contratuais dos beneficiários falecidos. Logo, pode ser contornada mediante expressa previsão dos contraentes no sentido de que a percepção da renda será sucessiva, e não puramente simultânea. Com efeito, têm eles a faculdade de estipular que a morte de um dos beneficiários acrescerá ao direito dos outros a correspondente fração na renda. Nesse contexto, sendo três os beneficiários e 90 o valor da renda, o óbito de um deles fará com que acresça em favor dos demais a fração de 30 que cabia ao consorte, com atribuição de 15 para cada sobrevivo, ficando em 45 a nova quota individual. Essa aquisição, pelos supérstites, da parte dos consortes falecidos, acontece em seqüência até que ocorra a extinção do contrato por desaparecimento do último interessado.

Cumpre salientar que os contraentes podem estabelecer quotas diferentes para cada favorecido, vedando ou autorizando a sucessão de uns pelos outros. Essa variante faz com que as frações da renda devidas individualmente aos beneficiários não coincidam em expressão econômica; porém, nada impede que ocorra a sucessão nas quotas dos consortes falecidos, desde que haja expressa previsão nesse sentido.

17.6. Extinção do contrato

Assim como acontece com todos os demais contratos, a constituição de renda sofre os reflexos da presença de quaisquer das causas gerais de invalidade dos negócios jurídicos. A incapacidade das partes, a ilicitude ou impossibilidade do objeto, o desrespeito à forma prescrita em lei e os outros eventos conducentes ao rompimento das contratações afetam também a espécie negocial em exame.

Entrementes, há circunstâncias específicas de extinção do contrato de constituição de renda. A começar pelo advento do *dies ad quem* do prazo originalmente fixado pelos celebrantes. O mesmo acontece no momento em que verificado o implemento da condição resolutiva expressa definida no contrato, ou da condição tacitamente inserida *ex vi legis* na avença (*v.g.*, falta de pagamento do valor devido).

De banda diversa, o art. 808 do Código Civil, já analisado alhures, traz previsão de nulidade do ajuste feito em favor de pessoa já falecida, ou que, nos trinta dias seguintes, vier a falecer de moléstia que já sofria, quando foi celebrado. Por fim, também afeta a higidez do liame a morte do instituidor ou do terceiro beneficiário. O óbito do rendeiro geralmente rompe o contrato, mas é lícito às partes estender expressamente a sua eficácia, ao celebrarem-no, para depois do citado evento (art. 806).

Capítulo 18

DO JOGO E DA APOSTA

18.1. Conceito e diferenciação

A proliferação dos jogos e das apostas no Brasil, acompanhada da correspondente autorização e disciplina normativa, tolheu em muito o âmbito de aplicação dos dispositivos insertos no Código Civil e pertinentes ao tema. Se a finalidade do legislador era a de coibir o vício da jogatina, que diariamente leva um sem-número de pessoas à miséria, isso já não se mostra possível, eis que o próprio Estado incentiva práticas dessa natureza para fins de arrecadação de milionários dividendos. Destarte, o Código Civil ocupa-se, no presente mandamento e nos seguintes, daqueles específicos casos em que os jogos e as apostas são clandestinos, estabelecendo normas acerca da matéria.

Tradicional no ordenamento jurídico brasileiro, a vedação de jogos e apostas não é absoluta, eis que há modalidades consideradas lícitas, haja vista a sua relevância social e econômica, eis que funcionam como fonte de recursos para aplicação no bem-estar comum. É o caso das loterias legalizadas, das disputas esportivas em geral e de sorteios admitidos no ordenamento jurídico. Do lado oposto, todavia, estão as atividades ilícitas, como a rinha de animais, o jogo do bicho, o carteado oneroso e assim por diante. Considera-se que tais iniciativas contêm grande carga de risco para a higidez econômica das pessoas e para a estrutura das famílias, sendo mais relevante vedar a sua implementação do que viabilizá-las.

Embora o Código Civil discipline o jogo e a aposta em um só capítulo, os institutos assim regrados são diferentes na definição e no mecanismo de funcionamento. Jogo é o contrato pelo qual dois ou mais indivíduos convencionam o pagamento de certa soma ou a entrega de certa coisa ao que dentre eles restar vencedor, entendendo-se como tal aquele que praticar determinado ato ou cumprir tarefa previamente estabelecidos. No jogo, as partes contratantes participam diretamente e desempenham papel fundamental para o resultado final, que não fica atrelado apenas à álea, mas se vincula, também, à habilidade dos jogadores, à sua perícia, técnica etc. Exemplo: competição de xadrez entre os contratantes, disputa de cartas e tantas outras situações afins. Já a aposta é o contrato por meio do qual duas ou mais pessoas, cujas opiniões em torno de certo tema divergem, acordam no sentido de que a titular da posição prevalente, e, portanto, vencedora, receberá a soma em dinheiro ou a coisa antecipadamente estipuladas. Nesse contrato, o resultado final independe de atividade exercida pelos contraentes, ficando atrelado a ato ou fato incerto de terceiro, ou a circunstâncias de natureza diversa. Exemplo: loterias de números ou corridas de cavalos de que os apostadores não participam. A normatização do jogo e da aposta é rigorosamente igual porque em ambos sempre está presente o elemento álea, ou seja, a ingerência de fatores imponderáveis no desfecho do quadro estabelecido.

18.2. Classificação dos contratos

O jogo e a aposta são contratos *bilaterais*, eis que produzem obrigações para ambas as partes. Elas se comprometem a pagar ao vencedor o valor ajustado, ou a entregar a coisa discriminada no momento da celebração (*v.g.*, aposta em hipódromo). Mas podem ser *unilaterais*, quando apenas uma das partes contrai deveres, *v.g.*, no caso de sorteio feito a partir de bilhetes distribuídos sem custo algum. São *onerosos*, por importarem em vantagens e sacrifícios para os contraentes, já que de um lado existe o dever de pagar a quem vencer, e de outro, o direito à percepção do proveito anunciado. Mas podem ser *gratuitos*, se nenhum ônus recair sobre a parte beneficiada pelo objeto do contrato (*v.g.*, sorteio de um livro entre os presentes a uma palestra com entrada franca).

As contratações são *aleatórias*, pois envolvem, sempre e necessariamente, a presença do imponderável, do acaso, da sorte etc., como fatores de maior ou menor repercussão no resultado final. Não havendo forma específica para a celebração, admitida inclusive a iniciativa puramente verbal, enquadram-se na categoria dos ajustes *não solenes*. Por fim, diante do fato de se tornarem perfeitos pelo simples acordo de vontades, sem exigência de qualquer outra medida adicional, são *consensuais*.

18.3. Enquadramento das obrigações geradas

Os jogos e as apostas podem ser *lícitos* ou *ilícitos*, conforme a lei admita ou não a sua existência e desenvolvimento. Sendo expressamente proibidos pelo legislador, não geram espécie alguma de obrigação coercível no plano civil, de maneira que o vencedor não ganha e o perdedor não fica atrelado a dever jurídico algum. Porém, ainda que ilícita a prática, pode-se falar no surgimento de uma obrigação natural do vencido para com o vencedor, pois se é inexigível por meio de ação judicial, a realização espontânea do pagamento torna insuscetível de repetição o valor ou coisa entregue. Em geral, são ilícitos os jogos chamados *de azar*, onde o elemento determinante do resultado é a álea, *v.g.*, jogo do bicho, rifas não licenciadas etc.

Para evitar e combater a proliferação de jogos e apostas clandestinos, o legislador diz serem contravenção penal ou crime certas condutas dessa espécie (arts. 50 a 58 do Decreto-lei n. 3.688/41). A legislação trabalhista permite a demissão do trabalhador por justa causa quando dedicado constantemente a jogos de azar (art. 482, alínea "l", da Consolidação das Leis do Trabalho). A Lei n. 8.429, de 02.06.1992 tipifica como improbidade administrativa receber vantagem econômica de qualquer natureza, direta ou indireta, para tolerar a exploração ou a prática de jogos de azar, ou aceitar promessa de tal vantagem (art. 9º, inciso V).

Os jogos e apostas lícitos subdividem-se em *autorizados* e *tolerados*. Enquanto os primeiros contam com explícita aprovação da lei, os últimos não encontram óbice específico para a sua implantação, mas sofrem limitações semelhantes àquelas impostas aos de caráter ilícito. Sopesada essa realidade, os lícitos geram direitos e deveres no plano civil e estão guarnecidos por ações judiciais capazes de permitir o debate de eventuais controvérsias surgidas. Para o ganhador surge direito subjetivo de cobrança, e para o perdedor, a imposição legal de pagar. Já os jogos e apostas tolerados ficam no plano da mera obrigação natural, sendo praticamente estranhos à seara jurídica cível. Todavia, o pagamento voluntário realizado não poderá ser reclamado de volta, solução igual à adotada para os eventos proibidos.

18.4. Vedação de cobrança e *soluti retentio*

O *caput* do art. 814 do Código Civil estatui: *"As dívidas de jogo ou de aposta não obrigam a pagamento; mas não se pode recobrar a quantia, que voluntariamente se pagou, salvo se foi ganha por dolo, ou se o perdente é menor ou interdito"*. Está claro que a norma se reporta às dívidas provindas de jogo ou aposta de cunho ilícito, pois as ocorrências admitidas por lei, consoante sobredito, configuram genuíno contrato e dispõem de adequado regramento.

Já se disse que, no caso de jogos ou apostas ilícitos, nasce para o vencido uma obrigação natural. Ela é de livre assunção e pagamento pelo devedor, situando-se unicamente no plano moral. À parte derrotada nunca assiste o direito de reclamá-la em juízo, mas a efetivação voluntária do pagamento impede qualquer medida tendente a recobrar a quantia. Fica viabilizada, destarte, a retenção e conseqüente apropriação do valor recebido pelo *accipiens*; é a providência juridicamente chamada de *soluti retentio*. Exceção é feita à atuação do vencedor com dolo, como no caso de ludibriar, por meio de expedientes astutos, a pessoa com quem joga carteado a dinheiro. Também poderão ser recobrados os montantes pagos ao vencedor quando a parte contrária for menor ou interdito, eis que lhes falta o consentimento juridicamente válido. Quanto a este último, não se faz necessária a existência de sentença de interdição ao tempo do jogo ou da aposta, bastando que ao depois venha a ser demonstrada a falta de capacidade da pessoa com quem o vencedor tratou.

Também não poderão ser cobradas ou executadas em juízo as dívidas indiretas vinculadas ao jogo ou à aposta, tais como as que dizem respeito à novação ou fiança de dívida de jogo, assim como todos os contratos que encubram ou envolvam reconhecimento do aludido débito (§ 1º), *v. g.*, confissão de dívida ou promessa de pagamento fundadas em jogo. É que inexiste substrato jurídico a sustentar tais negócios; se o débito propriamente dito gera apenas obrigação natural, está claro que todas as obrigações indiretas ou secundárias atreladas ao contrato original tornam-se igualmente imperfeitas e maculadas. Contudo, se o devedor cumprir voluntariamente o dever assumido, não poderá reclamar a repetição do montante desembolsado, tendo em vista os mesmos fundamentos que norteiam o *caput* do art. 814 do Código Civil.

A nulidade resultante dos contratos mencionados no § 1º não pode ser oposta ao terceiro de boa-fé. Considera-se como tal, por exemplo, o cessionário de dívida de jogo confessada, desde que ignore a circunstância de tratar-se de débito oriundo de ilicitude.

Restará como única solução, ao demandado por terceiro de boa-fé, pagar o valor devido e pleitear o respectivo reembolso junto ao credor original do jogo ou da aposta, dado o fato de haver repassado a outrem o crédito relativo a simples obrigação natural.

O § 2º do art. 814 trata da obrigação resultante de jogos ou apostas tolerados. É por demais conhecida a máxima pela qual tudo o que não está expressamente proibido considera-se implicitamente permitido. No caso do jogo ou da aposta tolerados, a obrigação gerada também é meramente natural. Disso emerge a vedação de cobrança ou execução judicial, assim como a impossibilidade de recobrar o montante voluntariamente pago pelo devedor.

Somente em duas hipóteses surge, da relação entre os jogadores ou apostadores, obrigações contratuais civilmente exeqüíveis: a) havendo expressa previsão legal admitindo a realização de determinados jogos e apostas (parte final do § 2º); b) prêmios oferecidos ou prometidos para o vencedor em competição de natureza esportiva, intelectual ou artística, desde que os interessados se submetam às prescrições legais e regulamentares (§ 3º). Quanto a esta última exceção, fundada na utilidade social que carrega, pode ser citada como exemplo a oferta de prêmio, pelo Poder Público, para quem se destacar em determinada área de ciência ao longo do ano, contanto que haja normas legais a nortear a espécie. Ainda que não se trate de jogo ou aposta no sentido comum em que são entendidos os institutos, cuida-se de um quadro de disputa entre pessoas que acabam tomando assento em contrato com quem promove o oferecimento.

Dando prosseguimento ao intuito de obstar o incremento e o incentivo à prática de atividades ilícitas, bem como de repelir a nefasta exploração econômica entre indivíduos, o legislador fulmina os empréstimos feitos para jogo ou aposta, no ato de apostar ou jogar. Não se pode exigir reembolso do que se emprestou para jogo ou aposta, no ato de apostar ou jogar (art. 815). Com efeito, no instante em que promove a aposta ou o jogo, muitas vezes a pessoa não está em sua normal condição de análise das conseqüências do ato. Exemplo disso são as situações em que o jogador já perdeu muito dinheiro na mesa de carteado, e, no desespero pela recuperação da perda, solicita empréstimo aos circunstantes, que muitas vezes se aproveitam da aflição alheia para cobrar juros abusivos e instigar o jogador a continuar tentando a sorte. Essa prática é imoral e inadmissível, sendo correta a providência do legislador ao vedar ao mutuante a repetição judicial do valor emprestado nas condições acima expostas. Diante do risco de ficar sem o valor emprestado e suportar integralmente o prejuízo, é bastante provável que sejam refreadas as investidas de quem pensa em explorar o desespero alheio para auferir ilídima vantagem econômica.

A proibição de reembolso judicial do valor do empréstimo não tem em vista exclusivamente o fato de o negócio se dar com a finalidade de aplicação do montante em jogo ou aposta. O desiderato principal é, conforme asseverado *retro*, coibir a jogatina e impedir que o jogador seja explorado no estado de aflição e angústia que o assola. Por isso mesmo é que se obsta o reembolso do empréstimo feito no ato de jogar ou de apostar, mas não aquele realizado de forma refletida e pensada. Entende-se como válido e eficaz o empréstimo, para todos os fins de direito, quando, mesmo sabendo o mutuante que será aplicado em jogo ou aposta pela parte contrária, acontece algum tempo antes de ser dado ao valor o destino previsto. Interessa, portanto, que o mutuário tenha oportunidade de refletir acerca do negócio jurídico que está praticando, e que não seja lancetado em instante marcado pela exaltação de ânimo própria do jogo ou da aposta. Com base em idêntico critério, é evidente que o mútuo posterior ao ato de jogar ou apostar gera para o mutuante a prerrogativa de reclamar em juízo a devolução.

18.5. Contratos feitos sobre títulos

Embora de jogo não se trate, certas operações que têm por objeto contratos sobre títulos de bolsa, mercadorias ou valores apresentam determinados caracteres que em algo as assemelham ao jogo ou aposta, haja vista a presença de algum grau de álea no seu desenvolvimento. Por isso, cuidou o legislador de atribuir a tais operações tratamento normativo expressamente diverso, definindo, no art. 816 do Código Civil, que as normas ínsitas nos arts. 814 e 815 do mesmo diploma não lhes sejam aplicadas.

Os contratos imunes às regras do jogo e da aposta, mencionados no art. 816 da codificação, comumente chamam-se *diferenciais*, sendo caracterizados pela circunstância de que as partes, ao invés de se obrigarem pela entrega daquilo que mencionam no contrato, assumem o dever de liquidar a diferença entre o preço ajustado e a cotação que eles tiverem quando do vencimento do ajuste. Há, nessas avenças, um risco que lhes é inerente, mas sem a conotação de pura disputa embasada na álea. Por isso, não podem ser considerados jogos ou apostas, nem ensejam a invocação dos dispositivos legais que regulam estas últimas figuras referidas.

O Código Civil de 1916, no art. 1.479, equiparava os contratos diferenciais ao jogo e à aposta, impingindo-lhes, portanto, restrições iguais às então em vigor para estes. Acerca do equiparação, dizia o eminente *Caio Mário da Silva Pereira* (obra citada, vol. III, p. 352): *"Se é lícita a compra e venda quando a fixação do preço é deixada ao sabor da cotação, o contrato é nulo se não tiver como objeto a entrega de bens ou valores, mas a liquidação pelo pagamento da diferença, porque, nessa hipótese, as partes estão especulando sobre a cotação, e convertendo a oscilação do mercado, que é um fenômeno econômico, em álea pura em que arriscam"*. A situação é totalmente diversa hoje, dada a relevância econômica e social dos negócios feitos em bolsas de valores e atividades similares, que servem, por exemplo, para fixar cotações de mercado, evitar a disparada ou a sub-valorização de preços de ativos etc.

As contratações relativas a títulos de bolsa, mercadorias ou valores, quando executadas de maneira normal e com o intuito de concretamente verem cumpridos os pressupostos normativos, não podem ser equiparadas ao jogo e à aposta, eis que relacionadas a negócios jurídicos eficazes e que produzem, assim, todas as conseqüências legalmente previstas. Nem mesmo quando aparentemente firmados com vistas à pura especulação e à expectativa de aleatória valorização serão tais negócios equiparados ao jogo. Submetido o destino das partes à liquidação exclusivamente balizada pela diferença entre o preço ajustado e a cotação que eles tiverem, no vencimento do ajuste, ainda assim os contratos diferenciais não se submetem às normas relativas ao jogo e à aposta, até mesmo como incremento e incentivo às operações de mercado.

18.6. Sorteio como solução

Muitas vezes o sorteio é a melhor alternativa para dirimir pendências judiciais ou extrajudiciais. Tanto isso é verdade que em várias passagens da legislação brasileira está previsto como mecanismo de solução de determinadas questões ou de operacionalização das atividades do Poder Judiciário. É o que acontece, por exemplo, com o sorteio para distribuição das demandas ajuizadas, para escolha das pessoas que comporão o Conselho de Sentença no Tribunal do Júri ou para a definição da ordem de apresentação dos candidatos no programa eleitoral gratuito. Portanto, em várias hipóteses o sorteio é utilizado como expediente destinado à composição de divergências, partilha de coisas ou atribuição de prerrogativas, sem que esteja presente a intenção ou o objetivo de ganho de alguns dos envolvidos e prejuízo dos demais.

A ausência de finalidade de lucro fundado na álea, e o emprego do sorteio como elemento destinado a levar a bom termo determinadas pendências que envolvem divisão de coisas comuns e extinção de litígios, fazem com que assuma feições de transação ou partilha (art. 817), de acordo com o contexto. Tais situações submetem-se ao regramento pertinente à espécie, conforme se trate de sistema de partilha ou processo de transação, não tendo qualquer incidência as normas relativas ao jogo e à aposta. É o que ocorre, *v. g.*, no caso de os herdeiros decidirem pela sorte quais os itens patrimoniais do acervo deixado pelo *de cujus* que caberão a cada um. Não há jogo ou aposta, mas sim o encerramento de um debate por meio de método alternativo de partilha. O mesmo se daria no caso de os litigantes acordarem a realização de sorteio para a composição da disputa sobre determinados bens, circunstância que faria aplicáveis à espécie as regras concernentes à transação (arts. 840 a 850 do Código Civil).

Capítulo 19

DA FIANÇA

19.1. Conceito e características

Dentre as garantias admitidas pelo Direito brasileiro situa-se a denominada *caução*, cujo objetivo, assim como as outras da espécie, é assegurar o cumprimento da obrigação a que se vincula. A caução pode ser *real*, e então haverá o oferecimento de uma coisa, móvel ou imóvel, em garantia do dever jurídico assumido, como é o caso da hipoteca, do penhor, da anticrese e de tantos institutos mais. O bem assim designado fica jungido àquela relação jurídica, podendo ser excutido na hipótese de descumprimento protagonizado pelo sujeito passivo. A caução também pode ser *fidejussória*, traduzindo-se, então, na fiança, que nessa hipótese consistirá em segurança de natureza pessoal oferecida por terceiro em favor do credor da obrigação. No caso de inadimplemento, será buscado no patrimônio do garantidor algum item patrimonial capaz de, ao final da execução, satisfazer o crédito. De qualquer modo, toda caução tem como desiderato assegurar o adimplemento de certo dever jurídico, prevenindo o credor contra eventual insolvência, total ou parcial, do devedor.

A fiança pode ser convencional, legal ou judicial, conforme, respectivamente, tenha origem na livre vontade das partes, em imposição da lei (*v.g.*, arts. 495 e 1.400 do Código Civil) ou em determinação do juiz (*v.g.* art. 925 do Código de Processo Civil).

Pelo contrato de fiança, uma pessoa garante satisfazer ao credor uma obrigação assumida pelo devedor, caso este não a cumpra (art. 818). O liame contratual forma-se entre o fiador e o credor da obrigação contida no contrato principal. A fiança é, portanto, *res inter allios*, ou seja, vínculo negocial estranho à pessoa cuja obrigação é assegurada. Embora geralmente caiba a ele encontrar alguém disposto a atuar como fiador, o afiançado só é parte no liame obrigacional original, de que surge o dever jurídico garantido pela fiança.

Como o sujeito passivo da obrigação garantida não toma assento na contratação, a estipulação da fiança prescinde de qualquer consulta prévia ou aquiescência do devedor, podendo ser firmado o contrato à sua revelia, ou até mesmo contra a vontade que porventura tenha externado (art. 820). Em tais casos, o credor da obrigação garantida não poderá reclamar do sujeito passivo a substituição do fiador a que sobrevier incapacidade ou insolvência. Todavia, se foi o devedor quem indicou o fiador, ou se aquiesceu na colocação daquela pessoa na posição de garantia, poderá o credor exigir que promova a substituição do fiador que se tornou incapaz ou insolvente.

19.2. Classificação do contrato

O contrato de fiança é *acessório*, pois sempre estará vinculado a outra contratação, dita principal, garantindo o cumprimento de obrigação nela contida. É o que ocorre no clássico exemplo da locação, eis que o locador tem na fiança a garantia do pagamento do aluguel pelo fiador, se o devedor original incorrer em inadimplemento. Como decorrência da sua formatação, é ajuste *subsidiário*, porque faz nascer para o fiador um dever jurídico que somente lhe será exigido se o afiançado deixar de cumprir a obrigação que lhe compete, exceto no caso de renúncia a tal benefício, quando então ambos serão solidariamente responsáveis.

A conjugação das circunstâncias acima deduzidas revela que a sorte da fiança depende do destino da obrigação principal, haja vista a incidência do princípio *accessorium sequitur suum principale*. Daí que eventual nulidade daquela importará na insubsistência desta, pois não se pode garantir dever jurídico nulo, excepcionada a situação posta no art. 824 do Código Civil, conforme será visto adiante. Por igual razão, qualquer causa de invalidade da obrigação principal afetará de maneira absoluta a fiança prestada. Todavia, o inverso não é verdadeiro, já que a ocasional imprestabilidade do liame acessório não tem o condão de atingir a relação principal.

A avença é *unilateral*, pois produz obrigações apenas para o fiador, sem que o credor sofra imposições de ordem econômica. Há quem diga que é contratação *bilateral imperfeita*, pois se o fiador tiver que adimplir a obrigação não satisfeita ficará sub-rogado na posição jurídica do credor e poderá reclamar do devedor o reembolso do valor despendido. Nisso residiria a bilateralidade, nascida no desenrolar da execução negocial em virtude da falta de adimplemento protagonizada pelo devedor. Contudo, tal aspecto é mero resultado de sub-rogação imposta por lei, nada tendo a ver com a conformação primitiva do liame jurídico entabulado entre credor e devedor. Logo, a fiança nunca abandona a sua feição unilateral, pois só o fiador tem obrigações frente ao credor.

O contrato é *gratuito*, pois o fiador se obriga, perante o credor, a cumprir certo dever jurídico, mas dele nada recebe em contrapartida. Mesmo que o afiançado se comprometa a pagar ao fiador pela assunção da qualidade de garantidor (*v.g.* fiança bancária), a relação fidejussória propriamente dita continua sendo gratuita, porque nela as partes celebrantes são o credor e o fiador. Importa salientar, ainda, que o contrato é *benéfico*, ou seja, em muito se aproxima da pura liberalidade, de maneira que atrai a incidência de normas específicas de proteção. Mormente os arts. 114 e 819 do Código Civil, segundo os quais a fiança não admite interpretação extensiva.

A vedação de exegese ampliativa tem por desiderato cingir o objeto da garantia àquilo que expressamente for mencionado quando da celebração. A interpretação haverá de ser sempre restritiva, de modo que o fiador somente seja considerado responsável nos exatos termos em que se obrigou, reputando-se alheios ao rol de deveres todos os aspectos sobre os quais pairem fundadas dúvidas. Nessa esteira, o Superior Tribunal de Justiça editou a Súmula n. 214: *"O fiador na locação não responde por obrigações resultantes de aditamento ao qual não anuiu"*. De banda diversa, quando houver incerteza ela será invariavelmente solucionada em proveito do fiador, face à limitação exegética consignada na lei. Assim, se o fiador assume a obrigação de responder por metade do valor da dívida, não poderá ser compelido a saldá-la pela totalidade; estando sujeito apenas à garantia dos juros, não será demandado pelo principal; respondendo por determinada obrigação, não poderá ser acionado para pagamento de outra posteriormente surgida. Existindo construção dúbia de certa cláusula, toma-se o caminho menos gravoso ao fiador.

Não obstante o acima exposto, o art. 822 determina que, não sendo limitada, a fiança compreenderá todos os acessórios da dívida principal, inclusive as despesas judiciais, desde a citação do fiador. Entende-se por fiança limitada o contrato de garantia que não cobre a totalidade do conteúdo obrigacional assumido pelo devedor no contrato principal, seja porque restringe a segurança a certa parcela do único dever existente, seja em razão de excluir da garantia algumas dentre as várias obrigações contraídas.

Havendo expressa limitação na abrangência da fiança, o fiador não estará obrigado senão por aquilo que for mencionado no contrato, sendo possível, por exemplo, a exclusão do pagamento da multa do aluguel inadimplido pelo locatário, o afastamento dos juros da parcela de empréstimo frustrada pelo mutuário, a fixação de responsabilidade somente no tocante a uma fração da dívida etc. Entrementes, se limitação não houver, e não obstante a sempre necessária interpretação restritiva dos deveres do fiador, este ficará obrigado, na hipótese de descumprimento protagonizado pelo devedor original, a arcar com todos os acessórios da dívida principal, tais como: juros de mora, atualização monetária, multa, cláusula penal etc. Também estarão sob responsabilidade do fiador, desde a sua citação, as despesas judiciais relacionadas ao processo promovido pelo credor, entre elas as custas, emolumentos, taxas, honorários advocatícios e periciais e assim por diante. Ressalve-se, porém, que as despesas judiciais relativas ao processo movido pelo credor diretamente contra o devedor principal, sem integração do fiador à lide, não serão por este suportadas.

Destaca-se o fato de que a fiança é contratação *intuitu personae*, pois o credor somente a celebra depois de analisar a situação individual do fiador, sopesando elementos como a solvabilidade, idoneidade, extensão do acervo patrimonial e assim por diante. Tanto é assim que pode recusar a indicação de fiador inidôneo, nos moldes preconizados no art. 825 do Código Civil.

A fiança é contrato *formal*, porque necessariamente dependerá de celebração escrita (art. 819). É indiferente que seja pública ou particular, desde que contenha os elementos indispensáveis à sua regular constituição. A existência do ajuste não se presume, sendo absolutamente imprescindível que decorra de negócio jurídico expresso e formal, constituído mediante alusão inequívoca à responsabilidade assumida pelo fiador. É de nenhum efeito a avença se deixar de adotar a forma escrita, que então se reveste de caráter *ad solemnitatem*. Apesar disso, não são exigidas fórmulas sacramentais e nem ritos específicos, admitindo-se até mesmo que a garantia seja prestada em instrumento fisicamente apartado do contrato principal, contanto que dele conste inequívoca referência à sua vinculação com este. Por último, convém observar que a fiança é *consensual*, não dependendo da entrega de bens ou de qualquer outra providência senão o simples encontro de vontades, manifestadas, consoante acima asseverado, em instrumento escrito.

19.3. Comparação com outros institutos

A fiança não se confunde com o aval, ainda que entre ambos existam determinadas semelhanças. Funcionam como garantia pessoal de obrigação de natureza econômica e são oferecidas por pessoas que não o devedor original. Nos dois institutos é possível constatar a presença do elemento confiança, pois a figura do garantidor é examinada pelo credor e nele deixa a impressão de que tem condições de assegurar o adimplemento da obrigação. Porém, *"embora haja a presença da fidúcia no aval, ela não se apresenta como elemento preponderante, como acontece no contrato de fiança. Enquanto a relação de fiança é dependente, somente podendo ser invocada a responsabilidade do fiador no caso de inadimplemento pelo devedor principal, no aval, forma-se uma relação obrigacional nova, autônoma e distinta entre avalista e credor, cuja exigibilidade independente da inadimplência do avalizado"* (STJ, Recurso Especial n. 260.004 – SP). Por assim dizer, na fiança o dever jurídico do fiador é subsidiário, salvo quando renuncia ao benefício de ordem previsto na lei; no aval, o garantidor é sempre solidariamente responsável pela obrigação protegida.

Por outro lado, a fiança pode ser agregada a qualquer espécie de obrigação jurídica (*v.g.*, contratual, judicial etc.), enquanto o aval é próprio das relações cambiárias e somente a elas adere, como acontece quando emitida duplicata, nota promissória, cédula bancária e assim por diante. Cumpre lembrar, também, que o aval não é contrato, mas sim uma espécie de obrigação cambial. Tem autonomia em relação à obrigação do devedor principal, constituindo-se no momento da aposição da assinatura do avalista no título de crédito. *"É obrigação formal, autônoma e independente; decorre da simples assinatura do avalista; quem avaliza uma letra de câmbio contrai uma obrigação própria"* (Waldemar Ferreira, *Tratado de Direito Comercial*, 8º vol., Editora Saraiva, p. 1962). Já a fiança é instituto de índole contratual e não possui autonomia, pois sempre depende da existência e da sorte do dever jurídico a que acede.

Também não se confundem a fiança e a assunção de dívida regulada pelos arts. 299 a 303 do Código Civil. Esta importa na mudança do pólo passivo da relação obrigacional, tornando-se devedor, mediante expresso assentimento do credor, alguém que não integrava o liame quando da sua constituição. Na fiança, os pólos celebrantes são o credor e o fiador, cuja vinculação contratual determina o surgimento de garantia quanto a um crédito daquele junto ao afiançado. Não há qualquer alteração subjetiva no vínculo primitivo, mas, apenas, a agregação de segurança adicional quanto ao cumprimento do dever assumido pelo sujeito passivo.

A fiança não tem o mesmo formato do contrato de comissão dotado da cláusula *del credere*. Caso esta seja aposta ao negócio, responderá o comissário solidariamente com as pessoas com que houver tratado em nome do comitente, caso em que, salvo estipulação em contrário, o comissário tem direito a remuneração mais elevada, para compensar o ônus assumido (art. 698). Como se percebe, ele aparece como garantidor do adimplemento da obrigação assumida pelas pessoas com quem negociou. Na fiança, ao contrário, o fiador se compromete a honrar o dever contraído diretamente pelo sujeito passivo junto ao credor, mesmo sem ter tido participação alguma nas negociações das quais adveio a obrigação garantida.

19.4. Elementos subjetivos e objetivos

Em termos subjetivos, qualquer pessoa pode ter o seu débito afiançado por outrem. Tem condições de ser fiador todo aquele que estiver no uso e gozo das prerrogativas civis genéricas e puder livremente dispor de seus bens, eis que a garantia envolve a possibilidade de futura constrição de itens patrimoniais para satisfação do débito inadimplido pelo devedor original. Não se incluem nesse rol, destarte, o incapaz e o pródigo. Quanto a este último, a interdição o privará de, sem curador, emprestar, transigir, dar quitação, alienar, hipotecar, demandar ou ser demandado, e praticar, em geral, os atos que não sejam de mera administração (at. 1.782).

Sendo casado o fiador, mister observar o art. 1.647, inciso III, do Código Civil, pelo qual nenhum dos cônjuges pode, sem autorização do outro, exceto no regime da separação absoluta, prestar fiança ou aval. A norma ressalva a previsão contida no art. 1.648, que confere ao juiz o poder de suprir a outorga, quando um dos cônjuges a denegue sem motivo justo, ou lhe seja impossível concedê-la.

Admite-se a concessão de fiança por meio de mandatário capaz, que, então, deverá estar munido de poderes especiais e expressos (art. 661, § 1º), conferidos por escrito público ou particular. Art. 666. O maior de dezesseis e menor de dezoito anos não emancipado pode ser mandatário, mas o mandante não tem ação contra ele senão de conformidade com as regras gerais, aplicáveis às obrigações contraídas por menores (art. 666).

Conforme asseverado alhures, a fiança é contrato acessório que objetiva garantir obrigação ínsita noutro liame, de maneira que a produção de seus efeitos depende da regularidade e validade da obrigação principal. É decorrência natural dessa relação, portanto, a impossibilidade de fazer incidir fiança sobre obrigações nulas. Se o acessório segue o principal, e se a obrigação contida na avença primitiva é nula, não há como prosperar a intenção de garantir-lhe o cumprimento, exatamente porque írrita.

A nulidade da obrigação que se tenciona garantir importa na insubsistência de qualquer iniciativa tendente à constituição de fiança que lhe assegure o cumprimento. Porém, serão passíveis de garantia fidejussória as obrigações anuláveis cujo defeito residir apenas na presença de incapacidade pessoal do devedor, pois nesse contexto vigora presunção no sentido de que o fiador pretendeu salvaguardar o credor dos riscos de nada vir a receber do sujeito passivo original, assumindo voluntariamente o risco de pagar em seu lugar caso verificado o inadimplemento. Embora o art. 824 do Código Civil afirme que podem ser afiançadas as obrigações cuja *nulidade* resulte apenas de incapacidade pessoal do devedor, é evidente que quis se reportar às obrigações anuláveis, pois quanto àquelas outras não há produção de efeitos. Nula a obrigação, insubsistente a fiança. Logo, são as anuláveis que produzem efeitos, e que, mesmo sobrevindo a anulação por sentença, não ficam privadas da fiança acaso prestada.

A incapacidade a que se refere a norma legal não é apenas a decorrente da interdição, mas igualmente a que tiver origem na menoridade do sujeito passivo, observado, quanto a este último aspecto, o teor do parágrafo único do art. 824 do Código Civil. Diz ele que a exceção estabelecida no *caput* não abrange o caso de mútuo feito a menor. Caso a anulabilidade da obrigação principal esteja relacionada à menoridade do devedor, e tendo este contraído mútuo, não haverá como garantir-lhe o cumprimento por meio de fiança, eis que o legislador expressamente alertou para tal circunstância. Seu fundamento reside na necessidade de demover eventuais interessados em emprestar dinheiro a menor, malefício desde sempre existente e combatido na sociedade brasileira. Uma vez obstada a confecção de fiança para assegurar a solução do mútuo feito a menor, o mutuante verá concretizada diante de si a iminência do prejuízo, pois o conteúdo do dever juridicamente anulável não poderá ser garantido.

Não se pode compelir o credor a aceitar qualquer fiador que lhe seja apresentado, pois se assim fosse a efetiva garantia da dívida muitas vezes não restaria alcançada, haja vista o risco de insolvência prévia da pessoa disposta a prestar fiança. Assim, nas situações em que o credor tiver direito de reclamar a indicação de fiador, poderá negar-se a acolher o nome apontado quando não for o de pessoa que preencha requisitos básicos (art. 825). Importa observar, entrementes, que o exercício do direito de recusa não é arbitrário, precisando sempre encontrar assento na letra da lei, pois se assim não for o juiz poderá reconhecer a abusividade da negativa e compelir o credor a aceitar o fiador, nos casos em que a oferta de fiança decorra de imposição legal ou judicial. Não se dá o mesmo na garantia convencionalmente acordada, pois então é dado ao credor recusar livremente o fiador apresentado, já que ninguém pode ser obrigado a celebrar contrato nesses moldes.

O primeiro dos motivos que autorizam a recusa do credor é a falta de idoneidade do fiador indicado, sendo de observar que isso importa em uma análise de conveniência e aptidão de natureza econômica e moral. É plausível a negativa do credor em aceitar determinado fiador que não apresente condições financeiras de suportar o gravame, aspecto identificado a partir de elementos concretos como a pendência de débitos bancários, protestos de títulos, sinais externos de insolvência etc. Tampouco será justa a negativa baseada na falta de honradez e honestidade de quem se dispõe a afiançar, *v.g.*, pessoa dedicada a atividades ilícitas, condenada por estelionato, investigada pela polícia etc.

O credor também poderá recusar fiador cujo domicílio não esteja fixado no município onde tenha de prestar fiança, eis que ninguém pode ser obrigado a procurar pelo agente da garantia noutra localidade, mormente porque disso decorrem gastos e incômodos diversos. Por fim, a negativa em aceitar o fiador poderá ter por suporte o fato de que não possui bens suficientes para assegurar o cumprimento da obrigação garantida. Esse talvez seja o mais comum dos motivos que levam o credor a rechaçar a indicação formulada, eis que se tornou extremamente corriqueira e útil a exigência de que o fiador, quando da celebração do contrato, ofereça prova de titularidade de bens bastantes à cobertura do valor garantido. Essa exigência não é ilegal e nem configura arbitrariedade alguma, até porque torna mais efetiva a garantia e contribui para minimizar riscos de prejuízos.

A incapacidade do fiador ao tempo da contratação torna-a nula, por falta de condições subjetivas para a assunção de obrigações. De outra banda, a insolvência do fiador ao tempo da conclusão do contrato não interfere na sua validade, salvo se houve má-fé por parte de quem prestou ou ofereceu a garantia. Entretanto, se a incapacidade ou a insolvência forem supervenientes à contratação, ou seja, surgirem posteriormente à celebração da fiança, poderá o credor exigir a substituição do fiador (art. 826), visando a restabelecer a garantia originalmente implementada.

A substituição pode ser requerida ainda quando não verificada qualquer falta de pagamento pelo devedor principal, eis que a medida funciona como cautela e precaução. Exemplo disso acontece quando o fiador primitivo, embora estando em dia os pagamentos devidos pelo locatário ao locador, aliena os bens de que era titular ao tempo da celebração do contrato acessório, colocando em risco a solução de futuras pendências relacionadas à falta de adimplemento das prestações locatícias.

Tratando-se de locação de imóvel urbano, sujeita à disciplina da Lei n. 8.245/91, o art. 40 do citado diploma normativo diz que o locador poderá exigir novo fiador ou a substituição da modalidade de garantia, nos seguintes casos: I – morte do fiador; II – ausência, interdição, falência ou insolvência do fiador, declaradas judicialmente; III – alienação ou gravação de todos os bens imóveis do fiador ou sua mudança de residência sem comunicação ao locador; IV – exoneração do fiador; V – prorrogação da locação por prazo indeterminado, sendo a fiança ajustada por prazo certo; VI – desaparecimento dos bens móveis; VII – desapropriação ou alienação do imóvel; VIII – exoneração de garantia constituída por quotas de fundo de investimento; IX – liquidação ou encerramento do fundo de investimento de que trata o inciso IV do art. 37 desta Lei.

Quanto ao objeto da fiança, qualquer espécie de obrigação válida pode ser garantida, observadas as disposições do art. 824 e respectivo parágrafo único, já analisadas acima. Atente-se, ainda, para a circunstância de que as obrigações naturais não podem ser alvo de garantia fidejussória, porque se o principal é inexigível, o acessório não vincula.

Não apenas as obrigações presentes podem ser asseguradas por fiança; também estão submetidas aos mesmos princípios as obrigações futuras, ou seja, aquelas cuja existência efetiva fica na dependência do advento de certo termo ou da verificação de determinado acontecimento, fato ou ato mencionados quando da celebração da fiança. Destarte, podem ser antecipadamente garantidas as obrigações resultantes de empréstimo que será feito em data vindoura por instituição financeira a particular, contanto que bem discriminados os elementos constitutivos e corretamente delineada a obrigação cujo adimplemento se pretende resguardar. Basta que se mostre determinável a obrigação a que se atrelará a fiança para que exista a possibilidade de válida e eficaz celebração; o que se não admite é a indeterminabilidade do dever jurídico garantido, como ocorreria, por exemplo, no caso de alguém se comprometer a assegurar o cumprimento de toda e qualquer obrigação que no futuro advier para o afiançado.

Pressuposto de exigibilidade da obrigação assumida pelo fiador é a presença de liquidez e certeza no conteúdo do dever jurídico imputável ao devedor principal (art. 821). Enquanto não restarem perfeitamente definidos os seus contornos, estará o fiador imune às conseqüências de eventuais demandas contra si interpostas pelo credor. Isso ocorre tanto no caso de garantia de obrigações constituídas antes da fiança como na tutela de deveres formados juntamente com aquela, e também no que se refere à segurança de dívidas futuras. Logo, o fator verdadeiramente essencial para que o fiador possa ser demandado pelo credor é a liquidez e certeza do débito do principal obrigado, independentemente do momento de formação do contrato de garantia em relação àquele a que se vincula.

Consoante já referido anteriormente, não sendo limitada, a fiança compreenderá todos os acessórios da dívida principal, inclusive as despesas judiciais, desde a citação do fiador (art. 822). Porém, quando a fiança for limitada, a cobertura a cargo do fiador será menor do que a obrigação contraída pelo principal devedor. Esse fenômeno terá lugar sempre que a cobertura for fixada em montante menos expressivo do que o pertinente ao conteúdo da obrigação garantida, apresentando-se, igualmente, nos casos em que as condições da fiança restarem constituídas de maneira menos onerosa. Na primeira hipótese, *v.g.*, a obrigação fixada no contrato principal é de 100 e o fiador compromete-se a pagar até o limite de 60 se o devedor primevo incorrer em inadimplemento. Na segunda, *v.g.*, o fiador reserva-se o direito de efetuar o pagamento em seu próprio domicílio, enquanto o devedor principal teria de entregá-lo no do credor, localizado noutro Estado da federação.

Sempre que a fiança exceder o valor da obrigação principal, o excesso será simplesmente ignorado, valendo o dever do fiador até ao limite do débito afiançado (art. 823). Isto porque o fiador não pode ser compelido a satisfazer obrigação mais gravosa do que aquela contraída pelo devedor primitivo, sob pena de gerar locupletamento sem causa em proveito do credor. Destarte, se a dívida é de 100, e na fiança houver previsão de que o fiador pagará 150 se ocorrer inadimplemento, o efetivo valor da garantia fidejussória jamais passará de 100. A mesma adaptação automática à realidade será procedida quando a fiança restar constituída em termos mais onerosos do que os relacionados à dívida principal. Assim, se no contrato a que se atrela a fiança forem inseridas prestações alternativas, não poderá a garantia ser estabelecida no sentido da cumulação das mesmas, pois isso representaria maior onerosidade sobre o fiador do que a decorrente do liame principal. A mesma operação de adequação da fiança acontecerá quando o fiador comprometer-se ao pagamento de juros em taxa superior à estipulada contra o afiançado, ou quando de qualquer modo ficar estampada a maior oneração daquele em relação aos deveres assumidos por este.

19.5. Efeitos da fiança

A fiança produz diversos efeitos para as partes envolvidas, sendo alguns deles exclusivos do instituto. Se é certo que o fiador, na hipótese de inadimplemento protagonizado pelo devedor principal, fica com a obrigação de pagar a dívida garantida, outras conseqüências resultam do vínculo fidejussório estabelecido entre o credor e a pessoa colocada na posição de garantidor. Para melhor exame da matéria, os principais efeitos da fiança serão examinados em tópicos independentes.

19.5.1. Benefício de ordem

Chama-se benefício de ordem a prerrogativa que tem o fiador de exigir, ao ser demandado, a execução dos bens do devedor antes de serem executados os seus (art. 827). Como é sabido, o fiador geralmente fica em posição de garantia subsidiária do débito, sendo devedor principal a pessoa que figura como sujeito passivo da obrigação a que se atrela a fiança. A dívida original não é do fiador, mas sim de quem se obrigou para com o credor, razão pela qual é moral e juridicamente correto permitir ao fiador a argüição do benefício de ordem.

A existência da proteção normativa conferida ao fiador não significa que a iniciativa direta do credor contenha vício que impeça, *pleno jure*, o prosseguimento da lide ajuizada contra aquele que garante o cumprimento da obrigação principal. O exercício do direito de ser executado em segundo lugar deve ser expressamente invocado pelo fiador durante o prazo de contestação da demanda, sob pena de restar inviável posterior irresignação. É de nenhum efeito a argüição formulada depois de ultrapassado o prazo que o fiador tem para a contestação da lide, entendendo-se como tal também aquele de que dispõe para ajuizar embargos em sede executiva. Isto porque na execução não há prazo de contestação propriamente dito, mas sim um lapso temporal destinado à interposição de embargos, que no caso fica abarcado pela previsão legal. O que não pode ser admitida é a invocação do beneplácito noutro momento qualquer, seja em sede recursal, ao longo da instrução ou em lide autônoma, eis que então padecerá de notória intempestividade.

A invocação do benefício de ordem funciona como um anteparo entre o fiador e o credor; todavia, o efetivo reflexo dessa proteção ficará condicionado à capacidade de solução da pendência econômica pelo devedor, eis que a insolvência deste facultará ao credor a retomada da execução contra o fiador, nos moldes ajustados na fiança. Daí que a alegação do benefício de ordem não produzirá resultados proveitosos ao fiador se estiver desacompanhada da nomeação de bens do devedor, localizados no mesmo município em que foi contraída a obrigação principal, ou, pelo mínimo, na Comarca em que ela deva ser executada. Os bens indicados pelo fiador terão de estar livres e desembargados (art. 595 do Código de Processo Civil), ou seja, é necessário que sobre eles não pese gravame ou oneração — penhora, hipoteca, penhor etc. — capazes de frustrar a execução e o cumprimento do conteúdo obrigacional. Por derradeiro, a indicação terá por alvo bens bastantes à solução do débito, pois se isso não ocorrer o fiador ainda ficará obrigado pelo remanescente. A falta de nomeação de bens do devedor, pelo fiador, faz surgir a presunção de insolvência daquele, autorizando o prosseguimento da demanda desde logo contra este.

Em determinadas situações, elencadas nos três incisos do art. 828 do Código Civil, a argüição do favor legal não terá utilidade alguma, permitindo ao credor a opção entre demandar diretamente contra o devedor, o fiador ou ambos de uma só vez. A renúncia expressa do fiador ao benefício de ordem (inciso I) inviabiliza completamente qualquer pretensão destinada ao reconhecimento da prerrogativa de ser demandado apenas depois de intentada e frustrada a execução contra o obrigado principal. Trata-se de ato voluntário do fiador, pelo qual validamente abre mão da proteção normativa, ficando em igualdade de condições com o afiançado no que diz com o cumprimento do dever jurídico. A renúncia do benefício de ordem, prática corriqueira nas locações urbanas com garantia fidejussória, é feita no próprio instrumento em que se dá a constituição da fiança. Sendo vários os fiadores, e tendo apenas alguns deles renunciado, os demais ficarão ao abrigo do beneplácito normativo; nesse caso poderá o credor demandar a um só tempo contra o devedor principal e os fiadores que renunciaram, mas contra os outros agirá apenas na hipótese de restar frustrada a investida inicial.

Nos moldes do inciso II, se o fiador obrigou-se como principal pagador, estará abdicando do benefício contido na lei, eis que a qualidade decorrente da afirmação não é compatível com a invocação da tutela normativa. O mesmo ocorrerá se expressamente assumir a condição de devedor solidário, porque a solidariedade importa na responsabilidade comum pela obrigação instituída no contrato principal. Finalmente, o fiador não aproveitará o benefício de ordem quando o afiançado for insolvente ou falido (inciso III), pois nesse caso estará patenteada a impossibilidade de indicação e constrição de bens bastantes à solução do débito. A caracterização da condição de insolvente ou falido depende da instauração de processo de falência ou de concurso de credores, não bastando a só existência de indicativos hábeis a produzirem a suspeita de que o estado fático do afiançado é de hipossuficiência econômica.

19.5.2. Benefício de divisão

Quando duas ou mais pessoas figuram conjuntamente na posição da garantia da obrigação principal, em um só contrato, presume-se que entre elas existe solidariedade, de maneira que o credor poderá demandar pela totalidade da dívida contra qualquer dos fiadores, assegurado direito de regresso daquele que pagar contra os consortes, na proporção das frações individuais. Isso não terá lugar, porém, se entre os fiadores conjuntos houver expressa reserva do benefício de divisão (art. 829), o que se faz mediante declaração, no próprio instrumento constitutivo da fiança, acerca da partição do dever global em porções distintas que serão atribuídas a cada fiador. Essa realidade faz com que o credor somente possa pleitear junto ao fiador a fração pela qual se obrigou, e não a totalidade do crédito.

Não se haverá de ignorar que a mesma dívida pode ser garantida por diversos contratos de fiança, cada qual independente do outro e dotado de previsão acerca do limite da garantia prestada. Havendo várias fianças limitadas, a assegurar a mesma obrigação, o fiador que constar em cada uma das contratações somente poderá ser demandado até o limite do dever assumido. É possível até mesmo que em cada contrato acessório o fiador nele mencionado obrigue-se pela dívida inteira; nesse caso, o credor poderá demandar pelo cumprimento de toda a obrigação junto a apenas um dos fiadores independentes, conforme mais lhe convier. Em tal hipótese inexistirá solidariedade entre os fiadores, porque os contratos guardam individualidade que não se comunica aos outros.

Convencionado o benefício de divisão, cada fiador somente responderá pela parte que lhe couber no pagamento (parágrafo único). Silenciando os contraentes acerca da proporção da responsabilidade individual dos fiadores no tocante à obrigação principal, presume-se que estejam estes vinculados em frações equivalentes. Destarte, se o débito é de

100 e são quatro os fiadores que estipularam o benefício de divisão, poderá o credor pleitear a quantia de 25 junto a cada um deles. A insolvência de algum dos fiadores não produzirá o repasse da respectiva quota de responsabilidade aos demais, tendo em vista a existência de expressa previsão quanto à incidência do benefício de divisão.

Na esteira do raciocínio posto acima, percebe-se que cada fiador pode fixar no contrato a parte da dívida que toma sob sua responsabilidade, caso em que não será por mais obrigado (art. 830). Exemplo: sendo dois os fiadores conjuntos em uma obrigação cujo valor é 100, e tendo sido estipulado que os indivíduos "A" e "B" responderão, respectivamente, pelo montante de 70 e de 30, o credor da obrigação principal, depois de inadimplido o dever original, somente poderá demandar contra cada um pela correspondente quota de participação na garantia do todo. À semelhança do que ocorre na hipótese de incidência do art. 829 do Código Civil, a fração do fiador insolvente não acrescerá à dívida imputável aos remanescentes.

19.5.3. Sub-rogação do fiador que paga

A sub-rogação consiste no repasse, a quem satisfaz certa obrigação alheia, das prerrogativas cabíveis ao credor original em relação ao devedor. Quando o fiador salda integralmente a dívida do afiançado por força do inadimplemento deste, fica sub-rogado em todos os direitos, ações, garantias e privilégios que cabiam anteriormente ao credor, podendo voltar-se contra o devedor original com o objetivo de pleitear o reembolso do montante pago. A sub-rogação, nesse caso, servirá de fundamento para o exercício do direito de regresso e conseqüente ressarcimento dos valores despendidos pelo fiador.

Havendo vários fiadores solidários de uma mesma dívida, aquele que a saldou por inteiro poderá voltar-se contra os consortes visando a obter de cada um deles o montante correspondente à quota de responsabilidade individual (art. 831). Dessa forma, o valor pago por um será dividido pelo número total de fiadores, e dessa operação emergirá a importância que cada consorte terá de entregar ao *solvens*. É preciso, porém, que tenha havido solução integral da dívida para que se viabilize o imediato exercício da prerrogativa de regresso, pois do contrário se instalaria entre o fiador e o credor, frente ao afiançado, disputa pela excussão dos bens deste, prejudicando o credor. Logo, enquanto remanescer qualquer saldo do débito, ficará obstada a iniciativa acima citada.

A fim de evitar que o fiador a quem coube o pagamento integral da dívida suporte o prejuízo decorrente de eventual insolvência de algum dos demais fiadores, determina o legislador que a parte do fiador insolvente será distribuída entre os consortes (parágrafo único). Assim, se os fiadores são três, e o débito pago por um deles alcançou o valor de 90, a insolvência de um dos demais fiadores leva à distribuição de sua quota entre aquele que pagou e o outro que, não tendo pago, era solvente. No exercício do direito regressivo será levada em linha de conta essa partição, de modo que cada fiador solvente suportará a importância de 45, fruto da distribuição da quota de 30 relativa ao insolvente. Fica destacada, porém, a circunstância de que eventual previsão contratual acerca da existência do benefício de dividir a responsabilidade (art. 829) afasta a perspectiva de sub-rogação.

19.5.4. Outros reflexos econômicos

Ao fiador é facultado pleitear junto ao afiançado todos os valores que teve de desembolsar para o cumprimento da obrigação alheia, inclusive juros de mora, atualização monetária etc. Afora o valor correspondente ao principal do débito e aos encargos contratualmente definidos, também responderá o devedor pelas perdas e danos causados ao credor, e que foram alvo de reparação por intervenção do fiador. A base jurídica é o art. 832 do Código Civil: *"O devedor responde também perante o fiador por todas as perdas e danos que este pagar, e pelos que sofrer em razão da fiança"*. Nas fianças ilimitadas é bastante comum que o garantidor acabe arcando com um montante bem superior ao que nominalmente consta da obrigação principal, fruto dos acréscimos feitos com base no contrato e na lei. Pelas mesmas razões acima expostas, é dado ao fiador recuperar em demanda contra o afiançado as perdas e danos que experimentou como resultado da fiança. Nisso está incluído o reembolso de despesas relacionadas a deslocamentos, estadia, custas processuais, certidões, lucros cessantes etc., eis que ao devedor original cumpre repor ao fiador tudo quanto despendido.

A contar do desembolso, correm juros em proveito do fiador que pagou a dívida. Ao devedor caberá, quando da reposição do montante gasto pelo fiador, pagar juros pela taxa estipulada na obrigação principal (art. 833), pois com isso estará sendo dada seqüência lógica à fluência dos juros suportados pelo fiador no momento em que satisfez a obrigação garantida. Caso não tenha sido estipulada a taxa de juros aplicável à obrigação principal, o fiador poderá demandar do afiançado o pagamento de juros legais de mora, nos moldes estatuídos nos arts. 406 e 407 do Código Civil. A incidência de juros, seja pela taxa convencionada ou, na falta desta, pelo padrão legal da mora, independe de alegação de prejuízo pelo fiador, eis que representam acréscimo ao capital desembolsado e que deixou de ser utilizado pelo titular desde o momento em que foi destinado à solução da dívida garantida.

O andamento da execução iniciada pelo credor contra o devedor pode ser promovido pelo fiador, quando o sujeito ativo, sem justa causa, colocar entraves ao prosseguimento da demanda, seja por meio de atitudes positivas ou de omissão (art. 834). A tramitação da execução ajuizada é um direito do fiador, que, embora não sendo parte no processo, possui a legítima expectativa de ver solucionada a questão e de livrar-se das conseqüências correspondentes à fiança. Por força de dispositivo semelhante encontrado no Código de Processo Civil (art. 570), o próprio devedor é titular da faculdade de provocar judicialmente o credor para que receba o valor a que tem direito. Nesse caso a demanda é iniciada pelo devedor, que processualmente assume posição idêntica à do exeqüente. Essa prerrogativa difere em muito da conferida pelo Código Civil ao fiador, que, sendo estranho à execução proposta, apenas impulsiona o seu andamento em virtude de injustificada morosidade do sujeito ativo.

19.6. Exoneração do fiador

Quando a fiança tiver prazo certo de duração, o advento do *dies ad quem* opera de pleno direito a liberação do fiador, independentemente de interpelação, notificação ou de qualquer outro ato jurídico. Se assim for, a liberação do fiador acontecerá ainda que a contratação principal tenha duração temporal maior do que a estatuída para a relação acessória, que, afinal, é objeto de específica declaração volitiva nesse sentido. É o que ocorre, por exemplo, quando se convenciona a data de início e do fim da garantia, sem possibilidade de prorrogação automática. Nesse caso, somente com a anuência expressa do garantidor seria possível estender a vigência da segurança fidejussória.

É possível que a fiança não seja estipulada por prazo determinado, mas que a obrigação principal a que se atrela tenha tempo definido de duração. Nesse caso, a existência da obrigação principal é que determina a vida útil da garantia, de tal sorte que ela perdura enquanto vigente a obrigação assegurada. Exemplo: fiança que, celebrada sem prazo certo, está vinculada a contrato de crédito estudantil cuja duração é de dois anos. Extinguir-se-á a fiança com a implementação do tempo fixado para a vigência da obrigação principal. Embora inexista prazo certo de duração da fiança propriamente dita, é imperioso que o acessório siga o principal, fazendo com que a garantia persista enquanto fluir o prazo estipulado para a obrigação assegurada.

Há circunstâncias que levam a fiança e a obrigação principal à indeterminação temporal no que diz com a vigência dos contratos. Se isso acontecer, o vínculo acessório poderá ser rompido por iniciativa do fiador assim que verificada a ausência de prazo de ambas as avenças, pois não se pode exigir do fiador que fique indefinidamente jungido ao conteúdo contratual. A conveniência do fiador é que dirá até quando continuará garantindo o cumprimento da obrigação principal. O art. 835 estabelece: *"O fiador poderá exonerar-se da fiança que tiver assinado sem limitação de tempo, sempre que lhe convier, ficando obrigado por todos os efeitos da fiança, durante sessenta dias após a notificação do credor".*

Para livrar-se da condição a que foi guindado pelo contrato, o fiador que tiver firmado a garantia sem limitação de tempo deverá notificar por escrito o credor, judicial ou extrajudicialmente, acerca da sua intenção de romper o vínculo negocial. A partir da cientificação da parte adversa, o fiador permanecerá ainda obrigado, na forma acordada quando da celebração da fiança, por mais sessenta dias. A contagem do prazo se dá com exclusão do *dies a quo* e inclusão do *dies ad quem*, à semelhança do que ocorre com os prazos processuais. Ao longo do período de sessenta dias, o fiador ainda responderá exatamente como convencionado na garantia, para que os interessados possam adotar as medidas cabíveis, inclusive aquelas destinadas, se for o caso, à colocação de outra pessoa no lugar da que decidiu romper o liame.

Questão interessante diz respeito à possibilidade de exoneração do fiador que garante obrigações resultantes de locação de imóvel urbano. A Lei n. 8.245/91, no art. 39, preconiza: *"Salvo disposição contratual em contrário, qualquer das garantias da locação se estende até a efetiva devolução do imóvel".* Logo, ainda que o liame locatício venha a se prorrogar, passando a vigorar por prazo indeterminado, o fiador não se poderá exonerar invocando o art. 835 do Código Civil, haja vista a prevalência da norma especial sobre a de caráter geral. Tal solução, aliás, encontra respaldo no art. 2.036 da codificação, segundo o qual a locação de prédio urbano, que esteja sujeita à lei especial, por esta continua a ser regida.

19.7. Extinção da fiança

As causas gerais de extinção dos contratos também se aplicam à fiança. Destarte, o advento do termo final do ajuste, a implementação de condição resolutiva tácita ou expressa, o distrato, entre outras, desfazem o vínculo jurídico. Em caráter específico, e dado a sua índole acessória, a fiança é extinta sempre que por alguma razão (*v.g.* nulidade) restar insubsistente a obrigação principal a que adere.

Com a morte do fiador se dá a extinção da fiança, cujos efeitos cessarão desde aquela data. Isso tem lugar tanto na fiança firmada por prazo certo como naquela em que o tempo de duração da garantia é circunstancialmente indeterminado. Em todas as hipóteses, a obrigação passará aos herdeiros do fiador, mas apenas até o limite em que constituída à data do falecimento, pois daí em diante não mais subsiste a garantia (art. 836). A responsabilidade dos herdeiros, portanto, ficará limitada à expressão econômica da obrigação principal, no que já estiver vencida quando da morte do fiador. Afora isso, convém esclarecer que os sucessores responderão somente até o limite ditado pelas forças da herança, pois do contrário a própria obrigação estaria passando da pessoa do fiador para a do herdeiro, o que não é admitido pelo ordenamento jurídico pátrio. Tudo o que exceder o volume econômico deixado pelo *de cujus* ficará como crédito a descoberto.

A extinção da fiança opera-se também pelo óbito do afiançado, eis que se trata de contratação de natureza personalíssima e benéfica, de interpretação necessariamente restritiva. Com o falecimento do afiançado extingue-se a garantia, presumindo-se que o fiador não teria funcionado como tal se outro fosse o devedor na contratação principal. Em assim sendo, não pode ser o fiador responsabilizado por obrigações ocorridas após a morte do afiançado.

Quando demandado pelo credor para fins de cumprimento da obrigação inadimplida pelo devedor originário, o fiador poderá opor ao demandante todas as exceções que, sendo pessoais, puderem funcionar como causa de contraposição ao direito invocado na lide (art. 837). Por isso, é lícito ao fiador argüir contra o credor aspectos como: compensação, confusão, novação, transação, remissão e todas as matérias que puderem servir na defesa de seus interesses.

Além das exceções pessoais que tiver contra o credor, o fiador pode alegar aquelas que são extintivas da obrigação e cuja invocação compete ao devedor principal. Entre elas encontram-se o pagamento feito por este, a nulidade da obrigação principal, a prescrição e assim por diante. Isto porque a posição do fiador, que normalmente nada recebe em contrapartida da garantia prestada, mostra-se por demais delicada e difícil, merecendo a proteção do ordenamento jurídico sempre que houver mecanismo legal apto a elidir o conteúdo da obrigação assumida, seja por meio da invocação de exceções pessoais como da alegação de exceções extintivas pertinentes ao devedor primevo.

Ao fiador não é permitido invocar exceções que provierem simplesmente de incapacidade pessoal, salvo se for o caso de mútuo feito a pessoa menor (parágrafo único do art. 824). É que neste último caso o credor não pode pleitear em juízo o cumprimento do dever de restituir o montante mutuado, vedação que, sendo inabalável, impede-o de buscar a devolução também junto a quem garantia a obrigação maculada. A intenção do legislador é exatamente a de embaraçar a iniciativa dos que acaso pretendam aventurar-se no empréstimo a menor, haja vista as conseqüências ruinosas que poderia ter não fosse a proteção normativa. Quanto à proibição de o fiador invocar exceções que provenham simplesmente de incapacidade pessoal, há razões plausíveis para tanto, pois nesse contexto vigora presunção no sentido de que o fiador pretendeu salvaguardar o credor dos riscos de nada vir a receber do sujeito passivo original, assumindo voluntariamente o risco de pagar em seu lugar caso verificado o inadimplemento. Assim, ficará obrigado a cumprir por inteiro o dever assumido quando da celebração da fiança.

A incapacidade mencionada no art. 837 não é somente a que decorre da interdição, mas inclusive a que tiver origem na menoridade do sujeito passivo, observada, quanto a isto, a admissibilidade de invocação da matéria como exceção extintiva do dever principal quando se tratar de mútuo. Exceto no que diz com o mútuo feito a menor, todas as demais questões relacionadas à incapacidade pessoal do devedor principal não poderão ser argüidas como causas extintivas da obrigação.

Determinadas situações, arroladas no art. 838 do Código Civil, fazem com que o fiador seja liberado da fiança, e, conseqüentemente, do dever de garantir que assumira. Verificadas as circunstâncias capazes de desobrigar o fiador, de nada importará o fato de ser ou não solidário com o devedor principal, e tampouco o de haver ou não renunciado ao benefício de ordem, pois a liberação acontecerá em toda a extensão da fiança celebrada. Liberado o fiador, a obrigação principal não será afetada e subsistirá em sua totalidade, mas sem a garantia que sobre ela incidia.

Libera-se o garantidor no caso de, sem consentimento seu, o credor conceder moratória ao devedor (inciso I). Conceder moratória significa alongar o prazo para cumprimento da obrigação, após o vencimento, mediante assentimento do credor. Quando isso ocorrer sem a participação e a concordância do fiador, importará em alteração das condições contratuais originalmente fixadas, fazendo presumir que o prestador da garantia assim não teria agido se conhecesse o verdadeiro prazo de cumprimento estipulado pelas partes que figuram no liame principal. Ademais, a moratória obviamente alongaria o tempo de permanência do fiador na posição de garantia, sendo vedado aos contraentes originais submetê-lo a essa nova realidade contratual não consentida.

O efeito acima referido não se verifica se houver, por parte do credor, mera tolerância ou benevolência em relação ao devedor no que diz com o aspecto temporal do cumprimento da obrigação. Assim, se o pagamento da dívida estava marcado para o dia 10, mas o credor aceita recebê-lo no dia 30, não terá havido moratória, que supõe manifestação volitiva inequívoca do sujeito ativo acerca da alteração permanente do prazo fixado quando da celebração da avença. Terá existido apenas um gesto de compreensão do credor para com a parte adversa, ou simples inércia quanto à cobrança do montante devido, situação que não desobriga o fiador e conserva intacto o vínculo.

Ao prestar garantia o fiador investe-se da prerrogativa abstrata de, caso venha a cumprir a obrigação inadimplida pelo devedor principal, ficar sub-rogado em todos os direitos e ações que competiam ao credor primitivo, razão pela qual deve este abster-se de toda conduta capaz de inibir o exercício do regresso ou de impossibilitar a sub-rogação. Se por fato do credor vier a tornar-se inviável a sub-rogação, o fiador ficará desobrigado e não responderá por eventual inadimplemento do devedor principal (inciso II), eis que agravada a situação contratual por evento atribuível a quem na prática teria de proteger as garantias ou preferências e repassar ao fiador as prerrogativas a elas inerentes. É o que ocorre, por exemplo, no caso de o credor renunciar ao direito de retenção que poderia exercer contra o devedor, abdicar da hipoteca ou do penhor constituídos em segurança da obrigação principal etc.

A dação em pagamento, que consiste no acordo de vontades conducente à entrega de uma coisa ao invés de outra como forma de cumprimento da obrigação, também produz como conseqüência a extinção do dever firmado (inciso III). Em vista disso, e considerada a ocorrência de satisfação integral do débito, todas as garantias vinculadas à obrigação adimplida pelo devedor desaparecem, nisso incluída a fiança. Ao aceitar coisa diferente da que era devida, o credor consente com a extinção da relação jurídica por meio da chamada dação em pagamento, tornando irreversível a liberação do fiador. Ele não poderá ser demandado mesmo que ao depois venha a ser perdido pelo credor, por força da evicção, o objeto que lhe foi alcançado pelo devedor. Com a evicção, a dívida principal ressurge para o mundo jurídico contra o obrigado primitivo, mas inexoravelmente despida da garantia fidejussória sobre ela incidente antes da dação em pagamento.

O art. 839 contém relevante preceito acerca da extinção da fiança: *"Se for invocado o benefício da excussão e o devedor, retardando-se a execução, cair em insolvência, ficará exonerado o fiador que o invocou, se provar que os bens por ele indicados eram, ao tempo da penhora, suficientes para a solução da dívida afiançada".* O benefício de excussão ou de ordem é proteção normativa oferecida ao fiador, a quem se alcança o direito de exigir que, antes de ser compelido ao cumprimento da obrigação garantida, seja chamado a fazê-lo o devedor principal (art. 827). Invocado o beneplácito legal, a superveniente insolvência do obrigado primitivo levará à exoneração do fiador, desde que verificado retardamento na execução e que haja relação direta entre esse fato e a insolvência. Isto porque o retardo no trâmite da execução piora a situação do fiador, haja vista a possibilidade de que os bens do afiançado, oportunamente apontados e constritos, não venham a efetivamente servir para o cumprimento da obrigação, face à concretização da insolvência do devedor principal. Para romper o vínculo fidejussório, todavia, o atraso na execução não poderá ser imputável a qualquer conduta ou omissão do fiador, pois se isso acontecer não haverá liberação alguma, tendo em vista a impossibilidade de ser invocada em proveito próprio circunstância nociva a que o interessado deu causa.

Capítulo 20

DA TRANSAÇÃO

20.1. Conceito e características

Em sentido comum, transação significa qualquer espécie de negócio jurídico ou ajuste de vontades. Não é raro, por exemplo, ouvir-se dizer que alguém realizou uma transação imobiliária, no sentido de ter havido compra e venda de um bem imóvel. Todavia, a transação de que se ocupa o Código Civil é uma contratação típica, dotada de disciplina específica. Sob esse prisma de análise, portanto, transação é o contrato pelo qual as partes, envolvidas judicial ou extrajudicialmente em litígio ou controvérsia, previnem ou encerram a pendência por meio de concessões recíprocas. Embora a ela se assemelhe, não se trata de simples conciliação realizada no âmbito de um processo, já que pressupõe a verificação de certas circunstâncias arroladas na lei. Ademais, quando as partes conciliam estão se valendo de prerrogativa de natureza processual, ao passo que ao transigir fazem-no por meio de instituto civilista.

Segundo preceitua o art. 840 do Código Civil, é lícito aos interessados prevenirem ou terminarem o litígio mediante concessões mútuas. Por meio dessa iniciativa, afastam a hipótese de começo ou continuidade da intervenção do Poder Judiciário para a solução do tema debatido, optando pelo deslinde negociado. Nessa esteira de raciocínio, são requisitos básicos da transação: a) a existência de debate judicial ou incerteza entre as partes; b) a recíproca concessão de vantagens e a assunção de ônus pelos contraentes; c) a manifestação da vontade de encerrar a pendência, com vistas à sua terminação. A reciprocidade de concessões é pressuposto fundamental para a existência da avença, pois se houver endereçamento de proveitos apenas para um dos contraentes será o caso de simples liberalidade, algo como uma doação ou mera desistência relacionada a certo direito, mas não estará patenteado o ato de transigir.

A exigência de reciprocidade nas concessões não pode levar à conclusão de que tenha, necessariamente, de existir proporcionalidade ou correspondência de umas para com as outras. É possível que ao abrir mão de parcela de suas prerrogativas um dos contraentes esteja carreando ao oponente maior vantagem do que aquela reservada a si próprio. Todavia, isso não inibe a ocorrência de transação, pois o que se constata nela é a presença de equilíbrio jurídico no contexto em que inseridos os contraentes, sem que se mostre imprescindível — embora muitas vezes exista — a exata correlação de forças entre as concessões.

Como tem por desiderato primacial encerrar questão pendente e duvidosa, a transação não pode ser negócio jurídico condicional, isto é, submetido a acontecimentos projetados para o futuro, pois isso poderia acarretar o surgimento de novas discussões em substituição à original. O ajuste de vontades é puro e simples, acarretando o encerramento da controvérsia.

Os transatores devem ter capacidade civil genérica e precisam estar munidos do poder de livre disposição dos bens e direitos de cunho patrimonial. Isto porque manifestarão vontade que, em maior ou menor grau, possui caráter abdicativo, face à renúncia que fazem — em tese — de prerrogativas passíveis de afirmação judicial. Logo, somente indivíduos maiores e capazes podem transigir, vedando-se tal iniciativa aos incapazes e aos pródigos. Ademais, o ordenamento jurídico não considera livremente legitimadas para o ato certas pessoas colocadas em situações especiais. Exemplos: o tutor e o curador precisam de autorização judicial para transigir (arts. 1.748, III e 1.774 do Código Civil); os pais não podem contrair, em nome dos filhos, obrigações que ultrapassem os limites da simples administração, salvo por necessidade ou evidente interesse da prole, mediante prévia autorização do juiz (art. 1.691) etc.

O cumprimento das obrigações incrustadas na transação e dela derivadas pode ser garantido por meio da fixação de uma pena convencional para o caso de inadimplemento ou de mora por parte do obrigado (art. 847). A pena estabelecida pelos contraentes funciona como elemento de segurança para o credor, sendo normalmente traduzida na definição de um valor em dinheiro a ser pago pelo celebrante que inobservar seus deveres contratuais. A pena somente se aplica quando expressamente convencionada. Se existir tal previsão no contrato, servirá como prefixação das perdas e danos que pudessem vir a se verificar em razão do inadimplemento ou da mora. Em razão disso, à parte a quem couber exigir o conteúdo da pena convencional será vedado pleitear indenização sob o pretexto da ocorrência de perdas e danos, exatamente porque o valor da pena, acordado quando da transação, faz as vezes de antevisão da extensão de eventuais perdas e danos relacionados à inobservância do dever jurídico contratualmente estatuído.

20.2. Classificação do contrato

A transação é contrato *bilateral*, pois gera obrigações para ambas as partes, que ficam obrigadas àquilo que avençaram acerca das concessões que uma à outra fizeram. É ajuste oneroso, pois cria vantagens e encargos para os dois pólos celebrantes, já que toda concessão importa em limitação de natureza econômica para um dos lados e em proveito ao outro.

O teor do contrato firmado é *comutativo*, porque as obrigações cabíveis aos celebrantes guardam relativo equilíbrio jurídico. Consoante salientado *retro*, isso não significa que devam ter a mesma expressão econômica; importa, sim, na constatação de que por força das concessões recíprocas criam-se geralmente obrigações dotadas de certa equivalência.

A transação é *formal* (art. 842), visto estar necessariamente submetida à perfectibilização escrita, sem a qual, que é da substância da avença, não terá validade e nem eficácia. Aplica-se, nesse particular, a regra de que o acessório segue o principal, exigindo-se escritura pública na transação que diga respeito a obrigações para cuja constituição a lei exija essa forma específica. É o que ocorre, por exemplo, na transação feita em torno de direitos reais sobre imóveis, já que o legislador determinou a adoção do escrito público como fator da validade e eficácia de tais negócios jurídicos. No concernente às situações em que a lei admite a escritura particular para a escorreita prática do ato jurídico, poderão as partes transigir por meio da opção por essa mesma forma. Como quem pode o mais pode igualmente o menos, é lícito aos interessados optar pela transação por escritura pública nos casos em que a lei a admite mediante confecção de escrito particular.

A escritura particular, quando aceita como mecanismo gerador da transação, não está sujeita a exigências especiais, bastando que contenha um mínimo de elementos capazes de identificar a intenção das partes e o teor da vontade emitida. Tem sido aceito como transação até mesmo o instrumento de recibo assinado por ambos os contraentes e no qual foram inseridas informações quanto à controvérsia que por meio dele estão a solucionar. Assim também todo papel, por mais singela que seja a sua apresentação, em que figuram elementos capazes de levar à verificação da existência da vontade de transigir e do conteúdo do acordo.

20.3. Homologação judicial da transação

Já se disse alhures que a transação pode ter como alvo as obrigações ainda não levadas a juízo ou as que já estejam submetidas ao crivo processual. No primeiro caso, será desnecessária, por óbvio, qualquer espécie de homologação judicial. Todavia, se a transação recair sobre direitos postos em juízo, será feita por escritura pública ou por termo nos autos. A escritura pública será acostada ao processo e levada à análise e subseqüente homologação pelo juiz da causa. Quando optarem por transação nos próprios autos, lavrar-se-á o correspondente termo, que, depois de assinado pelas partes, será levado à consideração do juiz para homologação.

Ao examinar o instrumento que contém a vontade das partes, o juiz não pode decidir sobre o mérito nele explicitado; tem competência, apenas, para a verificação do cumprimento dos requisitos formais da espécie. Cumpre salientar que somente depois de homologada pela autoridade competente é que a transação — que tiver por objeto direitos contestados em juízo — adquirirá força de lei entre as partes. Abrangendo todas as questões postas na lide, a transação homologada acarreta a sua extinção; sendo parcial, fará prosseguir a demanda apenas quanto aos pontos não mencionados no acordo de vontades.

Homologada a transação judicial, haverá extinção do processo com julgamento do mérito, na forma do art. 269, III, do Código de Processo Civil. Da sentença homologatória assim proferida, o recurso cabível é a apelação. Transitada em julgado a decisão, não cabe a propositura de ação rescisória, exceto quando houver fundamento para invalidar transação em que se baseou a sentença (art. 485, VIII, do caderno processual), ou seja, quando ocorreu exame do mérito do negócio jurídico, e não simples exame da sua formatação externa. *"Quando o juiz se limita a homologar a transação, a parte que se sente prejudicada poderá intentar ação anulatória do art. 486 do Código de Processo Civil, com fundamento nos vícios da vontade"* (Carlos Roberto Gonçalves, obra citada, p. 542).

Impende asseverar, por relevante, que a sentença homologatória da transação é título executivo judicial, conforme preconizado no art. 584, III, do Código de Processo Civil. A execução tem andamento nos próprios autos em que exarada a decisão.

20.4. Insubsistência da transação

Na transação vigora o princípio da indivisibilidade, o que importa no aproveitamento de todo o negócio jurídico, se perfeito e acabado, ou na sua inteira ineficácia, caso maculado em algum de seus preceitos. Este último caminho será trilhado quando a transação for firmada com vistas à solução de um dever jurídico em suas várias nuanças, de maneira que, sendo nula qualquer das cláusulas, a nulidade atingirá toda a extensão do contrato, não restringindo seu alcance apenas ao aspecto efetivamente viciado. Em suma, sendo nula qualquer das cláusulas da transação, nula será esta (art. 848).

Restando patenteada a invalidade de toda a transação por vício gerador de nulidade, a obrigação que era alvo do acordo ficará restaurada em toda a plenitude, levando as partes ao estado em que se encontravam antes de transigirem. Assim, o cumprimento da obrigação poderá ser pleiteado em juízo pelo credor sem restrição alguma derivada do defeituoso e insubsistente ato de transigir.

É comum uma só transação versar sobre vários direitos contestados e independentes entre si. Nessa hipótese, a fonte de contato ente eles reside na sua conjugação material em instrumento único de transação, peculiaridade que, todavia, não tem o condão de atribuir a todos os direitos o mesmo destino caso seja verificado vício sobre apenas um deles. Portanto, a nulidade da transação, quando afetar um dos direitos acerca dos quais as partes transigiram, não retira a eficácia do acordo quanto aos demais (parágrafo único), embora abarcados no mesmo negócio jurídico. Exemplo: se os vizinhos transigem quanto a controvérsias relativas à demarcação dos respectivos terrenos e à construção de chaminés, a imprestabilidade do ajuste acerca de um desses aspectos não afetará o outro.

Em se tratando de anulabilidade, a transação firmada entre as partes somente poderá ter cessada sua eficácia quando verificada a presença dos seguintes vícios de vontade: dolo, coação ou erro essencial quanto à pessoa ou coisa controversa (*caput* do art. 849). Quanto aos demais vícios que porventura a afetem (*v.g.*, simulação), poderão ser causa de sua ineficácia se enquadráveis nos ditames pertinentes aos defeitos dos atos jurídicos em geral, de modo que o teor da norma supracitada deve ser entendido com essa reserva.

O erro essencial que leva à anulabilidade da transação é o que se denomina *erro de fato*, por incidir sobre qualidades essenciais da pessoa ou da coisa. O mesmo não acontece com o denominado *erro de direito* (parágrafo único), isto é, o que se refere ao alcance ou à própria existência da norma jurídica que disciplina a matéria. Nem mesmo quando funcionar como causa exclusiva da celebração do acordo o erro de direito acarretará a sua anulação. Há erro de direito, por exemplo, quando o transigente acredita que determinada regra jurídica já entrou em vigor, embora na verdade ainda não passe de projeto legislativo sem aplicabilidade prática. Ou, ao contrário, quando pensa que um artigo da lei incide na espécie ilustrada na transação, sendo que na realidade já foi revogado por outra norma.

Como no Direito pátrio vigora ficção jurídica pela qual a ninguém é dado ignorar o conteúdo da legislação ou frustrar o seu cumprimento, a invocação do erro de direito não poderá prosperar como fundamento de anulabilidade da transação corretamente constituída.

A transação sempre visa a dirimir ou prevenir dúvidas, controvérsias ou litígios. Havendo sentença passada em julgado acerca de determinada matéria, e sendo ignorado por um dos transatores o *decisum*, a superveniente transação em torno do mesmo padecerá de nulidade (art. 850). Presume-se que, estivesse ciente da existência de sentença irrecorrível, o transigente não optaria por realizar o acordo, até porque a decisão judicial já havia colocado ponto final na discussão. Caso ambos os transatores conhecessem, ao tempo da transação, a existência de solução do litígio por sentença passada em julgado, e ainda assim optassem por transigir tendo por objeto o mesmo tema, o acordo de vontades seria válido e serviria para desfazer, em relação aos contraentes, a força da precedente decisão judicial. Restaria patente, então, a livre vontade de alterar a verdade jurídica firmada pela sentença irrecorrível, o que se admite no pertinente a interesses econômicos de ordem privada.

Com base na mesma norma legal, será nula a transação operada entre as partes quando, por título descoberto depois de celebrada a avença, restar patenteado que na realidade nenhum dos transatores tinha direito sobre o objeto do acordo de vontades. Nessa hipótese, as partes não estariam dispondo sobre direitos de natureza privada que lhes fossem cabíveis, e um dos pressupostos de viabilidade do pacto consiste exatamente em que os contraentes transacionem acerca de direitos de que sejam titulares ao tempo da celebração, ou que lhes estejam disponíveis quando da produção dos respectivos efeitos. Exemplo: se as partes firmam transação relacionada aos atributos dominiais de certo bem imóvel, mas ao depois constata-se que nenhuma delas possui a titularidade de quaisquer dos elementos constitutivos do domínio, o negócio jurídico é considerado nulo, e, portanto, despido de eficácia.

20.5. Objeto do contrato

Nem todos os direitos podem figurar como objeto de transação, sendo expresso o ordenamento jurídico no sentido de impedir que prerrogativas de ordem pública sofram ingerência decorrente de transação, ainda que tenham natureza patrimonial. Somente os direitos patrimoniais de caráter privado poderão ser alvo de transação (art. 841), ficando afastadas dessa abrangência, portanto, questões relacionadas com a capacidade e o estado das pessoas, filiação, pátrio poder, regularidade e efeitos do casamento etc. Nelas predomina o interesse coletivo e social sobre o individual.

Em assim sendo, não poderá o filho transigir no sentido de renunciar ao direito de perceber alimentos dos progenitores em troca de vantagens outras, eis que se trata de matéria insuscetível de transação. Poderá o destinatário da norma deixar de exercer a prerrogativa de concretamente postular alimentos dos ascendentes, ou acordar acerca do *quantum* a ser fixado, mas não lhe será facultado abdicar do direito propriamente afirmado. De igual modo, não é possível transigir em demanda de anulação do casamento, sendo vedado às partes, mediante concessões de caráter econômico, acordar quanto ao reconhecimento da existência de vício que macula o vínculo matrimonial.

Também não há como transigir acerca de direitos oriundos da personalidade, eis que revestidos de proteção legislativa e naturalmente preservados, sendo exemplo disso a vida, a liberdade, a honorabilidade e tantos outros que são imunes a quaisquer iniciativas tendentes à sua redução ou limitação de índole negocial. Os direitos que mais notadamente se sujeitam à transação são os eminentemente patrimoniais e que não contêm elementos de natureza pública. Aliás, às pessoas é facultado transigir sobre a grande maioria dos direitos, porque geralmente o interesse público não está presente em questões em que predomina o aspecto patrimonial. Nesse caso a transação é inclusive incentivada pelo legislador, visto que põe termo a desavenças submetidas ao Poder Judiciário e que muitas vezes se arrastariam por anos a fio. Noutras tantas ocasiões, a transação finaliza controvérsia antes mesmo de ser levada aos Tribunais, poupando-os de sobrecarga. Enfim, os interessados, *sponte propria* solucionam suas pendências por meio de acordo que tem força semelhante à de uma sentença.

Os direitos relativos a coisas *ex commercium* não figuram como alvo de transação, já que desvestidas de substrato econômico. O ordenamento jurídico não cuida, no âmbito do direito contratual, de elementos que não possuam relevância econômica mínima, haja vista a falta de interesse prático na sua disciplina.

A prática de ilícito penal pode ter conseqüências na esfera cível, mormente no que diz respeito à reparação dos danos materiais e morais produzidos pela conduta delituosa. Como a transação é instituto aplicável à prevenção e solução de litígios de caráter patrimonial, nada impede que se a promova entre a vítima ou seus sucessores e o autor do delito. Efetivada a transação, as partes nada mais terão a debater quanto a esse aspecto. Porém, isso não significa que serão afetadas a ação penal pública movida pelo Estado ou a prerrogativa de dar início à persecução pela autoridade competente, eis que a responsabilidade penal é independente da civil (art. 935 do Código Civil). Aliás, o legislador foi taxativo ao afirmar que a transação concernente a obrigações resultantes de delito não extingue a ação penal pública (art. 846).

Importa destacar que a Lei n. 9.099, de 26.9.95, que dispôs sobre os Juizados Especiais Cíveis e Criminais, previu a realização da chamada transação penal entre o Ministério Público e o autor de fato delituoso enquadrável no conteúdo do referido diploma legal, visando, mediante rígidas condições, ao encaminhamento da finalização da persecução pública. Isso nada tem a ver com a transação cível de cunho contratual e com ela não mantém qualquer ligação.

Ainda no pertinente à Lei dos Juizados Especiais, deve-se observar que nela está consagrada a possibilidade de composição dos danos civis no âmbito penal, antes de iniciada a persecução propriamente dita, quando se tratar de ilicitudes sujeitas a ação penal privada ou condicionada à representação. Verificada a composição acima referida, que após homologada pelo juízo equivale em forças ao contrato de transação cível, opera-se a renúncia ao direito de representação ou queixa, conforme estatuído no art. 74 e parágrafo único da Lei n. 9.099, de 26.9.95. Por isso, nenhuma outra reclamação poderá ser feita a título de indenização dos danos produzidos pela conduta delituosa, nem ficará sujeito, o autor do ilícito, à persecução penal fundada naquele episódio.

20.6. Limites da eficácia da transação

É da essência da transação a sua interpretação restritiva, circunstância reconhecida pelo ordenamento jurídico (art. 843 do Código Civil). Isto porque se presume que cada um dos contraentes, ao transigir, pretende obrigar-se da maneira menos gravosa e extensa possível. Seria de todo ilógico admitir que o transigente promove acordo visando à exegese ampliativa da vontade externada, mesmo porque essa idéia contraria a própria natureza humana, via de regra voltada para a menor oneração. Assim, se na transação consta que uma das partes se obriga a pagar o principal de certa dívida, não se lhe poderá exigir o pagamento dos demais encargos incidentes, já que isso importaria em estender a vontade declinada.

Pela transação, as partes não transmitem direitos entre si, mas apenas os reconhecem e declaram. Exatamente por isso é que ela não funciona como substitutivo da compra e venda, da doação ou de qualquer outro contrato translativo, pois neles existe a vontade expressa de constituir direitos, enquanto a transação limita-se à declaração e ao reconhecimento de prerrogativas preexistentes. Ao transigir acerca de certo bem imóvel, por exemplo, os contraentes não estarão promovendo um negócio jurídico destinado a — pura e simplesmente — transferir o domínio, mas sim acordando em torno do direito de alguma das partes sobre a titularidade dominial, investindo-se o pólo contrário em vantagens outras definidas no correspondente instrumento. Portanto, embora possa ter como resultado indireto a alteração subjetiva na titularidade de direitos, o desiderato primacial da transação é reconhecer e declarar aquilo que cabe a cada envolvido.

Tendo em vista a expressão da lei quanto à finalidade do instituto, torna-se imperioso concluir que se determinado litígio judicial for solucionado por transação, a superveniente decisão homologatória do acordo pelo juízo terá natureza declaratória, e não constitutiva.

A transação não pode ser alegada contra e nem a favor de qualquer pessoa que não as contraentes, cingindo seus efeitos exclusivamente aos que nela intervierem e dentro das previsões firmadas (art. 844). Como é próprio dos contratos, ela encontra como limite de seu alcance negocial a vontade das partes e a esfera de atuação jurídica de cada uma delas. Em relação a terceiros é genuína hipótese de *res inter allios*, ou seja, vínculo estranho a quem não a integra.

Mesmo que a coisa sobre a qual versa o litígio ou disputa seja indivisível, os efeitos da transação somente alcançarão as partes contraentes, não sendo oponíveis a terceiros. Isto porque a solução da pendência por meio de transação pressupõe a manifestação de vontade de todos quantos desejarem ser abarcados pelo negócio jurídico, de maneira que é vedado a alguém transigir em nome alheio, salvo na condição de regular representante do interessado. Destarte, quem não tomar assento na transação ficará imune às suas conseqüências, independentemente da divisibilidade ou não da coisa a que se refere.

A transação operada entre o credor e o devedor original libera o fiador (§ 1º), mas exclusivamente naquilo que tenha sido objeto da avença. Sendo parcial, e não modificando determinados pontos da obrigação, a transação não exonera o fiador no tocante a tais aspectos. Ela somente desobriga o fiador nos aspectos em que atinge a fiança, eis que, tratando-se de mecanismo de extinção da obrigação primitiva, atrai o acessório para o mesmo destino. Desaparecendo totalmente o dever garantido, fenece no mesmo instante a fiança prestada, resultado do princípio de que o acessório segue o principal.

Quando a transação é pactuada entre um dos credores solidários e o devedor comum, ocorre a extinção de toda a obrigação pendente, de modo que nenhum dever jurídico subsistirá do devedor para com os demais credores (§ 2º). Essa solução deriva dos princípios inerentes à solidariedade ativa, eis que ao satisfazer por inteiro a obrigação junto a um dos credores solidários, estará o devedor exonerando-se com relação a tudo quanto pendia de cumprimento. Tal regra não chega a afetar o princípio pelo qual a transação somente aproveita aos que dela tomaram parte, já que a solidariedade está sujeita a disciplina diversa, conferindo ao devedor comum a opção de liberar-se pagando a qualquer dos credores, ao mesmo tempo em que terá de pagar a qualquer deles que promover demanda nesse sentido. Logo, tratando-se de contrato extintivo do dever jurídico, a transação firmada entre um dos credores solidários e o devedor comum tem o condão de desobrigar este último, ficando os outros credores legitimados a demandar, junto ao que transigiu, o reembolso de cada quinhão, nos moldes preconizados na legislação pertinente à solidariedade ativa.

Nesse mesmo compasso, a transação firmada entre um dos devedores solidários e o credor comum extingue a dívida também no que concerne aos co-devedores (§ 3º). Se o débito é único, mostra-se mais do que evidente o caráter extintivo da transação sobre o todo pendente, pois então equivalerá em efeitos ao pagamento promovido por somente um dos co-devedores solidários. O devedor que realizou a transação poderá pleitear dos demais o reembolso do quinhão individualmente cabível aos consortes, observado o conteúdo da negociação extintiva firmada.

Havendo solidariedade ativa e passiva na mesma relação jurídica, a transação promovida entre um dos credores e um dos devedores extinguirá a totalidade do dever jurídico, sendo oponível a qualquer dos integrantes de ambos os pólos da obrigação primitiva. Isso não prejudica, porém, o direito do *solvens* recuperar o quinhão de cada consorte, exercendo direito regressivo, nem libera o *accipiens* de distribuir entre os co-credores os correspondentes quinhões.

20.7. Evicção da coisa inserida no negócio

A transação muitas vezes envolve renúncia a alguma prerrogativa de que em tese dispunha o transigente sobre determinada coisa. Noutras tantas ocasiões, o que se dá pela transação é a transferência de certa coisa de um contraente ao outro. Tal operação não importa em afronta ao art. 843 do Código Civil, pois nesse caso a transferência não é um fim em si mesma, mas um corolário lógico do reconhecimento e da declaração do direito em favor de um dos contraentes, nos moldes postos na avença. Diante disso, não pode ser descartada a hipótese de superveniência de evicção, que consiste na perda da coisa por ato judicial, fundada em título anterior à transação. Logo, ao tempo em que realizada a transação a coisa já era litigiosa ou alheia, circunstância conducente à evicção. Para esse caso o legislador não previu a derrocada da transação firmada entre as partes, tendo preferido assegurar ao evicto o direito de reclamar perdas e danos contra o outro pólo transigente. A obrigação extinta pela transação não revive, motivo pelo qual as partes que tomaram assento no negócio jurídico não retornam ao estado anterior se for verificada a evicção da coisa (art. 845).

Afirma-se que a solução posta na lei não seria a ideal, haja vista o fato de que a evicção faria faltar objeto à transação, levando-a, por conseguinte, ao fenecimento. Entretanto, a construção normativa é acertada, pois ao determinar que a obrigação extinta não revive pela evicção da coisa o legislador estipulou em favor do evicto o direito de reclamar perdas e danos, previsão que torna mais firme a situação de quem perde a coisa objeto da transação. Convém destacar, ainda, que a segurança das relações jurídicas recomenda sejam mantidos os negócios jurídicos concretizados, salvo quando irremediavelmente prejudicarem terceiros ou as partes envolvidas. Não se percebe isso no caso concreto, até porque é expressa a alusão à possibilidade de o evicto pleitear perdas e danos que eventualmente houver experimentado.

Tendo em vista a força extintiva da transação sobre as obrigações por ela atingidas, bem como a conservação dos efeitos da transação mesmo se evicta a coisa, a aquisição posterior de novo direito sobre esta, por qualquer dos transigentes, não o impede de exercê-lo em toda a sua plenitude (parágrafo único). Assim, por exemplo, se o imóvel transferido pela transação é evicto, e tempos depois um dos transigentes adquire-o junto ao evictor, este negócio jurídico será perfeito e conferirá ao adquirente a totalidade dos atributos dominiais, não podendo ser invocadas por outrem quaisquer circunstâncias relacionadas à antecedente transação, ou mesmo à evicção, como fundamento para inibir o exercício das qualidades concernentes ao domínio.

A transação não importa em renúncia ou abdicação de qualquer direito que futuramente possa vir a ser adquirido pelos transatores sobre a coisa que, pelo acordo, houver sido renunciada ou transferida para uma das partes ou para terceiro. Seu efeito consiste unicamente na extinção das obrigações ou direitos controvertidos no momento do negócio jurídico, não se projetando para adiante no tempo.

Capítulo 21

DO COMPROMISSO

21.1. Conceito e características

A matéria versada nos arts. 851 a 853 do Código Civil, pertinente ao compromisso, precisa ser entendida e analisada de acordo com as previsões ínsitas na Lei n. 9.307, de 23 de setembro de 1996, que dispõe sobre a arbitragem. Ao ajustarem o compromisso, as partes estarão preparando o caminho para a instalação de arbitragem e do juízo arbitral, ou seja, do mecanismo que levará à extinção da controvérsia por meio da atividade de terceiros, chamados árbitros, a quem caberá examinar os fatos e dizer o direito aplicável à espécie. Pode haver expressa previsão contratual no sentido do emprego de regras de eqüidade, princípios gerais de Direito, usos e costumes e regras internacionais de comércio na solução da pendência (art. 2º e parágrafos, da Lei n. 9.307/96).

É admitido compromisso, judicial ou extrajudicial, para resolver litígios entre pessoas que podem contratar (art. 851). Compromisso, portanto, é o contrato pelo qual os interessados em solucionar litígios acerca de direitos próprios acordam no sentido de nomear árbitros, aos quais é atribuída a tarefa de analisar a situação e emitir sentença arbitral capaz de dirimir as questões debatidas. A propósito, o art. 9º da Lei n. 9.307/96 afirma, *ipsis literis*, que o compromisso arbitral é a convenção por meio da qual as partes submetem um litígio à arbitragem de uma ou mais pessoas, podendo ser judicial ou extrajudicial. O pressuposto básico para que alguém possa firmar compromisso é o de estar no gozo da capacidade civil e apto a contratar.

Instituído o compromisso em caráter extrajudicial, nenhuma das partes poderá, enquanto pendente de finalização pelos árbitros, levar a mesma matéria para discussão em juízo, ressalvadas as hipóteses em que a lei admite essa conduta. Se tiver natureza judicial, evitará a manifestação do juiz sobre o mérito, devendo o pronunciamento emergir exclusivamente dos árbitros indicados. *"Celebrado o compromisso na pendência da lide, cessam as funções do juiz togado, que passam a ser exercidas pelos árbitros, inclusive a de proferir decisão"* (Carlos Roberto Gonçalves, obra citada, p. 558) Tanto é assim que o inciso VII do art. 267 do Código de Processo Civil diz ser causa de extinção do processo, sem resolução do mérito, a convenção de arbitragem. O árbitro é juiz de fato e de direito, e a sentença que proferir não fica sujeita a recurso ou a homologação pelo Poder Judiciário (art. 18 da Lei n. 9.307/96).

O compromisso não se confunde com a transação, embora tais institutos revelem um ponto de aproximação, qual seja, a finalidade perseguida por ambos, eis que visam à solução de matéria controvertida por meio de livre iniciativa das partes. A diferença é que na transação os contraentes fazem concessões recíprocas e chegam, eles próprios, a um denominador comum, enquanto no compromisso os interessados indicam outras pessoas para que definam, por meio do chamado juízo arbitral, a solução a ser dada ao caso concreto. As partes e os respectivos sucessores, então, ficam vinculados à decisão emitida pelos árbitros escolhidos, obrigando-se de tal maneira que o seu vigor é equivalente ao de uma sentença, funcionando como título executivo quando o seu conteúdo for condenatório (art. 31 da Lei n. 9.307/96).

21.2. Celebração do compromisso

Firmado em juízo, o compromisso será tomado por termo nos autos e conterá a assinatura das partes ou de seus respectivos procuradores, munidos de poderes especiais. A representação por mandatário pode ocorrer tanto em juízo como fora dele, sendo inclusive comum que dentre os poderes conferidos ao advogado que atua na causa sejam incluídos os necessários à celebração de compromisso. Já no concernente às controvérsias extrajudiciais que as partes pretendem solucionar a partir da indicação de árbitros, não há necessidade de que o procurador seja advogado, bastando que esteja no exercício dos direitos civis e que nenhuma restrição exista quanto à habilitação para funcionar como mandatário.

Ultimado o pacto e solucionada a questão pendente, o juiz da causa, quando provocado, somente terá competência para fazer análise em torno da observância dos pressupostos formais da avença e das respectivas conclusões. Não poderá, contudo, imiscuir-se nos temas atinente ao mérito da decisão proferida pelos árbitros, limitando a atividade jurisdicional à verificação do atendimento dos pressupostos extrínsecos de formação da avença. A partir disso, o laudo adquire força de sentença e soluciona o litígio nos termos em que confeccionado.

Quando extrajudicial, o compromisso será celebrado por escrito público ou particular no qual estejam apostas as assinaturas dos contraentes ou de seus procuradores, que terão de investir-se de poderes especiais. O laudo oferecido pelos árbitros não dependerá de homologação judicial para produzir efeitos. Isso não significa que o teor do contrato não possa ser levado ao Poder Judiciário para exame, pois, como qualquer outro negócio jurídico, talvez porte vícios de vontade ou defeitos de natureza diversa que maculem a sua estrutura jurídica básica. Logo, é viável pleitear a afirmação judicial de nulidade ou anular o compromisso celebrado, desde que presente causa suficiente para assim proceder. De resto, o art. 5º, XXXV, da Constituição Federal, autoriza a tomada da providência acima referida ao dizer que a lei não excluirá da apreciação do Poder Judiciário lesão ou ameaça a direito, no que é seguida pelo art. 33 da Lei n. 9.307/96.

Nos termos do art. 32 da supracitada lei, a sentença arbitral é nula quando ocorrer alguma das situações nele previstas. São causas de insubsistência da decisão a nulidade do compromisso e a prolação por quem não podia ser árbitro (incisos I e II). Também não prevalecerá, segundo asseverado no inciso III, quando carente dos elementos indicados no art. 26, que são: o relatório, que conterá os nomes das partes e um resumo do litígio; os fundamentos da decisão, em que serão analisadas as questões de fato e de direito, mencionando-se, expressamente, se os árbitros julgaram por eqüidade; o dispositivo, em que os árbitros resolverão as questões que lhes forem submetidas e estabelecerão o prazo para o cumprimento da decisão, se for o caso; e a data e o lugar em que foi proferida.

Haverá ainda nulidade se: for proferida fora dos limites da convenção de arbitragem (inciso IV); não decidir todo o litígio submetido à arbitragem (inciso V); comprovado que foi proferida por prevaricação, concussão ou corrupção passiva (inciso VI); proferida fora do prazo, desde que a parte interessada tenha notificado o árbitro, ou o presidente do tribunal arbitral, concedendo-lhe o prazo de dez dias para a prolação e apresentação da sentença arbitral (inciso VII); e forem desrespeitados os princípios do contraditório, da igualdade das partes, da imparcialidade do árbitro e de seu livre convencimento (inciso VIII).

Embora não haja requisitos formais específicos para a celebração do compromisso, a escritura, pública ou particular, é da substância da avença, não produzindo efeito algum quando verbalmente promovido o acordo. Desde quando regularmente constituído, o compromisso afasta a atuação do Poder Judiciário sobre o mérito da lide já posta em debate judicial, eis que a vontade das partes determina a solução do problema por meio da soberana atuação de árbitros.

21.3. Nomeação dos árbitros

Pode ser árbitro qualquer pessoa capaz e que tenha a confiança das partes (art. 13 da Lei n. 9.307/96). Os analfabetos não podem atuar, pois, sendo imperiosa a confecção de laudo escrito, obviamente não conseguirão desincumbir-se do mister. Os pródigos podem funcionar como árbitros, eis que a atividade não implica em disposição de bens.

A tarefa de arbitragem será cometida sempre a um número ímpar de árbitros (§ 1º), para evitar empate na votação final. Quando os envolvidos nomearem árbitros em número par, estes estão autorizados, desde logo, a nomear mais um. Não havendo acordo, requererão as partes ao órgão do Poder Judiciário a que tocaria, originariamente, o julgamento da causa a nomeação do árbitro (§ 2º). Admite-se a atuação isolada de apenas uma pessoa, desde que seja essa a vontade dos envolvidos ou a decisão do juiz togado a quem for apresentada a questão. Ao celebrarem compromisso, as partes identificarão pelo nome e qualificação completa os árbitros que pretendem ver atuando no caso concreto, bem como os eventuais substitutos para a hipótese de não restar aceita a designação, já que ninguém pode ser obrigado a assumir a tarefa cometida. Não se exigem qualidades especiais para que alguém seja árbitro, pois se trata de relação baseada estritamente na confiança; porém será necessariamente pessoa física. Apontados os árbitros e aceita a missão por estes, as partes submetem-se à solução que derem à causa, excetuadas as irresignações e recursos judiciais cabíveis.

Caso os árbitros indicados não aceitem a tarefa, e os substitutos também declinem da missão, o compromisso extinguir-se-á de imediato, salvo se outra solução for dada pelas partes. Sendo indicado mais de um árbitro, e havendo produção de laudos divergentes, poderão as partes apontar um terceiro para fins de desempate, eis que a persistência da indefinição acarreta a extinção do compromisso.

O trabalho dos árbitros não é desenvolvido a título gratuito, exceto se assim ajustado. A remuneração será estipulada entre as partes que buscam a arbitragem e as pessoas escolhidas. Caso nada se estabeleça, poderá haver cobrança judicial de honorários, cuja definição competirá ao juiz togado a quem couber o processamento do feito.

21.4. Objeto do contrato

Em princípio, todas as matérias controvertidas, de natureza privada e patrimonial, podem ser submetidas a compromisso e arbitragem. Todavia, há questões em que prevalece inarredavelmente o interesse público, evidenciado de tal maneira em certos temas do Direito que o legislador entendeu adequado obstar a resolução do litígio pela atuação de árbitros. Em atenção a essa peculiaridade, é vedado compromisso para solução de questões de estado, de direito pessoal de família e de outras que não tenham caráter estritamente patrimonial (art. 852).

A primeira hipótese de inviabilidade do compromisso diz respeito a questões de estado, ou seja, àquelas que envolvem temas como a capacidade e a interdição, a personalidade, o registro civil, a situação política do indivíduo etc. Também os problemas de direito pessoal de família não poderão ser extintos mediante compromisso. Estão entre eles, por exemplo, os relativos à filiação e ao poder familiar, ao casamento, à tutela etc. Por derradeiro, são excluídas do alcance do compromisso questões outras que tenham conteúdo não-patrimonial, ou cuja expressão econômica seja meramente secundária, como é o caso do direito à vida, à honra, à imagem e, em geral, as matérias referentes às garantias fundamentais constitucionalmente previstas em favor do indivíduo.

Conforme asseverado, a imprestabilidade do compromisso na solução de matérias controvertidas ligadas a algum dos aspectos arrolados no art. 852 do Código Civil tem em vista a predominância do interesse estatal e coletivo sobre as prerrogativas pessoais. A necessidade de preservação da segurança das relações jurídicas e da paz social faz maior a carga de interesse público do que privado no resguardo de questões de estado, de direito pessoal de família e de outras que não tenham caráter estritamente patrimonial. Em razão disso, exclui-se a nomeação de juízes privados para dirimir pendências dessa natureza; somente a sentença judicial, proferida pelo juiz competente e com estrita observância do devido processo legal dará solução à lide.

21.5. Teor e extinção do compromisso arbitral

Constará, obrigatoriamente, do compromisso arbitral: I – o nome, profissão, estado civil e domicílio das partes; II – o nome, profissão e domicílio do árbitro, ou dos árbitros, ou, se for o caso, a identificação da entidade à qual as partes delegaram a indicação de árbitros;

III – a matéria que será objeto da arbitragem; e IV – o lugar em que será proferida a sentença arbitral (art. 10 da Lei n. 9.307/96).

Poderá, ainda, o compromisso arbitral conter: I – local, ou locais, onde se desenvolverá a arbitragem; II – a autorização para que o árbitro ou os árbitros julguem por eqüidade, se assim for convencionado pelas partes; III – o prazo para apresentação da sentença arbitral; IV – a indicação da lei nacional ou das regras corporativas aplicáveis à arbitragem, quando assim convencionarem as partes; V – a declaração da responsabilidade pelo pagamento dos honorários e das despesas com a arbitragem; e VI – a fixação dos honorários do árbitro, ou dos árbitros (art. 11 do mesmo diploma).

As conclusões da sentença exarada pelos árbitros serão fundadas nas regras estatuídas pelas partes, naquelas ditadas pelo Direito e pela experiência comum ou extraídas segundo um juízo de eqüidade, a critério das partes (art. 2º da Lei n. 9.307/96). A sentença arbitral será proferida no prazo estipulado pelos celebrantes. Nada tendo sido ajustado a esse respeito, o prazo para a apresentação da sentença é de seis meses, contado da instituição da arbitragem ou da substituição do árbitro. As partes e os árbitros, de comum acordo, poderão prorrogar o prazo estipulado (art. 23 e parágrafo único, do mesmo diploma).

Extingue-se o compromisso arbitral escusando-se qualquer dos árbitros, antes de aceitar a nomeação, desde que as partes tenham declarado, expressamente, não aceitar substituto. O mesmo acontece falecendo ou ficando impossibilitado de dar seu voto algum dos árbitros, desde que as partes declarem, expressamente, não aceitar substituto. Também se extingue pela expiração do prazo estabelecido para a apresentação do laudo, desde que a parte interessada tenha notificado o árbitro, ou o presidente do tribunal arbitral, concedendo-lhe o prazo de dez dias para a prolação e apresentação da sentença arbitral (art. 12 da Lei n. 9.307/96).

21.6. Cláusula compromissória

Admite-se nos contratos a cláusula compromissória, para resolver divergências mediante juízo arbitral, na forma estabelecida em lei especial (art. 853 do Código Civil e art. 3º da Lei n. 9.307/96). Cláusula compromissória é a convenção por meio da qual as partes celebrantes de um contrato assumem a obrigação de submeter à arbitragem os litígios que possam vir a surgir, relativamente a tal contrato (art. 4º da Lei n. 9.307, de 23.9.96). Da citada cláusula pode advir a posterior instalação do compromisso arbitral propriamente dito, gerador da nomeação de árbitros para o deslinde da pendência, nos moldes já examinados nos tópicos anteriores. Não obstante, é muito mais comum a existência do compromisso arbitral independente de prévia cláusula compromissória. Nesse caso, haverá um contrato autônomo e que por via direta ocasiona a instalação da arbitragem pretendida.

Enquanto o compromisso é avença definitiva, a cláusula compromissória funciona como uma espécie de pacto preliminar, ou promessa de firmar posterior compromisso, se da contratação em que incrustada emergirem dúvidas em torno de aspectos como extensão, conteúdo, forma, execução etc. A referida cláusula deve ser estipulada por escrito, podendo estar inserta no próprio contrato ou em documento apartado que a ele se refira (§ 1º). Nos contratos de adesão, a cláusula compromissória só terá eficácia se o aderente tomar a iniciativa de instituir a arbitragem ou concordar, expressamente, com a sua instituição, desde que por escrito em documento anexo ou em negrito, com a assinatura ou visto especialmente para essa cláusula (§ 2º). Cumpre salientar que a cláusula é autônoma em relação ao contrato em que estiver inserta, de tal sorte que a nulidade deste não implica, necessariamente, a nulidade da inserção compromissória (art. 8º da Lei n. 9.307/96).

Embora não conste expressamente do texto legal, é possível que a aludida cláusula seja acoplada a certas declarações unilaterais de vontade, como ocorre, por exemplo, quando o testador estabelece que se houver dúvidas relacionadas ao cumprimento do teor dos legados serão as mesmas dirimidas por meio de juízo arbitral.

Existindo cláusula compromissória e havendo resistência quanto à instituição da arbitragem, poderá o interessado requerer a citação da outra parte para comparecer em juízo a fim de lavrar-se o compromisso, designando o juiz audiência especial para tal fim (art. 7º da Lei n. 9.307/96). Se a cláusula nada dispuser sobre a nomeação de árbitros, caberá ao juiz, ouvidas as partes, estatuir a respeito, podendo nomear árbitro único para a solução do litígio (§ 4º). A sentença que julgar procedente o pedido valerá como compromisso arbitral (§ 7º), seguindo-se a aplicação das normas inerentes à espécie.

21.7. Dos atos unilaterais

Da noção primitiva, pela qual as fontes das obrigações eram o contrato, o quase-contrato, o delito e o quase-delito, passou-se para um quadro mais evoluído, em que a lei se tornou a principal fonte obrigacional. Com efeito, em tempos remotos ficou patenteada a idéia de que o contrato (*v.g.* compra e venda) era fecundo campo de geração de obrigações, por representar a conjugação de vontades dos celebrantes. Noutras vezes, surgia a figura do quase-contrato (*v.g.*, gestão de negócios), de que também provinham deveres jurídicos, embora sem a pujança daqueles gerados no seio de um liame propriamente contratual. De banda diversa, o delito (então traduzido na prática de ilicitude dolosa) sempre foi considerado profícua fonte obrigacional, mantendo-se até hoje com amplo vigor. À época da construção desse entendimento, existia ainda a figura do quase-delito, assim considerado o ilícito culposo.

Um passo adiante do contexto explicitado *retro* surge, com *Pothier*, a noção de que a lei também deveria figurar no rol das fontes obrigacionais. Tanto prosperou essa tese que acabou sendo integrada ao Código Civil Francês. Na verdade, sabe-se hoje que a lei, mediata ou imediatamente, é a principal e mais vigorosa fonte de obrigações, associando-se a outras que foram surgindo ou se aperfeiçoando. Ela pode determinar a existência de vínculos dessa natureza à margem de qualquer manifestação de vontade das partes, ou mesmo sem que haja condutas contrárias às normas em vigor (*v.g.*, dever de prestar alimentos). Nesse caso, funcionará como fonte direta ou imediata, embora normalmente seja fonte indireta ou mediata, sustentando o arcabouço jurídico do qual nascem as obrigações embasadas nas fontes ordinariamente diretas ou imediatas: contrato, ilícito etc.

A vontade humana tem força suficiente para provocar o surgimento de obrigações. Basicamente, esse fenômeno se dá por meio da celebração de contratos ou em virtude de declarações ou atos unilaterais. Atento a isso, o legislador inseriu no Código Civil a disciplina dos chamados *atos unilaterais*, eficiente fonte obrigacional. Importa destacar a circunstância de que o regramento não parte do pressuposto de existência prévia de algum vínculo entre os interessados. Preocupa-se, apenas, em considerar que a manifestação de vontade de um só sujeito é capaz de obrigá-lo, carregando, então sim, o potencial de estabelecer um dever jurídico. Exemplo disso é a promessa de recompensa, pois o promitente fica vinculado o seu teor desde a exteriorização da vontade, de modo que, surgindo depois quem se enquadre na imposição veiculada (*v.g.*, localizar um animal perdido), resta patenteada a obrigação de cumprir o prometido.

Os atos unilaterais dotados de vigor jurídico, e, portanto, de exeqüibilidade, são apenas os discriminados na lei. Não se pode criar figura diversa das elencadas pelo ordenamento, sob pena de instalar-se o caos e de acabar sendo afetada a segurança das relações interpessoais. Daí que o estudo das figuras positivadas no Código Civil avulta em relevância, haja vista a repercussão econômica e social que possuem.

21.8. Da promessa de recompensa

21.8.1. Conceito e características

Aquele que, por anúncios públicos, se comprometer a recompensar, ou gratificar, a quem preencha certa condição, ou desempenhe certo serviço, contrai obrigação de cumprir o prometido (art. 854). Promessa de recompensa é a declaração unilateral pela qual o promitente assume a obrigação, desde quando emitida a vontade ao público em geral, ou a um grupo, de recompensar ou gratificar — em dinheiro ou por meio de outro incentivo — quem prestar certo serviço ou preencher determinada condição.

Muito se discutiu, em passado recente, acerca do momento em que ocorreria a efetiva vinculação do promitente ao respectivo dever jurídico. Houve quem defendesse a tese de que isso aconteceria apenas quando o executor da tarefa descrita na promessa a cumprisse, apresentando-se ao devedor para receber a contrapartida. Outra corrente, aceita em definitivo pelo nosso ordenamento, afirma que tal fenômeno tem lugar no instante mesmo da divulgação da promessa aos destinatários. Assiste razão a quem pensa assim, uma vez que ao realizar o anúncio o indivíduo não está assumindo obrigação de celebrar contratação futura, mas sim de cumprir o teor da promessa unilateralmente feita, bastando para tanto que o executor implemente o seu conteúdo e reclame a contrapartida fixada.

A obrigatoriedade da promessa resulta da necessidade de preservar a segurança das relações jurídicas. O desiderato do legislador não é, primordialmente, o de fazer respeitar a palavra empenhada, eis que isso faz parte do universo puramente subjetivo. Há, isto sim, a clara intenção de assegurar a exigibilidade do crédito a que tem direito o executor do ato previsto no anúncio feito pelo autor da promessa. Logo, interessa averiguar se, no plano objetivo, a pessoa que se apresenta como credora realizou a conduta esperada pelo promitente, em conformidade com a divulgação efetuada.

A obrigação contraída pelo promitente quando da divulgação pública do ato jurídico é de fazer, ou seja, cumprir aquilo que restou prometido ao executor da missão anunciada. Quanto a esta, pode consistir na exigência da prática de um ato positivo (dar ou fazer) ou de uma omissão (não fazer). Assim, funciona como tal a manifestação no sentido de que ganhará um carro quem efetivar a maior doação a um asilo, fizer a melhor escultura ou deixar de fumar.

21.8.2. Requisitos subjetivos e objetivos

Pode ser promitente todo aquele que, dotado de capacidade, estiver no gozo das prerrogativas de exercício dos atos da vida civil. Já a qualidade de credor não se dirige apenas a quem for capaz, uma vez que também os incapazes podem exigir o adimplemento prometido, bastando para isso que tenham cumprido a exigência feita pelo anunciante. Eventual ação destinada à cobrança daquilo que foi prometido será ajuizada pelo credor, por si mesmo ou na pessoa do seu representante legal. No âmbito extrajudicial, a recompensa paga ao incapaz terá quitação válida dada por quem o representa.

A validade da promessa depende da implementação dos pressupostos indicados no art. 104 do Código Civil, a respeito das partes, do objeto e da forma. Destaca-se a necessidade de que se faça pública, haja vista que o art. 854 do Código Civil menciona expressamente a circunstância de que será veiculada mediante *anúncios públicos*. Na posição jurídica de destinatário da promessa estará sempre um universo indeterminado de pessoas, admitindo-se que ocorra direcionamento para um certo grupo. Vale dizer, ela será encaminhada ao público em geral (*v. g.* quem der informações sobre um veículo furtado) ou a quem, dentre específico agrupamento, atingir a finalidade estabelecida (*v. g.*, o funcionário mais produtivo de certa empresa).

Nada obsta que o promitente exija certas qualidades pessoais dos interessados, como acontece no caso do oferecimento de gratificação a quem provar ser o descendente italiano mais idoso residente no país, ao vencedor de concurso de literatura para crianças até os dez anos de idade ou ainda para a mais bela estudante de certo Estado. É facultado ao promitente divulgar a recompensa pelos mais variados meios, tais como: rádio, televisão, Internet, jornais, reuniões abertas etc. A publicidade é da essência do ato, de maneira que a sua ausência impede a caracterização jurídica do instituto. Se o encaminhamento tiver por destinatário um sujeito perfeitamente discriminado, não haverá promessa de recompensa, mas sim proposta de contratação, submetida à disciplina própria.

A promessa não prescindirá de objeto lícito e de condições igualmente admitidas em lei, do que deriva a insubsistência de declaração que, *v. g.*, anuncie gratificação para quem matar alguém, ou que indique um revólver de uso exclusivo das Forças Armadas como prêmio a quem cumprir certa tarefa. Por outro lado, a indeterminação do destinatário da promessa não lhe retira a validade e a eficácia, pois a posterior identificação do agente que cumpriu as exigências do promitente faz efetivo o liame entre partes precisamente conhecidas.

O conteúdo da recompensa é definido por quem realizou a promessa. É o caso, por exemplo, de se ofertar o valor de 100 para quem der pistas sobre um foragido. Caso não haja delimitação econômica, caberá ao juiz fixar o montante devido, observadas variantes como o trabalho desenvolvido, os gastos efetivados, a qualificação reclamada etc. Daí que a simples aposição da palavra *gratifica-se* no corpo do anúncio não atribui ao promitente a condição de árbitro da própria dívida, já que será dado ao credor discutir em juízo a quantificação da recompensa. O mesmo não ocorrerá, por óbvio, se ela já fora antecipadamente divulgada, quando então se presume ter havido concordância do executor no atinente à sua expressão econômica.

21.8.3. Direito de exigir a recompensa

Tratando-se de declaração unilateral de vontade, a vinculação do promitente independe de prévia aceitação de quem quer que seja. Tanto isso é verdade que a primeira pessoa a enquadrar-se nas exigências anunciadas terá direito à percepção da recompensa, ainda que ao praticar o ato que deu nascedouro ao direito não tivesse a intenção de por meio dele obter o que fora prometido (art. 855). Isto porque a promessa de recompensa não é um contrato, razão pela qual inexiste necessidade de qualquer manifestação volitiva por parte do interessado em executar a tarefa anunciada. Logo, a atribuição do direito ao executor não se atrela à existência de prévio interesse no sentido de receber a gratificação ou recompensa, dependendo, apenas, do efetivo cumprimento das exigências estabelecidas pelo promitente. Tampouco interessa que o executor tivesse ciência do anúncio antes da prática do ato que o tornou credor, bastando a objetiva conduta de atender à exigência posta.

Embora tendo executado o serviço ou satisfeito a condição com o vivo interesse de obter a recompensa, é perfeitamente possível que o credor renuncie ao direito que lhe assistia, eis que integrante da seara das prerrogativas disponíveis de natureza privada.

O descumprimento da obrigação pelo modo, tempo e lugar anunciados acarreta ao promitente o dever de pagar juros e indenizar perdas e danos sofridos pelo executor, devidamente comprovados, além de continuar obrigado nos moldes da promessa conforme inicialmente firmada. A constituição em mora se dará por interpelação judicial ou extrajudicial, haja vista a incidência, na espécie, das regras concernentes à mora *ex personae*.

21.8.4. Revogação da promessa

Tendo feito a promessa de recompensa sem prazo determinado para a execução, poderá o promitente retirá-la a qualquer tempo, pois a ninguém é dado reclamar do promitente a permanente expectativa de que se apresente um executor. Para tanto, deverá anunciar a revogação com a mesma publicidade conferida à promessa, o que importa na utilização dos mesmos meios de que se valeu para fazer o oferecimento ao público, e em tantas vezes quantas houverem sido as veiculações. Se a promessa foi divulgada pela televisão, nela será veiculada a retratação; se pelo rádio, de igual modo, e assim por diante. A alteração do meio, por presunção, não alcança o público-alvo do anúncio original; assim, mantém-se a promessa enquanto não sobrevém retratação dotada de igual publicidade em relação à oferta.

A retratação do promitente, quando indeterminado o prazo de execução, somente fará revogar a promessa se ao tempo em que veiculada a intenção de retirá-la ninguém ainda houver prestado o serviço ou preenchido a condição imposta, pois do contrário o executor terá direito à percepção da recompensa ou gratificação (art. 856). Noutras palavras, até o momento em que totalmente esgotada a retratação (o que ocorre pela finalização do anúncio da retirada da promessa), qualquer pessoa que comprovadamente houver executado o serviço ou preenchido a condição geradora do direito de ser recompensado poderá pleitear o cumprimento do prometido.

Quando a promessa de recompensa é feita com prazo certo de execução, fica o promitente privado da faculdade de retirá-la, eis que somente o inteiro transcurso *in albis* do lapso temporal demarcado fará desaparecer a oferta. Entende-se, *in casu*, que o estabelecimento de prazo certo de execução envolve, pelo promitente, a renúncia do arbítrio de retirar a oferta feita, tornando-a irretratável até o momento em que esgotado o interregno firmado. É que a fixação de um certo período para o cumprimento da tarefa anunciada pelo promitente alcança aos interessados a certeza de que podem planejar a execução da melhor maneira possível, funcionando o tempo, então, como elemento fundamental na definição da conduta a ser seguida pelo executor.

Arrependido o promitente, e retirada a oferta formulada sem prazo de execução, o candidato de boa-fé que houver feito despesas com vistas à implementação da tarefa anunciada poderá postular o correspondente reembolso (parágrafo único). Afinal, o arbítrio do promitente não é tão extenso a ponto de acarretar prejuízos a quem se esforçou objetivando atender às exigências estipuladas no anúncio. Na definição do direito de reembolso basta a boa-fé, não sendo exigível a demonstração de que o candidato pretendia praticar o ato com evidente interesse em obter a recompensa ou gratificação. Mesmo nos casos em que inexista interesse algum na contrapartida da promessa, o candidato de boa-fé que fizer despesas no desempenho do serviço ou no cumprimento da condição poderá reclamar o respectivo reembolso.

A morte do promitente não extingue de imediato a promessa; os herdeiros do falecido é que deverão providenciar a revogação mediante publicidade igual à conferida ao anúncio. Deixando de revogá-la, os herdeiros responderão pelo conteúdo da promessa; não pessoalmente, mas até onde as forças da herança suportarem. Igual panorama tem-se quando sobrevém incapacidade ao promitente, eis que, tratando-se de declaração unilateral de vontade endereçada às pessoas em geral, o evento óbito não faz fenecer automaticamente a promessa, de maneira que só perderá a validade depois de revogada pelo representante legal do incapaz.

21.9. Multiplicidade de executores

Não pode ser descartada a hipótese de vários indivíduos, atuando de forma independente, lograrem êxito na prestação do serviço ou no preenchimento da condição estabelecida pelo promitente. Caso isso ocorra, a recompensa ou gratificação será entregue ao que primeiro concluiu a integral execução (art. 857). Note-se que o ordenamento jurídico não privilegia quem em primeiro lugar comunica ao promitente a realização da tarefa cometida, mas quem antes a conclui; logo, ainda que venha a promover a comunicação depois de outro indivíduo, aquele que comprovadamente executou por primeiro o ato é que perceberá o conteúdo da recompensa. Todavia, se ao tempo da cientificação tardia outro executor já a houver recebido, o promitente não poderá ser demandado por novo pagamento, já que ficou liberado quando entregou a recompensa a quem se apresentou como legítimo credor.

É óbvio que a preocupação do legislador se dirigiu àquelas situações em que pessoas não conjugadas em esforços conseguiram, de maneira independente e autônoma, cumprir a meta estipulada na promessa. Fosse o caso de vários indivíduos somarem forças para chegar ao objetivo comum anunciado, o grupo como um todo teria direito à vantagem prometida, ficando a critério exclusivo dos integrantes a posterior partição dos quinhões, que inicialmente se presumem iguais. A verdade é que, no contexto acima exposto, o promitente ficaria liberado da obrigação de fazer no instante em que entregasse ao grupo a recompensa ou gratificação, já que o fracionamento em quotas estaria fora de sua responsabilidade.

Por outro lado, a simultaneidade de execução por pessoas que atuaram de forma independente faz com que todas tenham direito a porções iguais na partilha da recompensa (art. 858). Isso independe do grau de colaboração individual na consecução do objetivo almejado, pois se considera que o êxito decorreu do esforço de todo o grupo. O promitente tem o dever de cumprir a obrigação pelo todo, sejam quantos forem os executores que lograrem êxito a um só tempo; portanto, o fato de vários indivíduos executarem concomitantemente o ato cometido não faz multiplicar o teor da vantagem anunciada, levando, isto sim, à partição da recompensa entre eles.

A indivisibilidade da coisa prometida faz com que se promova um sorteio para definir com quem permanecerá. Aos que não forem contemplados no sorteio caberá, não obstante, o valor do quinhão respectivo. Assim, se forem três as pessoas que simultaneamente executaram o ato, e sendo um automóvel avaliado em 9.000 a recompensa, o sorteio dirá qual dos executores receberá o veículo e ficará com a obrigação de pagar 3.000 a cada consorte remanescente.

Ainda que o legislador aponte o sorteio como forma de solução do problema, é lícito aos indivíduos, que simultaneamente praticaram o ato gerador do direito à recompensa, a opção pela venda da coisa indivisível e posterior fracionamento do valor apurado. A decisão pela venda amigável da coisa cabe exclusivamente aos beneficiários, de modo que o sorteio como forma de dirimir a pendência somente terá aplicação se os interessados não avençarem solução diversa.

21.10. Promessa em forma de disputa pública

Quando a promessa de recompensa envolver disputa direta entre os eventuais interessados, a fim de que dentre eles sobressaia o melhor, a fixação de prazo será obrigatória e surgirá como condição essencial de validade do certame (art. 859). É que o concurso, via de regra, envolve mais esforço e dedicação do que o necessário ao cumprimento da condição ou à prática do ato ínsito na promessa simples de recompensa. Nesta, o que há é a divulgação da oferta de vantagem a quem primeiro executar o objeto anunciado (v. g., localizar documentos extraviados); naquele, ocorre confronto entre os pretendentes, visando a apontar qual deles será o vencedor.

Como a promessa de recompensa em concursos abertos ao público deve ter sempre um prazo definido para a participação dos interessados, convém destacar que ao longo da fluência do lapso temporal demarcado o promitente não poderá revogar a oferta, pois é admissível a retratação ou o arrependimento apenas em promessas sem prazo certo. Os concursos abertos com promessa pública de recompensa podem ser de iniciativa de particulares ou dos entes estatais, de maneira que em qualquer deles impõe-se a prévia determinação do prazo. Pública é a oferta, e não a natureza do concurso, sendo equivocado pensar que a regra se direciona aos concursos públicos no rigoroso sentido da expressão, como fonte de preenchimento de cargos e funções.

A escolha do vencedor, nos concursos com promessa pública de recompensa, quase sempre depende da escolha feita por pessoas indicadas pelo promitente já nos anúncios. Se os indivíduos a quem caberá a decisão houverem sido assim nomeados, a escolha por eles feita ao final obrigará a todos (§ 1º), pois o só fato de alguém tomar assento na disputa importa em acatamento das regras previamente estabelecidas. Isto não significa que a decisão dos juízes indicados pelo promitente terá de ser acatada ainda que ilegal, eis que ao Poder Judiciário é dado analisar as circunstâncias formais que nortearam a disputa, bem como a adequação do certame às normas divulgadas e ao ordenamento jurídico como um todo.

À falta de indicação de quem será o julgador dos trabalhos ou atos mencionados na promessa, entende-se que reservou o promitente para si a tarefa de decidir (§ 2º). Destarte, a ausência de indicação da pessoa sobre quem recairá a missão de julgar o mérito dos trabalhos apresentados não afeta a validade e nem a eficácia da promessa de recompensa pública em concurso aberto, pois é perfeitamente possível e legítimo que o promitente tencione ser, ele mesmo, o julgador.

Havendo empate no julgamento do mérito dos trabalhos apresentados, seja porque a comissão ou pessoa nomeada assim decidiu, seja pelo fato de esse ter sido o veredicto do promitente que se reservou a prerrogativa de julgar, a recompensa será entregue a quem primeiro houver finalizado a execução. Sendo simultânea a execução, a cada um tocará quinhão igual na recompensa; se esta não for divisível, será atribuída por sorteio a um dos participantes, e o que obtiver a coisa dará ao outro o valor de seu quinhão (§ 3º).

Caso nenhum dos executores tenha atingido o objetivo previsto no anúncio, nada impede que seja afirmada a ausência de direito à recompensa, se tal prerrogativa for expressamente reservada pelo promitente quando da divulgação. Caso a disputa diga respeito à apuração da melhor performance dentre os concorrentes, será impositiva a escolha de um vencedor e a entrega da recompensa, ainda que a qualidade do trabalho desenvolvido não tenha sido a esperada.

As obras que forem selecionadas e premiadas em concursos relacionados a promessas públicas de recompensa continuarão pertencendo ao executor, salvo se previsto, quando da publicação da promessa, que a entrega da obra importará na transferência da mesma ao promitente (art. 860). É que a alienação ou cessão de obras intelectuais, artísticas, musicais e de todas as que provenham da mente humana somente poderá ser feita mediante expressa concordância do autor, e ainda assim dentro dos limites da lei.

Estando prevista a translação, ao promitente, da titularidade das obras premiadas, a recompensa será tida não apenas como reconhecimento pelo trabalho, mas também como contraprestação fundada no fato da transferência de domínio operada. Assim, ao executor não caberá reclamar indenização alguma, exceto quando a operação prevista na promessa contrariar legislação em vigor.

Parte III

DOS ATOS UNILATERAIS

Capítulo 1

DA GESTÃO DE NEGÓCIOS

1.1. Conceito e características

Tratada na codificação anterior como contrato, a gestão de negócios passou a figurar no Código Civil em vigor como ato unilateral, tendo em vista a circunstância de que inexiste prévio acordo de vontades entre o gestor e o dono do negócio acerca do objeto envolvido na administração promovida pelo primeiro em relação a determinado interesse cujo titular é o segundo. Neste compasso, a gestão consiste na prática de atos relativos a negócio alheio de caráter patrimonial, sem autorização do interessado. Em regra, é possível a intervenção de gestor em todas as questões econômicas que poderiam ser alvo de atuação direta do titular, a menos que fosse necessária a outorga de poderes especiais, como na hipótese de negócios envolvendo a prestação de garantia real que incide sobre bens do devedor.

Para os atos de natureza não patrimonial, quando admitida a atuação de terceiro (*v.g.*, ajuizamento de ação relativa ao Direito de Família), será sempre necessária a outorga de poderes, eis que essa espécie de atividade foge ao alcance do instituto da gestão e se enquadra no mandato. Portanto, não se admite gestão em assuntos de natureza personalíssima, como os que dizem respeito a temas eleitorais, ao estado da pessoa e assim por diante.

Pela gestão, uma pessoa atua como se fosse representante do dono do negócio, mas sem estar efetivamente investida dos correspondentes poderes. É o que acontece, por exemplo, quando alguém se ausenta temporariamente do país e nesse ínterim vence certa dívida, que vem a ser paga por um amigo do devedor ausente. Nesse caso, preenchidos os requisitos definidos pelo legislador ficará caracterizada a gestão de negócios, disso defluindo as conseqüências de estilo.

Aquele que, sem autorização do interessado, intervém na gestão de negócio alheio, dirigi-lo-á segundo o interesse e a vontade presumível de seu dono, ficando responsável a este e às pessoas com que tratar (art. 861). Ao intervir na gestão de negócio alheio, o agente ficará obrigado a dirigi-lo em moldes semelhantes aos que seriam seguidos pelo próprio dono do negócio, cabendo àquele auscultar o interesse e a vontade presumível deste. Tais circunstâncias defluem do contexto em que inseridos concretamente os interessados, sendo necessário que o gestor tenha sensibilidade suficiente para definir qual o conteúdo do interesse e qual a vontade que o dono externaria na situação vivenciada.

Para que aconteça gestão, o negócio deve ser alheio, ainda que o gestor ignore tal aspecto ou imagine tratar-se de atuação em proveito próprio. Por outro lado, se o agir se der ante expressa ou tácita anuência prévia do interessado, será hipótese de mandato (art. 656 do Código Civil).

A gestão de negócios não se confunde com o mandato. Este possui natureza contratual e, portanto, depende de prévia conjugação das vontades do mandante e do mandatário em torno do objeto da avença, enquanto na gestão de negócios, que tem como tônica a espontaneidade da iniciativa do gestor, este age sem ter recebido poder algum. Ao depois, quem tratar com o mandatário nos limites dos poderes a este conferido não poderá demandar-lhe pelo cumprimento do conteúdo acordado, devendo voltar-se contra o mandante; já na gestão de negócios o gestor responde pessoalmente perante o terceiro com quem pactuar, salvo se houver posterior ratificação do ato pelo dono do negócio, que então ficará obrigado nos termos do seu conteúdo. É de ressaltar, também, que o mandato pode ser oneroso, ao passo que a gestão é invariavelmente gratuita. Em suma, a responsabilidade do gestor é muito mais acentuada do que aquela que incide sobre o mandatário, haja vista o fato de que a princípio ninguém deve imiscuir-se em negócios alheios sem estar investido dos necessários poderes, exceto em situações absolutamente especiais e das quais resulte sério risco de que a inércia possa acarretar prejuízos consideráveis.

1.2. Responsabilidade do gestor

1.2.1. *Gestão contra a vontade do dono*

Se o dono do negócio confirmar a atuação do gestor, este ficará liberado de qualquer responsabilidade, disciplinando-se a relação pelas normas concernentes ao mandato. A falta de ratificação, por sua vez, não guinda o gestor à condição de parte no negócio celebrado no interesse alheio. Assim, por exemplo, se a gestão consistiu na compra de um veículo, a ausência de confirmação do negócio não faz do gestor o adquirente do bem. Todavia, ele responderá pessoalmente pelos danos ocasionados à pessoa com quem negociou e ao próprio indivíduo em cujo nome encetou o seu agir.

Se a gestão foi iniciada contra a vontade manifesta ou presumível do interessado, responderá o gestor até pelos casos fortuitos, não provando que teriam sobrevindo, ainda quando se houvesse abstido (art. 862). Embora o texto legal tenha lançado originalmente a palavra *abatido*, está claro que houve mero lapso de grafia, sendo correto o vocábulo *abstido*. A manifestação de vontade do dono, contrária à intromissão de outra pessoa em seus negócios, faz recair sobre o gestor responsabilidade ainda maior do que a normalmente aplicável à gestão, mesmo porque a assunção do risco terá sido, via de regra, total e inderrogável. Na realidade, o indivíduo que se imiscui no gerenciamento de interesses alheios contra a vontade do titular comete ilicitude civil, razão pela qual deve ser submetido aos rigores da lei, arcando inclusive com os ônus resultantes do fortuito e, não obstante o silêncio da lei, da força maior.

Também responderá pelos prejuízos, decorrentes ou não de caso fortuito, quem assumir a posição de gestor contra a vontade presumível do dono do negócio. Embora não tendo declinado expressamente um ânimo oposto à consecução da gestão, o dono porta-se de maneira tal que deixa entrever a sua posição em torno de determinado interesse. Se o gestor, disso estando ciente, vier a contrariar essa vontade presumível, suportará por inteiro todo e qualquer prejuízo originado do ato que praticou.

A única forma de o gestor escapulir à obrigação prevista na lei consiste em fazer prova no sentido de que os danos se concretizariam ainda que se houvesse abstido de intervir. Disso se infere que o gestor, nessas condições, fica praticamente obrigado a alcançar êxito no empreendimento a que se dedicou, pois se assim não for arcará com a totalidade das conseqüências nocivas causadas ao interessado e a terceiros. Por outro lado, se obtiver sucesso na gestão não fará jus a qualquer contrapartida remuneratória, rigor que se justifica como fator de inibição da atividade de aventureiros que possam pôr em risco a integridade patrimonial alheia por meio de impensada intervenção em negócios que não lhes dizem respeito.

1.2.2. Verificação de proveitos e prejuízos

É possível que de uma só gestão multifária, com diversos matizes negociais envolvidos, resultem proveitos e prejuízos ao dono do negócio, fruto de boa atividade quanto a determinados aspectos e de má atuação no pertinente a outros. Se do confronto entre benefícios e prejuízos constatar-se a supremacia destes sobre aqueles, e se a gestão houver sido iniciada contra a vontade manifesta ou presumível do interessado, será facultado a este exigir do gestor que reponha as coisas em seu devido lugar, seja por meio da restituição das coisas ao estado anterior e conseqüente desfazimento da atividade executada, seja por meio da indenização da diferença econômica prejudicial ao interessado (art. 863).

Caberá exclusivamente ao dono do negócio a opção por uma das soluções apontadas acima, ficando o gestor a ela adstrito e obrigado. O patrimônio pessoal do gestor suportará as conseqüências da opção feita pelo interessado, de modo que se recomponha a lacuna econômica deixada pela atuação lesiva. O gestor, que agiu contra a vontade manifesta ou presumível do dono, não poderá invocar a ocorrência de proveitos como fator de elisão do dever ínsito na lei, eis que a só presença de prejuízo contra o dono do negócio torna exigível a recomposição.

Em gestão da qual se extraiam vantagens e reveses, iniciada contra a vontade do interessado, o gestor afastará a responsabilidade atinente aos casos fortuitos se provar que os danos sobreviriam ainda quando se houvesse abstido; todavia, não conseguirá livrar-se da obrigação prevista pelo legislador quanto a prejuízos decorrentes de outras causas, encargo inerente ao desempenho de qualquer gestão não ratificada.

1.2.3. Dever de comunicação

Pela natureza do instituto, a atuação do gestor tem início sem prévio acordo de vontades entre ele e o dono do negócio; mas, uma vez encaminhada a atividade, e tanto que seja possível em razão do contexto, o gestor comunicará ao dono a intervenção efetivada (art. 864), a fim de que este possa tomar as precauções que entender plausíveis. Além disso, caberá ao gestor aguardar resposta, eis que ao dono do negócio é dado a todo tempo assumir pessoalmente a condução da atividade, ratificar os atos praticados, nomear mandatário, rejeitar ou aprovar parcialmente a gestão etc., motivo pelo qual a cientificação que lhe é feita pelo gestor assume inequívoca relevância jurídica.

Havendo risco de que a gestão possa resultar inútil se houver aguardo pela resposta do interessado, o gestor poderá levar adiante seu intento (parte final do art. 864), mesmo porque fica pessoalmente obrigado pelos atos praticados, e muitas vezes a melhor forma de buscar o êxito na gestão é exatamente não sobrestar a execução iniciada, embora iminente o risco. A mesma espontaneidade deve marcar a atuação do gestor quando não tiver meios ou oportunidade de comunicar os fatos ao interessado, eis que a lei, porque responsável o gestor por toda a atuação desenvolvida, não exige que pare a execução e nem lhe impõe maior responsabilidade por deixar de dar ciência ao dono do negócio. Aliás, essa comunicação tem por fito justamente minorar, para o gestor, eventuais conseqüências danosas que possa causar ao interessado ou a terceiro, já que arcará com a integralidade dos prejuízos, salvo solução diversa contida no ordenamento.

Tendo ou não efetuado a comunicação da gestão ao dono do negócio, ficará obrigado o gestor a diligenciar no sentido de resguardar os interesses daquele, tomando todas as cautelas possíveis com vistas à sua proveitosa administração. Mesmo que o dono do negócio tenha sido cientificado da atividade desenvolvida pelo gestor, deverá este velar pelo bom andamento dos trabalhos enquanto não receber resposta, cabendo-lhe executar as tarefas necessárias até segunda ordem. Ainda que nenhuma resposta receba, o gestor continuará vinculado à gestão iniciada até que a ultime.

1.2.4. Falecimento do dono do negócio

Se o dono do negócio falecer ao longo da gestão, o gestor solicitará instruções aos herdeiros (art. 865), eis que a eles, como sucessores, deverá satisfação a partir do óbito. No período de aguardo, e embora nenhuma orientação receba, diligenciará o gestor no sentido de proteger os interesses administrados até a conclusão do negócio, praticando todos os atos que se fizerem necessários.

Ao tratar de negócio alheio, o gestor envidará esforços iguais aos que empenharia no resguardo de seus próprios interesses. Ao gestor incumbe agir com cautela, zelo e honestidade na administração do negócio, empreendendo extrema diligência e repensada sobriedade, pois esse, presumivelmente, seria o *modus operandi* do interessado, e o gestor está obrigado por lei a atuar de acordo com vontade e cuidados iguais aos que seriam empregados pelo titular.

1.2.5. Dever de diligência

O gestor envidará toda sua diligência habitual na administração do negócio, ressarcindo ao dono o prejuízo resultante de qualquer culpa na gestão (art. 866). Pelos prejuízos resultantes de culpa responderá o gestor perante o dono do negócio, ressarcindo-os por inteiro. Isso envolve perdas e danos, tanto no que diz com os lucros cessantes como no que concerne aos danos emergentes. Também os danos causados por culpa às pessoas com quem tratar, ou a terceiros estranhos à gestão propriamente dita, mas por ela de alguma forma afetados, serão recompostos pelo gestor, a quem o ordenamento jurídico dedica responsabilidade bem mais ampla do que a atribuída ao mandatário. Se nem o caso fortuito isenta o gestor de indenizar em determinadas situações, é forçoso concluir que o legislador imputa-lhe responsabilidade sempre que houver qualquer modalidade de culpa como fator de provocação do dano, e independentemente do grau com que se apresente o elemento subjetivo, que abrange desde a chamada culpa leve até o dolo.

1.2.6. Substituição do gestor

Caso o gestor promova a sua própria substituição por outra pessoa no desempenho das atividades referentes à gestão, isso em nada afetará a responsabilidade que tem perante o dono do negócio por eventuais faltas que o novo agente venha a cometer. Afinal, se deu início à gestão, fica a ela vinculado até o deslinde final, devendo ressarcir ao dono os prejuízos causados por meio de conduta culposa do substituto, independentemente da ocorrência ou não de má escolha da pessoa a quem coube prosseguir a atividade. Embora provada a idoneidade do substituto, a vinculação do antigo gestor à sorte do empreendimento continuará inalterada (art. 867).

Também os prejuízos derivados de caso fortuito serão suportados pelo gestor substituído, caso tenha iniciado a gestão contra a vontade manifesta ou presumível do dono. Em última análise, a responsabilidade do substituído é exatamente a mesma que sobre si recaía quando atuava efetivamente na gestão, não obstante a falta tenha sido cometida pelo substituto. Isto porque a gestão é atividade desenvolvida sem autorização do interessado direto. Ninguém pode ser obrigado a funcionar como gestor, mas o livre e espontâneo engajamento da pessoa nessa condição jurídica importa na assunção de severos riscos jurídicos e patrimoniais.

Ao reparar os prejuízos originados de faltas perpetradas pelo substituto, o gestor que se fez substituir ficará legitimado à propositura das ações cabíveis, visando ao reembolso de tudo quanto houver despendido para cobrir os malefícios relacionados às faltas praticadas pelo novo gestor. Estão abrangidas nessa hipótese as indenizações prestadas ao dono do negócio, às pessoas com quem o substituto tratou e a terceiros de algum modo atingidos pelas faltas.

O dono do negócio, a quem foram causados danos em razão da atividade promovida pelo substituto do gestor original, será dado demandar contra qualquer deles com o fito de buscar a reparação dos efeitos deletérios experimentados. Quando houver mais de um gestor para o mesmo interesse alheio, a responsabilidade dos que atuarem será solidária perante o dono do negócio (parágrafo único). Essa solidariedade, denominada legal, independe de qualquer previsão convencional ou ato diverso. O gestor que for demandado e tiver de indenizar será, depois do efetivo pagamento, titular da prerrogativa de postular contra os consortes o reembolso das respectivas quotas no todo. Entre os gestores não existirá solidariedade, mas a quota do insolvente será partilhada entre os demais para fins de quantificação das frações individuais dos solventes.

1.2.7. Realização de operações arriscadas

Mesmo que não tenha iniciado a gestão contra a vontade manifesta ou presumível do dono, o gestor será responsabilizado pelos efeitos nocivos do caso fortuito quando fizer operações arriscadas (art. 868). Nesse contexto, não poderá invocar como fator de elisão de tal dever jurídico a circunstância de o dono do negócio estar acostumado a promover a mesma espécie de atividade pautada pelo risco. É que o titular do interesse pode dele dispor como bem quiser, faculdade que de modo algum se estende ao gestor, mero interventor oficioso em negócio alheio. Exemplo: ainda que o interessado fosse contumaz aplicador em bolsa de valores de alto risco, o gestor que atuar nessa área responderá até pelos prejuízos decorrentes do fortuito, *v. g.*, abrupta eclosão de escândalo internacional que derruba as cotações e causa prejuízo aos investidores.

A mesma responsabilidade acima referida incidirá sobre o gestor que preterir interesse pertencente ao dono do negócio em proveito dos seus. Do gestor exige-se a mesma cautela que teria o titular do direito se estivesse à frente da atividade; destarte, ao deixar de tomar conta do interesse alheio, preferindo resguardar os próprios, o gestor descura da obrigação legalmente fixada, sujeitando-se à reparação de todos os prejuízos, nisso inseridos os que se originarem de caso fortuito.

Toda gestão é passível de aproveitamento pelo dono do negócio, se assim ele desejar, embora o resultado final do ato nem sempre seja vantajoso. Ao encampar a gestão, o dono estará chamando para si toda responsabilidade até então suportada pelo gestor. Se isso acontecer, ficará o dono obrigado a indenizar o gestor das despesas necessárias que houver feito, entendidas como as imprescindíveis ao bom andamento da gestão (parágrafo único), *v. g.*, gastos com passagens e deslocamento para celebrar o negócio, estadia e alimentação, taxas etc.

Afora o dever de reembolsar ao gestor as despesas necessárias, caberá ao dono indenizar-lhe os prejuízos sofridos no desempenho da atividade, pois se entendeu conveniente aproveitar a atividade executada não poderá locupletar-se indevidamente, auferindo vantagem à custa do empobrecimento do gestor. Logo, o mínimo que se pode exigir é a reestruturação patrimonial do gestor, pelo dono do negócio, e o reembolso das despesas necessárias ao bom andamento dos trabalhos.

1.3. Responsabilidade do dono do negócio

1.3.1. Cumprimento do conteúdo negocial

Envidando todos os esforços possíveis no sentido de obter o proveito esperado da atividade desempenhada, e portando-se da maneira prevista na lei, o gestor estará cumprindo o papel que lhe foi reservado. Esse é importante indicativo de que houve útil administração do interesse alheio pelo gestor. A constatação de que o negócio foi utilmente administrado vincula o dono às obrigações contraídas em seu nome, fazendo ainda com que tenha de reembolsar ao gestor as despesas necessárias ou úteis feitas em razão da gestão (art. 869).

Além do repasse de tal verba ao gestor, terá o dono do negócio de pagar juros legais, na forma do art. 406 do Código Civil, computados desde a data em que promovido o desembolso.

A útil administração do negócio legitimará o gestor a pleitear junto ao dono do negócio indenização pelos prejuízos que houver sofrido por causa da gestão. Essa previsão normativa tem por desiderato evitar que o gestor, desenvolvendo com precisão e zelo os trabalhos, arque com prejuízos originados da gestão, o que muitas vezes importaria em enriquecimento imotivado do dono e empobrecimento de quem utilmente administrou o negócio.

Não se confundem gestão útil ou necessária com despesas úteis ou necessárias. A primeira hipótese tem por base a análise dos caracteres que levaram o gestor a iniciar a administração, especialmente no que concerne à existência ou não de premência na adoção das medidas. Já na segunda hipótese tem-se a caracterização dos gastos feitos na gestão como sendo úteis ou necessários, para fins de reembolso, de vez que as despesas inúteis ou claramente prescindíveis são insuscetíveis de recuperação pelo gestor, tendo em vista que o dono do negócio não pode ser obrigado a suportar os ônus derivados de veleidade e incompetência do administrador.

Afere-se a utilidade ou necessidade da despesa tomando por substrato as circunstâncias da ocasião em que se fizer (§ 1º). Portanto, descabe apanhá-la em abstrato e qualificá-la como reembolsável ou não; tampouco poderá o dono do negócio impugnar arbitrariamente o teor dos atos praticados, pois a definição da sua prestabilidade está visceralmente jungida ao contexto do momento em que executados. O que hoje se afigura como prescindível pode ter sido ontem de extrema relevância para o desempenho dos atos de gestão. Também não se pode olvidar o fato de que muitas vezes — e não obstante o empenho do gestor diante de uma situação em que objetiva carrear proveito ao dono do negócio — o resultado final não é exatamente o esperado, dadas as peculiaridades do caso concreto.

Exatamente por isso é que o legislador arreda o resultado da gestão como fator isolado de apreciação da utilidade ou necessidade das despesas que o gestor pretende sejam reembolsadas. O que importa, nesse particular, é que o negócio alheio como um todo tenha sido utilmente administrado, ou seja, que o gestor observe aspectos como a vontade presumível do dono, as dificuldades encontradas, as circunstâncias em que realizados os trabalhos e até mesmo o proveito alcançado, embora este último detalhe não possa ser isoladamente tomado como fonte de apreciação do elemento utilidade. Sendo útil ou necessária a gestão, fatalmente também as despesas promovidas pelo gestor tenderão a seguir igual trilha, e, salvo prova em contrário quanto à sua qualidade, ensejarão o reembolso.

O erro do gestor quanto a quem seja o verdadeiro dono do negócio administrado, e a conseqüente prestação de contas a pessoa que na realidade não era titular do interesse não interferem no seu direito de invocar os preceitos contidos no *caput* do art. 869. Logo, em nada será afetada a prerrogativa de postular o reembolso das despesas úteis e necessárias, a indenização dos prejuízos que por causa da gestão suportar, o recebimento dos juros legais etc. Preenchidos os pressupostos de caracterização estatuídos no dispositivo legal, eventual erro quanto ao dono do negócio nenhuma influência terá no concernente à proteção normativa conferida ao gestor (§ 2º).

1.3.2. Gestão para acudir prejuízo

O art. 870 do Código Civil estabelece: *"Aplica-se a disposição do artigo antecedente, quando a gestão se proponha a acudir a prejuízos iminentes, ou redunde em proveito do dono do negócio ou da coisa; mas a indenização ao gestor não excederá, em importância, as vantagens obtidas com a gestão".* A norma legal cuida da chamada *gestão necessária*, que tem por objetivo evitar a ocorrência de prejuízos iminentes contra o dono do negócio, de maneira que cumpre uma finalidade protetiva e preventiva. Também alude à denominada *gestão de proveito*, isto é, aquela da qual efetivamente resultam vantagens para o dono do negócio ou para a coisa em razão da atividade executada pelo gestor. Em qualquer das hipóteses, a utilidade da gestão estará sacramentada pela simples verificação das circunstâncias especiais em que praticada; logo, caberá ao dono cumprir as obrigações contraídas em seu nome, reembolsar despesas e indenizar prejuízos, independentemente de querer ou não ratificar os atos do gestor, pois o critério de aferição do surgimento desse dever é simplesmente a necessidade ou o proveito da gestão.

Na gestão de que emergem proveitos ao dono da obra ou à coisa, o critério de aferição da incidência ou não do art. 869 é o resultado. Sendo proveitoso ao dono ou à coisa, nenhum outro elemento será pesquisado para enquadramento da atividade nos preceitos que autorizam o gestor a pleitear o que for de direito. Todavia, não se pode olvidar que mesmo nesse caso a indenização das despesas passará por uma avaliação de necessidade ou utilidade, pois se assim não fosse estariam abertas as portas para a fraude e o mau ânimo por parte do gestor, a quem via de regra seria conveniente postular o reembolso de despesas inúteis e de nenhuma relevância para o desfecho da gestão.

Tencionando evitar que a quantificação dos valores devidos ao gestor ultrapasse o total das vantagens obtidas com a gestão, o ordenamento jurídico limita o montante indenizatório ao conteúdo econômico dos proveitos. Postura diversa carregaria consigo a possibilidade de que o dono do negócio, embora beneficiado economicamente pela gestão, viesse a experimentar prejuízo final, fruto das obrigações relacionadas ao gestor e previstas no art. 869 do Código Civil. Destarte, na gestão de proveito o somatório das verbas devidas pelo dono do negócio ao gestor jamais ultrapassará a expressão global das vantagens apuradas com a atividade.

1.3.3. Débito alimentar e despesas de enterro

A prestação de alimentos a outrem, seja voluntária ou determinada judicialmente, sempre foi prestigiada pelo legislador nacional, haja vista a importância da iniciativa e a magnitude dos interesses sociais envolvidos. Todo aquele que prestar alimentos em lugar de quem estava realmente obrigado, e que por algum motivo se ausenta sem cumprir o dever, poderá reclamar a reposição do valor despendido, mesmo que o ato não seja posteriormente ratificado (art. 871). A conduta de quem assim se porta configura gestão de negócio, podendo mesmo ser enquadrada como necessária, dada a premência das circunstâncias que envolvem a prestação de natureza alimentar. Em assim sendo, submete-se às regras pertinentes à gestão, e mais precisamente à que ora se analisa, cujo teor indica a possibilidade de recuperação da totalidade do dispêndio junto ao obrigado original, independentemente da vontade deste.

Para que seja possível ao gestor exigir a reposição do valor pago, mostra-se necessária a observância de certos detalhes. Em primeiro lugar, no que se refere à ausência do indivíduo obrigado a fornecer os alimentos. Entende-se por ausente, para os fins propostos na norma, aquele que, embora não esteja em local incerto ou distante do domicílio das pessoas a quem teria de prestar alimentos, simplesmente as abandona à própria sorte, deixando de alcançar-lhes o necessário à subsistência digna. Como se percebe, inexiste qualquer relação com o instituto da ausência disciplinado no Direito das Sucessões, pois o intuito do legislador, por meio do art. 870 do Código Civil, é de caracterizar como ausente o indivíduo omisso no cumprimento da obrigação alimentar. Por outro lado, considera-se obrigado a prestar alimentos não apenas aquele a quem a sentença proferida em ação própria infligiu o dever, mas toda pessoa que por força de lei tenha de alcançá-los a outrem, *v. g.*, pais, durante o exercício do poder familiar; cônjuge, em razão do princípio da mútua assistência etc.

O reembolso dos alimentos não será viável se quem os pagou fê-lo por mera liberalidade, espírito humanitário ou obrigação moral, eis que nenhuma dessas hipóteses preenche a exigência normativa, que faculta a recuperação do montante despendido quando alguém, na ausência do indivíduo obrigado a alimentos, por ele os prestar a quem se devem. Logo, é imprescindível a ocorrência de efetiva gestão, de maneira que o *solvens* não tenha objetivado promover benemerência à custa própria, mas sim suprir circunstancialmente a falta do verdadeiro obrigado.

O custo das despesas de enterro, quando satisfeito por terceiro, pode ser recuperado junto ao indivíduo que teria a obrigação de alimentar o que veio a falecer (art. 872), desde que feito em caráter de substituição do original obrigado, seja porque ausente, seja porque carente de condições para naquele momento suportar o citado encargo. Configura-se, também nesse caso, gestão de negócios, sendo despiciendo analisar o fato de o falecido ter ou não deixado bens. Entende a lei que a pessoa sobre quem recai a obrigação de alimentar outra é responsável pelo seu sepultamento, independentemente de questionamentos mais aprofundados. Importa salientar que novamente o legislador não pretendeu carrear esse dever jurídico apenas aos indivíduos que por sentença estejam vinculados à prestação alimentar, mas a todo aquele que em razão da lei estiver obrigado a prestá-los, embora ainda em tese.

São despesas de enterro as relativas aos aprestos do sepultamento, como caixão, avisos e roupas fúnebres, velório, cerimônias religiosas etc. Também entram nesse rol os valores gastos com a aquisição e o preparo de local em cemitério. A razoabilidade das despesas é que dará a medida exata do direito de reembolso, pois todo abuso por parte do gestor acarretará o desaparecimento da prerrogativa nesse particular. Não é sem razão que o legislador atribui a faculdade de reembolso somente a quem efetuar despesas proporcionadas aos usos locais e à condição do falecido. As práticas sociais levadas a cabo naquela determinada região, bem como a capacidade econômica, a posição social, o nível cultural e a religião do falecido, entre outros fatores, terão de ser utilizados como balizadores das despesas feitas pelo terceiro, sob pena de, configurado o excesso, não poder reclamar a sua reposição.

Assim como ocorre no que diz respeito aos alimentos prestados por terceiro em lugar do obrigado ausente, as despesas de enterro serão reembolsáveis apenas quando feitas sem intenção de benemerência ou conotação humanitária e moral (parágrafo único). Se dotadas de qualquer dessas características, correrão por conta do agente e não estarão sujeitas a recuperação. Em suma, somente se verificada a gestão de negócios é que terão aplicabilidade os arts. 871 e 872 do Código Civil, pois do contrário cederão lugar à mera liberalidade ou bom ânimo, que desautorizam qualquer pretensão reparatória.

1.3.4. Realização de negócios conexos

Caso as atividades promovidas abranjam interesses de outrem em conexão com os do próprio gestor, será este tido como sócio daquele (art. 875). O agenciamento e a defesa conjunta de interesses independentes, uns de titularidade do gestor e outros da pessoa em cujo proveito envida esforços, desde que conexos e de gerenciamento que não se possa executar separadamente, faz com que o destino jurídico dos interessados seja regido pelas normas societárias, dada a similitude desse quadro com o existente em qualquer sociedade.

Como decorrência da hipótese *sui generis* prevista no *caput*, bem como da aplicação das regras pertinentes à sociedade, a pessoa em cujo benefício interveio o gestor só será obrigada na razão das vantagens que auferir (parágrafo único). Havendo prejuízos e nenhum proveito em contrapartida, os encargos emergentes da atividade serão por inteiro suportados pelo gestor.

1.4. Ratificação pelo dono do negócio

O art. 873 do Código Civil estabelece: *"A ratificação pura e simples do dono do negócio retroage ao dia do começo da gestão, e produz todos os efeitos do mandato"*. A ratificação, que é de iniciativa exclusiva do dono do negócio, consiste na aprovação dos atos praticados pelo gestor. Ao aprovar a atividade desempenhada, o interessado assume a obrigação de dar cumprimento a tudo quanto acordado pelo gestor com terceiros, eis que a sua atividade produzirá todos os efeitos do mandato e retroagirá em efeitos à data do seu início. Com isso, desaparece a gestão, afastando-se a possibilidade de discussão, pelo dono do negócio, acerca da utilidade ou não do trabalho realizado, de vez que ao ratificar subentende-se que o interessado o considerou proveitoso.

Tem-se na ratificação um ato puro e simples, inexistindo exigências legais em torno da forma pela qual se implementa. Geralmente é expressa, e consubstanciada em declaração escrita ou verbal; porém, nada impede seja tácita, isto é, atestada pelas circunstâncias do episódio concreto. Exemplo: se o dono do negócio paga o valor da transação firmada pelo gestor perante terceiros, entende-se que aprovou a interferência negocial, tornando-se responsável, desde a data em que levada a cabo, pela totalidade das conseqüências jurídicas dela advindas. É de bom alvitre que o dono do negócio comunique a ocorrência da ratificação ao gestor e às pessoas com quem tratou. Entrementes, a ausência dessa cientificação não é pressuposto de validade e nem de eficácia da aprovação procedida, bastando que se a demonstre, quando necessário, pelos meios ordinários de prova.

De acordo com o art. 874 do Código Civil, se o dono do negócio, ou da coisa, desaprovar a gestão, considerando-a contrária aos seus interesses, vigorará o disposto nos arts. 862 e 863, salvo o estabelecido nos arts. 869 e 870. Daí que na gestão foi iniciada contra a vontade manifesta ou presumível do interessado, responderá o gestor até pelos casos fortuitos, não provando que teriam sobrevindo, ainda quando se houvesse abatido. Quando isso ocorrer, se os prejuízos da gestão excederem o seu proveito, poderá o dono do negócio exigir que o gestor restitua as coisas ao estado anterior, ou o indenize da diferença.

Todavia, cumpre observar que a desaprovação da gestão pelo dono do negócio jamais poderá ser arbitrária, pois nisso haveria concreto potencial de lesividade ao gestor zeloso e observador da lei. A útil administração dos interesses é motivo bastante para que o titular fique obrigado pelo conteúdo da gestão, eis que se assim não fosse tiraria proveito dos atos e a nada ficaria obrigado, nem mesmo no que pertine ao reembolso de despesas, indenização de prejuízos etc. Se é certo que o dono do negócio recebe do ordenamento jurídico a proteção consagrada nos arts. 862 e 863, não menos verdade é que a verificação das circunstâncias apontadas nos arts. 869 e 870 do Código Civil atribuem ao gestor as prerrogativas neles previstas, ficando o dono vinculado ao teor do negócio realizado junto a terceiro.

A contrariedade aos interesses do dono do negócio, como resultado da gestão, não é aspecto cuja definição fique à mercê do seu puro arbítrio, sendo, isto sim, fator objetivo a ser apurado com base nas circunstâncias do evento concreto. Impende asseverar que a recusa do conteúdo da gestão pelo dono do negócio somente poderá ser promovida com base na ausência de utilidade, eis que na hipótese de o gestor ter atuado com vistas a impedir prejuízos iminentes, ou se obtiver proveito em favor do dono ou da coisa, os atos serão preservados em seu teor e obrigarão o titular dos interesses defendidos.

Capítulo 2

DO PAGAMENTO INDEVIDO

2.1. Caracterização e conseqüências

A colocação da matéria, pelo legislador brasileiro, dentre os atos unilaterais tem em vista a circunstância de que a realização de pagamento indevido provém da iniciativa isolada e autônoma de um sujeito, a quem posteriormente se confere a faculdade de pleitear a restituição da prestação voluntariamente oferecida a outrem. Há indébito de natureza *objetiva* se o *solvens* erra quanto à existência da dívida (pagando débito que não existe ou que ainda não é exigível) ou quanto ao teor da prestação (solvendo mais do que deve ou entregando uma coisa ao invés de outra). Sob prisma diverso, será de índole *subjetiva* se o erro gerador do pagamento disser respeito à identificação do devedor (quem paga não deve) ou do credor (paga-se a quem não tem o direito).

Nas relações submetidas à disciplina do Código de Defesa do Consumidor (Lei n. 8.078, de 11.9.1990), o tratamento é mais rigoroso, haja vista a hipossuficiência do consumidor. Tanto é assim que o parágrafo único do art. 42 determina: *"O consumidor cobrado em quantia indevida tem direito à repetição do indébito, por valor igual ao dobro do que pagou em excesso, acrescido de correção monetária e juros legais, salvo hipótese de engano justificável".* A codificação civil não prevê a repetição em dobro, mas confere proteção a quem efetuou, por erro, pagamento indevido.

Todo aquele que recebeu o que lhe não era devido fica obrigado a restituir; obrigação que incumbe àquele que recebe dívida condicional antes de cumprida a condição (art. 876). O ordenamento jurídico brasileiro sempre primou pela consagração da regra pela qual aquele que recebeu em pagamento algo indevido tem de efetuar a devolução. O escopo desse princípio normativo é evitar o enriquecimento sem causa ou injusto, entendido como o acréscimo patrimonial destituído de base jurídica capaz de fazê-lo escorreito e aceitável. Por outro lado, também é evidente o desiderato de impedir o empobrecimento de quem efetua pagamento indevido, de modo que, preenchidas as exigências legais, poderá haver direito à recuperação do montante despendido ou da coisa entregue a outrem. Se o pagamento devido acarreta a extinção da obrigação (arts. 304 e seguintes do Código Civil), o indevido propicia a volta das partes ao estado anterior, mediante ajuizamento de ação de repetição de indébito. Considerando-se o exposto, é possível verificar que são estes os pressupostos para que se faça presente o direito de o *solvens* pleitear a repetição: a) ocorrência de pagamento; b) que tal pagamento seja indevido; c) que o *solvens* tenha incorrido em erro; d) que o pagamento tenha sido voluntariamente efetuado.

Àquele que receber dívida condicional antes de cumprida a condição a que se subordina caberá restituir o conteúdo da prestação satisfeita (parágrafo único). Isto porque a exigibilidade da dívida somente se verifica a partir do momento em que implementado o evento futuro e incerto a ela relativo, de tal sorte que a restituição do indébito é corolário lógico da ausência de causa jurídica para o pagamento. Exemplo: Paulo assume para com José obrigação de não fazer, cujo descumprimento acarretaria a incidência de multa no valor de 100. Carlos, fiador de Paulo, acredita ter-se verificado a condição e paga a José o que fora estipulado. Se o obrigado não inobservou o dever assumido, o pagamento realizado terá relação com dívida condicional carente de exigibilidade à época do pagamento, ensejando ao fiador a recuperação do valor que equivocadamente desembolsou. Porém, se ao tempo em que formulado o pedido de restituição a condição já estiver cumprida, não será reconhecido o direito invocado pelo *solvens*, porque então existirá fundamento jurídico para que a parte contrária possa considerar perfeito, acabado e definitivo o pagamento realizado.

Quem por erro paga dívida ainda não vencida fica impedido de exigir a repetição. Embora ausente a exigibilidade que marca toda obrigação exeqüível, a verdade é que o *solvens* nada mais fez do que antecipar-se no cumprimento do dever assumido, o que não funciona como base jurídica para a recuperação do montante voluntariamente pago. A repetição pressupõe erro no pagamento de indébito, e na situação exposta existe a dívida, mesmo que ainda pendente de vencimento. Ademais, se é permitido ao devedor antecipar espontaneamente a quitação dos débitos em geral (art. 133 do Código Civil), não há motivo para autorizar a busca da repetição daquilo que, mesmo por erro acerca do vencimento, chegou ao legítimo credor.

A prestação a que se obriga o devedor nem sempre se traduzirá em dar algo a outrem. Ela pode simplesmente consistir no desempenho de obrigação de fazer, *v.g.*, elaborar um projeto. Em vista disso, é possível que o *solvens* incorra em erro ao cumprir o dever assumido. Nesse caso, passará a ser titular do direito de pleitear ressarcimento em dinheiro, já que não há meios de buscar a restituição da prestação como entregue ao pólo adverso (art. 881). A inutilização do trabalho ou a devolução de seu resultado ao *solvens* não solucionariam o problema, eis que acarretar-lhe-iam flagrante empobrecimento sem causa plausível, tendo em vista o inegável conteúdo econômico do pagamento e a falta de efetiva contraprestação. Considerado o acima exposto, afigura-se correta a solução idealizada pelo legislador, pois atribui àquele que recebeu a prestação o dever de indenizar o que a cumpriu, tendo por limite máximo dessa obrigação o total do lucro obtido com a pagamento indevido. Mesmo que as perdas e danos sofridos pelo pagador tenham sido maiores do que o lucro auferido pelo receptor, prevalecerá a limitação colocada pela lei, pois do contrário estaria sendo infligido irregular desfalque no patrimônio deste último.

Idêntica solução, por força da mesma norma legal, será aplicada na hipótese de o pagamento indevido consistir em desembolso de certo valor visando a eximir o devedor do cumprimento de obrigação de não fazer. Portanto, se o obrigado efetua satisfação indevida da prestação, pensando com isso estar sendo liberado do dever negativo assumido, poderá recuperar o total do dispêndio, feito na sua execução, junto a quem recebeu o pagamento, eis que terá sido essa a expressão da vantagem irregularmente obtida. Suponha-se que João tenha aceito o compromisso de não edificar além de certa altura em seu terreno, ao mesmo tempo em que exigiu a aposição de cláusula de liberação do dever, de maneira que se pagasse dentro dos dois primeiros anos o valor de 100 estaria exonerado da obrigação. Incorrendo em erro e pagando indevidamente a Carlos, que se apresentou como credor, poderá pleitear o reembolso do valor gasto, eis que somente estaria livre do dever assumido se pagasse ao credor verdadeiro.

2.2. Erro como pressuposto da repetição

O principal requisito para a configuração do pagamento indevido é a ocorrência de erro por parte do *solvens*. Isso significa que ele se equivoca quanto ao objeto ou quanto ao sujeito da relação jurídica que pensa estar extinguindo por meio do pagamento voluntário. Entende-se como voluntário aquele feito por livre iniciativa do *solvens*, sem que sobre ele recaia coerção ou imposição de espécie alguma, salvo as inerentes à própria obrigação assumida. Logo, não se enquadra nessa categoria o pagamento feito por ordem judicial, motivo pelo qual o *solvens*, ainda que saldando indébito, não poderá reclamar repetição do que despendeu. Caber-lhe-á, nessa hipótese, acionar os mecanismos legais de reversão da decisão judicial (recursos, ação rescisória etc.).

Para que seja possível aventar a hipótese de repetição do indébito, compete a quem efetuou pagamento voluntário fazer prova no sentido de que incorreu em erro ao solver (art. 877). Quem paga voluntariamente, satisfazendo dívida inexistente e com plena consciência de seu ato, não pode ao depois reclamar a devolução argüindo como fundamento de sua pretensão a ausência de débito. O pagamento voluntário de indébito equipara-se a uma liberalidade praticada pelo agente, cabendo-lhe arcar com as conseqüências de sua iniciativa. A solução adotada pelo legislador objetiva evitar atitudes de arrependimento ou manobras ardilosas por parte de quem efetua o pagamento — de maneira espontânea — e posteriormente tenciona reaver o valor desembolsado. Não havendo erro, e tendo-se baseado o pagamento em livre opção feita pelo *solvens*, fica vedada a recuperação do conteúdo da prestação satisfeita.

A graduação do erro não é levada em conta na definição do direito de repetição do indébito. Desde a sua forma mais tênue, até a mais grave, todas levam à prerrogativa de recuperar o montante despendido, eis que o ordenamento se conforma com a simples demonstração da ocorrência de erro do agente que pagou. É claro que a esse aspecto deve juntar-se o preenchimento das demais exigências da lei, explicitadas no art. 876 do Código Civil.

Nos negócios jurídicos bilaterais comutativos (*v.g.*, mútuo), o pedido de revisão contratual, feito por onerosidade excessiva verificada ao longo da execução, não produz em favor do interessado o direito de recuperação do valor pago até o momento do ingresso da ação, salvo se demonstrada cabalmente a ocorrência de erro. Assim, eventual procedência da ação revisional produzirá efeitos somente a contar da sentença, influindo sobre as parcelas vencidas desde então; quanto aos pagamentos efetuados até o momento da interposição da lide, ficarão definitivamente consolidados e não sofrerão qualquer interferência. Isto porque a solução voluntária das parcelas vencidas anteriormente ao ajuizamento da lide revisional faz ver do conformismo do *solvens* com o estado das coisas, mesmo porque a irresignação com o conteúdo contratual não é compatível com a inércia de quem se julga prejudicado.

2.3. Influência da boa e da má-fé

Aquele que de boa-fé recebe valor que não lhe é devido recebe tratamento normativo igual ao dispensado ao possuidor de boa-fé, assim como o *accipiens* que age com má-fé equipara-se, para fins de disciplina da situação, ao possuidor de má-fé. Diz o art. 878 do Código Civil: *"Aos frutos, acessões, benfeitorias e deteriorações sobrevindas à coisa dada em pagamento indevido, aplica-se o disposto neste Código sobre o possuidor de boa-fé ou de má-fé, conforme o caso".* Têm de ser observados, portanto, os preceitos ínsitos nos arts. 1.214 a 1.220 da codificação.

O agente de boa-fé tem direito aos frutos percebidos da coisa que recebeu em pagamento indevido. Por outro lado, não responde pelas deteriorações sobrevindas, salvo quanto àquelas a que der causa. No que pertine às benfeitorias realizadas, tem direito à indenização das úteis e necessárias, podendo levantar as voluptuárias, se disso não resultar prejuízo à substância da coisa. Além disso, poderá invocar o direito de retenção até que seja integralmente ressarcido das benfeitorias necessárias e úteis. Quanto às acessões, tem o direito de ser indenizado pelo seu valor.

O *accipiens* de má-fé responde por todos os frutos colhidos e percebidos, bem como pelos que, por culpa sua, deixou de perceber, devendo, conforme for o caso, restituí-los ou indenizá-los pelo equivalente em dinheiro. Responde também por perda ou deterioração da coisa, ainda que acidentais, salvo se provar que de igual modo se teriam dado, estando ela na posse da parte adversa. Quanto às benfeitorias, tem direito de ser ressarcido somente em relação às necessárias; mas não lhe assiste o direito de retenção pela correspondente importância, nem o de levantar as voluntárias. As acessões que tiver feito serão perdidas para a parte contrária, exceto quando também esta agir de má-fé, pois nesse caso subsiste o direito à indenização.

2.4. Pagamento indevido por entrega de imóvel

Nos casos em que o *solvens* tem o direito de pleitear a devolução do pagamento indevidamente promovido, a principal obrigação do *accipiens* consiste em restituir àquele o integral teor da prestação, que nem sempre consiste em dinheiro. Se o pagamento foi feito por meio da entrega em um imóvel, e tendo este sido onerosamente alienado por quem o recebeu, a boa ou a má-fé com que os personagens se houveram na operação é que servirá para definir o rumo a ser seguido, nos termos do art. 879 do Código Civil.

Estando o *accipiens* de boa-fé na alienação onerosa feita a terceiro, terá de entregar ao *solvens* apenas o preço recebido do adquirente, ainda que seja inferior ao de mercado. Havendo boa-fé do *accipiens*, não é justo que se o penalize ordenando o repasse, a quem efetuou equivocadamente a solução, do efetivo valor de avaliação da coisa. Nesse contexto, a entrega da importância correspondente à alienação libera-o do dever jurídico, ficando o *solvens* sem direito de postular, inclusive em relação ao terceiro adquirente do imóvel, qualquer outra compensação de natureza econômica a esse título.

Tendo agido de má-fé no recebimento do imóvel, o *accipiens* que o houver alienado onerosamente fica obrigado a restituir o valor obtido do terceiro adquirente e a indenizar perdas e danos, nisso incluída a diferença entre o montante pelo qual alienou a coisa e o seu real valor de mercado. Essa solução prende-se ao fato de que a má-fé no recebimento do indébito faz necessária a total reparação dos malefícios disso advindos, além de tornar presumida a circunstância de que a alienação onerosa, porque procedida abaixo do valor do imóvel, também integrou o elenco de artifícios utilizados pelo *solvens* com vistas à fácil captação de vantagens ilídimas.

Apenas como esclarecimento, cumpre salientar que se entende por alienação onerosa toda forma de transferência dominial que envolve encargo ou obrigação correspectiva por parte do adquirente, tais como: venda, dação em pagamento, permuta etc. Já a alienação a título gratuito envolve mera liberalidade do alienante, que transfere o domínio sem nada receber em contrapartida, como é o caso da doação.

Duas hipóteses são aventadas no parágrafo único do art. 879 do Código Civil: a) o *accipiens* aliena o imóvel a título gratuito a terceiro; b) a alienação é feita a título oneroso, mas o adquirente agiu com má-fé na operação. Em qualquer delas será lícito, a quem promoveu pagamento indevido mediante entrega de imóvel, reivindicá-lo junto ao terceiro adquirente. O fundamento da norma reside no fato de que, não tendo este feito dispêndio algum para se tornar titular dominial do bem, mostra-se de melhor técnica permitir ao *solvens* a sua retomada, repondo o estado das coisas. De outra banda, se o adquirente do imóvel, embora o tenha feito a título oneroso, agiu de má-fé, nada mais lógico do que restabelecer a normalidade dos fatos por meio da outorga da prerrogativa da reivindicação ao lesado. O legislador, neste último posicionamento, nada mais fez do que confirmar a tradicional aversão do Direito pátrio ao mau ânimo, que invariavelmente acaba sendo alvo da cominação das mais variadas e severas sanções.

Se o alienante agiu com má-fé na transferência gratuita, ou conluiou-se com o adquirente a título oneroso visando a prejudicar aquele que realizou pagamento indevido, responderá por perdas e danos que forem demonstrados. Quando o terceiro adquirente e o *accipiens* estiverem de má-fé, arcarão solidariamente com os prejuízos causados ao *solvens*, na forma da legislação relativa a perdas e danos. Nunca é demais destacar que o agente do pagamento indevido, quando ainda não houver sido alienado a terceiro o imóvel equivocadamente alcançado em satisfação de dívida, poderá reivindicá-lo diretamente junto ao recebedor.

2.5. Inexistência de direito à repetição

Nem todos os casos de pagamento indevido atribuem ao pagador o direito de recuperar a prestação entregue a outrem. Há situações em que o legislador optou pela preservação do estado fático e jurídico gerado pelo pagamento, haja vista as excepcionais circunstâncias em que isso se verificou. São três as hipóteses de ausência do direito à recuperação do valor ou do bem indevidamente entregue em solução de pendência.

O art. 880 do Código Civil dispõe: *"Fica isento de restituir pagamento indevido aquele que, recebendo-o como parte de dívida verdadeira, inutilizou o título, deixou prescrever a pretensão ou abriu mão das garantias que asseguravam seu direito; mas aquele que pagou dispõe de ação regressiva contra o verdadeiro devedor e seu fiador".* É hipótese de recebimento de dívida existente, mas cujo pagamento é efetivado por quem ao depois toma ciência de não ser devedor. Quem recebe de boa-fé prestação que não lhe é devida por aquele pagador, adotando providências materiais com vistas à extinção do dever jurídico, não pode ser compelido a restituir o pagamento. É natural e legal que o credor, ao receber o valor a que tem direito, passe a se desinteressar pelo título e o inutilize (*v.g.* rasgando o cheque), ou pratique ato compatível com o de quem se entenda satisfeito no crédito. Logo, não poderá ser posteriormente prejudicado por eventual alegação do pagador acerca da ocorrência de equívoco.

Há, nisso, dois elementos a sopesar: de um lado, o erro de quem realiza pagamento indevido, crendo ser devedor; de outro, o lapso de quem o recebe, por entender equivocadamente que está sendo extinta determinada pendência, quando na verdade isso não aconteceria em condições ordinárias. Optou o legislador por prestigiar com maior ênfase a boa-fé do *accipiens,* de vez que, tendo inutilizado o título relativo ao crédito que possuía, deixado prescrever a pretensão ou abdicado das garantias que asseguravam seu direito, tornou impossível ou dificultou o recebimento de crédito junto ao verdadeiro devedor.

Uma vez verificada a situação prevista no art. 880 do Código Civil, quem pagou indevidamente poderá voltar-se contra o devedor do *accipiens* e o fiador que acaso existir, objetivando receber o crédito que cabia ao recebedor. Essa solução tem por substrato a regra segundo a qual quem paga dívida alheia sem pretender promover liberalidade fica sub-rogado no crédito correspondente, podendo exercer direito regressivo contra o devedor original. Destarte, o legislador isenta o *accipiens* de repetir o indébito, mas confere ao *solvens,* por força da sub-rogação operada, ação regressiva contra o verdadeiro devedor e seu fiador, para que possa receber a prestação a que tem direito em virtude do desembolso indevidamente operado.

Se o agente que recebeu o pagamento indevido não colocou em risco o recebimento do crédito junto ao verdadeiro devedor (*v.g.*, manteve intacto o título), poderá o *solvens* postular a repetição segundo as regras pertinentes, fazendo retornar a situação ao estado anterior. Isto porque a conservação da possibilidade de exigir do sujeito passivo original o cumprimento da obrigação torna despicienda a até inoportuna qualquer proteção idealizada pelo ordenamento em favor do credor, eis que iria em flagrante e injustificado prejuízo de quem indevidamente pagou.

Se o *accipiens* constatar o equívoco e restituir voluntariamente o que recebera em pagamento indevido, continuará investido de todas as prerrogativas de cobrança do crédito contra o verdadeiro devedor, como se jamais houvesse acontecido o lapso.

A segunda exceção é apontada pelo art. 882 do Código Civil: *"Não se pode repetir o que se pagou para solver dívida prescrita, ou cumprir obrigação judicialmente inexigível".* A prescrição fulmina irremediavelmente a pretensão, tornando inviável qualquer iniciativa do credor no sentido de postular o cumprimento da obrigação nela ínsita. Todavia, se o devedor voluntariamente saldar a dívida prescrita, não poderá ao depois reclamar a sua repetição, pois o liame obrigacional de que se gerou era firme e valioso, somente não tendo sido executado por força da superveniente prescrição. A atitude de solver *sponte propria* débito dessa natureza faz presumir que o obrigado deliberadamente ignorou o direito que da prescrição defluía, abrindo mão da tutela alcançada pelo ordenamento jurídico e renunciando à prerrogativa de ver repetida a prestação espontaneamente satisfeita.

Também não poderá pleitear repetição aquele que cumprir obrigação judicialmente inexigível, como é o caso das dívidas de jogos e apostas não regulamentados, ou para cuja realização não houve a necessária liberação por parte das autoridades competentes. As dívidas de cunho eminentemente moral são igualmente insuscetíveis de devolução após voluntariamente solvidas, haja vista terem origem em obrigação natural contraída pelo devedor perante outrem. Embora sem força suficiente para serem reclamadas em juízo, tais dívidas existem no âmbito abstrato e moral, o que as faz infensas a iniciativas tendentes à recuperação do que em razão delas foi pago.

A terceira exceção encontra-se no art. 883 do Código Civil, que preconiza: *"Não terá direito à repetição aquele que deu alguma coisa para obter fim ilícito, imoral, ou proibido por lei. Parágrafo único. No caso deste artigo, o que se deu reverterá em favor de estabelecimento local de beneficência, a critério do juiz"*. A regra tem por desiderato refrear o ânimo de quem acaso pretenda oferecer algo a outrem para ver alcançado fim contrário à lei ou à moralidade comum. Isso vale tanto para os casos em que o *accipiens* cumpre o que lhe foi cometido como nas hipóteses em que simplesmente embolsa a prestação e nada faz daquilo que era pretendido pela parte adversa. Tampouco importa a circunstância de o *accipiens* ignorar o caráter ilícito, imoral ou proibido do ato que lhe foi reclamado. Mesmo no caso de conluio entre os envolvidos ficará obstada a repetição em favor do que pagou, pois o objetivo do legislador é vetar atividades desse jaez e reprimir iniciativas que a elas visem.

Para o deslinde da questão, como dito acima, é despiciendo o comportamento daquele que recebe o dinheiro ou a coisa em pagamento; é relevante, isto sim, a circunstância de que o desiderato almejado pelo *solvens* contraria as normas legais ou os princípios básicos da moralidade, sendo, portanto, juridicamente inaceitável.

O fato de a lei impedir que o *solvens* exija do outro a repetição do pagamento não importa em admissão pura e simples do embolso da prestação pelo *accipiens*. Sopesada a ilegalidade, imoralidade ou proibição que marca o fim almejado pelo pagador, determina o ordenamento jurídico que o conteúdo da prestação seja revertido em favor de estabelecimento local de beneficência, a critério do juiz. Em contexto de tamanha gravidade seria temerário admitir que o *solvens retivesse* o pagamento, eis que isso poderia funcionar como incentivo a novas investidas igualmente viciadas e nocivas. Daí que nenhum dos envolvidos ficará com a prestação fornecida por um ao outro; ela irá, e nisso se percebe a justeza da solução, para entidade que realmente necessita e que lhe pode dar melhor destino.

Capítulo 3

DO ENRIQUECIMENTO SEM CAUSA

3.1. Conceito e características

O Direito brasileiro, seguindo a tradição do Direito Romano, desde sempre primou pela aversão ao enriquecimento sem causa, que acarreta, de modo reflexo e inevitável, o injustificado empobrecimento de alguém. Enriquece sem causa aquele que não dispõe de substrato jurídico para a vantagem econômica auferida, aumentando o patrimônio pessoal à margem de qualquer elemento juridicamente sério capaz de justificar o fenômeno.

Qualquer aumento de patrimônio deve sempre estar baseado em previsão legal ou contrato. Não se exige a realização de uma contrapartida, mas sim a presença de um fundamento jurídico para a elevação da riqueza. O implemento dos pressupostos de usucapião, por exemplo, importam em enriquecimento justificado, assim como se dá quando advém lucro de certa operação financeira regular. Aliás, a busca de vantagem econômica é admitida e incentivada pelo Direito, desde que encontre sustentação em normas positivadas.

São utilizadas como sinônimas do enriquecimento sem causa expressões como *enriquecimento ilícito* e *locupletamento ilícito*. Embora estas duas construções alternativas não tenham sido expressamente adotadas pelo legislador pátrio, nenhum equívoco técnico existe em empregá-las. A preferência pela expressão *enriquecimento sem causa* talvez decorra de aspectos ligados à política legislativa, eis que nem sempre o enriquecimento despido de causa jurídica provém de uma prática ilícita *stricto sensu*, mas também de acontecimentos que somente em sentido lato poderiam ser tidos como ilícitos. Assim, tanto enriquece de maneira reprovável quem deseja chegar a tal resultado por meio da realização de uma ilicitude como quem, acreditando estar com razão jurídica a sustentar o seu intento, aufere determinada vantagem que posteriormente se revela indevida.

A reversão judicial do enriquecimento sem causa se faz por meio do ajuizamento das ações denominadas *in rem verso*, destinadas a repor as partes ao estado anterior, evitando o irregular aumento da fortuna de uma delas à custa do empobrecimento imotivado da outra. As principais ações dessa natureza são as de *repetição de indébito* e de *locupletamento ilícito*, que se prestam respectivamente, por exemplo, para reaver o valor pago, com erro e de boa-fé, visando a solver dívida inexistente, e para cobrar dívida incrustada em cheque cuja execução esteja prescrita.

3.2. Pressupostos de verificação

A noção de enriquecimento sem causa tem origem na premissa de que um dos pólos recebe bens ou valores, aumentando o seu patrimônio, enquanto o lado contrário desfalca, na mesma proporção econômica, o acervo de que é titular. Sem essa dupla ocorrência não há como imaginar a possibilidade de qualquer enriquecimento despido de causa. Mas ela, sozinha, não representa quase nada em termos jurídicos, já que lucrar e perder são acontecimentos comuns e plenamente aceitos pela sociedade, contanto que decorram de práticas previstas em lei.

Afora isso, é mister que o aumento patrimonial obtido por um dos sujeitos e o desfalque sofrido pelo lado oposto estejam conectados pelo mesmo fato, de modo que um evento seja a exclusiva fonte do outro. Impõe-se, destarte, a presença de um nexo causal entre tais ocorrências, pois se o acréscimo obtido e o prejuízo suportado não estiverem intimamente correlacionados, inexistirá qualquer perspectiva de reconhecimento do instituto.

Há um requisito que, em derradeira análise, apresenta-se como o mais relevante de todos. É ele a falta de causa jurídica para o enriquecimento verificado. Se o sujeito avoluma o próprio acervo patrimonial com substrato em determinado acontecimento aceito como regular pelo Direito positivo, não haverá espaço para reverter o quadro a partir da invocação dos arts. 884 a 886 do Código Civil. Só a partir da constatação de que um dos pólos auferiu vantagens e o outro empobreceu sem razão jurídica alguma a nutrir tal fenômeno é que se poderá argüir o enriquecimento sem causa e pleitear a aplicação dos dispositivos legais pertinentes.

3.3. Repercussões do enriquecimento

O art. 884 do Código Civil estabelece: *"Aquele que, sem justa causa, se enriquecer à custa de outrem, será obrigado a restituir o indevidamente auferido, feita a atualização dos valores monetários. Parágrafo único. Se o enriquecimento tiver por objeto coisa determinada, quem a recebeu é obrigado a restituí-la, e, se a coisa não mais subsistir, a restituição se fará pelo valor do bem na época em que foi exigido".* Estão patenteadas aí todas as nuanças que envolvem o reconhecimento e as conseqüências do instituto em exame, fundado sempre na idéia de encaminhar a restituição das coisas ao seu estado original.

Considera-se injusto o enriquecimento não apenas quando verificada a elevação direta do patrimônio de alguém; o mesmo se dá na hipótese de o ganho ocorrer de maneira indireta, traduzido no auferir proveitos, majorações e acréscimos ilídimos, ainda que lastreados em uma fonte geradora que em si mesma é lícita. Assim, tanto enriquece indevidamente aquele que se apropria de numerário alheio, como quem cobra juros abusivos a partir de mútuo regularmente efetuado. O que interessa, para fins de caracterização do enriquecimento sem justa causa, é a verificação de que houve elevação na disponibilidade econômica da pessoa sem a correspondente sustentação legal e à custa do empobrecimento de outrem.

O espectro de aplicabilidade do art. 884 é dos mais amplos, devendo ser promovida a sua incidência sobre toda espécie de relação de que resulte vantagem injusta em favor de alguém e desvantagem imotivada contra outrem. Isso independe da configuração de ilicitude penal, ou mesmo de qualquer comportamento positivo de quem enriquece, pois mesmo o inocente recebimento de vantagem pode caracterizar o enriquecimento sem causa. O que dá a tônica do instituto não é a configuração de flagrante ilicitude, e tampouco a ciência do agente acerca do fato que revela o injusto enriquecer; importa, isto sim, a circunstância objetiva de alguém estar sendo beneficiado em determinada situação sem que haja norma legal a amparar o proveito auferido, e que em contrapartida ocorra imotivada diminuição na reserva econômica alheia.

Apurada a ocorrência de enriquecimento sem justa causa, ficará o agente obrigado a restituir integralmente tudo quanto indevidamente auferido, nisso incluída a atualização monetária dos valores, segundo os índices oficiais, para reposição do poder de compra da moeda. Não se trata de medida punitiva ao *accipiens* ou de vantagem carreada ao *solvens*, mas de simples preservação do teor monetário, evitando que se desgaste pela ocorrência do fenômeno da inflação. Essa atualização começa a ser computada a partir da data em que houve o injusto proveito, cessando no dia da efetiva restituição.

Tendo em conta a realidade acima explicitada, percebe-se que o sujeito beneficiado pelo enriquecimento restituirá ao prejudicado única e exclusivamente aquilo que captou indevidamente e em detrimento da parte contrária. A esta não é dado reclamar todo o conteúdo da vantagem ou lucro obtido pelo oponente, mas apenas o teor da sua própria minoração econômica. Logo, se em determinado contrato um dos celebrantes obtém vantagem irregular de 100, ocasionando, porém, prejuízo de 80 para o outro contraente, a importância a ser devolvida corresponderá a esta última cifra, pois o restante não será considerado sem causa em relação àquele específico negócio. Por idêntico motivo, se o prejudicado experimentar diminuição econômica superior ao lucro do adversário, este repetirá apenas até o limite do valor apropriado sem causa, não respondendo pela diferença se ela não estiver relacionada ao mesmo evento de que foi gerado o proveito contestado. É bem verdade, todavia, que na prática o proveito e a lesão geralmente se equivalem, levando à reposição de ambos os pólos ao estado primitivo mediante devolução da totalidade da vantagem captada.

Quando o enriquecimento se der por meio da incorporação de uma coisa — e não de numerário — ao patrimônio do agente, a obrigação deste consistirá em restituí-la a quem de direito, com reposição dos interessados ao estado anterior. Não mais existindo a coisa, seja porque pereceu ou por estar em lugar ignorado e sem perspectivas de ser descoberto, a obrigação de restituir se fará pelo equivalente em dinheiro, entendido como tal o valor do bem na época em que foi exigido pelo lesado. Se entre a data em que foi reclamada a restituição e a real perfectibilização desta fluir lapso de tempo capaz de afetar negativamente o poder aquisitivo da moeda, será incluída no cálculo a atualização monetária do período, nos moldes já explicitados *retro*.

3.4. Desaparecimento da causa jurídica

Quem aufere indevido proveito de certo contexto está obrigado a restituir, prevalecendo essa obrigação não somente nos casos em que jamais tenha existido causa a justificar a vantagem captada, como também nas hipóteses em que a sua fonte geradora, até então lídima, deixou de existir, tornando daí em diante injusto o enriquecimento (art. 885).

Isso aconteceria, por exemplo, se determinado dispositivo legal, que autorizava a cobrança de encargo dos correntistas de instituições bancárias, viesse a ser derrogado. Todos os valores cobrados antes do evento estariam cobertos pelo manto da licitude e não ensejariam a restituição; porém, as cobranças posteriores à supressão da vigência da norma ingressariam no âmbito da ilegalidade, caracterizando enriquecimento ilícito e acarretando a obrigação de devolver. Também nesse caso haverá aplicação dos índices oficias de atualização monetária a partir do desembolso, com vistas a ensejar a total recomposição do *minus* originalmente experimentado pelo lesado.

O enriquecimento somente tem justa causa quando amparado pelo ordenamento jurídico. Portanto, a ilicitude do proveito tanto se apresenta por ausência de substrato legal como pelo desaparecimento daquele que vigorava. Contudo, a restituição é cabível exclusivamente a partir da constatação da falta de sustentáculo para a vantagem captada, de vez que a existência de justa causa, embora venha a ser posteriormente suprimida, faz definitiva e inatacável a elevação patrimonial obtida até aquela data.

3.5. Caráter subsidiário das ações *in rem verso*

O art. 886 do Código Civil dispõe: *"Não caberá a restituição por enriquecimento, se a lei conferir ao lesado outros meios para se ressarcir do prejuízo sofrido"*. Como se percebe, a restituição de valores ou coisas por enriquecimento sem causa, com suporte nas ações *in rem verso*, não cabe em toda e qualquer circunstância, mesmo que presentes os elementos de caracterização da ausência de justa causa. Quando a lei atribuir ao lesado legitimidade para de outro modo obter ressarcimento do prejuízo sofrido, a restituição pura e simples não poderá ser pleiteada. Objetiva o legislador, com isso, adequar a cada situação mecanismos mais efetivos de reestruturação em prol do lesado, como por exemplo a compensação, a indenização pelo equivalente pecuniário da coisa ou por perdas e danos etc.

Não se permite ao vendedor por exemplo, valer-se de lide *in rem verso* para cobrar do comprador inadimplente as prestações contratuais em atraso, pois para isso teria de se valer da ação ordinária de cobrança ou de demanda executiva própria. Invocar o enriquecimento sem causa como base em ação *in rem verso*, sob o pretexto de que ao incorporar a coisa ao seu acervo o comprador enriqueceu indevidamente significaria, a um só tempo, preterir mecanismo específico de recomposição e priorizar uma via indireta que só pode ser utilizada à falta de outra dotada de maior vigor.

Na prática, o pleito de restituição de valores ou coisas por meio das ações *in rem verso*, com substrato no enriquecimento sem causa, acaba sendo exceção à regra. Isto porque o ordenamento jurídico invariavelmente alcança ao lesado mecanismos diretos e imediatos de recomposição, mormente por intermédio de lides indenizatórias ou de cobrança. Somente quando não existir previsão acerca dessas modalidades especiais é que se partirá para o emprego das demandas genéricas. Esse princípio confere proteção às ações típicas e preservam a sua integridade jurídica, pois se assim não fosse toda e qualquer forma de aumento injustificado da riqueza, gerador de imotivado empobrecimento de outrem, legitimaria o interessado à propositura das lides *in rem verso*, enfraquecendo os mecanismos específicos e, em geral, mais produtivos, idealizados pelo legislador.

Parte IV

DOS TÍTULOS DE CRÉDITO

DOS TÍTULOS DE CRÉDITO

1. Conceito e características

Embora na prática interesse mais aos ramos do Direito que cuidam das relações de comércio e empresariais, a base da disciplina dos títulos de crédito foi inserida no Código Civil, haja vista a unificação de tratamento idealizada pelo legislador. Portanto, salvo disposição diversa em lei especial, regem-se os títulos de crédito pelas regras colocadas nos arts. 887 a 926 do Código Civil, como, aliás, expressamente previsto no art. 903 da codificação.

De acordo com definição de *Stuart Mill* (*apud* Rubens Requião, *Curso de Direito Comercial*, 21. ed., 2º vol., p. 318), *"o crédito não é mais do que a permissão para usar do capital alheio"*. O título, por sua vez, é a cártula, o instrumento que expressa e contém o valor do crédito, sendo passível de negociação e circulação segundo a forma e as condições previstas em lei. O art. 887 do Código Civil diz: *"O título de crédito, documento necessário ao exercício do direito literal e autônomo nele contido, somente produz efeito quando preencha os requisitos da lei"*.

O título de crédito é um documento absolutamente necessário ao exercício do direito que contém, direito este qualificado como literal e autônomo. Literal porque de existência disciplinada pelo seu exato conteúdo escrito, cuja interpretação é rigorosa e leva em conta apenas aquilo que graficamente o título expressa. Não se admite a existência de outra obrigação que não a colocada inequivocamente no título, de modo que a previsão de dever jurídico noutro instrumento separado não se incorpora e nem se integra à cártula primitiva. Já a autonomia do título de crédito decorre da circunstância de que com base nele o possuidor de boa-fé dispõe de direito próprio, insuscetível de modificação ou supressão proveniente de relações geradas entre os possuidores antecedentes e o devedor original. A obrigação emergente do título não depende da investigação do passado da cártula, nem a ele se prende; na realidade, a obrigação é autônoma frente a todas as demais que possam existir ou surgir entre cada elo que se forma desde a emissão do título até o pagamento.

Afora a *literalidade* e a *autonomia*, outra característica sempre presente no título de crédito é a *cartularidade*, sobre a qual já se fez referência acima, e que consiste na materialização do conteúdo em um documento denominado cártula. O exercício do direito ínsito no título depende de sua exibição, pois somente assim será possível aferir e analisar o teor da obrigação gerada a partir dele. Outras duas características podem ser citadas, as quais, todavia, não são de necessária presença nos títulos de crédito. Uma delas é a *independência*, que consiste na inexistência de liame entre o título e a causa ou ato de que se originou, sendo capaz de subsistir por si mesmo sem outras exigências que não as previstas na lei que o regrou. Nem todos os títulos de crédito são independentes, já que vários deles se referem e atrelam a determinada contratação, devendo-lhe a validade e a eficácia. Outra característica de natureza eventual é a *abstração*, que, segundo *Vivante* (*apud* Rubens Requião, obra citada, p. 320), resulta do fato de que os títulos de crédito *"podem circular como documentos abstratos, sem ligação com a causa a que devem sua origem. A causa fica fora da obrigação, como no caso da letra de câmbio e notas promissórias"*. Observa-se, ainda, que a abstração se revela durante a circulação do título, fenômeno capaz de pôr em relacionamento jurídico duas partes que não celebraram contrato entre si, mas que, por força do título de crédito, têm direitos e deveres a observar.

São títulos de crédito a nota promissória, o cheque, a duplicata, a letra de câmbio e todas as outras variantes criadas por lei com base nos princípios que norteiam a matéria (*v. g.*, conhecimento de transporte, disciplinado pelo Decreto n. 19.473/30, cédula rural e nota de crédito rural, provenientes do Decreto-lei n. 167/67, certificado de depósito bancário, oriundo da Lei n. 4.728/65 etc.). Tais títulos são representados por uma cártula e apresentam a característica da autonomia e da literalidade, podendo ser levados a protesto e exigidos em seu conteúdo econômico por meio de demanda executiva.

A inviabilidade jurídica do documento como título de crédito não significa que o negócio subjacente de que se tenha originado também esteja fadado à insubsistência. A omissão de qualquer requisito legal estabelecido como pressuposto de geração do título de crédito não impede que as partes envolvidas no negócio primitivo busquem o reconhecimento e a observância de seus direitos segundo as normas gerais (art. 888); apenas implica, isto sim, em vedar a invocação da existência de título de crédito apto a produzir as conseqüências que em condições normais lhe seriam peculiares. É o caso, por exemplo, do cheque sem assinatura do emitente; não se extrairá dele a qualidade de título de crédito, mas o negócio subjacente (*v. g.*, compra e venda) nenhuma afetação sofrerá em virtude da deficiência do aludido documento.

2. Constituição do título

Para que se caracterize como título de crédito, o documento deve estar rigorosamente adaptado às exigências legais, sejam as ditadas pela codificação civil como por outras que estejam previstas em legislação específica. Cabe salientar que a emissão dos títulos de crédito pode ser feita pelo credor ou pelo devedor, conforme a espécie de que se esteja a tratar. O cheque e a nota promissória, por exemplo, são emitidos pelo devedor, ao passo que a duplicata e a letra de câmbio têm como emitente o credor.

Segundo o *caput* do art. 889 do Código Civil, deve o título de crédito conter a data da emissão, a indicação precisa dos direitos que confere, e a assinatura do emitente. O apontamento da data da emissão é de suma relevância, pois é a partir dela que se identificam certas peculiaridades econômicas do título, tais como: momento de exigibilidade, incidência de juros etc. *"A data em que o título cambial foi emitido constitui requisito essencial, pois permite verificar, dentre outros elementos, a capacidade do emitente. Assim, a sua ausência, ou rasura na data aposta, configura violação grave, capaz de impedir que a nota promissória apresente-se ao mundo com as características da literalidade e da autonomia e, por conseqüência, inviabiliza o prosseguimento da ação de execução por ausência de título líquido, certo e exigível*" (Ap. Cível n. 2000.004104-1, 1ª Câmara de Direito Comercial do TJSC). A indicação precisa dos direitos que confere também tem de ser feita no título, dada a característica da literalidade, segundo a qual somente é exigível pelo credor aquilo que expressamente constar da cártula, e nos exatos limites do que estiver inequivocamente posto. Por fim, a assinatura do emitente confere certeza quanto à identidade do devedor, traduzindo, ainda, a vontade que dele emana no sentido de obrigar-se perante o credor. Sem assinatura não há título de crédito, porque ausente a necessária certeza inerente ao instituto.

A exigibilidade do pagamento do valor expresso no título de crédito é definida pela data de vencimento nele fixada. Na ausência de indicação, considera-se imediatamente exigível o conteúdo econômico nele inserido, por presumir-se de maneira absoluta que o emitente obrigou-se a pagar à vista, mediante simples apresentação da cártula (§ 1º). Sendo certo o dia aprazado, o credor não poderá exigir o valor expresso no título antes do seu advento, exceto nos casos em que a lei admitir vencimento antecipado da obrigação (*v.g.*, concurso de credores em razão de insolvência civil).

O título de crédito pode indicar o lugar da emissão e de pagamento, fixando-se, a partir disso, o foro para fins de discussão judicial e solução de eventuais controvérsias, como também o local onde a prestação deverá ser satisfeita segundo o modo estabelecido pelas partes ou em lei. A menção ao lugar da emissão e do pagamento não é obrigatória, de modo que a sua ausência nenhum prejuízo traz à regularidade do título e nem altera os efeitos que produz; todavia, a falta de indicação torna certo que a emissão se deu no domicílio do emitente (§ 2º), e que nele deverá ser cumprido o conteúdo da obrigação estabelecida.

O legislador confere especial amplitude à faculdade de emitir títulos de crédito, admitindo que possam ser gerados a partir de elementos de grafia particulares e sem necessidade da observância de outras exigências no que pertine à forma, desde que observados os pressupostos mínimos contidos no art. 889 do Código Civil e, obviamente, os requisitos da legislação especial que estiver em vigor. De tudo resulta, porém, que a emissão do título pode ocorrer a partir dos caracteres criados em computador ou por outro meio técnico equivalente, contanto que figurem na escrituração do emitente (§ 3º).

Consideram-se não escritas no título a cláusula de juros, a proibitiva de endosso, a excludente de responsabilidade pelo pagamento ou por despesas, a que dispense a observância de termos e formalidades prescritas, e a que, além dos limites fixados em lei, exclua ou restrinja direitos e obrigações (art. 890). A validade e a eficácia da cártula, porém, não serão atingidas ante eventual presença de tais cláusulas, pois a partir da total desconsideração das referências irregularmente feitas quando da emissão, remanescerá do título aquilo que efetivamente constitui o seu conteúdo exigível. Logo, o documento não deixará de ser título de crédito apenas porque contém alguma das cláusulas arroladas no dispositivo em comento; a referência a qualquer delas é que será integralmente desprezada.

Embora a norma legal faça reputar como não escrita a cláusula de juros, isto só se aplica às espécies cuja lei criadora não estabeleça o contrário. Vale dizer, a regra geral consiste em vedar a colocação dessa previsão no corpo do título, somente sendo viável a providência nos casos em que a lei especial (que se sobrepõe à genérica) expressamente dispuser. É que determinadas modalidades de títulos de crédito — *v. g.*, nota promissória — podem excepcionalmente admitir como válida a inserção de cláusula de juros, como medida destinada a alavancar as relações negociais.

A proibição de endosso contraria uma das mais importantes características dos títulos de crédito, qual seja, a da circulação do seu conteúdo econômico mediante transferência do crédito de uma pessoa para outra. Somente à lei cabe dispor acerca da forma de circulação e das circunstâncias em que isso se dará, sendo vedado ao emitente criar mecanismos de proibição ou modificação dessa qualidade fundamental dos título de crédito.

A emissão atrela o emitente ao conteúdo obrigacional da cártula, e disso decorre a inviabilidade de cláusula excludente da responsabilidade pelo pagamento do valor expressamente mencionado, bem como das despesas que o credor tiver para fazer valer o seu direito. Por outro lado, não pode ser inserida no título cláusula que dispense a observância de requisitos colocados pela lei, haja vista a necessidade de que a emissão, a circulação e todos os demais elementos relacionados aos títulos de crédito, prescritos no ordenamento jurídico, sejam rigorosamente respeitados, pois disso decorre a credibilidade do instituto e a regularidade das relações negociais por ele assegurada.

Se o título de crédito não contiver todos os indicativos ajustados pelas partes quando da emissão, poderá haver posterior preenchimento, desde que represente a consecução da vontade dos interessados (art. 891). Por óbvio, o preenchimento de título incompleto carrega consigo a possibilidade de que venha a ser contestada a providência por quem eventualmente sentir-se prejudicado, pois em geral a emissão deve ser perfeita e acabada, espelhando rigorosamente tudo quanto almejado pelo emitente e por quem mais for diretamente interessado. Todavia, o só fato de a cártula ser completada não importa na sua desconsideração como título de crédito, a menos que disso não resulte o cumprimento das exigências contidas na lei. Caso surjam divergências que acarretem a impossibilidade de adequado preenchimento do título incompleto, o conteúdo do crédito será definido a partir dos elementos existentes na cártula, se dela puderem ser extraídos com exatidão.

O terceiro de boa-fé não sofre a interferência dos ajustes feitos pelo emitente e pelos credores que o antecederam na relação que gerou o título de crédito e nas que se desencadearam por força da circulação. Na realidade, o terceiro de boa-fé recebe o título exatamente em sua literalidade, sem que contra ele possam ser opostas defesas ou argüições concernentes aos ajustes que levaram ao preenchimento do título incompleto (parágrafo único). O descumprimento de tais ajustes não é oponível ao terceiro portador, que, conforme sobredito, torna-se credor do título segundo o seu literal conteúdo. Porém, essa proteção ao terceiro somente existirá se ele, ao adquirir o título, estivesse de boa-fé; caso contrário, a atuação de má-fé determinará a sujeição do terceiro a todas as vicissitudes do título.

Aquele que, sem ter poderes, ou excedendo os que tem, lança a sua assinatura em título de crédito, como mandatário ou representante de outrem, fica pessoalmente obrigado, e, pagando o título, tem ele os mesmos direitos que teria o suposto mandante ou representado (art. 892). Exemplo: se o subscritor do título promove o resgate do mesmo por meio de regular pagamento, e se dessa conduta, caso feita pelo suposto mandante ou representado, resultaria a prerrogativa de exercer direito regressivo contra terceiro, o *solvens* ficará automaticamente sub-rogado nas mesmas faculdades, sendo-lhe permitido pleitear em juízo segundo as regras ordinárias pertinentes à matéria.

A emissão de título de crédito por intermédio de mandatário ou representante adequadamente constituído é medida normal e corriqueira, fazendo com que o mandante ou representado se obrigue como se tivesse pessoalmente firmado o documento. O agente que respeita os limites da função cometida atua em nome e por conta da pessoa representada, funcionando como instrumento para a consecução da vontade desta. A responsabilidade pessoal somente surge a partir do momento em que atua sem poderes para tanto, ou extrapolando os que lhe foram conferidos.

3. Transferência do título

A transferência do título de crédito implica a de todos os direitos que lhe são inerentes (art. 893). A circulação, característica marcante dos títulos de crédito, dá-se por vontade de quem os emite, sempre observadas as limitações e a disciplina impostas pelo ordenamento jurídico. A transferência dos títulos obedece a regras precisas e rigorosas, eis que por ela circulam o conteúdo econômico e todos os atributos da cártula, passando de um sujeito para outro, que se torna credor. Ao transferir o título, seja por endosso ou simples tradição (esta, nos títulos ao portador), o interessado repassa ao adquirente todos os direitos que lhe são inerentes, seja quanto ao teor econômico propriamente dito como às garantias e peculiaridades intrínsecas que tiver. A transferência não altera e nem restringe as prerrogativas que do título resultam, consolidando-se noutro sujeito exatamente como até então existiram.

O devedor da obrigação consignada no título de crédito não pode opor-se à transferência, pois esta é uma faculdade conferida pela lei ao credor e que independe da vontade do obrigado. O endossante transfere ao endossatário a totalidade dos direitos relativos ao título, não sendo admitido o chamado endosso parcial, pelo qual apenas uma fração das prerrogativas da cártula passariam de um sujeito a outro.

O portador de título representativo de mercadoria tem o direito de transferi-lo, de conformidade com as normas que regulam a sua circulação, ou de receber aquela independentemente de quaisquer formalidades, além da entrega do título devidamente quitado (art. 894). Títulos representativos de mercadorias são aqueles cuja existência jurídica encontra fundamento em relações negociais relativas a transporte ou a depósito de bens móveis. No primeiro caso, emite-se pelo transportador o denominado *conhecimento de transporte*, instrumento que conterá a identificação da mercadoria deslocada. Se houver depósito dessa mercadoria em determinado local, o depositário emitirá um título denominado *conhecimento de depósito*, onde igualmente estarão elencados elementos de identificação da coisa. Caso seja instituído penhor mercantil em favor de terceiro sobre as mercadorias atreladas a qualquer das situações acima aludidas, haverá emissão de outro título, então chamado *warrant*, representativo do ônus incidente.

A solução posta na norma objetiva facilitar a circulação da riqueza, seja pela transmissão do título a outrem ou pela específica percepção da mercadoria discriminada na cártula que a representa. A entrega do título a quem solve a obrigação nele incrustada é providência bastante à comprovação de que houve cumprimento do dever jurídico conforme primitivamente gerado. Destarte, havendo a entrega da mercadoria e o conseqüente resgate do título, a relação jurídica que vinculava aquelas partes em específico deixa de existir, sendo prescindível qualquer forma diversa de verificação ou revelação do efetivo cumprimento, já patenteado na tradição da cártula. Cumpre salientar que a negativa do devedor em alcançar a mercadoria ao credor mediante simples entrega do título autoriza este último a executar a obrigação nos moldes das regras adjetivas aplicáveis à execução para entrega de coisa certa.

O legislador atribui natureza indivisível ao teor do crédito expresso na cártula, considerando-o apto a ser dado em garantia, ou a ser objeto de medidas judiciais, exclusivamente como um todo. Enquanto o título estiver em circulação, fato que ocorre até a data do respectivo vencimento nas espécies em geral, ou do dia estabelecido para a retirada das mercadorias em se tratando de contratos de transporte ou de depósito, os direitos ou mercadorias que representa permanecerão incindíveis do universo jurídico formado, de maneira que somente o título, integralmente considerado, poderá ser dado em garantia, ou ser objeto de medidas judiciais, e não, separadamente, os direitos ou mercadorias que representa (art. 895).

O portador que, agindo com boa-fé, adquire o título de crédito, fica imune a qualquer medida reivindicatória provinda de outrem (art. 896), restando assegurada por lei, em seu proveito, a conservação do título em todos os efeitos que lhe são peculiares. Cabe destacar que essa proteção normativa não depende apenas da existência de boa-fé, exigindo-se, ainda, que a aquisição do título pelo portador tenha ocorrido em consonância com as normas que disciplinam a sua circulação. Se o título for adquirido contra as regras que norteiam a matéria, de nada valerá a boa-fé do portador, que então poderá ser privado do documento por meio de reivindicação promovida por quem melhor direito tenha.

4. Prestação de aval

O cumprimento da obrigação expressa no título de crédito pode ser garantida por terceiro que não tomou parte na sua constituição, nem de qualquer modo integrava até então a relação jurídica formada. Quem presta aval, que é uma garantia própria do Direito Cambiário, obriga-se solidariamente com o devedor perante o credor pelo pagamento da totalidade da dívida assegurada. O credor pode escolher tanto o devedor original ou o avalista, ou ainda ambos conjuntamente, para fins de direcionamento da execução do título. O responsável pelo aval, destarte, equipara-se juridicamente ao próprio obrigado primitivo. Importa observar, contudo, que a incidência de aval no título de crédito somente se viabiliza quanto ele contiver obrigação de pagar soma determinada (art. 897), pois dessa circunstância emerge a exata dimensão do dever jurídico assumido pelo avalista, aspecto que surge como indispensável para a admissibilidade da garantia. Destarte, não podem ser garantidos por aval títulos que contenham obrigação de pagar soma indeterminada, nem tampouco se assegura por aval a parte do título representativa de mercadorias.

Ao contrário do que ocorre com a fiança, que pode ser prestada sobre valor inferior ao da obrigação principal e contraída em condições menos onerosas, o aval de título de crédito abrange toda a obrigação nele consignada. Inexiste, nesse particular, a figura do aval parcial (parágrafo único), recaindo sobre o avalista a integralidade do conteúdo obrigacional expresso na cártula. Eventual previsão no sentido de constituição da garantia parcial reputar-se-á não escrita, atrelando o avalista à totalidade da obrigação. Todavia, em nome da prevalência da regra especial sobre a genérica, deve ser admitida excepcionalmente a possibilidade do aval parcial, sempre que houver regra favorável ao instituto, posta em lei específica. Ressalte-se que o Brasil é signatário de convenções internacionais que aceitam o aval parcial, o mesmo ocorrendo com a Lei Uniforme de Genebra sobre a letra de câmbio e a nota promissória. Logo, a regra posta na codificação civil diz respeito às situações não disciplinadas por norma de cunha especial.

Em princípio, o aval deve ser dado no verso ou no anverso do próprio título (art. 898), pois não se considera como parte integrante do título a obrigação estabelecida fora de seu corpo instrumental. Entretanto, admite-se que, faltando espaço para inserir o aval na própria cártula, seja colada outra folha à primitiva, logo abaixo da sua porção final, de modo que esta fique alongada a partir da incorporação de novo papel apto a ser utilizado como prolongamento.

Se aposta no verso do cheque, a garantia concretiza-se por meio da expressão *"por aval"* seguida da assinatura do avalista (art. 30 da Lei n. 7.357/85), *"bom para aval"* seguida da assinatura (art. 31 da Lei Uniforme de Genebra, para letra de câmbio e nota promissória), ou, ainda, por qualquer outro indicativo explícito de natureza similar. Essa providência justifica-se na medida em que a colocação da assinatura não carrega consigo a certeza jurídica de que o firmatário tinha prévia ciência do teor do anverso do instrumento; somente com a direta indicação do objetivo ínsito no ato de assinar (prestação de aval) é que se considerará formada a garantia. Já a aposição da garantia no anverso dispensa o uso de expressões, eis que o só fato de constar a assinatura de terceiro ao lado da firma do devedor principal faz com que ele passe a ser devedor conjunto para todos os fins (§ 1º do art. 898).

O cancelamento do aval importa na sua desconsideração para qualquer fim de ordem jurídica. A força inibidora da medida é tão acentuada a ponto de o legislador determinar que se terá por não escrito o aval cancelado (§ 2º). Isso não afeta em aspecto algum o conteúdo obrigacional incrustado na cártula, pois só desfaz a garantia inicialmente constituída. A viabilidade do cancelamento do aval, quando o título já houver sido posto em circulação, depende da conjugação de vontades do credor e do avalista. Se a cártula não estiver circulando, o cancelamento poderá ser efetivado a partir da vontade conjunta do emitente e do avalista. Para que seja eficaz, o cancelamento deverá ocorrer no verso ou no anverso do próprio título, como expressa ação desconstitutiva da garantia prestada.

Ainda que esteja atrelado à totalidade da obrigação, o avalista pode indicar o nome de devedor específico, a quem ficará desde então equiparado para fins de cumprimento do teor econômico da cártula. Caso isso venha a ocorrer, o avalista responderá em moldes idênticos aos que vincularam originalmente o indicado, livrando-se das obrigações que a este não incumbem (art. 31 da Lei n. 7.357/85). Se o avalista não promover a indicação de nome algum quando da prestação da garantia, ficará atrelado aos deveres jurídicos que, emergentes da cártula, recaírem sobre o emitente ou devedor final (art. 899 do Código Civil).

Como a legislação específica sobrepõe-se à geral, algumas considerações devem ser feitas sobre o direcionamento da garantia, no silêncio da cártula, em títulos dotados de normas próprias. Sendo o caso de nota promissória, presume-se que a garantia aproveita ao subscritor (art. 77 da Lei Uniforme de Genebra). Na duplicata, tem-se por avalizada a pessoa abaixo de cuja firma for lançada a do avalista, e, fora desses casos, o comprador (art. 12 da Lei n. 5.474/68). Em se tratando de letra de câmbio, vigora presunção no sentido de que o aval foi dado em proveito do sacador (art. 31 da Lei Uniforme de Genebra). No cheque, a ausência de indicação torna avalizado o emitente (art. 30, parágrafo único, da Lei n. 7.357/85).

Pagando o título, tem o avalista ação de regresso contra o seu avalizado e demais coobrigados anteriores (§ 1º do art. 899). O direito regressivo é corolário lógico e automático do pagamento efetuado pelo avalista. Isto porque a sua participação cinge-se à garantia do cumprimento da obrigação contida na cártula, não tendo qualquer relação direta com o negócio subjacente ou ato jurídico diverso do qual originou-se o título de crédito. Por meio do exercício do direito de regresso, o avalista repõe as coisas em seu estado normal, imputando ao avalizado e aos demais coobrigados o dever jurídico final decorrente do título pago.

O avalista que cumpre integralmente a obrigação solidária, mediante o pagamento de dívida comum, também tem assegurado direito de regresso, tornando-se credor dos co-devedores pela quantia que, por conta deles, desembolsou. Se o avalista paga o débito em ação de execução movida pelo credor, fica sub-rogado nos direitos deste e pode exercer o regresso contra o avalizado nos mesmos autos da lide executiva, em atenção ao princípio da economia processual.

Quem presta o aval não tem responsabilidade alguma perante o credor se a cártula padecer de nulidade decorrente de vício de forma (§ 2º), pois então inexistirá título de crédito apto a obrigar como tal o emitente. Todavia, se a nulidade tiver origem em qualquer outra causa diversa (v. g., incapacidade do obrigado), o avalista responderá integralmente pelo conteúdo econômico do título formalmente escorreito. Nesse caso, preserva-se a garantia favorável ao credor, mesmo sendo nula a obrigação daquele a quem o avalista se equipara por expressa previsão instrumental ou por força de lei. A referida norma afasta a condição acessória do aval quando a obrigação daquele a quem se equipara o avalista padecer de nulidade não decorrente de vício de forma, fazendo com que a garantia prestada seja a fonte exclusiva de exercício, pelo credor, do conteúdo econômico do título formalmente perfeito.

O aval pode ser constituído ao tempo do surgimento do título de crédito ou em momento posterior, produzindo, em ambas as hipóteses, iguais conseqüências jurídicas (art. 900). Mesmo após o vencimento do título de crédito a obrigação nele incrustada, já inadimplida, pode ter o seu cumprimento garantido por aval, pois isso não desvirtua o instituto nem afronta a finalidade para a qual foi idealizado pelo legislador. A circunstância de o avalista conhecer o inadimplemento do devedor em relação ao título vencido, e ainda assim manifestar o propósito de assegurar o cumprimento da obrigação por meio de aval, é fator que denota plena disposição em assumir solidariamente o dever de solver o teor econômico do título.

5. Liberação do devedor

A liberação ordinária do devedor do título se dá por meio do pagamento feito ao legítimo portador (art. 901), presumindo-se que seja este o efetivo credor do conteúdo econômico da cártula. A circulação é característica inerente ao título, de maneira que o portador, adquirindo-o em conformidade com as regras que norteiam a matéria, fica apto a reclamar do obrigado o cumprimento do dever jurídico correspondente. Para tanto, conforme frisado, é necessário que o portador seja legítimo, isto é, tenha entrado regularmente na posse da cártula, pois somente assim terá havido a escorreita transferência do crédito nela aposto. Presume-se portador legítimo, tendo havido endosso do título, a pessoa cujo nome figurar por último na série. Se o devedor estiver de má-fé e pagar o título a quem não seja o legítimo possuidor, persistirá a sua obrigação frente ao credor como originalmente constituída.

É importante observar que essa desoneração do *solvens* depende também da inexistência de oposição ao pagamento, provinda de terceiros que aleguem qualquer matéria capaz de colocar sob discussão a qualidade creditória. Tanto a notificação judicial para não pagar, como a de natureza extrajudicial, ou medida outra apta a questionar a regularidade do pagamento, fazem prudente, por parte do devedor, o sobrestamento da solução direta ao portador. A partir disso, poderá promover consignação judicial da importância devida, visando a equacionar a controvérsia e liberar-se validamente. Afinal, é de todos conhecido o vetusto adágio segundo o qual quem paga mal acaba pagando duas vezes.

Outro detalhe a ser observado consiste em que a desoneração do devedor condiciona-se, ainda, ao cumprimento da obrigação no seu vencimento. A solução extemporânea sempre é potencial fonte de controvérsias, suficientes o bastante para embaralhar a liberação do obrigado. Não obstante, o pagamento fora da data do vencimento não funciona como fator que necessariamente conduz à imprestabilidade da solução, pois, ausente oposição séria de terceiros, havendo anuência do credor e observados os ditames relativos à espécie, produzir-se-á regular exoneração.

Observadas as imposições do art. 901 do Código Civil, o devedor fica desonerado mesmo que tenha pago a quem não era efetivo credor, mas que se apresentou como tal em virtude de portar o título e inexistir motivo sólido para suspeitar-se da condição invocada. Quanto a terceiros eventualmente prejudicados, terão como única alternativa promover demanda contra quem recebeu o pagamento.

Pagando, pode o devedor exigir do credor, além da entrega do título, quitação regular (parágrafo único). O resgate do título pelo *solvens* já é providência que caracteriza o cumprimento da obrigação nele insculpida. Porém, a presunção contida nesse comportamento de recuperação da cártula é relativa, sujeitando o devedor a posteriores questionamentos quanto à presumida desoneração. Por força dessa realidade, faculta-se-lhe, como segurança adicional, reclamar do credor a emissão de expressa quitação. Esta se faz por instrumento comum, público ou particular, em que o *accipiens* expressamente reconhece o recebimento da totalidade do crédito resultante do título, liberando a parte contrária. A negativa do fornecimento de regular quitação legitima o devedor à propositura de ação de consignação em pagamento, pela qual obterá sentença de reconhecimento da desoneração sonegada pela parte adversa.

Outro aspecto relevante diz respeito ao momento em que precisa ocorrer o adimplemento da obrigação. Assim como o devedor não é obrigado a pagar antes do vencimento definido no título, porque ausente até então a exigibilidade do crédito nele contido, o credor não pode ser compelido a receber o pagamento antes do marco temporal ajustado (art. 902). A negativa de recebimento antecipado não pode ser contestada pelo devedor, já que, mesmo sem oferecer justificativa alguma, pode simplesmente recusar eventual oferta feita antes do vencimento do título.

Na hipótese de haver pagamento antecipado, a responsabilidade pela validade da conduta é exclusivamente do devedor, que se sujeita a refazer o pagamento caso surja terceiro com melhor direito do que o credor a quem se entregou a prestação. A solução indicada pelo legislador tem, entre outros, o objetivo de evitar que o pagamento sirva de cobertura para conluios e artifícios destinados a prejudicar terceiros, mediante solução antecipada da pendência pelo devedor com aceitação do credor. É o que ocorre, por exemplo, quando o devedor reduz-se deliberadamente à insolvência pagando dívida ainda não exigível.

Vencida a obrigação ínsita no título, é vedado ao credor recusar o pagamento ofertado pelo devedor, pois o cumprimento é uma imposição legal e um direito do devedor. Havendo negativa de recebimento por parte daquele a quem se pretende pagar, caberá ao obrigado promover consignação em juízo, a fim de evitar a configuração e a incidência dos efeitos da mora. Ainda que parcial o pagamento oferecido pelo devedor, não poderá o credor recusar o recebimento (§ 1º), sendo-lhe assegurado, contudo, postular a diferença entre o efetivo valor a que faz jus e a prestação recebida.

Como salientado anteriormente, a entrega do título ao devedor acarreta a presunção de cumprimento da obrigação nele insculpida; logo, o credor não pode ser forçado a devolver o título antes de solvida por inteiro a pendência. Sendo parcial o pagamento, a tradição do título não se opera, permanecendo sob poder do credor até final solução da pendência. Todavia, o devedor pode exigir da parte adversa o fornecimento de quitação em instrumento separado, pela qual se concretiza o reconhecimento da extinção de parte do débito. Afora isso, o *accipiens* terá de firmar outra quitação de similar conteúdo, a ser inserida no próprio título (§ 2º). Esta última providência gera a certeza de que por onde circular a cártula os possuidores saberão da ocorrência de pagamento parcial e da impossibilidade de se exigir do devedor a totalidade do crédito originalmente mencionado no documento.

6. Espécies de títulos

6.1. Título ao portador

Diz *Clóvis Bevilacqua* (apud Washington de Barros Monteiro, obra citada, 5º vol., p. 375) que os títulos ao portador *"são escritos consignando a obrigação, que alguém contrai, de pagar certa soma, a quem quer que se lhe apresente como detentor dos mesmos títulos"*. O título ao portador tem como característica marcante a circunstância de conter a cláusula *"ao portador"*, ou de simplesmente conservar sem preenchimento o lugar destinado à aposição do nome do credor, beneficiário ou tomador (*v.g.*, cheque ao portador, vale-transporte, bilhete inominado de loteria ou sorteio etc.). Nesse contexto, será presumivelmente considerado titular do crédito o legítimo possuidor da cártula. A simples tradição manual acarreta a transferência do título (art. 904), de modo que o adquirente, novo portador da cártula, será beneficiário de todos os direitos que dela emergirem. Não se trata de endosso (embora os efeitos finais sejam similares), mas de verdadeira cessão ou transferência do título, ficando o portador habilitado a reclamar o pagamento junto ao devedor.

Não interessa à coletividade a livre criação dessa modalidade de instrumento, pois se assim fosse não haveria como controlar a eficiência do instituto e proteger as partes vinculadas pela obrigação. Por isso é que a emissão de títulos ao portador depende de autorização de lei especial, em que constará a disciplina de sua criação, circulação e efeitos, de molde a assegurar a todos os interessados a maior transparência possível. Título emitido sem autorização padece de nulidade (art. 907) e não produz efeitos.

O direito ao recebimento da prestação indicada no título exsurge do só fato de ser apresentado ao devedor para cobrança (art. 905). Este, ao satisfazer regularmente o conteúdo obrigacional, libera-se da relação jurídica, não podendo ser demandado para pagamento por quem acaso houver sido anteriormente credor ou se julgue ainda nessa condição. A qualidade creditória resulta da circunstância de o agente portar o título e apresentar-se como beneficiário final do seu teor econômico, já que da cártula não consta indicação alguma quanto ao nome do credor.

Ainda que não tenha aquiescido com a colocação do instrumento no mercado, o emissor não se livrará da obrigação nele ínsita (parágrafo único), haja vista que uma das principais características do título ao portador é a sua capacidade circulatória, ao que se associa a proteção legal conferida ao terceiro de boa-fé e a todo aquele que estiver na posse do documento. A circulação do título é fenômeno inerente à sua natureza jurídica. Ao emiti-lo, o agente já sabe de antemão que terá a responsabilidade de pagar a quem legitimamente porte o documento. Por outro lado, o adquirente não fica obrigado a investigar a procedência do título, nem tampouco a certificar-se da entrada legítima do mesmo em circulação. A lei, contudo, coíbe a aquisição quando decorrente de atividade criminosa, em nome da supremacia do interesse público sobre o particular.

O devedor a quem se apresenta o título ao portador pode alegar como defesa matérias restritas. Visando a evitar riscos à segurança do instituto, o ordenamento jurídico limita em muito a perspectiva defensiva do devedor, alcançando-lhe, contudo, a possibilidade de opor ao portador exceção fundada em direito pessoal, ou em nulidade de sua obrigação (art. 906). Quanto à exceção pessoal, trata-se de argüição feita pelo devedor diretamente contra o indivíduo que se apresenta como credor, fruto de aspectos que entende impeditivos da consecução do objetivo econômico mencionado no título, *v.g.*, pagamento, compensação, procedência ilícita (furto, roubo, estelionato) e assim por diante. No que concerne à nulidade da obrigação contida na cártula, pode ser invocada tanto aquela que a afeta formalmente e em caráter externo (*v.g.*, falsificação do documento ou da assinatura), como a que atinge a perfeição interna do dever jurídico (*v.g.*, incapacidade do emissor ou prescrição).

É vedado ao devedor invocar exceção pessoal que acaso tenha com os credores que antecederam ao último portador na relação decorrente do título. Facultar esse procedimento importaria em desproteger o credor, facilitando o desenvolvimento de manobras destinadas a evitar o cumprimento da obrigação contida na cártula e colocando em desprestígio os títulos de crédito. Tal interpretação vai ao encontro de previsão contida na Lei Uniforme de Genebra quanto a notas promissórias e letras de câmbio, que em seu art. 17 estabelece: *"As pessoas acionadas em virtude de uma letra não podem opor ao portador exceções fundadas sobre as relações pessoais delas com o sacador ou com os portadores anteriores, ao menos que o portador, ao adquirir a letra tenha procedido conscientemente em detrimento do devedor"*. Do mesmo modo, a Lei n. 7.537/85, no art. 25, assim se pronuncia acerca do cheque: *"Quem for demandado por obrigação resultante de cheque não pode opor ao portador exceções fundadas em relações pessoais com o emitente, ou com os portadores anteriores, salvo se o portador o adquiriu conscientemente em detrimento do devedor"*.

Os vícios do consentimento exarado pelo emissor ou subscritor (erro, dolo, coação) não podem ser invocados como fator de elisão do dever jurídico incrustado no título, nos casos em que sejam alheios à participação do portador, eis que não funcionam como causa de nulidade, mas sim de anulação do ato praticado. De outra banda, se fosse aceita indiscriminadamente a invocação de tal matéria defensiva, estaria patenteada a total insegurança da relação gerada pelo título, afetando-se sobremaneira também a sua capacidade circulatória.

O possuidor de título dilacerado, porém identificável, tem direito a obter do emitente a substituição do anterior, mediante a restituição do primeiro e o pagamento das despesas (art. 908). A isolada circunstância da dilaceração não significa que o título esteja inapto a continuar gerando crédito em proveito do portador. Não obstante despedaçado, rasgado ou de outro modo atingido em sua integridade instrumental, a cártula continuará apresentando conteúdo firme e valioso, desde que este seja passível de identificação. Existindo aval no título dilacerado, o credor terá direito de exigir que o avalista renove a garantia no novo instrumento emitido, visando a torná-lo exatamente igual àquele que acabou sendo substituído.

É tão amplo o vigor jurídico do título de crédito emitido ao portador que a sua perda ou extravio não retira do credor a condição que lhe é conferida pelo ordenamento. O credor a quem isso sucedeu poderá obter novo título em juízo e requerer ao magistrado que determine ao devedor a abstenção de atos de pagamento a outrem, seja quanto ao capital representado na cártula como aos rendimentos nela previstos (art. 909). É claro que para isso deverá fazer prova da anterior existência do título de crédito, demonstrando também qual o seu conteúdo e peculiaridades, pois do contrário não haverá meios de restabelecer a realidade jurídica primitiva. A mesma prerrogativa conferida pela lei ao proprietário que perdeu ou extraviou o título estende-se àquele que for injustamente desapossado dele. É o que acontece, por exemplo, com o credor de quem se retira a cártula mediante delito (roubo, furto, estelionato, apropriação indébita, extorsão etc.) ou forma ilegal diversa de captação do instrumento.

Libera-se da obrigação literal o devedor que, ao pagar, ignorava a ação ajuizada pelo proprietário com vistas a obter novo título e a impedir que fossem satisfeitos a outrem o capital e os rendimentos (parágrafo único). A solução considera decisiva a boa-fé com que atua o devedor ao satisfazer a obrigação assumida, bloqueando a pertinência de qualquer iniciativa contra ele promovida. Tal proteção não prevalecerá se for demonstrado que o devedor tinha conhecimento do fato de o proprietário do título ter sido injustamente desapossado do mesmo, ou de o haver perdido ou extraviado. Nesse caso, mesmo que o pagamento aconteça antes da formal cientificação do devedor acerca da existência da lide judicial (por meio da intimação prevista no art. 908, II, do Código de Processo Civil), o proprietário do título poderá requerer a tutela jurisdicional acima aventada. Com isso, o devedor continuará obrigado pelo pagamento do título ao credor, pois, tendo ciência de fato que modificava o estado das coisas (perda, extravio ou desapossamento), ainda assim efetuou o pagamento a quem não tinha direito de receber.

6.2. Título à ordem

6.2.1. *Transferência por endosso*

Consideram-se títulos à ordem aqueles que são emitidos em favor de pessoa determinada, transferindo-se a outrem por endosso sem a necessidade de adoção de qualquer outra formalidade. São exemplos dessa modalidade a letra de câmbio, o cheque, a duplicata e a nota promissória. Endosso é o ato de transferência da propriedade de um título e de todas as vantagens e atributos nele insculpidos, mediante aposição de cláusula escrita no verso ou no anverso da própria cártula. A circulação, aspecto marcante do título de crédito, é viabilizada por meio de endosso. Este pode ser lançado em qualquer posição, seja no verso ou no anverso do instrumento (art. 910).

A aquisição de título à ordem, por meio diverso do endosso, tem efeito de cessão civil (art. 919). E, como tal, transfere-se ao adquirente o conteúdo integral da cártula, embora sem os efeitos peculiares do endosso. Para tornar-se eficaz contra terceiros, a cessão deve ser realizada por instrumento público ou particular revestido das formalidades previstas no § 1º do art. 654 do Código Civil. Com isso, o devedor poderá opor ao cessionário as exceções que lhe competirem, bem como as que, no momento em que veio a ter conhecimento da cessão, tinha contra o cedente. Salvo estipulação em contrário, o cedente não responde pela solvência do devedor. Em se tratando de cessão a título oneroso, o cedente, ainda que não se responsabilize, fica obrigado ao cessionário pela existência do crédito ao tempo em que lhe cedeu; procedendo de má-fé, terá igual responsabilidade na cessão a título gratuito.

Como se percebe, o defeito formal do endosso não afasta o reconhecimento do instituto civil da cessão de crédito, uma vez aposto na cártula o nome do cessionário e cumpridos os demais requisitos legais. Assim, aquilo que deveria funcionar como endosso assume a condição de cessão civil, produzindo as conseqüências jurídicas a ela inerentes. A mais perceptível diferença entre o endosso e a cessão civil, no que pertine à figura do devedor, consiste na circunstância de que a cessão permite maior amplitude defensiva, tanto no que diz respeito à matéria passível de apresentação como ao cenário alargado da instrução probatória.

Feitas essas observações, cabe agora prosseguir na análise dos aspectos relacionados aos títulos à ordem. Chama-se *endossante* o transmitente do título, enquanto *endossatário* é o adquirente. Não há fórmula sacramental para a efetivação do endosso, bastante que o primeiro expressamente faça constar, no próprio corpo do documento, a sua intenção de transferi-lo ao segundo. Não haverá endosso se a intenção de repassar o título for confeccionada em instrumento separado. Chama-se *em preto, nominativo* ou *completo* o endosso que contém o nome daquele em cujo favor é feito; entende-se por endosso *em branco* o ato de transferir que é realizado mediante simples aposição da assinatura do alienante no título, sem indicação do nome do beneficiário. O título à ordem pode ser transferido tanto por endosso em preto como por endosso em branco, ficando a critério dos envolvidos decidir acerca do tema. Para que se considere válido o endosso dado no verso do título, basta a colocação da assinatura do endossante (§ 1º), sem necessidade de implementação de outra formalidade qualquer.

O endosso somente se completa com a tradição do título (§ 2º), ou seja, com a entrega do mesmo ao endossatário ou a quem legitimamente o esteja representando na ocasião. Faltando a *traditio* o endosso não produz efeitos, considerando-se como ato interrompido antes de se tornar completo; logo, a titularidade do crédito permanece com o endossante e por ele pode ser reclamado oportunamente junto ao devedor.

O cancelamento do endosso importa na sua desconsideração para qualquer fim de ordem jurídica. A força inibidora da medida é tão acentuada a ponto de o legislador determinar que se terá por não escrito o endosso cancelado (§ 3º). Isso não afeta em aspecto algum o conteúdo obrigacional incrustado na cártula; porém, inibe integralmente a transferência que se desenhara. A viabilidade do cancelamento do endosso depende da conjugação de vontades do endossante e do endossatário, a menos que decorra da presença de vício capaz de provocar a nulidade ou a anulação da transferência. Para que seja eficaz, o cancelamento deverá ocorrer no verso ou no anverso do próprio título, como expressa ação desconstitutiva da transferência aparelhada. Sendo parcial o cancelamento (*v.g.*, em relação a um dos endossatários), considerar-se-á insubsistente apenas nessa parte, continuando a produzir normais efeitos quanto ao restante da manifestação de vontade.

O endosso em branco faz com que o título originalmente emitido à ordem circule como se fosse título ao portador, atribuindo, a quem o possuir, a qualidade de credor do montante econômico estampado na cártula. Havendo série regular e ininterrupta de endossos, o portador do título à ordem é considerado legítimo possuidor, ficando autorizado a exigir do devedor o cumprimento da respectiva obrigação. Isto ocorre ainda que o último endosso seja em branco (art. 911), pois então, conforme asseverado acima, o portador estará investido nas qualidades creditórias emergentes do documento.

Ao pagar título à ordem impregnado de endossos, compete ao *solvens* verificar a regularidade da série de transferências promovidas (parágrafo único), pois do contrário poderá estar pagando a quem não seja credor, e, portanto, submetendo-se ao risco de ter que pagar novamente. Considera-se regular a série de endossos quando contiver a assinatura do endossante e a indicação dos endossatários. A partir do endosso em branco não haverá mais razão jurídica e nem fundamento lógico para a consignação do nome do beneficiário, porque o título circulará como se fosse ao portador. E, como visto, mesmo na hipótese de o último endosso ser em branco o possuidor da cártula será considerado legítimo, de modo que o pagamento feito a ele libera por completo o *solvens*.

Aquele que paga o título com série regular e ininterrupta de endossos não está obrigado a verificar a autenticidade das assinaturas e nem responderá por eventuais falsidades, salvo se agir de má-fé e tal circunstância restar demonstrada pelo interessado. Se o pagador tivesse de verificar a autenticidade das firmas, certamente a efetivação do pagamento e a circulação do título ficariam em muitos casos prejudicadas, haja vista o risco que estaria correndo ao satisfazer débito a quem se lhe apresentasse como credor de cártula em que estivessem contidos seqüenciais endossos e múltiplas assinaturas, cuja procedência e veracidade seriam de difícil aferição.

Quanto ao momento adequado para endossar, o art. 920 do Código Civil esclarece que o endosso posterior ao vencimento produz os mesmos efeitos do anterior. Entretanto, para que se conservem a natureza própria do endosso e o caráter cambial do procedimento, a possibilidade de realização da operação posteriormente ao vencimento do título desaparece no instante em que efetivado o protesto por falta de pagamento, ou quando expirado o prazo estabelecido para a consecução do protesto. Concretizado depois de qualquer desses marcos temporais, o endosso produzirá efeitos de cessão de crédito, ficando destituído de conseqüências cambiárias.

O endosso deve ser puro e simples, não admitindo condição de qualquer natureza aposta pelo endossante (art. 912). Se feita referência dessa espécie no título, a mesma considerar-se-á não escrita, valendo o endosso despido da citada cláusula. A solução objetiva facilitar a circulação da riqueza mencionada na cártula, fazendo com que o devedor fique rigorosamente atrelado ao cumprimento do conteúdo econômico e alcançando ao endossatário um crédito definido em seus contornos e apto a ser exercido nos moldes constantes do documento em que estiver explicitado. Por outro lado, o endosso somente pode ser feito sobre a totalidade do crédito, não se admitindo a modalidade parcial (parágrafo único), com o que se impede o fracionamento do conteúdo da cártula entre vários credores, do que poderiam resultar sérios transtornos jurídicos tanto para eles como para o devedor (*v. g.*, quanto à forma de pagamento).

No endosso em branco, o endossatário pode adotar qualquer das atitudes seguintes: a) mudá-lo para endosso em preto, o que se faz por meio da aposição, no ponto da cártula onde está localizada a inscrição de transferência, do nome dele mesmo ou da pessoa que deseja indicar como titular do crédito; b) endossar novamente o título, mediante nova construção literal de transferência do crédito no verso ou no anverso, em branco ou em preto; c) transferi-lo sem novo endosso, por meio de negócio jurídico denominado cessão de crédito (art. 913). Cabe salientar que o endosso em branco faz com que o título à ordem seja exigível pelo portador junto ao obrigado. Assim, se a este é facultada a execução, com muito mais razão lhe será permitido agir como quiser em relação ao teor econômico da cártula, haja vista a capacidade de circulação inerente aos títulos de crédito.

A responsabilidade pelo cumprimento da prestação fixada no título recai sobre o devedor que o emitiu, ou sobre aquele que expressamente assumiu a obrigação no próprio corpo da cártula, mediante endosso. É de se ver, portanto, que o endossante somente responde pelo adimplemento da prestação quando no endosso houver expressa previsão nesse sentido; nada sendo estabelecido a esse respeito, o endossante tem a faculdade de promover a circulação do título sem obrigar-se pelo cumprimento do conteúdo econômico nele estampado (art. 914). O legislador, chamando à colação elementos fundados na verdade real emergente do título, praticamente inverteu o princípio cambiário segundo o qual responsabiliza-se pelo cumprimento da obrigação a pessoa que assina a cártula. Agora, o endossante automaticamente libera-se do dever jurídico ao transferir o título, a menos que este contenha cláusula expressa em sentido contrário, caso em que se tornará devedor solidário juntamente com quem o emitiu (§ 1º). Se assim não for, permanecerá obrigado apenas aquele que assumiu primitivamente a obrigação econômica inserta no instrumento.

Tendo em vista a circunstância de que o endossante não era o devedor original da prestação contida no título, e que somente passou a figurar como responsável por ela em virtude do endosso, assegura-se-lhe a prerrogativa de, pagando o que for devido, exercer direito de regresso contra os coobrigados anteriores (§ 2º), a saber, os devedores que primitivamente figuravam como tal na cártula, aos quais veio a juntar-se como resultado de expressa cláusula ínsita no endosso. Na ação de regresso, o endossante postulará as quotas respectivas de cada um dos coobrigados.

6.2.2. Matéria defensiva

A matéria defensiva que pode ser apresentada pelo devedor do título de crédito à ordem é limitada, exatamente para que se preserve a segurança da relação jurídica gerada, assim como a seriedade e firmeza da circulação acaso promovida. Por isso é que no art. 915 do Código Civil o legislador elenca taxativamente os temas suscetíveis de invocação. A norma visa a preservar o endossatário, considerado terceiro de boa-fé na relação creditícia, abrindo o menor espaço possível para que o devedor se libere da obrigação constante da cártula sem cumprir estritamente a prestação nela aposta.

Em primeiro plano, apresentam-se como viáveis as exceções de cunho pessoal (compensação, novação, transação, pagamento, má-fé do portador em razão de furto, apossamento ilídimo etc.), oponíveis pelo devedor ao portador como elementos capazes de modificar a relação constituída pela emissão do título. Além delas, faculta-se ao devedor defender-se da pretensão do portador por meio da argüição de exceções relativas à forma do título e ao seu conteúdo literal. Dentre os defeitos mais comuns relativos à forma encontram-se a inobservância de exigências legais necessárias à perfeita constituição do título, a nulidade resultante da falta de cláusula essencial e assim por diante. No que concerne ao conteúdo literal, podem ser aventados óbices como a prescrição, a grafia ilegível, a dubiedade do conteúdo etc. Também se admite que o devedor aponte a falsidade da própria assinatura como nulidade externa suficiente para embaraçar o exercício do teor literal incrustado na cártula. Ainda como matéria defensiva, é factível argüir defeito de capacidade (por idade, condição mental etc.) ou de representação (nulidade do mandato, assinatura de quem não era mandatário etc.) no momento da subscrição. Por fim, também a falta de requisito necessário ao exercício da ação pode surgir como legítima fórmula destinada a obstar a iniciativa judicial do portador contra o devedor; nesse particular destacam-se a ilegitimidade ativa, a possibilidade jurídica, falta de protesto (quando exigido por lei) etc.

Sendo taxativo o elenco das matérias de defesa colocadas ao alcance do devedor, não se admite a oposição de temas como a existência de vícios do consentimento (erro, dolo, coação) estranhos ao portador, defeitos originados de relações anteriormente travadas entre os sujeitos que tomaram parte na circulação do título, exceções pessoais de terceiros contra o portador de boa-fé e assim por diante.

As exceções, fundadas em relação do devedor com os portadores precedentes, somente poderão ser por ele opostas ao portador, se este, ao adquirir o título, tiver agido de má-fé (art. 916). Nesse caso, terá legitimidade para suscitar elementos como: compensação, pagamento, novação, transação etc. Isto porque se presume que a má-fé do portador funcionou como subterfúgio destinado a dificultar o exercício da defesa que se poderia opor aos precedentes portadores, fazendo com que o título acabasse na posse de credor contra quem o obrigado nenhuma exceção teria a invocar. Assim, por exemplo, se Pedro é portador do título e o repassa a João, a má-fé com que este acaso atue na aquisição da cártula permitirá que o devedor lhe oponha exceções que noutras circunstâncias somente poderia deduzir em relação a Pedro, mas que, por força do mau ânimo do portador, também acabam servindo como tema defensivo a ser apresentado contra João.

6.2.3. Endosso impróprio

Afora o endosso comum ou próprio, de que se tratou acima, existe também o denominado *endosso impróprio*, em que a titularidade não se transfere. O endosso impróprio divide-se em: a) endosso-mandato, mecanismo pelo qual o credor passa o título para terceiro (constituído como mandatário) efetuar a cobrança; b) endosso-caução ou garantia, utilizado em casos de penhor de títulos que tem como crédito, dando-os em garantia a outrem. O endosso-mandato atribui ao terceiro, que figura como mandatário, o exercício de todos os direitos emergentes do título exatamente como estabelecidos de início, a menos que a respectiva cláusula indique restrições ao desempenho das faculdades fixadas na cártula (art. 917). A cláusula constitutiva de mandato tem de ser lançada no próprio endosso, sob pena de não produzir efeitos.

A ausência de boa-fé excepciona a regra de que o endosso-mandato não legitima o endossatário a figurar no pólo passivo das demandas de sustação de protesto e de anulação. Tendo tido ciência de que os títulos eram desprovidos de *causa debendi*, age o endossatário com descaso e negligência, por exemplo, ao manter aponte e sujeitar o indigitado devedor às conseqüências negativas decorrentes do ato.

Como o endosso-mandato não transfere a propriedade do título, o endossante, credor ou sacador tem legitimidade ativa para propor execução do seu conteúdo econômico. Por outro lado, o endossatário que recebe o título para cobrança, mediante endosso-mandato, atua legalmente ao encaminhá-lo para protesto, tornando-se parte passiva ilegítima para responder pelo vício de origem do título.

Conferindo apenas as prerrogativas necessárias à cobrança do título, o endosso-mandato não legitima o agente a fazer novo endosso que ultrapasse os poderes recebidos (§ 1º), pois atua na qualidade jurídica de procurador do endossante primitivo. Caso o mandatário endosse novamente o título, extrapolando os poderes de que dispunha para tanto, ou enfeixe no novo endossatário atributos que não possuía, reputar-se-á ineficaz o excesso, considerando-se válido o ato apenas naquilo que não afrontar a realidade gerada pelo endosso-mandato.

A morte ou incapacidade superveniente do endossante não atinge a eficácia do endosso-mandato (§ 2º), que continuará servindo aos mesmos propósitos em moldes iguais aos estabelecidos quando da constituição. Assim, o endossatário continua investido de poderes suficientes para a cobrança do crédito, ficando também autorizado a fazer novo endosso, desde que observados os limites definidos a partir do conteúdo dos poderes recebidos.

De banda diversa, veda-se ao devedor a oposição de exceções de qualquer natureza que acaso tenha contra o endossatário. Exclusivamente as exceções relativas ao endossante poderão ser deduzidas pelo obrigado como forma de elidir ou modificar o cumprimento da prestação emergente da cártula (§ 3º). Afinal, o endosso-mandato não altera o liame obrigacional estabelecido, havendo apenas como evento novo a nomeação de terceiro apto a cobrar o título em nome do sujeito ativo e nas condições constantes do documento. O devedor também não poderá invocar as exceções que porventura tiver contra quem anteriormente à relação atual houver figurado como credor do título, pois o vínculo que se define como gerador da obrigação de cumprir é aquele existente entre o obrigado e o portador ou endossatário da cártula.

No art. 918 do Código Civil disciplina o *endosso-garantia* ou *endosso-penhor*, relativo a título de crédito oferecido como garantia do cumprimento de obrigação determinada. Constitui-se o penhor mediante lançamento de cláusula no endosso, pela qual o endossatário pode exercer todos os direitos inerentes ao título (art. 918). Enquanto pendente a obrigação, o credor pode conservar consigo os títulos empenhados, podendo ser-lhe exigida a restituição apenas depois de totalmente cumprida a prestação. O recebimento de título de crédito em garantia de dívida permite ao credor agir em nome e por conta própria no apontamento a protesto e cobrança da cártula, sendo, destarte, parte legítima para figurar no pólo passivo da ação que objetiva desconstituir o título e declarar a inexistência do débito.

O endossatário recebe o título em garantia, ficando legitimado, portanto, a executar o seu conteúdo econômico na hipótese de inadimplemento e a tomar todas as demais medidas inerentes aos direitos que emergem da cártula. Contudo, não pode endossá-la em nome e por conta própria, agindo, nesse caso, na condição de procurador do endossante original (§ 1º). E, como tal, tem legitimidade para transferir a outrem os direitos emergentes da garantia recebida. Não, portanto, o crédito em si mesmo, do qual não é titular enquanto existente a perspectiva de adimplemento do débito assegurado.

O devedor tem legitimidade para opor ao endossatário somente as exceções que contra ele tiver, sendo-lhe vedado apresentar tal matéria defensiva quando proveniente de relação mantida com o endossante (§ 2º). É que este repassa ao endossatário do endosso-penhor os direitos incrustados na cártula, como garantia do cumprimento de certa obrigação; logo, a segurança que se espera do instituto ficaria abalada se ficasse à mercê de exceções deduzidas pelo devedor contra o endossante. Porém, em caráter circunstancial o legislador admite a possibilidade de oposição de exceções diretas que o devedor tiver contra o endossante, ainda que venham a afetar o endossatário do endosso-penhor. Para tanto, exige prova no sentido de que este agiu de má-fé, ou seja, imbuído do intento de frustrar o resultado útil da apresentação de matéria defensiva que o devedor teria contra o endossante.

6.3. Título nominativo

É título nominativo o emitido em favor de pessoa cujo nome conste no registro do emitente (art. 921). Essa modalidade tem como característica o fato de o emitente agir por ordem de terceiro, considerado proprietário do título. Em razão dessa peculiaridade, o emitente não está obrigado a reconhecer como proprietário da cártula, e, portanto, como credor, outra pessoa física ou jurídica que não aquela mencionada no registro. Quando a forma nominativa for da essência da constituição do título por direta imposição legal, a inobservância desse requisito importa na inexigibilidade do débito nele inserido, eis que irregular a emissão.

A lei impõe ao emitente a manutenção de registro próprio para todos os títulos nominativos gerados. A espécie, portanto, *"deixa de aplicar um dos princípios clássicos informadores do direito cambial, o princípio da cartularidade, ao exigir que os títulos sejam emitidos e circulem vinculados a um registro especial, dando-lhes o aspecto próprio dos títulos causais, como ocorre com as debêntures das sociedades anônimas e na duplicata mercantil. Tomando esses dois precedentes, entendemos que os títulos nominativos somente podem ser emitidos por empresário ou por sociedade empresária, que deve manter a escrituração regular e registros contábeis das suas obrigações"* (Ricardo Fiúza, *Novo Código Civil Comentado*, Editora Saraiva, p. 815).

Diferencia-se o título nominativo do título à ordem basicamente em razão da maneira pela qual circulam um e outro. Enquanto este pode ser transferido por simples endosso, sem a necessidade de implementação de qualquer outra formalidade, aquele reclama ainda, para a perfeita circulação, o preenchimento de determinados pressupostos, conforme preconizado no artigo subseqüente. É de *Vivante* (*apud* Rubens Requião, obra citada, 2º vol., p. 330) a seguinte lição acerca dos títulos nominativos: *"Distinguem-se essencialmente dos títulos de crédito à ordem e ao portador porque se transferem com o freio de sua respectiva inscrição no Registro do devedor, que serve para proteger o titular contra o perigo de perder o crédito com a perda do título".*

Ainda segundo o mesmo jurista *"os títulos nominativos são títulos de crédito emitidos em nome de uma pessoa determinada, cuja transmissão não é perfeita senão quando se registra nos livros do devedor ('entidade emissora')".* A transferência do título nominativo se faz pela confecção de termo, em registro próprio do emitente (art. 922), cujo objetivo é formalizar e atribuir maior segurança à circulação da cártula. Com a inserção da operação no registro, o novo proprietário assume a condição de credor dotado de todas as vantagens e obrigações emergentes do título, observados os limites contidos nele e resultantes da lei. No termo de transferência serão apostas as assinaturas do proprietário e do adquirente, operando-se então o repasse do conteúdo jurídico do título e o fim da condição de credor ostentada pelo antigo proprietário. Desnecessário o reconhecimento de firma das assinaturas, haja vista a presunção de que pertençam às pessoas indicadas no termo; sendo *juris tantum* ou relativa, a presunção aludida *retro* pode ser elidida por prova em contrário.

Afora pelo modo acima citado, a transferência do título nominativo também pode dar-se pelo endosso em preto, ou seja, aquele feito no verso ou no anverso do documento. Nele constará o nome do endossatário, a quem se repassam todos os atributos indicados na cártula (art. 923). De resto, e embora o legislador não se refira à hipótese de o conteúdo creditório do título nominativo ser transferido por cessão de crédito, não se pode afastar essa possibilidade, que, uma vez consumada, estará sujeita às regras gerais pertinentes ao instituto. O cessionário, atrelado às diretrizes da cessão, não poderá invocar contra o emitente as normas relativas ao título nominativo como meio de amparar a pretensão decorrente do crédito.

Para que a transferência do título nominativo tenha eficácia contra o emitente, não basta a feitura de endosso em preto; necessária, ainda, a averbação da ocorrência do endosso no registro do emitente (§ 1º). Isto atribui confiabilidade e segurança à operação, evitando posteriores transtornos decorrentes de controvérsias quanto a quem seja o verdadeiro proprietário da cártula e credor do seu conteúdo econômico. Assim, resguarda-se o emitente contra riscos relacionados à possibilidade de realização de pagamento equivocado, o que exigiria dele novo pagamento para satisfação do direito do verdadeiro credor. Faculta-se ao emitente exigir do endossatário prova da autenticidade da assinatura do endossante, pois somente com a firma verdadeira deste é que se transfere o título nominativo e se enfeixa no endossatário o conjunto de atributos emergentes da cártula.

O endossatário, legitimado por série regular e ininterrupta de endossos, tem o direito de obter a averbação no registro do emitente, comprovada a autenticidade das assinaturas de todos os endossantes (§ 2º). Cabe outra vez destacar que a citada averbação é que confere eficácia, contra o emitente, à transferência operada mediante endosso em preto.

Se o título de crédito houver sido originalmente emitido como nominativo ao proprietário inicial, o adquirente legítimo terá a faculdade de obter do emitente novo título, desta feita com indicação do seu nome como titular (§ 3º). Essa providência constará do registro do emitente, fazendo com que o título primitivo desapareça do mundo jurídico e mais nenhum efeito produza. A nova cártula emitida poderá circular exatamente como qualquer outra de caráter nominativo, congregando no proprietário todas as normais vantagens e ônus decorrentes do seu conteúdo.

Observadas as prescrições legais acerca da transferência do título de crédito nominativo, o emitente que se portar com boa-fé fica livre de responsabilidade civil por perdas e danos suportados por quaisquer das pessoas que tomarem parte em relações jurídicas acaso decorrentes daquela específica cártula (art. 925). É óbvio que, sendo também devedor, o emitente não se poderá esquivar do cumprimento da prestação indicada no título; estará liberado, apenas, da responsabilidade adicional que sobre ele incidiria na hipótese de agir com má-fé.

A dinâmica das relações geradas pelos títulos de crédito faz com que o legislador permita aos interessados a transformação da espécie nominativa em outras modalidades, cuja adoção fica a critério do proprietário da cártula, salvo expressa proibição legal acaso existente (art. 924). Como decorrência disso, se em um título nominativo for inserida pelo emitente, a pedido do proprietário, a cláusula *"à ordem"*, a cártula perderá a natureza nominativa e passará a circular pelo simples endosso, convertendo-se em documento à ordem. Por outro lado, se nele inserir-se a cláusula *"ao portador"*, ou se a circulação se der por endosso em branco, transformar-se-á em título ao portador. Interessado direto na conversão, o proprietário arcará com todas as despesas relacionadas à providência.

Qualquer negócio ou medida judicial, que tenha por objeto o título, só produz efeito perante o emitente ou terceiros, uma vez feita a competente averbação no registro do emitente (art. 926). Inexistindo averbação, as intercorrências relacionadas ao título não lhes poderão ser opostas. Quanto ao emitente, porque se obriga apenas pelo conteúdo econômico do título nominativo em conformidade com o teor da averbação; quanto ao terceiro de boa-fé, porque não tomou assento na elaboração do título e nem interveio nos seus posteriores desdobramentos, de maneira que, agindo com bom ânimo, nenhum prejuízo sofrerá em virtude da condição jurídica porventura assumida (*v.g.*, de portador da cártula).

BIBLIOGRAFIA

AGUIAR JR., Ruy Rosado. *Extinção dos contratos por incumprimento do devedor* — Resolução, 2. ed., 2. tir. Rio de Janeiro: Aide, 2004.

ALMEIDA, Carlos Ferreira de. *Les nouvelles frontières du droit des contrats*. Revue Internationale de Droit Compare. Paris: SLC, 1998.

ALVIM, Agostinho. *Da doação*. São Paulo: Revista dos Tribunais, 1963.

ALVIM, Pedro. *O contrato de seguro* 3. ed. Rio de Janeiro: Forense, 1999.

ASSIS, Araken de. *Resolução do contrato por inadimplemento* 4. ed. São Paulo: Revista dos Tribunais, 2004.

AZEVEDO, Álvaro Villaça. *Teoria geral dos contratos típicos e atípicos*. São Paulo: Atlas, 2002.

BEVILACQUA, Clóvis. *Direito das obrigações*. 4. ed. Rio de Janeiro: Freitas Bastos, 1936.

COELHO, Fábio Ulhoa. *Curso de direito civil*. São Paulo: Saraiva, 2005, vol. III.

COMPARATO, Fábio Konder. "Notas retificadoras sobre seguro de crédito e fiança". In: *Revista de Direito Mercantil*, n. 51, p. 95-104. São Paulo: Revista dos Tribunais, 1983.

CUNHA GONÇALVES, Luiz da. *Dos contratos em especial*. Lisboa: Edições Ática, 1953.

DIAS, José de Aguiar. *Da responsabilidade civil*. 10. ed. Rio de Janeiro: Forense, 1995.

DINIZ, Maria Helena. *Curso de Direito Civil brasileiro*. 19. ed. São Paulo: Saraiva, 2003, vol. III.

FACHIN, Luiz Edson. *Comentários ao Código Civil*. Coord. Antônio Junqueira de Azevedo. São Paulo: Saraiva, 2003, v. 15.

FIUZA, Ricardo. *Novo Código Civil comentado*. Vários autores. São Paulo: Saraiva, 2002.

FRANÇA, Rubens Limongi. *Instituições de direito civil*. São Paulo: Saraiva, 1988.

GAGLIANO, Pablo Stolze. *Novo Curso de Direito Civil*. Em conjunto com Rodolfo Pamplona Filho. São Paulo: Saraiva, 2008, vol. IV.

GODOY, Cláudio Luiz Bueno de. *Função social do contrato*. São Paulo: Saraiva, 2004.

GOMES, Orlando. *Contratos*. 10. ed. Rio de Janeiro: Forense, 1984.

GONÇALVES, Carlos Roberto. *Direito Civil brasileiro*. São Paulo: Saraiva, 2004, vol. III.

KANT, Immanuel. *Grundlegung zur Metaphysik der Sitten*, edição brasileira. São Paulo: Victor Civita, 1974.

LOPES, Serpa. *Curso de Direito Civil*, Fontes das obrigações. 5. ed. Rio de Janeiro: Freitas Bastos, 1999.

LOPEZ, Tereza Ancona. *Comentários ao Código Civil*. Coord. Antônio Junqueira de Azevedo. São Paulo: Saraiva, 2003, vol. 7.

LOTUFO, Renan. *Código Civil comentado*. São Paulo: Saraiva, 2003, vol. I.

MARTINS-COSTA, Judith. *A boa-fé no direito privado*. São Paulo: Revista dos Tribunais, 2000.

MATIELLO, Fabrício Zamprogna. *Código Civil comentado*. 3. ed. São Paulo: LTr, 2007.

_____. *Dano Moral, dano material e reparações*. 6. ed. Porto Alegre: Doravante, 2006.

MEIRELLES, Hely Lopes. *Direito Administrativo brasileiro* 16. ed. São Paulo: RT, 1991.

MELLO, Celso Antônio Bandeira de. *Curso de Direito Administrativo*. 13. ed. São Paulo: Malheiros, 2001.

MENDES, Gilmar. *Curso de Direito Constitucional*, vários autores. São Paulo: Saraiva, 2007.

MENDONÇA, J. X. Carvalho de. *Tratado de direito comercial brasileiro*. 3. ed. Rio de Janeiro: Freitas Bastos, 1939.

MONTEIRO, Washington de Barros. *Curso de Direito Civil*. 34. ed. São Paulo: Saraiva, 2003, vol III.

NORONHA, Fernando. *Direito das obrigações*. São Paulo: Saraiva, 2003, vol. 1.

PEREIRA, Caio Mário da Silva. *Instituições de Direito Civil, Fontes das obrigações*. 12. ed. Rio de Janeiro: Forense, 1990, vol. III.

PLANIOL, Marcel; RIPERT, Georges. *A tutela constitucional da autonomia da vontade*. Coimbra: Almedina, 1982.

PONTES DE MIRANDA, Francisco C. *Da promessa de recompensa*. Campinas: Bookseller, 2001.

REALE, Miguel. *O projeto do novo Código Civil*. 2. ed. São Paulo: Saraiva, 1999.

REQUIÃO, Rubens. *Curso de Direito Comercial*. 20. ed. São Paulo: Saraiva, 1991.

RIZZARDO, Arnaldo. *Contratos*. Rio de Janeiro: AIDE, 1988, vol. 1.

RODRIGUES, Sílvio. *Direito Civil*. 20. ed. São Paulo; Saraiva, 2002, vol. III.

SILVA, José Afonso da. *Curso de Direito Constitucional positivo*. 16. ed. São Paulo: Malheiros, 1999.

VENOSA, Sílvio de Salvo. *Direito Civil*. 4. ed. São Paulo: Atlas, 2004, vol. III.

WALD, Arnoldo. *Curso de Direito Civil brasileiro, Obrigações e contratos*. 14. ed. São Paulo: Revista dos Tribunais, 2000.

Produção Gráfica e Editoração Eletrônica: **Peter Fritz Strotbek**
Capa: **Eliana C. Costa**
Impressão: **HR Gráfica e Editora**